借鑑中西教育的班導師成長讀本

韋新聖 著

崧燁文化

目　錄

第一章
用智：善用制度　激發學生自我教育——引導得法的班導師

　　一、尋求一種方式 007

　　二、小小槓桿托起世界 041

　　三、過程就是生命 054

　　四、五味還加人情味 081

　　五、附錄 089

第二章
通幽：傳承愛國　樹起教育的脊樑——有強國之志的班導

　　一、人生的高度 103

　　二、歷史是一面鏡子 109

　　三、環視地球村 205

第三章
具體：特色系列教育　促進學生的和諧發展——實踐創新的班導師

　　一、創造豐富的精神生活　專時專用是法寶 240

　　二、珍愛生命　樹立理想　系列班會作主線 251

　　三、閱讀引導思考　榜樣就在身邊 258

　　四、元學習　上臺階 269

　　五、「學生成長研究」助成長 277

　　六、歌聲中的家長會 294

　　七、創造性活動出創造 301

　　八、多維空間　編座位的理想三部曲 305

　　九、面向未來　資源共享 314

第四章
坐照：上下左右協調　急教育之當務之急──堅持教育理想、有建樹的班導

　　一、看「我的大學」 327

　　二、時代呼喚教育家 333

　　三、學做堅韌的實幹家 348

第五章
入神：高山景行　心馳神往──百年後誰能與人共商教育

　　一、一片慈愛　普照人生　聖潔的雪山 395

　　二、一種堅持　超越經典　神奇的 56 號教室 398

　　三、一段話語　提升人生　夢想如雞蛋 404

　　四、一枚果實　世界分享　為生命而歌 407

　　五、一種生命　超越極限　生命的本色 416

　　六、一種胸懷　鑄就天才　大師的境界 418

　　七、一個聲音　震撼心宇　仰望星空 430

　　八、一項工程　造福千秋　信仰的力量 438

　　九、一種文化　流傳人間　偉大的聖人 448

跋
穿越時空的鏈接 **462**

　　推薦序 470

目錄

第一章
用智：善用制度　激發學生自我教育——引導得法的班導師

第五段，圍棋曰「用智」，班導師言「善用制度」，以班團體的制度和理念，引導學生自我教育。一說起班級制度，有人就會聯想到規章煩瑣、死氣沈沈，但是看看圍棋，就會擯棄這樣的誤解。圍棋別名「方圓」，又名「忘憂」。沒有規矩不成方圓，正是實踐規則，才聚神凝思，開拓佈局，攻守絕殺，妙趣橫生。班導師調動起全體學生的自我教育，需要多大的智慧？民主制度，是當代人的大智慧，是權利和義務共享的保障，是揚善抑惡的依靠。將班團體建設與學生的自我教育融為一體，以切實可行的制度，煥發出學生內在的力量。登上班導師五段，人稱「教育有方的班導師」，我稱「被人需要、引導得法、樂在其中的班導師」。天高任鳥飛，海闊憑魚躍！

一、尋求一種方式

驚心動魄「解放了———」

　　中國重慶南開中學的三友路，因松、竹、梅得名，尤以梅花聞名。寒冬的蠟梅滿樹金黃，長長的大道清香瀰漫。一到春天，深褐色的樹幹伸出無數淺綠色的嫩芽，不用幾天，魔法般長大的綠葉插滿樹冠。盛夏裡，葉片不知不覺變得深綠茸厚，濃鬱的綠蔭護著一片清涼。當葉片間能透過光線時，那已是瑟瑟深秋。

　　三友路邊矗立著南開中學科學館。多年前，這裡曾是一幢凝重雄渾的青磚樓房，那是老南開的受彤樓，它傲然挺立，似遙望著遠遠的歌樂山。受彤樓後來易名為東風樓。我曾經教過的初中走讀班的教室就在東風樓的一樓。當我回憶往事凝神沈思時，從那教室傳出的「解放了———」的高聲呼喊，那幾十個學生齊聲發出的驚天動地、驚心動魄的吼聲，仍似滾滾雷聲，在我的耳際轟鳴。

　　那是1985年的秋天。

　　心情舒暢地送別相處了三年的初中住讀班畢業學生，我躊躇滿志地迎來新一屆走讀班學生。老師們曾好心地告訴我：走讀班與住讀班學生的生源有很大的差距，因而班導師工作難度要大很多。可是，這竟然挑起我的好奇心。我知道自己不是「天才」，但我渴望見證「天才」的成長。就像演員不願只演一種角色而希望做性格演員，就像資優生愛做難題，我想見識一下「難教的學生」，我渴望新的挑戰。於是我主動請纓，教了初中俄語走讀班。

　　看著新一屆的學生們，我覺得他們和我上一屆的學生沒有什麼區別，熱情、

活潑、有禮貌，很可愛。我憧憬著新的成功和快樂。

沒幾天，小問題一個接一個地冒出來。

科任老師反映，上課有人毫無顧忌地自由講話，對老師的暗示不理不睬。我聽了也不是太著急。心想，學生嘛，總會有些小缺點的，個別孩子自覺性差一點，在同學們的影響下會好起來的。我傾注全力，對全班學生進行總動員，提倡自我教育，尤其強調值日生負起班級管理的責任。值日生們朝氣蓬勃地上陣，可是，面對人多勢眾、此起彼伏的噪音，不敢糾正，也不便表揚，灰溜溜地敗下陣來。我決定以點帶面，打開局面。

這個班有個男孩，愛畫畫，更喜歡上課講話，人稱小畫家———「小話家」。我主動找他談心，他非常樂意「管住自己」。他說，就是因為上課太愛說話了，成績從來就沒令自己滿意過，他還要求我一天提醒他三次。我心裡樂呵呵的，決定助他一臂之力，馬上啟用我的成功戰術：打包圍圈。

上一屆，我班上有個男孩，是小有名氣的「運動健將」，被大家稱作「話包子」。他上課注意力不集中，一走神就想到課外的趣事，忍不住要與同學分享。他說話很有感染力，初中生沒有那麼強的自製力，周圍的聽眾忍俊不禁，有時甚至引起全班哄堂大笑。我認定一個體育能出好成績的人，應當是有毅力的。他接受我的建議，很樂意成為「有自製力的人」。經他同意，我調整了座位，給他打了包圍圈。周圍的學生學習很專心，可他還是習慣成自然，不惜書山學海也要與外圍的學生談笑風生。於是我聲勢浩大地動員自我教育。

我告訴同學們，學會注意力集中，是提高學習能力，也是對老師勞動的尊重、對自己時間的珍惜，每個同學都要從自己做起。今後我們的「健將」引起課堂混亂（暗示後果的嚴重性）我不會首先糾正他，因為他不是故意嘩眾取寵（暗示不良行為可能的不良動機），而是習慣差，改起來困難一些；我會糾正周圍又聽又笑的同學，因為有能力做到專心致志卻選擇自由散漫，就是不盡力，就不是自我教育。假如沒有同學隨聲附和，就是對「健將」最好的關心和幫助。事實上，我沒有真的去糾正那些笑的學生，而是由值日生表揚他周圍專心學習的同學。這一招很靈，他的聽眾越來越少。漸漸地，他扭來轉去找不到人搭腔，只好喃喃地自言自語；漸漸地，自言自語的聲調低了下去。他無聲地蠕動嘴唇的表情引起大家的注意，那是在跟隨老師的講解。這樣的努力太令人感動，受到值日生和科任老師的熱情表揚。終於，他也真的開始專心學習了。在團體氛圍上下功夫，激發學生內心上進的渴望，成為我成功的經驗。

可是，營造團體氛圍談何容易。這個班的「話包子」不是一個兩個。不要說

一群兩群,就是只有七八個,如何打包圍圈?好不容易打了包圍圈,照樣可以裡應外合。這一招也失靈了。

自習課越來越不像個樣子,我一站在教室門口,教室裡馬上就安靜下來,

我一轉背,嗡嗡聲鵲起。剛在辦公室坐定,陣陣喧嘩夾著評書般的說笑聲灌進來,讓其他老師如坐針氈,我不時地感到目光如錐。唉,教這走讀班的味道讓嗓子冒煙。忍耐、再忍耐,像消防員一樣穿梭於辦公室與教室;期待、再期待,找學生一個個地談話,輕言細語,答復也讓人滿意,可照樣重蹈覆轍。

沒有懂事的初中生,既沒有故意破壞紀律的惡意,也沒有克制自己的自覺性,沒有外力推動,不良習慣是改不了的。我就辛苦一點,幫助他們養成好習慣吧。

這天,下午最後一節課是自習。我硬性規定,一律不准講話,不論是什麼話!只要我聽見了聲音,從那個時候起重新開始上自習,安靜地再上足一節課時間,由我來宣佈放學。

五分鐘過去了,很安靜。十分鐘過去了,一切正常,偶爾有一點聲音,只要能保持這樣,我就裝著沒聽見算了,能不管,我也不想找麻煩。這裡內心正在打著退堂鼓,那邊卻發起衝鋒號,教室裡一陣騷動,傳出抑制不住的大笑聲。等我趕到教室,他們已經靜下來。我毫無表情,冷冷地宣佈延長十分鐘下課,算是從輕處罰。有人小聲嘀咕「我們又沒鬧」,不滿的目光投向我,又一起射向後邊的窗口。順勢看過去有幾張臉還沒有收斂笑容,又有小畫家。在眾人怒目注視下他趕緊埋下頭。他有幾筆速寫的功夫,肯定是他又有什麼傑作,讓周圍的人忍不住大笑。唉,小畫家呀「小話家」,你也知道眾怒難犯哪!

走讀班,原本是第二天早晨到校時交作業的,擔心學生無事生非,我宣佈交了作業才放學,學生沒吭聲。接下來的二十多分鐘還算平靜,我提前守在教室門口,等著下課鈴聲響。鈴聲響了,不少學生抬起頭,看看門口,輕輕地嘆了口氣,又埋下頭去。延長的十分鐘我可就不再敢離開,萬一學生講了話,我再照看一節課的自習,懲罰的可就是我了呀!終於,時間到,我輕聲說「放學」,學生們不約而同「啊———」一聲長嘆,如釋重負。我笑了笑,無可奈何地搖搖頭。

雖然如此,我仍然滿懷信心,班幹部是團體的中堅力量,我要好好地發揮他們的作用。班幹部會上,學生叫苦不迭。

「老師,他們幾個人鬧,全班都留下,不公平。」「自習課不敢鬧了,上課就起勁講話。」「他們還說留下的時間掌握在他們手中,誰敢記上課講話的人的名字,自習課就在要下課的時候鬧。」我一驚,還有如此怪招!

「延長自習時間可把我們害苦了！」「我們好久都沒到閱覽室了！」「影響課外鍛鍊！」

好傢夥，我差點忘了我們的大方向，怎麼能因為幾個「話包子」就不要「德智體群美」了呢？我趕緊集合班上幹部，講解「抓主要矛盾」，要幹部帶頭，值日生負起責任，運用表揚、指導與自我評論的方法，在班上樹起正氣。班長陳君說：「不行，不行，值日生糾正不管用。記了名字，還是要老師懲罰才行。」

在幹部們的強烈要求下，我下定決心非把這上課隨便講話的歪風打下去。

即使比例有點大，畢竟隨便講話的還是少數。我決計接受經驗教訓，不要讓遵守紀律的學生代人受過，感情上站到我們的對立面。對準目標，誰嚴重違紀就懲罰誰，讓大家心服口服。

殺雞儆猴？不，我要殺個猴兒給雞看！我在班上宣佈：「班委會提議，上課隨便講話、說笑，多次影響紀律的，就讓他到講臺上來講個夠。」學生一片贊成聲，其實沒有誰願意班上紀律差下去，更不願意陪著影響紀律的人受罰。

小畫家根本沒把我宣佈的當回事，一次又一次說笑被我當場抓獲，點著他的尊姓大名讓值日記下來，請到辦公室談話之後寫「認識」。我告訴他，真要再公然違反，我要狠下心來，罰一警百，以絕後患。他點頭稱是，我嚴陣以待。

這天又是自習課，他前後左右扭來轉去找人講話，事不過三，我把他請上講台。

「看來你是想來試一試，今天給你個機會，講個夠。」我平靜地說。

他左顧右盼，帶著一絲掩飾尷尬的微笑。我一言不發，盯著他。眾目睽睽下，他開始不自在，微微低頭，含混地說：「我不講了，以後上課不講話了。」

「誰說上課不講話？還要積極發言呢！『以後上課不隨便講話和開玩笑了』，這話聽你說了多少遍？你就今天講個夠、笑個夠。」我慢條斯理地對他說。

「……」他聲音小得沒人能聽見。學生們狠狠地盯著他。他在課堂上恣意說笑並習以為常，三令五申之下也不收斂，已經激起公憤。

「講啊，你不是很能講嗎？不講話就過不了嗎？講啊，你的聲音洪亮如鐘，我在辦公室都聽得一清二楚。講啊，你邊講邊笑表情豐富，轉過來扭過去一片繁忙。今天就讓你講個夠，扭個夠。講！」我陡地提高音量，第一次，當眾譏諷學生，第一次，在學生面前惡狠狠地狂吼。「講！不講得口吐白沫不准停！扭啊，不扭得脖子僵硬不准下臺！講！」

他怯怯地望瞭望我噴著怒火的眼睛，我緊繃著臉沒有半點商量的餘地。他蠕

動著嘴唇，扭動著脖子，向左、向右，向左、向右。有學生想笑，看看我，沒敢笑。

他停下來，沒等他打量我，我一個箭步向他衝去，他連忙繼續著機械的動作，蠕動著嘴唇，扭動著脖子，向左、向右，向左、向右。「100！」我給了他一個數字。我退回來。

眼淚，從他的眼裡湧出，他用手擦去，又湧出，他不再擦，任眼淚在面頰上橫流。他繼續蠕動著嘴唇，扭動著脖子，向左、向右，向左、向右。教室裡一片沈寂。我像在游泳池裡憋氣，極度地難受，想伸長脖子換口氣。漫長的「100」，我為什麼不說「20」？教室像一座古墓，所有的寶藏都死死地僵在那裡。

「夠了！」我沒好氣地吼了一聲，自己也聽不清楚是什麼聲音，像耳鳴。

我兩眼模糊，摸索著回到辦公室，重重地跌在椅子裡。向左、向右，向左、向右，揮不去的向左向右，旋轉著，呼嘯著，旋轉著。一陣眩暈，一陣惡心，梅尼爾氏症再一次向我襲來。

沒有人擁護，沒有人反對，沒有人安慰，沒有人找麻煩。

紀律也許是好了，沒有老師告急，沒有值日生記名字，沒有幹部來商量。小畫家沒有逃學，沒有用眼睛恨我，沒有刻意地躲我，一個單純的男孩子，一個善良的學生，以為是自己錯有應得。我沒有愧疚，沒有道歉，沒有反思，以為自己是為學生做出了犧牲，犧牲了我的風度，剝去了我的文雅；犧牲了我的秉性，喜歡寧靜的內心被粗暴的行為撕裂出血淋淋的口子；犧牲了身體的健康，損傷惜以為金的嗓子也在所不惜。一切，都是為學生好。

什麼都沒有的日子，沒有成功，沒有美好。

時間是最好的良藥，我終於好了傷疤忘了疼。風平浪靜的日子，工作的熱情和歡樂又如神附體。學生也養精蓄銳，忘了懲罰的殘忍，恢復了活力。

這天，開完臨時班導師會，我興衝衝地跑向教室，想趁學生下自習前把有關事項提前交代。

遠遠地，教室的喧鬧聲如雷貫耳，我的腦子裡轟的一下，發熱膨脹，兩眼直冒金星。那是多少人的聲音，那是多麼放肆的說笑，全班都在鬧？我不相信我的耳朵，怎麼全都是我班上學生熟悉的聲音？我無法不相信我的眼睛，教室裡，本子在天上飛，人在地上跑，站著的在說，坐著的在笑。分不清誰是「話包子」，誰是支持懲罰「話包子」的人。沒等我想出對策，下課鈴聲響了，學生們全然不知憤怒的老師站在窗前，歡呼雀躍著衝出教室。

又是一次需要延長十分鐘以示懲罰的自習。

下課鈴聲響了，學生抬起頭想舒口大氣，撞上我冷峻的目光，趕緊又埋下頭。時針一秒一秒慢慢地轉動，不能備課，不能批改作業，熬著這寶貴的時間，我煩躁難耐。沒有人再敢蠢蠢欲動，但我沒有一點成就感，淪落到「守自習」的地步，真是窩囊。

終於，令人窒息的十分鐘過去了，我說了聲「下課」，第一個衝出了教學樓。還沒等我長呼一口氣，「解放了！解———放———了！」驚天動地的呼聲從教學樓走廊傳出來。我毫不遲疑地衝回去，橫在教室門口，擋住了學生。

「回去，統統回座位！」我厲聲喝令。學生們悻悻地停住，不肯坐下。「坐下！都給我坐下！解放了，什麼解放了？」我憤怒至極，早就積壓的怒火瞬間爆發。學生無聲地坐下了。

「解放了，什麼解放了？誰是你們的敵人？嗯？解放了，哼！這下子這麼齊心，把樓都要震垮了。這麼勇敢，這麼能幹，憑什麼還要老師陪你們上自習？解放了？對誰不滿？乾脆說『解散了』『不學了』！真是莫名其妙！豈有此理！」

一番狂轟濫炸，一片沈寂。我轉身大步走回辦公室，靠在座椅裡稍事喘息，準備迎接第二輪反擊。沒有響動。良久，我再次走回到教室門口，「我走了，你們解放吧！」我冷冰冰地丟下學生的反抗，慢吞吞踱出教學樓，拖著沈重的腳步回家。（圖1）

圖1「解放了！

解放？解放！我赫然震驚。「解放了！」———那麼多學生不約而同驚天

動地的呼喊，撞擊著我的靈魂。「解放」，太熟悉的一個詞。我相信人的天性，只有深受壓抑、無法活下去，才會渴望解放。我的心在呼喚，我也需要解放！我怎麼解放？難道，我可以不聞不問？明知道上課隨便講話的習慣影響學生當前的學習，也勢必危害以後的發展，我怎麼能不管？！作為人，最基本的一條，就是不損害他人！當一個人「享受」毫無顧忌的「自由」時，就已經妨礙了別人的自由。被默許、被傳染的「妨礙」一旦成了氣候，或許將摧毀自由。學會「有節制的自由」，才能夠實現「人」的自由。我希望學生活潑開朗、心靈自由，就必須讓他們遵守最基本的常規，而不是口頭上承認常規而已。解放，並不代表我放棄培養學生良好習慣的決心。恰恰相反，我需要尋求一種方式，把自己和學生從偏離教育理想、失去正常的團體生活的惶惑困頓、束手無策中解放出來。絕不能放縱那些影響學生成長的不良習性，任其像野草一樣瘋長。我正在讀盧梭的《愛彌兒》。法國啟蒙教育家盧梭杜撰了「愛彌兒」這個孩子，從他出生直到結婚，用鮮活的事例說明教育過程、教育觀點和教育方法。盧梭反對用強制的方法壓抑人的天性。他說：「出自造物主之手的東西，都是好的，而一到了人的手裡，就全變壞了。他要強使一種土地滋生另一種土地上的東西，強使一種樹木結出另一種樹木的果實；他將氣候、風雨、季節搞得混亂不清；他殘害他的狗、他的馬和他的奴僕；他擾亂一切，毀傷一切東西的本來面目；他喜愛醜陋和奇形怪狀的東西；他不願意事物天然的那個樣子，甚至對人也是如此，必須把人像練馬場的馬那樣加以訓練；必須把人像花園中的樹木那樣，照他喜愛的樣子弄得歪歪扭扭。」

　　同時，盧梭強調教育的必要性，看似強制的「管束」也不能不為之，人必須要教養。他說：「不這樣做，事情可能更糟糕一些。我們人類不願意受不完善的教養。在今後的情況下，一個生來就沒有別人教養的人，他也許簡直就不成樣子。偏見、權威、需要、先例以及壓在我們身上的一切社會制度都將扼殺他的天性，而不會給它添加什麼東西。他的天性將像一株偶然生長在大路上的樹苗，讓行人碰來撞去，東彎西扭，不久就弄死了。」

　　「我懇求你，慈愛而有先見之明的母親，因為你善於避開這條大路，而保護這株正在成長的幼苗，使它不受人類的各種輿論的衝擊！你要培育這棵幼樹，給它澆澆水，使它不至於死亡，它的果實將有一天會使你感到喜悅。趁早給你的孩子的靈魂周圍築起一道圍牆，別人可以畫出這道圍牆的範圍，但是你應當給它安上柵欄。」

　　班團體的制度，就應該是保護學生心靈的柵欄。良好的教育，就是培養適合學生天性的良好習慣，這樣的教育才不會被反抗、被忘掉。受到良好教育的人，無論幸運還是困苦，都能有意義地生活，這就是對心靈最好的保護。

齊聲高呼「解放了」的學生，是那麼渴望自由。天性活潑的學生，需要怎樣的生活？能接受怎樣的制度？教師為此能做些什麼？

自由是人本能的追求。兒童的天性就是熱愛自由，喜歡與花草蟲鳥對話，不喜歡被人打擾；喜歡與小夥伴一起在土坡草地上奔跑、在遊戲中馳騁南北，不喜歡離群索居、被關在小房間裡；喜歡角逐較量、木秀於林，不喜歡平淡無奇、唯唯諾諾；喜歡在遊戲中為自選角色賦予俠義仁心，不喜歡有人破壞規則蠻橫無理。這些喜歡，反映出自由、平等、博愛、民主是人類普遍價值的文化傳統，並非西方文化所獨有。教師的天賦，就是保持童心，骨子裡就是善於理解和保護兒童的「喜歡」，克制和約束那些「不喜歡」。兒童的遊戲規則，協調著「保護」與「約束」的尺度。兒童的天性中，實現自由與平等、合作與競爭、民主與法治相互統一的智慧，恰是人類的人性之美。

對於成長中的學生來說，「喜歡」，即是需要，需要自由地思想，需要保持獨特個性的自我實現。「自由散漫」只是缺乏自控力的表現，恰恰是不明白自己的「喜歡」，失去了對「喜歡」的追求。看過了虛偽，還敢「喜歡」信任？領教過強　權，還敢「喜歡」平等？受到那麼多的誘惑，還敢用一生的代價去做「喜歡做的事情」？班導師的魅力，就是堅持真誠，讓學生在生活中感受人性的美，在實踐中去發現社會的光明。

為什麼我順應學生的要求對學生的種種幫助，反倒成了禁錮學生的桎梏？因為，一個人無論如何努力，也不可能代替他人去付出，付出即是生活。我們班的值日生制度為何名存實亡？管理制度，應該是一種創造共同生活的方式。僅限於管紀律的制度，不是學生們需要的生活。

當我犧牲著自己最為寶貴的時間、風度和健康時，換來的卻是學生的反感。活蹦亂跳的學生多的是，比我處罰嚴厲的老師也會有，為什麼唯獨我的學生這麼強烈地集體表示不滿和抗爭？我渴望師生平等的自我教育，追求師生和諧、共創幸福教育的團體生活，當我用一個個小故事把我的渴望和追求逐漸讓學生瞭解並化為目標和憧憬時，卻採取了違背共同意願的方式！有教育民主的期望卻沒有教育民主的通道，比壓根就沒有教育民主的期望更容易激化矛盾！

馬克思、恩格斯在《神聖家族》中寫道：「既然人的性格是由環境造成的，那就必須使環境成為合乎人性的環境。既然人天生就是社會的生物，那他就只有在社會中才能發展自己的真正的天性，而對於他的天性的力量的判斷，也不應當以單個個人的力量為準繩，而應當以整個社會的力量為準繩。」

班團體的制度，就是以學生的需要，形成一種團體的力量。一個好的班團體

的制度，應當容納個人的天性，使每個學生能夠接受這個制度，樂於成為這個團體中的自己，因而能夠有所選擇地改變自己的天性，培養起社會生活、個人生活所必需的良好習慣，真實而和諧地共同生活於團體之中。

學生發自內心接受的班團體制度，保護著學生最渴望的尊嚴和信任，維繫著學生最需要的有歌聲、有交流的團體生活，抵禦偏離學生發展方向的干擾，約束違反人性常規的行為。學生參與創造和實施這樣的制度，就是熱愛自由、尊崇平等、學習民主，爭取「喜歡」的權利，獲得信仰的自由。

我渴望這樣一種方式，一種易於實現的、為學生所需要而接受的日常生活方式，使精神生活、自我教育寓於其中。班導師參與這樣的生活，就是很自然地引導學生創造人生幸福，不僅令學生終身受益，而且能夠愛護班導師自己，保持幾十年如一日的工作激情。維繫這樣的團體生活方式的制度，必須具體、切實可行，師生能夠從中看到實現共同目標並且也實現自我願景的可能，激起共同參與的願望。

怎麼辦？我研究起了操行分。評操行分，不是我的發明。這一年，分管德育的李校長從外地取經回來，當她把打操行分和評操行等級作為學校德育處對班導師的工作要求時，班導師一片譁然，我也曾半信半疑。學生本來就不喜歡被紀律約束，再來點條條框框，能接受嗎？班導師的工作已經夠麻煩的了，何必多此一舉，逼著大家打「神仙分」？李校長是全國模範班導師，說起班導師工作細節如數家珍，我和她挺談得來。憑著我對李校長的理解和自己喜歡學習新事物的習慣，我思考過這個被人推崇又被人反感的操行分，但未得要領。如今時事逼人，我再度悉心鑽研，發現操行分具有能夠實現具體評價、使得人人能夠發揮作用的功效，恰是班級制度能夠實施的關鍵。

我真心誠意地和學生商量班級制度，把班級發展總體目標作為班級制度的重要部分，讓美好的快樂前景激起學生的嚮往。我小心翼翼地把操行分推薦給學生，與學生共同制定值日生評分細則，熱情描繪每個人發揮那一點點作用產生的巨大影響，把每個人的全面發展和同學間的相互促進與操行分建立起聯繫。我具體指導班幹部發揮作用，讓他們認真地對值日生進行協助和評定。或許是全校都要實行操行分，沒有引起軒然大波，也沒有遭遇意外的「反抗」。初見成效後，把清潔值日、康樂體育等項納入，再逐步推進。

我和學生幹部們有了新的共識，學生們一起試行著我們嶄新的制度，看著團體一步步邁上學生自我管理的正道，我的內心獲得了坦然。我解放了！我終於找到了求解放的道路———完善班團體的學生自我管理制度；我獲得了尋求解放的武器———創造性地應用操行分！

「解放了———」我發自內心輕輕地呼喚。我的思想獲得瞭解放，我的認識跳出了束縛，我的精神領域開啟了通往世界的大門，這是多麼難得的真正意義上的解放啊！

　　可惜，那時我還不懂得把自己的內心世界展現在學生面前，而是把對小畫家的愧疚隱藏於心底。小畫家沒有升入本校高中，帶著我永遠的痛，離開了南開，離開了我。從學生們的口中，我隱約得知他後來上了美術院校。盼望他成為畫家，並且，希望在他的畫裡，不要出現我那猙獰的瞬間。不過，即使出現，警示天下，也理所當然！可能是寬慰我吧，學生們說他曾回南開來看望我，我不在。但願如此。

　　接下來，我教了高中。一群班幹部像鐵包公，以鐵的手腕執行有操行分的制度，不斷增訂條款，改進方法。個別學生對操行分的抵制和不滿迅速土崩瓦解，出名的「後段班」舊貌換新顏，打贏了著名的翻身仗。

　　當年，即使是我視為法寶的有操行分的班級制度，我也執行得謹小慎微，不敢大力宣講。直到學生主動把它介紹給其他班導師時，我才知道學生們內心早已接受了它。

　　我終於敢於無比喜悅地把這痛苦中挖掘、奮鬥中錘鍊、勝利中打磨的瑰寶展示給新的一屆屆學生。

貫通「小宇宙」的「魔法」

　　不少青年教師、學生和家長問我同一個問題：在考試決定著學生命運的現實環境中，有沒有這樣的教育，學生能夠贏得人生必須經歷的那一場場考試，卻不以犧牲人生最可貴的學生生活的快樂和追求夢想的幸福為代價，獲得人真正意義的成長？

　　答案是肯定的！在涉及教育的各個地方和層面，都有人在探索和實踐著這樣的教育！我和我的學生們就是這樣的探索者和實踐者。我們的教育，就是為了創造人生的幸福。師生共創幸福教育，一起成長！

　　我們的班團體，是學生終生難忘的優秀團體。班上，人人參與管理，在學校文明達標中總是名列前茅；每晚，「青春時光」的歌聲總會從我們教室傳出，在紅五月歌詠比賽中四聲部合唱和諧優美；課餘，人人都堅持鍛鍊，凝聚起團體的實力，校運會名列前茅，籃球比賽勇奪冠軍。學習的進步令人歡欣鼓舞，高考成

績令人刮目相看，連校長都情不自禁地說：「韋新聖，你又創造奇跡了！」班上的資優生層出不窮，各具特色，後勁十足，令全校矚目，學生們在大學、在工作職位上、在人生路上保持著朝氣和真誠，盡顯風華。時間，是對教育最好的檢驗，南開中學畢業十年、二十年後，學生們深情相聚，對中學時光無限感懷。

我們靠什麼實現了教育的理想？當學生感嘆著「您在班級管理中，也有一套與眾不同的方法」，「我的一點一滴的變化，都是您的『魔法』所致」時，一定會有人好奇———那是怎樣的與眾不同的方法？它有怎樣的魔力？

那真是與眾不同的方法，但它不是我的，而是我和學生們共同的創造。二十多年來，許多屆學生和我一起思考、實踐、檢驗、改進，它是我們心血的結晶。它真的有魔力，它讓班導師走出了事必躬親的煩瑣，擺脫了鐵腕強制的掙獰，讓愛，回歸了親切自然、和悅坦誠。它的魔力來自學生心中的巨人，變幻出磁石般的向心力、多姿多彩的能幹、童心不泯的愉悅、青春成長的蓬勃、潛力無限的魅力。它，就是我們一整套的班級管理的理念和制度。它的全稱是：「學生值日、學生幹部值週、操行評分的學生自我教育、自我管理制度。」（附錄 1）

這是一個既具體又明白、能夠落實、能夠堅持的制度。

班級制度的名稱，表達著制度的本質，激起學生的共鳴：通過學生的自我教育，實現學生的自我管理；以學生的自我管理促進學生的自我教育。

制度的宗旨，指明瞭教育的方向，鼓起學生自我實現的信心：堅持素質教育，實現全體學生的主動的全面發展。宗旨還指出了發揮團體教育的作用、實現教育理想的途徑及其哲學依據。

班級制度的內容，是由九項具體制度構建起團體精神生活，喚起學生對團體生活的嚮往：各項制度展示出學生每天生活的豐富多彩，體現著人人有同樣的責任和權益。

制度的實施方案及細則，包含了對團體生活和學生個人生活的基本方面的各項具體要求。環環相扣的執行、檢查、監督、測評機制，顯示制度的公開、公正、可信、可行。真實可信的制度，激起學生對現實和未來的追求。制度的執行力度使得人人必須參與，必須盡力而為。這不僅因為做好、做壞不一樣，更因為它使每個學生相信：在這個團體裡，有真正的學生生活，而自己是這個團體中不可或缺的一部分；在這個團體裡，自己能夠得到最好的發展，自己與團體裡的每位同學共同擁有美好的未來。

我們的制度看起來很普通，和許多班導師進行班級管理的方法大同小異；它確實也很平凡，和許多班導師進行班級管理中的「民主教育、教育民主」的理念

一脈相承。然而，正是那一點點「小異」，也就是管理組織結構和管理過程具有整體化、程式化、數字化的特徵，使得學生自我管理具體落實到各個方面，貫穿到底。就是那一點點「小異」的神奇，讓每個學生心情舒暢，發揮出自己的才能，激發出自我教育的潛能，因而成效顯著、深得人心，進而堅持不渝。

什麼「數字化」，不就是打操行分嗎？有這樣的必要嗎？即使必要，學生願意嗎？活生生的人這麼複雜，怎麼能用「分」來評價？何況還是思想活躍的中學生，並且要由他們自己來執行？！

不論有多少懷疑的目光，不論質疑的口氣帶著怎樣的不可一世，不論不理解中如何夾雜著對人品的輕蔑，我都不會遲疑、不會退縮、不會放棄！我一遍一遍地問自己：僅僅是學生高呼「解放」的「反抗」逼著我走一條常人不走的險徑？不，是學生心靈的需要，是我靈魂的渴求，讓我和學生走到一起，選擇了設計、實施和堅持這樣的制度。通往幸福教育，別無他路！

有的故事深藏心底。初到南開就遇到棘手的「竊案」、學生出走、被學生恨，哪個年輕教師能津津樂道？不僅是難於啟齒，有多少人能理解那是對幸福教育的呼喚。

（一）讓靈魂變美麗———心語百花台

重慶很少下雪，這一年冬天卻意外地披上銀裝，人們為瑞雪降臨而欣喜若狂。清晨，我早早來到北樓，喜滋滋地站在辦公室窗口四下張望。身後有人？沒喊報告就進來的女生輕輕叫了聲「韋老師」。

「快看，雪真白」，我以為她也是來看雪的，把最佳位置讓給她。

「老師，糟了，我們寢室糟了！」

「什麼糟了？」我這才發現她焦眉愁眼，這個熱情的室長早沒了平時的活潑勁。

「我的東西被偷了！她們的也不見了，好多次了！」

「哦？」我一驚，心裡頓時涼了半截。

「明明晚自習回去東西還在，不知怎麼早晨起來就沒有了，不會是外人幹的！」她聲音很小，卻句句清楚，讓我更加震驚。

我們班怎麼會有這樣的事兒？事兒很小，不過是小女生喜歡的小玩意、從家裡帶來的小零食不翼而飛。但事態嚴重，這個寢室的女生都認定是「內部問題」，相互猜測、人心惶惶。

我請學校調查了寢室工作人員，沒發現問題。而「事兒」發生的時間，基本

排除了其他寢室學生的可能。我的心揪成一團。會是誰呢？寢室裡八個女生，個個聰明好學，初一的學生還是孩子，對老師的那種依戀和親近讓人心疼，不忍想像……

我們班怎麼會有這樣的人？

1982年，我初到南開任教。或許是運氣好，或許是天道酬勤，任班導師的這個初中住讀班是公認的先進團體。課堂上氣氛活躍、討論熱烈，科任老師格外興奮地告訴我：「學生渴望發言，那一雙雙高舉的手，恨不得伸到我的眼前，點到我的鼻尖。」成績優秀自不必說，校運會上的團體冠軍，把團結拼搏、遙遙領先、熱血澎湃詮釋得淋漓盡致。一般，團體總分100多分就能名列前茅，我班200多分！初中生畏懼的跨欄，被我班包攬了男生、女生各自的前三名。尤其是我班的「運動健將」，他那有節奏的欄間跑，有力的准點踏地、起跨騰空過欄、屈膝外展的一系列精彩動作，令全場歡聲雷動。

在這熱氣騰騰的生活中，寒氣襲來。就在我與學生一個個談心，以為終於去掉了心病的時候，「事兒」又發生了！接二連三！！更令人不安的是，最近兩天，女生們都把矛頭對準了吳爽。

吳爽因父母工作調動，才轉學到這個班，這種懷疑的目光對她來說是致命的！吳爽樸實上進，在原學校是大隊委，即使不是這樣，誰會一到新環境就貪小便宜，偷吃同學從家裡帶來的糖果糕點？不合情理！難道，她就是因為這樣的「原因」才轉學的？思緒摩挲著我與她交往的每一個細節，她眼神裡的自信和坦然，讓我的直覺歸於安寧。

幾經瞭解，她們的理由都來自曉娣的「指點」。

曉娣聰明活潑，團體活動中熱情積極，紅撲撲的臉上一對大眼睛忽閃忽閃的，是個逗人喜愛的小姑娘。難道是她？假如不是她，事情就更複雜。初中生的「心術」令人震驚，超出我的想像！

老師最擔心班團體中發生丟失物品這一類偶發事件，而這事兒隱含的，比丟失物品更可怕！誣陷與侵略戰爭一樣，是人類遭受的最殘酷的災難！我無法抹去對這種災難的痛恨。在這和平的日子，為了算不上一己之利的「享受」，最可愛的學生，「本能」地耍小聰明，讓身邊的人受到誣陷。這樣的事，深思起來，讓人不寒而慄。

擔憂偶發事件不斷，擔憂惡性事件發生，擔憂學生的眼下和將來。這樣的事不能遏制，靠小心提防和算計他人過日子，我還能保持自己內心的真誠嗎？不敢堅持真誠，我還怎麼當老師———真正能引導學生創造人生幸福的老師？

徹夜難眠。當知青時我「破案」的往事，像電影一樣在腦海裡浮現。

我們生產隊是最窮的生產隊，地處大山腰，兩條山梁連接著高山，順勢延伸向禦臨河畔。一條小山梁是一道狹窄的紅石穀岩，稀稀拉拉長著些小樹，旁邊是一條裸露著紅石穀底的山澗。另一條大山梁是壯闊的黃土坡，粘硬的黃土地裡種著玉米、紅薯和豆子。隊裡的十幾戶人家就散落在這長長的大山坡上。小得像巴掌的田塊在兩道山梁間曲曲扭扭疊起層層梯田。春季，高山流水像瀑布飄然落下，順著紅石穀澗無聲流淌。夏季，山洪撲進紅石穀澗洶湧咆哮，旁邊的小田巴兒卻安然無恙。

我的知青屋就在大山坡尾。向外望去，禦臨河在連綿不斷的丘陵中穿過，一條通向大隊和鄉鎮的石板小路順著坡腳鄰隊大田的田埂蜿蜒起伏，隱沒在炊煙裊裊、翠竹婆娑的小山丘後。站在屋角向著兩道山梁之間喊話，聲音會順著山凹傳得很遠。

那也是一個冬天。

就在下午快上工時，呼天搶地的哭聲傳來，驚動了全隊老小。循著哭聲，人們聚在了雷世珍家門前的小土壩。雷世珍天生殘疾，一隻眼睛布滿白膜，腳跛，走路一顛一顛的。她的一隻手五指並著、手腕向內蜷著，萎縮的手臂斜拉著肩，靠在弱小的身體前。全隊人除了我，都叫她「雷爪兒」。雷世珍的丈夫是個結巴，也是殘疾人，她家是全隊最窮的。雷世珍衣衫襤褸地坐在地上，她的女兒赤著腳，小手凍得通紅。悲慘的號哭漸漸轉為抽泣，雷世珍斷斷續續地告訴大家，就在她下工後到後山坡撈蕨葉柴草的一會兒工夫，她家的布票和錢全不見了。

雷世珍家的茅草房被一捆捆乾玉米秸圍著，只露出破舊不堪的兩扇木門。門斜開著，長長的鐵門扣上掛著的那把鎖，是只有在電影裡見過的凹形長鎖，在那裡一晃一晃的。

「門鎖了沒有？」我小心地問。

「我走時把門拉過來，鎖起了的。回來看見鎖這樣吊著，我……」雷世珍嗚嗚地哭著說。

「她那個鎖，配盤的」，雷世珍的小姑子說著，「嘎吱」一聲推開門。我跟在幾個人後面進去，馬上又退了出來。裡面黑乎乎的，什麼也看不見，一股潮潮的氣味。地面就是泥土，凹凸不平。只聽小姑子說：「東西就藏在土牆那個裂縫裡。」

那時，生產隊很窮，八分錢一個勞動日，山上光禿禿的，樹早就被砍光私分了。生產隊裡經常發生偷盜，莊稼地裡還沒成熟的糧食不翼而飛，社員們就像心

知肚明，罵一陣賊就算了。唯獨這一次，隊裡最窮的殘疾人遭「入室盜竊」，激起了全隊人的公憤。

平時生產隊議事都是在包會計家。大夥兒聚在會計屋前的大樹下。包勝榮蹲著，望著前面的小田巴兒自言自語：「上午才賣了樹，中午錢就被偷了，也太快了嘛！」他是隊裡的能幹人，會木工手藝，見多識廣，能言會道。人們議論紛紛，「兔兒還曉得不吃窩邊草，唉！」「別人的事我們可以不管，這雷爪兒太可憐了！」「這事不是人做的！太可恨了！」「這事不能就這麼算了！」大夥兒越說越氣憤，強烈要求生產隊長去請大隊劉支書來斷案。

冬天的夜晚漆黑，冷風嗖嗖。王隊長在屋後叫我去開會。與他同路的還有大隊老支書劉銘欽。我平時擔水吃的月白水氹泛著些許亮點，氹邊上的小路雜草叢生。劉支書打著電筒，照著我一步步走過去。

包會計家寬大的堂屋已坐滿了人，鬧哄哄的。門對著的大方桌被圍得黑壓壓的，人們頭上露出煤油燈搖曳的微光。年輕的王隊長喊了聲「劉支書來了」，亮光閃出一條路，把我們讓進去。劉支書和隊長坐在面對大門的上座，我擠在旁邊緊靠桌子的長條凳上。

「劉支書，你來了就好了……」「雷爪兒太可憐了！」「劉支書，這事不能就這麼算了！」又是那些議論聲四起。劉支書兩眼炯炯有神。他磕磕煙袋，簡單講了幾句，宣佈了「政策」：「把『拿』的東西『還』回去就行了。誰『拿』的，說說看。」

屋裡頓時靜了下來。包會計平時就不愛說話，此時一個勁吸著卷著的煙葉。滿屋煙霧繚繞，偶爾有人咳嗽、有人借火點煙，誰也不再吭聲。隊長雙肘撐在桌上，雙手抱拳抵住下巴，眼睛望著大家。能幹人也不知坐在了哪裡。堂屋顯得格外昏暗。

大家都回避著劉支書的目光。劉支書直截了當對我說：「知識青年沒什麼好擔心的，老韋，你說說看。」

我17歲多下鄉，此時也不滿19歲，「老韋」是對知青的尊稱。從大家的話語和眼神中，我知道大家都明白是誰幹的。我只是來看劉支書「斷案」的，沒有一點思想準備。但是，我看到的、聽到的都在我腦子裡，好像就該我說似的。

「想想看，『雷爪兒』這麼窮，誰會知道她家放有錢？」雷世珍家被盜後，她已經給大家講了這天上午她和她的小叔子一起把分的樹賣了。

「就算知道了她家裡有錢，誰又會知道她家門上的鎖一拉就開？她上山撈柴那麼短的時間，誰會走來就取下鎖，鑽進她黑烏烏的家？她的家裡那麼黑，潮濕

陰冷，地面坑坑窪窪的，誰敢走來就進去？」想像黑暗中鬼魅般更黑的身影，我皺起眉頭。煤油燈忽閃了一下，更暗了。「誰又能知道她家牆壁裡的秘密，幾步就走到亂糟糟的牆角，從牆壁裂縫裡掏出錢和布票拿著就走？」

　　我的話音剛落，家奎騰地站起來，臉紅筋脹，連聲說：「韋新聖，你把我說個『生巴倒』！」我順著他的話音，輕聲說了句：「說得脫，走得脫！」大家「轟」地爆發出笑聲。

　　重慶話「生巴倒」，就是泥巴糊牆、膏藥貼傷，怎麼也分不開、扯不掉。事情已經明擺在那裡，他竟然按捺不住，自己站出來「招認」了！我這才發現家奎就坐在我對面的牆角，即使無地自容，他也沒法擠出去。他家緊挨知青屋，是我唯一的鄰居。他是雷世珍的小叔子！雷世珍丈夫的親弟弟！！雷世珍孩子的親叔叔！！！

　　「兔兒不吃窩邊草，還是吐出來吧！」「親兄弟，哪能幹這種事喲！」議論聲四起，滿屋熱氣騰騰。劉支書磕磕煙袋，「事情已經清楚了，都是一家人，我也不多說了。錢和東西，趕快還了！還了，就行了！」劉支書的「斷案」，就是這樣簡單明瞭。

　　「家奎」，劉支書望著家奎，「家奎，我說的，聽見沒有？」已經坐下的家奎站了起來，看著劉支書，面無表情，不自在地「嗯」了一聲。劉支書朗聲說道：「沒有外人，我們都不是外人，『還』回去就了事。」大家都放心了。人們開始鬆動，家奎第一個衝出了門。

　　走出門，劉支書對我說：「他不會對知青怎麼樣的。農民太窮了！再窮，也不能欺負殘疾人，何況還是親兄弟！」劉支書是土改時的老黨員，他回憶起合作社初期年年豐收的日子，充滿了興奮、失落和無可奈何。他看著我走進鄰居家。

　　家奎完全沒有了會場上面對我時的強悍，一臉愧色迎接我，像平時一樣和和氣氣的。他讓我坐，我沒坐。我望著他，「家奎，我們是鄰居，你對我很好，我經常到你家推磨。我不是對你這個人有意見。『雷爪兒』太可憐了！」我開門見山，不卑不亢。

　　「老韋，我曉得你是個好人，沒有歪心腸。」家奎不自然地笑著，卻沒有回避我的目光。看著他的眼睛，我放心了。

　　下鄉前，我就熟知《福爾摩斯偵探案》的許多案情。我的「破案」遠沒有那麼多懸念和複雜的推理。人們慣用「樸實、憨厚」形容的農民，竟是那樣「明察秋毫」、「明鏡高懸」！諳練「讓事實說話」、「讓人心服口服」這「破案」的最高准則，他們用信任和沈默適時激勵出我這麼個最適合的代言人！

事情沒有我想像的那樣圓滿。很快，「雷爪兒」的錢失而復得，但布票沒有物歸原主。

　　我照常到鄰居家推磨。

　　我的「放心」也有太大的缺憾。當人們似乎淡忘了這事時，恰在家奎「走人戶」的那天，我的一對大黑母雞中有一隻「失蹤」了！全隊人都知道我養的雞不尋常。我剛下鄉時到公社趕場，用一元錢買了一對毛茸茸的小雞，房東大嫂胡碧蘭每天晚上用竹簍把小雞裝上掛起，以免被老鼠吃掉。小雞長成了烏黑油亮的一對大母雞。長大後的雞少有的爭氣！一隻足有六七斤，每天從門縫擠進家在自己的窩裡生蛋，連續生了七八個蛋就生一個軟殼蛋，接著又生硬殼蛋，幾乎不當「抱雞婆」。大母雞身手不凡，每晚從門縫擠進家，飛到高高的晾衣長竹竿上閉目安歇。全隊人都知道，那時，我父親被打成反革命，我跟他們一樣窮，我也是靠賣雞蛋買鹽、打煤油點燈。我一個勁地「央求」家奎陪著我漫山遍野找雞。一連幾天，每到傍晚我就放開嗓子呼喚我的「大黑咯咯」，捎帶著指桑罵槐般的傾訴，召喚「偷雞賊」的良心。剩下的那只雞總算沒有再「失蹤」！

　　人，真是太複雜了！生活，這本最具價值活力的教科書，只有願意自我教育的人才能讀懂。「破案」，促使我睜大自己的眼睛重新打量這個世界。老支書和他的兩個字「拿」和「還」，在我的人生軌跡中烙下深深的印記。那是對「人」的尊嚴的仰視，對世道冷暖的包容。

　　每天清晨，當我嘹亮的聲音回響在山谷，家奎總會在「上工了」的餘音中扛上鋤頭早早出門，一邊還樂呵呵地用特別的尊稱招呼我：「韋大爺，走喲！」他是隊裡最精壯、最能幹的漢子，手臂肌肉堪稱健美，幹活從不偷懶，他有一兒一女，對老人極其孝順。這麼勤勞的人淪為六親不認的賊，叫人心裡有說不出的憐憫和哀傷。就像他不滿我的直言而小有報復，但仍毫不掩飾內心對我的敬重一樣，我蔑視他的惡行，卻發自內心地尊敬他。

　　「勞動人民」是什麼？是活生生的人、普普通通的人，數以億計的像胡碧蘭、包勝榮、家奎這樣的人。他們謹小慎微、沈默觀望，他們自私、勢利，這些外表，只是他們為生存苦苦掙扎留下的繭疤和傷痕，那是生活在底層的人，用血肉凝固的維護最起碼的人身權益和尊嚴的盔甲。他們的內心深處充滿對幸福生活的嚮往，他們千年一貫地守護著人性的底線，日復一日地踐行著善良與勤勞。

　　當年，我理解了老支書對農民貧困的那種沈痛和責任。為了生存而年復一年地勞作，為了過上好日子而共同奮鬥，使我對幸福有了真切的感悟。

　　如今，撥亂反正後對「文革」的反思使我明白：沒有獨立的思想就是沒有靈

魂，眾多的人沒有自己的思想是可悲的，就可能失去一切。改革開放的時代劇變，提升了人們的生活質量，喚醒了人們對人的生命價值的關注，使我逐步堅定了自己對幸福的理解：做一個有思想的人，為了大家活得更好而不懈付出。珍惜、感恩、堅持，就能內心高貴、精神充實，簡單生活也富足。每一天都能為用心做好小事而充滿激情和喜悅。人生無悔！這，就是幸福！做一個引導學生創造人生幸福的老師，這，就是我終身的守望。

眼下，絕不能讓我的任何一個學生，受到懷疑的威脅和誣陷的傷害！絕不能讓我的任何一個學生，毀在「不拘小節」和「自作聰明」！絕不能讓醜惡玷污孩子們的靈魂。惡，來自貪欲和愚昧；更可怕的惡，是為滿足貪欲或堅持愚昧而造假！靠什麼戰勝惡、戰勝假？只能是真，許多人對事實的尊重，許多人的真誠！面對學生，我只能從自己做起，謹慎地調查研究，真誠地愛護我的每一個學生———在學生最需要真誠的愛的時候，包括「這一個」！

清晨，室長急匆匆地跑來告訴我，寢室裡又丟東西了。事不宜遲，雨雪天不會做課間操，我讓室長悄悄通知本寢室的同學，課間操時在寢室開會。雪停了，化雪的天格外冷，路面濕漉漉的，還有些小冰凌，跑步時發出哼嚓哼嚓的響聲。大家急匆匆地趕回寢室。

我在靠近窗戶的床邊坐下。學生們一反常態，沒有擠在我的身邊，和我保持著一點距離。她們擠坐在我對面的床邊，正好全在我的視線裡。我的大腦急速地轉動，語氣卻格外平緩。

「到齊了嗎？」

「只有曉娣沒到」，「曉娣上廁所了」，「曉娣說老師會搜查吳爽……會搜查『有個人』的箱子……」鬧哄哄的寢室猛地靜了下來，大家面面相覷，像忽然發現了什麼。「吳爽，對不起」，「吳爽……」初中生單純友善，想到什麼就說什麼。吳爽眼裡的淚花在打轉，我看著她的眼睛，她想哭，沒哭出來。曉娣悄悄走進來，坐在靠門的床邊，用蚊帳擋住我的視線。

「現在我們開會了。你們以為我會搜查嗎？不會！我憑什麼？搜查，多難聽！我們這裡都是學生，世界上最可愛的人！（尊重人格，消除學生戒備心理，否則老師的話什麼也聽不進去）萬一需要檢查，看看大家自理能力如何，也只能請你們每個人自己打開自己的箱子。（絕不能說『偷』這個字眼，那將給一生抹上陰影。『拿』別人的東西，降格成把東西放錯了地方，錯誤變成缺點，既避免發生危險，也更容易下決心改正）如果箱子裡發現了不是自己的東西又怎麼樣呢？就一定是箱子的主人放錯的嗎？別人不可以放東西進去嗎？（魔高一尺道高

一丈，老師即使不是福爾摩斯也知道各種招數，別想耍心眼蒙住老師）既然打開箱子也不清楚是誰的錯，那何必多此一舉？」

一聽說不開箱檢查，緊張得幾乎凝結的空氣飄逸起來。床邊僵直的身軀漸漸鬆軟，張開的蚊帳也縮回了原位。原本低垂的目光都揚了起來，一團團熱氣使寢室裡變得分外溫暖。

一塊糖，很甜；三塊餅乾，很香；幾個小玩意，很可愛。如果大家在一起分享，很快樂！但是，從家裡帶來的水果糖，一天一塊，卻找不到了，心裡該怎麼想？同學之間失去了信任，這個損失就太大了！

「有的事情，知道是錯的，一次也不能做！做這樣的錯事本身就丟人，並不需要查出來才丟人。丟誰的人？我是她的老師，我很難受，難道讓她難堪，我就很光彩？你們都是老師最心愛的學生，傷害任何學生都是傷害老師！錯了怎麼辦？改了就好！人的一輩子，有很長的路要走。記住，一輩子不一定評先進、當標兵，但一定要做個好人！平等待人是善良，助人為樂是高尚，不做壞事是清白，錯了就改是正直！千萬，千萬不要錯上加錯、鑄成大錯！」

學生們全都看著我，明亮的眼睛像迷人的星星，透著真誠的期待。

「大家想一想，這事，為什麼我沒在班上講？」我睜大眼睛望著那群晶亮的星星。

「是不想讓我們寢室丟臉」，「是想讓我們互相幫助」……寢室裡恢復了往昔的熱鬧。

「這是我們寢室自己的事，很快就會過去的。有的事，只能悄悄地」，我前傾身體，示意有重要的話要說，學生們也不由自主地前傾身體向我靠攏。「我對大家有一個請求，或者說是重要的規定：不能隨便懷疑同學，更不准提誰的名字，好嗎？」我望著大家，用食指輕輕按住緊閉的嘴唇。

「好！」學生們毫不含糊地齊聲回應我的請求，壓低了的聲音裡有一種誓言般的堅定。

「跑步回教室上課，跑步！」我恢復了熱情的高音。

「喔———」學生們歡呼著跑出寢室，「一二一，一二一……」學生們喊著口令跑步回教室，唪嚓唪嚓的聲響像歡快的小鼓點。

接下來該怎麼辦？曉娣和大家一樣，從心裡發出歡呼嗎？即使她在大家的火眼金睛的監督下不再犯錯，即使她真心痛改前非，但如果她從此失去活潑的天性和自信，那會多麼可悲啊！我陷入沈思，下意識地翻動著學生交來的班會活動建議。突然，我眼前一亮，「百花台」———建立班級信箱，加強同學之間、師生

之間的思想交流，這條建議真是太妙了！

「心語百花台」活動由此發端。學生們書信往來，獨自欣賞的、細細私語的、高聲朗讀的，笑意瀰漫在教室。真摯的話語，像天使揮動著美麗的翅膀，天籟般顫動著心弦。心語，從此成了師生交流時潤澤我和學生心靈的清泉。

我給每一個學生寄去了心語，表達我對學生獨特的個性和長處的欣賞與喜愛，借機再提一個具體的期望或要求。當然，我也給曉娣寄了心語。我陸陸續續收到許多回信，每封都各有特色，給我一次次驚喜。但我最盼望的一封遲遲未到。於是我天天準時守候在信箱前，盯著班上選出的郵遞員打開信箱。

這天，我到辦公室備課，用鑰匙打開辦公桌抽屜，一個精巧的信封映入眼簾，上面寫著「百花台轉韋老師收」，貼郵票處畫著小鳥托著心兒的圖案。我急切地展開信。

我含著快要流出的眼淚給您寫信，我想了很多很多，真不知道從何說起。您的來信使我非常感動，使我感受到了一個老師對學生真摯的愛，謝謝您，老師！您叫我查「亡羊補牢」這個成語和理解它的含義，我都做到了。老師，請您相信我，我會用行動來回答的，韋老師，謝謝您，真的，我衷心地謝謝您！……請您准許，准許我送您一首詩：

在離別的晚會上／我們送給老師一束鮮花／它正在開放／鮮花啊鮮花／多麼美麗的鮮花／呀———多麼奇怪啊／老師不看鮮花卻盯著大家／啊———我們才是老師心中最美的花！

我屏住呼吸，凝視信的下方———端端正正寫著的，正是她的名字！熟悉的字跡，像朵朵花蕾，綻放出奇異的鮮花。花叢中，她向我走來，那汪著熱淚的大眼睛，透著真誠的晶瑩。熱淚，從我的眼裡湧出。親愛的孩子，謝謝你，謝謝你能理解我所希望的一切！勇敢的孩子，你一定會成為人人敬重的好人！熱淚順著我的面頰激情奔流。我知道，友誼和歡樂回到了曉娣心裡，自信將伴隨曉娣的一生！我知道，我和曉娣會記住彼此————一生中最值得感激和信賴的人！

一個孩子內心的真誠有多大的力量？它足以驅散成年人的恐懼和徬徨！似一股清泉在心裡汩汩流淌，衝刷掉心底的那一絲疑慮和動搖。一個老師，要愛每一個學生，哪怕他給你蒙羞，哪怕她讓你心驚膽戰！愛，最重要的是信任，相信每個學生的內心深處都有被人尊重、被團體承認的渴望，相信教育能使靈魂變美麗。

靈魂是什麼？或許就是從童年開始潛藏於心底深處的渴望。它似空靈純色的

精靈，攜著人的本能，善變而四處逡尋。毫無節制的慾望和惡念使人靈魂醜陋，最終喪失人的靈魂。教育，是用靈魂塑造靈魂，用渴望激起新的渴望。人格教育就是在生活中學會如何看待生活，思考什麼最有價值、最值得追求。嚮往靈魂的美麗是一種生命的張力。內心中對某件事的渴望變為對自我生命的關注，當這種關注擴展為對生命共存的關注，這樣的自我完善就成為世界進步的基礎。

　　心語百花台，讓我看到了教育的力量，這是人格教育的力量，它能使靈魂變美麗。學生們不再只關心自己的物品、只關注自己的清白，他們把關注生命共存的溫暖傳遞給最需要的人。靈魂的美麗，感動著我，也感染著曉娣。

　　曉娣知道擅自拿別人的東西不對，但以為可以僥倖地躲過同學們的譴責。寢室民主生活會使她明白「群眾的眼睛是雪亮的」，新的境況促使她有了改正錯誤的緊迫感。確認老師會愛護知錯能改的學生，是她下決心改錯的一個重要條件。但是，單是班導師的愛和期望，即使打動了陷入困境的那顆心，也難以讓曉娣痛下決心吐露心聲。心語百花台活動中，沒有任何一位同學受到冷落，她收到的信特別多。同學們熱情的話語給予曉娣的信任和溫暖，鼓起她的勇氣；老師恰如其分的委婉建議，給了她勇敢進步的階梯。曉娣的成長給我極大的震撼，她的真誠淨化著我的靈魂。我能堅持真誠嗎？是的，無論如何都要堅持！怎樣的環境，能使學生選擇真誠？

　　教育，應當賦予人一生的精神追求。教育，就是要使學生成為有思想的人，清醒地認識客觀世界，真誠地面對自己的內心。這一切，只能靠生活。能夠打動學生內心的團體生活，能夠吸引學生興趣的團體活動，是學校教育最寶貴的資源。班團體需要靈魂，促進學生不斷自我反省和自我改善的制度和文化體系，給每個人創造機會提升自己，這就是我尋求團體生活方式的最深的渴望。

　　一個朝氣蓬勃、學風濃鬱、團結友愛的班團體，班導師並不能高枕無憂。然而，發揮出這樣的團體的智慧，卻能有意想不到的收穫。任何一個班團體，不論成績多麼優秀，紀律多麼自覺，都需要把人格教育放在第一位。難，不是藉口；不這樣做，會更難！讓靈魂變美麗，班導師夢寐以求的，就蘊含在團體生活中！

（二）尊重與呼吸一樣重要———危機背後的真相

　　人們常常認為，嚴格的管理制度主要是針對自覺性差的學生和班級，班導師的精力應當主要放在「資優學生」和「後進學生」身上，所謂「抓兩頭促中間」。這是對班級制度、對教育最危險的兩大誤解。「百花台」那個優秀班團體裡發生的事情，最令教師、家長擔憂的「出走」事件，尤其是危機背後的真相，足以讓人們警醒。

班上有一個男生，個兒矮小，又黑又瘦，看著就讓人心疼，我心裡稱他為「小不點」。「小不點」的爸爸告訴我，「小不點」從小就老是擔心別人欺負自己，總是「以攻為守」，咄咄逼人。這天，我見識了他的厲害。

晚自習放學後，我到男生寢室。門虛掩著，敲敲門，沒人應聲。我輕輕推開門，一看，嚇得我心臟撲通亂跳———「小不點」手裡高擎著半塊磚頭，滿臉怒容，恨恨地嚷著：「誰敢上來！看誰敢上來！」他身邊沒有人，再一看，其他同學都擠在寢室角落的兩張床之間。

學生看見了我，像見了救星：「韋老師來了，韋老師來了！」

我別無選擇，強作鎮靜，一邊叫著「小不點」的名字，輕聲說著：「有什麼事，告訴韋老師」，一邊慢慢向他靠攏。「小不點」漲紅的臉還是憤怒無比，手卻慢慢地放了下去。

我迎向「小不點」，睜大眼睛望著他。「什麼事？這麼委屈？」「小不點」的眼淚嘩地流了出來，「他們，他們的洗腳帕……」我摟住「小不點」，順勢拿下他手中的磚頭，踩在我的腳下。看看牆上掛毛巾的繩子散亂地垂下，毛巾耷拉著落在半空，我就大致明白了是怎麼回事。「洗腳帕不能掛在洗臉毛巾上面！」我果斷地說。「嗚嗚……」「小不點」竟哭了起來。

學生們都從角落裡鑽了出來。我讓學生在繩子原來位置下面的釘子上拴好繩索，降低了掛毛巾繩索的高度。不用我再說什麼，學生們把毛巾拾起來，洗臉毛巾在上，洗腳帕在下，一會兒就整理好了。

大家圍坐在一起。我對大家說：「假如抹桌帕掛在你的洗臉毛巾上方，不斷地滴著髒水，你們怎麼想？就算不滴髒水，樂意嗎？」「小不點」的表情完全平和了。寢室長上前拍拍「小不點」的肩，其他人也望著「小不點」點頭示意，男生的道歉很簡單。我拿起那半截磚頭，緊緊盯著「小不點」，他垂下頭，算是低頭認錯。我嚴厲地說：「這種事情，決不允許再發生！誰敢再做這種動作，一律處分！」「小不點」緊張地抬頭看著我，「我不會這樣做了！」他堅決地說。

我點點頭。「我相信你們不會再發生這樣的事。才開學，大家要學會相處。在自己的學期計劃裡，把這一條寫進去，好不好？」寢室長說先把這條寫進寢室公約。看著學生坐在一起討論，我在寢室裡溜了一圈，悄悄退出了寢室。我把這事告訴了寢室生活老師，把磚頭拿給他看。他大吃一驚，倒吸一口冷氣。我趁機提醒他經常檢查寢室，消除危險隱患。我建議他多和學生交流，也不用太緊張，學生還是能尊重老師，接受老師教育的。

我拿著磚頭出了宿舍，走了老遠，把磚頭扔在大樹下的草叢裡。幸好，開學

我就特別關注「小不點」，他也樂意和我親近。要不是家長告訴了我孩子的內心想法，我及時摸准了「小不點」的思路，否則後果不堪設想！雖化險為夷，心裡還似有一塊磚頭般沈重，學生只接受老師教育，能行嗎？「小不點」的心病，怎樣才能去掉？

沒想到，有心病的，還不止「小不點」。

初冬的清晨，天黑濛濛的。南友村B棟3單元的頂樓響起清脆的敲門聲，一聲，兩聲，睡意蒙矓中好像聽見有人在喊「韋老師」，我猛然驚醒，披上外衣翻身下床。敲門聲急促起來，「韋老師，我是靳濤的媽媽，韋老師———」我趕緊打開門，一男一女帶著寒氣撲了進來！

「韋老師，不要怕，這是靳濤的爸爸。實在對不起，這麼早來打擾你。靳濤不見了，我們太著急了！」靳濤的媽媽也是教師，冷得直哆嗦，說話卻照樣清楚明白。

「不見了？怎麼會？」我一下就懵了。靳濤是住讀生，週末回家怎麼會「不見了」呢？「不會是到同學家去了吧？」我的大腦急速搜索，最大的可能莫過如此。

「我開始也這樣想」，靳濤的爸爸說。

「到同學家也不給我們說一聲？濤濤從來沒這樣過。」靳濤的媽媽說。

「同學家能問到的都問了，都說不知道！」「我倆在家坐立不安，想到只有找韋老師，到你家門口時才半夜，我們一直等到五點半才敲的門。」他倆你一句我一句急切地訴說著。靳濤的媽媽聲音顫抖著，不時擦著眼淚。

我心裡很亂，很著急，從來不曾想過我的學生會「不見了」！看著靳濤的爸媽這麼著急，我立即鎮定下來，迅速回憶靳濤近來的表現：學習努力，遵守紀律，禮貌待人，沒有異常情況，應該不會有什麼過激行為。我把判斷告訴家長，詢問靳濤家裡有沒有發生什麼事。靳濤的媽媽搖了搖頭。

他家的親戚有沒有「不見了」的呢？會不會別的小孩出了狀況，他陪著出走？———「出走」！想到這個詞，我即刻緊張起來，須爭分奪秒，把孩子找回來！「事不宜遲，馬上到學校找領導想辦法！」

「今天是星期天，領導不上班。」靳濤的媽媽滿面愁容。

我家何老師提醒我趕快穿好衣服，我這才發現我渾身冰涼。我和他簡短說了幾句，我必須陪家長去找學生。兒子才兩歲多，平時上南開幼兒園，星期天是我倆煮飯帶孩子，今天就只好由他負責了。

那時幾乎家家都沒有電話。我跟家長商量：如果孩子在同學家就沒有危險，我們先到汽車站、火車站去找。靳濤的媽媽說他們開摩托車來的，於是我們兵分兩路，我到沙坪壩火車站，他們到菜園壩火車站和長途客運站。

沙坪壩火車站裡擁擠嘈雜。我先在售票處搜尋，沒有。我四處尋找，想像著每個人的背後都可能站著靳濤，每一個角落都可能躺著疲憊不堪的靳濤。我不斷地踮起腳、貓下腰、擠進人堆。沒有，沒有，都沒有！他會到哪兒去呢？假如我不回家，會選擇去哪裡？商店裡會暖和一些！我疾步穿行在商店密集的人群中，緊張地四下張望，走遍了商店，還是沒有！我頭腦麻木，拖著沈重的腳步回家，上七樓的樓梯是如此漫長，每一級樓梯都是那樣高。已經是中午一點多，我到家剛端起碗，靳濤的爸爸喘著粗氣也跨進門。他告訴我靳濤的媽媽幾近虛脫，他讓她躺在家裡，萬一孩子回家也好有個照應。我家何老師叫靳濤的爸爸吃飯，他搖搖頭。我扒拉了兩口飯，就跟靳濤的爸爸出了門。

他跨上摩托車，讓我坐在他身後的摩托車後座上。我暈乎乎的，雙手拉住正座下的皮帶環。車轟的一聲發動起來，開上了大道。我即刻打起了精神，睜大眼睛，盯著路邊的行人，竭力去發現我要找的人。摩托車代表著速度，像在賽車道上起伏、旋轉、衝刺，拐彎時就像要把我拋出去。我瞇縫著眼睛努力瞄準路邊的行人，可路邊的一切模糊一片，一晃而過。摩托車風馳電掣，我盯住前方，就像自己騎著脫韁的野馬，拼命地拉緊韁繩。

「刺———」前方發出刺耳的響聲，我的「馬」立了起來！「好險！」靳濤的爸爸終於說了話。我們的摩托車在大車小車之間穿行，尾隨在一輛公交大客車後面，摩托車差一點撞向這輛急剎車的龐然大物。豎起來的摩托車重重地落到地面，蹦騰了幾下，立住了。

「你這樣開車，怎麼找人？」我說出的話自己都聽不清了，靳濤的爸爸戴著頭盔，我沒戴，嘴都不聽使喚了。緊張得全身僵硬，沒戴手套，我趕緊把袖子往下拉拉，罩住冰冷的手。靳濤的爸爸似乎清醒了。人的大腦都有篩選記憶的功能，接下來，我怎麼回的家，我已經記不起來了。

傍晚，我帶著靳濤的爸媽進了南開後校門，向教學樓走去。太陽的餘輝映在第三宿舍樓的玻璃窗上，卻沒有一點溫度，我心裡冷冷的。走到主席像背後，只聽有人喊著「韋老師」，「韋老師，韋老師，我家……」我一聽就知道是「小不點」的爸爸，他迎了上來。

「小不點」週末沒回家，「小不點」也「不見了」！靳濤和「小不點」是一個寢室的。只聽靳濤的媽媽對著靳濤的爸爸嘀咕：「你說跟學校沒關係，你看，

你看是不是？沒有人『裹』，我們靳濤怎麼會……」重慶話「裹」，就是不良影響把人帶壞了。「小不點」的爸爸一直跟我說著話，此刻戛然而止。焦急難耐的父親的沈默，彷彿井噴前的重壓，他臉色鐵青。餘輝驟然失色，天暗了下來。

　　三位家長跟著我到辦公室坐定。我們班的勤奮是有名的，室長和班幹部都到教室了。我逐一找來各寢室室長和班長，確認寢室和教室都沒有發生特別的事情，靳濤他倆也沒向寢室的同學借錢。等到上晚自習，全班只差這兩個學生。事情比較清楚了，但「小不點」與靳濤平時關係很一般，他倆一起出走，我感到很意外。

　　德育處的彭主任家住津南村，我知道大致方向。剛走到津南村幼兒園就碰到了他。我告訴他，兩個學生週末沒回家，現在也沒到校，可能是出走了。他問什麼原因，我說不知道，班上和寢室都沒有發生特別的事情。彭主任問家長，家長也這麼說。彭主任對家長說：「我們這位班導師」，他指指我，「是非常負責的班導師，非常好的一個人，也很注意工作方法。」我心裡一熱。看見幾位家長都點頭，彭主任又說：「現在最要緊的是把學生找到，時間長了，沒有問題都要出問題。先把家裡的親戚都梳理一遍，依靠自己最親的人，把親戚家都找遍。一般，沒帶錢，走不遠，總想先找親戚借點錢。」家長頻頻點頭。

　　星期一上午我有數學課，上起課來我照樣專注投入、精神抖擻，下了課卻渾身無力。課間，班長紀紅鷹來到辦公室。「老師，我把幹部分成幾個小組，中午到沙坪壩火車站和汽車站找找靳濤他們，可以嗎？」看著我困惑不解的表情，她不慌不忙地說：「他倆沒來上學，老師又這麼著急，我們猜他倆沒請假。週末放假不回家，說明他倆是對家長有意見。家長去找，他倆肯定會躲起來，我們去找，說不定他倆還會主動和我們講話，至少知道同學們關心他倆，心裡會好受一些。」

　　我驚奇得睜大了眼睛，初中生竟有這樣的判斷力？考慮問題如此周到，不，簡直是周密！設身處地為老師、為同學、為家長著想，方方面面入情入理，還懂得疾徐輕重，既能與同學商量探討，又不擅自做主，徵求班導師同意時又是如此開誠布公、娓娓道來。這樣的善良、正直、成熟，不要說一個孩子，就是一個成年人，也難能可貴。怪不得選幹部時她以全票當選，班幹部分工時又被一致推選為班長。

　　見我沈思不語，紀紅鷹又說：「我們會注意安全。我們都是住讀生，週末都要乘車回家，大家都只走自己熟悉的車站，不會有問題。」

　　事到如今，只要有一線希望也要試一試。我同意紀紅鷹和另外兩個班幹部一起到沙坪壩火車站去看看，並給他們交代了注意事項。但他們也和我一樣失望而

一、尋求一種方式

歸。

　　週二，學校派車，讓我和家長到學生較遠的親戚家去找找。學校的重視，具體的目標，多少給了家長一點安慰和信心。車停在加油站加油時，靳濤的媽媽告訴我，她想順路回家給靳濤帶兩件衣服，孩子穿得太單薄了。我陪她上樓進屋，她一直給我講著靳濤小時候的事。指著錄音機，她說靳濤小時候特別聰明，兩歲多就會開錄音機。考上南開中學的都算是小學的資優生，沒想到靳濤在南開中學成了不死不活的中等生。「不死不活？」怎麼能這樣說呢！我有點意外。她問我班上的資優生的家裡是幹什麼的。我說我不清楚。確實，我大致知道學生的家庭情況，但從來沒有什麼「資優生」「中等生」的分類。

　　「小不點」到過他外婆家，想借錢，被外婆一頓臭罵，勸他回家。我懸著的心放下又提起，祈禱孩子平安回家。我本來就暈車，幾天的折騰寢食難安，在車上就吐了個一塌糊塗。幾近黃昏，車開回到沙坪壩，在南友村前停下，我一跨出車門就昏倒在地人事不省。不知是誰把我背回了家。

　　兩個孩子終於自己回到了學校。靳濤立即被他爸爸接回家。「小不點」聽同學說韋老師因為他倆病倒了，飯也沒吃就趕到我家。我眩暈不能起床，微微張開眼看見他，「小不點」站在床邊，用手背揉著眼睛，不知是淚水還是汗水，敷成了個小花臉，藍衣服變成了黑色，鞋上沾滿泥。因為身上的錢很少，用得一乾二淨，這兩天他倆就是靠偷偷拔農民地裡的蘿蔔、撿殘留的生紅薯充飢，一步步走回來的。我讓他坐車趕快回家，他爸爸快急死了；叫他吃了飯再洗澡，餓著洗澡容易昏倒；吃飯時慢一點，別吃得太飽傷著胃。

　　靳濤的爸媽一直羞於與我見面，「出走」竟然是靳濤的主意。週末「小不點」回家路過學校操場，靳濤坐在看臺上等他。靳濤告訴「小不點」早晚會受處分，不如跟他一起上峨眉山。「小不點」說：「我又沒犯什麼錯，幹嗎受處分？」靳濤說：「你不記得了？韋老師說『做這種動作，一律處分』，你又做了什麼動作，自己想！」

　　「小不點」還真想起來了。有一天課間發作業本，「小不點」的本子掉在了地上。發作業本的女生沒留意，「小不點」一看這女生是班上成績最冒尖的廖萬寧，心病又發作了，嚷著「信不信我給你一耳光」衝上去，被同學們勸阻後，還心有不甘地做了個扇耳光的動作。值日生和班幹部把這事告訴了我，我讓他寫了認識。認識是由我命題的作文「信任」，寫得不錯，我在班上講了這事，糾正「小不點」的同時也表揚了他認識上的進步，特別強調對同學要有起碼的信任，不能因為本子掉在地上就認為同學故意欺負自己。我要求「小不點」把這事以及老師的表揚都主動告訴家長。

我對他說，老師直接給家長講不愉快的事，會被誤解為背著學生給家長「告狀」，家長會很緊張，還可能打罵學生；學生主動與家長交流，家長會比較放心。「小不點」答應了，但真要給家長講還是有壓力，他沒講。經靳濤這一提醒，「小不點」也有點惶恐了，確實是既有「動作」又有「錯」。最大的吸引力還是峨眉山，「小不點」一聽就興奮起來。要不是沒有錢，說不定真要坐火車到成都上峨眉山了。

初中畢業後，「小不點」讀的職高班，那時職高的教室就在南開長滿常青藤的圖書館後面。「三八」婦女節我收到他的一件禮物，一個精緻的小相框，裡邊是一幅合影，「小不點」已經長成了個小夥子，與他的新同學站在峨眉山的金頂極目遠眺。我太懂「小不點」的心思！學生們會在過新年時給老師送小禮物，「三八」婦女節這唯一的禮物，必然成為老師關注的焦點。受老師重視和喜愛，是「小不點」引以為傲的。「小不點」想告訴我：他嚮往峨眉山，就一定會登上最高處，老師對「小不點」的期望一定不會落空！「小不點」不會想到，我把兒子的照片夾在小相框裡，把他的合影貼進了這個班的相冊。讓他永遠地去掉心病，充滿自信、心情舒暢地融入團體，是我最大的心願。

靳濤考入了南開高中。他慫恿「小不點」和他一起出走，無非是想約個伴。他為什麼出走，在同學的眼裡仍然是個謎。靳濤告訴我他出走是因為「心情不好」，要不是靳濤的媽媽的那番話，我也不會明白他「心情不好」究竟是怎麼回事。不知他的父母是否真的醒悟？「不死不活的中等生」深深地刺痛了我，也刺傷了靳濤。正是父母認為孩子由「資優生」「淪落」為「中等生」而臉上無光，那種無言的失望和無法抑制的責難，摧毀了孩子的自信和對父母、對老師的信任！

假如靳濤對班導師充分信任，他會出走嗎？顯然，他的內心對我是有看法的，這種看法加劇了「中等生無人欣賞、日子難過」的意識，這也是他決定出走的重要因素。靳濤的媽媽曾送給我一卷掛曆，那時掛曆很少見，我堅決不收，她硬丟在辦公桌上。我用報紙包了，讓靳濤幫我帶點東西給他媽媽。學生有多聰明啊，即使他媽媽不在他面前抱怨老師，他也會猜出幾分。假如我收下掛曆，事情就會好一些嗎？也未必！他照樣可以認為老師喜歡他、重視他，是因為家長的「功夫」；而他，一個「中等生」，仍然不值得老師青睞。甚至，他會因為對老師失望而對學校教育徹底失望。

畢竟，孩子自己回來了，首先回到了學校！一路上，他們吃了不曾吃過的苦，受了不曾受過的煎熬。當他們在為如何脫離困境而苦苦掙扎時，一定會想起班導師、談起我。「小不點」一定會勸說靳濤：「別人認為我是『後段生』，韋老師

還這樣喜歡我；你一個『中等生』，韋老師怎麼會不喜歡你呢？」靳濤一定會說：「老師都只重視『資優生』和『後段生』，對『中等生』不屑一顧。」「小不點」會說：「那你幹嗎不當『資優生』呢？」靳濤會說：「誰不想當『資優生』？想當就當得了嗎？一個班能有多少『資優生』？當不了『資優生』我也不想當『中等生』，寧願變成『後段生』。」「小不點」會說：「你才傻啊，誰願當『後段生』？我才不想當『後段生』呢！要不是你認為我是『後段生』硬把我拉上，我會受這個苦嗎？」當他們盤點著班上有多少「資優生」和「後段生」時，一定會恍然大悟，我們班那麼多同學都很上進、各有所長；一定會發現，我這個班導師從來沒有對哪個學生另眼相看！在那漆黑陌生的郊外，對老師的信任、對團體的眷戀，像一盞小油燈，照亮了他們回家的小路。

危機終於過去。危機背後隱藏著真正的危機，那就是失去信任。

「小不點」是個統招生，這樣聰明的孩子，怎麼自認為成了「後段生」？一個對老師充滿愛心的學生，怎麼會與同學相處時老想用拳頭充當實力？沒有安全感，是他的心病。其實，個子矮小算不上弱點，誰要自恃身高為長處，人們會打趣地說一聲「濃縮的是精華」。盡人皆知拿破崙，可誰又會記得他的身高？但是，再雄辯的經典，也不如身邊的人和事更有說服力。在「小不點」的短短閱歷中，見過倚強凌弱，有過受欺侮的經歷，從此不相信人們會平等地對待每個人，尤其是有弱點的人。缺乏信任感，這是他的心病的病根。

自信，是一個人成長的強大動能，然而沒有對身邊的人的基本信任，自信就成了無本之木，樹立不起來。我們的團體，該怎樣建立起同學之間的相互信任，把文明和信任的力量展現在「小不點」面前？如何讓學生們相信每個人都是獨特而唯一的，從而心懷敬意地對待自己和他人？

靳濤是個上進的學生，「心情不好」只是對失去希望乃至絕望的輕描淡寫。不甘忍受「中等生」的「不死不活」，溫文爾雅的孩子竟鋌而走險，這太令人震驚！按成績和所謂「表現」把學生分成三六九等，忽視「中等生」，這樣的教育現狀並非虛構，人們是否深知其害？單一的評價標準把活生生的人變成了流水線上的產品！就算是產品，也不能只管「極品」和「次品」而忽視大多數的「正品」吧？更何況，學生不是產品！「中等生」可能成為「資優生」，也可能成為「後段生」；「資優生」也可能成為「中等生」或「後段生」；「後段生」的變化也可能讓人大跌眼鏡，這是流水線評價標準能夠操控的嗎？

在我的潛意識裡，對學生被這樣那樣地分類有一種本能的反感。靳濤說到「心情不好」時兩眼暗淡無光，就像我的頭腦變成了暗室，渾渾噩噩的弱光下，洗晾出一張張黑白顛倒的膠片，「文革」初期的陰影浮現在眼前。那時我讀初中，

與靳濤差不多大，也就是十幾歲。眼看著不可能再上課，全班同學約定照個畢業相。有一個「激進」的同學站到大家面前，高舉著「紅寶書」振振有詞：「『在階級社會中，每一個人都在一定的階級地位中生活，各種思想無不打上階級的烙印』。照團體照，也不能搞階級調和！家庭出身『紅五類』的站這邊，『黑五類』的站那邊。」話音一落，所有的歡笑聲陡然消失。我的心緊縮成一團，恨不得有個地縫鑽進去。有人不滿地冒了一句：「不『紅』不『黑』的站哪邊？」一個女生擠出人群，她臉色煞白，一聲不響地走了。人群作鳥獸散。再也不可能補照的中學畢業團體照，成了全班同學永遠的遺憾。所幸，歷史翻過了晦澀的那一頁，曾經被踐踏人的尊嚴的「分類」割裂的同學們，在人性和人道的回歸中重聚友情。

面對今天彷彿勢不可遏的又一種「分類」———以分數將學生「分類」，我們最強大的免疫力是什麼？———心中有「人」！學生，首先是人，任何學生都有權受到尊重和關注！

教育，是照亮學生希望的火炬。「忽視」任何一個學生，就是熄滅他心中的希望，就可能釀成大錯。然而，一個班團體有幾十個學生，「重視」每一個學生，誰能做到？靠什麼做到？每一個學生走進新的團體，都帶著期望與活力。在這個團體中，他是心情舒暢還是倍感壓抑？是充實飽滿還是空虛失落？團體裡，師生間的理解、同學間的友誼，能否像春天悄然來臨溫暖宜人，催生出熱情真誠、好學上進、勃勃生機？這一切，取決於什麼？

取決於班導師堅守的信念：教育是「育『人』」！每一個學生都是成長中的人，每個學生都有潛能，如何變化在於學生的想法和內在的力量。取決於依靠一種方式，把班導師堅守的信念傳遞給學生，使其成為學生自己的選擇！這種方式就是我們的班級制度。教育寓於生活，班團體的教育管理方式，能夠讓學生投入團體生活，能夠喚起學生的自我教育，這是實現真正的教育的關鍵。

說實話，班導師要靠一己之力「重視」每一個學生，很難。一個班五六十個學生，一個月要和每個學生深入交流一次都不容易。我請學生在台曆上預約時間，自己的本子上備注與每個學生談話的次數。嗓子動了手術，就是用筆寫，也要和每個學生單獨見面交流。即使這樣，也「重視」不夠！學生感受不到自己在團體中的「缺一不可」，也就不會去觀察和體諒老師的苦心，缺乏認同感、缺乏默契，一句善意的提醒，說不定還會產生誤解，埋下多年的哀怨。

但是，有我們的制度，那就不一樣了！每天的值日生報告、各種小組的督促與記載，使每個學生都在大家的視野中，每天的學習生活都得用心投入，「閃光點」無處不在。班導師只需用心置身於熱氣騰騰的團體生活，就能熟悉學生、瞭解學生、被學生感動，一句話就可能說到許多學生的心坎上！

在我們的制度設計裡，每個學生都能受到全體同學的關注和贊賞。值日生，是這一天班上的核心。有了操行分評價，值日生不可能敷衍。連環配套的管理體系，使每一個學生都能勝任。學生確信就是自己在掌管全域，發揮出的才能令人驚嘆！團體評價促進自我評價，激發起更強烈的超越自我的願望。豈止是能勝任，傑出的值日生，就是班長、是總裁、是總理、是統帥！誰還想得起套用「資優生」「中等生」和「後進生」來看人對事？！越是平平常常的學生，越能讓人刮目相看！

每個學生的內心都有一個潛能無限的小宇宙。讓學生熱情洋溢地投入到每天的團體生活中，共同創造健康而豐富的精神生活，實現每個學生心靈的需要，這就是貫通小宇宙的魔法所在！操行分就像是學生手中揮舞的魔棒，幫助自己實現一個個小小的心願；嚴密的制度就像是保持魔法的內功，在學生相互影響映襯的團體舞臺上，每個學生展現內心嚮往的、真正的自我。渴望用自己的力量打造世界的「孫悟空」，縱然一個跟頭翻過十萬八千里，也不會丟掉賴以生存的金箍棒。聰明的學生們一旦理解了操行分和班級制度的內涵，就會不斷地磨煉魔棒、琢磨內功，煥發出巨大的精神力量。

驚嘆學生小宇宙的能量，班導師的「魔力」與日俱增。善於發現和理解學生心靈的需要，引導和參與共同的創造，這樣的「魔力」，是任何教育技巧都不可替代和比擬的！這不僅決定今天的教育質量的優劣，更關係到學生的未來。

（三）施展才能是心靈的需要———「小領袖」的未來

未來並不很遙遠，中年是青年的「未來」，高中就是初中生的「未來」。

初中部的教學大樓是範孫樓，曾被稱作北樓，南樓就是高中部。在北樓西頭的大道邊，高高的大樹上掛著一塊大角鐵。工友趙師傅用長長的竹竿，讓貌不驚人的角鐵發出洪亮的鐘聲。不管發生什麼事情，敲鐘上課，成了南開最為默契的一景。

這天，我路過敲鐘樹下，迎面看見包校長。她是我在南開任第一屆班導師時的教務主任，比鄰教室的班導師。我倆笑著打了招呼，還像以前一樣親切自然。走了幾步，包校長轉身叫住我。她走到我身邊低聲說：「小韋，你們班那個班長紀紅鷹，在高中過得不怎麼好。」我沒有一點思想準備，眨了眨眼。她接著說：「廖萬寧還像以前那樣冒尖，吳爽更出色了，你班上好多學生都相當不錯。我感到很奇怪，紀紅鷹怎麼反而過得不好。」那時初中一個年級只有四個班，她對我們班瞭若指掌。

在一個團體中，最有威信的幹部，像一位小領袖。班長紀紅鷹就是這樣一位

能起到關鍵作用的學生。她簡樸，褐紅色的燈芯絨上裝不那麼醒目，卻顯得很幹練。她隨和，同學有什麼為難的事樂意找她聊一聊，她像個大姐姐一樣讓人丟下煩惱。她能幹，和班幹部們商量了就能做出決斷，常有新點子讓大家歡欣鼓舞。她正直，說話做事能設身處地為別人著想，出以公心為團體付出成為她的習慣；她理解老師，又很有主見，不會無原則地隨聲附和。

　　我想了想，實在想像不出紀紅鷹會遇到什麼麻煩，我直截了當表示懷疑：「紀紅鷹怎麼會過得不好呢？」這麼勤學上進、善解人意的班長，困難和麻煩都不可能壓倒她。

　　包校長欲言又止。我更想知道個究竟了，一個勁追問：「怎麼個不好法？」

　　包校長微微皺皺眉頭：「幾句話也說不清楚，我聽她的班導師的意思，大概是嫉妒吧！」

　　「嫉妒？」我重復著這難聽的兩個字，驚異得瞪圓雙眼一眨也不眨。包校長拍拍我的肩：「沒什麼大不了！小事。」她還是那樣平靜，淡淡地笑笑，揮揮手走了。我獨自愣在那裡。趙師傅擺動著長竹竿，竹竿頂端的小鐵塊撞擊著大角鐵。「噹———噹———」鐘聲像從遙遠的天邊傳來。

　　嫉妒，是指對才能、名譽、地位或境遇等比自己好的人心懷怨恨。心懷怨恨的人當然日子難過。紀紅鷹會嫉妒別人嗎？嫉妒別人什麼呢？初中時紀紅鷹成績優秀但並不冒尖，她與成績冒尖的廖萬寧是好朋友。在這個世界上，對任何人來說都存在某個方面強過自己的人，我不認為面對強於自己的人就一定會嫉妒。可以由衷敬佩，從而嚮往並學習；可以怡然欣賞，並贊嘆不已；可以心安理得，視而不見；也可以羨慕，羨慕喜歡愛，卻只是想想而已，並不改變自己。就算是羨慕嫉妒恨，也只是深藏內心的情感，從高中的班導師口中傳到校長耳中，這樣的「嫉妒」不知是怎樣的一場風雨！

　　有人把嫉妒列為人生要經歷的一種災難，與生病、死亡同樣不可避免。西方的《聖經》把嫉妒列為七大「原罪」之一。我發現嫉妒與被嫉妒總是連在一起，妒火中燒的人難受，被嫉妒的人日子也不好過，常常無端地被人說小話、潑髒水。但是，一旦確認那些不可理喻的行為是出自嫉妒，那麼被嫉妒的人馬上就可以放鬆心情，甚至可以驕傲地對自己說：「我比對手強，否則幹嗎嫉妒我？」所以，「被嫉妒」可以作為抵禦災難的自我心理疏導。說不定紀紅鷹才是「被嫉妒」的一方，而說她「嫉妒」正是潑向她的一盆髒水！

　　有人說，東西方因為相互「嫉妒」對方的文化，才有了交流，繼而有了民族自豪感或自卑感。看來在地球上「嫉妒」並不罕見，它具有很大的能量，有成事

的正能量，更多的是敗事的負能量。而「嫉妒」的產生，在於不能適應「有」與「無」和「強」與「弱」的對比。

紀紅鷹如果嫉妒或被嫉妒，都只能是因為她的最強之處———在同學中擁有威信，一個當之無愧的「小領袖」！領袖，就是在團體中起關鍵作用的領導人。「領袖」比起「骨幹」更勝一籌，不僅需要對眼前問題的準確判斷力和果斷地解決問題的能力，還要顧全大局、富有遠見，體恤民情並甘願為公眾服務。這後一條就是領袖與「當官」的分水嶺，領袖素質與天賦有關，更與後天環境造就和自我實現有關。

「過得好不好」就是有沒有幸福感。人的幸福感與人的需求有關。從生理需求、安全需求、情感需求、尊重需求到自我實現需求，自我實現乃至超越自我是人的最高層次的需求。能夠不受外界壓力的干擾，選擇做自己喜歡的事情，並達到自己設定的目標，這樣的自我實現，能使人發揮自己的各種潛能，同時促進社會文明的發展。科學家抱著對自然的興趣進行科學研究，發明創造就是他們的自我實現；藝術家、思想家、軍事家和政治家乃至領袖的自我實現，展示在他們各自的領域。最讓人有幸福感的，就是充分發揮自身的才能改變著世界，使它更美好。我們的世界需要科學家，也需要藝術家、思想家、軍事家和領袖，我們的教育就應當為學生發現自己的潛質、發揮自己的特長的自我實現和超越自我創造條件。

初中時，紀紅鷹已經把在班團體中為同學服務、為創建優秀團體而動腦筋想辦法，當作了自己的職責和最喜歡做的事。在「百花台」這樣的班裡，她在自我實現中不斷超越自我，獲得了幸福感。

人的幸福感與他所處的環境有很大關係。「小領袖」們是否只能站在一個班的班長位置才能「自我實現」？一個班只有一個班長，最多也只能同時有兩個或三個班長，如果「能上不能下」，沒有多少人能「自我實現」。不要說「過得不好」，還可能有更大的麻煩。在「百花台」這個班裡，我就遭遇了麻煩。

那是正式選舉班幹部之後。傅盈落選，從開學時的臨時班長變成了「普通老百姓」。這是個極聰明的女孩子，活潑大方，在小學一直都當中隊長。初入南開，她的自我介紹極富感染力，被大家公推為臨時班長。既然是臨時的，沒選上也很自然，怎麼能把失落變成不滿，把不滿變成怨恨，毫不掩飾地把班導師當作發射怨恨的靶子？上數學課時，她一改平時的主動積極，埋頭不聽講。我走到她身邊輕輕碰碰她，她不理。我用手點點書，告訴她書該翻頁了，她抬起頭，白皙的面龐漲得通紅，滿是恨意的目光透過眼鏡片直射到我臉上。我心裡一陣陣發毛，強忍怒火，哭笑不得。

傅盈開朗直率，小學裡的「小領袖」養成了辦事公正的習慣，紀紅鷹的全票裡就有她的一票。也許是還沒適應初中緊張的學習節奏，上課有時走神；也許是在過去的班團體裡一呼百應，她發出號召激情萬分，工作卻不夠踏實，糾正同學不留情面。她尊敬老師，和我也挺親近，但幹部改選後卻變了樣。可能是我忙著與班委會商量分工和工作計劃，沒有顧及她的感受；或者是一個人要喧囂自己的情緒一般都對準有承受力的人。總之，她對我毫不隱瞞內心的失落與不滿，這對班導師來說再好不過了，至少能瞭解學生的感受，不至於對可能的危機毫無警覺。我趕緊彌補，悄悄找她談話。可她一點不領情，總推說有事。我想，學生要走彎路，我也不必硬拉著走直路，只要不脫離團體生活就沒有危險，她自己會慢慢轉過彎來的。

　　我靜靜地遠距離觀察她。

　　我靠近教室門，透過門上那小塊玻璃窗，看見講課的老師神采飛揚，從學生們特有姿態的背影，就可以知道他們有多專注。我心滿意足地正欲轉身返回辦公室，又特意看看坐在最後一排的傅盈。只見她心不在焉地翻動著書，顯然思維遊走在自己的世界。再仔細瞧瞧，她與平時不一樣，一會兒摸摸鼻子，一會兒又撓撓耳朵，彷彿坐立不安。畢竟不是什麼大問題，我也沒放在心上。

　　下課鈴聲剛響，傅盈就衝到辦公室門口，對著我招手，急得說不出話來。我連忙迎上去，她連比帶畫，我反應過來，她的耳朵裡鑽進了什麼東西。我帶著她急匆匆趕到醫院，掛了急診。醫生帶著反光鏡，用鑷子伸進耳道，伸進去那麼深，看得我頭皮發麻。終於，鑷子夾出了白色的小黃豆大的顆粒。我長舒了一口氣。醫生夾開顆粒，竟是白紙！醫生問是怎麼回事。指頭大的一片白紙被捏成緊緊的一團，被傅盈自己放進耳朵！我來不及細想，一把拉過傅盈，把她擁進懷裡。好危險啊！如果傅盈不來找我，如果我不及時帶她上醫院，後果不堪設想！

　　我想像著「豆粒紙團」堵塞耳道時的憋悶，體味著傅盈內心的沈重與掙扎。當一個班幹部有這麼重要嗎？失去班長的職務對於她究竟意味著什麼？

　　百靈鳥迎來春天才會引吭高歌，雄鷹需要遼闊的天空展開翅膀。每個學生都有潛能，有的音樂美感靈敏，有的富於空間想像，有的擅長體育運動，有的數理邏輯一點就通。小領袖呢？喜歡在人際交往中去觀察，包括觀察和審視自己，並以邏輯判斷、語言表達、組織才能、堅韌實幹，把為公共服務的熱情變為影響力，贏得共同奮鬥的歡樂。施展才能是心靈的需要，傅盈渴望的，是百靈鳥的明媚春天，是雄鷹的遼闊天空。

　　諸多智能的潛質，因為能被發現、有機會發揮、能得到肯定而發展為能力，

綜合為素質。能力成為自信的基礎，自信又進一步促使主動性和興趣的產生，構成創造性的元素。創造性的人才從哪裡來？心靈的渴望與自我發現，實踐的機會與環境培養，缺一不可。

一般的人認為，只有當學生幹部才能培養和發揮組織才能，這也是傅盈的困惑失落所在。幸而，在南開中學，「德、智、體三育並進」絕非戲言，風起雲湧的社團、精彩紛呈的活動，給每個學生太多的機會。培養「世界青年」的宏偉目標竟然是那樣切合學生心靈的需要！

疏通了耳道的傅盈彷彿貫通了小宇宙，各課老師都誇她踏實努力、思維積極、反應靈敏，班上的大事兒總有她的身影。迎接校運會，她儼然是位總指揮，與體育股長負責隊列操練，有板有眼。她還是會「糾正」人，但不再大聲斥責讓人難堪。初中的女子 800 米賽，一般的女生都不敢參加，她不但自己帶頭報名，還鼓動起一批精兵強將刻苦訓練，這樣的「指揮」怎麼不叫同學們心服口服！

傅盈仍然會讓我「出乎預料」。校運會上我班戰績輝煌，明明我們班已經穩得冠軍，我一再強調 800 米賽跑重在參與，安全第一，悠著點跑，可她還是「自行其是」，竭盡全力猛衝在前。第一圈她保持著速度邁著大步。漸漸地，她體力不支放慢了腳步。還有 60 米時，她的身體似乎在搖晃。我們班的座位正對著這條跑道，學生們激情地起勁高喊：「傅盈加油！傅盈加油！」我急得心都要蹦到嗓子眼了，我站在終點旁大聲喊著：「穩到！傅盈穩到！不要跑，慢慢走！」我正擔心她怎麼走得到終點，卻見她發起了「衝鋒」。20 米，10 米，以標準的衝刺，傅盈衝過了終點！還沒等我緩過神來，傅盈突然跌倒，一下子跪了下去！我急忙迎上前去，卻見她抬起頭，向我舉起手，比出了三個指頭———天哪！這種時刻，她還頭腦清醒地急於告訴我，她獲得了決賽第三名！在同學們的歡呼聲中，傅盈回到了看臺。同學們圍著她，就像簇擁著得勝而歸的英雄。

我的心中歡騰著真情，那是對傅盈的欽佩、對團體的欣賞和滿心的欣慰。團隊精神是心靈需要的強大支撐。一個學生能夠在班團體中發揮出自己的特長，這是培養自我教育能力的最好方式，也就是在揭開人生未來詩篇的扉頁。

我沒有再去關注紀紅鷹的風雨。我相信，面對困境也是一種成長。一個有自我教育能力的人，能發現內心的渴望，尋求並珍惜完善自我的機會；能夠在人生的緊要關頭調動起所有的回憶和智慧，學會自我肯定，煥發出生命的潛能。

但，「過得不好」這一晃而過的故事，卻深深地潛藏在我的記憶裡，豐富著我的思考。如何在團體中創造機會，讓學生發現和發展自己的潛能？如何在才能嶄露頭角時避免遭受「嫉妒」的內耗？如何讓團體生活成為學生領會團隊精神和

發揮自我才幹的用武之地？

我相信，好的制度不僅給人尊嚴，而且給人更多選擇的自由。班級制度中的獎勵規則和三級制操行評定法，就是讓學生揚長避短的選擇。教育使人聰明，學生在團體中受到的肯定和相互欣賞，激起發現自我潛能的渴望，成為一生中不斷開發多元智能的起步。教育促進文明，學生親身經歷制度的公平、正義、活力與實效，將為一生的選擇奠定基礎。

二、小小槓桿托起世界

阿基米德曾說過，「給我一個支點、一個槓桿，我可以撬動地球」。讓學生的心活起來，讓學生行動起來，主動地全面發展自己，愉快健康地成長，這就是我的地球，我的世界。蘇霍姆林斯基給了我支點，那就是自我教育的方向，而以整體引導、分層評價、綜合訓練、全面發展為特徵的班級管理制度，則是在實踐中磨煉鍛造出的、托起這個世界的槓桿。

三級制操行評定法

使班級制度中操行評分發揮作用、因而能把制度宗旨貫徹到底的「三級制操行評定法」，是槓桿最核心的構造。第一級是評操行小分；第二級是把單項操行小分轉換成該項的操行分和操行等級；第三級是進行統計測評，把各單項操行分的總和轉換成學期操行評定總分，對應評出學期操行評定等級，二者簡稱為操評分和操評等級。三級評定各司其職，逐級評定，共同實現評價和引導的功能。

能激勵學生熱愛生活、積極向上、揚長避短，這是三級制操行評定法優勢的核心。它在督促學生養成好習慣的同時，保護了學生的個性，激發了學生發現自我的熱情，既實現基礎層面的全面發展，又將學生的特色和特長保護和發展起來。

韓霏是一個活潑開朗的男生，高大結實、濃眉大眼，酷愛體育活動。他愛思考問題，認真辦事時常常冒出有創意的新點子。他的週記立意獨特、文辭清新，不時冒出一兩句有思想深度的話，耐人尋味。班會主持人請他上臺讀週記，常常是笑聲後議論聲不絕。韓霏說出幽默的話來，讓人捧腹，他自己卻可以不笑，貌似一臉的憨厚。幽默，就像是他的細胞，即使寫學生的苦，你也能感受他樂在其中，苦得有滋有味，活得有稜有角。

我們是祖國的花朵社會的棟梁之材啊，

為什麼要關在這樊籠裡飽受煎熬啊，

想到未來我就感到壓力大撐不住，

為了明天必須提起精神死啃書，

父母要我不去傾注太多辛苦，

這成績讓我感到很對不住，

長大之後我要自己立足，

請不要為我鋪好出路，

生活是要好好幸福，

我定會慢慢成熟，

從不願意服輸，

不要誰監督，

我會付出，

去換來，

眾人，

妒。

　　他頗具個性，熱情豪爽，骨子裡有幾分執傲。他聰明、自信，學習上理解能力也很強，沒想到高一成績卻並不好。他不能「嚴格要求自己」，上課有時有點小動作，眼睛盯著老師玩手機，竟能相安無事。他遲到特別多，遲到的原因並不是懶惰。他酷愛打籃球，連課間十分鐘也不放過。

　　我們的第一級操行評定「打小分」，正好讓他的缺點「原形畢露」，不能不改。

　　考勤操行小分評分細則：遲到扣 1 分；遲到 10 分鐘扣 2 分。一節課 40 分鐘，遲到 20 分鐘算曠課半節，扣 4 分。依此類推，曠課 30 分鐘扣 6 分，曠課 1 節課扣 8 分，曠課 2 節課扣 16 分。這樣，學生即使遲到，也會抓緊時間爭取「小遲到」而少扣分。

不評操行小分行嗎？

　　考勤是班團體管理最重要的標誌，佔操評分的比重很大，操評總分的滿分為 100 分，考勤就佔了 20 分。考勤是扣分型，人人都先得到滿分 20 分。即使這樣，假如遲到一次扣 1 分，曠課一節扣 4 分，那麼幾次就扣完了又怎麼辦呢？何況還

有滿分只有 2 分的項目。假如遲到一次扣 0.1 分，不僅不好操作，而且對遲到時間區分不明顯，遲到了的學生就可能悠閒地踱進教室而面無愧色。所以，需要評操行小分。

值日生是班級管理的關鍵。值日生單項操評滿分為 4 分，每學期每個學生要輪值日 3 次左右，而值日生每天具體工作共有 13 項，不用「操行小分」，怎麼區別做與沒做？假如做好做壞一個樣，怎麼能提高班級管理水準？又怎麼能提升每個學生的責任感和工作能力？

評操行小分的標準嚴格具體，易於操作。

值週幹部給值日生逐項評操行小分，以鼓勵「有所作為」為評分原則。單項達標得滿分 1 分，做了但沒做完或者做了但效果較差得 0.5 分，不做則得 0 分。例如，「保持晚自習安靜」，要求值日生坐在講臺上，有目光巡視或提醒就算「做了」，得 0.5 分，晚自習安靜就是工作效果好，再得 0.5 分即得全分。如果晚自習安靜，但值日生沒有特殊原因卻沒有坐到講臺上，則不得分，因為「在這個位置上」就是責任。破壞規則就是埋下隱患，一旦晚自習鬧嚷嚷的才來按制度嚴格執行，既影響學風，對值日生也不公平。值週幹部必須及時提醒，不允許「不做」這樣的情況發生。

值週幹部督促值日生，同時又接受負責值日生工作的班長的檢查評定。值週幹部工作評定共有 6 項：開值日生準備會，給值日生評分，日常工作，組織班會，周總結，工作效果（參考學校、年級評定），每項滿分 1 分，0.5 分為評分單位。特別加分：組織全周的值日生共同進行創意活動，加 1 分。

評操行小分的組織方式嚴密，疏而不漏。

值日生與分管考勤的班長每天分別打考勤後還要專項查對，各種學習組、體育組的組長也負責考勤。

南開的選修課有幾十種，週末學生分散在各種課程的教室上課。韓霏在選修課時去打籃球，以為神不知鬼不覺，可是在我班嚴格的制度下，他的「越軌」露了餡。這下他被扣的操行小分可就是一大堆啦！他服氣嗎？不服氣也不行，但真正讓他心悅誠服的，還是因為第一級評定「打小分」能讓他的特長大顯露。團體活動這一項的操行小分，即便他在全班算不上獨佔鰲頭，也至少是名列前茅。

團體活動對學生的影響意義深遠，但是如果沒有真正能夠落實的措施，學生可能在初入學時很積極，以後就慢慢懈怠了；或者是有的學生始終積極主動當主角，而有的學生老是消極被動旁觀。評操行分對促使每個學生積極主動地參加團體活動，功不可沒。

團體活動的操行小分評分細則可以根據具體情況臨時議定。例如，要舉行韻律操比賽，每次訓練，按時認真參加者得2分，領操等骨幹再加1分得3分；不夠認真者和遲到者只得1分，無故缺席者扣2分，因事因病請假未參加者不加分不扣分。再如排球比賽，每場比賽運動員加2分，拉拉隊員加1分，未參加者扣1分。由體育小組長評分上報給體育股長。

第一級操行評定：評操行小分，具體易行，落實常規，重在參與。

操行小分明白無誤，每個學生都「受到關注」，讓「人人參與」落到實處。所謂鞭策，只有這樣「輕柔的鞭子」，才可能揚鞭策馬，催人上進。

第二級操行評定：操行小分轉換成操行等級和操行分，定性評價，培養習慣，樹立觀念。

每天值週幹部給值日生工作評出各項操行小分後，立即算出總分，按比例折算成操行分，並評出相應的操行等級。這就是第二級評定。這樣的定性評定，就是及時的表揚和懲處。

折算比例作為評分細則的內容，預先制定且人人皆知。比如，值週幹部操行小分滿分6分，若有加分，最高可得7分。折算細則：操行小分7分、6分、5分、5分以下，分別對應操行分為4分、3分、2分、1分，對應等級為優+(優加)、優、良、差。

值日生評分細則（附錄2）貼在班級日記本後面，便於操作。值日生與值週幹部的操行小分、操行分和操行等級，分別記載於班級日誌表（附錄3）與周總結表（附錄4）上。值週幹部、課小老師、小組長的操行分都進入「骨幹」這個單項進行總評，最終體現在學期操行評定通知單（附錄5）的操評分裡。

有了二級評定，操行小分熠熠生輝，不再不了了之。例如，韻律操比賽算一次大型團體活動，操行分滿分為10分，操行等級有優+、優、良、中、差共5個等級。團體訓練和比賽共8次，操行小分一般最多16分，骨幹最高可達24分。此次團體活動二次轉評細則：每次滿分2分且有加分為等級優+，操行小分超過16分為等級優，操行小分在12~16分、8~11分的分別為等級良、中，8分以下為等級差。各操行等級對應的操行分分別為10、8.5、7、5.5、4。若有5位學生操行小分依次為21、18、16、12、9，則他們的操行等級依次為優+、優+、優、良、中，操行分依次是10、10、8.5、7.5、5。

第二級轉評，是從量化到定性的測評，已經從督促參與，上升到提倡主動積極和堅持努力。團體活動中的第二級轉評，是用數字簡化對活動的總結，並且重點放在了激勵每個學生堅持認真參加。所評等級為班級獎勵提供依據，等級優+

者可評特別獎，等級優者可評活動積極分子，簡便易行，公平公正！

操行分每月統計公示一次。已經二次轉評的項目公示操行分，其他項目統計公示操行小分。團體活動和考勤即使已經二次轉評也同時公佈操行小分，每一份辛苦付出都歷歷在目，每一次懈怠都不會忽略不計！

由學生施行的操行分測評，是團體生活中的一面面鏡子，折射出受歡迎的行為、習慣、思想、品格、為人處世的心態和風度。人需要認識自己，需要在鏡子中瞭解和欣賞自己。在團體評價中學會自我評價，得到團體的肯定，這是學生發現自我最可靠的途徑。

自我教育從哪裡開始？從發現自己，願意付出去完善自己、去幫助別人開始。培養良好的行為習慣和思維習慣的過程，就是學生共同訓練、有所比較、有所思辨、相互學習的生活過程。遵守規則，珍惜時間，樂於參與，認真負責，有始有終，凡此種種，既是行為習慣，也是思想觀念。有評價、有思想、有活力的團體生活，最能產生思想的共鳴。勿以惡小而為之，勿以善小而不為，人人皆可為舜堯，這些最基本、最重要的人生准則，融進班級理念，逐漸成為學生自身的生活感悟、人生體驗。

轉評是實現目標的手段，若能夠促使學生自覺參與又能定量定性評定時，也可以不評操行小分而直接評操行分。比如，參加學校運動會，報名參加一項比賽未獲獎的加操行分1分，南開中學校運會的1個比賽項目有8個獲獎名次，獲第8名加2分，每上升1名再加1分，獲第一名加9分，打破校記錄的加倍，即加18分。這既是鼓勵學生提前選擇參賽項目進行訓練，也相當於是把許多次訓練中評小分的過程交給了學生本人，有其合理性。那麼，一個體育資優就可能團體活動的操行分特別高，這體現了班級制度提倡發揮特長，各方面都需要帶頭人。但是，體育單項的操行分不經過轉評就進入操評分，以壓倒的優勢使其他方面弱化，也不利於學生發展。所以，有必要進行第三級轉評。

第三級操行評定：學期總結，把操行分轉換成操評分，相應評出操評等級，綜合測評，整體引導，揚長避短，全面發展。

第三級評定的基本思路：確定單項操評滿分對應的操行分———標準分，在基本確保各個單項所佔比例的條件下，讓學生各個單項高於或低於「標準分」的操行分，通過折算最終體現在操評分裡。（圖2）

圖2 確定操評分公式

　　因為遲到多，韓霏的操行分可就慘了。高一上學期，考勤這1項，4個學月分別被扣了操行小分48分、48分、44分、34分，共計扣174分，二級評定按比例2：1折算後扣操行分87分。扣除原有的20分，還有負分67分。三級評定按比例5：1，負分折算為減分13.4分，四捨五入，減分為13分。操評分滿分為100分，扣除基本分20分，再減去13分，就只有67分。按照這67分，操評等級只能是及格。這公平嗎？韓霏從小練書法，教室牆上的立幅是他揮毫而就的毛筆大字「竭盡全力」。他真的很盡力，年級足球賽他衝鋒陷陣，學校文藝會演他和同學們精選內容、反覆排練，熱情有加。當衛生股長辛苦費勁，他卻不怕麻煩。「要為大家創造一個清潔的環境」，韓霏競選時一句話就博得滿堂喝彩，高票當選。他走馬上任後，不是有時安排清潔值日搞亂了順序，就是有時忘了給清潔值日生評分，更有甚者，對馬虎應付勞動的好友網開一面評高分。期末同學測評班幹部，他得低分排在後面。但因督導及時，班上工作沒有亂套，他也及時改進，沒有嚴重過失，「骨幹」這項的操評基本分他穩得，只是沒有加分而已。幹部測評結果是要公示的，他「知恥而後勇」，反把「排尾」當契機。「工作沒做好對不起大家，請再給我一個機會，不當優秀幹部，我決不離開這個職位，還是爭取當衛生股長！」再次競選時的一席話，感動得同學們手掌都拍紅了。雖然因「帶頭作用」不夠好，期末沒評上優幹，但衛生股長的工作確實做得不錯。我發自內心地贊揚他「勇挑重擔」，他卻向我「坦白」他「有私心」：當衛生股長可以不做清潔，每天早早地安排了清潔值日，課外活動時就可以去練跆拳道，免去了到時候找同學調換清潔值日的麻煩。我不得不重新打量他：「你小夥兒真有兩下子，小聰明耍到了點子上！嗯，這不是『小聰明』，是『大聰明』！這不算私心，是公私兼顧，目光遠大，相當不錯！」韓霏知道自己的特長，有意識地發展自己的特長，這令我打心眼裡高興。這樣可愛的學生，這樣有發展潛力的學生，

這樣努力的學生，只因為某方面不習慣於嚴格要求自己，操評就與優良絕緣，豈不是太冤枉，太可惜！中學時代獲得的信任和肯定，對培養一個人一生的自信是多麼可貴啊！

好在我們並不是只看考勤。操評共有7個單項，在學習、生活、鍛鍊這3項，韓霏既有加分也有減分，基本持平，而他在班級建設、勞動、文娛這3項卻表現突出，操行分遠遠超出平均水準。高一新年晚會獲獎名單中，優秀主持人4人，優秀場監2人、優秀燈光師1人，最佳演員6人，表演積極分子6人，最佳節目3個、優秀節目4個，貢獻獎2人，後勤獎2人，會場佈置積極分子24人，板報積極分子4人。而寫在這些獎項最前面的，是優秀導演———韓霏！經第三級評定，操行分高出標準分部分經過折算所得的加分，彌補了他的操評低分，高一上學期操評分78分，操評等級「良-」。

一個愛遲到的學生，當值日生時不遲到！一個在團體生活中贏得了肯定和快樂的學生，一定不會忽略同學們看著自己遲到時的眼神！韓霏正是因為後半學期考勤進步明顯，等級上升一級，評為「良」。

韓霏是讓人快樂的學生。這麼陽光的少年，在我們這樣的班，怎麼可能生活在枯燥和煎熬中？又怎麼會在操評78分、等級「良」的低水準前止步？高一下學期他的操評88分。高三他被評為三好學生，考上了重點大學。發展變化的觀點，就是這樣給生活增添希望和動力！下不封底的扣小分給他敲了警鐘，上不封頂的加小分使他渾身的活力有用武之地，特長和興趣使他在團體中樹立起良好的形象，讓他發現那才是真正的自己！三級評定給予他的，不僅是敲打，更是震撼。那枯燥的操行分，似玉珠落盤，成長的青春之歌字字珠璣！

韓霏高一體育成績92分，是全班男生之冠，比體育資優還高！在高中才開始學習的跆拳道，又成了他的新特長，獲得了市級比賽前五名的好成績。就因為支持他學新特長，我倆鬧了個大矛盾，他硬讓我下不了臺。

跆拳道比賽與學校的韻律操比賽時間衝突，我特許他們幾個練跆拳道的同學不參加學校的比賽。開始時他們心存感激，練操時還來助興，到後來就忘乎所以了。韻律操比賽在即，體育課同學們到大操場練操，他們竟然擅自跑到體育館打籃球，連上課整隊集合、點名打考勤也不到場。體育老師很生氣，派人把他們叫來。其他人到了操場趕快站到隊伍裡跟著做操，只有他，一點不慚愧，口中還念念有詞：「我們又不參加韻律操比賽，為什麼要來練操？」我在一旁靜觀，早就看不下去，上前一步衝著他大聲說道：「不參加比賽就是你曠課的理由？」他一點不退讓，大聲吼道：「憑什麼給我們打曠課！」我氣不打一處來：「不來上課不是曠課是什麼？」他理直氣壯地說：「只有幾分鐘，只能算遲到。」我手腕一

伸亮出手錶：「上課 13 分鐘了，還不是曠課？上課不做本節課的事，還不算曠課？到現在全班都還沒有進入狀態，這個損失誰負責？你還要站到下課也不歸隊做操嗎？」

他傲然挺立一臉不屑。有同學拉拉他的衣角，示意他趕快入列，不要跟老師頂牛。他扭過身一言不發，像被地磁吸住似的，一動不動。明擺著跟他賭氣耗下去事情會更糟，我給他扔下一句話：「大家的時間和心情，你看著辦！」隨即神色凝重地轉身走開。身後傳來班長響亮的聲音：「趕快練，動作認真點，沒有其他練習時間了！」不用回頭看，我知道他已經入列，團體在他心裡的分量，我最清楚。以為愛團體的學生就沒有個小脾氣？那可就想錯了。熟悉每個學生的性格，班導師該撤退時退一步，比衝鋒的力量更強。

眾目睽睽下遲到不是件令人愉快的事情，韓霏耍小聰明「梭邊邊」的遲到從此有所收斂。大動干戈一場，他只被扣掉操行小分 2 分。他確實還沒有曠課，看似倔強，其實是據理力爭，照我們的規定，遲到 20 分鐘才叫曠課半節課，而曠課一節課才記載違紀登記。除了遲到，他還有什麼錯呢？即使有，比如不理解老師，比如不顧全大局，但都沒有扣分的條文。操行分只講基礎！

基礎很重要，只要學生重視基礎，抓好了基礎，自然會向更高的水準看齊。失去基礎，什麼高調都是空的，甚至會亂套。幼兒園講立志，小學講愛國，勢必中學補文明禮儀。等到大學再來訓練上課不遲到不缺席、考試不作弊，培養尊重他人、遵守紀律的榮辱感，必然是莫大的悲哀！

第三級評定，是以操行小分、操行分的統計為依據，進行整體評價。第三級評定絕非可有可無。為什麼很多評操行分的班級最終流於形式，就是因為最後的評定與平時的評分脫節，使平時的評定失去權威；或評定方法顧此失彼，最終結果不能體現學生的努力、進步和整體水準，因而難以實現激勵和引導功能。

從系統科學的角度，整體的功能大於各組成部分功能之和。第一級、第二級評定把全面發展的總目標具體化，學生知道如何去進步，同時又有督促檢查的組織和措施，使具體要求落到實處。第三級評定進行綜合測評，體現全面發展的整體目標，強調基本要求，提倡揚長避短，發揮團體評價的引導功能，促進學生的自我評價，促進主動全面發展。

操評三級制評定法的規則和具體方法（附錄 6），尤其是確定折算比例系數的原則和方法，小有「技術含金量」，是體現三級制操行評定法優勢的關鍵。

對行為習慣較好的學生，操行分照樣掐到要害！一位男生操評分 96 分，操評等級本應得「優」，但是文娛這一項他的基本分是 0.5 分，單項等級是不及格，

原因是他對唱歌極不重視，經常在唱歌時間埋頭做作業。輪到他所在的4人小組教歌，他不會教歌，選擇的是把歌詞抄在黑板上，也可以得滿分，但他又遲遲未抄寫，最後由他人代勞。所以他的操評等級被降一個等級，終評為「優-」。這個文娛單項雖然滿分只有2分，但是作為學習生活的重要方面，列為單項就有了引導評價的權威。雖然上報學校他的操評等級仍然是優，但是在三好學生評選公示中，他將排序在等級為「優」者之後。缺乏生活的情趣，不懂得積極參與享受生活，多少還是不夠優秀吧？這之後，他仍然選擇抄歌詞而不是教唱歌，但是，他不僅抄了歌詞，還學會了欣賞歌曲，贊嘆著歌詞的美麗，分享了青春十分鐘別樣的歡樂。

一般，月評時就對學生加以提醒，不等到期末總評時降等級。學習成績冒尖的女生張玲因「好人好事」這個單項空白而著了急，處處留心，終於主動幫助了生病的同學。她在週記裡寫道：「當我學會關心他人時，心裡豁亮了，感到生活更充實了」。

就這樣，三級制操行評定法像深紮於生活土壤的根系，形成了良性循環的整體評價體系，把平時不起眼的操行小分和操行分，變成了成長之樹吸取陽光雨露的綠葉。全面發展的總目標，像成長之樹的主幹，以無比強大的生命力撐起了生動具體的分枝。借助操評制度的幫助，班導師終於可以不負園丁的盛名，讓任何一株幼苗都遠離被戳傷主幹、折斷枝葉的威脅。每個學生都在自我教育中健康地成長起來，校園也就真正成為人才的沃土。

學期操行評定通知單很重要，它以各個方面整合呈現的方式，包括了操行評定的各個項目的操行小分、操評分及其等級，還包括不便於進行評分的基本要求，如團結友愛、珍惜勞動成果等。考勤、獎懲、個人小結、班導師評語也列入其中。填寫學期操評通知單的過程，是進行個人總結、測評分析的過程。對學生的自評、互評等級，班幹部和班導師要結合操行評分和平時掌握的情況，給出關於「評價能力」的評價。學期操行評定通知單不僅有益於師生交流，一起分析研究，還有利於家長與子女、家長與教師交流，成為促進學生成長和班級發展的法寶。

也許有人會說，學生已經被分數壓迫得失去了活力，還用操評通知單，到處都是「分」，不是更增加精神負擔嗎？

確實，到處都是「分」，唯獨不見「人」，這樣的現象比比皆是。各課都要求得高分、得滿分，而道德、人格、情感的培養因缺少常識教育和常規訓練的依託而被束之高閣，沒有實在的評價，沒有分寸，沒有「分」，甚至可以說根本就是零分！

敬業的教師少嗎？不！一心撲在工作上、想把工作搞好的教師是絕大多數！但是，為什麼許多教師不想當班導師？為什麼人們說現在的班導師難當？為什麼社會上不少人對教師的評價越來越低，甚至不少家長和學生認為現在熱愛教育、用心育人的教師少得可憐，快要絕跡了？為什麼三令五申的「減負」收效甚微？為什麼關於素質教育與應試教育討論了那麼多年，卻沒有使人們對教育的現狀滿意？———沒有具體可行的制度性的方法調動起學生參與教育，癥結就在這裡！

教育研究和實踐的核心問題，就是如何使教育始終圍繞著「育人」，讓學生主動地成長。這一問題的關鍵，就是在國家維護教育「育人」這個大方向的體制下，建立怎樣的班級制度，如何落實這樣的制度，去吸引和激勵學生成為班團體的主人、成為教育的主體，把學校教育轉化為學生自我教育、不斷成長的動力。

明確了「怎樣」，實現了「落實」，我們這樣的「制度」何其珍貴，我們這樣的「分」讓人為之一振！

我們把操評通知單和學習成績通知單放在一個信封裡，發到學生手裡或寄給學生，這是只有學生自己和家長才有權閱讀的重要資料。它是一種宣言：我們當然也重視學習成績，但學習成績不是評判學生的唯一標準，學生首先是一個人，一個具有常識和道德行為的人！

操評通知單，從入學介紹班級制度時就與學生初次見面，它像一把小小的萬能鑰匙，打開了不少學生的心鎖。在這個團體裡，不會只用成績來評價，不會因為學習成績差而低人一等。操評分低了就自卑嗎？沒有什麼是自卑的理由，成長才是硬道理！作為學生，首先是學做一個人，一個能讓自己感到自豪的人！

快樂的世界

三級制操行評定法這極富內力的槓桿，托起的是一個快樂的世界。

有序站位、快速總分法

學生中蘊藏著極大的創造力，對他們認可的「自己的制度」，艱苦的工作可以變為有趣的遊戲。原始的操行小分是第一手資料，最具說服力，每月統計操行小分簡稱「總分」。說起來這事情好像很複雜，要佔用學生的很多時間和精力。聰明的學生幹部們，很快就「發明」了方便快捷的「有序站位、快速總分法」，班會上用十幾分鐘就登錄完畢。（圖3）

圖 3 有序站位、快速總分法

　　進行總分的場面熱烈有序，溫馨快樂。班幹部們在辦公室圍著會議桌站一圈，各單項責任人按表格項目順序依次站定：班長、副班長、風紀股長、衛生股長、體育股長、總務股長、康樂股長等。總分由秘書長主持，學藝股長記錄。秘書長讀名單上第一個學生的姓名：

　　「張三」，班幹部們按順序讀出分值：「+2、+0、+1、+6.5、-1、+4、+8、+8」這表示張三考勤全勤得加分 2 分；本月沒當值日生不加分；好人好事 1 次得小分 2 分；學習有正分 1 分，可能是週記被選上了；寢室得的正分 6.5 分，說明他所在寢室在四周裡有三周是紀律清潔雙優加 2 分，有一周是一優一良只加 0.5 分，而後面的負分，是個人生活習慣被寢室值日生扣了 1 分，也許是沒有疊被子；清潔值日勞動一次，得滿分 4 分；體育鍛鍊四周每次都按時參加了得 8 分；唱歌時間按時認真參加，且有教歌，得 8 分。記錄員說聲「OK」，班導師接著讀名單上第二個學生的姓名。其中，行為習慣平時也不評小分，每人滿分 5 分，到期末根據自評、互評、違紀登記來加分降分。若本月沒有大型團體活動，也不評分；若有，康樂、體育股長事先匯總好這一單項的小分，由學藝股長代勞按序站位讀數。總之，每個幹部只讀一項的小分。

　　雖然現在有電腦了，但是這個過程「手工」完成也自有好處。彷彿在遊戲中，班幹部用很短的時間增進了對全班同學的瞭解。高分引起大家的讚嘆，超低分引起爆笑之餘，也明確下一步工作的重難點。相當於月工作總結和下月工作計劃準備會同時進行。

　　月操行小分總分表張貼公佈，秘書長將其錄入學期總分表，復印存檔，並交一份給班導師審閱保管。學生幹部和班導師都留有「原始檔案」，任何學生都可以查詢。

志願者超級大發展

學期末，徵集志願者三至五人，與班導師、班長一起，組成「操行分覈算專人小組」。全班每個學生寫好有自己姓名、家庭住址和郵編的信封交給小組負責人。專人小組約定放假後得到期末考試成績時，一起來整理學習成績通知單和操評通知單，一並寄出。

學生志願者參加操行分覈算很重要，能體現規則的非隨意性和公開性。不論什麼人來做，結果都一樣，這樣的規則才是公平、公正的。每學期有幾個志願者，就有更多的學生瞭解操作程式，深入理解制度的意義，主動支持班團體的工作，提出更好的改進意見。

謝毅丁是個熱情活潑的男孩，但我能感覺他對嚴格的班級制度有些反感，他平時執行制度時很隨意。我跟他談心，他明確地告訴我，條條框框沒意義，只可能是老師說了算，怎麼可能學生自我管理？他初中時就達到計算機三級，我約請他參加折算操評分。我告訴他，這是數屆學生實踐提煉出的寶貴經驗，如果能推廣，那真是做了一件有益的大好事，簡便易行的方法，能夠讓制度化的學生自我管理和自我教育蔚然成風。如果把三級制操行評定法製作成軟體，那就更好了，說不定還可以申請專利，保護知識產權提供給搞管理的人所共有。他認真研究了一番，驚呼：「三級制評定，這確實是個好東西，何止是操行分，用到工廠的班組管理、企業的管理，都是很管用的！」可惜當時我給的參考公式考慮各種條件太多，要求又過高，他的計算機知識不夠，請教了他的計算機老師也沒能搞出雛形。但是，我們因此有了更多的共同語言。第二學期，他乾脆去競選班長並獲得成功，繼續鑽研和實踐學生自我管理和自我教育。

家有「多子」多「可樂」

我的內心贊同小丁同學的驚呼之語，管理都需要切實可行的實際程式，我們這樣具體的方法適用性很廣。三人成眾，對「眾生」的管理教育，一旦引進切合實際的「數字化」程式即刻大顯神通。程式體現公正，管理促進和諧，哪怕扣分、扣錢都不可怕，只要大家認可，照樣有歡樂。不信？看看我家「多子女」的歡樂。

南開中學是個「攬天下英才而教之」的地方，在南開當老師，於是借光就有了「四子同堂」的福氣，我們的兒子、我的侄兒及夫君的姪女讀高中，還有兒子的表叔讀初中，「么房出老輩子」，夫君的小表弟比我們的兒子還小幾歲。從來就喜歡孩子的我樂得當孩子王。沒有鐘點工的年月，我身兼數職，採購、炊事員一肩挑，「走路飛毛腿，買菜六條腿」！時間緊，疾走還帶小跑，直到兒子的大姑退休來幫忙才恢復「走」路。為保證「吃長飯」的讀書人的營養，瓜果蔬菜

奶蛋雞鴨不能少，有一次同事見我買菜的「盛況」驚呼：「你怎麼買這麼多條腿啊？」———哈，籃子裡露出一隻鴨子兩只雞的 6 條腿。

數學老師兼班導師，當四個孩子的「媽媽」不容易，當個生活老師輕鬆勝任。第一原則是「一碗水端平」，水果分堆堆，小的大的搭著來，手心手背都是肉。第二原則是要養更要教，當然還靠那一招絕活，移植班級自我管理教育理念的又一髮明創造：評定、扣錢、發獎金，和諧省事樂哈哈。

我在孩子們的生活費裡，每人取出五十元，稱為獎金，實為零花錢，要求家長們不再給任何零花錢，使這幾十元錢有特別的誘惑力和實用價值。若對約法三章的事沒辦到的，當眾指出點頭認錯後記載，一次扣五角錢，每月結算兌現。

首先是端菜、舀飯、抹桌子、洗碗筷，分工具體輪流轉。大家都明白，熱愛勞動不僅光榮，而且必須，等著吃飯形勢逼人，分擔家務不能不幹。其次是房間清潔自己管，髒衣服丟進洗衣機。有人不疊鋪蓋，開始不以為然，被扣了七元五角錢之後，心疼得跺腳，其他人樂不可支揚揚得意，相形見絀悔不當初，床上自然而然沒有了「亂雞窩」。

我們的扣錢條約可以公議後增補、漲價。一天，侄兒大聲喊：「四姨救我！」我趕緊衝到生活陽台，只見兒子面帶笑容手舉球鞋步步逼近侄兒。一陣惡臭迎面撲來勢不可當，我趕緊捂著鼻子撤退。從此規定，球鞋、襪子自己洗，檢查到臭襪子、臭球鞋每只罰款一元。本來規定每月洗一次球鞋，但愛踢足球的人與不愛運動的人大不相同，以是否「臭」為標準，客觀上一點都不難，人人心悅誠服。

定了條文，有一條卻永遠不可能奢望有人被罰款，那就是對人有禮貌。侄兒最大方，喊老師好一定要繞到老師面前行禮。榜樣的力量是無窮的，有這樣的文明標兵，讀書人回家就是不同聲部大合唱，「四姨好」「媽媽好」「三伯娘好」「韋老師好」，小表弟喊「嫂嫂」的聲音像蚊子一樣沒有底氣，不如喊老師爽快。鄰居誇獎孩子們懂事、有禮貌，更是令大家高興又得意。

漸漸地，沒有條文也不需要增添條文，該做的事情幾個孩子會自己商量著辦。他們約定早晨鍛鍊，自己上了鬧鐘。清晨，我還睡眼蒙矓，就被他們喊起來。慢跑到大操場，一番熱身運動，又沿四百米跑道跑了好幾圈，天怎麼還沒有亮？一路說笑著回家。兒子高呼一聲「不好了，影響別人了！」我們一看，此時此刻才五點多。不知他們怎麼上的鬧鐘，機械鬧鐘上偏「一點」就是一個小時啊！

鄰居偏愛我家的「多子女」，什麼事都覺得可愛，對侄兒的革命歌聲更是眾口交譽。一日晚，鄰居小趙老師的兒子睜著眼躺在床上不肯入睡。小趙老師問：「怎麼還不睡？」她兒子說：「還沒到十點十分。」小趙老師很詫異，怎麼時間

觀念這麼強，精確到分鐘？晚自習下課後十分鐘，「向前向前向前，我們的隊伍向太陽，腳踏著祖國的大地，背負著民族的希望……」侄兒滿懷激情的歌聲由遠而近飄進窗來，小趙老師恍然大悟。嘿，多像英語課本裡樓上房客臨睡前扔的「第二隻鞋」，受干擾的樓下房客不聽到扔第二隻鞋的聲響就不能入睡。陽光少年快樂的歌聲成為鄰居小弟心儀的就寢信號，更令人樂！

孩子們記得他們成長的歡樂，也記得我的「絕招」，因為它也是歡樂的一部分。學生們回憶起南開的生活，卻並不常提起那神奇的槓桿，因為我們共同創造的世界裡，有太多的艱辛、歡樂和精彩。

三、過程就是生命

制度是團體生活的原則和方法，離開學生參與的過程，班級管理制度就沒有意義。當學生發現團體和維繫它的制度是自己發展的需要時，實行制度就成為學生所嚮往的生活的一部分。

堅持就是力量

1991年金秋，又迎來新的一屆學生，這是我在南開當班導師的第四屆學生。學生聽我熱情地介紹班級制度，很好奇。他們說，以前一聽講紀律，就想把耳朵塞起來，老掉牙的老生常談，還不是那一套？怎麼這麼多條款，一層層道來，卻一點也不令人反感？班長趙銘的字工整雋秀，他認真抄寫了兩份操評分制度，一份貼在班上，另一份送給他初中的班導師老師。班上各項工作都有條不紊，許多方面還走在了年級前列。做操集合站隊神速整齊，被學校德育處主任發自內心地讚揚，當著全校學生，一不留神說出「鶴立雞群」，不僅我們樂，操場上也一片愉快的笑聲。

這個年級全都是平行班，各班有50多人，其中有48名統招生是按成績排序組合成均等的8份之後，由8位班導師抽籤分派的。我們班還有幾名體育資優和教師子女，有的班還有競賽資優，但是我已經很知足，基礎好過我「上一屆」的那個班不知多少。「上一屆」就是高三「打了翻身仗」的那個班，學生似乎比「上一屆」更努力，高一上學期考試下來成績跟其他班不相上下。到了高一下期半期考試，成績明顯躍了好幾步台階。如果說班上的資優生是年級第一名可能有運氣的成分，但這堂課平均成績高出10多分，最少的都高7、8分，進步確實

令人驚嘆，受到教務主任特別的表揚。年級大會後，學生高興地告訴我，外班的同學以前笑我們太積極，做操哪用跑著到操場？這下可都服氣了。

　　好景不長，高二年級文理分班後，上半期考試成績一出來，我就被各種議論和目光包圍。最親近的科任老師們心急火燎。語文侯老師急切地告誡我：「不要管得太嚴，把學生管死了，思維不靈活。」最溫和的物理李老師竟然憂心忡忡地勸導我：「心狠一點，該嚴格的地方就要嚴格，學生的惰性見風長啊！」上一屆與其他班根本就不能比的低分我都沒有介意，這一次我卻不知所措了。班長還是年級第一名，可是課堂的平均成績反過來低於別班 10 多分，最少的也低 7、8 分。難道，真的是管理出了問題？當我給學生通報成績時聲音哽咽，眼淚在眼睛裡打轉，我拼命地想把它咽進喉腔，它還是不爭氣地掉了下來。有的女生忍不住抹起眼淚。我趕緊擦擦眼鏡，用揩乾汗水的手順勢抹去淚痕。「莫斯科不相信眼淚」，我用平時打趣的話穩住陣腳，「麵包會有的」，學生看著我沒有接下句，心情都很沈重。「這個成績太對不起我們的付出，但是，我們不會永遠是這個成績！」我又恢復了平時的神態，動員全班學生找原因，為什麼成績退步得不可想像，到底我們班的問題在哪裡。

　　班級日記裡，議論班級制度的接二連三。

制度？

　　倘若這世上有一條不為人知或鮮為人知的制度，而又有一條約定俗成的習慣，我們該遵守哪一個？

　　制度，顧名思義就是制定的一個法度，去約束人的一定的行為。它是作用於人的事物，倘若普天之下大眾聞所未聞，這條制度又有什麼用？大家都知道，制度需要制定，需要頒布。沒有參與制定的制度，就是狗屁制度，就是荒唐。(圖4)

　　可偏偏就有這樣的荒唐落到我們身上！以我們這樣的年齡，權力又如何能征服？能力有限，又如何能對抗？

　　怎樣才能有完美的結果？為什麼，為什麼我明明感到，我的血正在沸騰呢？

圖4「Bu」————屁制度

清潔制度小議

「我們做的清潔全年級第二，78分，第一名79分。」勞動小組長興高采烈地衝進教室，對同組的同學說。可是組員們都沈著臉，有人嘀咕了一句：「第二名也沒有用，沒有上80分，就是全校第一也得重做。」組長愕然了。他迅速地寫了篇「清潔制度小議」，貼在教室後面牆上的園地裡。

「請問，這種制度合理嗎？我們做清潔的好壞，應該看效果，而絕不是看分數。因為大家都知道，年級的同學打分時，難免有時打得嚴，有時打得鬆，分數就隨之偏低或偏高。就像高考一樣，題難，分數線就低；題簡單，分數線就高，可有誰聽說高考的分數線是提前就定了的呢？難道說，年級檢查清潔的同學把全年級的分都打得很低，就是我們做得不好，就是我們很差嗎？不！絕不是，我們是全年級第二。

這麼緊張的時間，辛辛苦苦做了清潔，得了全年級第二還要重做，這樣的制度合理嗎？」

你們說，這樣的制度合理嗎？

加分囉！

物理課小老師抱著高高的一摞作業本，上面還有厚厚的一疊考卷，幾個同學見狀立即飛奔向前，各自搶得一部分，教室裡頓時熱鬧非凡，發本子的川流不息，發考卷的口中念念有詞，像報菜名一樣，吆喝著考卷主人的尊姓大名。

有人慢了一步撲了個空，心有不甘，俯身拾起地上的一張紙片，高喊著：「值

日生，我在環保，記住，給我加分喲！」值日生滿心歡喜地記著名字，抬起頭看了他一眼，生怕怠慢了顧客似的，連連說「加分，加分」，最後竟唱起了高調：「加分囉！」

誰叫我初來乍到摸不清行情，當值日生那天沒記下一樁好人好事，活生生地被扣了一分，幸而原諒我不熟悉業務，勉強打了個「優-」。

說實話，幫忙發本子不應該嗎？算什麼好事？為了加分做事，又是怎樣的好人？特別是那些沒有被扣分的值日生，讀著「好人好事：張三撿了塊橡皮擦，李四拾到支鋼筆」，也不臉紅。想一想，在一個教室裡，在別人的座位旁拾到別人的東西不歸還失主，硬要交給值日生，已經不是想做好事，純粹是為了加分，這樣的加分有害無益！

不過，從來不會多管閒事的我，怎麼也知道「發牢騷」了？管他的，下次我要接受教訓，一定要高唱凱歌：「加分囉！」

這是怎麼了？

翻開今天的班級日誌，也就是情況記錄本，一眼就看見教師評語這一欄中寫著兩個刺眼的「較好」。這「較好」聽起來倒不錯，可實際上說明有點不對勁的地方。上化學課時，老師在上面評講考卷，下面鬧嚷嚷的，雖然大多數人在討論題，但我也聽到不少其他的聲音。下課後老師毫不猶豫地寫下「較好」。生物課，老師講完課讓我們自己看書，下面卻越來越不安靜，結果又重演了化學課的悲劇。這是偶然現象嗎？看看前兩天，政治課，老師評語竟寫著「還好」，在值日生評語欄老師親自寫上「開始有少數人安靜不下來」！

這是怎麼了？想當初，我班紀律嚴明，學風濃鬱，做操快、靜、齊，集會時也總是受到表揚，現在卻被老師不斷提醒。難道我們滿足了？難道有個性就是不做好課前準備？

我們需要什麼樣的成績，我們就應當怎樣付出；我們希望有怎樣的明天，今天就要讓明天無悔。該怎麼做，我想我們並不是不知道。勇士們，喚起自己的責任感，讓嚴明的紀律重新回到我們的團體吧！

嚴格的紀律出成績

初到這個班，什麼都很不習慣。特別是覺得這個班的紀律也太嚴了，做什麼事都有人管，小到吃飯、睡覺，大到學習、活動，都有專人負責。我覺得自己做什麼事都不自由。今天我當了一回值日生，才體會到這些紀律對我們是多麼的必

要，多麼的重要。

在我讀過的三個班中，我原來的班的紀律比現在的班還要嚴。但是，為什麼我不感到日子難過呢？因為那樣的紀律執行得不好，很鬆散。比如說，今天下午我沒有去做清潔，要是在原來的班上，向檢查清潔的班委求個情就沒事了，但是現在就不同了。晚上，衛生股長將沒做清潔的人的名單交給了值日生———今天也就是我，要我將名單寫在班級日誌上，並要值日生第二天一早當著大家的面宣讀。這也就是增加了執法的公正性和透明度。如果你要包庇誰，就會遭到衛生股長的責問。這樣，值日生督促同學，而班幹部監督值日生，一環扣一環，也就沒有人弄虛作假了。這樣，大家做事就認真，效率會提高，成績會進步，班級的榮譽有保證，這對每個人都有好處。

嚴格的紀律出成績，我為我新的班團體有這樣嚴格的紀律而自豪。我一定要為提高班級成績做出自己的貢獻。

我默默地讀班級日記。為什麼成績差了大家都把目標對準班級制度？文理分班後沒有重新制定制度，這算失誤嗎？清潔制度是不是確實不合理？「好人好事」真的流於形式有害無益？

開班委會，班幹部們都很困惑。我希望大傢具體找原因，究竟是我們哪些方面做得不好。會後，幾個班委邊走邊和我聊：「他們，就是意見最大的幾個，說我們班的紀律這麼嚴格，是班導師想出名。太過分了！我們當時就駁斥他們，評市先進團體的時候，老師主動提出棄權，我們根本就沒有去爭取。」

我一聽，腦子裡「嗡」的一聲，像被掏空了似的難受。我一聲不吭。教全校出名的「後段班」都沒有受到過學生這樣的詆毀。這是怎麼了？

站在教學樓走廊上，我凝望著遠方，腦子裡一片空白。班上的女生鄒婷輕輕地靠攏我，我轉過頭，她望著我的眼睛。「老師，我們什麼都知道，別擔心，該做什麼就做什麼。那些話，不要往心裡去。說出那樣的話也不臉紅，還是些老師！」望著她那泉水般清澈的眼睛，我勉強地笑了一下，微微地點點頭。

學生關切的提醒，讓我再一次調動起人生寶貴財富的能量。憑什麼要在逆境中任憑別人雞蛋裡挑刺來打擊自己？憑什麼成績差了就否定學生的自我管理？角度一轉，發現篇篇週記都是那麼有思想，沒有學生共同參與管理的制度，哪裡會有這樣高的水準！學生能夠獨立思考，就是對教育最高的評價！每一篇文章的結尾都令人欣慰，尋求完美，爭取合理，適應新環境，呼喚責任心，做出新貢獻，最重要的共識是絕不放棄好的制度。對我們班制度的懷疑，使得紀律退步，這也是半期後才有的現象，與成績沒有多大關係。那麼，問題究竟在哪裡？我們應當

怎麼做？

學習成績的變化，只需要和每一個學生進行分析，就能知分曉。

至於班級管理，高一年級時制度執行得比較順利，是借助上一屆打翻身仗的東風獲得學生的信賴，制度的意義還是沒有深入人心。假如學生高一就理解制度的初衷，自然就能感染高二新來的同學。所以，制度不能否定，而是需要堅持。不僅需要講解規則、執行規則，更需要引導學生去發現規則，發現創造人生幸福需要的做人的准則。這是更高的要求，如果連堅持都做不到，又如何去提高？

對全班同學進入高二的心理準備的指導，就是促使學生去發現學習的規律和為人處世的准則。新來的同學已經發現了新環境的不同，用親身體會肯定了我們班的制度，這樣的過程不是比口頭上教給他具體規則更好嗎？重新制定條款就是尊重權利和自由嗎？是不是每個人生下來，法律就要由他參與修訂？不可能！用學生寶貴的時間，重復做已有水準的事好呢，還是拓寬眼界，接受新事物好呢？如果以為自己就是標準，想要什麼就能得到什麼，這樣的人永遠都不能得到滿足。「有節制的自由」很重要，只有學會它，才能獲得心靈的自由。

再開幹部會，討論熱烈。「我們的制度不會改。如果年級負責同學評分不合理，應當由他們改進；怎麼能年級第二名都上不了 80 分呢？如果不按標準，而按年級的名次，那麼每次做清潔，不是想怎麼做乾淨，而是只想怎麼爭名次，那不是本末倒置嗎？80 分，並不是高標準，不達到 80 分，憑什麼不重做？真的做得好，當時就應當理直氣壯地給檢查清潔的人提出來。」

那幾天，我在準備上一個全市的公開課，沒有參與由清潔不達標重做引發的班級制度大討論。據說風波不小，有學生「逃值」，被罰重做清潔；有人不交週記被責令限時補交。沒想到學生幹部如此冷靜、成熟、果斷，我倍感欣慰。

班長趙銘總結發言：「我們班的制度沒有問題，要堅持執行。哪裡是我們搞得好不好的問題，明明是分班分出的差距。文理分班時，別的班成績差的同學很多會去讀文組，再分來較多成績好的；我們班成績差的同學捨不得離開，分來的成績好的同學又特別少，兩樣恰好相反，成績差距就大了。差距大沒有關係，我們肯定會趕上去的。」

教務主任主動與我交流，證實了班長的調查研究。他說：「因為你們班進步那麼大，太有潛力了，所以分班的時候有意做了調整，實在對不起。如果成績上不去，就是我的責任；如果搞好了，就是你們的成績。」

我們班的科任老師都不是只教一個班，一比較就明白了真相，聽說有科任老師到學校去反映情況，說教務主任「怎麼能這樣亂分班？」不管怎樣，我對教務

主任能夠實事求是地還給我們一個主觀上的順境而心懷感激。

過程當然是艱苦的，但我們堅持下來了。高考成績令人驚喜，我們班和另一個班並列第一！並且，又冒出個資優生彭丹暘，能和班長趙銘一起上清華大學。教務主任由衷地說：「沒有想到，真的是奇跡！」女班長深深地舒了口氣：「老天有眼！」我知道她指的不僅僅是成績，正義公道猶如天意難違。

天道酬勤，沒有堅持就沒有奇跡。許多時候，人們沒有能夠讓事實證明自己，不是沒有力量，而是沒有堅持。堅持就是力量！我們靠堅持實行制度，不僅培養良好的行為習慣，而且在學會評價的過程中，培養心靈的習慣去煥發出自我教育的潛能。

喚醒這位巨人

自我教育的潛能，就是每個人心中的巨人。喚醒這位巨人，自我管理、自我教育才能成為學生內心的需要，班級制度才能被學生真正接受。三年一屆，每當迎來新的一屆學生，我都把「喚醒」作為班導師工作的重中之重。要把豐富的思想和我與往屆學生在艱苦實踐中提煉出的好的制度介紹給學生，讓他們怦然心動，嚮往自我教育，激發出建立、實施並完善這樣的班團體制度的渴望，還得動一番腦筋。

介紹一位朋友，思考幾個問題，用班級制度的名稱打動學生的心，是喚醒的前奏曲。學生實行制度的生活實踐和思考感悟，是喚醒的主旋律。真正能喚醒這位巨人的，只能是生活中的學生自己。

讓學生為之心動，才能為之行動！

開學伊始，教室裡的「心泉」專欄前，學生們看著剛貼出的文章，議論著。「這個『老蘇』是我們韋老師的老師。」「什麼什麼，哪個老蘇？老蘇何許人也？」有人迫不及待地往前擠，高一新生的好奇心一挑就起來。「蘇霍姆林斯基」，有人大聲地回應著，為自己快速的記憶頗感幾分得意。也有學生走過去，踮起腳仰起脖子，瞭了一眼題目就走開了。不少學生繼續專注地細讀著我的那篇短文。

介紹一個朋友，思考幾個問題

我有一個伴我走過多年人生道路的朋友，我由衷地敬佩他，時常向他請教。今天我把他介紹給大家。他，就是蘇聯教育家蘇霍姆林斯基。他曾經是一位鄉村

男教師，後來當校長也沒有脫離教學、沒有脫離學生，幾十年投身教育，堅持天天為學生記下教育實錄與思考，非常不簡單。他著作等身，思想深邃、文辭優美，事例生動、發人深省，他的教育思想影響了幾代人。我受益於他的教誨，最重要的收穫，是我樹立了「引導學生學會創造人生幸福，與學生一起成長」的信念，使我的教師工作充滿了活力。

　　蘇霍姆林斯基在《和諧的教育》中告誡我們老師，不僅應當考慮我們將要做些什麼，而首先應當考慮的是：我們將要做的那一切，將如何在我們所教育的人們的心靈裡折射出來。他認為，教育就是形成「可受教育的能力」———使一個人對自己的成就和挫折非常關心，「想成為好人，想竭盡自己整個心靈的全部力量，在團體的眼裡把自己樹立起來，顯示出自己是一個優秀的、完全合格的公民，誠實的勞動者，勤奮好學的思想家，不斷探索的研究者，為自己的人格的尊嚴而感到自豪的人」。

　　同學們，你思考過這樣的問題嗎？

　　———我要做怎樣的一個人？想過做「為自己人格的尊嚴而感到自豪的好人」嗎？

　　———我這一生，怎樣才算幸福？一生的幸福與做一個這樣的人有什麼關係嗎？

　　———為了一生的幸福，我現在最需要的是什麼？自己現在最需要的，與「形成受教育的能力」有什麼關係嗎？

　　———我到學校來做什麼？我具有「可受教育的能力」嗎？什麼樣的教育能夠引導自己創造人生的幸福？好像這些問題挺抽象？那我們就來看幾個具體的小事例。

　　短文的旁邊還有一些文章，都是有關教育的事例或熱門話題。

　　學生對「能教育」「可受教育能力」議論紛紛，難道還有不能教育的人？他們很會推理，對自己的成就和挫折不關心，就是缺乏受教育的能力；對自己什麼事都無所謂，就是難以教育。而那嶄新的「好人」，讓他們激動和興奮。做人與教育緊緊相連，事不關己的「老好人」自慚形穢，抽象的「學習做人」立體生動起來。

　　張薛一直默默地看著、聽著，這個文靜的女生終於按捺不住激動，興衝衝地跑到我身邊，「老師，他說得真好，蘇霍姆林斯基說得真好，『勤奮好學的思想家』，我為啥以前滿腦子想的只是『刻苦學習成績好』呢？」她熱切地對我說：「為

自己人格的尊嚴而感到自豪,全班人人都努力做這樣的好人,這個班會多好啊!可是,老師,你舉的例子,我知道是什麼意思,但不明白你舉例想說明什麼。」有這樣強的受教育能力的學生,我高興地拍拍她的肩:「哦,你再想想,我們在班會課上討論吧。」

每週一次的班會課,我們都要提前做好準備,讓學生帶著問題、帶著想法來。專欄能讓學生在課餘以輕鬆的心情閱讀思考,班會課後還可以慢慢回味,加深印象。

在「建設我們的班團體」的班會上,我以「讓我們選擇一種方式」為題,作了班導師專題講話,我想闡明三點:幸福是可以創造的;教育有好的與不好的,而最好的教育是自我教育;我們只能靠好的制度實現自我教育。

「幸福可以創造嗎?開學那天晚上,同學們在寢室裡介紹各自的興趣愛好、朋友和家庭。短短的時間,小小的付出,說的人高興,聽的人快樂,心裡湧動著一種親切的感覺。這,就是幸福!比起初來乍到暗自傷神地想家,比起面對陌生冷漠、拒人千里的面孔,這樣的熱情、默契、溫馨、踏實,難道不是幸福嗎?幸福就這麼簡單、真實。」

「幸福就這麼容易創造?是的,才到一個新的環境,大家都需要瞭解,需要親近,需要關愛,真實的需要被滿足,帶來的美好感覺就是幸福。對這種真實的需要的瞭解和理解,使老師成為引導大家去創造這幸福時刻的人。老師的『引導』,只是建議開這樣的小小民主生活會,而每個人的投入才是真正的創造著幸福。幸福是一種體驗,不投入、不付出、不會欣賞、不會感激的人,永遠也感受不到幸福。」

「要創造一生的幸福,高中這三年是一生中關鍵的一千多天。到學校來,就是要接受良好的教育,也就是要學會學習,學會為人處事,學會感悟生活,在困難的磨煉中增長才幹、增強自信、領悟人生。每一天都等著我們去創造新的精彩,收穫新的感受。」

「無論什麼樣的教育,都能幫助我們實現這樣的願望、這樣的目標嗎?無論以何種態度接受教育,都有益於我們學會創造幸福嗎?那一篇文章《分蘋果的啟示》,給我們什麼樣的啟示?」

美國心理學家為了研究母親對人一生的影響,在全美選出50位成功人士和50名有犯罪記錄者,分別給他們去信,請他們談談母親對自己的影響。其中有兩封來信都說到同一件事———分蘋果,讀來頗耐人尋味。

一封信是一名在監獄服刑的犯人寫的:小時候,有一天媽媽拿來幾個蘋果,

我說我要那個又紅又大的蘋果。媽媽聽了，瞪了我一眼，責備地說：「好孩子要學會把好東西讓給別人，不要總想著自己。」於是我靈機一動改口說：「媽媽，我想要那個最小的蘋果，把最大的留給弟弟吧。」媽媽聽了非常高興，把那個又紅又大的蘋果獎勵給了我。從此，我學會了說謊。

另一封信是一位來自白宮的著名人士寫的：小時候，有一天媽媽拿來幾個蘋果，我和兩個弟弟都爭著要大的。媽媽把那個最大最紅的蘋果舉在手中，對我們說：「你們都想得到這個最大最紅的蘋果，很好。現在我們來做個比賽，誰做得最快最好，誰就有權得到它。」於是，我和兩個弟弟比賽除草，結果，我贏得了那個最大最紅的蘋果。我非常感謝母親，她讓我明白了一個最簡單也是最重要的道理———要得到自己想要的東西，必須靠自己努力。

同樣是分蘋果，卻帶來兩種截然不同的結果———一個孩子學會了說謊，一個孩子從中懂得了一個使其終身受益的道理。

「同學們，他們的人生截然不同，與分蘋果的教育方式有沒有關係？一個人學會什麼，與自己人生的幸福有沒有關係？」

學生們自由自在地議論起來，似乎我不存在，這正是我希望的。思考，並不一定有答案，不是為了回答而思考，當然，更不能為了給老師一個滿意的答復而說違心的話。我也不準備有人舉手或站起來回答我的問題，我想聽聽學生的議論，決定我接下來該怎麼繼續我的話題。

此刻，學生與文章作者沒有什麼相反的意見。但是，我有自己的不同的見解。我想把教育者的教育方式方法的不同，引導到受教育者接受教育的方法和態度的不同上，也就是要學生相信「自我教育」。看到學生已經把目光重新投向講台，我繼續我的講話。

兩位母親的做法都給了孩子教育。後者想讓孩子學會競爭，她達到了目的；前者想讓孩子學會謙讓，可是卻讓孩子丟掉了誠實。要知道，誠實是做人最基本的品質，謙讓是建立在誠實基礎上的美德。作為人，缺乏基本的品質，怎麼能培養高尚的美德？作為社會，不能缺少誠信的公德，據經濟學家分析，中國因缺乏誠信每年經濟損失五千億元！這位母親為什麼好心辦了壞事呢？因為要大蘋果是孩子真實的想法，母親沒有顧及孩子真實的需要和感受。教育，必須真實。

「真實的教育，要尊重孩子真實的想法，還要引導孩子學會思考。學會競爭當然好，學會分享又有什麼不對呢？同樣的教育，也可能結果截然不同，母親教育孩子『有好東西不要總想著自己，要與大家分享』，孩子高高興興地把最大最紅的蘋果送給爺爺奶奶，他們中間也不乏成功人士吧？」

「老師和母親一樣，希望自己的學生、自己的孩子在生活中接受好的影響，終身受益。我可不想好心辦壞事，我不想搞假的、壞的教育。那麼，什麼是最好的教育呢？」

　　「蘇霍姆林斯基說：『我深信，只有能夠激發學生去進行自我教育的教育，才是真正的教育。』」

　　「大家想想，假如他說要那個又紅又大的蘋果，被媽媽瞪一眼後，又改口說違心的漂亮話，他媽媽表揚了他，但並不把大蘋果獎給他，而是真的給他最小的蘋果，讓他實踐自己的諾言，事情會怎麼樣？如果在他說了假話之後，他媽媽表揚了他，而他因此感到慚愧，主動坦白自己說的是違心的話，並放下大蘋果，媽媽再一次獎勵他———不是用蘋果，而是發自內心的一個吻，事情又會是什麼樣？即使媽媽沒有贊揚他的坦誠，我想，最後的結局也不一定是他在監獄裡，把犯罪歸咎於他媽媽教會了他撒謊吧？」

　　「同樣的教育可以有截然不同的結果，這其中的區別在哪裡？在於一個人能否真誠地面對自己的內心！中國流傳千古的「孔融讓梨」讓人學會謙讓，就是讓人學會虛假嗎？不！孔融讓梨是發自內心的，這不僅不是「假教育」，還是層次很高的「自我教育」，因而成為許多代人敬佩、效仿的榜樣。幸福的本質，也許就是善於分享。一個人能見賢思齊，能為自己做了好事而高興，能為自己做了錯事或者有不好的想法而感到慚愧，這就是自我教育。」

　　「怎樣對待環境的影響，怎樣教育自己，這才是決定一個人命運的根本所在。不要把所有的教育責任都推給父母、老師、他人，自己要做自己的教育者！」

　　「蘇霍姆林斯基說：『一個人直到十七八歲，還只是感到自己是個受教育者，只是有人在教育他，而他並不教育任何人，也不教育自己，因為他並沒有在與別人的多重關係中來造就自己。』」

　　就像五彩的繡球拋到空中，落到學生們身上，無意間落到自己手上，詫異和驚喜閃現在學生眼中。人們說中國的學生習慣於「到學校接受教育」，糾結於是否「聽老師的話」。教育的責任怎麼會落到了自己肩上？學生們似乎沒有回過神來，新鮮而又困惑。他們議論紛紛，我捧著杯子喝水，仔細聆聽。

　　「說真的，中國的教育就是有點問題，有時候就是不敢說真話，你敢說要大蘋果呀？作文肯定扣你的分！」

　　「外國也有不好的教育。」

　　「好與不好，還要看你自己怎麼想。」

　　「我就說嘛，教育家就是不一樣，自我教育多好啊，哪像我們這樣，一天到

晚都是規章制度，沒有自由。」

「自我教育就不要校規了？那是怎麼一回事呢？也允許遲到早退嗎？不會吧！」

……

學生注視著我。我知道最關鍵的時候到了，我必須借助教育家的權威，突出制度幫助人戰勝弱點的重要性。

「按照我們的朋友、教育家蘇霍姆林斯基的做法，從什麼地方和什麼時候進行自我教育呢？有一句古老的格言說：『戰勝自己是最不容易的勝利。』一個人正應當從這裡開始認識自己，開始自我教育。他真夠狠的，要求學生每天早晨起來洗冷水澡，在冬季，讓九歲、十歲的男女孩子練習用雪擦拭身體。想一想那可是在寒帶，冰天雪地、寒風呼嘯的嚴冬啊！他也知道這是一件很不簡單的事，要經常完成這項鍛鍊，是需要很大勇氣和毅力的。所以，他不是簡單地採用強制的辦法，因為那是絕不會收效的，那樣一來就會有許多學生欺騙教師。他讓學生自己在家裡做。他說：『全部問題就在於要能夠強制自己。我們的孩子都能坦白地說明，誰做到了哪一點，誰沒有做到。那些實在沒有勇氣拿來一桶雪，脫下襯衫，用一把把冰冷的雪往身上擦的學生，就找別人幫助他們。這是自我教育、自我紀律的一個極其重要的方面。』」

學生們有的睜圓了眼睛，為有這樣的老師感到震驚；有的齜牙咧嘴，好似寒風刺骨，牙齒上結了冰凌直打寒戰；有的已經緊張起來，不知道班導師葫蘆裡裝的什麼藥，究竟想要幹什麼。我不由自主地聳聳肩，微微擺擺頭。

「同學們，我可沒有魄力做這樣的事情！但是我很好奇，他的學生為什麼樂意這樣做？哦，他的學生想成為意志堅強的人！一旦勇敢地邁出了這一步，就會體驗到克服自己弱點的滿足，會認識到戰勝自己懶惰散漫等弱點是一種鍛鍊意志的光榮的事。正如蘇霍姆林斯基所說，當大家都這樣做了，個別的人還不敢於做時，同學們就會譴責和嘲笑他不想克服自己的弱點，是意志薄弱的膽小鬼。『沒有自我認識，就既不可能有自我教育，也不可能有自我紀律。』通過別人的眼光，獲得了新的自我認識，當下定了決心卻動不了真格時，不惜請同學幫忙來個狠心的動作，這就是團體的力量促進自我教育的絕妙之處。」

「既然自我教育從戰勝自己的弱點開始，那麼，事情就簡單了，哪裡用得著冰天雪地脫光了用雪抹。」教室裡爆發出笑聲。「我們的弱點還少嗎？要做個意志堅強的人，冬天早晨按時從熱被窩裡鑽出來就行了。辦不到？那就自己教育自己啊！」

「怎樣學會自己教育自己呢？蘇霍姆林斯基主張高年級的學生去教育低年級的學生，他說：『讓少年去當低年級同學的教育者，是道德教育中最複雜、最不容易而又最重要的任務之一。嚴格地說，自我教育就是從這裡開始的：讓一個人去關心另一個人，力求看到自己身上好的東西在另一個人的身上表現出來。』」學生們交頭接耳，竊竊私語。看那神情，兩眼放光，似乎已經幻想著到初中當個小老師了。我接著說下去。

　　「我很希望我們班能進行自我教育，你想想，每個人都把自己的優點、長處展現出來，我們班有多少優點、有多少長處啊！不僅如此，每個人還要去關心別人，力求看到自己身上的好的東西在另一個人的身上表現出來，嘖嘖，三年後我們每個人會怎麼樣，可以想像。將來呢？哇，不可想像！自我教育，真是最最美好的事情了！」

　　學生們露出笑容。我就像陶醉在自己描繪的美景裡，滿臉的幸福。緊接著，我話鋒一轉。

　　「不過，美好的事情都不是輕而易舉就辦到的。蘇霍姆林斯基說：『教給學生自我教育要比安排他怎樣度過星期天困難得多，要比抓住他的手不放，直到他走出校門，一下子被擺脫了各種校規和限制的自由空氣陶醉得不知所措，那要困難和複雜得多。只有能夠激發學生去進行自我教育的教育，才能解決上述這些困難的問題。』也就是說，在學校學會自我教育，是終生有用的！沒有學校和他人的教育幫助你的時候，憑借著自我教育能力，不會徬徨迷茫，而是理智、勇敢、堅定、頑強。」

　　「我敬仰蘇霍姆林斯基的教育魅力，堅信他自我教育的理論。我們還能比蘇霍姆林斯基的學生們做得更好。因為，我們是高中生，更能夠相信自我教育，更能夠為此付出；因為，我們有那麼多屆學生們自我教育成功的結晶———『學生值日、學生幹部值週、操行評分的學生自我管理、自我教育制度』，為我們奠定基礎。我們通過執行制度履行職責，去發現自己和大家身上好的東西，贊美它，並把它發揚光大，而不靠同學間的譴責和嘲笑。」

　　「願我們這個班的『自我管理、自我教育制度』早日誕生，名副其實、更加豐富、更有活力！」

　　學生們熱烈鼓掌，為我的講話，為我們滿懷希望的自我教育的前景，為即將「重新誕生」的班團體的制度。一聽制度名稱，就知道不是單靠老師的嚴格教育，也不是靠少數學生幹部來管大家，這對中學生太有吸引力。他們急於知道具體該怎麼做。

學生們再次熱烈鼓掌，為疾步走上講台的女班長。女班長認真閱讀往屆學生的「自我管理、自我教育班團體制度綜述」，洪亮的聲音有一種透射力，把熱情和信心傳遞給教室裡的每一個人。

　　緊接著，早就等候在講台一側的男班長把一疊疊紙張放在前排每個同學的課桌上，一聲號令「傳」，稀裡嘩啦，人手一張，學生急切地接過就看，「學生操行評定通知單」幾個醒目的字赫然映入眼簾。

　　採取問答式，我一一回答同學們的提問，如同在班幹部會上一樣仔細講解。

　　「老師，好人好事指什麼？」

　　「———不是規定的職責，但的確是團體需要、同學需要的事，主動做這樣的事，特指為『好人好事』。我們希望不僅做好人好事，而且願意被記載和受表揚，讓大家感到好人好事真多呀！你們看，社會上不是很多人都不敢做好事嗎？我們要有做好事的善良和勇氣！」

　　「啊，有點名堂！」學生誇張地故作恍然大悟狀。

　　我開始得意起來，「有句話：『給我一個支點』」，同學們搶著說：「我就能撬動地球。」「真的嗎？不需要槓桿？」教室裡又一陣笑聲。「操行分怎麼評？槓桿的雛形到了你手裡，怎樣打磨是你們的事情！」

　　「幹嗎一定要評操行分呢？」

　　「哪有這樣的槓桿啊？」

　　「哦———」張薛若有所思，自己抿著嘴笑了。我知道，她已經把「不明白想說明什麼問題的事例」與「槓桿」聯繫起來了。

　　我很明確，自我教育是需要條件的，操行分制度絕不是可有可無。客觀條件、輿論氛圍、制度設計、生活感悟，缺一不可。證明這一點的事例很多，比比皆是。

　　人們痛恨不排隊上公交車的瘋擠，埋怨中國人的素質低下。車少人多，發車不准點，即使排著隊，車一來也會即刻大亂，沒有人不拼命擠！可我在沙坪壩就看見好幾路車在上班、下班高峰時井然有序，人們排著長長的隊依次上車，因為幾分鐘就會準時發車！長此以往，每個人都能自覺遵守，也就形成了團體的監督，沒有人敢貿然違規。這不是僅僅用道德說教就能解決的問題！制度環境的大氣候非常重要！文明素質就在「准點運行」的物質基礎和共同維護「排隊上車」的制度實行中悄然形成。

　　條件再好，也需要制度設計合理。坐飛機確保一人一座，可是上飛機時過道常常擁堵，站立著放行李的乘客必然擋住後面乘客的道。這不僅浪費時間，也容

易引起糾紛。假如按照登機牌的座號，從後排依次喊號登機，就能通行無阻、快捷舒暢。

制度設計合理，要有具體辦法實現設計。火車站進站時人山人海，如果不同班次的乘客只能在自己那一趟車次相應提前時間依次進站，就能大大減少擁擠。有了驗票機，理想就變成現實！

準時發車、喊號、驗票機，即相當於我們的操行分制度。不喊號，只是放一個牌子寫著「請乘客從後排開始依次登機」，有多少人能夠遵守？誰知道自己該何時登機才是最合適的？要多少時間才能形成習慣？沒有操行分制度，那麼多的美好願望如何能夠成真？

學生們現在不能理解的，會在實踐中體會到；即使現在理解了，也會有新的矛盾和問題等待新的思考和設計。我知道，喚醒的「前奏」已聲聲入耳，高潮迭起指日可待！

喚醒了心中的巨人，那真是不得了，從未期待過的事情都可能發生。

高二文理分班後，班長張詩菁和志願者們給新來的同學印發了小資料，課餘召開班級制度諮詢會，只聽教室裡傳來一陣陣笑聲。他們並不知道我曾經歷過的風波啊！

學生中竟有人非常勇敢地選擇了「高端」的自我教育。男生張隆高高的個兒，我見他寒冬裡衣著單薄，趕緊叫他添加衣服，他坦然地微笑著說：「老師，我不冷。」他把手遞給我，真的，他的手好暖和。「我天天洗冷水澡」，他平靜而略帶自豪地說。我吃驚地睜大眼睛，佩服得五體投地。只聽他不無遺憾地補了一句：「可惜重慶不下雪。」哇，不簡單！周圍的同學向他投去敬佩和羨慕的眼光，他們早就知道這事。有人呵呵地笑著：「老師，我們好幾個人都實踐了洗冷水澡，還堅持了好幾天———不過，是在夏天！」

揚起你的指揮棒

蘇霍姆林斯基說：「在這個自我教育的複雜的樂隊裡，教師起著作曲家、指揮者和第一把小提琴手的重要作用，他是別人的技巧的主要評定者，促使人們表現自己，並且在表現自己的同時鼓舞別人。」

對此，我可是心領神會。從小學開始，我就擔任學校學生合唱團的指揮。在南開中學，我也擔任教師合唱的指揮，在重慶市教師歌詠比賽中總是榮獲一等

獎。指揮最重要的是理解樂曲,熟悉演唱者,協調各個聲部及其伴奏,使其和諧地進入歌曲的意境。最忌諱的,就是做出一副指揮的樣子,使人感到不是在用心歌唱,而是在受人指揮。最有影響力的指揮,每一個動作都極具權威,每一個眼神都極富感染力,而他卻與整個團隊在歌唱中融為一體。倡導自我教育的班導師必須是一位真正的指揮。(圖5)

圖5 揚起你的指揮棒

培養團體核心,與學生幹部志同道合

我們的班級制度,主要評定者不是班導師而是學生幹部。班導師工作的重心是要讓班、團幹部成為自己教育理想的理解者、支持者,讓幹部群體成為堅決實行自我管理制度、主動發展自我教育理念的堅不可摧的核心。培養這個核心,有五大常規工作。

幹部競選,學生有記名投票,志願者總票

自願上臺競選是當幹部的必要條件,這是主動積極、有勇氣和能力的表現。競選過程能鍛鍊表達、磨煉性格,還能展示人才揚班威。這樣選出來的幹部不會動輒就鬧情緒、打退堂鼓辭職。

一般的選舉都是不記名投票。我們班最特別的,是競選幹部採取有記名投票方式。這樣的記名投票意義重大,團體責任感和個人特色就體現在對團體發展的「深謀遠慮」。每張選票首先寫上「策劃人」,每個投票人在寫下自己的尊姓大名時,儼然成為班團體的開拓者和設計師。選票分欄注明幹部的分工及人選要求,體育股長和風紀股長必須男女各一人。誰適合幹什麼工作,學生們最有發言

權。

　　隆重的競選班會由現任班幹部組織並主持。黑板上縱列寫著各種職務，從最引人矚目的班長開始。上臺競選的學生首先在最願意擔任的那一項職務後面寫上自己的姓名，所有競選者的姓名全都在黑板上，提供給同學們綜合考慮。每個競選者發表競選演說，演說中可以對自己能夠承擔的多項工作加以說明，但每個學生對一位競選者最多只能投一票，每個學生投票總數不超過所需幹部總數。

　　未參加競選的學生，才有資格參加「總票組」。9位志願者組成3個「總票組」，每組3人，分別唱票、計票、監票。學生填寫選票後交給總票組。總票組選出負責人，由負責人公告選舉結果。

　　總票時，3個組的票數相加，不分職務而以總票數為準，從高到低錄取，不一定要過半數。學生競選越踴躍，票數越分散，每票的含金量越高。總票時，還要統計當選者不同職務的票數，作為幹部分工時的主要依據。例如，全班59人，李韻牛獲得47票，其中班長41票、體育股長3票、衛生股長3票。其他學生會幹部共15人，他的總票數名列11，所以他肯定當選。即使他總票數並不名列前茅，但他最大的可能是當班長。因為，需要選出2人當班長，除了張詩箐57票全是班長，李韻牛41票班長，當選幹部中另有2人有職務為班長的選票，分別僅有8票和3票。幹部分工按照「選票第一、協商調整第二」的原則，尊重全班同學的策劃，省心省時，避免了不必要的矛盾，進一步調動學生自主管理的主動性，效果很好。

　　選票暫時由負責人保存備查。落實程式正義，滲透民主意識，對被選舉人，不論是否為差額選舉，都賦予了權威。選舉完成後選票交班導師存放一段時間，班導師可瀏覽選票，增強對團體的直覺印象。

幹部提前儲備

　　競選幹部最怕冷場。冷場的原因是提前鼓動、組織準備工作不充分。要讓每個「策劃者」心中有數，「幹部提前儲備」就是重要的「預熱」。

新生

　　記得高一上期第一次競選班幹部花了近一個小時，高二下期那次也用了近一節課。而這次則大大出乎我的預料，稀裡嘩啦十幾人，一個接一個上臺，僅花了二十幾分鐘。每個人的演講都各有特點，也絲毫未見當初的青澀。畢竟又經歷了碰碰撞撞的一年，大家都更懂事、更成熟了。這次的幹部幾乎大換血，一些以前「沈默」的人如今也充滿了勇氣。那股動力也許源於自己，也許源於韋老師的演

講，也許源於同學間的提前協商和相互鼓動。

總之，許多人邁出了自己新的人生的第一步。不僅是他們的新生，更是全新的班級血液帶給大家的新，嘗試著新的不同。

新的生活需要新的嘗試、新的心情。今天才是新幹部們上任的第一天，便已有兩項新的舉措：上課時由值日生喊起立，這可是履行班長的職責；「青春十分鐘」實行點歌式。新的生活，新的希望，相信我們會更快樂、更充實。

這裡的「提前協商和相互鼓勵」就是我們的「幹部提前儲備」。

高一新生入學第一次幹部競選之後，各次競選都有相應的要求，力爭幹部結構實現新老交替，沒當過幹部的同學至少佔三分之一以上。三年內有六屆幹部，絕大多數學生都有機會擔任班幹部。高二文理分班，學生人員發生變化，摒棄「原班」「外班」的分界，以組建「新」的班團體為目標，要求原來的「舊班」每班至少一人擔任幹部。於是，每個「舊班」地位平等；每個「舊班」都力求推選出自己的傑出人物參加競選，新的班委人才濟濟，有廣泛的代表性。

幹部提前儲備結合期末總結進行。學生幹部寫出書面工作總結，並對下期工作提出建議，其中特別硬性要求幹部在本學期動員同學「預算」———提前做好下學期競選幹部的打算。同學間相互熟悉，他們相互詢問、動員，彼此心中有數。

一般來說，幹部分管的工作開展得好的，競爭該職務的人明顯更多一些。參加競選某職務的同學多，是對任該職的幹部的多重表揚：工作好，人際關係好，動員得力，善於培養「接班人」。有的幹部為「接班人」勝利接班，還協助「競選演講大練兵」呢！在競選幹部的班會上，首先由幹部們的總結和建議開場，穿插著對自己或自己的後繼者的褒揚、鼓動競選的煽情。承上啟下，不亦樂乎！

重在培養，落實指導與督查

在幹部儲備過程中，班導師要留心班長人選的動向，至少要有一位志同道合的得力的班長。我從來沒有打過「撤銷幹部」的念頭，因為，班導師沒有這個權力，每位幹部都是學生們選出來的。能力差的可以鍛鍊，「表現差」的肯定另有長處，至少有一定的代表性。五個指頭都有長短，能說哪個更有用？十指連心，不可或缺。學生幹部能不能勝任，關鍵在培養。培養就是兩條，一是始終信任，二是對制度充滿期待。靠我們的制度，無論哪位學生，只要願意幹，基本上都能越幹越好。出現問題時班委會商量解決，記住一句話：不做事才不犯錯，做事出錯，改進也是成長。

班上工作分為幾大塊，由兩位班長和團支部書記分工，負責對幹部的本職工

作進行督促和檢查評定。新幹部上任，由同職務的「老幹部」培訓督導過渡。工作方法強調落實制度，提倡用心辦事、悉心觀察、虛心學習、誠心商量、有心創造。

每週一次幹部半小時例會

幹部會是全班的導航儀。幹部會由班長主持和記錄。主持人提前擬好提綱與班導師商量，會後由主持人向全班傳達。每月四次例會，討論日常管理、研究學習、準備班會、總操行分各一次。

我告訴學生，智慧之人最善於吸納智慧。周恩來幼年時生活在一個大家族，他有一個姑媽非常能幹，掌管大家族的巨細。每當姑媽處理事務，周恩來都側立於旁學習領悟。我們要做一個有心人，把工作和開會學習都當作增長才幹的機會。

幹部們集思廣益，經常會針對管理方面的問題給出妙方，令人拍案叫絕。保持晚自習安靜不容易，同學們希望能在學習上互助，更增加了值日生管理的難度。班委會規定：由四人學習小組長檢查當天的晚自習計劃，每節晚自習的中間三分之一時間可以小聲提問答疑，每個大組確定一位最有威信的班幹部提醒「控制音量」，而晚自習最後五分鐘必須「絕對安靜」，避免學生提前收拾書包分散精力。妙方合情合理，立竿見影。

幹部學習，因為時間短，學習資料、討論議題可以提前準備，也可以即席提出，還可以「且聽下回分解」。班幹部會的學習資料、中心議題貼到專欄，帶動全班學生自學、思考。

幹部會準備班會，主要是確定主題和主持人。首先發動全班學生構思有針對性的班會內容和主題，然後匯總。班導師和幹部們一起，根據教育階段目標、以往經驗和學生構思，初步擬定學期班會主題內容及時間順序。班幹部選擇適合發揮自己特長的主題內容「領銜主演」，擔任組織者或主持人。「認購」場面十分熱鬧，煞費苦心地挑選，討價還價地協商，專心致志卻又輕鬆愉悅。

學期幹部測評

學期末對本屆幹部進行測評，分三部分：一是工作總結、自我評價，二是班委會對平時工作的記載總結，三是全班同學包括幹部本人的投票測評。因為大家都知道幹部測評採用無記名投票，使得幹部平時就有接受監督的壓力，工作中能注意態度又堅守原則，所以同學們對幹部評定也就心態平和，力求客觀公正。測評表列出「幹部五項准則」：同心同德，做好本職工作，做好表率，搞好學習，尊重和團結同學。每項滿分 2 分，總分滿分 10 分。以 0.1 分為評分單位，對每

位幹部的結論總分以 0.5 分為單位，相當於整體評定，同時便於計算全班對每一個幹部的總分。由不是幹部的學生志願者進行測評統計，結果公示、存檔，作為評選優秀幹部的主要依據。

提煉班級理念，讓制度在思考中落實

用最能代表學生心願、激勵團體精神的語言，提煉班級理念，豐富班級文化。約定俗成的習慣是文化的表像，思辨是文化的內涵。一個學生週記裡對生活的體會，可以激起全體學生新的思考。班會後的感悟「非名人之名言」，常出精彩之語。「做一個好人，成長不言敗」，「人人為團體，團體為人人」，「人人助我，我助人人」，「量變到質變，養成好習慣」，這些代表班級理念的平凡語句，經過了學生的思考和生活的歷練。中國文化中的禮義廉恥、「己所不欲勿施於人」，是班級文化的底蘊，有了它，班級制度與班級理念才能同步生長。

這是我在南開任第八屆班導師時發生的事。

一天，預備鈴已響過，我班上的三個學生還在路上狂奔，到實驗室上課還要上樓，必遲到無疑。第二天的值日生報告卻是全勤。即使是公事不打遲到記公假，也是要報告的，這是怎麼回事？我找來值日生和負責考勤的男班長，他們面有難色。

「一個接一個地進來，跑得氣喘吁吁的，只差一點點……」

我輕輕笑了一下：「一點點是多少？一個鐘頭？一分鐘？一秒鐘？不忍心打遲到？」

「已經這樣了，嗯……」

到底是怎樣了？我沒有再追究。假如我沒看見，又怎樣？學校，畢竟不是工廠，零件不能差分毫。學生，有時候還得允許他犯點錯誤，有點教訓。覺悟，不是睡夢中的遇仙得道，而是感官對刺激的感受和辨別。失誤、挫折，有時更能引起人的思考。

錯，終於犯大了。學生們忍無可忍，許多篇週記都提到打考勤，心急火燎地正告我：「老師為什麼不來看看他們是怎麼打的考勤？完全是開後門，簡直可以說沒有人打考勤！」我站在教室外，透過通排的大窗戶，清楚地看到教室裡許多座位空著，而預備鈴早就響過。上課鈴聲響了，有人衝進教室。上課鈴聲停了，十秒、二十秒、一分鐘、兩分鐘，一群人帶著球場上的騰騰熱氣出現在門口，魚貫而入。天哪，這並不是自習課！他們沒敢喧嘩，微微低頭，竄回到自己的座位。

沒有如我想像的那樣，班長在一次小錯被我發現、經我提醒後迅速改進。問

題嚴重到他已無法打遲到的地步，竟然還沒有覺醒！他不懂遲到的危害嗎？

不，他知道，他就坐在教室裡，他沒有遲到，從未遲到！第二天的值日生報告一如既往，這節課沒有人被記遲到。人們說現在的學生難教，我終於領教到了，最基本的常規失範，連班長都不懂得慚愧，這在我的經歷裡不曾有過。

蘇霍姆林斯基說：「如果一個人在童年和少年時代，沒有體驗過這樣一種高尚而英勇的心理狀態，就是有時候應當和有必要放棄給自己預示著許多滿足的那種願望，那麼就很難把他造就成人。」「明智地和英勇地約束自己的願望———這是一根有力的指揮棒，在它的指揮下，可以創造出人的美的和諧。教師應該把這根指揮棒運用起來。」

「給自己預示著許多滿足的那種願望」，並不一定就是懶惰、貪圖安逸、迷戀金錢的物質享受。「打不開情面」的直接「利益」，博得朋友的好感，贏得同學的擁護，難道不是另一種形式的滿足？以損害團體利益為代價的滿足，難道不是一種見不得陽光的私慾？當學生還不能明確「應當和有必要放棄」時，班導師要幫助他們舉起那根指揮棒。不是像怕洪水猛獸一樣堵住所有的口子，不是提綱上線地進行批判，而是從實際出發，以改進工作的角度，觸動其內心，讓他們覺悟。在這種情況下，講道理是沒有用的，道理他們都懂，我要依靠學生人心的力量！我請兩位班長幫我選週記，讓他們清楚同學們對「講情面開後門」是怎樣的憤怒和不齒。

晚自習的課間休息，兩位班長來到辦公室。負責考勤的男班長直截了當地說：「都是我的錯。開始是鈴聲響完的瞬間有人剛好趕到門口，我覺得他太不划算了，就沒記遲到。後來人太多了，也不好意思記一個不記一個的。不過，早上的考勤很嚴格，其他時間的考勤也基本上沒有錯。只有下午體育課後，我也提醒了他們趕快回教室的。」

我直視他的眼睛，他沒有回避。

「真的嗎？實驗室上課正常考勤了嗎？音樂課也沒有問題嗎？」我還是看著他。

他有點不好意思：「你……你，去看過？」

「同理可推，還當過我的數科小老師，這都不明白？」我的目光稍微和緩了一點。「這麼多人遲到幾分鐘，不影響上課嗎？」

「那當然！老師說，體育課後本來就不是很容易專心，下次如果再這樣，這麼多人遲到，她就不上課了。」站在一邊的女班長說。

「這麼嚴重，怎麼不告訴我？」

「我以為你知道。這麼多同學都在議論。其實⋯⋯」她轉過身，對著男班長認真地說，「你，就是開後門！」她沒有怕他難堪。「那一群打籃球遲到的，哪個不是和你特別要好？」她又回過身來，「你不要擔心，我們那個老師呀，自己都要遲到，哪裡能學生遲到人多就不上課，她還主動接受大家的懲罰唱歌呢！」

　　「哦？」我眼睛一下子睜大了，三角債？該為遲到泛濫負責的人還多呢！我心裡暗暗叫苦，遲到已經被分成三六九等，有的遲到可以容忍，不打遲到還能博得同情；有的遲到，內心的歉意被快樂的表像掩蓋。拋開常規、概念、情感、習慣迷迷糊糊攪成一鍋湯，一鍋迷魂湯。

　　「你給他說過嗎？———他。」我用誇張的眼神瞟了瞟男班長，他已經有了一點點慚愧的表情，垂下了眼皮，腳在地上劃了一劃。

　　「說過。他答應了，沒改，不好改，有難度。」她眼裡也有了愧疚：「我也有錯，對值週幹部沒有實事求是地評分。」問題就在她這裡！制度沒執行好，我們的連環陣沒起作用。

　　「我有點不懂，你們自己為什麼不遲到？」望著他倆不言而喻的表情，我繼續說：「你們都認為不好而不能做的事情，為什麼允許同學去做？對好朋友網開一面，真的好嗎？」同學們的週記裡稱「就是那一幫人，肆無忌憚地破壞紀律」，此刻一定狠狠地觸動了他，他眨了眨眼睛。

　　「真的不好改？有多大的難度？鈴聲為準，鈴聲結束還沒跨進教室門就是遲到，不去想別的，不是更簡單嗎？丟掉了制度的標準，寬嚴皆誤，全盤皆輸。最大的損失，不是『丟了制度』，也不是『沒打考勤』，你們說，是什麼？」我沒繼續深究，留給他們自己去想。

　　「從值週幹部總結開始，如實寫。」她非常肯定。

　　「嚴格考勤，從現在起，不論什麼課，不管對誰。」他也很明確地表示。

　　我贊許地點點頭。事情沒有我想像的那樣嚴重，我相信他們能以實際行動贏得同學們的信任，在一個新的高度與同學們獲得共識。果然，班幹部會的決議裡，有了「己所不欲勿施於人」和「知恥而後勇」。

　　期末三好學生初評，男班長的票數全班第二。我擔心是不是他的講情面獲得的回報。細細分析，他的習慣好，操評分很高；他成績優秀，給同學講解問題是他的特長。在幹部測評中，他的分不低但卻不算高，在同心同德和本職工作這兩欄大多各被扣了半分。看來同學們對他曾經犯的錯誤定性毫不留情，定量上卻把握了分寸。在他們的心目中，他不僅是足球場上勇猛射門的英雄，而且是團體中真正的勇者。

我成功地舉起了指揮棒———班團體的興論，同學們的監督！「不要讓兒童的思想和心靈接觸到不正義的事情時抱著漠不關心的態度。這是邁上道德發展的更高境界的一個台階。」

無為是有為的境界

這是緊接著「順境中的逆境」之後的又一屆學生，三年似瞬息即逝。在南開大校門遇到同年級的一位班導師，他連聲說：「祝賀祝賀，高考，你們班又是老大喲！」我說：「哪裡可能，現在有實驗班了。」他說：「南開狀元在你們班上，你不知道？那麼多上重點線的，不簡單！」我還真不知道侯宗剛是年級第一名，我清楚他考北大最好的專業沒問題，將和保送北大的向禹結伴而行。雖然我知道高考永遠有遺憾，但我還是很難過，奇跡沒有體現在我班上的一個學生身上，他一個人沒上線。

這是我最喜歡的一位學生。我家何老師問我：「經常聽你一會說最喜歡這個，一會說最喜歡那個，你說說看，老師對學生一視同仁，能夠有『最喜歡』嗎？『最』喜歡的，怎麼會考不起？」

怎麼不可以「最喜歡」？最喜歡她的善解人意，最喜歡他的熱情幽默；最喜歡這個的文靜細心，最喜歡那個的富有創意。正是有那麼多的「最喜歡」，學生在老師的心裡才是最可愛的人。誰沒有缺點？誰又沒有讓人「最喜歡」之處？還別說這個學生有特別動人的故事，僅就他考試不再作弊，扛著兩三百分的低分，能鍥而不捨地努力學習就令人佩服，怎麼不打心眼裡「最喜歡」！對，他的進步應該也是我們班奇跡的一部分！

學生們興高采烈地談論他們打了漂亮的翻身仗，我插了一句：「你們這算什麼翻身仗？」立即遭到群起而攻之。「老師，你不能因為我們沒有超過實驗班就不承認我們的翻身仗！」「跟實驗班比又怎樣，好多地方超過了！」「我們進步比他們大！」學生的評價能力確實不錯。

「要不要我說句老實話？」我哈哈地笑起來：「你們———從來就非常棒！這次，又創造奇跡了！」學生們樂了，對自己樹起了大拇指。學生們最不喜歡老師用學生間的比較來貶低自己，我是通過比較發現新的閃光點。

這個班，成績的進步確實是翻天覆地。在高一時，不論是平均成績還是分數段，都是年級裡的倒數。高二文理分班後更加明顯，差距拉得老遠。班導師小黎老師的辦公桌與我鄰桌，他看著成績總表，皺著眉，連連搖頭：「韋老師，我都

幫你焦心，低分段的人這麼多，怎麼教啊？」我也曾拿著分班過於懸殊的成績找過張校長。但我為何不給學生們引以為傲的「打了翻身仗」點讚呢？

我對成績差已經有了免疫力，我相信學生有潛力，我做好了迎接各種干擾的心理準備。成績差，有同事的同情和領導的鼓勵，沒有流言蜚語，我心裡很踏實。成績差，對「元學習實驗」的需要更顯得迫切，學生們主動積極，信心百倍，從來沒有在低分面前低下高貴的頭，這是一種更高的水準。既然師生們沒有因為成績差而心理受到壓抑和打擊，沒有受壓迫，又何謂「翻身」呢？而奇跡，是希望實現但按常理幾乎不可能實現的事終於實現了。「翻身」，只能翻一次；奇跡，卻可以不斷創造。帶著創造奇跡的振奮走向未來，不是比沈浸在成績進步的喜悅中更好嗎？

教這一屆學生我很輕鬆，在班級管理和團體活動中，似乎我只是個普通的參與者和旁觀的欣賞者。中國道家提倡的「無為」，看來真是絕妙。

誰不希望無為而治？「無為」需要什麼條件？是這一屆學生基礎素質特別好嗎？也許。

高考前兩天的那個晚上，晚自習下課後不一會兒，雷聲大作暴雨傾盆。我站在北樓的門廳，看著霹靂閃電劃破夜空。突然，密集的雨幕中闖出一群女孩，驚魂未定，咿咿呀呀地叫著衝到我的面前。女生寢室離教學樓較近，她們應該能跑回寢室了，怎麼被雷電嚇得倒回來跑啊？還沒容我想出安撫的話語，她們已經衝進教室和辦公室。還有個女孩立在我面前，張鈺牙齒打著戰：「老師，傘！」雨水順著她那彎曲的劉海，流在她濕漉漉的衣服上。我的心都緊了，天哪，這麼恐怖的雷霆，竟敢送傘！沒容得我說出一個字，一群黑影已經消失在狂風暴雨中。

走讀生大多還沒離開教室，人手一傘。我讓他們等雷聲小了再走。他們望望窗外又望望我，感動得說不出話來。高考在即，誰不知道自己的身體、時間、精力是高考最重要的本錢？冒著這樣的雷暴雨送傘有多危險？平日裡那麼嬌柔的女生，神速地變成了一群勇士，就因為她們心裡急的，是同學回不了家的焦急，擔心的，是同學被雨淋了生病影響高考。就算是自家的親人，又有多少人能如此忘我？「同學」二字，此刻是這麼親切，又是如此凝重！

辦公室裡，老師們久久地凝視著窗外，一個勁地撫摸著傘，那帶著生命氣息的深情之傘。同樣的感受在我們心中湧動。年級李主任扭頭對我說了一句：「這樣好的學生，高考考不好都不可能！」

這樣好的學生？我們班天生就沒有差的學生嗎？一個個活靈活現的身影似乎就在我眼前。

入學時的「小淘氣」，看著看著，長成了「標準小夥兒」，如今已是重慶大學的學生，那麼彬彬有禮，想當初有多霸道？開電視有學生專人負責，他硬要自己去轉頻道，該關電視機時硬不准關。一下雨就心情不好，被值日生糾正了就當面頂撞。準備新年晚會時，大家玩著塑膠吹氣榔頭互相敲打，他玩得毫不遜色。玩著玩著，說是別人打著了他，一個箭步衝上去，一拳打在同學臉上，打碎了眼鏡，幸好沒傷著眼睛。學生幹部們及時協商處理，事後才告訴我。「小淘氣」慢慢地變了，高三時他高興地對我說：「我覺得紀律好像不存在了，沒有想著去怎樣遵守紀律也不會違紀。心情愉快了，好像腦筋也靈性得多。生病時同學們來看我，我好感動，我覺得我們班太好了。」

　　要不是我們班嚴格的制度，他可能沒有這麼順利。那次「眼鏡事件」後，我才從家長那裡瞭解到他初中時常打架生事。班長余祥和他是同一個寢室，當然的「友情互助」，從此加了個小心。有一天。班長見他心神不定，就主動和他談心，原來他被以前的夥伴邀約去打群架，雙方還準備了鋼　。這一次班長沒有和幹部們一起獨自處理，而是及時與我商量。最終我們說服了他，藉口生病沒去打架鬥毆。這樣的學生進步這麼大，居然認為我們班上紀律不存在了！從必然王國進入自由王國，經歷了那麼多的曲折，「無為」，不是無所作為，而是順應學生需要的「有所作為」。「無為」，正是有所作為的境界啊！

　　「有為」，是學生們的作為，我做了什麼？我把制度交給了他們。上一屆，為了高考時以防萬一，我給學生編了小組，要求各方面相互關心。一位女生高考考完兩科後沒回家吃飯，家長挺著急，同學們在學校後門的池塘邊找到她。她樂呵呵地對我說：「老師，別擔心，桃李湖邊風景怡人，正好復習啊！」雖說沒有怕出意外的「那種」擔心，但與隨時都放心完全不一樣，所以這一屆同學們熟識之後就組建了「友情互助組」。

　　除此之外，我真的沒做什麼嗎？但為什麼家人說我「為學生掏心掏肺」？

　　生活的剪影把時光拉回到隆重的校慶日。五位老校友來到我們班與學生歡聚一堂。戴乾圜院士笑容可掬地講述中學對他成長的影響。旅歐女畫家當初在南開時就是社團裡的一把好手，她叫周㮇（音梅）。她說：「所到之處人們都叫我『呆呆』，那我不也太傻了嗎？」學生哄堂大笑。重慶大學計算機系的主任陳教授告訴學生，別小看了重慶大學，他們承擔著國家的科研項目，歡迎小校友成為新校友。他饒有情趣地捋著下巴，抑揚頓挫地念道：「眉毛先生，鬍鬚後生，眉毛短鬍鬚長，後生長過先生。」（圖 6)學生們一下就反應過來，熱烈地鼓掌，感謝老校友的激勵。學生們用桌椅搭起階梯，與校友合影留念。一個個校友被學生一團團簇擁，題字簽名應接不暇。我擔心老校友們累著，學生們哪裡聽得進去，老校

友們也不亦樂乎。下課鈴聲響了,我的聲音淹沒在忘年友情的熱浪中。

圖6「後生」長過「先生」

　　燈熄了,沒有想到的事情發生了,一眨眼的工夫,學生跑了個精光。不,黑暗中影影綽綽還有幾個熟悉的身影。我和剩下的幾個學生小心翼翼地攙扶著老校友,在黑暗中摸索著越過橫七豎八的障礙,好不容易才走到樓梯口。終於下了樓,老校友們連聲道謝,我無地自容,望著老校友的背影,心裡湧上一股難言的痛楚。正欲告別的學生發現了我的異樣,問我哪裡不舒服。我再也忍不住:「這就是我的學生!這就是我的學生?!」聽見自己的哭音,我索性讓眼淚橫流,還用腳狠狠地跺著地面。「你們才是南開的寶貝呀?院士、教授、工程師、畫家,國家的人才也是人哪,個個都是六七十歲的老人。需要的時候圍得水洩不通,汗流浹背也不放過,不需要了拔腿就跑,怎麼能這樣,怎麼能這樣啊!」不要說老校友萬一有個閃失我對不起國家,就是現在這樣,又怎麼對得起老校友?我的學生啊,你們怎麼能對自己的需要這麼迫切,唯獨沒有想到別人也是人啊!

　　學生想把我送回家,我平靜了下來。我告訴他們,幸好還有你們,和我一起正好一人扶一個,老校友的心裡還不至於太難受。宿舍要關門了,趕快回去。明天校運會,聽學校的通知,該幹什麼幹什麼。告訴同學們,今天的事把我氣病了,對不起,明天我不會來的,我不想見這樣的學生。我有罪,我把「這麼好的學生」教成這個樣子!

　　第二天清晨,廣播裡通知把椅子端到大操場,按班級排好。天飄著小雨,我偷偷跑到三友路上,看見操場上我們班的場地上椅子擺放得整整齊齊,我暗自竊喜。回到家不一會兒,就聽見學生敲門,我躲進房間拒不開門。我家何老師開門和學生嘀咕了一陣,學生放心地走了。我當然也沒有那麼傻,盛大的節日怎麼能不和學生在一起。雨過天晴,我們的心情也跟天空一樣說變就變,萬裡無雲一片晴朗。

我同樣經歷過暴風雨的考驗。

酈燕的手受傷了。她是體育資優，重慶市青少年跳高的高手。我問她看病的情況，她說沒事了。當我聽她說根本就沒有照 X 光時，立即拉著她就往醫院跑。果不出所料，手脛骨撕裂性骨折，及時做了處理。當我倆從醫院返回學校時已經放學了，我告訴她這幾天絕對不能用勁，否則會拖很久不能痊癒，而且這事一定要給寢室的同學講。回家後想想不對，同學們知道了當然會非常細緻周到地照顧她的，但是以她這麼獨立的個性，會給同學講嗎？不行，我必須立即到寢室去。

眼看馬上要下暴雨，大風把樹枝刮得吱吱作響，天地像籠罩在火球上，一片灼熱昏黃。沈悶的雷聲由遠而近，大顆大顆的雨點打了下來。我抓起一把雨傘衝出門。天黑沈沈地壓下來，雷聲追著我越來越近。就在我衝進女生宿舍的一刹那，一聲霹靂把天震開了口，雨傾缸而下。我把事情一一交代了就準備回家，可雷聲隆隆，雨大得透不過氣，我下了幾次決心也沒敢出門。夜幕降臨，雨還是下個不停，學生張羅著要我留宿。這哪成啊，我有那麼多事要做，必須得回家。趁著學生沒注意，我咬咬牙衝進雨幕。

出門沒幾步，傘就被濃密的雨柱壓塌了，渾身被雨澆得冰涼。柏樹村的那條路被暴雨衝成沼澤，才跑幾步，就陷進泥濘中滑來滑去，像做噩夢一樣提不起腳。一道雪亮的電光，現出了灰色的天穹，緊接著一聲巨響。黑色的大樹被吹得東倒西歪，風發出鬼怪般尖利的呼嘯，爪牙猙獰地攪動著，拉扯著，要奪走我的傘。我緊緊地攥著傘，心驚肉跳地躲著一道道閃電，緊縮著身體安慰自己：雷只是聲音，沒有危險。又是一道閃電豎立在眼前，一個霹靂就在我近旁。我閉上了眼睛：「兒子，媽媽對不起你了！」我不顧一切地飛奔，終於跳進了公寓門口。又是一個炸雷，我驚魂未定，顫抖著喃喃自語：「兒子，你還有媽媽！我還活著，太好了，還活著！」

這些，算有為還是無為？比「有為」更具影響，比「無為」更無痕跡。對學生缺乏人之常情的無端淡漠，捶胸頓足地表示憤慨；因學生身體的傷病而心疼憐惜，分秒必爭地給予關懷，這是班導師作為一個人正常的情感。把學生作為一個人放在心上，才能把學生培養成真正的人。如果老師對學生心不在焉，甚至看作負擔，師生間形同路人，學生也就把制度看作僵死的條文，甚至不服管教。真心誠意地共同生活在團體之中，師生、同學依依不捨，不可分離，把彼此一生的命運看作共同的希望和目標，這就是賦予班級制度血肉之情和創造智慧的生命所在。

四、五味還加人情味

執行制度人性化。人有七情六慾，事有千頭萬緒，執行制度既講原則，又講分寸，還有彈性。不忘制度初衷，為學生所定，為學生所用，為學生所信，對學生有益。融入團體生活，鹹甜酸辣苦，五味俱全，味味精到；關注學生成長，細微周全，情深意長。

咸有章法———嚴格到位

制度要嚴明，管理要嚴格，如同生活離不開鹽。鹽到自然鹹，俗話說油長精神鹽長力，沒有鹽無法活。電影《閃閃的紅星》裡，山上的遊擊隊斷了鹽，潘冬子為了躲過敵人的哨卡檢查，用鹽水浸濕棉衣，到了山上再擰出棉衣的鹽水熬成鹽，可見鹽之金貴。現代養生學研究表明，每天攝入適量食鹽可延年益壽，但鹽多則傷身。所以，嚴格如鹽，不可或缺也不能出格，嚴格應當到位，唯有堅持到位的嚴格，才能有成效，也才能讓學生理解制度是對人最好的愛護。

考勤制度是最基本、最重要的制度。學生一個都不能少，教育才有對象。最嚴格的考勤制度，配套措施環環相扣。書面請假條，根據不同的時限和環境，有不同的要求。一般本人簽名，班導師簽名批同意，班導師不在，科任老師也行。在家請假的，要家長簽名；寢室請假的，要生活老師簽名；病假時間長的，需附醫院病歷。有的學生上課時急於上廁所，只需要向老師舉手示意就可以了，但是要記四分之一節病假。這是我們經過長期實踐得出的合情合理的妙法，既解燃眉之急，又沒有空子可鑽。病假不扣操行分，但是有病假就不能獲全勤的獎勵，只能獲「無遲到」的獎勵。

遲到、曠課不是扣了操行分就萬事大吉，是要有書面的「情況說明」或者寫議論文的，最終要落實不遲到的措施。鬧鈴不響嗎？是養成上鬧鐘的習慣，還是需要修理手機或更換鬧鐘？埋怨家長沒按時叫醒自己嗎？請談談自我管理與生活能力培養。議論文題目自擬，字數因人而異、因情況而定。偶爾遲到可以是格言警句式；經常遲到的，有時要過三關：與班導師共審題目和提綱，面改文章，打表自查改進。煩嗎？那就請勿遲到。愉快和不愉快的情感體驗都可以引發自我教育。

甜有分寸———獎勵獎到關鍵處

獎勵是班團體制度的重要組成部分，對團體，能樹立正氣、協調人際交往、增強凝聚力；對學生的自我教育，有導向、激勵、肯定的作用。

獎勵有章可循，條文在先，評選在後。評選的過程是靠平時的記載，靠學生間的相互關注和讚揚，還可以通過張貼在牆上的「獎勵申報表」毛遂自薦或相互推選。這樣的評選，讓人心情舒暢，得到的不論是物質的或非物質的獎勵和表揚，都是令人感到甜蜜的肯定。它能激勵學生內心上進的願望、競爭的信心、堅持付出的韌性、發揮潛能的勇氣、樂於創造的靈性，鼓勵積極的行為。各方面都可以獎勵，尤其看重對進步的褒揚，不是只對著少數人的學習成績，因此甜而不膩。

一類獎勵是嚴格按條件的。「三好」初評按操行等級、體育達標、同學選票、學習成績、團體骨幹這五部分綜合排序公示，按學校名額依次而定，令人信服。文明學生按操行等級合格、無重大違紀即可評定，肯定面大。學習優秀、優良、進步、單科優秀、單項優秀等，條件簡單明瞭。

另一類獎勵是彈性的，如優秀值日生、優秀班級日記作者、軍訓積極分子、優秀組織者等，由具體情況不限名額評選，但仍然有比較明確的條件，比如軍訓要求全勤。

還有一類獎勵是即興的，如創意獎、勇敢者、放心的掌門人（負責鎖教室門的）等。只要有人根據事實提出來，班委會通過不成問題。不是怕獎勵多，而是怕有人沒有得到獎勵。

對於在半學期總結中沒有獲得任何一種獎項的學生，班導師要與之面談，視情況找理由補獎或商量進步措施。

人人都可以有所長，個個都能得到肯定和讚揚。不需要嫉妒別人！真誠地讚美別人，源於對自己內心世界的充分肯定。這是世間的珍饈美饌，回味悠長的醇甜。

酸有格調自省增添成長內力

班級接力日記、學生週記及週記集錦，是班級制度的軟體，是學生交流思想、激發深層次自我教育的泉眼，是團體凝聚力的聚寶瓶。常寫常新，越寫越靈，

重重矛盾波瀾起伏、道道坎坷分合跌宕，神奇的筆力攪動心靈的旋風將其盡收瓶底。輕輕搖曳，變幻出和諧的陽光，噴灑出愛的甘露、智慧的花雨。藍天架起理解的彩虹，湖水蕩漾友誼的碧波，青山映出人格的挺拔，春風拂送學業的天籟。美，在團體生活的每一瞬間。

發現美的眼睛，在發現中更明亮；欣賞美的心靈，在欣賞中更靈秀。熱愛美，因而樂於學習，樂於付出，樂於創造；捍衛美，因此不斷思考，堅定信念，腳踏實地。人生，在啟迪成長的教育中一步一個腳印。生命，煥發出潛能，在人類與自然的銀河裡閃爍光亮。

聆聽班級日記，是一種制度，是一種學習，是一種習慣，是一種嗜好。情系那和諧的氣氛，傾心那熱情的語調，喜歡著大家的喜悅，思索著大家的思考。輕輕地拍手，熱烈地叫好，此生不虛度，明日會更好。

班導師批閱學生週記，是班團體制度中關鍵的一環。沒有誰能強求，這是一種責任，一種喚醒，一種奮鬥，一種享受。面對學生的困惑，不敢貿然下筆，三思而後寫，如同悉心保護嚮往真理和創造的一株嫩芽。面對學生週記本上漫不經心、歪歪扭扭的幾行字，三五天熬出幾句話仍顯筆力愚鈍、語言匱乏，乾脆邀來作者重新醞釀，心煩意亂化為神清氣爽。更多的是幽默的生活片段，妙趣橫生歡樂如潮。那一句句富有哲理的話語讓人久久回味，那一步步艱辛的跋涉讓人陣陣心疼，驚險的心靈撞擊，令人悲喜交加潸然淚下。話由心生揮筆而就，妙語連篇洋洋灑灑，激情點燃激情，感動自己感動學生。

有人說，班導師工作這麼忙，哪有時間批閱週記？事實上，在中國很難實行小班制的情況下，批閱週記是一種最經濟的「因材施教」。瞭解了學生內心，能掌控全域，取得教育的主動權。比起花時間去處理偶發事件，那真是省心、省力，教育水準根本就不在一個檔次！給予學生最需要的關愛和最及時的指導，獲得了班導師內心的安寧和精神世界的豐富，這樣的付出實在是值得！

組織學生編撰週記集錦，這是一種培養，一種創作，一種資源開發，一種財富共享。

班導師批閱週記選出好文章，有時學生也參與選週記。通常絕大多數學生的週記都能被選上。對老選不出週記好文章的學生需要單獨培訓，「將來你成了名人，我們班沒有你的手跡怎麼行？」稱讚、激將，招招式式都用上。

被選文章由作者本人用活頁紙抄寫，交給國語小老師進行登記，作為加操行分的依據，然後由學藝股長總負責編撰成冊。喜歡語文、擅長美術的學生當骨幹，四人學習小組輪流主編。主編把文章分類，寫目錄、分工作，標出作者和頁碼，

加前言附插畫，裝訂成冊。週記集錦完成後，暫由學藝股長或國語小老師保管，並在班上口頭廣而告之，同學借閱，最後由班導師保存。

應用班級日記和學生週記集錦，是一種再創造，是資源再開發，財富再共享，尤其是針對學生問題選編文章組織班會，有的放矢針對性強，信手拈來及時省事。對選編的文章加工處理，內容豐富形式多樣，學生朗讀著自己的詩句，表演著自己的故事，重現和提升著自己的生活。感悟，油然而生；道理，越辯越明；生活，越發精彩。

多年積攢的班級日記和週記集錦，厚厚的幾摞，些許泛黃，其中之人與事、語與思，卻靈秀鮮活。自省，使人保持心靈的寧靜；交流，讓人永葆生活的激情。猶如夏天的涼拌菜放醋，提鮮、殺菌、開胃化食、提神醒腦。醋香幽遠，善哉！美哉！

辣有色彩———糾正不再是災難

糾正，好似重慶火鍋，本是讓人懼怕的麻辣燙，卻因團體底料熱辣辣的心腸，班級制度恰到好處的火候，讓花樣繁多的內容，每一種都鮮香入味、色澤誘人。食時傾情投入，面紅耳赤、血液循環加速，食後通體舒暢，預防感冒、美容健體，好一個爽！經此磨煉，如同山城重慶美女帥哥雲集，班團體正氣浩然，好人好事如花似錦。

沒有缺點就不算學生，沒有不足就沒有成長。糾正與獎勵一樣，團體生活中不可少。

值日生報告，直述事實簡單明瞭，指出不足純屬提醒；若是糾正，說者有意，聽者有心，一旦改進，自有表揚作為下文。短暫的難為情讓位於展現勇氣的驕傲。慚愧，本身就是美的情操。

值週幹部總結，歸納、分析，指出新的目標。糾正，不停留在就事論事上，與大家有關，重在共同商討。努力，不需要尷尬；行動，就是最動人的語言、最光輝的形象。

班導師對學生的糾正最受學生重視，要使這種重視演化為青睞而不是反感敵視，糾正的方式方法就不能不匠心獨具。

旁敲側擊，借題發揮，寓於故事，明說暗批，輕言細語，響鼓不用重錘。

指名道姓，當眾宣講，陳述事實，曉以利害，響鼓也要重錘！在班上詳細分

析犯錯經過，這樣做，能讓旁觀者清，瞭解成長中容易犯這類錯的原因，懂得如何應對和避免這類錯誤。不過，要有前奏，要有鋪墊，要有感謝，要有獎勵。當犯錯的學生已經從錯誤中走出來，允許老師在班上像講故事一樣添油加醋、幽默輕鬆地講述，「糾正」之後要當眾真誠地對「受糾正者」的勇氣、對老師的理解和對同學們的貢獻表示感謝，同學們熱烈的掌聲就是最好的獎勵。對此，不少學生深有感觸，少了逆反多了交流。

　　凡是公開糾正，都要讓受糾正者有心理準備，沒做好準備時可「緩期執行」，允許學生與老師「講價還價」，哪些話可以當眾講，哪些事或細節不同意公開，讓學生學會交流，積極應對不利局面。保護學生的自尊，不宜公開點名糾正的，絕對保密，甚至多年後都只提事由、不提人名。

　　最駭人聽聞的，是請家長「陪殺場」的當眾糾正，那是遇到棘手的問題非此不可的無奈之舉，須得深思熟慮，不到火候不揭鍋。煞費苦心所企盼的，是學生從糾正到自我反省的覺醒。

　　一次，一群男生熄燈後在寢室慶賀同學生日，喝啤酒、猜拳、唱歌，醉醺醺鬧哄哄被生活老師當場捉拿。嚇得酒也醒了，趕緊認錯不迭。看在平時無不良表現又能認錯的份上，生活老師同意他們的請求，這次不交到學校處理，但必須由班導師在班上進行公開教育。

　　按班上的規定，這樣嚴重的違紀應該罰走讀一周以上。學生要求換種方式處理。考慮到人數眾多，罰走讀既不安全也不利於管理，尤其是有的學生家遠，不能做到「家長天天接送陪走讀」，罰走讀也就沒有威懾作用，我同意了他們的要求，但條件是要換一種同樣有威懾力的處理。學生說只要不請家長、不罰走讀，受班上處分都行。我心中有數，學生眼前並不懂班上處分的厲害，而這種厲害是我今後處理問題的障礙，對一個人來說，一生中有「受處分」的劣跡畢竟是不良暗示。

　　我提出「家長來和老師一起聽學生自我反省」的處理方式，並耐心說服他們。如果在班上受處分，會影響一生的聲譽；如果當眾宣佈罰走讀，也要請家長，而且家長要來七次以上，顯然現在這樣的處理已經是「從輕從寬」了。學生們仍有顧慮，讓家長來陪自己作檢討，太傷面子了。

　　我告訴他們，家長和老師坐在教室後面，相當於都是老師，不難堪。因為是看自己孩子做檢查，有點難為情，但家長多，也就不太在意了。你們把文章認真寫好，有點水準，讓家長相信你今後不會隨便犯錯，說不定家長還會感到欣慰呢。

　　大多數學生同意了，我讓他們幫著說服其他人。最後還有一個學生猶豫不

決，怕家長回家後拿他出氣。我軟硬兼施，曉之以理：「家長來，我們肯定以禮相待，也是家長與老師交流的機會。有這麼多家長來，不會生著氣回家的，我保證。假如這件事拖著不處理，再出了更嚴重的問題誰負責？能積極協助老師處理好這件事，才對得起生活老師的信任，也算是對班上的貢獻。」看他心動了，我以弱者的姿態央求他：「行行好嘛，幫幫我，拖了這麼久，我怎麼向生活老師交差？你男子漢一個，好漢做事好漢當，就助我一臂之力吧！」他終於同意了。

事情如我所想進行得很順利，家長全都準時參加，每個學生認真寫了發言稿，文章都經我批改，分別涉及不同的重點。我們開了一個特別的班會。嚴厲深刻的糾正與自我反省，沒有唇槍舌劍的火藥味，沒有低人一等的悲涼，重在對過程的分析，對違反紀律行為影響自己和他人的危害性的聲討，以及如何增強自製力、分清時間場合把事情做好的嚮往。看似輕鬆愉快，但是，有哪個學生願意再如此冒天下之大不韙呢？雖然這樣的糾正與自我反省極有震懾力，但畢竟可以遠離災難。

學生能夠接受這樣的處理方式，還因為作為班導師，我能夠「有錯認錯」。自我反省是一種誠意表達，一種自我解放，丟掉的是錯誤、疏忽、悔意，消除的是誤解，贏得的是理解、尊重、心悅誠服。班導師能成為自我反省的表率，自我反省能夠成為團體生活的一種方式，辣，就透著不尋常的爽勁和熱情的色彩。

苦有回味———懲罰的苦心不白費

班級管理中有違紀登記這一項，由班導師操刀。我這一刀專門宰「偶發事件」，重點是危及安全的、不良影響可能擴散的、嚴重違反校紀校規的。昭示懲罰存在，就是為了避免學生一錯再錯釀成大錯。對偶發事件，弄清楚事情經過，區別不同情況，後果不嚴重又情有可原的，交給值日幹部處理，只扣操行小分；確實須記違紀登記的，不論是一般的或嚴重的，都要學生同意並簽名。只有學生心服口服接受懲罰，才能牢記教訓。

晚自習，胡柯伏案做作業。筆停在頁末沒有動，他的嘴角露出一點點笑意，眼睛微閉，輕鬆陶醉。我在窗外看了他兩分鐘，沒有變化。我悄悄走到他面前，手放到課桌上，中指的關節輕輕敲了敲桌面，攤開手心，等待他交出「證據」，雖然我不知道具體是什麼。鄰座的同學碰了碰他，他慢慢地睜開眼睛，慢慢地抬頭看我，又埋下頭，沒有驚恐，只有一分遲疑。他準備繼續寫字，這是他預謀的動作。我又用中指關節輕輕敲了敲課桌，繼續攤開手心，等待。他抬頭看我，我

緊縮眼瞼，深深的、冷冷地射了他一眼，扭過頭仰視別處，伸著手等待，雕塑般毫不動搖。他急忙鬆開耳塞，慌亂地解開衣扣，在內層的衣服裡胡亂抓扯。就在他把 MP3 拿出來遞給我的瞬間，我縮回手，只抓起一個耳塞附在耳前，歌曲，不是英語。丟下耳塞，我轉身走出教室。教室裡仍然很安靜。（圖 7）

圖 7 苦有回味

　　他緊跟著我進了辦公室，把 MP3 放在我辦公桌上。我微微扭頭伸伸下顎，示意他靠我坐下。他端了張椅子，遠遠坐下。我沒有講話，他看看不妥，把椅子拉近。「知道嚴重性嗎？」

　　「知道。才開學，才定了目標，才宣佈了晚自習不准帶隨身聽到教室。」

　　「還有呢？」我望著他，他無語。

　　「想一想，錯在哪裡？就這些嗎？」我仍然看著他，等待著。他想了想，皺了皺眉頭，又重重地吸了口氣，仍無語。

　　「你自己說，怎麼處理？」

　　「繳 MP3，寫檢查，扣操行分。」

　　「不，議論文要寫，MP3 還你。」他很詫異，因為通常不是這樣處置的。要麼，由學生通知家長，開家長會時老師把東西交給家長；或者，到本學期末學生沒有再犯錯，就自己來領取。「你怎麼寫？」我直視他。他想了想，「保證不再犯。MP3 還是繳了吧，免得我又犯。」

　　「我想給你記違紀登記。」我平靜地說，沒理會他的要求，我就是要考驗你是不是真的有認識。他望著我，滿眼的疑惑———違紀登記？太嚴重了吧？不合常規，小題大做！

「你太過分了！而且不知道自己錯在哪裡。」我仍然以平靜的語調，但措辭極其嚴厲地狠狠說了他幾句。他是我最鍾愛的數學科小老師，在同學們心目中是很優秀的學生，我知道他是發自內心喜歡我這個老師的學生之一。我認真地告訴他我的想法。

「明知故犯，是最危險的錯誤！有自製力的人，以為不被別人發現就可以對犯錯誤泰然處之而不心生慚愧，這是人生最可怕的災難。把自己的智力用來遮掩錯誤，用來對付同學和老師，這是什麼樣的感情？還算感情嗎？我不能容忍這樣的錯誤和災難在我最喜歡的學生身上發生甚至泛濫。記了違紀登記就有可能取消評三好學生的資格，是有點狠，但是不這樣，難以引起你的警覺。曾經，一個學生把一塊麵包丟在地上，蘇霍姆林斯基撿起來，用手絹包起來遞給他。這個學生把這塊用手絹包起的麵包保存了幾十年，並告訴自己的女兒，要記住教訓，永遠不要犯這樣的錯誤。」

他心悅誠服地進行了違紀登記，我內心卻三番五次地掙扎。期末看著他幾乎滿分的操行分卻只能打「優減」的等級，三好初評時看著他那欄有違紀登記的備注，高三鑒定裡不能寫「連續三年評為三好學生」的評語，心裡隱隱作痛，但是我不後悔。所幸，他仍然年年有校級獎勵，這一年他被同學們選為優秀團員，這是不受違紀登記制約的團員的權利。

畢業留言裡，他寫到了這件事。

還記得高一下期時我因為上自習課聽隨身聽而被您教育嗎？當您說到「不要以為自己是班上考進來的男生的第一名就得意」時，我好難受。我想，換作誰聽了那樣的話都不會好過。老實說，我從來沒有以自己的成績為榮，比我優秀的人很多，我只能站在自己的角度做好一些事情、遺忘一些事情。不過好在我不是心理素質差的人，因此，從那一次起，我懂得了另一種愛的方式，雖然看似冷酷，其實包含了更多的不為人知的無奈。我於是相信，在尋找成功的道路上，必然有坦途、有荊棘，有失望的淚水和開心的笑容。

對了，我一直沒告訴您，也就是那次週六補上自習後，我開始發現週六下午自習的妙處，那可是真正意義的自習，於是我堅持了下來。感謝命運的恩賜，讓我有機會進入南開中學，進入您的班，開始與您進行心的交流溝通。我逐漸認識了您，開始發掘一個平凡而偉大的靈魂。

給我印象最深的，還有您的話語和眼淚。我常常想，如果每一滴眼淚代表一份情感的重量，那麼所有的這些眼淚加起來，必是承載著整個生命。如此的噴薄欲出，如此的氣勢磅礴，震撼著我的心靈。您的話語，在不緊不慢中細細道來，

不知不覺中教會了我們思考，教會了我們成長。我最欣賞也最贊同的話有兩句，一句是「沒有什麼錯誤是大不了的，只要懂得認錯、改錯，就是好學生」，另一句是「最好的教育是自我教育，最好的懲罰是自我懲罰」。這是多麼深刻的哲理啊，既提醒我們樹立正確的是非觀，又隱隱道出了人必須順應社會真理這一極具高度的價值取向。我想，社會有時就是自己的側影，你對待別人的方式和看待別人的心情，正是別人對待你的方式和看待你的心情。成長使人成熟，愛使人堅定，希望使人永不言敗，這些，您都以身作則教會了我們，使我們有更大的勇氣投身社會，投身實踐。

學生有這樣的思想，這樣的境界，這樣的情感，老師所有的苦心都沒有白費，所有的付出都值得！學生的自我教育有多麼巨大的潛能，它等待著人去喚醒，它激勵著老師發揮出自己的熱情和智慧。

沒有誰比學生更懂得老師，沒有任何榮譽和獎勵能與學生的成長、學生對老師的感激和珍愛媲美。班導師與學生血脈相連，教育學生，得到學生的教益；鼓勵學生，得到學生的激勵。師生的命運連在一起，打擊學生就是惡整老師，傷害學生就是毀滅自己。能夠被學生所需要，而學生懂得這種需要對他們一生的重要，這才是老師翹首期待的幸運。

不要讓將來的苦難懲罰學生，這是我懲罰學生的勇氣。不論將來有怎樣的苦難和重任，都不會壓垮我的學生們，這就是我的另一種方式的愛，永遠不變的信念。感謝我的學生們以宏大的胸懷接納這樣的愛，以承載生命的激情賦予老師永不退縮、一生不變的勇氣。

五、附錄

附錄1　學生值日、學生幹部值週、操行評分的學生自我教育、自我管理制度

Ⅰ.宗旨

優秀的團體是培養人的基地，是培養優秀人才的平臺。好的制度是基地的基石，是優質平臺的支柱。我們的班級管理制度堅持素質教育的方向，依靠全體學生的積極參與，激發全體學生的自我教育，讓真實生動的學生生活促進全體學生

的全面發展。

根據唯物辯證法對立統一、相互聯繫、發展變化的觀點，用簡便易行的方法，發揮團體評價和自我評價的作用。實事求是，發現先進、表揚先進、學習先進，激發每個學生自我完善、自我發展的動機。從小事做起，量變到質變，養成良好的行為習慣，形成積極向上的人生態度，練就頑強堅持的意志品質，提高人際交往能力、工作能力和思辨能力，樹立珍愛自我、善待他人、關心社會的精神追求，煥發人生的潛能和創造力。

Ⅱ. 制度

一、學生值日、值日生報告制度，學生幹部值週、值週幹部總結報告制度；

二、每學期競選學生幹部制度，每週學生幹部例會制度，每學期學生幹部測評、總結及幹部提前儲備制度；

三、每週班會課制度；

四、寫班級日記、寫週記、編撰週記集錦制度；

五、每日「青春時光」（唱歌十分鐘）制度；

六、以寢室和走讀小組為單位的課外體育鍛鍊小組、友情互助組制度，以教室座次編排的學習小組、勞動小組制度；

七、操行評分與操行等級評定制度，操評與學業成績通知制度；

八、獎勵與懲罰制度，三好學生、文明學生評選公示制度；

九、學期半期考試後召開家長、學生、教師共同參加的家長會制度。

Ⅲ. 操行評分辦法和細則

一、評價程式流程圖

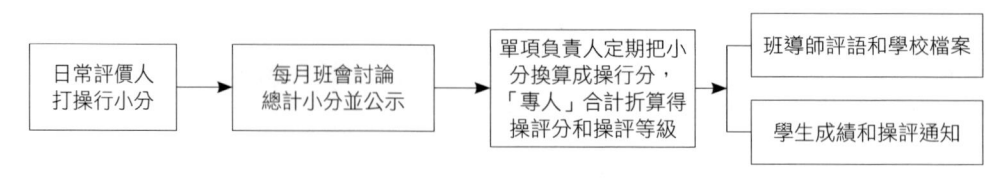

日常評價人打操行小分 → 每月班會討論總計小分並公示 → 單項負責人定期把小分換算成操行分，「專人」合計折算得操評分和操評等級 → 班導師評語和學校檔案／學生成績和操評通知

二、操行評分項目、權重及組織評價的整體結構表

項目	考勤	班級建設		學習		生活	衛生	鍛鍊		康樂	其他
權重	20%	28%		20%		10%	10%	10%		2%	其他
單項滿分	20	4	2	2	15	5	10	10	6	2	10	8	2	2

項目分項	考值日勤	值日	骨幹	好人好事	團體活動	行為規範	課堂學習	課外學習	作業	學校評清潔紀律	個人生活習慣	寢室值日	團結互助	清潔值日及保潔	愛惜勞動成果	團體鍛鍊	個人鍛鍊	廣播操	體育課	唱歌十分鐘	其他	獎懲登記
日常評價人和單項負責人	班長甲	班長乙	班幹部	值日值週	組長值日幹部	值日值週	組長課小老師	寢室值日生 室長 走讀組長	值日生組長	室長組長	值日生	值日生	班導師
			各科小老師	學藝股長	風紀股長	衛生股長	體育股長	康樂股長				

注：「專人」為班導師、班長和其他學生志願者。統計操行分由班導師指派學生進行並保管檔案。

三、操行分三級制評定法

1. 操行小分評分細則
2. 操行小分轉換成操行分和操行等級的規則
3. 操行分轉換為操評分和操評等級的規則

附錄2　值日生職責及評分細則

值日生工作共有13項，每項滿分1分，0.5分為評分單位，有3項特別加分納入總分。

1. 講台清潔：清理講台，擦黑板，倒垃圾桶。

2. 開關窗戶：提醒同學們早晨開窗戶、晚上關窗戶。（開關教室門另選學生專人負責）

3. 課前準備：提醒同學們做好課前準備；對不同的科目，以老師認可的方式迎接老師上課。

4. 記考勤：記載考勤，並與打考勤的班長核對。

5. 保持清潔：組織同學對齊課桌椅和保持地面清潔，記下座位地面有垃圾者的座號。

6. 填寫班級日誌：對各項工作及各節課的基本情況寫值日生簡短評語，請任

課教師寫評語，記載年級紀律和清潔評定。

7.課間操：站在看臺上，數人數與體育股長對考勤。記下可表揚者或需懲處者姓名。特別加分：組織鼓動好，並得到學校表揚，可加評1分。

8.眼保健操：站在講臺上，提醒或表揚同學認真做操，記下遲到和不聽勸告者姓名。

9.記好人好事：同學主動做需要做而又不在規定職責的事稱為好人好事。發現或鼓勵同學去做，也可以自己做，並記載。

10.課間文明休息：督促同學下課出教室休息，杜絕不安全現象發生。

11.保持晚自習安靜：晚自習值日生坐在講臺上自習，提醒寫好當日晚自習小計劃，對不安靜者提醒或在黑板上寫出座號警示，記下嚴重影響晚自習安靜者姓名。

12.寫班級日記：以文學角度描寫與團體有關的事件、生活、感受。要求立意健康、書寫工整、語言通順。

特別加分：選材好，文章感人，可加評0.5分或1分。加評1分者在班上宣讀，並作為「優秀班級日記作者」候選人。

13.值日生報告：值日生在晚自習下課前把班級日誌本和班級日記本都交給值週幹部檢查評定；第二天在全班值日生報告時間（早自習前5分鐘）準時

作值日生報告，表達清楚。

特別加分：全周的值日生共同進行創意活動的，每個值日生加1分。

附註：值日生職責和評分標準有階段性，新生入學，不熟悉同學，缺乏工作經驗，第2，4，7，8，11項可分別由衛生股長、值週幹部、班導師、值週幹部、學藝股長協助，仍可得滿分。

附錄 3 班級日誌表

高（初）　　　級　　　期第　　　周　P

年　　月　　日　　星期　　天氣　　值日生　　值　週幹部

		課程內容	考勤	教師評語	值日生評語
上午	早自習				
	第 1 節				
	第 2 節				
	第 3 節				
	第 4 節				
	第 5 節				
下午	第 6 節				
	第 7 節				
	第 8 節				
	第 9 節				
晚自習	青春十分鐘				
	第 1 節				
	第 2 節				
課間操					
眼保健操					
課間休息					
好人好事					
表揚揪正及總結					
值日生評定	1. 講臺清潔		2. 開關門窗		3. 課前準備
	4. 記考勤		5. 保持清潔		6. 填寫班級日誌
	7. 課間操		8. 眼保健操		9. 記好人好事
	10. 課間文明休息		11. 保持晚自習安靜		12. 班級日記
	13. 值日生報告				
	值日生小分總分		值日生等級		值日生操行分
備註					

附錄 4 值週幹部周總結表

高（初）　　　級　　　期第　　　周　P

年　　月　　日　　　　值週幹部　　　　督導

考勤	遲到								
	病假								
	其他								
學習	早自習								
	課前準備								
	課堂學習								
	作業								
	晚自習								
兩操									
保潔									
鍛鍊									
文娛									
寢室評定	寢室名稱								
	清潔								
	紀律								
	寢室值日								
班會	內容								
	主持人								
	發言人								
學校年級評定	達標：	週一	週二	週三	週四	週五	週六（週日）		
	勞動小組								
	清潔評定								
	紀律評定								
值日生評定	姓名								
	操行等級								
	操行分								
值週幹部評定	值日生準備會	給值日生評分	日常工作	組織班會	週總結	工作效果	總分	等級	操行分
表揚評論總結備注									

附錄 5 學期操行評定通知單

高（初）___級___班___學年度_____期__學生姓名_____

項目	考勤	班級建設				學習		生活		勞動		鍛鍊			文娛	備註
權重	20%	28%				20%		10%		10%		10%			2%	100%
操評滿分	20	4	2	2	15	5	10	10	8	2	10	8	2	2	2	100分
項目分項	考勤	值日生	骨幹	好人好事	團體活動	行為規範	課堂學習	課外學習自評	學校評清潔紀律	作業	個人生活習慣自評	寢室值日	團結互助自評	清潔值日及保潔	愛惜勞動成果自評	團體鍛鍊	個人鍛鍊自評	課間操	體育課自評	唱歌十分鐘	其他	自評互評審核及總評
自評																	
互評																	
小分總分																	
操行分																	
操評分																	
操評總分																	
考勤	遲到		早退		曠課		病假		總評							
獎懲																	

學生個人上期小結或學年鑒定　　　　　　班導師上期心語或學年評語

附錄 6 三級制操行評定法的規則和方法

Ⅰ. 規則制定

一、制定操行評分及轉換細則的原則：

1. 具體落實、方便評定，公開、公正、公平合理，有利發展。

2. 不脫離學生團體的實際水準，同時努力發揮評價的引導和激勵功能。保證各項的相對獨立性，同時提倡揚長避短。一般，以應該達到和能夠達到作為「優秀」的標準；低於「優秀」標準的一半則為「差」。操行小分下不封底、上不封頂。一般，絕大多數學生單項折算所得的加分、減分，不超過該項滿分。

二、細則制訂：

第一級操行小分評分細則和第二級轉評細則，由負責該單項工作的學生幹部根據原則擬定，班委會匯總、協調、審定備案，班上公告通過後執行。也可以在學習借鑒往屆學生所定規則的基礎上討論修訂通過。

第三級評定，由班導師、班長和志願者，根據原則和實際統計結果，共同擬定折算細則。按原則和細則把操行分換算成操評分，評出操評等級。折算細則備案。志願者1至5名，由自願報名、協商推薦產生。

制度需要不斷完善。操行評分細則有長期制度和臨時議定兩類，後者是對前者的補充完善。特殊情況，允許不評操行小分而直接評操行分，允許不評操行分而直接評操評分。但都需班委會議定，經公示通過後實行。

Ⅱ.三級制操行評定法：

評操行小分、操行分和操評分，用正數和負數分別表示加分和減分（扣分）。評操行分，有加分型和扣分型。

第一級：各單項操行小分評分細則（略，可參考附錄2）。

第二級：對操行小分按規則折算，評出各單項操行分和操行等級。

第二級評定，是把操行小分按比例折算成操行分，評出操行等級。比例系數的倒數叫折算系數。操行等級一般有優+(優加)、優、良、中、差共五個等級，對應用A+、A、B、C、D表示。相鄰兩個等級間相差的操行小分為級差h，相鄰兩個等級間相差的操行分為級差H。

確定操行等級，一般，各單項操行小分滿分且有加分時為優+，各單項操行小分均為滿分或達到應有水準時為優。等級為優時對應的操行小分或操行分叫「標準分p」。操行小分滿分r的一半，或標準分p的一半，記為「界限值q」。

第二級評定，加分型是先定級差h評等級，再由等級根據級差H評操行分；扣分型是先確定折算系數，將操行小分折算成操行分，再按級差H評出操行等級。確定級差和折算系數是關鍵。

級差的確定：

1.參考公式1：$h=(p-q)\div 2$，即操行小分標準分減去操行小分界線值的差除以2。

2.參考公式2：$H=(p-q+1)\div 4$，即操行分標準分減去操行分界線值再加1等於總差距，總差距除以段數4(五個等級之間有四段差距)。

3.常用簡化方法：用正整數1至6去試，合情合理，符合折算原則即可。

加分型以值日生工作為例。值日生工作有 13 項，操行小分滿分為 13 分，一半為 6.5 分，由於加分最多 3 分，小分總分最高為 16 分，故取界限值為 7 分，級差 h=(13-7)÷2=3 分。值日生第二級評定細則：各項工作操行小分得滿分且有加分為優+，小分達到 13 分為優，10~13 分（包含 10 分不包含 13 分）為良，7~10 分為中，7 分以下為差，單項若有 0 分則下降一個等級。對應等級優+、優、良、中、差，分別得操行分 5 分、4 分、3 分、2 分、1 分，這裡 H=1，簡單合理。若套用公式 2，H=(5-2.5+1)÷4=0.875≈1 也適合。參考公式只是理解和實現第二級評定的意義和原則的一種實踐而已。實踐中，怎樣方便易行效果好，就怎樣定細則。

　　團體活動操行小分細則通常是臨時議定。團體活動也是加分型，第二級轉評分為兩步。第一步，由班委會給出操行分滿分，一般，大型、中型、小型活動的滿分分別為 10 分、7 分、5 分，例如學校韻律操比賽滿分 10 分，年級排球賽滿分 5 分。第二步，由負責該項活動的幹部按照轉換原則擬定細則並公佈，由幹部和組長評出等級和操行分。

　　例如，韻律操比賽的訓練和比賽共 8 次，每次小分滿分 2 分，骨幹再加 1 分，操行小分一般最多 16 分，骨幹最高可達 24 分。根據確定等級的原則，每次按時認真參加的非骨幹者能夠得優，即小分達到 16 分為優，不足一半為差。所以操行小分的級差 h=(16-8)÷2=4。因為操行分滿分是 10 分，滿分的一半是 5 分，差距為 10-5+1=6 分，5 個等級間有 4 段差距，所以操行分級差 H=(10-5+1)÷4=1.5 分。所以二級轉評細則為：每次滿分且有加分為等級優+，操行小分上 16 分、12~16 分、8~11 分的分別為等級優、良、中，8 分以+下為等級差。等級優+、優、良、中、差分別對應操行分為 10、10，8.5，7，5.5，4。

　　二級評定要參照學生的實際整體水準，以考勤為例。考勤是扣分型，先定折算係數，將操行小分按比例折算成操行分，並確定級差 H，再確定操行等級。考勤二次轉評細則：每月全勤加特定附加分 2 分，等級為優+；無遲到（有病假）加特定附加分 1 分，等級為優。取折算係數 γ=2，即操行小分 -2 分折合為操行分 -1 分，相當於遲到一次扣操行分半分。由於考勤佔的比例大，等級增加「優-」（優減）。取級差 H=-1，即操行分在 -1 分、-2 分、-3 分之內的等級分別為優-、良、中，其餘為差，相當於一月內遲到在 2 次以內者等級為優 -，遲到超過 6 次者等級為差。如果學生整體水準較低，也可取級差 H=-2，一月內遲到在 4 次以內者等級為優 -，半學期後再提高要求。

　　第三級：學期總結操行分轉換成操評分和操評等級，進行綜合測評。

　　第三級評定的基本思路：單項操評滿分對應的操行分叫作標準分。高於或低

於標準分的操行分按比例折算成附加分，附加分可為正分或負分。滿分與附加分按規則組成「單項合成分」。單項合成分由「單項基本分」和「單項加減分」構成。所有單項加減分的正分之和與負分之和分別折算，折算後所得兩數之和為「操評加減分」。各單項基本分之和為操評基本分，操評基本分與操評加減分之和，就是學期操評分。根據操評分對應評出學期操評等級。

第三級評定的基本程式和方法：

一、通過統計，確定各單項的標準分和折算系數，確定單項合成分。

1. 統計

操行分的和仍叫操行分，統計出每個學生各個單項操行分 X 及全班的最大值 M、最小值 N（或操行小分 x 及最大值 m、最小值 n），計算出全班單項操行分的平均值 $\bar{X}$，觀察統計集中程度和波動情況。

2. 確定單項標準分

標準分 P 是達到單項操評分滿分 R 時對應的操行分。確定標準分的原則：不脫離學生實際，強調合理性，但需略高於平均水準，有帶動性。

（1）扣分型的初始分為滿分 R，一般，標準分 P=0 分，也可以適度調整。

以考勤為例，該項滿分 R=20 分，標準分 P=0 分，即操行分沒有扣分時，該項得滿分。也可以定 P=-1 分，即全學期僅有一次或兩次遲到者可以得操評滿分 20 分。

（2）加分型的初始分為 0 分，確定標準分 P 需要考慮團體應達到的水準、平均水準、集中程度和波動情況。

參考公式 3：P=[($\bar{X}$+M+N)÷3+(X_M+X_N)÷2]÷2，P≥$\bar{X}$。即班平均值與最大值、最小值的平均數，與多數學生得分範圍的兩端點取值 X_M、X_N 平均數的平均值。其中，當最大值 M、最小值 N 與其他學生的操行分 X 相差甚遠時，M、N 可用 X 中最大的三個數的平均數和最小三個數的平均數代替。

以團體活動為例。若該項個人操行分最高為 88 分，最低為 16 分，波動大。多數人集中在 38 分到 62 分之間，班平均分為 48 分，P=[(44+88+16)÷3+(38+62)÷2]÷2≈50，50 不低於平均分 48，所以標準分定為 P=50，凡是操行分上了 50 分者，可得到團體活動單項的操評滿分 15 分。

3. 確定折算系數

確定折算系數的原則：使單項附加分不超過滿分的 k 倍。一般 k=0.5，即附加分不超過滿分的一半。也可取 k=1，比如好人好事、文娛的操評滿分只有 2 分，

附加分不超過滿分。

參考公式 4：$(M-P) \div \beta = kR$，超出部分的折算系數為 β，最大值減去標準分的差除以折算系數，等於滿分的 k 倍。

參考公式 5：$k=(\overline{X}-N) \div P$，$(P-N) \div \gamma = kR$。不足部分的折算系數為 γ，k 等於平均值減去最小值的差除以標準分的商。標準分減去最小值的差除以折算系數，等於滿分的 k 倍。

以團體活動為例，$(88-50)=0.5 \times 15\beta$，$\beta \approx 5$，取 $\beta=5$，加分標準為超出標準分 50 分的分數每 5 分獲得附加分 1 分。$(48-16) \div 50 \approx 0.6$，$50-16=15 \times 0.6\gamma$，取 $\gamma=4$，減分標準為低於 50 分的分數每 4 分減去滿分 15 分中的 1 分。

常用簡化方法：直接用 1 至 6 的整數試一試，合情合理，符合折算原則即可。

4. 確定單項合成分

單項合成分由基本分 u 和加減分 f 構成，為在過程中一目瞭然，單項加減分寫在基礎分的右上角，即 u^f，注意：不是 u 的 f 次方！

(1) **單項操行分達到標準分**，則基本分為滿分，操行分超出標準分部分用比例系數 β 折算後的值 g 與特定附加分 f_1 的和為單項加減分。特定附加分不經過折算直接記入加減分。

參考公式 6：$x-P \geq 0$，則基本分 $u=R$，折算分 $g=(x-P) \div \beta$，加減分 $f=g+f_1$。

加分型，學生小趙團體活動操行分為 72 分，$P=50$，$\beta=5$，$(72-50) \div 5=4.4 \approx 4$，他沒有特定附加分，單項合成分為 15^{+4}。

扣分型，學生小錢考勤操行分為 20 分，又有全勤特定附加分 6 分，標準分 $P=-1$ 分，$\beta=2$，所以 $u=R=20$，$g=[0-(-1)] \div 2=0.5$，$f=0.5+6=6.5$，單項合成分為 $20^{+6.5}$。

(2) **單項操行分未達到標準分**，操行分不足標準分部分用比例系數 γ 進行折算。當滿分 R 與折算後的值 g 之和 v 大於或等於零時，則 v 與特定附加分 f_1 的和為基本分 u，附加分 f 為 0 分。特定附加分不經折算直接記入基本分。若加入特定附加分後基本分高於滿分，則基本分為滿分，超出滿分部分用比例系數 β 折算後為加減分。

參考公式 7：$x-P<0$，折算分 $g=(x-P) \div \gamma$，$v=R+g \geq 0$，則基本分 $u=v+f_1$，即 $u=R+(x-P) \div \gamma +f_1$，加減分 $f=0$。

加分型，學生小孫的團體活動操行分為 16 分，$P=50$，$\gamma=4$，$15+(16-$

50)÷4=6.5，單項合成分為 6.5。

扣分型，學生小李考勤操行分為 -7 分，又有全勤特定附加分 2 分。P=-1，γ=2，g=[(-7)-(-1)]÷2=-3，u=20-3+2=19，單項合成分為 19。

v=R+g<0 時的情況從略。

二、由各單項合成分求和、折算成操評分。

通過統計，確定折算係數的方法，與上面類似，此處從略。常用簡化法。各單項合成分的基本分之和為操評分的基本分。將各單項加減分的正分與負分分別求和，正分與負分的和分別折算，折算結果之和為操評加減分，操評基本分與操評加減分之和為操評分。操評分最高分為 100 分。

以學生小張為例。小張的考勤、值日、骨幹、好人好事、團體活動、行為規範、學習、生活、鍛鍊、勞動、康樂的單項合成分分別為 0-6、4+0.5、0、2、15+6、5、19、8.5、9、8、2+1.5。各單項基本分的和 72.5 為操評基本分，各單項加減分的正分與負分分別求和，其和為 -6+8，再分別折算後求和，(-6)÷4+8÷3≈-1.5+2.5，其中除數 4 和 3 分別是折算係數。最終，小張操評分為 72.5 1.5+2.5=73.5 分。

三、根據操評分確定操評等級。

操評等級有優、良、及格、不及格以及前三個等級的「加」與「減」，共有優+、優、優-、良+、良、良-、及格+、及格、及格-、不及格十個等級。一般，操評分每 5 分一個等級，「良-」等級跨度 10 分。最後審定，綜合操評分、單項等級、違紀登記、受獎勵情況、發展變化情況，可調整操評等級。調整等級不超過兩個，調整原因及結果記入操評通知單和班級操行總表。

上報學校操評等級只用優、良、及格、不及格四個等級。小張的操行分在 70~80 這一段，操評等級為「良-」，上報學校的操評等級為「良」。

五、附錄

第二章
通幽：傳承愛國　樹起教育的脊樑
——有強國之志的班導

第六段，圍棋曰「通幽」，班導師言「愛國」。通幽，即深邃的思想能夠理解，深遠之處能夠到達。教育，不僅要為物質文明傳授知識，更要豐富人的精神世界，培養能為自己的生存與持續發展而思考、而拼搏，能為自己的祖國和民族的強盛而思考、而奮鬥，乃至能為人類的命運而思考、而付出的人。強國，必興教育，愛國，是教育的脊樑！教育的瓶頸是短視，教育者最大的忌諱是做井底之蛙。班導師，理解愛國，學會愛國，承傳愛國，才能開拓創新，曲徑通幽。

　　登高望遠，上六段的班導師，是愛國的思想者，是民族文化的承傳者，是民主精神的守望者，人稱「少見的不可思議的班導師」，我稱「有強國之志的班導師」。激發學生愛我中華之思，讓愛國之思如明炬，照亮學生面向世界、強我中華的理想。

一、人生的高度

　　愛國，是生命的瓊漿。熱愛自己的祖國，是一種高尚的情感。愛家鄉，愛自然，對養育自己的土地深深地眷戀；愛親人，愛同胞，對養育自己的人民深深地感激，對耳濡目染的民族文化懷著深深的敬意。眷戀、感激和敬意，使人善良、正直、博愛、有思想，賦予人生幸福的意義和情趣。

心中的歌與學生共鳴

　　教師要引導學生創造人生的幸福，就要首先問自己：我幸福嗎？我為什麼幸福？

　　有祖國的人才可能幸福。有一個笑話，說有人丟失了護照，坐在飛機上飛來飛去，沒有任何國家接納他。沒有歸屬感，就像漂泊在大海上看不見陸地，令人絕望。

　　熱愛祖國是人之常情，是做人的根基。講愛國，不是喊口號，而是講做人的常識。教師自己相信的，如果要讓學生也相信，就要相信學生也會相信真誠、相信事實、相信真理。把內心世界勇敢地展現在學生面前，通過語言，是班導事業的一部分，是自己的一部分。我不說，誰能瞭解我的思想？要說，就要說得明白，說得精彩，說得讓自己感動和振奮，才能感染學生。要讓個人的魅力，閃耀著信仰的光輝。

　　準備班會「知我中華愛我中華」的班導師演講稿，寫著寫著，我流淚了。個

人的苦痛與國家民族的災難歷歷在目。我關緊門窗，嗚嗚抽泣竟至號啕。我思念我的外婆，那麼勤勞善良、克己節儉的人，可是因為民族的災難，遭受到人世最不堪的痛苦！我懷念我的父親，那麼慈愛幽默的人，學識淵博敬業致極，儀表堂堂多才多藝，因為國家的災難，竟然失去了人生最寶貴的健康和人的尊嚴。在恢復了被剝奪的人的權利之後，佝僂著身體，還不敢抬頭看人，那是無法補償的悲慘，無法填平的悲痛！

我揩乾眼淚，我的責任不是讓學生流淚，而是思考。我只有一點點時間，我只能講一點點事實，讓學生相信一點點、思考一點點。我把講稿給兒子看，兒子先笑著，然後沈思。我讀給姪女聽，她先笑著，然後靜靜地流淚。

班會上，我的發言以輕鬆的題目、愉悅的語調進入，以熱情而充滿信心的語氣結束。普通話，朗讀，不，是背誦？也不，是從心裡流出來。也許抑揚頓挫，也許聲情並茂，也許激情澎湃，但是，我熱烈而平靜，激情又舒緩，沒有流淚哽咽，只在某些地方稍稍停頓。

我心中的歌———祖國啊，我永遠熱愛您！

我對祖國的理解，始於幼兒園，初識那雄雞啼鳴的中國地圖；始於星星火炬下，面對那鮮艷的國旗；始於嘉陵江畔，看那束升的旭日、歌樂山的晚霞，從赤腳拉縴的船夫到渡江的「磨兒機」，直至今天的大輪船。想起祖國，我會想起西安郊外的「半坡遺址」，想起祖國，我會想起我永恆的外婆。

外婆很老，飽經風霜的臉滿是皺紋，常年勞累，腰彎成了九十度，粗大的手「青筋」凸露。我們不忍心看著她彎著腰提水，搭著矮板凳煮飯，硬把她按在椅子上休息，可半天不做事，她就像成了病人，眼睛沒了神。沒辦法，只好讓她照常忙碌。在她面前，懶惰就是邪惡，因此我們從小就養成了搶著幹家務活的習慣。吃飯時，每當我們把好菜夾到她碗裡，她總愛說：「能吃上大米飯就夠好了，夠好了。」什麼是中華民族勤勞、善良、節儉、克己為人的美德，外婆就是活生生的一本教科書。那時候，家家都沒有錄音機，外婆就像一台錄音機，一遍又一遍，每遍都一樣，一字不漏地給我們講那過去的事情。（圖8）

民國初年，軍閥混戰，民不聊生。為了避免當壯丁，外婆給她的孩子取了不同的姓。戰火連著災荒，在老家實在沒法活，外婆、外公只好帶著五個孩子到上海做工。那時媽媽不滿十五歲，小姨才十歲，真正是童工。一天十幾個小時做電池，手不停地動，一天下來，累得眼睛都睜不開。下了班，外婆拉著閉著眼睛的媽媽和小姨往家走。上海有多少高樓大廈，可他們卻住在煙薰火燎的小閣樓上，一個木盆倒扣過來當桌子。上海有的是山珍海味，資本家的狗都有專人當保姆，

而他們長年累月都是買點鍋巴泡開水。

圖 8 永遠思念的老外婆

　　就是這樣的日子還過不下去，抗日戰爭爆發了。週末工人下班時間，上海市中心人山人海，日本飛機丟炸彈，炸得血肉橫飛，人血、人肉濺到牆上、廣告上，這是中國人的血、中國人的肉啊！人流向租界湧去。英國巡捕揮舞著警棍驅趕人群。在中國的土地上，竟沒有中國人的立足之地！抗戰十四年，外婆一家步行逃難八年，無家可歸，顛沛流離，苦不堪言。外公喪了命，舅舅得了病。這國恨家仇，外婆一刻也不忘，看見報紙上的日本人，她就會用指甲去掐。外婆永恆了，但她留給我的中國過去一頁的縮影卻永遠銘刻在我心上，任何謊言也不能抹去血寫的歷史，不能抹去歷史這鐵的事實。

　　尊重事實，才能追尋真理，牢記歷史，才能知我中華。沒有國，哪有家？個人的幸福，離不開強盛的中華！

　　熱愛祖國的人是自豪的，在英國倫敦的蠟像館裡，陳列著林則徐的塑像。為什麼抗擊英國侵略的中華民族英雄受到英國人民的崇敬？因為，熱愛祖國是人的最基本的也是最崇高的品質。不懂得熱愛自己的祖國的人是無知和愚昧的，而貪圖個人利益背叛祖國和人民的人，不僅遭國人唾棄，也被外國人看不起。

　　熱愛祖國的人的心是相通的，心胸是博大的。在日本侵略軍投彈轟炸天津南開中學，中國處於生死存亡的危難時刻，愛國教育家張伯苓發出的「強國必先強種，強種必先強身」「培養愛國青年，培養世界青年」的吶喊，至今我們不敢忘懷！據不完全統計，在日本侵略軍的屠刀下，中國死傷人數達 3500 萬。其中死亡人數達 2100 萬，僅南京大屠殺就死亡 30 多萬人。按 1937 年的比價計算，日本侵略者給中國造成直接經濟損失為 1000 億美元，間接經濟損失為 5000 億美元。面對如此深仇大恨，新中國的外交家忍辱負重，艱難斡旋，搭起中日友好的

一、人生的高度

橋梁。對此，我們現在終於能夠理解：要使中國強大起來，發展才是硬道理！

愛國是一種情感，愛國是一種信念，愛國更是一種責任。如果不忘「東亞病夫」的恥辱，即使不能像體壇名將那樣讓國旗在世界人民面前高高昇起，我們也要以頑強的意志和健康的體魄，體現中國人的氣質。如果我們牢記「落後就要挨打」，如果我們立志要為中華民族立於世界之林盡到自己的責任，即使不能像原子彈之父鄧稼先那樣用智能保衛人類和平，我們也會發奮地工作，發奮地學習，任何困難也難不倒我們。

熱愛祖國的人是幸福的。當一個人把自己同祖國、同人民聯繫在一起的時候，所做的一切就賦予了新的意義。一個教師可以對學生有無盡的愛，對每一節課飽含深深的期待。

熱愛祖國，是我們理想的根基，是我們奮鬥的動力，是我們創造的源泉。

學生們注視著我。有的人眼裡閃爍著淚花，不僅僅是女孩子。在他們的眼裡，我分明看到了一種全新的理解，對祖國、對社會、對自己，也包括對我這個「人」的。激情在心中燃燒，一種堅定，讓我們靈犀相通。

我「說」我知道的真實，我「教」我的思想我的情感。「說教」，是內心的驅使，愛國教育，不能不說，不能不教！離開真實就是卑鄙，缺乏真情就是虛假，

沒有真實、沒有真情、沒有互動的空談愛國，就是道德的虛偽！

學生家長告訴我，孩子回家，急切地告訴她班上發生的事情。孩子說：「我不曾見過哪個老師敢於這樣講愛國，能夠這樣教愛國，沒有！自己曾經藐視『忠誠』，以為是『愚忠』。不，不敢說愛國，很可憐；不愛國，很可恥。愛國就在平時，忠誠，很高尚！從來不知道愛國可以使人這樣的激動，這樣振奮。」

發自內心從小事做起

南開中學每週一早晨有二十分鐘的升旗儀式。不知什麼時候開始，升旗時的「唱國歌」成了「放國歌」，麥克風超大的音量仍顯得那樣的單調。廣播裡的提醒「請大家放聲唱國歌」，似乎對學生們沒有什麼影響。我站在看臺上肅立，清楚地唱出每一句歌詞，卻毫無生氣，在偌大的操場似遊絲般微弱。看臺上其他班的學生曾經好奇地打量我，不過我早已熟視無睹。我班的值日生有時會躲開我的目光，有時也會同我一起唱。

在班會上，給出抽象的「愛國主題」「青少年心理健康」，學生不感興趣。

但是給出具體的「當我唱起國歌的時候」「愛情‧理想」，卻比其他內容「認購」更熱情。我試探著商量，能不能把「唱起國歌」的班會提前，得到學生們的一致贊成。看來終於等到了這一天，有這麼多的志同道合者，學生說：「老師，我們想唱國歌，真正的唱國歌！」他們當然知道什麼是「真正的唱國歌」，當看到電視裡體育健兒奪得世界冠軍奏國歌時，學生們在教室裡站起來齊聲高唱，教學樓裡激昂的歌聲連成一片，令人熱血沸騰。我明白，他們已經有了用國歌表達自己與祖國血肉之情的需要，渴望著築起新的長城。

　　學生舉行了主題班會「當我唱起國歌的時候」。知識搶答、小話劇、講故事、演講、朗誦、採訪，活潑的形式卻處處體現著認真的思考，有一種感人的氣氛。學生說：「當我想到那些為國家為民族奮鬥的人，也是和我們一樣有著血肉之軀、渴望家庭幸福的普通人的時候，我的內心受到從未有過的震撼。」「走出國門時希望別人怎麼看待自己的祖國？如果自己都做不到又怎麼要求別人？」學生用青年人的思想和語言去詮注國歌、國旗、國徽的時代感和歷史意義。愛國，不再是與生活無關的崇高的字眼，不是逢年過節的壯舉，不是高不可攀的為國捐軀，也不必是響噹噹的世界冠軍。熱愛祖國，只需要從內心開始，從身邊的小事做起。維護國家的獨立、統一和尊嚴，就要肅立面對升國旗、認真唱國歌，就要維護公共秩序。熱愛人民，就要愛護身邊的一草一木，尊重每一位勞動者，對家人、對清潔工有禮貌。愛國不是空話，就從用心唱國歌做起。

　　從自己班的同學相互影響張開口輕聲唱，到能夠在鄰班隊列同學的注視下抬頭挺胸齊唱。自信的力量與日俱增，與鄰班同學的合唱成了操場上的一道風景，吸引了眾多的目光。終於等到了我們班演講「國旗下講話」，赤子之心的真情流露贏得了全校師生的熱烈掌聲。幾十天，幾個月，對於學生來說似乎很漫長，終於，聚集著全校師生的大操場，國旗冉冉升起的同時，響徹了雄壯的國歌。深情高亢的歌聲，讓我們感受到心心相印的激情。（圖9）

　　從身邊的小事做起，學生對我提出了新的要求。有個女生焦急地對我說：「老師，開家長會的時候幫我說服我媽媽吧，她老隨地吐痰，還說是小事。」我逗她：「不是小事是什麼事？」「小事也有關人格、國格！老是一說隨地吐痰就聯想到中國人，哪天才改變得了啊！」

　　我記得，20世紀90年代初，我的學生也對我「有所要求」。學生要我去「通融一下」，對我說：「我們想當志願者，到幼兒園去做清潔，磨破了嘴皮，聽說你是我們班導師才同意了，還說下不為例。」我告訴學生，這關係兒童安全，何況幼兒園有專人做清潔。學生說：「那怎麼能一樣呢？小朋友看見哥哥姐姐愛勞動，回家就不當小皇帝、小公主了！」我曾經被學生感動，沒想到現在的學生不僅使我感動，還令我欽佩。

圖 9 抬頭挺胸齊唱國歌

　　一天，我看見講台邊一大堆垃圾，皺皺眉頭，哪個值日生這樣不負責任？正想著，只見值日生走上講台，「環保從哪裡做起？」直奔主題的一句話作為班會的開場白。那一堆垃圾就是服務於中心內容「為什麼要垃圾分類，如何分類，怎樣才能實現分類」的「道具」。說實在的，我以前並不知道壞了的日光燈、廢電池對環境的污染那麼嚴重。1 只普通節能燈的含汞量約 5 毫克，僅夠沾滿一個圓珠筆尖，但滲入地下後即可造成 1800 噸水受污染。由於汞的沸點低，常溫下即可揮發，廢棄的節能燈管破碎後，瞬時可使周圍空氣中的汞濃度超標上百倍。而一旦進入人體的汞超標，就會破壞人的中樞神經系統，人體一次吸入 2.5 克汞蒸氣即可致死。環保不是可有可無啊！我發現學生真是了不起的力量，他們的設想既實際又偉大：一個學生帶動一個家庭，全家人帶動一個居民點和幾個單位，一輩人影響幾輩人！

　　我被深深地感動，青年是最愛國的！古今中外概莫能外。人們以為現在的中國學生不懂愛國只知道分數，外國的報刊甚至評論中國的年輕一代是只知道個人享受的「『我』一代」。事實並非如此。即使如此，也是教育出了問題。即使如此，真正的愛國教育，能夠讓教育負起這份沈甸甸的責任。

　　人，都需要精神。愛國教育賦予人必需的、高尚的精神追求。但是，為什麼一提愛國教育，就會被認為是脫離學生實際的空洞的口號呢？愛國必須忠誠，忠誠不允許背叛，必要時，可以獻出自己的一切甚至生命。但這並不意味著愛國就只有失去，就必須犧牲。有國才有家，祖國領土完整、擁有民族尊嚴和國民經濟發展，與個人休戚相關。愛國的內涵，能激發人心靈深處的情感。如果拔高愛國的「門檻」，硬要犧牲自己的所有為國家謀利益，甚至用生命去殉國才算愛國，誰還敢講張口就要人獻出生命的話題？還有多少人敢愛國，願聽「愛國」？用「高、大、全」架空了愛國，當然就會脫離學生實際。

從身邊的小事做起，看似簡單，能夠煥發出學生的愛國情感，學生能夠發自內心、主動去做利國利民的事，就不簡單！對社會的信心、對人生的信念，就是在堅持去做的磨煉中堅定起來的。為了堅持的每一次思考，都使人生登上新的高度。

二、歷史是一面鏡子

愛國，該如何去愛？強國，教育該如何承傳愛國、負起責任？歷史，是一面鏡子。

歷史的真實，是愛國的命脈

祖國是一個整體，她的疆域、她的歷史、她的文化不可分割。一個人愛自己的母親，不會只愛她的眼睛，只愛她哺育自己的那幾年。愛國，就要愛祖國的每一寸土地，不論是發達的城市還是荒蕪的島嶼。愛她的過去，愛她的現在，愛她的將來，愛她源遠流長的文化，愛她燦爛輝煌的文明智慧。

學生的真實想法，令我思馳千載。一個國家的強盛，必須有精神的根基和力量，歷史的真實是血管裡噴湧的愛國詩篇，是承傳愛國的命脈。我們不能用近代百年的屈辱史代替五千年的文明史，不能讓十年動亂的餘毒繼續侵蝕中華文化。

20世紀80年代末蛇年那場政治風波中，有幾個學生來向我告———不是告訴，是控告，怒斥班上的一個學生，說他說反動話。這個學生說：「當初如果讓八國聯軍把中國瓜分了，中國早就富強了，你看香港被英國人霸佔了幾十年，不是比中國的其他地方都富都強嗎？」

聞此言我也很震驚，我的學生怎麼會如此糊塗！我對這幾個學生說，不要說他「反動」，只是認識不清，語言出格。他的說法無論如何也是沒道理的。什麼叫富強？比方說，你家裡比較窮，是否應當允許幾個有錢人來把你家瓜分了呢？有錢人在你家開店賺錢當老闆，你的全家人當他的夥計，聽從吩咐下苦力，沒有說話、做主的份，這算什麼富？這算什麼強？這樣的「富強」有誰願意？

我和學生們討論引進外資與喪失主權的區別。改革開放，就是中國人決心使自己富強起來，打開門，看看人家是怎麼富起來的。儘管知道有的「富家」就是靠擴張掠奪他人肥了自己腰包的，也不能去幹掠奪別人的勾當，更不允許外人用邪門歪道替我們當家做主，這就是「走中國特色的社會主義道路」。引進外資，

相當於借有錢人的錢幹自己致富的事，還邀請有錢人來幫自己打工，把他的能力也用上，當然也要讓他得點好處。四項基本原則，就是任何時候都不准任何人來搞亂中國、瓜分中國！學生們對改革開放充滿了信心，他們要我放心，不用我出面就能夠說服這個學生，改變他的糊塗想法。

1992年初，我和家人到香港探親。香港現代化的繁華、有序和文明，使我感觸良多。讀小學的兒子問我：「媽媽，我們重慶什麼時候才能趕上香港？」我想了一想，「五十年吧？」兒子說：「不可以快點嗎？我太想重慶有香港那樣好了。」我為兒子感動，猛然覺悟到我的那位學生是在思考中國的發展，不論他的想法多糊塗，但他是在思考，他不是反動，他像我兒子一樣，有赤誠之心，甚至比我還急迫。他家住高校，聽得多、想得多。他和我挺親近，為什麼他不敢直接告訴我他的想法呢？如果他要和我辯論，還會提出怎樣的問題呢？雖然，我能駁斥學生的一個錯誤說法，能夠回答學生的幾個問題，但是，我自己有沒有真正思考過，香港的繁榮對我們有什麼啟示？今天的中國怎樣才能富強起來？

沒有法治和民主就沒有富強。沒有法治就沒有民主，沒有社會主義民主就沒有社會主義法治，就沒有社會主義。社會主義是什麼？就是人民當家做主，就是各階層的人們和諧共處、共同富裕。當中國人嚮往民主法治的時候，總是底氣不足，「文革」十年動亂的創傷，還在撕心裂骨。一個錐心的問題是，人人自危，連國家領導人都無端地一夜之間變為階下囚，這樣的事若不能避免，誰能保證今天改革開放的成果不付之東流？假如再來場「文化大革命」，我是願意逃到香港投親靠友，抑或當個難民呢？還是縮起脖子，雙手捂著臉出門，心驚膽戰地躲避隨時可能飛來的鼻涕口痰石塊？被汙言穢語夾壓著透不過氣來，高音喇叭裡用莫須有的罪名罵著你的父母、祖宗，自己反而當眾口吐狂言與親人劃清界限，不是昧著良心說假話，而是由衷地投入逆歷史而動的癲狂。這是何其輕微淺薄的比較，對我們的教育恰是當頭棒喝。對那場浩劫，教育真的沒有責任？

那時的學生虔誠地相信，資本主義已是日暮西山、苟延殘喘；台灣暗無天日不出太陽；香港散發著資本主義腐朽沒落的臭氣，到處是搶匪、妓女、乞丐；世界上四分之三的人在水深火熱中掙扎。對自家的老祖宗，除了四大發明引以為傲，就只知道幾千年的黑暗專制統治，生靈塗炭、風雨飄搖。一說歷史，就是閉關自守、落後挨打；一講愛國，就是義憤填膺、轟轟烈烈，連做清潔也要冠以「愛國衛生『運動』」，「運動」一結束，照樣髒亂差。熱情、憤怒、運動，思想呢？獨立思考需要的是面對真實。

「實事」才能「求是」，愛國的教育，應當建立在真實的基礎上。真實的教育要允許思考、允許過程、允許有不同見解。聽不到不同意見的聲音未必是好事，

不瞭解真相，不尊重事實，將誤人、誤國。面對學生，假如教師戴著有色眼鏡看人，把愛國心當作落後甚至反動，假如我們不尊重事實，信口開河大放厥詞，就會失去學生的信任，使我們的教育失去意義。

愛國的學生，為什麼會在香港的繁榮面前，失去基本的自信？今天的青年面對真實的現實世界，有了自己的思考。但是那場浩劫的烙印還隨處可見，中國的過去一無是處，只需要革命，什麼都可以打倒而毫不心痛，這樣的餘毒還在暗地裡發酵，演變成了毫無自信的「向外乞討」，而不是立足於自己根基的學習和借鑒。

我們的根基是什麼？————是大統一的國體、政體，是悠久的歷史，是充滿智慧和創造力的中華文化。

早在遠古時代，自黃帝開始到夏、商、周，中華文明就產生了追求整合和統一的意向。四周有著山海屏障，黃河、長江都橫貫萬裡，又連年發生災害，僅僅出於治河的目的，幅員廣闊的中國也必須統一而不是割據。治河需要的東西統一必然帶動南北統一。秦始皇統一中國，只是順應了歷史發展的必然趨勢。

中國的立國規模，自秦漢有大一統的中央政府以來，中國各地在一個平面上，共同形成一個整體，由這個整體來凝造出中央共相擁護之，而不是由一個中央來壓倒四圍，不是由國家內某一地區來統轄其他各地。因此，中國立國的形勢，既偉大又強韌，使得多民族結合的中國民族，在世界史上成為一個建國悠久而又最不易被人征服與統治的民族。

背離中國的大統一，就丟掉中國強盛的根基。歷史上總會有人鬧分裂，地方割據、軍閥混戰，給中國帶來累累創傷，但都終不成氣候。中國絕不允許任何人鬧分裂，更不能任由列強瓜分！今日中國處處生機，發展沿海特區，西部大開發，共建貧困地區、共建邊疆，一方有難八方支援。

蘇聯的解體，並不能動搖社會主義中國。蘇聯解體，除了政治、經濟等諸多原因，還因為它的先天不足。蘇聯是在十月革命後由 15 個加盟共和國組成的。中國悠久的歷史，是中國強大最可靠的堅實的基礎。假如我們只愛社會主義新中國，豈不是割斷了歷史，動搖了強國的根基？

縱觀人類史，有羅馬時沒有蘇聯、美國，有蘇、美時無羅馬，蘇聯也解體了，而中國巍然屹立。兩千多年前張騫出使西域，那時的安息帝國、羅馬帝國、貴霜帝國已不復存在，他們的文化都沒能延續下來，中華文明卻生生不息。自豪之餘，不禁發自內心地追問：對中國的「過去」，我們為什麼愛不起來？

有位中國留學生說，在國外最尷尬、最困窘的事，就是說起中國古代文明，

外國同學都侃侃而談，唯獨自己壓根就不知道。中國人不知道中國事，如何能愛中國？不愛中國，豈不愧為中國人！

浙江紹興的蘭亭是書法聖地，因晉代書法家王羲之書寫《蘭亭集序》而聞名遐邇，唐宋以來書法家臨摹的《蘭亭序》就有十餘種，現存的園林建築是明朝的古蹟。解說員告訴我們，康熙、乾隆題寫的蘭亭序碑，要不是展館的老一輩工作者用泥土敷滿石碑、又用大幅的毛主席語錄圍上，紅衛兵早就把它砸爛了。「文革」中狂熱的青年，把銷毀歷史的文物，理所當然地當成仇恨封建專制的「革命行動」，即使沒有這樣愚蠢行為的人，大多也默認反封建的「革命思想」，當初的我們，對「封建」的一切毫無憐惜之情。「文革」中瘋狂的「橫掃封資修」，不知使多少物質文明毀於一旦！毀掉的，不僅是勞動成果、文化遺跡，還毀掉了對歷史的尊重，毀掉了對中華文明的敬畏！

我們該怎樣看歷史？一個有著五千年文明史的國度，會沒有一點民主思想和制度的萌芽？只是憑「焚書坑儒」「苛政猛於虎」的殘暴荒淫，「禮教吃人」「八股害人」的殘忍愚昧，就能把如此幅員遼闊、人口眾多的國家維繫至今？

中國是一個對外開放具有悠久歷史的文明古國。中國封建社會的對外開放興起於秦漢，盛行於隋唐，發展於宋元，動搖於明，斷送於清。佛教由印度傳入，其哲理在中國發揚光大；伊斯蘭文明也被中國接受容納。維護主權、對外開放、文化相容並包是中國寶貴的傳統。

在中國，凡是制度史習慣上稱為通史。中國歷來有嚴密的制度。春秋以來已有精密的王位繼承法。秦漢時代，王室已與政府相對立，天子自為王室的代表，丞相則代表政府負責行政。畫敕是制約皇權的方式，皇帝詔令，宰相得畫敕加封駁，否則無效。不僅唐宋兩代是這樣，直到明代，六科給事中，依然有封駁制敕之權。賦稅也有正式的章程和主管機構，盛世傳統輕徭薄賦，稅率一定，漢朝三十而稅一，唐代四十而稅一，上下俱遵，不得隨意改變。

政府重要職責之一是設官任職。中國古代選官制度，在世界上是出現得最早和較嚴密的，在世界行政史上具有獨特的地位。近代英國文官考試，據說是取法於中國的考試制度。官吏的任用，均有客觀規程及其主管衙門，官員經公開考試，分配於全國各地。舉薦名額視郡的人口而定，還實行迴避本籍制。由皇帝特旨降黜者，他日尚可復用，而一經官吏部考察罷免的則永不再獲錄用。宰相大臣的任用也有習慣上的資序。貴族在政府有世襲的爵祿而無世襲的官位。秦始皇的親子弟為匹夫，無尺土封，宰相李斯為楚士，將蒙恬為齊人，均為客卿。

西方資本主義發展最早的是英國，近代民主政體首推英國。在英國，實際上

最有權力的人是首相。但是，沿襲至今，英國的立法、行政、司法大權都必須由英王授予。從理論上講，英王可以為所欲為，甚至侵犯公民自由，剝奪他們的財產。沒有英王批准，新法律走不出議會大門；只要英王高興，可以隨時解散議會，任免首相和大臣。也就是說，虛位的英王卻能非常有效地遮罩首相，遏制首相走向專制統治。英國的政體被認為是人權、民主與君主制度並行不悖。民主思想和民主精神，需要具體化、制度化，形成確定的政治標準。如果按這幾個標準，英國堪稱近代民主的楷模，那麼古老中國的傳統政治，還不能用「黑暗專制」一語帶過。

我們記恨著秦始皇焚書坑儒的罪惡，卻遺忘了秦始皇統一了中國文字的重大意義。中國的歷史因為有了覆蓋神州大地的文字而鮮活至今。曾經在幾千年前閃現過璀璨文明的古埃及卻沒有這般幸運，入侵的歐洲人將亞歷山大城圖書館的七十萬卷圖書付之一炬，並且驅散了唯一能讀古代文字的埃及祭司階層。埃及古代文明因失去對其文字的解讀能力而被部分湮滅。

人類不可能停止在原始社會，封建社會是人類社會不斷進步和變革的一個進程，怎麼能把與封建社會有關的一切都等同於罪惡？人類不可能一步就邁向共產主義。即使有一天實現了人類最美好的理想，也不能因為共產主義的先進而否定今天的社會主義進程。每一個歷史的進程，都有它的局限性，都有著人類不懈的付出，正是珍惜和傳承人類文明，社會才能在變革中不斷進步，而不是倒退和毀滅。

保障人的基本權利，是民主的要素。奴隸制度與封建制度誰更民主？美國在十九世紀南北戰爭結束才最終廢除奴隸制，為美國的資本主義發展掃清了道路，而中國早在西元前兩百多年就建立了多民族的中央集權的封建國家。不同的制度，不同的國情，就有不同的發展之路，民主法治是眾望所歸。假如美國追風「全盤中國化」，還有如今的美國嗎？美國就是想「全盤中國化」，又能「化」得了嗎？同理，中國「西化」，能「化」得了嗎？假如我們今天毀壞已有的秩序，衝垮已有的基礎，一個心眼去「全盤西化」，那麼，明日，對人類文明和諧有功而令全世界為之震撼的中國，又從何而來？（圖10）

圖 10 杞人憂天

浙江紹興的大禹陵是綠樹環抱的古建築群，千百年來人們源源不斷到此緬懷祭祀大禹。大禹不僅以治水聞名。大禹召集諸侯於會稽山共同祭祀，通過政治結盟從而建立統一的國家政權。這項天才的政治發明，使會稽山得以成名且列為中華九山之首。

大禹造福於民。為治水，他親自率領部下和百姓用十餘年時間，鑿山開渠、疏通河道。他的腳指甲因長期泡在水裡而脫落。他公而忘私，三過家門而不入。治水成功之後，大禹組織人們利用水土去發展農業生產，在地裡種植水稻等不同品種的作物，在湖泊中養殖魚類、鵝鴨，種植蒲草，變水害為水利。

中國自古以堯、舜、禹為參照，來評判歷史上的君王。「以民為本」的思想誕生於春秋戰國時期，「民為邦本，本固邦寧」。唐太宗功業震古爍今，不僅因為他能文能武有蓋世才華，還因為他能團聚風雲，允許發表不同意見，與賢相、諍臣、名將相輝互應，組成一個花團錦簇的政府，更因為他牢記「民可載舟，亦可覆舟」。中國民眾有很強的忍耐力，但絕非只會俯首貼耳任人宰割。秦朝為何二世而亡？以為中國純粹靠專制暴政一統天下也是打錯了算盤！

民主政治最重要的特徵之一，是保護下層廣大百姓的生存權利和政治權利。漢代創立的賢良孝廉察舉制度，是以古人德與才的標準選拔和監督官吏的制度。能否入選，要看鄉曲的清議，這相當於政府將人事權公之於社會，使得漢代的知識分子不得不以社會為本位，知道要砥礪品節，因而具有廉恥之心，對政治保持了相當的尊嚴，維持住若干的人格。九品中正制是為了改革漢代察舉制實行日久產生的弊端。九品制到後來也被《魏書》指出：「上品無寒門，下品無世族」，無助於下層中的人才脫穎而出。然而，不斷地實施改革促使相對公平，正是中國

古代文明不爭的史實。

隋代創立的科舉制度，打破門第界限，給底層士子以上升的管道，讓民間自由競爭，不斷地收攬社會各方人才。許多官員來自民間底層，激起新陳代謝，健旺政府生機。

選拔人才尚賢，是中國政治理論和文化傳統中的精華，賢者，看重人格和內心的責任感、使命感。正如北宋學者張橫渠所說：「為天地立心，為生民立命，為往聖繼絕學，為萬世開太平」，為此不求與人苟同。唯其賢，才能讓眾人信服。而賢的培育在於教育，在於文化的潛移默化。

中國的文化傳統，敬畏自然，遵守法紀，尊師重孝，講究修養，以為公、仁愛為美德。天地君親師，身體受之父母不敢毀傷，孝之始也。老吾老以及人之老，幼吾幼以及人之幼。由孝悌到仁愛，是中國文化的淵源，中國人不遵禮教不講孝，五千年的文化如何延綿而來？不真愛中國，就不會珍惜中國歷史積澱煥發的智慧。

梁啟超 20 世紀初遊歷歐洲。在巴黎，大哲學家蒲陀羅對梁啟超說：「一個國民，最要緊的是把本國文化發揚光大，好像子孫襲了祖父遺產，就要保住它，而且叫它發生功用。就算很淺薄的文明，發揮出來都是好的，因為它總有它的特質。把它的特質和別人的化合，自然會產生第三種更好的特質來。你們中國，著實可愛可敬！我們祖宗裹塊鹿皮在野林裡打獵的時候，你們不知已經出了幾多哲人了。我近來讀些譯本的中國哲學書，總覺得他精深博大。可惜老了，不能學中國文！我望中國人總不要失去這份家當為好。」

中國既有深厚的文明制度基礎，也有沈重的歷史包袱和頑症，有專制，也有不畏強權的抗爭。歷史不容抽刀斷水，任一個薄薄的橫截面無論興衰榮辱，都不能替代恆遠恢宏的中國歷史，也不能從中國歷史中割裂出去。無論美化還是醜化歷史，都不如真實的歷史給予中國人構建現代文明的信心和決心。一個國家和民族，不可能全盤照搬別人的民主方式使自己強盛，如同一個人不能把自己徹底改頭換面成另一個人來標榜自己的健康。我們完全可以充滿自信地向西方學習，向世界上的各民族學習，借鑒他們的經驗和教訓，而不是套用別人的標準來貶低自己。可愛的中國，智慧的中國人，沒有誰可以取代中國，沒有誰能代替中國人找到通向民主法治的路徑！

真實的教育，樹起中華的脊樑

在重慶南開中學新圖書館的前面，在寬闊的三友路的發端，是南開辦公樓。它曾是老南開的忠恕圖書館，雖只有兩層樓，卻讓人感受到磅礴大氣。常青藤緊緊相依遍佈牆面，褐色的枝藤纏繞青磚，透出厚重的滄桑。常青藤葉隨季節變換，春來翠色慾滴，盛夏蔥蘢如織，金秋墨綠幽深。一座花崗岩塑像就佇立在這座樓前。塑像身後的鐵樹，已有100多年的樹齡，是現今沙坪壩保護的古樹。鐵樹粗壯的樹身蒼勁斑駁，就像鐫刻著南開學校100多年的歷史。

人們用「千年的鐵樹開了花」形容世間難遇的奇跡，我卻親眼看見鐵樹開花。那是盛夏，在鐵樹的頂端、樹冠的中心，伸出幾枚碩大的酷似菠蘿的米黃色花卉。鐵樹開花，美得奇特，卻又真切得令人不忍離開。吮吸著迷人的清香，我如夢如幻。

有一句詩也很美，是文學大師老舍和藝術大師曹禺合寫的一首詩的開頭：「知道有中國的，便知道有個南開。這不是吹，也不是假。真的，天下誰人不知，南開有個張校長！」詩句美得淳樸，貴在簡明，精闢地道出了南開創造奇跡的真實。

然而，我從小就知道三中是重慶最好的中學，卻不知道三中原名「南開」。原本13歲成為這所學校學生的我，卻因為並非自身的緣故，彷彿剎那間與之失之交臂。冥冥中，我與南開的情緣無法割捨。沒想到，13改成31，我走進三中，成為南開的一名教師。更沒想到，一個在20世紀30年代就譽滿中外、使敵寇聞風喪膽的英名，在沈寂消失了30多年後，與恢復南開校名一起，回到人們心間。

仰望塑像，栩栩如生。長滿常青藤的牆面，像吐露生命綠色的帷幕，彷彿凸顯出他近1米90的魁梧身材。他兩眼炯炯、目光深邃，他聲如洪鐘，氣宇軒昂。他，就是愛國教育家、南開系列學校的創始人，我們敬愛的張伯苓（1876—1951，名壽春，字伯苓）校長。無法言說的震撼——沒有他，就沒有南開！——因為他，你不能不深思：「學校」是什麼？怎樣才是「教育」？！愛國，該如何去愛？！

張伯苓是位傳奇人物。一位清朝北洋水師的青年海軍軍官，為救國棄武從教。從主持嚴氏家塾，到創辦包括天津南開中學、南開大學、天津南開小學、重慶南開中學等校的南開系列學校，並擔任各校的第一任校長。孫中山贊譽「南開是世界有名的好學校」。重慶談判時，毛澤東親自到重慶南開中學看望張伯苓。

張伯苓70壽辰時，蔣介石為他題詞「南極輝光」。人民的好總理周恩來是南開的驕傲，他先後就讀於天津南開中學和南開大學。世界著名數學家陳省身、物理學家吳大猷畢業於南開大學，獲得諾貝爾物理學獎的李政道和楊振寧是吳大猷的兩位學生。

重慶南開中學創辦於1936年，迄今已有八十多年歷史。原國務院副總理鄒家華，中國科學院院長周光召、中國工程院院長朱光亞、著名經濟學家吳敬璉，著名詞作家閻肅，南極科學考察隊隊長顏其德等人，都曾經是重慶南開中學的學生。重慶南開中學走出了33名院士，被譽為「人才的沃土，院士的搖籃」。

自1996年張伯苓塑像落成後，每逢10月17日重慶南開中學校慶日，這裡都鮮花盛開。與老校長留影，成為南開畢業學生、闊別多年返校的學子、來華訪問的學者最隆重的儀式。

微風吹來，樹語沙沙，好像告慰著老校長：「允公允能，日新月異」仍然是南開的校訓，南開正與時俱進。鐵樹那形如孔雀尾翎的寬大樹葉蓬起美麗的樹冠，四季常青，彷彿象徵著南開教育事業繼往開來，呈現出勃勃生機。

2005年，溫家寶總理看望著名物理學家錢學森，錢老曾發出這樣的感慨：「回過頭來看，這麼多年培養的學生，還沒有哪一個的學術成就能跟民國時期培養的大師相比！為什麼我們的學校總是培養不出傑出人才？」（圖11）

圖11 錢學森之問

看南開校史，內心也有幾分沈重。重慶南開中學八十多年走出的33名院士中，有2位是建校初期的教師，有23位是畢業於1938年至1949年的學生，有

7 位畢業於 1950 年至 1956 年，還有一位畢業於 1973 年。也就是說，在重慶南開中學建校初期的 13 年內有 25 位院士，在新中國成立初期的 7 年有 7 位院士，從 1957 年距今的半個多世紀裡僅有 1 位院士。

振聾發聵的「錢學森之問」，強烈地撞擊著我的靈魂。改革開放這麼多年了，人們對教育的重視近乎空前，數以千萬計的家庭傾注心血的期望是多麼強大的動力，然而假若失望，又是怎樣沈痛的代價！一個教師，只關心自己的一個班、一堂課，算不算盡到了責任？教育大局，關係到每個學生的一生，關係到公民社會的建設。學校的教育宗旨，教師團體的成長，中國教育的過去、現在和未來，該不該思考？

錢老逝世，老一輩科學家、教育家一個個離我們而去。當代人，須對自己的時代負起責任！身在重慶南開中學，責無旁貸，我必須鼓起勇氣，直面內心深處的「南開之問」：在中國的教育史上，南開系列學校寫下了不同凡響的一頁，「老南開」——民國初年創辦的私立學校，為什麼能夠在那麼短的時間內成為國內外享有盛譽的名校，開創世界教育史上的一個奇跡？沿著有中國特色的社會主義道路，我們該怎樣書寫新時代教育事業的輝煌？今天的教育，要不負過去、超越當下，最要緊的是什麼？

（一）學校，是國家的基石

1. 戰火中的老南開

以前，我只知道學校是讀書的地方。戰火中的南開，讓我震驚了！世界上還有這樣的暴行———一個學校，成為侵略這個國家的敵人最害怕、最仇恨、因而最凶殘攻擊的目標！

1931 年「九一八」事變，中國東三省被侵華日軍佔領，全中國震怒。天津學生發起愛國運動。日本兵營駐紮在海光寺，正位於南開大學與南開中學之間，南開學生遊行必經過此地。日本軍官對南開記恨在心，用刺刀挑下懸掛在南開校門前的「收復失地」的旗幟，寄到日本，作為南開抗日的證據。平日裡，日軍操演任意佔據南開操場，甚至將機槍隊開進南開校內，對準教室施放！是可忍，孰不可忍？！

1934 年，東北已淪陷三年。南開師生深感國家被凌辱割裂之痛。第 18 屆華北運動會開幕式上，幾百名南開學子手執黑白兩色布旗，排出「勿忘國恥」「收復失地」的字幕，發出鏗鏘有力的呼喊。這代表全中國四萬萬同胞心聲的壯舉，喚起全場三萬多觀眾的愛國熱情，狂風暴雨般的掌聲在會場上旋起，觀眾無

不動容。日本駐天津總領事惱怒不堪，氣勢洶洶地向擔任總裁判長的張伯苓提出抗議。張伯苓據理爭辯：「中國人在自己的國土上進行愛國活動，這是學生們的自由，外國人無權干涉。」尷尬無措的日本領事羞憤離席。天津《大公報》的報導，在全國引起強烈反響。日本使館向南京政府交涉，要求南開的校長管束學生。張伯苓把南開啦啦隊的隊長們找來「訓誡」，頭一句話說「你們討厭」；第二句話是「你們討厭得好」；第三句話是「下回還那麼討厭」「要更巧妙地討厭」。張伯苓鼓勵學生幹得好，毫不隱晦對學生的堅定支持和贊賞。（圖12）

圖 12 正氣凜然的校長

　　1937年「七七事變」，平津淪陷。7月29日至30日，日寇喪心病狂對南開學校輪番轟炸，天津南開中學被炸毀，南開女中和南開小學被夷為平地，南開大學37棟教學樓、宏大的圖書館、教員住宅和學生宿舍化為一片瓦礫。日軍野蠻轟炸南開大學後，一百多騎兵帶著煤油和鐵鏟等破壞工具衝進校園。十幾萬冊書和珍貴的成套期刊、實驗儀器設備被焚毀或被掠走。

　　這一切都是有預謀的。據日本《亞細亞月刊》專稿《文化就是/戰線》載，日本當局稱：「天津南開大學的被毀壞，是第一步，南開非炸掉不可。」日軍毫不掩飾對張伯苓領導的南開學校的仇恨，7月29日召開記者招待會，公然無恥地向駐天津的各國記者宣佈，他們要毀滅南開大學及中學。各國記者異口同聲質問：「為什麼？！有什麼理由轟炸一所舉世聞名的高等學府？」日本軍官不耐煩地說：「南開大學是一個抗日基地，凡是抗日基地，我們就要一律摧毀。」記者

們追問：「你這是什麼意思？」日本軍官更加不耐煩地高聲叫道：「南開學生抗日擁共，他們老是給我們製造麻煩。」日本侵略軍倡狂無恥到了何種地步！

為什麼侵華日軍對南開學校如此仇恨，恨不得毀滅殆盡？

日本深知文化凝聚力對戰爭勝負的影響。早在甲午戰爭前，日軍間諜在中國多次實地考察之後，得出了中國「困於財政、弱於軍備、民眾缺乏忠君愛國精神」的結論。相對於當時中國一盤散沙，日本卻是用它的戰爭文化，利用漫畫、歌曲等所有宣傳手段，煽動對中國、對中國人的敵意和仇恨，把全日本鼓動得眾情激憤，表現出「舉國一戰」的決心，推崇武力變得更加有恃無恐、無所顧忌。日本舉全國之力與中國決戰，中國民眾卻是對戰爭漠然視之。曾經親歷甲午戰爭的英國人泰萊說，甲午戰爭根本不是中國與日本兩國之戰，實為李鴻章與日本之戰。更為不幸的是，甲午戰後，一位日本官員到湖北沙市，吃驚地發現在這座長江中游港口城市，官員和民眾根本就不曾聽說過剛剛打過的戰爭，他們還完全沈醉於自己的天地裡。如此散而不聚，戰爭焉能不敗！

甲午戰爭中，張伯苓曾參與一次海戰，第一艘兵船才出海，就被日艦擊沈。甲午海戰中，北洋海軍幾乎全軍覆沒，甚至不留一艦供水師學堂畢業生實習。甲午海戰慘敗後，西方列強倡狂侵略中國，刮起瓜分中國的狂潮。22歲的張伯苓親身經歷了清政府拱手把中國土地揖讓給英國那恥辱的一幕。在軍港威海衛，先下日本太陽旗，後升中國青龍國旗；降下中國國旗，改懸英國米字旗。喪權辱國的「國旗三易」，使張伯苓痛心刺骨。他悲憤難抑：「中國地大物博人眾，哪一樣不如人？中國何以受人欺侮、受人宰割？原因乃由於中國之無人！」他親眼見到英國水兵魁梧剽悍，中國水兵猥瑣萎靡，痛感我中華雖然廣土眾民，但國民身體不如人，精神不如人，欲救國家危亡，非造就人才不可；欲造就新人才，非興辦新教育不可！

在晚清，辦新學實在艱難。政令攸關，沒有政府許可還辦不了。1898年，體制學西方的「戊戌變法」，因為觸及清廷守舊派的權利而被鎮壓下去。譚嗣同等六君子以死喚醒民眾，血灑街頭。南開校父嚴範孫（1860—1929）是先於譚嗣同辦學的愛國先驅，他認定「欲強中國，必須變法維新。而變法維新，則捨教育莫屬」。嚴範孫是清代翰林。他曾任貴州學政，把西方先進科技文化引入雲貴邊陲。眼見清廷腐朽，國家貧弱，泱泱大國瀕臨滅亡，他冒死上書，請求開設經濟特科、善用人才，卻慘遭丟官棄職。嚴範孫仍宏志不渝，他是天津富商之子，決計傾其所有開辦學堂。

張伯苓受嚴範孫先生邀請主持嚴氏家塾，最初僅有5個學生。他教數學、英語、物理等學科，用幽默趣味的講解或學科討論，讓學生在和諧的學科氣氛中學

習。他利用課外時間和學生相處，一起下棋、練習海軍旗語、打橋牌，還教學生照相。作為有家室的人，放學後他不急於回家，以課外活動方式開展新式體育鍛鍊。他撩起長衫，越過橫放的竹竿跳高，他和學生一起踢足球，練習啞鈴、棍棒、角力，他還帶學生到城外騎自行車。新式教育很受學生歡迎，嚴館學生越來越多，張伯苓的教育在社會上聲名鵲起。

張伯苓是地道的天津人。1900 年八國聯軍入侵天津，建立天津都統衙門，進行殖民統治。聯軍要張伯苓充任翻譯，張伯苓斷然拒絕，凜然不從。八國聯軍肆行燒殺搶掠，橫屍遍野，掩埋不及，暴屍日久引起瘟疫流行。張伯苓一子一女只有四五歲，被傳染上瘟疫，因無醫無藥不幸死去。身處滿目瘡痍的舊中國，張伯苓把個人內心的痛楚化為教育面向世界的動力，他一心想的是「以教育之力量，使我中國現代化，使我中華民族能在世界上得到適當的地位，不致受淘汰」，「吾日夜所努力所希望者，欲二三十年內之世界史中，有一章曰『新中國之覺悟與崛起』」。

嚴範孫有感於日本一小島國，居然勝過中國、挫敗強俄，一躍躋身於世界列強，必有致強之道，不可不往一觀。嚴範孫兩次東渡日本，考察和借鑒日本教育經驗，一次是帶著兩個兒子，一次是和張伯苓一道。嚴範孫那時已是 44 歲以上的人，在當時可說已是近於晚年的光景，但他淩晨四點半即起床，一天要走幾個地方，參觀、訪問、交談，細心考察、詳細記述日本教育的實況，常常累得流淚，「餘病勞不可支」，以致「每每潸然淚下」。拿自己私人的錢，漂洋過海向敵國的同行學習，辛勞克己到如此地步，對國家對民族的拳拳之心，讓蒼天動容！這樣的人無法辦學，天地不容！

圓明園灰飛煙滅的慘痛，終於促使清政府不得不開始改變，迫使清廷守舊派的慈禧太后在西逃的路上開始想到了開新政。從 1901 年到 1905 年，清政府連續頒布了一系列「新政」。「新政」的一個重要內容是廢科舉、辦學堂、派留學生。新政在文化教育上，給西學以合法地位，允許學習和傳播資本主義的自然科學和資產階級的社會政治學說。南開系列學校之初的私立學堂，終於在 1904 年開辦。

南開的教育，把傳承愛國精神、培養愛國情操作為育人的首要原則。張伯苓在全校集會上，以富有感染力的演講，激發學生的愛國熱情。「何以為人，則第一當知愛國！」

張伯苓認為，「中國數千年來處專制淫威之下，時時防治，唯恐民智發達」，國家的不振和民族災難之深重，在於國民「愚、弱、貧、散、私」。為痛矯時弊，他為南開學校制訂了「允公允能，日新月異」的校訓，以培養學生「愛國愛群之公德，與夫服務社會之能力」。「要建設現代化國家，要有現代化的科學才能。

而南開學校的教育目的，就在於培養具有現代化才能的學生」。他把培養學生的創造精神放在學校教育的重要位置，他說：「日新月異，就是不但每個人要接受新事物，而且還要能成為新事物的創始者；不但能趕上新時代，而且還要能走在時代的前列。」

1916年，張伯苓受邀到東北演講。所到之處，青年滿山滿穀。當時東北受日俄侵略，許多人對國事異常悲觀，感覺抗爭無望，只能坐待成亡國奴。張伯苓滿腔熱血，擲地有聲。他說：「中國的希望在每一個中國人奮發圖強，誓力救國。每個人都要自強，只要有了自己，中國就亡不了，我們必須有這樣想的氣概，不管人家怎麼說，自己要有這樣的信念。」趕來聽演講的青年中就有張學良，他受到強烈感動，下了決心，不能當個紈絝子弟混下去，必須為國家為社會做點什麼。從此張學良振作起來，並把自己看作是張伯苓的弟子。

1927年4月，張伯苓親赴東北考察，並成立東北研究會，把揭露日本侵略東北的罪行作為一個主要課題。南開根據東三省豐富的自然資源、經濟、人文地理狀況編寫了教材《東三省地理》，作為必修課，對學生進行愛國主義教育。這是張伯苓的獨創，是南開對日本帝國主義侵略的回擊。1928年張學良兼任東北大學校長，願借鑒南開校務管理進行整頓革新。張伯苓受聘為校務委員會委員，派南開得力幹才輔助東北大學工作。

在南開修身班，張伯苓就考察東北所見發表感想。他說：「今日中國第一要策，即在教育培養有幹才之領袖，以養成一強有力、公正無私之政府，方可以禦外。」張伯苓把救國強國的希望寄託在青年身上。培養傑出人才，以擔當振興中國的重任，成為他教育理想中核心的一部分。

南開學校，是為救中國而辦，一切為著培養愛國、建國、強國的人才。這樣的學校，就是國家的基石。公民素質，創造力，是一個國家持續發展最需要的內在的實力。老南開，以一系列紮實的、創造性的實踐，樹立了光輝的典範。

這樣的學校，敵寇豈能不怕？在這樣的基石面前，窮凶極惡的侵略怪獸只能被碰得頭破血流。南開，高揚愛國主義旗幟，使敵寇聞風喪膽。日寇恨怕交加，妄圖毀滅南開，炸毀基石，拔掉眼中釘。

南開被炸時，張伯苓不在天津。他已是62歲老人，40年慘淡經營的私人文化教育機構，34年心血營造的已具世界一流水準之學府，在日寇的飛機大炮下毀於一旦！聞訊之哀痛之悲憤可想而知！然而，張伯苓沒有被嚇到，他托漢口《大公報》及中央社通電全國校友：「教育救國，苓之夙志。此身未死，此志不泯。敵人所能毀者，南開之物質；敵人所不能毀者，南開之精神。」日本侵略軍公然

踐踏國際公法、毀滅文化學校的野蠻罪行，暴露出侵略者對南開精神的懼怕。南開精神是愛國的精神，是愈挫愈勇的精神。

張伯苓的第四個兒子張錫祜是空軍飛行員。他從江西吉安出征抗日前線，出發前寫信給張伯苓道：「南開大中兩部慘遭日人轟炸焚毀，此亦可證明父親教育之成績！因父親平日既不親日又不附日，而所造成之校友又均為國家之良才！此為遭恨敵人之最大原因！望大人讀此之後，不以兒之生死為念！」張錫祜就在這次赴前線途中突遇敵機，他駕機直衝過去，不幸犧牲。張伯苓聞此噩耗，默然許久，叮囑左右不要告訴孩子的母親，擔心她經不起這樣的打擊。張伯苓早就做好為國犧牲的準備，他仰天長嘆：「吾早已以此子許國，今日之事，自在意中，求仁得仁，復何慟為！」帶著晚年喪子的悲痛，張伯苓投入到籌備長沙臨時大學的工作中。

在國家生死存亡之際，為搶救教育，張伯苓與蔡元培、蔣夢麟、梅貽琦等文化界知識分子與民族精英 102 人聯合發表聲明，指出「教育為民族復興之本」。他們揭露日軍破壞中國教育機關的罪行，要求政府採取果斷措施，將一些高校遷往內地辦學。在教育界的敦促下，國民政府在抗戰期間沒有放棄教育。數所高校師生在戰火中逃離淪陷區南下，民生公司的船隊為學校南遷以轉移民族國寶和學術精英而全力運載。南開大學與北京大學、清華大學三校組成長沙臨時大學，更名為國立西南聯合大學。

日寇炸毀了天津南開，西南聯大師生輾轉長沙又撤至昆明、滇西蒙自，日機竟然窮追不捨，長沙火海一片，昆明狼煙再起，警報聲不絕，炸彈傾瀉而下！日寇欲絕中華文化之種的狼子野心何其險惡！在國土淪喪、生靈塗炭之時，在難以想像的惡劣條件下，中華知識精英們以對國家民族前途的高度責任感，恪守教育和學術領地，耕耘不輟，使文化得以賡續，保存了民族精華，培養了傑出人才。世界著名科學家錢偉長、楊振寧、李政道和中國原子彈之父鄧稼先等，都是西南聯大研究生院的學生。中國教育事業在抗戰時期不僅沒有長期停輟反而有所發展，在世界教育史上寫下可歌可泣的一頁。

張伯苓深知日寇滅我中華根基之野心，未雨綢繆，於 1936 年在重慶籌建南渝中學。日軍強行佔領被毀壞的南開大學長達九年，天津南開中學校舍一度被日本侵略者用來關押抗日志士。天津南開中學的一些老師和部分學生輾轉赴渝，加入南渝中學。1938 年，為了表示對日本侵略者轟炸天津南開中學的憤慨，以示南開生命不絕之意，重慶南渝中學更名為重慶南開中學。

1939 年 5 月 3 日、4 日，敵機轟炸重慶，釀成震驚中外的「五三」「五四」慘案。為表示同仇敵愾之決心，重慶南開中學於 5 月 6 日、7 日如期舉行春季運

動會。張伯苓在開幕式上致辭：「敵人想威脅我們屈服，我們偏不怕他們的威脅。我們規定要做的事，必須照著規定去做。我們要幹到底，頂到底。」

1939年8月28日，重慶南開中學遭敵機轟炸，校內落彈十餘枚。學校遂挖築大型防空洞4個，可容師生2千餘人。1940年5月29日、7月4日，南開中學再度遭敵機轟炸，落彈三四十枚。1941年8月22日，敵機數十架，以南開中學為目標，投落巨彈數十枚。部分校舍或直接中彈，或震動被毀，損失慘巨。次日，敵機又復飛南開上空投彈。自入夏以來，日機實施「疲勞轟炸」，幾乎無日不襲重慶。南開自行修復校舍，並將上課時間改為清晨五點半至上午十點，下午三點半至五點半。張伯苓在最艱難之時越挫越勇百折不撓的精神，成為南開的傳統。抗戰聖火弦歌不輟，重慶南開的學子明瞭國家危險，竭盡自己責任，「讀書不忘抗戰，抗戰不忘讀書」，在敵機轟炸重慶的險惡條件下，堅持發奮學習。這是何等真實的愛國教育啊！

學校，確實是讀書的地方———讀什麼書，為什麼讀，怎樣讀，決定著培養什麼樣的人！

張伯苓說：「人多以為到學校只是為念書，其實學校的意思不止於此，到學校當學生活之方，當學共同生活。若只念書而不會生活，不僅無益，而且有害。」「為何國人外交屢屢失敗？無團結力，即少時無練習之故，至長成做事，於社會為軟弱，見外人則摔倒。如今亡羊補牢，正當使青年順性發達，以練達其做事心及團結力。」

愛國是信仰的核心，也是做人的底線。抗日戰爭時期，漢奸、賣國賊裡面沒有一個南開學生，這是南開浩然正氣的光榮。張伯苓說：「這比接受任何勳章都讓我高興。」

學校，不僅是讀書的地方———「放不下一張書桌」，就是國之將傾！抗外患忌內亂，無論如何都不能亂了學校！不能亂了學校的教學秩序，更不能亂了學校的主導思想。

對此，張伯苓保持高度警惕。

1919年5月4日，北京學生為抗議巴黎和會把德國強佔中國山東的「權力」轉給日本、拒絕取消「二十一條」不平等條約，爆發了震驚中外的五四運動。學生的遊行示威遭到北洋政府軍警鎮壓。5月7日是國恥紀念日，南開校內各壁貼滿國恥告白。南開修身班舉行「國恥日」講演會，張伯苓發表演講，支持北京學生五四運動，並致電徐世昌總統，籲請釋放愛國學生。5月12日，在天津河北公園召開大會，追悼北京大學學生郭欽光，張伯苓赴會發表演講。

支持學生愛國運動,並不等同於贊成停課學潮。「五四」之後,全國掀起學潮。5月23日南開學生執行天津學聯決議,與15所學校一致罷課。南開校方勸阻無效,張伯苓憤然出校,胃病復發。

　　6月5日,上海工人開始大規模罷工,聲援學生愛國行動。在這種形勢下,張伯苓做出新的決定。6月27日,張伯苓召集教員會議,討論暑假考試事宜。他說,考試的目的就是驗明學生所讀之書是否用心領會,「此次學生奔走呼號,純係愛國之確證」,「其心可鑒,其志可欽」,他提議此次學期考試准許免考,教職員一致同意。這在中國現代教育史上是首開先河。6月28日,中國代表沒有在巴黎和約上簽字,這證明瞭學生運動與工人運動結合的愛國力量的可貴,也顯示出張伯苓對時局的判斷力,因勢利導保護青年的愛國熱情。

　　學校沒有學生,就不成其為學校。6月12日以後,各地相繼工人復工、學生復課,但天津所有中學以上學校堅持罷課,從「五四」至次年寒假均未上課。教育廳長恩威並施未見成效。3月12日,南開學校不顧天津學生罷課的聯合通報,刊登開學通告。3月15日,一個學生在南開禮堂門口貼上「代表未釋,暫不上課」的標語,張伯苓宣佈將其開除。3月17日南開學生決議反對開學,商議或退學轉入山西大學,或彈劾張伯苓等各種方法,但均無結果。張伯苓聞訊,擔心學生起大風潮,立即與校父嚴範孫商議。嚴範孫寫信告誡學生,若學生不支持校長張伯苓,他將與南開脫離關係,不再資助南開。在屢次開導後,南開學校開除了26名學生,全天津大嘩。3月19日,南開正式上課,天津各學校相繼復課。沒有對「學校」的深刻認識,張伯苓何以如此忍辱負重,如此無畏果敢?全體學生數月不到校,南開學校將何以為繼?

　　1931年,日本關東軍特務機關秘密組織和訓練由兩千多名土匪、兵痞、流氓、賭棍、煙鬼、漢奸、惡霸組成的便衣隊,於11月8日在天津發動暴亂。便衣隊在日軍督陣和炮火掩護下,從海光寺衝出,分路襲擊中國員警機構和政府機關。南開首當其衝,被迫停課。事變期間,張伯苓異常鎮定,停課期間照常給教職員發放薪水。為學生安全起見,南開學校在英租界借得客廳一間,供女生暫避。男學生人數眾多,只得留校住宿。槍聲不絕,停水斷電,張伯苓和六位負責主任日夜堅守校內,主任輪流巡夜。家住天津的學生登記後分批離校,由保安隊護送。學生依依不捨,頻頻回顧學校。正是這種與學校生死相依的血肉之情,師生同仇敵愾,使得學潮頻發的動亂時局下,南開能堅持上課、堅持社團活動,哪怕在戰火中!

　　教育是民族復興之本。堅守教育,就是賡續中華文化;保護學校,就是保護國家的基石!學校教育,為中華復興豎起標尺。

2. 十七年與轟然間

構築基石千險萬難，忽略這一段史實，鬆動基石就在不經意間。沒有任何對學校預謀的惡意，卻如同推倒多米諾骨牌，頃刻基石崩塌，沒有誰能夠止住！無數的學校，幾天之間不復存在！或許，校舍還立在那裡，但已不是讀書的地方。全社會的不讀書，又是怎樣的災難和隱患？

親歷過那段不上學、不讀書的日子，我彷彿早已遺棄了那段記憶。南開之問，叩開我心靈深處，用生命的線索，串起了記憶的碎片。

新中國成立後「十七年的教育」，究竟是什麼樣子？「文革」發生時，學校是怎樣的？

我生在新中國、長在紅旗下。父母是國防廠醫院的醫生，工作很忙，家中五姐妹都是很小就上了廠裡的托兒所、幼兒園。我至今保存著托兒所畢業時的團體相片，生動之至，幾十個小朋友和幾位老師神態各異。父母為我保存了幼兒園的測評表，表裡有評語，寫著「有時愛哭」「善於在遊戲裡當媽媽，有一定的組織能力」等。表格裡有關於身體協調能力、思維反映的具體測評數據和描述。那樣高的水準和責任感，真的讓人不敢相信，那只是工廠的幼兒園！媽媽會定期到廠裡的保健站去為工人服務，全廠的廣播裡也時常有她那很好聽的聲音，那是普及衛生知識的講話。車間裡還有嬰兒室，為婦女走上工作職位解除了後顧之憂。識字掃盲，帶著新中國的朝氣，遍及廠礦、街道甚至鄉村。爸爸媽媽的同事裡，就有工人經過文化速成、手把手培訓，成為醫務人員的。

不是所有的孩子都能上幼兒園，但小學是一定要上的。建新小學就在廠區，是公立學校。那時學蘇聯教育，儘管離家近，一年級小學生仍然要住宿，在教室裡安上木板搭起床，就變成大寢室。也許是太不符合國情，不久就撤掉了。

小學二年級就遇上災荒，餓得難受。實在難挨，有同學上課悄悄溜出去買醋，有同學帶來家裡用油炒過的鹽巴。我們一起「喝醋」，越喝越餓；一起用舌頭舔食手指蘸起的食鹽，越舔越心慌。小蘭經常在上學時往我的衣袋裡悄悄放進一把炒胡豆，並告誡我不能說，因為她的父親是食堂管理員。秀兒的父親在屠宰場工作，她會帶來肥肉煉過油的油渣。因為炒胡豆和油渣，我才知道我是她倆最好的朋友。我也學會了友誼的這種方式，和大家一起分享這些意外的「香香」，別是一番風味，極大地抵禦了對飢餓的恐懼。

度過了三年災荒，彷彿一切都欣欣向榮。建新小學成了重慶市的百面紅旗，上課很正規，下課又是一片天地，打乒乓球風行全校，課外活動豐富多彩。

我原本是只愛讀書的人，因為個兒高，被老師拉去打籃球，剛上場，就被飛

来的籃球打倒在地，又痛又窘，坐在場地中間哭鼻子。但很快，我不僅成了體育愛好者，還參加了學校的合唱團。混在同學中間，我很放得開，自我感覺不錯。也許音樂老師也有同感，讓我練獨唱，內向的我實在是羞澀難當，悄悄溜走了。自此，只要是獨唱，我就怯場，沒了聲音。重慶一中的大哥哥大姐姐們來校與我們新年聯歡，合唱演出時我擔任領唱，一激動，唱高了八度，幸而接下來有間奏，嚇得音樂老師手忙腳亂。但畢竟，我終於能在大庭廣眾下放開了歌喉。清亮的歌聲贏得熱烈的掌聲，不知情的人還以為領唱就該那樣高亢呢！

學校的活動激起了學生熱情，開發了連自己都未察覺的潛能。有的同學迷上了航模，我喜歡上了安裝礦石收音機、畫畫。大隊輔導員胡老師為我們準備二級晶體管、小電焊等所有器材。我們的作品還被送到重慶市少年宮參展。我們去參觀，沒找到自己的作品，卻被那麼多奇特的展品吸引，異常興奮和激動。無線電展品種類繁多。美術作品中，有一幅剪紙，多層的彩紙刻剪疊合成絢麗的孔雀，栩栩如生，罕見而精湛的創意和技藝，令人耳目一新。

學校地處郊區，卻送我到市中區的重慶市少年宮學習指揮。從此，我有了一項特長，作為受歡迎的指揮，與大家享受和諧優美的合唱。慶祝擊落「美帝的U2型飛機」的全校大會上，我和一個同學表演了自編的鑼鼓說唱。少先隊的大隊、中隊幹部都是學生民主投票選舉的，大隊委候選人必須在全校一千多名少先隊員的集會上做簡短介紹。面對大家，我很坦然，首先敬了一個非常標準的隊禮。五年級我擔任了大隊勞動衛生委員，也就成了學校小醫院的院長。小醫生都是熱心的志願者，平時就是破了皮擦點紅藥水什麼的。有一次，一個大人被鋤頭挖傷，鮮血直湧。我果斷地用繃帶止血，讓大同學們迅速送他上廠醫院。不知不覺，我成了個該幹什麼就努力去幹好什麼的人。

1963年，毛主席題詞：「向雷鋒同志學習。」小學生也有了「響應號召」的意識，但更多的是發自內心的喜歡。喜歡雷鋒，喜歡「對同志像春天般的溫暖，對工作像夏天一樣的火熱」，那是一種生命的感動。人彷彿長大了許多，「全心全意為人民服務」，成為一生必須遵循的准則。做好事不留名，不僅讓內心充滿主動幫助別人的快樂，還帶著孩子氣的神秘感。我請父親到城裡買了兩張雷鋒的畫像，我和妹妹趁著夜晚悄悄把畫像貼到各自的教室牆上。第二天，大隊輔導員用講偵探故事的語氣，給全校同學講這件事兒，反響熱烈，姐妹倆抿著嘴樂。做好事蔚然成風，校園格外整潔，教室裡的清潔用具不再橫七豎八，還時常悄然以舊換新。至於「對敵人像嚴冬一樣殘酷無情」，那時說得很順口但並未留意，是否為日後理直氣壯的「無情」埋下了伏筆，也未可知。

六年級的學習沒什麼特別，語文、數學要半期考試，歷史、地理、生物等各

科也都要測驗，且都是百分制。我沒怎麼想升學的事情，只是在一中和三中之間難以決定。我的二姐和三姐分別就讀於重慶一中和三中，一中就在三中對面，與三中齊名。倒是老師們挺操心，竭力勸說我報考三中。我和妹妹跟著姐姐到兩個學校都去玩過，感覺三中校園更壯闊，下午課後活動時全校熱氣騰騰。三中有重慶市業餘體校，老師帶我去體育測試。60米短跑我衝在前，王教練是重慶市體委的，對人說我有暴發力。我只測了短跑和立定跳遠，就叫我不用測了。得知我是大隊長，各方面都很出色，她更滿意了。

我小學升初中恰是1964年。接到入學通知，出人意料，不是三中，是江陵中學，根本就沒聽說過這所學校。這是新建在廠區的公立初級中學，在丘陵的小山頭上。父母沒有任何表情和語言，當然也沒有大姐考入北京醫學院時的那份喜悅。我還沒有回過神來，就接到新學校捎來的口信，讓我組織新同學到學校搬運課桌椅。因為小學的不少學生幹部也進的這所中學，我流著汗全廠跑，到各家通知了他們，也就召集了幾乎全體新生。付出了就會熱愛，我們對這所僅有一大棟教學樓和一小棟教師宿舍樓、比鄰有個牛奶場的學校沒有半點嫌棄。沒有操場，學生勞動就是修路、平操場。操場剛填平半塊籃球場大，我們就迫不及待地打起了「角籃球」，用人在相對的角落當「球網」。中午烈日當頭，男女生同場混戰，興致不減。

除了建校勞動，還到附近的農村勞動，時間幾周，真的幹農活，又髒又累。學校沒有團體活動，可以借閱圖書，書很少，我只借過一本《火種》。有同學自己組織起舞蹈隊，中午排練，從來沒有機會演出。舞蹈隊的存在，連我這個不稱職的大隊文體委員也是後來才偶然知道的。

大隊委分工前，大隊輔導員溫老師告訴我，現在實行階級路線，大隊長要由家庭出身工人的學生擔任，希望我盡力協助她工作。這位女生姓楊，建新小學時是中隊委，她為人友善。分工時，她執意要分管文體，溫老師只好同意分工名義不變，讓我做大隊長的具體工作。這樣的錯位分工，我毫無怨言，理所當然「做一顆永不生鏽的螺絲釘」。具體實行起來卻讓我左右為難，主動積極就可能是越位讓別人難堪；靜候通知，老師說什麼才去做什麼，這不是「癩蛤蟆走路———戳一下跳一下」嗎？於是也就有了一點疑問，這是不是與「幹部是人民的公僕」「革命工作沒有高低貴賤之分」有些不一樣了呢？

溫老師家庭出身職員，學校秘書小張老師家庭出身中農，她倆都是共青團員。她倆告訴我這些，無非是鼓勵我：「家庭出身不可選擇，黨的政策是重在表現」。她倆中師畢業剛工作，也才十七八歲，節假日值班守護大樓，還挺害怕，約我壯膽。那麼大一棟樓，我也害怕，就邀約了好幾個男女同學一起值夜班。

初二年級我擔任大隊學藝股長，在大樓門廳的牆壁辦了學校園地。有一期的內容是光榮榜，就在我和同學把各班選出的校三好學生的簡介一張張貼好時，不知什麼時候站在我身後的溫老師輕聲對我說：「你的校三好學生取消了。」沒等我看她一眼，她已轉身離去。我默默地揭下自己的那一張，還把附近的兩張重新粘貼，使得看起來不那麼唐突。

　　「沒有資格」這樣的事兒太平常，早就發生過，並不僅僅發生在我身上。選班幹部時，冼智和傅鈺票數一樣多，她倆都挺能幹的。幹部名額是學校預先規定的，只能在她倆中選一個。就在這時，唐校長來到班上，聲明要盡量選工人家庭出身的同學。冼智的父親是廠裡的技術人員，帶上右派帽子後早就離開了家。冼智小學當過大隊委，有文藝天分，打乒乓、打籃球都是一把好手。愛運動的學生人緣一般都很好，班裡絕大多數同學家裡都是工人，根本不把「出身」當回事。校長的話引起同學反感。冼智的同桌任烈是個很有威信的男生，他問唐校長：「是不是我們學生自己選班幹部？是不是每個學生都有選舉權和被選舉權？」唐校長還是不鬆口。同學們一片抗議聲。唐校長無奈地說：「好吧，你們選吧。」任烈是我的前桌，我的同桌是他最好的朋友，冼智是我的鄰居，我們四人平時是最接近的學友。此時，我舉手，唐校長讓我發言，我站起來問：「是不是以學生選票多決定當選？」得到肯定答復後，學生一片歡呼。一次舉手投票見分曉，冼智當選。我擔心傅鈺受不了，還好，有同學陪著她。

　　有同學的信任和友誼，當不當大隊長、校三好學生又有什麼關係？當信任和友誼突然變為利刃，猛地插在心尖上，那是怎樣猝不及防的一種驚悚？！

　　1966年初夏的一天下午，臨時通知，全校師生在樓前開大會。一張書桌就是主席臺。大家都不知道是怎麼回事，照常三三兩兩心不在焉地擺著自己的龍門陣。突然，麥克風裡傳出我父親的名字，怎麼回事？我心一驚，太熟悉的聲音！「×××害死了我的父親。打倒×××！」是任同學！！！「打倒×××！把……革命進行到底！」主席臺通過喇叭發出的聲音在山谷回響，一片轟鳴。全場的目光刷地一下全射向我，像探照燈一樣刺眼灼燒。我木然地站著。記不清我是怎麼走到主席臺的，就像九色鹿在岸邊點了點頭，波濤中現出一條小道，浪頭擁著推著攘著我，再也沒有別的路可走，只要回頭就會被淹沒。我仍木然地站著。有人在背後碰了碰我的手，「發言，說一句！」是溫老師，她輕聲催促我。話筒傳到我手中。我張了張嘴，難以啟齒。「我要和×××劃清界限！」我終於非常清楚地說出了這句話，眼淚嘩地流下來。「打倒×××！把……革命進行到底！」口號聲徹底淹沒了我。

　　就這樣，沒有通知一聲停課，我們在江陵中學再沒上過課，慌亂地訣別了中

學時代。永遠的痛不是沒讀三中，而是這個學校沒開設英語課；不是學校少開了幾年文化課，而是不知道該用自己的時間來讀書，讓黃金時代白白荒廢；不是那一刀的傷痛無法自愈，而是謊言咄咄逼人、真話難以取信，突然襲擊整人害人冠冕堂皇地穿著陽光的外衣。

寫下這一段文字前，我不曾對任何人提及此事。整整 50 年！我曾以為那僅是個人的遭遇，然而比這更慘的多的是。即使有時難以說出真話，我的內心也始終鄙視謊言。

幾天的工夫，學校貼滿了大字報。唐校長從大字報中的「走資派」「地主階級孝子賢孫」，變成學生鬥爭的活靶子。講文言文最受歡迎的語文老教師鄧老師也成了「地主階級孝子賢孫」。廠裡到處是無所事事的學生。街道組織學生義務勞動，各學校的學生在一起傳磚頭，沒幾天又各自回校「鬧革命」。

隨之而來的革命大串聯席捲全國。我沒有資格參加紅衛兵，不知該做什麼。我獨自一人到沙坪壩重慶大學，想問一問北京來的紅衛兵。重慶大學的教學樓已成為紅衛兵接待站，住滿從北京來為「無產階級文化大革命」煽風點火的紅衛兵，沒有人理睬我。看見一間教室的地鋪上有幾個女紅衛兵在閒聊，說的普通話，我壯著膽走進去。得知我的父母是醫生，有個人說：「可以參加紅衛兵外圍組織。」另一個人說：「如果你父親是一般的醫生，可以自己成立外圍組織；如果是『走資派』『反動學術權威』，那你就待著吧！」旁邊有人唱起「老子革命兒接班、老子反動兒混蛋」。我慌忙謝過她們，無人搭理，我趕緊退出。父親已經成了鬥爭對象，不能回家。我只能呆呆地待在家裡。

可家已不是「家」。我家已經從廠區中心搬到了破舊的農民院「洗漿房」。僅有的一個房間擠滿床，沒了書櫥、書箱，沒了書。返回已近黃昏，只見裡三層外三層圍滿紅衛兵———正在抄家！門邊牆上醒目地貼著「黑五類」，黑乎乎的毛筆字殺氣騰騰！紅衛兵中有我的同學，他們正忙碌著進進出出。看見我，他們告訴了紅衛兵負責人。負責人是村委員的兒子，瘦高個、很清秀，姓張，義務勞動時我們認識。他很嚴厲地質問我到哪兒去了。聽了我的回答，他鬆了口氣。抄家已近尾聲，據他說抄到了「委任狀」。他叫我再想想，檢查一下，有沒有重要的東西，否則可能還會來第二批人抄家。我迅速走進屋，衣櫃裡的那個鐵盒子還在，我直接把盒子交給他。他沒有打開，說了聲：「這是留給你們的生活費。」我打開，布票、菜油票還在，一眼就看清有 40 元錢，全家 8 口人一個月的生活費？！這時，我才發現瘦弱的外婆蜷曲在牆角的小板凳上。

上班時間，媽媽顧不得別人在抄家，仍然去上班了。妹妹學校在市中區，初一的學生，不准進教室，錢包也被偷了。她回來拿點伙食費，正碰上抄家，錢沒

拿著，還被審問一番，懷疑是轉移財產的。她哭著走了。這些，我是幾十年後才知道的。

晚上，媽媽剛一開口，我就沒好氣地嚷嚷了一聲：「留那些東西幹什麼？」「畢業證，找工作。」媽媽還是輕聲細語。我們再沒說話。窗戶下坐著一排紅衛兵，隔著薄薄的籬笆牆，聽見他們悄悄說話。「隔壁那家一直沒睡，在收拾東西。」「是不是銷毀證據？」「聽說是偽軍官？」「解放前國防廠的職員都有軍銜。」「那明天抄不抄她家？」有人提醒不能說。「她」是同班同學，她家免了一劫。沒幾天，院子裡的郭家也被抄家了。只能待在家的妹妹在門縫張望，被紅衛兵猛地大喝：「狗崽子！」另一個紅衛兵沒那麼凶：「烏龜腦殼，一伸一縮！」院子後面平房的一個姓張的工人也被抄家，據說老婆的前夫是「偽軍官」。

我又被通知到學校，去接待紅衛兵。學校成為大串聯的接待站，教室裡打滿地鋪。以前牛奶場的旁邊搭起棚捨。一個棚捨是大廚房，有很多大灶台，許多炊事員在忙碌。另一個棚捨標語林立，裡面有許多堆人，吼聲此起彼伏。我路過一堆，一個女人被反擰起雙臂，頭髮散落，她掙扎著抬起頭，一隻手硬把她的頭按下去。舞蹈隊的一個女生正喊著她的名字大聲呵斥，太熟悉的名字———溫老師！沒有一點溫和秀氣的影子！！面目全非！！！唐校長在廚房幫忙，隨時被揪鬥。

接待的紅衛兵中有的沒有戴袖章，是不是沒參加紅衛兵也能串聯？我和妹妹說走就走，二姐把生活費給了我倆，我小心地把錢塞進內褲腰帶裡。牛角沱大橋是到火車站的必經之路，橋的兩頭成為武鬥兩派的據點。聽說過橋時聽見槍聲就要立即臥倒、一動不動，沒有動靜了再匍匐前進。我倆也顧不了那麼多，幸而沒聽見槍響，心驚膽戰過了橋。大串聯已近尾聲，重慶火車站有賣票的，車上也有查票的，沒有票的被查到、不補票的，不由分說直接推出火車！可是到了成都火車站別說檢票，連閘門都緊閉。密集的人群像波浪一樣從閘門上方翻卷過去。幸而妹妹是業餘體校的，她很快爬上閘門翻了過去。我被後面的人推著翻了上去，又被推著跌落下去———出了站。

我倆在成都體育場旁的接待站食宿，連學生證都不用看一眼。三姐在省隊打籃球，我們看到了男籃隊兩米多高的巨人運動員石那威。三姐支援了我們一些錢，我倆繼續北上，一心想上北京見毛主席。有的火車站不賣票，我們只好跟別人一樣拼命擠上火車。廁所裡擠滿人，連車頂上都是些不要命的人。有時進站不賣票，出站卻要檢票。鄰座的一個大男孩被幾個大漢用大棒痛打。人太多，大漢沒顧上我們，我倆趕緊沿著鐵路倒退，走很遠很遠，從住宅區穿出去。我擔心不能把妹妹平安帶回家，膽怯了。好在買到了火車票，我們終於到了北京。

幸而大姐出去串聯已返校，我們找到了大姐。大學生們看著我倆狼吞虎嚥地吃飯，聽我倆用川音唱京劇樣板戲。跟著他們，我們到過房山縣看雲水洞。沿途農村很原始，騾子拉車塵土飛揚，趕車的婦女赤裸著上身，厚厚地敷滿塵土，彷彿穿著土褐色的灰衣。故宮不開放，大姐帶我們到北海公園，還在頤和園的昆明湖劃了船。我們在天安門前排隊留影，所有人都是手捧紅寶書的姿勢。我們終於見到了毛主席———幾十年後在毛主席紀念堂。百感交集，依然虔誠地向他三鞠躬。當初，他一定沒有想到中國會亂十年之久還不止！

　　當工人們也「全日制」投入「無產階級文化大革命」時，柴米油鹽都成了大問題，排長隊、憑票「搶」，武鬥時不敢出門。曾經神氣的紅衛兵，有的更威武了，與工人們一起武鬥；有的閒得無聊，小小年紀談戀愛、同居、生小孩。我跟著鄰居侯姐姐學三弦琴，才學幾天就沒了興趣。對門家鄰居小弟常年尿床，我和妹妹幫他家打掃衛生。我爬進床腳，掃出一撮箕蠕動著的白生生的蛆。「黑五類」仍貼在那裡，根紅苗正的同學又和我「混」到一起。我到她們家學煮飯，跟著她們到處「參觀」。北泉很美，西師也很美，在毛主席像前留個影。

　　能夠全家人活到「文革」結束，實屬幸運。我的同學任烈卻沒有這麼幸運。在他幼年時他父親就病逝了，他從來都臉色蒼白，還隱隱含有一絲青黃。因為有病，任烈沒有下鄉當知青，沒等到十年動亂結束他就病逝了。多年後，同學們硬說他們和任烈一起，到我的生產隊看過我。壓根沒有這事兒。但我理解同學們的心情，那也是任烈的心願！任烈，就像我荒謬地說出違心的話竟以為只能如此一樣，你也是無辜的。不知道當時是誰策劃的那一幕，我無從知道、也不想知道！不管是誰都沒有好日子過，這就是事實。任烈，假若你有在天之靈，請護衛我們的學校！

　　學校是什麼？是學做人的地方。讓謊言毀掉人與人之間的尊重和信任，就毀壞了學校，損毀了文化，也毀掉了生活！修復尊重、重建信任，比新建學校、比修築國家的基石，更難！！

　　學校無法安生，國之將傾！學校不像學校，國必大亂！！亂了人心，後患無窮！！！切記。

（二）教師和機遇，是人才成長的關鍵

1. 大教育家與傑出人才相輝映

　　越是在民族存亡的緊要關頭，越是在國家發展的重要時刻，越需要以天下為己任的人才。一批批興國之士、治國之才、科學巨匠、學術大師成長起來，預示

著一個民族真正站立起來。教育，如何豎起中華的脊樑？傑出人才的培養，是師生之間相互深刻影響下的成長，是教育與機遇對人的綜合塑造。

張伯苓是怎樣成為培養傑出人才的教育家的？

張伯苓的父親是位塾師，悟性機靈，凡樂器一經樂師指點，便會彈奏，人稱「琵琶張」。張伯苓五歲時，父親親自為他開蒙，先讀《百家姓》《千字文》《神童詩》，繼讀《大學》《中庸》《論語》《孟子》。父親教法獨特，把經書的義理與人生處世聯繫起來，循循誘導。張伯苓聰穎過人，深深體悟到父親教讀的妙趣。

因父親迫於生計要應付幾處塾館，張伯苓遂入義學讀書。官辦義學專收貧寒子弟，整日習字背書，教學枯燥無味。張伯苓對貧家子弟深抱同情，他性情剛直，每有社會上無賴欺侮義學同學，對不聽勸告者，張伯苓便挺身揎袖，讓對方吃一頓拳頭。窮朋友們敬佩他的豪俠，父親對此也不深責，常說：「不可以挫傷他的正義之氣。」父親的文藝天賦、執著篤學的精神，以及對少年張伯苓豪爽正義性格的讚賞與保護，對張伯苓一生有很大影響。

張伯苓13歲時以優異成績考入北洋水師學堂。他成為駕駛班最好的學生，學制五年，每次考試都是名列第一。學堂總教習是近代啟蒙思想家、翻譯家、主張變法維新的嚴復。嚴復是中國近代第一批官費留歐學生之一，英國格林尼茨海軍大學高才生，對西方資產階級古典經濟學、政治學、哲學、教育學和自然科學有深入的研究。近代科學文化知識的學習，使張伯苓大開眼界；新式教育的薰陶，使張伯苓在中西文化異同的比較中，萌發了新的思維趨向和價值觀念。

張伯苓生逢時代大變革的時期。1911年辛亥革命推翻了滿清政府，推翻了中國實行兩千餘年的封建皇權制度，建立了亞洲第一個民主共和國———中華民國。中國歷史自秦朝以來均是以暴力推翻政權，以暴力鎮壓被推翻的統治者，「中華民國」開創了武裝鬥爭後和談對話、民主協商的先河。在這樣的時期，專制的壁壘被救國的浪潮猛烈衝擊，輿論相對自由。嚴復把《天演論》作為救亡圖存的理論依據；梁啟超以《新民說》《新史學》提倡國學、宣傳社會主義；陳獨秀、胡適、李大釗、魯迅、沈尹默等編輯的《新青年》，以「打倒孔家店」撕下專制的假面具，提倡新文化運動，宣傳科學民主，宣傳十月革命，傳播馬列主義。1919年爆發了反帝反封建的「五四運動」。在白色恐怖下，有一種潛在的爭取自由民主的強大力量———1921年中國共產黨成立，她的發展壯大給中國帶來希望。

民國時期，不乏戰亂，但就文化而言，尊師重教傳統民風猶存。軍閥資助辦

大學的不乏其人。直系軍閥曹錕辦河北大學，對教授畢恭畢敬，他每給學生訓話，必強調尊重教授。他說：「這些教授都是我辛辛苦苦請來的，如果誰敢對教授不禮貌，我就要誰的腦袋。」在連州國際攝影年展 上展出的上萬張照片中，有兩張民國老照片：一棟很不錯的樓房前，站著幾排穿著制服的少年，這是20世紀30年代四川德格縣的小學生在他們的校舍前；一排簡陋的平房前，站著一位身穿土布長衫的長者，這是當時一個縣政府的房子，房子前面的人是縣長。強烈的對比令人震驚。攝影家孫明經問縣長：為什麼縣政府的房子比學校差那麼多？縣長回答說，劉文輝下了令：「如果縣政府的房子比學校好，縣長就地正法！」劉文輝何許人？曾任四川省主席的大軍閥！

為了思想的自由，精神的獨立，中國的脊樑們是付出了血的代價的。1925年孫中山逝世後，時局動蕩。1926年「318慘案」，段祺瑞政府向請願的群眾開槍。1927年蔣介石在上海發動「412政變」，屠殺共產黨人，致使第一次國共合作破裂。民國時期，知識界、新聞界敢於揭露黑暗，從來沒有停止過發出正義的聲音。1926年8月，因支持北京學生愛國運動，魯迅被北洋政府通緝。1927年2月魯迅前往香港演說，他說：「說些較真的話，發些較真的聲音。只有真的聲音，才能感動中國的人和世界的人；必須有了真的聲音，才能和世界的人同在世界上生活。」

也就是在這樣的時期，中國知識界的思想前所未有地得到解放，湧現了一批傑出的教育家。嚴復（1854—1921）親自管理北洋水師學堂長達二十餘年，於1912年擔任北大校長。張謇（1853—1926）於1903年創辦全國第一所師範學校、育啞學校。蔡元培（1868-1940）於1916年至1927年任北京大學校長，革新北大，開「學術」與「自由」之風。張伯苓（1876—1951）於1904年開始創辦南開系列學校。黃炎培（1878—1965）於1918年創辦中華職業學校。陶行知（1891—1946）於1923年與晏陽初（1890—1990）等人發起成立中華平民教育促進會總會，後赴各地開辦平民識字讀書處和平民學校，推動平民教育運動。

陳鶴琴（1892—1982）任東南大學教授兼教務主任，於1923年創辦南京鼓樓幼稚園。教育家群星璀璨，各種教育如雨後春筍蓬勃興起，湧動崇尚愛國、科學、民主的時代浪潮。

1921年、1925年，北京大學、清華大學相繼創辦國學研究院，學科包括中國歷史、哲學、文學、語言、文字學，同時吸收歐美、日本等國際學術前沿的積極成果，重建中國傳統學術之魂，培養以著述為畢生事業的國學研究人才。大師雲集，各樹一幟，將星閃爍，氣勢如虹。

正是有塾師父親的啟蒙和總教習嚴復的現代教育觀的影響，能遇上傾其所有

辦學的愛國志士嚴範孫，能在腐朽清末掙得「辦學新政」的一線生機；能在亂世中逢迎中國歷史大變革、知識界愛國救國思想解放的大浪潮，張伯苓成為平民中走出的大教育家。

周恩來為什麼能成為傑出的人民領袖？

南開在周恩來的人生中佔有重要的位置。他的領導才能在南開就嶄露頭角。南開的小舞臺托起時代偉人走向歷史的大舞臺。對周恩來有著深刻影響的人中，就有張伯苓。周恩來敬佩張伯苓，在幾十年中，他們始終保持著一種親切的師生情誼。

周恩來出生在淮安，他的父親是在外地謀生的小官吏。因四叔膝下無嗣，周恩來剛滿一歲就過繼給四叔。但四叔一病不起，周恩來便與年輕守寡的養母相依為命。養母才學出眾，一心教年幼的周恩來識字作文、閱讀古文和小說。周恩來的童年相當艱苦。家道不幸中落，靠典當、借債度日。債主連連催逼，生母和養母憂憤交加，在一年內相繼去世。剛滿 10 歲的周恩來不得不分擔家務的重擔，照顧兩個弟弟，還要想法糊口。

1910 年，周恩來 12 歲隨伯父到瀋陽上小學，入關東模範學校學習。當時正是民族災難深重的年代，周恩來從老師講述的黃花崗 72 烈士的悲壯史實和借閱的《革命軍》《猛回頭》等革命書刊中受到強烈感染，煥發了愛國激情。一次，老師在課堂問學生：「讀書是為了什麼？」他莊重地回答：「為了中華之崛起！」少年周恩來已經立下讀書救國的大志。1912 年，周恩來揮筆寫下《關東模範學校第二週年紀念日感言》一文，明確提出學習目的是「克負乎國家將來艱巨之責任」。這篇作文洋溢著愛國主義情感，文辭優美，贏得老師和同學的贊揚。1913 年瀋陽的一家出版社和 1915 年上海的一家出版社分別出版的中小學生優秀作文選都刊登了這篇作文。

1913 年，15 歲的周恩來考入天津南開中學，在學校住宿過團體生活。為了減輕伯父母負擔，他吃得很節省，有時候就在校門外小攤上吃一碗白水煮豆腐。周恩來品學兼優，張伯苓破例批准免除他的學雜費，這在私立學校實為罕見。

周恩來班上有不少來自農村的同學。張伯苓特別關注新入學的學生，為了消除新生思鄉的寂寞感，幫助學生盡快適應學校生活，他用很多時間與學生在一起，早晨到洗臉房看學生洗漱，教鄉下孩子刷牙，或者陪學生到操場跑步。他週末也不回家，給學生講故事、說笑話，與學生促膝談心。就在這個過程中，張伯苓認識了所有新生，學校學生未滿千人時，張伯苓都能直呼其名。這看似平凡生活中的「小事」，對於周恩來的內心世界會有怎樣的影響？人格的塑造，就是在

人與人之間的影響中逐步形成的。張伯苓始終如一地關心和愛護每一個南開學子。有多少人能夠想到並做到這個程度？

在南開，周恩來每學期成績都名列前茅，在全校國文會考中獲得頭獎，1917年他以全班第一名的成績畢業。比成績更突出的，是周恩來忠實執行南開的教育原則，全面發展自己，以便在將來為國家發揮自己的才能。

周恩來如飢似渴地獲取新知識，開拓新的思想領域。他學習孫中山贊助出版的刊物，思考當代社會。他的閱讀面很廣，從明清進步作家顧炎武和王夫之的著作，到盧梭的《民約論》、孟德斯鳩的《法意》、赫胥黎的《天演論》等翻譯作品，無不涉獵。周恩來是南開「演說會」的佼佼者，「南開演說會」連續兩年在全天津的校際演說競賽中獲得優勝。周恩來是南開新劇團副部長，他在話劇《一元錢》中扮演女主角，惟妙惟肖的表演轟動了天津。

周恩來為人謙和，善於團結同學，辦事熱心又多才多藝，博得同學們信任。他和兩位同學發起成立「敬業樂群會」，得到張伯苓的大力支持。樂群會組織學術報告會，組織同學參觀、郊遊和旅行，請中外名人如梁啟超、吳玉章到會演說等活動，成為南開活躍的社團，會員幾乎佔全校學生的三分之一。周恩來主持編輯的會刊《敬業》為全校學報之冠。周恩來還先後擔任《校風》報「記事部」主任和總經理、演說會副會長、江浙同學會會長等職。

周恩來在南開的第二年就已經成為一名學生領袖。他雖然是「敬業樂群會」的領導人，卻極力推舉另一位創始人擔任會長，自己擔任副會長。他在南開錘鍊出的這種謙虛大度、一心為公的品格，日後成就了這位共和國總理的風範。

周恩來每隔幾個星期就要到張宅看望張伯苓，並做長談。張伯苓也總留他吃飯，吃的稀飯、烙餅、煎小魚，是天津人的家常飯。他們平等交流，遇有不同見解，周恩來便很有禮貌地談出來，有時也會與張伯苓熱烈爭論。張伯苓喜歡周恩來篤學求實的態度，賞識他的人品和才學，稱贊他是南開最好的學生，把一些重要的工作交給他做，讓他主持「南開出校學生通訊處」，向全校師生報告本校改革方案。

南開中學畢業後，周恩來東渡日本，希望能在日本留學期間找到他最關心的那些問題的答案，學會如何拯救和建設祖國。他開始學習日文，不久就掌握了日文語法，能夠閱讀日本報紙。張伯苓一直關注著周恩來，1918年他到日本時見到了周恩來。1919年，震撼世界的大事件吸引了周恩來的注意力，俄國十月革命讓周恩來第一次接觸馬克思主義。他把所有的精力投入到研究馬列理論、開展反日愛國運動，幾乎沒有時間準備大學入學考試，結果沒有被大學錄取。當時北

京的形勢嚴峻，周恩來覺得祖國更需要他，便於 1919 年 4 月回到祖國。不久，五四運動爆發。

「五四」時期，周恩來被保送免試入南開大學。南開大學成為周恩來施展抱負的用武之地，成為天津學生愛國運動的一面旗幟。周恩來與天津學界各組織的傑出代表郭隆真、鄧穎超等組成「覺悟社」，領導天津學生運動。周恩來主編的《天津學生聯合會報》反響巨大，改為日報後發行量達兩萬多份，獲得各界廣泛讀者，成為宣傳民眾的喉舌。

1920 年 1 月，天津警方鎮壓抵制日貨的愛國行動，查封了學生聯合會等愛國團體。「覺悟社」決定發起抗議示威。1 月 29 日周恩來率領南開大學、北洋大學等 18 所大中學校學生五六千人赴直隸省 (今河北省) 請願，遭到反動軍警血腥鎮壓，釀成「一‧二九」流血慘案，周恩來等四名學生代表被逮捕。

張伯苓到天津員警廳看望被捕的周恩來等學生代表和各界代表。為抗議軍警鎮壓學生，南開發表《南開教職員敬告各界書》，聲援學生愛國行動。在社會輿論壓力下，警方不得不將拘捕的代表轉移到省法院，採用法律方式解決。在被告席上，周恩來把法庭作為控訴腐敗政府罪行的陣地，臨危不懼，慷慨陳詞。被關押 6 個月之久的 24 名代表全部獲釋。

周恩來出獄後，張伯苓和嚴範孫商議，以「嚴範孫獎學金」資助周恩來到歐洲留學。周恩來到法國後從事政治活動，於 1921 年 3 月成立了共產主義小組。1921 年 7 月，中國共產黨在上海成立，周恩來成為共產黨員。有人對嚴範孫先生說，不要再幫助已經是共產黨員的周恩來。嚴範孫不為所動，以「人各有志」奉答，仍然繼續給周恩來寄款。對此，周恩來始終感念不忘。

青少年時代沒能在南開這種教育方向的學校學習，假如沒有張伯苓、嚴範孫的關愛、資助與南開的聲援，假如沒有南開這個通向社會的大舞臺，假如不是生逢馬列主義與中國人民解放事業結合的偉大時代風雲，周恩來會怎樣？

反之，如果沒有周恩來這樣一位偉大的政治家、軍事家、外交家，中國共產黨的解放事業又會怎樣？周恩來以誠待人、以誠持國、情系人民、夙夜在公，他那謙虛、忠誠、忘我、堅韌、心懷若谷的美德和無與倫比的才華，感動了中國，征服了世界，為共產黨聚集了一大批才華橫溢又肝膽相照的傑出人物，為世界開創了打破霸權、平等互利、和平共處的國際關係新格局。中共不能沒有毛澤東，也不能沒有周恩來！在中共和世界的歷史進程中，周恩來，不可替代！！

抗日戰爭的勝利，是中國人民近百年來第一次取得的反對帝國主義侵略的完全勝利，是中華民族由危亡走向振興的歷史轉折！在八年抗戰中，有一個歷史事

件起了關鍵作用而不容忽視———西安事變的和平解決，促成了國共兩黨合作共同抗日。而這一事件的兩位中心人物與南開有緣。

曾經背負「不抵抗將軍」罵名、受命「剿共」的軍閥張學良，終於走上聯共抗日道路。他在 1936 年 4 月 9 日自駕飛機飛抵陝北延安，在夜幕朦朧的一座天主教堂裡，與共產黨代表周恩來會談團結抗日。他倆一見面，張就對周說：「我和你同師，咱們可以說都是南開的人。」周恩來為之一愣：「張伯苓先生怎麼是你的老師？」友好的話題無疑為談判創造了好的氣氛。因為蔣介石把東北軍調到西北，讓張學良的東北軍去打共產黨的根據地，這年 12 月，張學良發動西安事變。當時張伯苓在重慶，連忙打電報給張學良，痛陳利害，籲請釋放蔣介石。在震驚中外的「西安事變」中，周恩來以共產黨代表的資格與國民黨談判，終於迫使蔣介石初步接受了「停止內戰，聯合抗日」的條件。南開大學為此召開了慶祝大會，張伯苓在會上說：「『西安事變』解決得這麼好，咱們的校友周恩來起了很大的作用，立了大功。」

教育能夠救國嗎？教育不能奪取政權，不能改變政權的性質，不能摧毀敵人的碉堡，不能讓侵略者放下屠刀立地成佛。然而，愛國教育，能夠使青年學會選擇。選擇愛國，使得不同信仰的人能夠聯合起來，為民族的解放而浴血奮鬥。張學良因此成了中國共產黨敬仰的對象！周恩來高尚的人格、傑出的才能和對世界和平的卓越貢獻，為全世界人所敬仰！他參與開創的中國革命事業，對中共奪取政權起著決定性作用。中國特色社會主義事業使中國今天在世界展現的輝煌，當初張伯苓為南開學生投奔革命聖地延安而給周恩來寫介紹信時，或許也沒有想到吧！

2. 好教師是南開的底氣

在南開，教師真心育人、教藝精湛、學識淵博，能在教學自主的環境中發揮所長。

化學教師鄭新亭，自編中英文教學大綱，只帶兩根粉筆上課，講解透徹，板書清晰、提綱挈領，學生隨課筆記，也不用課本，易懂易記。他的化學英文大綱教給學生許多有關化學的專門詞彙，不斷增補新知識，使學生讀大學後不太費力就能閱讀有關化學的英文參考書，還兼有英語筆記的能力。許多學生受他的影響選擇了化學專業，其中，僅 1941 級就有鄭老師的三位學生鄒承魯、郭可信和侯虞鈞成為中國科學院院士。

南開的教師注重學生能力的培養，精心構思教學過程，激發學生對知識濃厚的學習興趣和對學法的深刻思考。

唐圭璋老師的作文課別開生面，教法別具一格，他用白話給學生講一個故事，要求學生逐字逐句用文言文寫下，然後他再宣讀線裝書中文言故事的原文，讓學生對照原文和自己的文言文作文，分析其中的差別，學生感悟頗深。學生盧侃領悟到翻譯是一種重要的學習方法，暑假裡將泰戈爾的《童年》英文本翻譯為中文。唐老師作文課的教法使他終身受益，甚至對他研究自然科學的方法都產生了重要影響。他翻譯和編著出版的科學論著的翻譯模式，幾乎都受唐老師這種教學方法的啟示，而且他把對這一課程的深刻領悟擴展到對新的科學領域的認識。學生舉一反三，如此會學習，更見教師培養學生能力的這種功底之深厚非同一般。

　　南開的教師，注重豐富學生的精神世界。橫貫中西的通識教育，在學生心中播下獨立精神的種子，是創新的啟蒙。

　　教國文的孟志蓀老師是學西方文學的，對中西文學系統的瞭解和富有獨立精神的研究，使他具有依託於淵博知識的獨到眼光。他講課，重視基礎知識和基本能力。從字詞讀寫到分析解讀能力，訓練十分嚴格。即使有的文科教師都可能出錯的知識，上過他的課的學生是不會錯的。但他的課絕不局限於此。他講課，不偏重課文的詮釋和講解，而是旁徵博引，在世界文化的大背景下，開拓學生的視野，讓學生觸類旁通。講文學，可以從曹雪芹講到莎士比亞、狄更斯、莫泊桑；講先秦諸子孟荀墨莊，引證古今中外無所不包，文學精神、哲學思想無所不涉。他的講授基於自己的研究，不迷信權威，不固守常規。他講詩言志時拎出劉邦的《大風歌》，這首一般被解讀為氣勢磅礴的詩，在他看來，是潑皮起家的皇帝用三句話把流氓闖江湖發橫財的市井無賴心機暴露無遺。學生在已有觀念受到挑戰的思考和驚喜中，領略精神自由的魅力。

　　不僅語文、英語、數理化生、文史地理的教師高手如雲，一般學校的「豆芽」學科，在南開也是大樹林立。阮北英、徐劍生、李抱忱等音樂教師都赫赫有名，迷人的音樂課令南開學子們幾十年都念念不忘。重慶南開中學的音樂會轟動了沙坪壩。（圖13）

　　美術老師張悲鷺教法不羈，富有獨創性，他直接教初中生畫國畫和油畫，畫國畫的重頭戲是畫虎。一個教師單槍匹馬竟然開創出全校近乎狂熱的局面。眾多學生人人畫虎，只只老虎形態逼真、姿態各異、栩栩如生。舉辦畫展，幾十幅山水畫掛在圖書館，琳琅滿目，盛況空前。每門課都有身懷絕技的教師，南開的學生豈能不強？

二、歷史是一面鏡子

圖 13 好老師是人才的根源

南開，為什麼會有那麼多的好老師？

張伯苓真誠地依靠教師，善於發現和培養好教師，把拓廣教師眼界和培育團隊精神放在首位。

張伯苓非常重視遴選優秀教師，使南開的教育與時俱進。中國發生那場激動人心、具有深遠影響的新文化運動的時候，張伯苓解雇了那些守舊的教員，聘請了語言學家羅常培、馬克思主義歷史學家範文瀾、作家老舍等人，向著中國舊式傳統教育宣戰，讓新文化思想進入課堂。這在當時是需要勇氣的。

範文瀾因在課堂上和接觸學生時，常談國內外大勢和共產主義，被天津反動當局注意，天津警備司令部派人前來逮捕範文瀾，經張伯苓協助，範文瀾離開天津到北京大學任教。

南開最大的問題是經費太困難，但是為了聘請優秀教師卻不惜重金，並且把教師出訪參觀的費用列入學校預算。得悉某位教師教得好或研究有成就，張伯苓親身前往邀聘，一見面就開門見山地問道，你在這兒一個月拿多少錢，到我們學校為你增加若干，並給付你一家到我們學校的搬家費用；即使將來你不想在南開教書，要到他校的搬家費，仍由我們致送。迨教師到校後，每逢年節，張伯苓偕同使者，手提牛肉、風雞、臘肉等登門拜節拜年。

張伯苓的人格魅力和南開的口碑吸引教師。許多教師到南開工作，是感動於張伯苓的真誠。耶魯大學博士何廉，後來成為南開大學的校長，他回憶初次見到張伯苓，立即被他的堂堂儀表所吸引，張伯苓高大魁梧、神采奕奕、生氣勃勃。他的語言質樸、真誠、懇摯，他是個著名的有感染力的演說家，然而在私人交談中，他總是全神貫注地聽著，很少開口。該他說話的時候，他就直截了當地表明自己的觀點；回答別人的提問，非常認真仔細。對未來他總是樂觀的。這天，張

伯苓帶何廉拜訪嚴範孫，初次見面，就能深切地感受到嚴範孫對南開的熱愛以及他與張伯苓之間的相互信任和尊重。

獨樹一幟發展學術，真心求教學識淵博，終成內行惺惺相惜。

張伯苓為發展學術、增進新知，與世界先進各國的大出版社簽訂買賣新書的契約，三到六月結賬一次，充實圖書設備，資供參考。但一俟新書到校，不論是自然科學的、還是社會科學的，張伯苓就攜帶一冊登門拜訪講這一門學問的教授，並對教授說：「我張伯苓年幼失學，不懂這些學問，請先生讀這本新書後，指定二個鐘點的時間，請為講解，我來『聆教』。」其求學之誠，一如當年，張伯苓與校父嚴範孫一起出國參觀考察教育時，嚴範孫老先生讓張伯苓每天抽時間給他講課，深入切磋。多年持之以恆，張伯苓非但涵養了淵博的學識，獲得了數十所世界名大學的榮譽博士，而且更帶動了學術的發展，尤其啟示了學生瞭然「天、地、君、親、師」在中國傳統社會造化的獨特功能。張伯苓能成為常人難以企及的教育內行，能夠與教師、學者、能人、有志學子惺惺相惜，並非無因吧！

張伯苓非常重視在學校營造尊師的氛圍。他召開教員茶話會，歡迎新入校教職員，併發表講演。為留住教師在南開安心、愉快工作，張伯苓還請教師夫婦一起參加茶話會，他偕夫人陪同招待。南開重視尊師禮儀，畢業典禮在大禮堂舉行，校中教職員環立禮壇下，畢業生全體起立，行鞠躬禮致謝師長。

張伯苓依靠教師的團體來培育教師。張伯苓在全校教職員會上講話。他說，我常跟人談起，中國教育越辦越糊塗。我常言，讀書可掙錢，只不可掙混賬錢；讀書可求個人之生活，更要求大眾之生活。辦教育，要自問是否與教育宗旨相合，是否與教育學生的目的相合，學生畢業後是否適應社會的需求，造就的人才是否將來有轉移風俗、刷新思潮、改良社會的能力。假若不能做到這樣，就是小看了教育。

南開教職員成立時事研究會，張伯苓任主席。每週三晚七點到九點舉行報告會。邀請社會賢達、外校教授講演《歐戰和平會議的內容》《中西中等教育之比較》等。南開學校有英語基礎的教員組成教員討論會，以《HowtoTeach》一書為教材，定於每週四在教員休息室學習討論，由張伯苓任討論會主席。南開教職員成立體育會，張伯苓任會長。

張伯苓重視師範班學生培養。1916 年直隸省（今河北地區）召開全省各縣小學校長、勸學會所長會議，討論全省教育事項，張伯苓被公推為會長。他特約南開學校師範班全體學生往會旁聽，促其熟悉教育情況。

南開的第二任校長喻傳鑒（1888—1966），既是南開培養出的好老師、好主

任、好校長，也是南開培養教師工作的典範。

喻傳鑒是天津南開中學首屆畢業生，是南開最早的學生組織「自治勵學會」會長。從南開中學畢業後他升入保定高等學校讀書，因家境貧寒輟學覓職任教員，1916年考入北京大學攻讀經濟專業，投身五四愛國運動。北大畢業後應張伯苓之邀回南開任教，講授英語和翻譯課程，第二年即升任教務主任。因工作成績卓著，獲哥倫比亞大學師範研究院獎學金，赴美留學深造，攻讀教育碩士。應愛國將領吉鴻昌之邀赴英、法、德各國考察中等教育。回國後，仍任原職，並兼任南開大學副教授。重慶南開中學從建校開始，喻傳鑒就主持學校的工作。他把教師工作當成學校最重要的工作，他說：「發現人才和正確使用人才，是每一項事業成功的保證。」

愛國情懷、人格薰陶，是好老師最重要的生成條件。

喻傳鑒校長培養教師獨具匠心。在他親擬的「私立南開中學新教員備覽」裡，「同人共同之信守」有三條：「共同之目標———教育救國，造就新人才，建設新中國；共同之精神———埋頭苦幹，熱心負責；共同之信心———抗戰必勝，建國必成。」喻校長在「我之十大信條」中說：「要做傻子，不做聰明人；要做平凡人，不能做英雄漢。中國聰明人及英雄漢太多，傻子及平凡人太少。有傻氣的人才能埋頭苦幹，靠平凡的人，才有平凡的工作。天下事不能一蹴而就，亦不能僥倖成功。事無論大小，必須腳踏實地，按序漸進。苟能『有恆』，必可『有成』。」

求賢若渴，關懷信任，嚴格要求，發揮創造的主動性，重視師生和諧，增強教師團體凝聚力。

在今天看來，喻傳鑒校長真是一位發現天才的天才，為求得賢師費盡心機。當年重慶南開中學的青年物理教師魏榮爵，物理教得特別棒，真知灼見，分析精闢，氣韻生動，妙語連珠，中國工程院院長朱光亞就是因為魏老師的教學而對物理產生興趣選擇終生從事物理科學研究的。而魏老師後來成了中國在世界上享有盛譽的聲學家，也是中國工程院院士。這樣一位名師，就是南開「找」來、「發掘」出來的。1936年，當魏還是南京金陵大學物理系的一位元臨近畢業的大學生時，經友人介紹，喻校長親自從天津到南京去尋求，次年爆發抗日戰爭，天津淪陷，又改聘魏老師到重慶南開中學任教。

生活上給予關懷，情暖人心。當時，許多官立學校常因經費捉襟見肘，發生教員索薪糾紛。南開是私立學校，卻從不欠薪，盡其所能給予關心。有位教師把自己的棉衣改給小孩穿，喻校長見他衣著單薄，硬把自己的毛衣給他穿上。年輕

教師結婚，喻校長不僅自己當主婚人，還動員全家人一起忙碌。

學校對教師的信任，使教師沒有後顧之憂，全部心思都用在培養學生上。有個學生是文學才子，物理成績卻很差，畢業考試時一道題也答不出來，按規定一門課得零分是不能畢業的。他無奈只得交白卷，在試卷上填詞《鷓鴣天》一首。魏榮爵老師不僅書教得好，而且才華橫溢，寫得一手好詩詞。魏老師惜才，也在試卷上賦詩一首：「卷雖白卷，詞卻好詞；人各有志，給分六十」。這樣，這個學生過了關，後來他考上西南聯大法律系，畢業後任北京市法院第一刑庭庭長，口碑頗佳。魏老師的慧眼和出格之舉輓救了一個人才，學校對此並未橫加干涉。

歷史學科的一次大考，有一道題目是「試論『九一八』事變前因後果」，學生王銓曾在上海參加過抗日活動，以自己親身感受和研究，洋洋灑灑寫了三頁多，歷史教師徐嗣山給他評了滿分。按常規，歷史學科從不會評滿分，何況還有其他題目並非全對，但學校對此也未加干預。學校瞭解魏老師、徐老師為人做事嚴謹認真，完全信任教師的考慮是出於對人的培養。

喻傳鑒校長對教師的培養，落實在教學的各個環節，特別強調師生互動，調動學生主動性。他制訂的教員備覽裡，關於教學事項，細微到「教者發問時應先發問，後呼名」，「多予學生工作，使之忙，使之動，則秩序自佳」。他經常站在教室門外，聽完教師的整堂講課。他還經常性地抽查各班作業，瞭解學生學習效果和教師批改作業的情況。有個班的學生對授課的女教師的教學不滿意，要求換老師，女教師急得直哭。喻校長知道後沒有馬上表態，而是多次跟班聽課，然後與這位老師個別談話，耐心指出她授課中的不足，提出改進意見，果然見到了成效。

為培養教師富有創造性地工作、並能與學生融為一體，喻校長用心良苦、足智多謀。主修國文的楊敏如曾就讀於於教會學校，燕京大學畢業，在大學當過半年助教，沒有教過書。到南開中學教書是她的理想，她 24 歲時鼓足勇氣到南開試聘。因南開當時不缺國文教師，喻主任親自與她面談後，問她敢不敢教女生高二和初二各兩個班的英語。她說敢教，幾個星期後她就適應並喜歡上了與學生在一起的英語教學工作。一天，才上課不久，喻校長走進教室，沒有坐在後排聽課，而是順著課桌兩行踱起步來，用眼巡視學生的課桌，用耳聽師生的問答。楊老師盡可能地從容，學生格外地用心，過了好一陣喻校長走出去了，大家才鬆了一口氣，師生們為能夠共同努力經受起學校領導突然襲擊式的考察而倍感溫馨和驕傲。

第二年，這位年輕女教師接受了教兩個男生英語實驗班的任務。那時的實驗班不是按學生成績編班，而是名副其實的搞實驗。在喻主任的信任和具體指導

下，楊老師躍躍欲試，主動深入地進行試用新教材、改革教法的實驗。楊敏如老師的學生們幾十年後還念念不忘課堂上開心學習的情境和終身受用之教益。

喻傳鑒校長把在國外留學、考察的收穫和心得，結合「公能」校訓，結合當時的國情、校情，發揮教師團體的智慧，對南開中學的體制、課程、教材進行了一系列的改革，使學生以最少的精力和時間，獲得最大的自由度和高質量的學習效果。高中三年的國文教學，第一年以散文授之以技；次年以韻文動之以情；末年以論文曉之以理。所選文章絕不以政治權勢人物的好惡為標準。

老教師無私地關心和幫助新教師，教師相互學習取長補短是南開的傳統。國內名校都願意推薦自己的高才生到南開任教。南開教師沒有鐵飯碗，擇優續聘，但被淘汰的並不多見。在南開的環境裡，教師來了就捨不得走，新教師也能迅速成長為受學生歡迎的教學育人高手，立志終身從教。

獻身教育熱愛學生、師德高尚有獨立之精神、學識淵博富有創意的教師氛圍，生動活潑、妙趣橫生、啟迪思維、崇尚科學精神和文化精華的課堂氛圍，志存高遠、求知若渴、對老師打心眼裡尊敬、佩服和熱愛的學生氛圍，人格平等、師生和諧、思想自由的校園氛圍，成為深厚富饒的精神沃土。教師在這裡能夠成長為傑出的教師，學生在這裡能夠成長為渴求真知、思索創造的人。這樣的人不一定能成為傑出的人才，但是，傑出的人才必須是有真才實學、善於學習、敢於創新的人！

3. 尊重教師就有教育

人才的成長，首先是人的成長。怎樣看教師，就是怎樣看教育。尊重教師，是社會文明的坐標。能夠促使學生健康成長的教育，就是好的教育；能夠讓學生一生難忘的老師，就是好老師。中國的好老師比比皆是，只要能夠尊重老師！

從小學一年級到三年級，我都是在比較偏僻的二村分校，語文老師和班導師都是馮老師。她矮小瘦弱，天生殘疾駝背，臉上的皺紋像刀刻的一樣，連著她那深深的酒窩。她家離我們教室很近，她的孩子很多，穿得很破舊。在我的印象中馮老師永遠都穿著一件棗紅帶格子花的衣服，永遠都那麼忙。

我的同學告訴我，馮老師的丈夫經常打她，騎在她身上打她，就在她家門口，還有很多人圍觀！窮、苦、累、殘疾，已經夠不幸了，卻還受著最應該給予溫暖的最親近的人的踐踏！可就是這樣一位老師，讓我們懂得了愛學習、愛中國字、愛語文、愛老師。課堂上的她端莊和藹，酒窩裡盈著笑意，深潭似的眼睛有太多的神秘吸引著我們，精緻的小教鞭輕輕地點著黑板，像飛舞的蝴蝶伴著我們嬉戲。她講述回鄉青年邢燕子用自己的知識建設新農村，那種深情，我難以忘懷。

至今，我還記得童謠一般的課文：「冬天到，下雪了，媽媽給我穿棉襖。媽媽縫衣多辛苦，我穿棉衣要愛惜。媽媽說：『棉花是誰種的？布是誰織的？他們才辛苦呢！』」

四年級全班回到校本部。校園很大，還留著大煉鋼鐵的痕跡；班級很多，回憶中卻只有自己這個班。班導師葉老師才從中師畢業。他淳樸憨厚，可是居然「分男女界限」，讓我們女生「先放學」，留下男生講故事。女生好奇地躲在窗外，發現了事情的真相。新中國出生的女孩子們哪裡容得這樣明目張膽的「性別歧視」，窗外的聽眾被激怒了，蜂擁進教室，憤怒地把撮箕、掃把投向男生故事會。在「戰鬥」中，想投准的女生因為撮箕、掃把不易把握方向而投不准，我只想虛張聲勢，可是扔出的抹帕卻命中了目標，落在老師的身上。我心裡害怕卻強裝鎮靜，不斷地安慰自己：「誰叫老師不公平？」

女生們把班導師告到學校。學校主任揪正了班導師，女生們為勝利而歡呼，我卻因為親眼見到個子高大卻還是個大男孩的老師流淚，自己又沒有勇氣道歉而不知如何是好。班導師接受教訓「改進」了工作，再也不講故事。不就是故事嗎？我無法化解內心的矛盾，課內、課外看起了小說。

我幼年時跟著父親逛書店，就養成了選書的習慣和買書的愛好。我還清楚地記得四五歲時選的一本書是《王冕學畫》。家裡，寫著「小韋圖書館」「書到用時方恨少」的書箱裡滿滿的書，連環畫、《小朋友》《兒童時代》《少年文藝》已不能滿足我讀書的渴望。那時的小學四年級，真是看小說的最佳時機，不需要為考試肢解文章，把不認識的字跳過去就行了。《紅樓夢》《鋼鐵是怎樣煉成的》《福爾摩斯偵探案》《八十天環遊世界》《葉爾紹夫兄弟》《絞索套著脖子時的報告》《官場現形記》，不求甚解，世界的美與醜卻明白地展現在眼前，我的心靈受到極大的震撼。人應該怎樣生活？思考，使我回歸到學習的正確軌道。

當時有一門課程是珠算，我認為沒必要學。也許同學們太有共識，上課的場景不堪入目，珠算老師叫苦不迭。學校組織我們班校外勞動，到廠裡五村的餐廳去服務。我發現平凡的工作也很不容易，心算挺重要的。我改變了對珠算課的看法，不僅很快背熟了口訣，還有了學珠算的興趣。班上的珠算課大有起色，算盤打得滴溜溜啪嗒響。

對於我們班的女生來說，沒有班導師老師的關注，就像蔫了的花朵，不再那麼美麗。女生經常分成幾個小圈子，還時有衝突發生。我一個圈子也沒加入，看似堅固的友誼不堪一擊，我終於被「孤立」了———我得了肝炎，躺在家裡，沒有任何一個同學敢來看我。而我家，從來都是同學們玩耍和復習功課的根據地。就算怕傳染病，隔著玻璃窗揮揮手總可以吧？

這位還不懂得愛學生的班導師，讓我感受到班導師的影響太大了，不是成績、分數能夠統計和顯示的對心靈的影響！對那麼多人的心靈的影響！

這位愛講故事的年輕老師，是我一生中最應該感謝的人。要不是他的故事激發起我深入思考的閱讀，在接下來的極左年代裡，我不知道該怎麼活！只是這種不是正面引導的「激發」有太大的風險。我感受到，一個教師，必須平等地對待每一個學生，年輕，不是不公正地待人的理由！我彷彿明白了，老師也是人，也會犯錯；對犯錯的人，也要尊重。我似乎懂得了，社會上永遠都有不公平，但是你可以去爭取相對公平。當時妥善處理問題的學校的主任，就是這個年輕老師的親姐姐。學校能夠公正、公開地解決問題，就是讓學生相信社會有正義，就是鼓起學生嚮往美好社會的勇氣。

五年級的班導師是張老師，教語文。他富有經驗，他讓我們發現學校是如此美，老師們是這麼好，我們的心胸也隨之開朗。

張老師一直教送我們小學畢業。多年後我們才知道，他是中師的高才生，當時也是中師才畢業，他少年白髮，被我們誤認為是老教師。他對學生要求極其嚴格，上課不專心還可能受到處罰，學習達不到要求放學後會被留下，留下的人不少，有時幾乎是全班。為此，有同學在背後編順口溜調侃老師。

可是，不知為什麼，同學們就是能感受到他嚴格後面的愛，他的寢室裡總是擠滿了有說有笑的學生。我的同學馬劍蘭家裡人多，父母幹著重體力勞動，收入微薄。她回家要煮飯帶弟妹，可時常被父母責罵、不給飯吃，我就陪著她到老師那兒，張老師總會讓她不再受餓。

我從來沒被張老師留下過，但絕不說明他對我手下留情。有一次上課，他突然讓我站起來回答「他們在教室裡認真聽課」中的「在教室裡」是什麼？我不明白「什麼」指的什麼。我先猜「定語」，他搖頭；我又猜「狀語」，他還是搖頭；我再猜「定語」，被他結結實實地糾正了一頓，大意是不動腦筋，並且不讓我坐下。我憤憤地說：「我們只學了主、謂、賓、定、狀、補，定語帶『的』、狀語帶『地』、補語帶『得』，這不帶『的』、『地』、『得』的，誰知道是什麼！」他笑起來，讓我坐下。我拒絕坐下，倔強地站著。我恨恨地想：沒提問，就叫人站起來，不給人思考時間，還怪我不動腦筋，太不講道理了！我不服氣的表情惹惱了他，但他居然沒處罰我。他徑直上課，下了課自己一走了之。

又一次「不留情」發生在歡天喜地的節日之後。我作為重慶市優秀少先隊員的代表，參加在重慶市大禮堂舉行的「六一」慶祝大會。宏偉的建築，熱烈壯觀的場面，精彩紛呈的文藝演出，給我留下深刻的印象。然而，當張老師突然讓我

上講台給同學們講一講時，我頭腦裡一片空白，什麼也說不出來，急得直掉眼淚。平時在全校開會發言我從來沒有膽怯過，因為開會講話是寫了稿子朗讀，如果多練幾遍脫稿講，還會受到稱贊。這樣完全沒有心理準備的發言，我真的不適應。但不知什麼時候起，我有了改變，表達內心的感受，成為自然的流露。比這更重要的是，我為自己不懂得「代表」的含義而慚愧。「代表」，不是個人的光榮和享受。既然大家賦予了我學習和見識的機會，我理所當然要對大家負責，主動講講所見所聞。

　　我一直認為張老師唯一的不足就是教育方法不佳，但就在寫到這一段話的時候，我猛然醒悟！他是在因材施教。他想培養我反應靈敏的即席語言表達，培養我的心理承受能力，培養我的公眾意識。他想促使我在學習上舉一反三，他想讓我不忘與同學分享。他對我不認真思考、討好式的應付大為光火，

　　他對我敢於表達不同意見而喜形於色。他寬容我倔強的態度，就是保護我獨立的性格，無形中培養了我的專注與執著。誰說中國的教師不提倡獨立思考？誰說中國的教育就只是死記硬背？

　　一個教師，一心一意培養學生，隨時都會有意想不到的智慧閃現。有時候，看似不好的方法卻恰是最好的方法。假如不明白老師的心，如何分得清方法好與不好？又如何知道老師是好老師？

　　馮老師是不是好老師？她當然是好老師，但太弱，地位太低！假若社會地位高一點、工資多一點，家庭地位也不至於那麼低！全靠她內心的堅強，支撐著她的事業。也因為我們是那個年代的小學低年級學生，多少對她還存有天經地義的敬畏。那些動輒就說教師這也不是、那也不是的人，真的就沒有沾染一點嫌貧愛富、恃強淩弱？

　　愛講故事的小葉老師是不是好老師？學生能終身受益，他當然是好老師！嚴格地說，是受益於閱讀。小葉老師是愛閱讀的人，不然哪來那麼多故事可講，並且有那麼強烈的講故事的願望！那麼愛閱讀的人，看了那麼多人生，怎麼還停留在「男女授受不親」？也許中國的教育給了人太多的框框和限制，寧可界限分明，也不敢冒「課餘男教師與女生們在一起」之大不韙，以至於書本與實際脫節，長處成了短板。如果因為教育的不盡如人意，不去究其成因解除禁錮，反而一抓教育就要整頓教師，豈不是倒行逆施、雪上加霜？

　　當年完全能「主導」學生的張老師，也許是比較強勢的了。但當年之後又是另一番情景。建新小學在「文革」中已不復存在，我當知青之後讀書時，和小學同學到石門小學去看過張老師，他成了家，有了女兒。我們回避提他在「文革」

中的遭遇，反正已經挺過來了。對建新小學，有件事印象很深。音樂馮老師很年輕，長長的辮子拖到小腿，走起路來活潑地擺動。她的丈夫是中學的物理老師，「文革」初被人貼了大字報「地主階級孝子賢孫」，當晚就自殺了。突然之間人就沒了，馮老師痛不欲生，在教室樓上的宿舍走廊絕望地走過來跑過去，要不是有人拉住，也沒命了。她抱著不滿兩歲的孩子，頓足號啕大哭。

我們這些當年的小學生成家立業之後，再去探望張老師，如同大海撈針。好不容易打聽到他就住在我們熟悉的石門，有地址卻找不到他的家，只能等著81歲的老人出來「迎接」我們。滿頭白髮的張老師，還像當年一樣神氣，不大的眼睛目光炯炯，說話中氣十足。跟著他在舊房群落中七彎八拐，終於到了。老樓房，無電梯，一級級梯坎磨損得沒有了輪廓，很小的兩居室，讓人有點心酸。但很快，我們就被幸福的味道感染。師母指著全家福，回答我們的詢問。一會兒工夫，新出籠的手工饅頭端上桌，熱氣騰騰、香氣怡人，學生們毫不客氣連吃帶包。滿室笑聲瀰漫。張老師顯得年輕的秘訣，不言自明。

中國的老師，事業能「幹」，苦難能「挺」，生活需求「低」，學生心中「有」，知足而常「樂」。什麼樣的老師是好老師？時間就是最好的檢驗。檢驗什麼？檢驗你的教育，是否對人的一生有益。半個世紀過去了，學生心中念念不忘的老師，該是怎樣的好老師！在中國偏遠的鄉村，只要能常年堅守在學校教學生的，就是了不起的好老師！

當老師的幸福，是別人所不能感受的。我們這些平凡的學生，要努力使自己成為有教養的人，令老師極為滿意、深感幸福。人們眼中的教養是行為的優雅，這種優雅是以不干擾他人為前提。教養更是一種內涵，教養的第一要素是正義，堅持不做不正、不義的事。用自己的眼睛觀察真實的世界，知道什麼是正義，始終保持對「人」的尊重、對自然的敬畏，恪守應盡的職責。

心懷對老師的敬意，才可能成為有教養的人。國民有教養，安全有保障，發展有希望。孩子上學不用接送了，食品安全不用擔憂了，手握權力的人對庶民百姓安心依法做公僕了，人的成長也就不再是難題。否則，即使有了人才也會流失，即使出了大師，也難免遭厄運。

教師是值得尊重的職業，教育在和諧寬容的社會中成為人實現自我的階梯。教育給人以必備的道德和知識，賦予人豐富的精神追求和挑戰權威的勇氣。每個人對自己的未來、對自己孩子的未來滿懷希望，不論從事什麼職業都可以引以為傲。人才的多樣性不會枯竭，傑出人才的成長也就自然而然。中國，這樣絕無僅有的五千年文明古國，一旦國民素質在世界稱雄，要想不出大師，都難！

(三) 校長，是學校的靈魂

刻骨銘心的愛國真情，遠見卓識的辦學宗旨和舉措，虛懷若穀、知人善任，科學民主、改革創新，人格高尚、正氣凜然，這樣的校長，是學校的靈魂。這樣的校長影響下的學校，是有靈魂的學校，這樣的學校薰陶培育的人，是有靈魂的人。有靈魂的人不一定能成為大師，但是，大師必須是有靈魂的人！

1. 殫精竭慮苦苦求索

從 22 歲至 76 歲逝世，張伯苓從事教育半個多世紀，擔任校長 40 多年。教育，是張伯苓青年時的志願、中年時的生命、老年時的安慰。張伯苓用一生思索教育，矢志不渝地去實現教育救國、強國的理想，在風雲萬變的時空棧道中艱難前行。

(1)「放心教育」從何而來？遵循青少年成長規律成教育內行

人們說現在的學生難教。教育，本來就不是一件容易的事情，張伯苓所處的時代或許更難。

青少年成長的教育難題，該如何解決？

青春期是人生脫離孩提時代，從不成熟走向成熟的時期，青春期的教育是一個棘手的問題。青少年學生隨著身體第二性徵的發育，出現明顯的生理心理躁動。20 世紀初，社會環境既有賣淫嫖娼等赤裸裸的性交易，又有所謂「性下流」「性邪惡」的神秘和恐懼，兩者都同時影響著學生。當時中國處於對性嚴重封閉和禁忌的年代，許多學校不敢抓這方面的教育，包括那些很有名的教育家也羞於或不屑於談論這一問題，擔心損壞學校聲譽，落個「風流先生」的惡名。父母對子女往往也諱而不言。

張伯苓則不然，他認為，對學生青春期教育問題，學校不能漠然視之，更不能從封建舊觀念出發，緘口不語、躲閃回避，推卸這方面的責任。他說：「人之發育有如蒲葡之攀緣，順其然之性。教育家之施教育，亦曰順其自然之性而已。欲順其自然之性，必先知受教者之心理、能力及缺點。善者發達之，缺者彌補之。若此方能使之感化，不然，只是一個機械師而已。」

張伯苓認為，學生在小學時天真爛漫、單純清白；大學時已經成年，有了判別是非能力，「唯中學時期，正當此人欲發達時代。課堂以外，乃有此性慾惡魔大劫，常於此清白之心為敵、為難，故其設教不在授徒以課程，尤其在杜其貪欲之心，以納入正規，施其困難之所以倍也。」青春期教育，主要包括性知識、婚姻戀愛、同齡人的關係與擇友等內容。解決這些問題，積極之法，先宜立志，

二、歷史是一面鏡子

只有人們心中常有一高尚志願在前,那麼一切卑鄙不足道的引誘,自然會退避三捨。為此,他在學校採取多種教育形式。

通過人格教育,讓學生認識人生的價值,樹立遠大志向,把自己生活的選擇與理想、抱負結合起來。張伯苓對學生的人格教育要求很嚴格。他認為,「研究學問,固然要緊,而薰陶人格,尤其是根本」。他把人格的培養歸納為五個方面:立志,敦品,勤勉,虛心,誠意。他親自抓這方面的教育工作。每逢週三的「修身課」,他採用漫談的方式親自主講,給學生講愛國,講求學,講做人和處世之道,親切生動引人入勝。

同時,在全校進行性生理、性心理和性道德的教育,要求學生通過正當管道獲得性知識。張伯苓請醫學專家和海軍衛生學校的教授來校作青少年生理衛生報告,輔以幻燈講解人的生殖系統。張伯苓利用修身班和學校集會,親自給學生講「縱慾傷身之害」,向學生推薦有關的通俗讀物。學校還定期發放《個人衛生自省表》,調查學生有無手淫等不良習慣,指導學生有規律地生活,激勵學生在團體氛圍中養成良好的個人生活習慣。

學校積極開展健康、有益的課外活動,提高學生抵禦下流色情誘惑的能力。張伯苓把青春期教育與校風建設結合起來,《南開校風》刊載正面引導的文章,學校管理採取有力措施防患於未然,查禁黃色小說,校規明確規定學生不許談淫穢之語,對無故夜宿校外者嚴肅處理,對吸煙、賭博、早婚者,處以記過、開除、斥退,絕不姑息。

當時社會上時興「早結婚早得子」,對南開的做法議論紛紛。張伯苓移風易俗,提倡新式婚姻,支持婦女解放。他主持妹妹的新式婚禮,在天津開風氣之先。倡導社會文明,對學校的教育產生良好的影響。

南開召開家長樂賢會,張伯苓校長在會上發表講演。他說:「中學時之學生,正在發展集合性及做事心之際,多好動。教育家當於此時因其勢而利導之,為之做種種預備。若竟圖省事,則此時少年丟掉許多長進的機會。」「凡無害之事,則放心使之自由發達;而於壞習慣則絲毫不容,如煙酒、嫖賭等事,犯者絕不寬假,至二十歲以後理解可以勝嗜慾,自然可以無慮矣!」

南開的青春期教育,以育人的高度、科學的態度、細緻的方法、系統的教育訓練,以學校教育與家庭教育、社會教育相結合,促進了學生的身心健康和自我完善,使其心理素質和行為習慣得到培養提高。1963年周恩來總理在全國衛生科技規劃會議的座談會上,強調對青少年進行性教育的必要性,頗有感觸地回憶自己50年前在南開所受到的這方面的教育,感到終身獲益不淺。

真正的教育，是一定會得到社會承認的。「入得南開，便可放心」，張伯苓被譽為「辦教育的狀元」。黃炎培與胡適有一次談話說道：「我們信仰一個學校的表示，是要看我們肯把自己的子女送進去。」胡適答道，我自己的子女，「都叫他們上南開去了」。各界著名人士，如梁啟超、黃興、馮玉祥、段祺瑞、黎元洪、袁世凱、葉聖陶、鄒韜奮、陶行知、冰心、吉鴻昌、張自忠等，都讓自己家的孩子到南開讀書。偏遠的貴州山區的孩子也慕名到重慶來報考南開。

(2) 教育宗旨如何定？立足中國實際，借鑒古今中外，倡導科學，銳意改革

張伯苓多次到日本、美國、德國、奧地利、丹麥、挪威等國考察教育，學習和研究世界各教育先進國家的經驗，同時認真研究中國的教育，不斷地進行改革和創新。他把日本教育與美國教育兩相比較，他認為日本式教育「強學生之遵從紀律心」，而美國教育模式「發達學生之自創心」，南開教育的改革和發展應該兼採美、日之優長。他明確提出「教育宗旨不可仿照」，必須聯繫本國國情，「以中國歷史、中國社會為學術背景，以解決中國問題為教育目標」。

提倡體育，注重科學，主張為公愛國，這三大基本教育原則在當時是極為新穎和罕見的。張伯苓的高瞻遠矚，還體現在對體育教育、美育的理解，其涵蓋的教育思想在今天也是足夠深刻的。他說，「教育裡沒有了體育，教育就不完全」，「不懂體育的，不應該當校長」。「在德、智、體三育之中，中國人最差的是體育」，「強我種族，體育為先」。「以體育之精神團結和組織國民克服散漫和自私，養成健全之人格。」「倡導運動之目的不僅在於學校而在社會，不僅在少數選手而在全體學生。」

張伯苓倡導科學，南開大學創辦伊始就建立了理科。那時北京、上海開創許多私立大學，都是只辦文、法、史、地、國學等文、法科，教師抱的是線裝書去上課，而張伯苓專請留美多年的凌冰博士為大學部主任，除開設文科外，還設理科和商科，後來改稱文、理、商三個學院。這在當時也是十分難得的。當時很少學校有物理、化學實驗室，而南開不僅大學有，中學也有。南開重視實驗操作，學生從中學就受到嚴格的科學訓練。

張伯苓反對讀死書，他說，南開就是要造就「活孩子」，「只知道壓迫著學生讀死書的學校，結果就是造出一群『病鬼』來，一點用也沒有」。為此，張伯苓多方聽取師生對學校工作的意見，不斷實行教育改革。

學校的改革既不是轟轟烈烈一刀切，也不是顧慮重重、舉步維艱，而是點面結合、大膽設想、勇於實踐，允許試錯、不斷改進。張彭春從蘇聯考察回來，介紹蘇聯教育方法，學生不讀死書，從事木工、鐵匠實習。張伯苓原本並不贊成，

因為蘇聯的政府、工廠、學校有密切聯繫，中國不具備這樣的條件，學生做木工鐵工只是象徵性的，可能沒有實際的效果，但張伯苓還是支持其在南開試行。南開曾開設「演講課」，目的在於培養學生公開演講說服民眾以推行民主的能力，試行後改為課外活動，既避免了沒有合適的教師和教材的困窘，又調動起學生的主動性，使演講題材更加豐富，更具時代性，更切合學生實際。

(3) 教育宗旨如何實現？堅持校長民主治校，廉潔高效，師生合作

真誠信任，組建起團結、廉潔、高效的學校領導核心。

張伯苓知人善任，「他的辦事才能，特別在獨立創造上，是大家佩服的。他的毅力、條理和用人的本事，都是很少人可以和他比的。」

張伯苓靠著真誠、信任，組建起團結、廉潔、高效的學校領導核心。被譽為南開「四大金剛」的喻傳鑒、伉乃如、華午晴和孟琴襄，臺柱子黃鈺生、韓叔同等，把學校各方面的工作落到實處，那種敬業實幹與創造精神感人至深，甚至現在的人難以企及。

華午晴是南開起家的大功臣，既是建築師又是財務總管。1919年春在中學南端空地建大學教室，當年秋季落成。重慶南開中學的建設，佈局合理、大氣壯觀，設施齊備、頗具匠心。體育場下部有完善的排水系統，大雨後雨一停就能進行比賽。學生食堂的出入口設計雙層牆和甬道用於防蚊蠅，蚊蠅的智商無法使它從曲折的道路進去。華午晴對財經嚴格把關，即使是校長親批的款項，也審了又審。一棟教學樓僅花了三萬元，按當時的幣值是相當節省的。物美價廉的教學樓和禮堂用了半個多世紀，津南村的房屋至今仍為教職工宿舍。

這樣的領導核心有很強的凝聚力，核心的關鍵是校長的人品和完善的制度。

南開是私立學校，所有經費除了嚴範孫先生的出資，其餘都靠張伯苓校長向中外社會各界募集。自清末以來，政、軍、商各界有識之士及海內外各著名基金會曾多次大量向南開提供資金支援。張伯苓憑其高尚的品德、令人信服的興學實踐，贏得朝野及海內外各界人士的欽佩，紛紛捐款以助其成。若折合成當前的幣值，其數豈止10億元。募捐的款項全由董事會掌握，張伯苓本人從不插手。

南開是世上少見的「私立卻非私有」的學校。張伯苓身兼南開各校校長，只拿一份薪水，月薪菲薄，自定月薪100銀圓，而聘任新教授最低月薪240銀圓。他與夫人及四個兒子一家六口，生活極其簡樸，甚至入不敷出，董事會曾多次為他加薪，均被拒絕。他畢生從無專用小車、人力車，公務外出乘坐三等火車。

南開的管理自成體系，校長、主任、校務會議三級，下設教務處、訓導處、事務處、體育處、健康教育委員會、衛生室、校產保管委員會、經費稽核委員會、

獎助金審查委員會、招生委員會等。教務處又下設教學組、設備組、註冊組、各科教學研究會、圖書審核及購置委員會、各類成績審查委員會、升學及就業指導委員會等。南開的經費完全公開，每年的賬目都放在圖書館裡，歡迎師生查看，從管理組織結構和措施上保證了管理落實、校風清廉。

嚴格的制度有預見性，入情合理，堅決落實。對那些有背景託人情想讓未達到分數線的子女入學的情況，南開用試讀生制度寬進嚴出。試讀生與正式生相同尺度考核，凡考試達不到標準的照樣留級或退學，絕不通融。某教育部長的孩子有兩科考試不及格，按規定應自行退學，說情的人絡繹不絕，但喻傳鑒先生不畏權勢，毫不動搖，照章辦事。有個試讀生的父親是國民黨政府副部長，但因五門功課不及格，只讀了一學期就離開了南開。南開為培養愛國強國人才而辦，不被任何階級、特權階層和黨派所左右。

堅持校長民主治校，制訂並實施「校務公開，責任分擔，師生合作」的方針。

1921年，張伯苓親自約請教職員代表和各班學生代表20人到北京香山慈幼院商議學校改革事宜，制訂了「校務公開，責任分擔，師生合作」的方針。經費開支、人員聘用等需經校董會議決。師生校務研究會、教職員會共商學校的教育和發展計劃。

1924年，南開校園由一件小事引起軒然大波。南開大學學生寧恩承為給學生週刊湊稿，一個小時內寫了一篇小文章，題目是「輪回教育」，批評一些青年教授沒有真才實學，僅把美國大學的筆記拿來販賣，念給學生聽，學生記下來，再轉販給別人。如此轉來轉去，中國學術永無進展可能。學生自以為練筆的這篇文章發表兩個月後，全體教授聯名向張伯苓校長請願，指出這篇文章有誹謗性，必須把作者開除，否則罷教。張伯苓深以為難，既不能壓抑學生，也不能使教授受到傷害。24小時之後，全體教授真的罷教了。緊接著學生會一致議決學生有理，全體學生決定罷課以反抗全體教授之無理取鬧。

如晴天霹靂，罷教罷課突如其來，經報刊渲染，聲勢更加洶湧，轟動華北乃至全國。張伯苓進退兩難，面對的雙方是全體教授和全體學生，既不能開除教授，也不能開除學生。張伯苓遂向校董會提出辭職。校董們調解無效，宣佈停課。相持一個多月，時值嚴冬，張伯苓不聲不響提前放寒假。學生代表數人以學生會名義向教員、董事、畢業校友致歉。如期開學，校長沒說任何話，教授、學生誰也不再提風潮這件事。

張伯苓應付事變的能力非一般人所能及，然而他並沒有止於息事寧人而不了了之。他在高二集會上講《關於師生合作問題》。這一事件的過程引發了師生

二、歷史是一面鏡子

對教材教法的熱烈討論，張伯苓進一步對西方教育模式的利弊與中國國情進行研究，依靠教師，陸續在教學內容、方法及教材等方面進行改革。除英文課外，所有課程一律改為國語講授，減少對美國原版課本的使用，組織各科教材的自行編輯，開設學生社會調查課等。這樣的胸襟、遠見與實幹，對學校民主建設的影響不可估量！

民主，是人格平等、利益兼顧、有事商量。民主與法治是孿生兄弟，不守紀律、不講法規就不可能民主。要讓學生學會民主，並不是一件容易的事情。張伯苓以寬容的態度、堅韌的耐心，關注和引導學生的成長。

1927年11月23日，南開中學為限制學生曠課，制訂曠課扣分新章程，引起學生不滿，二十多個學生以學生會代表全體學生的名義聚眾請願，引起風潮。30日，張伯苓接受記者採訪，公開表示，我絕不願違反平時提倡學生自治之初意，而對之有所壓迫，以致引起無謂之糾紛。現在學校一切均由教職人員共同維持，特向董事會提出辭職，等待學生有真正覺悟。希望教職員和學生本著「大家事大家辦」及「師生合作」之精神去做。

12月1日學校董事會討論，對校長堅留不可。因為聚眾請願的學生在《勵學》等刊物對學校和校長任意謾罵，激起學生公憤，高三甲組學生發起代表大會輓留校長，26個班響應，並一致發表聲明。學生中「輓張代表大會」的8位代表和「26班」的21位代表到校長家中，誠懇要求校長回校主持一切校務，表示願意共同對學校負責。張伯苓遂同意回校復職，代表們歡歌而歸。

12月5日，張伯苓一走進禮堂，學生鼓掌聲響徹雲霄。張伯苓發表講話，反思南開中學發生學生風潮的原因，認為師生之間存在隔閡、彼此不信任而生疑是導致風潮的主要原因。他說，因為我一人兼顧三校事務，還要出外籌集經費，和同學們見面機會很少，談話機會更少，於是以前那種精神的結合的學校，慢慢變成組織的結合，而學校也成了機械式的學校。這是教育的大毛病，我們應當想一個補救的方法，那就是以學生為主。同日，宣佈了對風潮處理的六條辦法：學校的某些事務由學校約請師生若干人為委員承辦；自治勵學會即日停辦；前次請願諸人姑置不問；同學之間不准各懷私見，互相嫉視；若有意見，盡可以用各種方法向學校建議；不准假借全體名義自逞私圖。

之後，有學生散發傳單，抨擊校長和教職員，稱自勵會停辦是受學校當局壓迫。張伯苓又召散發傳單的學生談話，讓他們立悔過書，否則離校，免致妨礙他人學業。這幾個學生拒不認錯，張伯苓認為其無法教育，決定分別致函保證人和家長，請即領回。等待，基於對學生的信任；開誠布公，讓學生在觀察中辨別、選擇。耐心教育、區別對待、有理有節，而絕不放棄原則、放任自流，寬容但絕

不縱容。

張伯苓常說，我們這個學校是社會的，是大家的，不是我一個人的。學校若要打算進步，必須改革。有人說學生還沒有達到自治的程度，改革恐怕太早。我卻不這樣看。張伯苓以博大的胸懷，讓學生在學校參與管理、學會民主生活，蘊含了對人才培養的深遠的期望。

(4) 傑出人才的基礎素質如何培養？從世界瞭解中國，創新教育，活潑生動；啟迪深思，實踐責任擔當；拓寬學生視野，把培養傑出人才的教育理想，變為學生內心渴望的人生目標。

張伯苓引導全體學生樹立公民意識，瞭解中國，主動地遵循南開教育宗旨，堅持在學習生活實踐中自我教育、健康成長。張伯苓在修身班談培養傑出人才的重要，談培養傑出人才的方向。他說，舊中國的新希望，在於為國家培養「五十年或百年後造福利之人」。中國不缺官吏，不缺人民，就缺這樣的人才。舊南開的新責任，是自己與學生從現在起「立志喚醒一己，喚醒國人，醒後負責任為世界發明新理論、新學說，使世界得平安，為人類造幸福」，「其造就之人才，須世界變化之能力，乃為真正之教育」。

張伯苓倡導主動性和堅持性。他演講《諸生乃中國真正之砥柱》，對學生給予厚望，他說：「中國當改革之際，睡獅方醒，諸生須做自動的，不做被動的，乃中國真正之砥柱也。」他歷述國人做事之虎頭蛇尾的弊陋，強調成事須靠堅持。他重視學生的實踐活動，在實踐中去思考、去創造。他說：「我南開學生，有知之機會，有做之機會，有聽之機會，故應練習自動，勿只信教員，勿盡依學長。」

張伯苓引導學生在更宏大的視野中瞭解中國。他請社會上的精英名流、專家學者來校演講，梁啟超、胡適、陶行知、馮玉祥、冰心等要人名家都先後到校作過報告。

張伯苓向學生介紹外國人莫理遜藏書情況。在王府井西側的大甜水井衚衕，莫理遜的圖書館不小於南開的禮堂，藏書極其豐富，各國文字皆備。法文所載有雲南、廣西的風土人情、礦產等；拉丁文為羅馬教士初至中國所載；德文中有五厚冊是關於山東省的。張伯苓說，莫君感慨所收藏的書還不算多，我聞此言不寒而慄，方知外國人較之中國人知之中國之多，有過之而無不及。莫君評論中國政治的缺憾很中肯，並且說滿室的藏書無一語敢說中國不行的，對於中國的將來希望甚大。張伯苓告訴學生，閱讀了莫君介紹的書，對於中國的眼光不禁有所改變，方知欲研究中國情形，不能不讀外國人的書籍；研究中國，必須按科學的方法，不能知而不詳，語而不精。

以科學的教育評價和切實的制度，落實辦學宗旨和原則南開的成就，有賴於南開的辦學思想、教學管理。南開按教學規律辦事，管理嚴謹，文理科並重，這對學生的發展影響不可小覷。學校考試很正規，期末考試安排在大禮堂，不同班級穿插編座，像高考一樣嚴肅認真。主課一門不及格可補考，再不及格將留級。

　　南開的制度科學嚴明，全面細緻，切實保證良好的教學秩序，培養學生文明習慣，促進學生自我管理，激發學生自我向上，始終圍繞著對人的培養。

　　在學校規則的第三章「教室規則」裡，對遲到規定「逾五分鐘即不許入教室，以曠課一小時論。遲到 (在五分鐘限度以內) 三次，亦以曠課一小時論」。

　　在第四章「學生宿舍規則」裡，不僅對遵守作息時間、內務有嚴格要求，還規定「宿舍內不應大聲呼喚校工，若校工有不盡責處，可向值日先生或事務處報告」，「初中學生每人須備零用賬一本，將日用出入款項記清，由教導處隨時抽查」。

　　在學校學則第六章「成績考查」裡，分學業、操行、體育三項。三項分別發給學生成績通知單。操行考核由學校教導主任、各年級導師以及與學生有接觸的教職員，按照規定共同負責評判。

　　操行成績考查標準，分為「公」與「能」兩部分，各列出具體的 14 條，便於學生樹立觀念、培養習慣。

　　第一部分，關於團體者———注意「公」的訓練，注重公共生活、課外組織，藉以增進團體幸福：(1) 遵守團體規則；(2) 維持公共秩序；(3) 服從公意；(4) 熱心服務；(5) 維護公共利益；(6) 勇於負責；(7) 做事公正；(8) 主持正義；(9) 愛惜公物；(10) 注重公共衛生；(11) 確守時間；(12) 遵守信約；(13) 有合作精神；(14) 度量寬大能容忍。

　　第二部分，關於個人者———注意「能」的訓練，注重學生平時生活、思想、行動、習慣，促進發展個人品德：(1) 努力進修；(2) 有自動研究之習慣；(3) 思想健全能判斷是非；(4) 意志堅定不為物誘；(5) 能節制，有自治能力；(6) 有獨立進取精神；(7) 生活有規律；(8) 有良好衛生習慣；(9) 能刻苦，服用儉樸；(10) 有組織能力；(11) 能應付及改善環境；(12) 對人有禮貌；(13) 能審慎擇友；(14) 能利用閒暇時間。

　　日常行為規範很具體。在校園裡走路時不准勾肩搭背和手插褲袋，初中生吃飯要排隊進食堂，先盛好飯坐在位置上，值班中隊長喊起立和坐下之後，方可狼吞虎嚥地「開動」。

　　學校宿舍由值班學生參與檢查評定，名曰「考美」，紅美、藍美、黑劣分別

對應好、次、劣，三次得劣要受到警告。學生每天關注著宿舍門口的「內務考美表」，琢磨怎樣把床鋪得更平整，把清潔做得更好。

學校獎懲嚴明，均有具體條文。對學業、操行、體育特佳者，給予獎狀、獎品、記功、免收學費的獎勵。體育不及格者、操行「丁」級者、學期曠課逾20小時者，則令其退學。

學校的管理既嚴格又人性化。學生平時不准隨便出校門，請假出校返回後要銷假。同時，學校設有小賣部和理髮室，方便學生生活。

南開絕不會為了「學校的名譽」降低對學生的要求。

南開重視體育道德的培養。張伯苓強調：不以不正當的舉動侵害對方；不以虛偽的方式投機取巧去贏得勝利。運動員品格較之比賽的勝負更為重要。體育本來是培養團結合作、大公無私的一種好方法，不按照這種方法，就失去體育運動的重要意義。為此，南開對運動員明確提倡運動仁俠的精神，制訂了仁俠運動員的資格標準，規定學校運動隊挑選隊員必須有醫生認可、功課完全及格、聽從指導員命令。學校有一名學生球藝精湛，擔任守門員，是天津球賽南開制勝的關鍵人物，但成績不佳，張伯苓寧可比賽受影響，也不許其參加比賽。當年南開籃球隊水準一流威震全國，學生學業卻未受影響，籃球隊五虎之一的李國琛，畢業後去德國學機械，後任兵工要職。

不斷發現和創造有利於學生學會做人、主動思考、提升能力和境界的教育方式。

張伯苓赴歐美考察教育，隨身帶著《聖經》和《論語》。他接觸到話劇藝術，覺得這是一種「創辦新教育，造就新人才」的好武器，回國後親自為學生編寫導演了一個新話劇《學非所用》。他說：「大家到學校來念書，不單要從書本上學，而且還要有課外活動，從這裡得來的知識，比書本上的好得多。」「從話劇裡可以得到做人的經驗；會演戲的人，將來在社會上也能做事。」

張伯苓與黃炎培、嚴修、梁啟超、張謇等16人發起「實際教育調查社」，與多種教育團體組建「中華教育改進社」，調查中國教育實際，研究教育學術，謀求教育策略和方法。

豐富的課外活動和社團活動是南開的一大特色。張伯苓對學生說：「我要使你們組織這個小團體的原因，並不是使你們只在學校裡做一個好學生，也叫你到社會裡做優秀的分子。不是徒讓你個人做一個好國民，也要使你幫助旁人都有社會分子的資格。要知道，教育不是叫你在學校裡敷衍考試就算完了，是叫你應用所學的，做那些大的事情。」

倡導社會實踐，鼓勵學生獨立思想，保護學生信仰自由。

自由之思想、獨立之精神，從何而來？獨立精神不是獨來獨往、我行我素，更不是隨波逐流、以勢壓人。獨立精神是為了公眾的根本利益和思想自由而勇於擔當的精神。獨立人格關係學生的精神世界和一生的命運。張伯苓倡導獨立思考獲得的思想自由。

1919年3月5日，張伯苓在修身班發表演講《本校教育政策》。他說，南開學校的教育政策就是「理解」和「自由」。所謂「理解」，是「一切事，不使學生專仗先生去推，當認清理解，自己去行，意在造出一班自動的人來」。由此，學生如果能按照「理解去自動」，就會得到「自由」。他還說，近來自由幾乎成為社會的詬病，但我不但不以為病，而且還要多多倡導培育。「若有理解，何故不給人自由呢？」

蔡元培應南開自治勵學會和敬業樂群會邀請到南開演講，題為「思想自由」。就智育、體育、德育發表見解後，他強調說：「貴校董嚴先生於舊道德素稱高貴，而校長張先生又屬基督教徒，但二先生決不因己之信仰強諸君以為從。校中各會會章不一，入者純屬自由選擇，無絲毫信仰之束縛。此種自由足為未來之道德開一新徑。」

張伯苓對共產黨人滿懷希望。早在1938年4月，張伯苓就致函周恩來，介紹南開大學畢業生奔赴陝北革命根據地。國民黨特務抓捕南開的進步學生和共產黨人，張伯苓總是挺身而出，憑借自己的社會威望施救。

蔣介石多次邀張伯苓加入國民黨，均被張伯苓婉拒。蔣介石趁著國共合作之機，硬讓孔祥熙送來特別黨證，張伯苓迫於情面未退還，就這樣「被」加入了國民黨，當了國民黨中央監察委員。當時知識界中以此為憾的大有人在，但公開批評的為數不多。幾年後，重慶南開中學讀高一的少年馬平在暢銷雜誌上刊登文章《張伯苓走錯了一步棋》，直言不諱批評張伯苓老校長加入國民黨是誤入歧途。由於評論對象赫赫有名，又涉及敏感的政治問題，反響強烈。一年後張伯苓在機場歡送他的校友中發現馬平，把他叫到跟前，當眾表揚他：「才讀高一，就敢在雜誌上指名點姓批評他的老校長，這就說明瞭他沒有白念南開，也說明我們南開教育的成功。」

著名作家韋君宜在回憶錄中寫道：「我十二歲入南開，生平第一次看話劇《娜拉》，生平第一次下工廠、下農村、下礦井搞社會調查，也是在南開。

「張伯苓校長是一個很有愛國心的人，他辦了幾十年教育，培養了大批人才，辦學方法新鮮，出的主意也特別，確實把教育辦活了。

「張伯苓校長不主張完全把學生關在教室裡學習，他給學生深入社會提供機會和方便，並加以鼓勵。那時我們經常到紗廠、農村甚至監獄去參觀。十六歲的時候到西廣開辦『民眾學校』當老師，教那些沒有錢上學的孩子們學文化，十八歲到北京門頭溝下礦井，由此而知道，窮人過的是什麼日子，工人是什麼樣兒，這對自己思想轉變，走上革命道路，起了很重要的作用。

「南開的教學方法是有獨到之處的，能大膽革新。語文按文學史講，像講給大學中文系學生一樣，從《詩經》講起，然後講《楚辭》，再講漢賦⋯⋯母校的語文教學使我從小對文學發生了興趣。南開在文史知識方面給我打下了牢固的基礎，對我走上文學道路有直接的影響。⋯⋯又如外語，我可看很多原文書。這些好的基礎，都歸功於南開。」

以真誠感染學生，以靈魂鑄造靈魂。

教育，不僅需要手把手地去教，更要在生活中去引導和影響，因此，親密的師生關係就顯得特別重要。張伯苓要求教員要認識學校裡所有的學生，叫得出每個人的名字。作為名校，中外貴賓、國共要人頻頻到訪，張伯苓卻將校長辦公室設在教學樓裡。他說：「校長辦公室就是為學生、教師辦事的，沒有學生算什麼學校！」他始終保持著與學生密切的聯繫。有一次學生舉行辯論會，選了個瑣碎生活問題，張伯苓知道了，說這沒出息，現在是什麼時候。後來學生把題目改成了「美國是否應該參戰」，不久，果然珍珠港事件爆發了。

在一次修身會上，張伯苓要求學生不抽煙，有個學生竟然當著他的面說：「您不許我們抽煙，您為什麼抽煙？」張伯苓一時語塞，沈默了一會兒，當場表態說：「這個問題提得好，現在我宣佈我馬上戒煙。」會場上全體學生鼓掌。一個成年人要戒煙並不容易，張伯苓回家後一言不發，將家裡存的香煙統統扔在爐中燒毀了，連晚飯也沒吃，一頭倒在床上。夫人王淑貞知道情由後，忙上前勸解說：「你做得對，我支持你想辦法戒煙。這個學生提得也對，當校長就得以身作則，要不然學生如何信服你呢！」在夫人的支持和關心下，張伯苓每到晚飯後以零食代替香煙，終於戒煙成功，終其一生不再吸煙。（圖14）自我教育，身先垂範，在學生中傳為佳話。

圖 14 立即戒煙

20世紀20年代，張學良少帥為表示敬重之意，專程到天津張伯苓家中拜謁。經多次詢問，在汽車根本就開不進去的平民區，步行多處才在小衚衕中找到。小院內北屋系一明兩暗的平房，除一大炕外，幾乎沒有什麼傢具。張學良見到這一景象，潸然淚下，喟然嘆曰：「當今一位名聞世界的大學校長，竟然住在如此簡陋的住所，令人淒然，更令人衷心敬佩。」

張伯苓說：「我既無天才，又無特長，我終身努力小小的成就，無非因為我對於教育有信仰有興趣而已。」正是因為他堅定的信仰和非凡的興趣，使得當時許多知名教師和職員不計報酬，一輩子服務於南開。優秀的教師必然吸引優秀的學生，南開成為學生最嚮往的學校。

怎樣保持教育的相對獨立性？社會政治寬容重教尊師，校長專注教育具人格力量。

以世界上知名學校的辦學經驗，教育必須保持相對的獨立性。學校要能夠在社會上立足生存，同時又不能依附於政府、黨派和任何勢力。只有這樣，才能遵從教育規律，實現貼近生活的教育，實現對「人」的教育。

校長的道德人格力量、政治智慧和國際經驗，使南開能夠在戰亂的時局中保持教育的相對獨立性，這是學校的正氣所在。學校的正氣，是培育人格、思想開放、人才輩出的極其重要的決定性因素。

張伯苓為辦教育，拒絕做高官。他知道一「下海」就身敗名裂，自身不保，南開學校也就隨之瓦解。北洋政府總理顏惠慶組閣時請張伯苓為教育總長，奉系勢力佔據天津時張學良請他任天津市長，他都堅辭不就。

張伯苓堅持辦獨立自主的私立學校。張伯苓說：「咱們南開就是要自主辦學，

才能更好地為社會培養實用的人才。『土貨』有什麼不好，南開的畢業生到處都需要嘛！」「現在這個社會最大的弊病就是貪汙腐敗和無能。我們講日新月異，就要革除掉這些舊東西！」「你們看那些國立、省立的公辦學校人浮於事、效率不高。公家辦一個學校的錢，夠我們辦兩三個南開！」

籌集經費是私立學校最困難的事情。張伯苓是基督教徒，他的外國朋友也很多，但即使經費萬分困難，他也咬緊牙根不向外國教會求援。當外國人多次勸其接受津貼，要把南開變為教會學校時，張伯苓很肯定而嚴正地說：「謝謝你，南開是中國人的學校。」

舊中國軍閥混戰，保住學校的安寧是需要費心的大事。由於中國的文化傳統，不少軍閥、政客對本地教育頗為重視，時有尊師言談，捐資助學之舉並不鮮見。軍閥忙於爭地盤自顧不暇，對教育鞭長莫及，不至於干涉和非難教育。正是基於這一點，張伯苓與不少地方政要和軍閥以禮相待。南開學校絕無趨炎附勢之風，即使蔣介石等要人到南開，也從不驚擾學生。有人對南開用軍閥、政客的錢辦學有所非議，張伯苓總是笑著說：「美麗的鮮花，不妨是用糞水澆出來的。」

張伯苓是一位傑出的社會活動家。學校教育保持相對的獨立性，並不是與社會隔絕，更不是校長清高、學校封閉。恰恰相反，推進社會風氣進步，更有利於學校育人。張伯苓擔任天津青年會董事長和董事達 28 年，針對時弊，進行愛國道德教育、推進科學知識和提倡體育事業。中國的籃球運動和乒乓球運動都是由天津青年會發起的。張伯苓是中國倡導中國舉辦奧運會的第一人。他還擔任北平實業博覽會籌備委員等多項社會職務。

辦學校教育，需要與政治保持適當的距離，這個距離不是靠權術就能度量的。為了國家的生存和學校的生存，張伯苓是有所深慮、勇於擔當的。真誠愛國的精神，是不可比擬的政治智慧。當各黨派政治勢力都能以民族大義為重時，「政治」顯得不那麼險惡。

1937 年「八一三」事變，日軍大舉進攻上海，揚言 3 個月滅亡中國。國共實現第二次合作。1938 年，身為華北抗聯會長的張伯苓擔任第一屆國民參政會副議長。參議員有毛澤東、董必武等共產黨高層領導。張伯苓說：「我既然不想做官，自然不會偏袒了某一方面。我只知道國家民族的利益，在民族利益第一的前提下，我既然負了這責任，當然有義務促進各黨派更進一步之合作。」

國共合作，南開更顯生機。

張伯苓常住的重慶南開中學的津南村，成了當時社會名流的社交活動中心。周恩來作為中共中央代表來到重慶，也把重慶南開中學作為鞏固和發展抗日統一

戰線工作的陣地之一。

　　1944年南開40週年校慶，恰逢張伯苓70壽慶，周恩來和鄧穎超手捧鮮花專程前往南開看望張伯苓。校友張厲生也來向張伯苓祝壽，那時周、張二人分別代表共產黨和國民黨在國民政府軍委政治部工作，都任副部長。周恩來附在張厲生耳邊小聲說話，張擊掌而樂，眾人還沒有回過神來，只見他倆前呼後擁地把壽星扶上滑竿，兩人抬著老校長沿校園走了一圈，引得師生們引頸觀望，笑聲掌聲響成一片，當即有人賦詩一首：「國共兩部長，合作抬校長，師生情誼厚，佳話山城揚」。(圖15)

圖15 國共兩部長 合作抬校長

　　時局動盪，堅守底線。1948年國民政府搖搖欲墜，物價飛漲。蔣介石力圖將享譽中外的大學者和民主人士拉進國民政府以穩定人心，硬要張伯苓當考試院長，張伯苓婉言堅辭。蔣深知張伯苓不從政的性格，以「業經中常委通過」先斬後奏公之於眾，以「限即刻到」的電文，迫使張伯苓上任。張伯苓被逼無奈，仍提出條件，院長只當三個月，同時仍任南開校長，因為「南開離不開我，我也離不開南開」。但張伯苓「被辭去」南開大學校長，深感官場的齟齬和腐敗，又看到上海市民的搶米風潮，不久就回到重慶，在南開中學深居簡出。

　　張伯苓約請了幾個學生到津南村家中來談心。他說：「現在時局混亂，師生們都遭罪了！大家都有困難，學校面臨的困難更多，可咱們南開這條『船』就一直是從困難中開過來的，今後還要在困難中開下去！」「原先曾有過打算，再辦幾個南開中學。重慶這塊寶地，人緣又好，將來也還可以辦大學嘛！」談到這裡，他聲音逐漸低沉下來：「誰會料到時局還要亂！現有的南開中學勉強維持，南開大學保不住，只得交給政府，算國立了！」學生說：「國立就不能自主了，私立也不是為私人！」

　　學生問：「校長過去不是講學校不要過問政治嗎？」張伯苓說：「我是辦教育的，本來不想過問政治，政治卻要來過問我。從抗戰時期到重慶參加國民參政

會，就開始參政議政了。」「原想給咱們南開多找些路子，多化點緣，早點把南開大學贖回來。其實那裡也是無官不貪，無吏不汙，快爛透了！」最後他說：「看來不服老是不行了，開過幾次刀，跑不動了。可我還是樂觀的。咱們南開有好幾萬畢業生呢，幾十年前我就講過，中國的希望在培養人才。南開學生應該成為中國的中流砥柱。如今我老頭子在前面拉不動了，這未竟的事業以後還要靠你們年輕人囉！」

重慶解放前夕，蔣介石父子接連多次親自到南開勸請張伯苓到台灣。張伯苓趁機堅決辭去了考試院長，他以衰老多病，不利遠道飛航，願終老故鄉為藉口，謝絕了勸請。最後一次，氣得蔣介石上車時把光頭碰到了車門上。張伯苓沒有去台灣或美國，留在了大陸。他心裡想著的，是繼續實現在上海等地開辦南開系列學校的巨願。

2. 違背初衷，肝膽之殤

1949 年中華人民共和國成立，儘管張伯苓校長把用全部心血創建的南開私立學校獻給了人民政府，他卻再也沒有機會大展宏圖。因為他曾經在 1948 年擔任了三個月的國民黨政府的考試院長，這個愛國教育家，被當時激進的愛國師生視作反動分子、戰犯，認為「人民政府對他太寬大了」。

為了保護張伯苓校長，人民政府用軍用飛機把他接到北京。1950 年，張伯苓校長回到天津，但未能如願回到南開大學校內居住，南開大學當時的領導對他的請求不予答復。甚至，張伯苓老校長想到南開中學禮堂去參加校慶活動，竟然被學校派人通知加以拒絕！雖仍有南開的老教員去探望老校長，但張伯苓老校長為老境不能參與這個偉大時代的工作而嘆息。

1951 年 2 月 23 日，張伯苓校長因病逝世，享年 76 歲。壯志未酬身先死，他在遺囑中，對國家民族的光明前景寄予期望，勉勵「友好同學，尤宜竭盡所能，合群團結，為公為國，擁護人民政府，以建設富強康樂之新中國」。周恩來總理親往天津弔唁。站在張伯苓校長床前，周恩來總理說，伯苓先生在當時封建社會下能把西方先進的教育介紹到中國來，對中國教育的發展做出了貢獻。但這些，被視作個人行為，除《天津日報》登載了訃告和遺囑，各大報竟均未刊登有關報導和紀念文章。張伯苓校長的親友在天津南開女子中學參加了追悼會，其低調與慘淡，與海外悼念的盛況形成鮮明對比。

重慶南開中學的喻傳鑒校長原本是到北京開會的，聞訊趕到。剛講了一句話，他就開始摘眼鏡擦眼淚，當他說到「我看到這個追悼會如此淒慘」時，已是泣不成聲。他說：「張伯苓一切都是為了南開，他當考試院長也是因為他想把南

開搞好，希望蔣介石幫助。如果張校長要做官，早就做了，南開就沒有今日了！」

中國科學院副院長陶孟和是張伯苓校長早年的學生。陶孟和更為動情地說：「我們今天追悼的是一位偉大的愛國主義者，一位偉大的教育家———張伯苓先生，他不僅是中國的教育家，而且是全人類的教育家！他為新中國準備了各種人才，並且他有許多學生是共產黨員，甚至還有共產黨的領導者。」他最後更是哭著說：「我從小就失去了父親，讀書時張校長沒要我一分錢，張校長培養了我，是我一生都無以報答的！」

1949 年以後，世界著名教育家張伯苓的名字在中國大地上消失了近三十年。天津南開中學和重慶南開中學曾一度分別改稱天津十五中學和重慶三中，不提校訓、不唱校歌，甚至要改造所謂的資產階級學校，對南開教育思想橫加指責。直至 1960 年、1984 年兩校才分別恢復校名。

「老南開」是資產階級學校嗎？「老南開」是有著時代局限性和社會印跡的。南開學生劇社雖是男女生共同組成的，但學校規定，演出時男女生不能同台演出，必須有教師摻入監督，男女各演一齣。於是只好男扮女，女扮男，周恩來因此常主演女角。多年後才有所改進。對個人衛生的要求，女生髮不過耳，初中男生必須剃光頭。在今天看來，這些很好笑，或不能接受。那時學校發給學生的獎品有的印著國民黨的黨旗，有一個國民黨特務到南開寢室抓「共黨嫌疑」，看見書冊上的徽印怔了一下，悄悄溜走了。

「老南開」是資產階級學校嗎？老南開一貫是有正氣的，南開精神就是愛國的精神，愛國愛的是中華民族大中國，不是愛的清廷的遺老遺少或國民黨一黨一派的國。南開學校的講演集會，周恩來講的是「中國青年運動的方向」，馬寅初直言不諱地批評孔祥熙等人的假公肥私。喻傳鑒校長辦公室旁的小屋常常是中共黨員接頭、開會學習的地方。有一次國民黨特務衝進南開學校抓所謂的「共黨分子」，眾多師生群起阻攔，保護下不少進步學生。特務想趁夜間來學生宿舍抓地下黨學生，這些學生也被預先更換鋪位保護下來。

南開的學生為新中國捐軀，為了保衛新生的中華人民共和國，許多南開學生放棄大學學業走向抗美援朝的戰場；為了新中國的崛起，南開學子奮戰在各條戰線。這些，怎麼能一筆勾銷？南開學校為新中國培養了那麼多的棟梁之材，張伯苓校長為此耗盡一生心血，竟然不能跨入南開的大門！這，天理難容！喝著掘井人引出的甘泉，卻陷掘井人於不義，即使天公重抖擻，又豈會依就此格降人才？（圖 16）

图 16 吃水忘了挖井人

「沒有偉大的人物出現的民族，是世界上最可憐的生物之群；雖有了偉大人物，而不知擁護、愛戴、崇拜的國家，是沒有希望的奴隸之邦。」鬱達夫在《懷魯迅》中說的這話，活生生地掐在了我們的痛處。

「文革」中，紅衛兵連逝去的張伯苓老校長也不放過，批判張伯苓，居然喪心病狂地踏平張伯苓夫婦的墓地、砸碎墓碑！良知何存！！張伯苓老校長的家人把二老挖出來火化，把骨灰抱回家，藏在壁櫥內。直至「文革」結束，1978 年，張伯苓、蔡元培、陶行知、晏陽初被國家定為四大現代教育家。1979 年由天津政府和統戰部舉行儀式，張伯苓校長的骨灰正式安葬在天津烈士陵園。1986 年南開大學張伯苓銅像落成後，張伯苓校長及夫人的骨灰合葬於銅像後，實現了張伯苓校長的最後遺願，回到了奮鬥一生的南開。

知識分子與教育同生死，教育與國家共命運！靈魂，需要安寧。

喻傳鑒（1888—1966）是重慶南開中學的第二任校長。南開中學的每一份成就，都有喻傳鑒校長的功勞。1936 年，喻傳鑒受張伯苓校長委託，到重慶籌辦學校，從擇地、購地、建校直到招生開學，不到半年就辦起南渝中學，並主持教學和教務工作。1949 年重慶解放，1950 年喻傳鑒被人民政府任命為重慶南開中學校長，當選為重慶市人民代表。1953 年學校改為公立，命名為三中，喻傳鑒仍任校長。不久他調任重慶市教育局副局長，仍兼任三中校長。1956 年，喻傳鑒被評為重慶市優秀校長，1957 年任全國政協委員。

按理，喻傳鑒校長照樣能使公立的南開中學不遜老南開絲毫。但是，太多的出人意料，使喻傳鑒校長身不由己，即使德高望重、滿腹經綸，渾身解數也難以施展。

1951年全國開展「三反、五反運動」。「三反」是在國家機關反貪汙、反浪費、反官僚主義，「五反」是在私營企業中反行賄、反偷稅漏稅、反盜騙國家財產、反偷工減料、反盜竊國家經濟情報。這顯然是正常而必要的，思想覺悟問題就該學習提高，犯錯誤就該改正或受懲罰，犯罪就該追究刑事責任。但「三反、五反」一旦成為「政治運動」，就變得轟轟烈烈，難以依法穩步實施，全國都在抓貪汙分子，學校也無例外。喻傳鑒校長受到一些人的圍攻和謾罵，成了「大老虎」。

　　重慶南開學生團總支領著一幫初中學生到喻傳鑒校長家，在院子圍牆和家裡的牆上貼滿大字報、標語及漫畫。甚至在床上、桌子上也貼上標語；打死他餵養的鴿子，翻箱倒櫃，吃了他家的餅乾。在網球場上，有人要喻校長交代「貪汙」問題，喻校長只好檢討自己的「貪汙」行為，是把學校的報紙帶回家看，第二天又拿回辦公室，引起群眾的哄笑。

　　喻校長到教育局要求保護，市教育局派人到校查賬，事實證明南開有一套完善的財經管理制度，很快將此事平息。那些受到寬容的鬧事的學生，誰不認為自己是在「愛國」？在南開這樣以愛國精神為教育生命的學校，「愛國」為什麼會出現這樣違背初衷的偏差？

　　1951年，全國範圍內發起了對電影《武訓傳》的批判。這一場關於如何評價武訓這一個歷史人物的文藝討論，對正確評價中國近代歷史和中國革命道路，促進知識分子的自我教育，有著積極的意義。但是，缺乏自由討論的輿論環境，缺乏邏輯思維鍛鍊，習慣於用主觀簡單判斷代替思辨批判的文化傾向，使這場新中國思想文化界的第一場大討論，變成了全國性的政治批判運動。在這場運動中，陶行知出人意料地成為被批判的對象。

　　陶行知，這位1946年逝世時被中共中央和毛澤東主席高度評價為「黨外布爾什維克」的「偉大的人民教育家」，被作為「民主個人主義」的典型，在政治上加以否定。這實際上是否定了廣大知識分子的人生目標和事業追求，把知識分子放在了不可團結依靠、只能改造利用的位置上。運動不斷，教育從張伯苓不能進南開校園的那一刻，就受到了傷害。不僅在於偉大的人物是否受到崇敬和愛戴，更在於偉大的靈魂失去了尊嚴！獨立的精神、自由的思想，來自有尊嚴的靈魂！

　　1952年暑假，南開中學擠滿了來自全市中學校的教師，重慶市教育局在這裡開展全體中學教師參加的「思想改造和忠誠老實運動」。在解放初期的「忠誠老實運動」中，教師們極為忠誠老實地彙報自己的歷史和思想。南開中學的一位教歷史的黃老師，因為他老實彙報了新中國成立前曾在警察局裡當過文員，被劃

為「歷史反革命」，押到長壽湖農場勞改。

1957年暑假，重慶市中學校的教師到南開中學集中，由重慶市的宣傳部長和文教部長親自組織，進行「學習」「整風」「大鳴大放」。當時全國大學已經開始反右運動，中學較之晚一步。開始時沒有人願意發言。組織者反覆動員，要求教師大膽給黨提意見，幫助黨整風，去掉官僚作風。對黨負責，不能不說。

南開中學化學教研組長許老師，事業心強、專業能力好，喻傳鑒校長把他培養成教務主任。由於招生涉及許主任的本職工作，他對學校招生時成績優秀的學生因為「出身不好」而不能錄取提出意見，就成了「攻擊黨的政策」的右派分子，被下放到農村勞動改造。

在各單位被分攤了名額必須「揪出右派」的嚴峻形勢下，重慶南開中學十多名教師被打成右派，並被強制勞動。被打成右派的教師不少人書教得特別好，被規定上課時學生不得起立給老師行禮，課後也一律不准喊老師好。反右運動餘震不斷，為了填滿右派名額，語文教研組長崔玉玲被打成漏網右派，她書教得特別好，當班導師也很出色，卻只能天天打掃學校的廁所。這位美麗的女教師從此再沒有上過講台，讓熱愛她的學生憤懣不已。崔老師的丈夫因病去世，她獨自拉扯一雙兒女，其飢寒窘迫，難以啟齒。

1957年2月，周恩來總理訪問亞非十一國，回國時特地路過重慶回南開看望喻傳鑒校長和師生們。反右運動中，喻傳鑒校長直接受到周恩來總理的保護，通知他到北京開政協會議。在一次招待會上，周恩來總理走到喻傳鑒校長席前舉杯敬酒，並向毛澤東主席介紹「這是我的老師」。喻傳鑒校長因此免遭一劫。但是，喻校長家仍被反右運動的陰雲籠罩，他的女婿是西南農業大學的教授，被打成了大右派，被大報點名批判，標題的字有核桃大。

喻校長素以愛惜教師聞名，但作為黨外人士，尚且自身難保，更無法保護南開教師。眼睜睜看著南開中學十多名受學生尊敬的教師一夜之間被打成右派，看著同事和家人備受折磨，看著學生和自家孫輩不能受到良好教育，肝膽內傷、切膚之痛，喻校長只能扼腕嘆息。

1958年開始的「大躍進」運動中，「以糧為綱」「大煉鋼鐵」照樣波及校園。重慶南開中學校園建起了煉鋼爐。緊接著是1960年至1962年的「連續三年自然災害」。三友路旁、魚塘邊，甚至用花草種植組成校訓字樣的斜坡上，都種上了紅苕、玉米。昔日美麗肅穆的校園面目全非。

1964年貫徹「階級路線」直接對準學校。不僅學生入學看「家庭出身」，教師也被「排隊」，排左、中左、中右、右四類，只要是出身不好、「有歷史問題」

的，書教得再好，都只能排後兩類，不要說獎勵，就連當班導師都沒資格。學生畢業時也被按「家庭出身」排隊分為四類，檔案上分別被蓋上「絕密」「機密」「一般」「不予錄取」的章，有的還被寫上「思想反動」的評語。許多十分優秀的學生，因為「家庭出身不好」而失去深造的機會。就此貽誤人才培養，不是極少數。所謂「出身不好」，並非資本家、地主，一般的職員、醫生、教師也在其中。一旦大學「不予錄取」，任何工作單位也不會接收，這樣的情況太多，後來學校就悄悄撤掉蓋章的那一頁。

即使無法左右這一切，喻傳鑒校長仍然撐持著學校工作，盡最大的可能堅持教育的宗旨，「我們不僅僅是教『書』，我們是教『人』，教學生怎樣做新時代的新人」。南開，始終是最好的學校，令南開的學子受益終身。「昂藏七尺軀，俯仰天地間，必須時時事事以國家民族利益為前提！」這就是喻傳鑒校長不變的信條。靈魂的高尚，令世人仰望！

站在1986年落成的傳鑒亭前，我默默懷想。1966年4月21日逝世的喻傳鑒校長，心裡有多沈重的預感？教育的未來又是如何讓他希冀，讓他憂？喻校長，您是否知道，南開人為您的離去，心有多痛？1995年，老校友們決定捐巨資，擬在上海創建一所南開中學，多地考察，選中風景優美之地為校址，卻因為最大難題無解而計劃擱淺———「你有喻傳鑒校長嗎？」沒有喻傳鑒這樣的校長，還能成其為南開嗎？這樣的校長，是南開學校的靈魂。

3. 不斷糾偏，思之拳拳

傅震垣（1919—2014）是重慶南開中學的第三任校長。

1982年，我剛到南開，傅校長約見我，見面第一句話就是「終於把你盼來了」，讓我受寵若驚。我以為校長約見每一個新進南開的教師，只是例行公事見一面，沒想到他這麼瞭解我的情況。雖說父親得以平反昭雪，我能重續南開緣，但我自知，在一般人眼裡，我仍然是「平了反」的「反革命子女」。受到傅校長這樣的尊重，我深受感動。我認定他是一位正直善良的人。我也悄悄觀察過他，他儀表堂堂，威嚴而慈祥；每逢週末，他都會到教學樓前轉轉，提醒學生們關好窗戶。

人們背後對他的評論褒貶不一，卻有共同的兩個字「嚴」和「廉」。我最佩服的幾位老教師都與傅校長交往很深。有老教師跟傅校長開玩笑：「你怎麼姓傅嘛，當這麼多年校長，誰都叫你『副』校長，到退休都還是傅校長。」我忍不住跟著大家哈哈大笑。

我看過他的書《忠誠集———一個新中國教育工作者的文集》，是重慶出版

社1993年出版的。本來我只是準備翻一翻而已,一看,還挺生動,「保高三」的情景躍然紙上;再仔細閱讀,教育的不容易,對教育的深入思考,少了「忠誠」,還真寫不出這個水準,不僅有先進的教育思想和豐富的教育實踐經驗,而且非常重視教育研究。

我用了十年寫《心泉》,這是我對人生與教育的體驗。當我第一年寫完第一個部分《瑣事開篇》時,不知為什麼,竟然迫不及待地想讓傅校長幫我看看。沒想到他已經是88歲高齡,更沒想到,他拿著放大鏡,一字一句讀完這部分初稿,給予了充分肯定。他說:「這才叫教育,這樣的教育對人的一生很重要。現在最需要這種書!師範院校的學生應當人手一冊。要有這樣的敬業精神,還要有這樣的實踐方法。許多師範院校和出版社不瞭解中小學的實際,缺乏這方面的教育,缺乏這樣的教材。」我睜大了眼睛望著他,不相信世上真有這樣的寫作知音、事業知己!

傅校長樂呵呵地告訴我,他算是「老教師」,一生的事業就是教育。曾在重慶一中、兼善中學、建川中學、適存高商、歌樂山保幼院、川東師範等好多學校任教,當然,也要做點工作。我知道他是老革命,或許是指「革命工作」吧。離休後,他仍筆耕不輟,不斷有新作問世。傅校長為我這本當時八字還沒有一撇的「書」寫了序。他認真地說:「你可以潤色,但是關鍵的地方,一個字也不能改!」

「關鍵的地方」,是這樣一段話:「重慶南開中學在新中國成立前就是一所著名的中學,新中國成立後也是一所知名度很高的省、市重點中學、全國先進團體。無論過去和現在都享譽國內外。南開創辦人———愛國教育家張伯苓的教育思想,堅持學生德、智、體全面發展,培養了不少專家、學者。新中國成立後,學校在教育方針的指引下,既繼承張伯苓、喻傳鑒先生辦學的優良傳統,又與時俱進,為實現國家的現代化,為建設中國特色的社會主義,培養輸送了一批又一批的接班人。他們大都成為各條戰線的骨幹和帶頭人,為國家做出了重大的貢獻。無論過去和現在,每一個南開的學生都以在南開接受良好的教育為榮。」

也許是要讓我真的明白「關鍵」,傅校長不緊不慢地給我講南開的事兒、談教育。隔一段時間想到了什麼話題,傅校長會打電話約我長談。他家掛上了一幅友人祝賀他九十歲壽辰的書法立幅,傅校長思路仍然極其清晰,話題也更加廣泛和深入。我有了問題,亟需求解才會主動上門。因為,每次,他的家人都斟上茶水,甚至熱情地擺上水果;每次,這位九十多歲的老人仍保持著校長的風範,一定要拄著拐杖站起來,慢慢地走幾步,送我出門。

因為這樣的機會,我才知道了「忠誠老實運動」,知道了張伯苓同時代那麼多教育家,知道了一個老革命與他的事業的血肉聯繫,知道了思考錯誤是一筆不

能忽略的財富，不斷糾偏也是歷史真實的一部分。也因此，我明白了成長的又一種方式，那就是擔當不可推卸的責任。

每次，我不僅聽，而且想，還要主動「求證」。尊重事實，就是最好的信任，這也是我們這個時代的人走向精神獨立必要的過程和進步。

傅校長認為，在社會轉型期，讓知識分子參加學習，教師樹立新的思想觀念，適應新的工作，對黨「忠誠老實」，也是可以的。但一搞「運動」，就難說了。

幸而，那位在「思想改造和忠誠老實運動」中被開除公職、勞改的歷史黃老師，作為新中國成立前就參加農工黨的革命人士，經甄別後返回南開中學。但還是沒能允許教書，只是管農場做雜務。

我認識「忠誠老實」的黃老師的妻子，是管理女生院的陳老師。我班學生江玲生病，陳老師為她煮肉丸子湯。南開的生活老師都這樣敬業！他們的兒子小黃熱心助人，也成了我的朋友。黃老師夫婦常在南開校園散步。黃老師九十多歲高齡去世。幾年過去了，中共十八大之後，2015年的春節，小黃高興地告訴我，他家收到黃老師「離休幹部」的補發工資，錢不多，但讓人欣慰。從1952年到2015年，60多年過去了，人已經離世，還能記得這事，還能用一種方式表達公允的評價！我心裡五味雜陳，眼角有些濕潤。或許，這是恢復黨的重要法寶「統一戰線」，努力實現黨領導下的多黨合作的社會主義政治制度的一點努力吧！

說到反右運動，傅校長連連嘆息，「開始是『大鳴大放』『幫助黨整風』，不是『反右鬥爭』」。運動中，經反覆動員，群眾的熱情被調動起來，非常踴躍。有的青年教師發言很激動，越說越厲害，還有個別人為了表示義憤，提意見時拍桌子打巴掌的。教學樓裡、學校裡，鋪天蓋地貼滿了大字報。但所說的、所寫的，沒有「反黨、反社會主義」的，不過是對具體的某幹部有意見，諸如某件事處理不合理，某人的工作方法簡單粗暴，某人作風有問題，等等。當時，傅校長任南開中學副校長和黨支部書記，判斷南開中學沒有任何人是「反黨、反社會主義」的右派分子。運動的第一階段，南開中學沒有上報一個右派。

「反右『擴大化』，擴大到55萬人。有的人，一輩子都完了！子女受牽連，那麼多家庭，受到傷害的人太多了！」傅校長自言自語。「『擴大化』？！」傅校長微微搖搖頭，「頂不住。」

結果，南開中學過不了關，上級派了重慶市公安局四處的處長到南開來督陣。聲勢浩大的動員，強調人人都必須發言，「說出來才是對黨忠誠，不說就是心裡有鬼」。後來，硬把寫的大字報和發言的內容上綱上線。被定成右派的，多是能說會道的能幹人。人們發現勢頭不對、說話危險，於是人人自危、噤若寒蟬，

但已經晚了。

　　上級下達的任務，是抓出 15% 的右派！這個比例把參與組織「整風鳴放」的幹部也都嚇壞了，誰也沒有想到事情會變成後來的這個樣子。具有諷刺意味的是，連當初組織全市教師整風學習的重慶市宣傳部長和文教部部長也被打成右派，發配到長壽湖農場勞改。先一步被打成右派的人見到他們很詫異：「你們怎麼也來了？」

　　「是 5% 的還是 15%？」我不相信自己的耳朵。「15%！」傅校長非常肯定。怪不得，我的學生的爺爺、我的鄰居雷老師、我的搭檔的父親，這些南開的老師當年都是右派。還有不是右派的「右傾」。語文侯老師告訴我，有一位叫胡忠實的大學生，在大學時被劃為「右傾」，分配到南開中學後只能幫著提黑板。分配到南開中學的師範生都是學校裡的高才生，這個高才生，連幫著批改作業都沒有資格，唯恐他的「反動思想」通過批改作文影響學生。這位始終沒有機會上講台的青年教師，最後只得離開南開中學。

　　「搭檔」，就是教同一個班的同事。她很敬業，深受學生喜愛，是南開中學「文革」後第一位評為「特級教師」的女教師。儘管是好友，多年來她從未提及過這樣的「家事」。當我問起時，她說了一句話：「當時南開中學民主黨派的負責人被一鍋端，你不知道？」我無語，確實不知道。

　　我的學生的爺爺老黃老師活了 93 歲。學生的姑姑告訴我，右派勞改沒有收入，當時家裡子女多，全靠她的媽媽一人當教師的工資養活全家，無法想像的艱難。老黃老師摘了右派帽子，補了很少一點工資，好多年都是「摘帽右派」，子女們日子難過，在學校都是低著頭走路。倒是老黃老師很坦然：「當時只是說了一句『要這麼多校級幹部幹什麼？』精簡機構，有什麼錯？」老黃老師乾脆常年戴著一頂草帽，在校園裡挺著腰板走路，真是服了他了，那種情況下還能幽默！他常對子女們說：「最窮，不過討口；不死，總要出頭！」改革開放後，老黃老師更看得開了，碰到傅校長，倆人還要有說有笑地談上好一陣。老黃老師逝世後，傅校長親筆為他寫了滿滿一頁悼詞，評價挺高，很有感情。

　　彷彿脫掉冬天的厚重老棉襖，我心裡輕鬆多了。南開的老師，即使落難，也還能保持思想的清明和內心的高貴，這對他們的子女，多少是一種安慰。傅震垣校長曾任中共沙坪壩區教師聯合支部書記、中共沙坪壩區委員會委員，他與老黃老師的交情能被後代認可，也算是不負有心人。歷史這一頁，總算是翻過去了。

　　傅校長似乎不這樣認為，他的思考涉及得更深、更遠。

　　「雖然糾正『反右運動』的錯誤做了很大的努力，但是只是在糾正『擴大化』

的錯誤，沒有從根本上認清階級鬥爭擴大化的理論和方式是完全錯誤的，以致不論經濟建設、思想文化建設、黨的建設，都延續了群眾運動、政治鬥爭。在新的歷史階段，以階級鬥爭為綱、無情打擊，一系列的錯誤，導致『文革』十年動亂，造成巨大的災難。最嚴重的後遺症是什麼？」

我默不作聲，心裡暗自想：人們難說真話。

傅校長告訴我，許多事情，脫離了原本的初衷。

1958年「大躍進」，是為了「多快好省地建設社會主義」。大煉鋼鐵，日夜奮戰，南開的土高爐，夜裡映紅半邊天。幾個月，學生、教師齊心奮戰，拾廢鐵、挑焦炭，廢鐵是從各家各戶蒐集的鐵鍋等鐵器，焦炭是學校花錢買的。然而，滿心歡喜煉出了「鋼鐵」，有用嗎？浪費太大，你能怪專家、內行不懂？誰還敢講一句實話？

「貫徹階級路線」，開始只是提「學校向工農開門」，這有什麼不對呢？那麼多的工人農民在解放戰爭中付出了犧牲，在新中國的建設中做出了巨大的貢獻，學校多招收一些工農子弟也是很好的事情。對其他家庭出身的，也是講「出身不能選擇，重在表現」，對學生應當一視同仁，不應該歧視。但是，「階級鬥爭為綱」使許多事情面目全非，「階級路線」演變成「血統論」。我們這樣的黨，怎麼能搞「株連九族」這種事？

我心裡微微一顫，「我們這樣的黨」，是無產階級的政黨，而無產階級不僅要解放自己，還要解放全人類。正是黨的最高綱領，使黨的旗幟下集結了那麼多中華民族的優秀兒女，甘願為此奮鬥終生，甚至獻出生命。

在南開藝術館前，我碰到好友敏。1986年，由重慶南開中學張傳斌校長、教務處晏主任率隊，我和敏等一行到自貢蜀光中學參觀訪問學習。蜀光中學也是張伯苓校長創辦的南開系列學校。我和敏的「南開情結」都很深，敏現在南開校友會工作，她對我說：「好感人，傅校長這人太好了，太不容易了！」她給我講了傅校長多年前救助學生的一件事。

南開1964級老校友周光立老師，在校友會安排下，如願以償見到了闊別50年的恩師傅震垣校長，傾訴幾十年埋在心裡的思念和感激。

1958年我歡天喜地考入三中。就在這年底，猶如一個晴天霹靂打在頭上，任職於樹人小學、當總務主任的父親，被家鄉農村來信誣陷為漏網地主，遣送回農村接受改造。父親被帶走了，一個好端端的家庭就憑一封誣告信莫須有的罪名給毀了(1983年我父親平反並恢復公職)。我一個孩子能怎麼辦呢？

在當時那個人人自危的年代，傅震垣校長頂著各種壓力，接納了我這個「政治孤兒」，同意我在三中繼續學習，並要求後勤部為我發放助學金，安排我的食宿。後勤老師知道我的遭遇後，為避免大同學欺負我，特地在男生宿舍緊靠教導處一個姓王的老師宿舍旁把我安頓下來，讓我有一個安定的學習和生活環境。

平常在學習中，有老師、同學相伴，生活還比較快樂。一旦放假，我這個無家可歸的人，只能孤單地、艱難地熬過每個星期天。特別是放寒假、暑假，同學們都回家了，我還得參加勞動，才能得到一口飯吃（因上級有規定，上課期間憑成績有助學金，放假後只有參加勞動才有飯吃）。

1958年的寒假，對我來講顯得特別寒冷。管勞動的老師安排我去養豬場餵豬，我到了養豬場，工人師傅安排我去砍豬草。當年的我才13歲，個子又矮小，在一個特別冷的早上，我砍豬草時不小心把左手拇指砍傷了，鮮血直湧。

我趕到醫務室包紮好後，去找管勞動的老師。當我把事情經過向他述說後，他不但不同情我，反而說我是有意把手砍傷逃避勞動。我傷心、心酸的淚水一下子就奪眶而出。

怎麼辦呢？為了生活，我只好硬著頭皮去找傅震垣校長。在去津南村的路上我見到了校長。我含淚向傅校長講述了我所受的冷遇，他和藹地安慰我，並叫我轉告那位管勞動的老師，安排我去養雞場餵雞。在傅校長的精心呵護下，我度過了那個難忘的寒冷冬天。

1961年，我又以優異的成績考入了三中的高中部。高中三年在傅校長的關懷下、各科老師的耐心教育下，我以合格的成績取得了高中文憑。

可我的命運就是這樣的不幸。1964年，高中畢業不能進大學深造，這是我預料中的事。但是，當年我曾接到勞動部門安排去成都省財幹校培訓、結業後到少數民族地區做財貿工作的通知，卻不知什麼原因，我的名額被班上一位女生頂替了。我怎麼也不能理解！我的命運為什麼這樣坎坷？

在升學無門、工作無望的時候，學校正在動員「上山下鄉」，到農村去接受貧下中農再教育。我就向學校提出要到農村去的申請。可是，不知什麼原因，我的班導師硬是不讓我和同學們一起走，他硬性要求我回父母身邊。這不是明擺著讓我當漏網地主的子女接受群眾監督改造、斷送我一輩子的前程嗎？我苦讀12年書學到的知識將付之東流！

在這決定命運的關鍵時刻，我又想到了我的恩師———傅震垣校長。我找到傅校長將我的遭遇向他訴說後，他果斷地表態，農村那個家就不要回去了，就隨同學們一起到農村去吧。在傅校長親自過問下，1964年10月，我終於和其他幾

位同學一起，在學校文傑主任的帶領下，在「紅專樓」前乘解放牌大貨車，走向「上山下鄉」之路。

如果沒有恩師的親切關懷，我的人生之路將魂斷懸崖！

到農村一年半之後，我入了團，被公社團委授予「優秀共青團員」的稱號；下鄉六年後到平溪農中任教。1976年粉碎「四人幫」，1977年恢復高考制度，我的命運得到了轉機。我回到家鄉，在一所縣辦中學代課。任教一年後，縣教育局決定落實知識青年政策，在知青中招收73名教師來充實自然減員。全縣報名人數多達400多人，我憑著當年在三中六年學習的優厚底子被錄取。在中學工作幾年後，我被調到小學擔任校長，曾任過鎮教育委員會副主任，鎮職稱改革領導小組的組長，調動全鎮教師的積極性，教育工作在全縣名列前茅。

如果沒有傅震垣校長的同情理解和鼎力相助，也許我早已成為一個地地道道的農民了。如今我有現在這樣幸福的生活，真的好感激我的恩師———傅震垣校長。這次我們高64級1班同學舉辦了畢業50週年再相聚的活動，我從同學處得知老校長還健在的消息，真是激動萬分。但我這一輩子沒幹出什麼出色的成績向校長彙報，怕見校長。最後，我決定鼓起勇氣去見傅校長。當我見到傅校長時，他還是那麼平易近人、和藹可親，我緊張的心情一下子就放鬆了。傅校長細心地聽我講述。他也講了他的經歷和感受。再次聆聽恩師的教誨，真是受益匪淺。

我也受益匪淺。

平日裡，我感覺傅校長與張伯苓校長、喻傳鑒校長有一種共有的氣質。此刻，我明白，那是一種高貴。手握權力仍飽含悲天憫人之心，面對強勢高壓仍行俠仗義。有人貶低老南開時，說南開是貴族學校，卻不懂貴族精神是人類引以為傲的文明。高貴的氣質來自貴族精神，那就是誠信、道義和使命感。對人的生命的珍惜、對平民尊嚴的敬畏、對自我存在的清醒，是通向高貴的必由之徑，也是避免錯誤的智慧之根。

傅震垣校長在「文革」中也難逃厄運。

1966年8月，學校紅衛兵成立「六七」戰鬥團，後又成立「抗大兵團」及各種名目戰鬥隊。1967年1月，在全國「奪權」狂潮中，學校領導也被「奪權」，造反派搶奪學校印章、電話，衝擊檔案室。傅校長被折磨得很慘，天天戴高帽子遊行。放到農場勞動，住在一間很小的黑屋子裡，除了一床破被子，什麼都沒有。女兒去見到這情形，忍不住哭了。當時有些人經受不住迫害，自殺了。傅校長安慰女兒說：「我不會自殺的，自殺是一種懦弱的表現。」

1968年2月，軍宣隊進駐學校控制局面。1969年9月工宣隊進駐學校，成

立「革委會」，學生回校「復課鬧革命」。1969年1月工宣隊開辦以「清理階級隊伍」為目的的封閉式學習班，把一大批南開的幹部、教師、職員共80多人列為審查對象。1970年5月，一批幹部和群眾在「清隊」和「一打三反」運動中又被隔離和批鬥。

1971年4月，全國教育工作會議的決議提出「兩個估計」：中華人民共和國成立後十七年「毛主席的無產階級教育路線基本上沒有得到貫徹執行」「資產階級專了無產階級的政」；大多數教師的「世界觀基本上是資產階級的」。這兩個「估計」在以後多年成為廣大教師的精神枷鎖。

1971年9月，傅校長被打成「三老會」成員，被送到區學習班隔離審查。這位愛校如家，調到教育局當局長都不去的校長，不僅被批鬥，還被調到外校一年多。什麼「三老會」？誣陷老紅軍、老幹部、老地下黨員「為四川地下黨翻案、顛覆無產階級專政」，為迫害「三老」無中生有捏造出的「反動組織」！

知識分子不得安寧，教育就停滯，培養傑出人才也就希望渺茫。

「文革」中，最積極的是學生，最慘的還是學生，以「革命小將」的身份批鬥自己的老師，又在「文攻武衛」中相互殘殺，「以生命和鮮血捍衛革命路線」。武鬥越演越烈，操持鋼管已經不過癮了，國防工廠的三七炮、高射機槍向著居民區發射和掃射。沙坪壩是武鬥的重災區，沙區公園裡至今還有重疊埋葬的「紅衛兵墓」。1969年2月、3月知識青年下鄉，1969年9月學校復課，新三屆入學，學校班級達到最高峰，包括「超齡生」竟達79個班。學校取消班級以連營建制。

然而，只要學校能給學生開課，只要教師還在，「教育」就在；只要學校的靈魂能生存，人才的成長就有希望。

1972年，恢復高中招生，學制兩年。理科教材改為「三機一泵」、化肥、農藥等，考試改為開卷考試，教學秩序混亂。受武鬥影響，學生中打架鬥毆事件不斷發生。數學教研組的王廉君老師當班導師。看見外校的學生拿著一尺多長的刀衝進教學樓，她毫不猶豫擋在自己的學生前面，不然她的這個學生肯定被殺了。她當時不覺得，事後腳發軟，站都站不穩了！即使是在「文革」武鬥那樣血腥殘酷的年頭，南開的老師仍然把學生看得比自己的生命還重！

在三友路上，我遇到正在散步的沈南江老師。他的學生趙進東，是重慶南開中學1957年迄今畢業的學生中唯一的院士。我很好奇，趙進東是高73級14班的學生，也就是1973年高中畢業的，那不是「文革」時期嗎？「文革」中，學生不讀書不學習，沒有按部就班地升學和工作，學校人滿為患，社會人口負擔過重，疏散人口刻不容緩，知識青年上山下鄉，學業中斷。許多中學生都是「文革」

結束後通過補習，補發的中學畢業證。就算趙進東在南開讀高中恰是「文革」時期的「復課」階段，學的也是「文革」中的課本，很淺，他怎麼就能成才呢？

沈老師已年近八十，鶴髮童顏。他很熱情，坐在路邊的木條椅上，侃侃而談。但是，他直奔主題，說的卻是趙進東的「機遇」。

趙進東初中就是南開中學的學生，1971 年進的南開高中。1971 年屬於「文革」後期，還沒有召開歷史性的十一屆三中全會，但已經在「解放」一些老幹部和知識分子。原本高一年級只有 12 個班，為了落實政策，增加了 13、14、15 這三個班，招收已經落實了政策的人的子女。趙進東的父母是重慶師範大學的生物教師，因為他家的一個親戚有什麼「歷史問題」，也就是中華人民共和國成立前在國民黨政府任職，一家人受到牽連。

知識青年上山下鄉，趙進東的兩個姐姐都下了鄉，趙進東得到三個子女中一個留城的指標，高中畢業後留在重慶但沒有分配工作，在街道辦事處幫忙做點雜事。1978 年恢復高考後，趙進東考上西南師範學院，後又考入武漢大學生物系。出國留學後，在北京大學任教，後擔任北京大學生命學院副院長，兼任武漢水生物研究所副所長。從他的經歷看，落實政策讀南開高中，撥亂反正後恢復高考讀大學、讀研究生，改革開放後出國留學，是他關鍵的三次機遇。他在南開中學時品學兼優，是班上的學藝股長。但是，若沒有這樣的機遇，很難說有這樣的成就。

沈老師無比惋惜，趙進東的大姐姐，也是沈南江老師的學生，那可不是一般的高才生，南開高 66 級全年級的女狀元，但畢業時恰逢爆發「文化大革命」，失去了上大學的機會。她上山下鄉、知青返城、結婚生子、當實驗員，直至退休。趙進東的二姐知青返城時已恢復高考，讀了大學，在重慶師範大學任教授教生物。一家三姐弟，因為機遇不同而命運不同。

沈老師很幽默，他說：「傅老頭兒（傅校長）說我化學教得好，還不知道我班導師也當得好。他讓我到校辦工廠電鍍車間，用化學知識搞生產。電鍍產品 7 角 3 分錢一斤，一年為學校盈利一萬多元，在當時一萬元是很值錢的。那時許多學校都有校辦工廠，是國家政策允許的，主要為著解決學校的經費問題。」

沈老師樂呵呵地告訴我，「其實，我也只當過兩屆班導師，一屆是在初中，一屆高中，也就是趙進東這屆。我在校辦工廠時，高一上期的班導師是代華英老師，也是教化學的」。我熟悉代老師，她曾與我搭檔，教學很受學生歡迎。沈南江老師擔任班導師時，同時上四個班的化學課。那時是沒有超課時費的，班導師還要用自己的休息時間到學生家裡進行家訪。班導師們都很盡責，班上要開班會，主要是樹立理想一類的班會。13 班有個學生叫吳光，相當優秀，支援西藏

建設時犧牲了。吳光是幹部子弟,當時報刊上都報導的。

我的心裡湧動著難以言說的感動。

作為班導師,自己的學生是重慶南開中學這半個多世紀走出的唯一的院士,這是多麼值得驕傲的事情,沈老師感到幸運了嗎?他為學生的幸運而欣慰,為學生的不幸而惋惜。能為學校的發展做貢獻,哪怕是到工廠,也是值得驕傲的!教師團體的光榮,是辛苦奉獻、是心靈啟迪;教育為國家培育的人才,不僅是令人敬羨的院士,還有不能被遺忘的英烈!

一個「傅老頭兒」的戲稱,含有多少深情?那是共度磨難的惺惺相惜,那是不可磨滅的肝膽相照!那「冒」出來的13、14、15班背後,需要多少「傅老頭兒」付出怎樣的勇氣?這深情和勇氣,續寫著南開的詩篇;這深情和勇氣,似縷縷思緒,彌合著歷史的傷痕,就算有「文革」的錯誤,也不能讓「我們這樣的黨」近百年的歷程斷裂。

我漸漸明白,確實需要理解「關鍵」,一代代的南開人以家國情懷付出了太多的艱辛。

2012年,我的《心泉》的上冊《心泉———師生共創幸福教育的成長體驗》由西南師範大學出版社出版。當我手捧著書送給傅校長,感謝他和關工委的老革命們對我和我的書的關心、支持時,傅校長回贈了他的新作———兩篇論文。論文分別刊登在《領導幹部創新社會管理的理論與實踐》和《中國領導管理藝術文庫》上。這是為迎接中共十八大召開,中央黨校、國防大學、人民大學、國家行政學院組成的「中國領導科學研究會」編撰出版的大型文集。傅校長作為資深校長、教育家,他的文章是特約稿。但,畢竟是九十多歲的人了,他會寫些什麼?

《在不斷學習和實踐中創新豐富中國的領導科學》一文中,傅校長談到執政為民、黨對教育的領導要符合辦學規律。

> 要把那種自以為比群眾高明、唯我正確、聽不得半點逆耳之言的主觀主義,轉變為謙虛大度、廣開言路、從善如流的好作風。對群眾的疾苦不能視而不見、麻木不仁,要把對上負責、對黨負責和對群眾負責統一起來。不要輕易否定群眾中的原始首創,只有集中了群眾的智慧才能成為領導。領導只有善於學習、善於總結,而又能身體力行,並切實在轉變自己立場、觀點、思想和作風上狠下功夫,才能更好地實現執政為民。
>
> 教育這塊陣地必須絕對置於黨的領導之下,在國內外敵對勢力還千方百計地企圖分化、破壞、瓦解我們國家的時候,尤其應如此。黨要指揮槍,黨也要領導教育,這一文一武,關係著中國的命運,但不能把學校變成一座大兵營,學校有

學校工作的規律。

辦教育需要和黨外人士合作，社會力量辦學不能不要。教育，靠下命令、靠少數黨員的個人努力，是永遠辦不到、也永遠不可以的。要領導和團結黨內外廣大教師。教育要古為今用，還要借鑒國外辦教育的成功經驗。

一個國家的面貌如何，好的一面和不好的一面都可以從它的教育找到根源。國家的強盛、社會的發展都要靠教育。培養創造性人才，是當今世界激烈競爭中能否取得主動權的關鍵。當務之急，是把優秀幹部輸送到教育戰線，讓教育工作者在人們心中享有崇高的地位。一位德高望重、專業上有所建樹和貢獻、辦學有方、知名度很高的校長，對辦好一所學校十分重要。對於這個立國之本的根本性問題，豈能等閒視之！

思之拳拳，從歷史的經驗、教訓和個人的血汗體驗中得出的肺腑之言，何等精闢！

傅校長告訴我，1956 年，重慶南開中學原準備 20 週年校慶，卻因為洗的相片裡有國民黨的黨徽，被派出所「抓住把柄」。風聲鶴唳，趕緊偃旗息鼓，以後的形勢就更難說了，不能提「老南開」。張伯苓的教育思想和辦學實踐，是很寶貴的財富。當我們珍視和繼承張伯苓、喻傳鑒先生辦學思想和優良傳統時，也不能否定「三中」的成績。對教育失去信心，沒有好處！

傅校長語重心長地說：「不論哪個階段的學校教育，只要學校還在上課，全盤否定都是片面的、有害的。發展的過程難免會出現偏差和錯誤。但是，尤其需要警惕極左和極右，極左和極右都是違背黨的宗旨的，尤其是搞運動，對國家、對群眾造成的傷害，是無法彌補的。我們不斷地改正錯誤、糾正偏差，很多經驗和教訓是極其寶貴的。」

傅校長告訴我，在政治運動的衝擊下，教學在學校教育中的地位也反覆出現偏差，影響學生的全面發展。解放初期嚴肅的政治運動中，學校忽視教學，經常任意停課，為了改正這種狀況，上級提出了「教學是壓倒一切的中心」的口號，把學校的政治運動熱控制了下來，認真抓了教學。但同時又出現新的偏差，連政治課也取消了。1957 年毛澤東提出了「我們的教育方針，應該使受教育者在德育、智育、體育幾方面都得到發展，成為有社會主義覺悟的有文化的勞動者」，「教學是壓倒一切的中心」的口號受到批判。

當時國際上出現了匈牙利事件，國內發生了反右鬥爭。接著的是大躍進、教育革命、大煉鋼鐵的一系列運動，為了打開「教育與生產勞動相結合」的局面，一哄而上地大辦校辦工廠、校辦農場。一段時間內，用生產勞動代替課堂教學，

以致教學質量嚴重下降。於是，1959年下期，全國對各省市、自治區高中畢業生升入高一級學校的升學率進行了排隊。自上而下層層排隊，形成爭奪升學率大戰的強大壓力。四川省為扭轉升學率低的狀況，提出了「保高三，為四川九千萬父老恢復名譽」的號召，省際間、校際間爭奪升學率的名次，攀比白熱化。教師通宵達旦工作，批改試卷到深夜，有時疲倦到極點，鋼筆戳破了試卷，會被認為幹勁不足而受到批判。高三年級的學生，吃飯、睡覺、走路、上廁所都得不到休息，無論走到哪裡，都被學習的大字報所包圍。甚至，進出教室門都失去自由，出門要背一個生字，進門要回答一個公式。

　　我一直以為，只有現在才是「應試教育」越演越烈，其實，過去的聲勢浩大有過之而無不及。反復偏差、不斷糾正，按照上級要求辦學，校長當得實在是太辛苦。

　　1961年批判了片面追求升學率，之後提出了《全日制工作五十條》。1961年到1963年這幾年，注意以教學為中心，又堅持思想教育和勞動教育，出現了德智體相互促進較為和諧發展的局面。

　　儘管處於困難時期，學校舉辦的全校運動會卻是盛況空前；數學、英語競賽，作文、查字典、朗誦比賽也紅紅火火。還有一項發揚南開精神的好創造———大班帶小班，高中學生給初中對應班小同學講南開的歷史、校長和老師，講南開的驕傲和遺憾，講南開學子的責任和抱負。

　　不斷地糾偏，反映國家對教育的重視，表達的是教育工作者、教師對教育進入正軌的企盼。南開的教師有一種傳統———打鐘上課，不管運動也好，個人冤屈也好，只要上課信號一響就進教室，只要面對學生，就要認真教學、用心育人。教師的職業操守，維繫著教育。

　　我知道南開的「三中」時期是全國的「百面紅旗」，但我不知道傅校長代表學校出席了全國群英會和國慶十週年觀禮。這些他都沒提及過。在他的工作業績裡，能在他的語氣裡感受到欣慰的，竟然是災荒年的「生產自救」，種菜、種糧、養牛、餵魚。

　　餓得心慌，書照樣教，課還在上。侯老師告訴我，那時照樣「保高三」，晚上還要集體備課、改考卷。學校開荒種地，食堂送來煮胡豆，一人一小盤，一位老教師把自己的一份讓給侯老師，還說：「小侯年輕，正是長身體的時候。」幾十年過去了，侯老師提起這事，還是顯得激動而哽咽。沒經過飢荒的人無法理解那一個「讓」字是多麼不容易！南開的教師，即使是在那樣的歲月，仍是心裡裝著事業和他人，為人師表！！侯老師問我：「那時學校開荒種菜，是功還是過？」

我眨眨眼睛，美麗的校園連操場邊都種莊稼，還不是罪過？哦？———那是救命啊！為了糾錯，還要冒著「犯錯誤」的風險！！

傅校長不是為了糾錯而糾錯，他心裡裝著人！嬰兒和懷孕的女教職工每天有半磅牛奶，在當年那可是堪稱「高幹待遇」，對孩子的一生有多重要啊！幾十年後，當年的孩子及父母還感慨萬千。人們不會忘記他，南開不會忘記他。

2014年8月14日，傅校長逝世，享年96歲。我淚流滿面，我還有那麼多問題要和您探討，您怎麼就走了？！

「篤篤，篤篤」，一陣急切的敲門聲，打開家門，是左老師。這位當年能幹的教研組長，因病一腿截肢，還是那麼樂觀。她年近八十，平日裡不僅生活自理，還要做家務。她拄著雙拐，送來退休老教師周老師整理的傅震垣校長的生平。「傅校長是好人，很不簡單。我們不能讓『傅老頭兒』就這樣走了。現在的人們，最需要瞭解和記住這樣的人！」我心裡一熱，南開的退休老師，想的就是不一樣！

傅震垣校長是湖北麻城人。他自幼隨姑母生活，姑母傅淑華是中共黨員。1938年，19歲的傅震垣為抗日救國，滿懷愛國熱忱，從湖北奔赴陝西，參加中國共產黨舉辦的戰時青年幹部學校「安吳青訓班」學習，同年參加中華民族解放先鋒隊，從此追隨革命。1948年，傅震垣同志在重慶歌樂山保育院任教師，並加入中國共產黨，走上革命工作職位。

在老革命中，傅震垣同志是典型的知識分子。他先後在湖南大學工學院、浙江大學農學院各肄業一年，1946年畢業於武漢大學經濟系，取得學士學位。1949年2月赴武漢，在中國人民解放軍鄂豫軍區第三軍分區武漢城市工作部工作，撰寫宣傳共產黨方針政策的文章，特別是對待起義人員和城市接管後各類人員的政策，寫好後秘密油印散發。武漢解放後，傅震垣同志負責查閱整理國民黨撤退時未帶走的各類資料，然後交給軍管會。

1949年9月，傅震垣同志參加中國人民解放軍鄂豫軍區第二野戰軍西南服務團，隨第二野戰軍輾轉入川，抵達解放後的重慶，在川東行署文教廳工作。傅震垣同志申請到基層，由重慶市文教局分配到川東師範學校任校務委員兼政治課教師，隨後又到工農幹部文化補習學校任教師和校務委員。1951年傅震垣同志任南岸文德女中(現十一中)校長，1952年任重慶市第一中學副校長，1953年任重慶市第三中學(南開中學)副校長、1966年至1984年6月任校長。其間，「文革」中受到衝擊，一度離開學校領導職位，1972年4月至1973年11月調到重慶七中任校長。傅震垣同志當選為重慶市教育學會會長、哲學社會科學聯合會常務理事。1988年離休，被重慶市委任命為重慶市教育局顧問，被四川省委省府

特聘其為省科學技術顧問團顧問。

看著這樣的簡歷，就像閱讀富有傳奇色彩的小說，一位深明大義的愛國青年，成為信仰堅定的共產黨人；一名甘願獻身教育的普通教師，成為卓有建樹的人民教育家。

在殯儀館禮堂，擺放著市級領導、黨政工團、友好學校、南開校友敬獻的花圈和輓聯。鮮紅的黨旗覆蓋著傅校長，他顯得很清瘦。極為儉樸的追悼會上，滿頭銀髮的蔣元蓉老師代表南開教職員工發言，樁樁件件都是實情，句句都是心裡話。

我們懷著無限悲痛的心情，送別我們崇敬的老校長傅震垣同志。在他走了的這段時間，不少與他同時代工作的教職工，都在追述、回憶為辦好重慶三中與他同甘共苦、努力奮鬥的那段難忘歲月。

老校長是一位學者型領導，他一生勤於學習、善於思考，對學校管理、教育理念以及教學方法都有深入的研究，並用發表文章的形式予以闡述，這對學校教育、教學工作具有現實和長遠的指導作用。

老校長又是一位實幹精神極強的事業型領導。他犧牲了許多星期天和節假日，一心撲在工作中。為了提高教學質量，他親自和各班班導師、任課教師一起根據學生的學習成績，按人頭分科找出知識缺漏，實行面對面的講解和輔導。為了改善學校的學習環境，在校內種了許多黃桷樹、竹子、法國梧桐及花草，使學生在一個良好的環境中學習。

他要求學生德智體美勞全面發展。在德育方面強調對學生進行愛國主義教育，使學生具備艱苦奮鬥、勤儉節約、吃苦耐勞的美德。不僅在學校組織學生參加體力勞動，還組織學生到農村去和農民同甘共苦，體驗勞動的艱辛。為了增強學生的素質，還開展豐富多彩的康樂體育活動，使南開中學在歌舞、器樂、曲藝、田徑、籃球、排球、足球、棒球等項目中取得了優異的成績，也為國家輸送了人才。為了培養學生創造性思維，提高科技知識水準，他主導學校成立了航模組、航海組、氣象站、養殖組等。通過這些活動的開展，有力地促進了學生全面健康的發展，為他們成為棟梁之才打下了基礎。

傅校長全面貫徹共產黨的教育方針，團結和引導全校師生艱苦奮鬥、繼往開來。從五十年代起使重慶三中繼承了南開的優良傳統，成為全市的名校，傅校長也被譽為重慶市四大名校長之一。1960 年，全國在各行各業中選拔一百個「百面紅旗」，重慶三中是重慶市唯一的一個代表單位，傅校長代表學校去北京出席會議。

老校長的高尚情操，嚴於律己、清正廉潔、不貪不佔的高貴品格，讓全校教職工稱贊不已，是大家敬重、愛戴的楷模。困難時期，他得了嚴重的浮腫病，還在堅持工作，病後身體十分虛弱，食堂為他送去米和麵，他堅持不收，全部退回。他要求自己十分嚴格，卻心中裝著全校師生員工。困難時期學校辦起了農場，養了奶牛，牛奶無償供給病號和嬰幼兒，還建了養豬場、養魚場。豬肉、魚肉用來改善學生的伙食，每年還給每個教職工分發豬肉和魚，校辦農場還大量種植蔬菜，對教師和學生的照顧無微不至。

　　傅校長的一生是忠誠教育事業的一生，是無私奉獻的一生，是高風亮節的一生，是面對挫折傷害能夠堅定信念、戰勝屈辱的一生。我們懷念他、敬重他、愛戴他，他永遠活在我們心中。

　　正值暑假，南開校園一片寧靜。我含著淚，把一朵小白花系在辦公樓旁的常青樹深處，寄託那麼多南開學子對校長的懷念，緬懷這位為國家民族思之拳拳、為教育忘我奮鬥一生的人民教育家。

　　古希臘的聖賢伯里克利說過：「我們既關心個人事務，又關心國家大事……那些深知戰爭的災患和和平的甜美，因而能臨危不懼的人，才稱得上具有最偉大的靈魂。」

（四）真假博弈，決定前途命運

1. 一張時間表，真假分水嶺

　　「老南開」功績斐然，靠什麼？全靠著一個「真」！

　　老南開最具特色的，是「三點半，到操場」———下午下課後，學生參加體育鍛鍊和社團活動，教學樓的教室都關門上鎖。世上有多少學校有這樣的氣魄？這是南開的「大德」———對學生有益一生！為國家育人才！！為民族強人種！！！學生在這裡提高的是強健身心、敬業樂群的能力，領會到的是言行一致的正直：教育原則沒有空的，課表沒有假的，活動沒有敷衍的，要做就做實事，要幹就全心全意幹得漂亮！一張課程時間表，就是真假「育人」的分水嶺！

　　南開的教育，有明確的教育宗旨，首先是培育人———體魄強健、樂思自律、善於學習、陶冶情操、勤勞簡樸、敬業樂群、堅持實踐、勇於創新的人。這樣的人，才能活出中國人的樣！中國需要數以億計這樣的人！

　　明確的教育宗旨，以科學的方法，獨特的方式，實施於七項訓練：鍛鍊強健體格，陶融公民道德，培育民族文化，充實生活智慧，培植科學基礎，養成勞動習慣，啟發藝術興趣。南開的德、智、體、美、勞、群相互滲透，而這一切，都

落實在實踐上。真實生動地寓於學生生活中。

南開的學生抱著求學成才的誠意而來，南開朝氣蓬勃、豐富多彩的學生生活，像磁鐵一樣吸引著他們，像陽光一樣驅散了戰亂的陰霾，像春風細雨潤澤著心靈的成長。

南開的「德」，不僅指引學生關心國事、天下事，立志抗日救亡、愛國報國，而且以中國的傳統文化、民族美德感召薰陶學生學會做人。這樣的德育，就在學生身邊。

南開校歌的歌詞「美哉大仁，智勇真純，以鑄以陶，文質彬彬」，大仁者，仁者愛人，愛親人，愛朋友，愛可憐之人，愛百姓，愛國家和民族。

南開學子極為尊師重教。老師告訴學生，儒學者學的是大學之道，即君子之修己之學也。這包含兩個方面，一為修身，二為養性。養性即大仁之性，修身者要以儒家的道德規範為準，事事處處不忘學習和反省，「文質彬彬」就是其內容之一。人並非生下來就懂得做人的道理，所以必須學習。孟子講了四條，「無惻隱之心非人也，無羞惡之心非人也，無辭讓之心非人也，無是非之心非人也」，而「惻隱之心，仁之端也」。這些經典之言，就是學生向老師請教時銘記於心的。愛心、真誠，是南開師生最珍貴的品性。

在南開，設立著一面整容鏡，鏡子上鐫刻著嚴範孫先生提寫的「容止格言」。南開的師生即使在敵機騷擾躲警報的歲月，也保持衣著整潔、儀表端莊、心態平和，走在街上，一看就知道是南開人。有的老校友就是靠著這樣的標識在多年後相認的。

南開的「智」，是讓人受益終生的學習興趣、學習能力、勤奮好學的習慣、嚴謹的科學態度、獨立思考和不斷創新的精神。極為可貴的是，高質量的教學，不佔用學生的自習時間、課餘時間，確保學生有時間內化知識、獨立鑽研，使學生始終保持著對學習的由衷熱愛，並且能在課後多方面地發展自己。每天只上6節課，課餘時間全由學生支配，晚自習僅2小時，9點半熄燈，不准開夜車，而考大學有絕對的把握，升學率高達98%~100%，有的學生同時被幾所著名大學錄取。進大學後更突顯基礎紮實和善於研究的優勢。把學生的時間還給學生，培養起學生的主動性，也為教師的鑽研贏得時間和精力。

南開的「體」，既是「強國必先強種，強種必先強身」的愛國行為，又是興趣盎然的團體生活，還是身心愉悅的個人愛好。做操、武術、籃球、足球，比賽、校運會，室內、室外、風雨操場，龍騰虎躍。南開學生到退休年齡、年過七旬甚至八九十歲高齡還能堅持工作的，大有人在。

南開的「美」，是文學的、藝術的、生活的、精神的。文藝、體育、科技等課外組織不計其數。學生期刊、壁報、作文、演講、學藝比賽，紅紅火火；學生與教師的合唱團、話劇團，創作排練演出，精彩紛呈。

　　南開的「勞」，是「光榮的、勇敢的事業」，反對輕視勞動，杜絕「有勞動，無教育」。要求學生艱苦樸素，不管平民子弟還是達官貴人的子女，一律穿校服。

　　南開的「群」，「提倡團體，注意公共生活，使學生均能服從紀律，遵守秩序及愛護團體」；「提倡自由活動，鼓勵開闢經驗，藉以養成獨立負責，奮發有為之精神」，體現在課堂、寢室、社團活動等方方面面。學校給予各種支持協助，鼓勵學生自由組合各種社團，自辦各種比賽，提供場地器具，並有教師指導。

　　演戲劇寓教於樂，成為學生自我教育、提高能力的實踐活動。南開的學生們熱愛戲劇生活，在晨風中背台詞，在餘暉中練表演，字音要咬准，情感要投入，捧著心演戲，瞭解社會各種角色。從燈光佈景、道具服裝、化妝、舞臺監督，到宣傳、票務，甚至編劇、導演，全由學生擔任。有學生把吃剩的饅頭扔在地上，也被編成話劇進行幫助教育。不僅班組、年級、學校有演出，南開還對外公演，學生屆屆高考前都愉快地進行畢業公演。不僅演話劇，還演京劇、昆劇等。演出昆劇《十五貫》，被報刊評價「一場演出救了一個劇種」。京劇《西施》場場爆滿。多幕的大型劇目有《雷雨》《娜拉》《日出》《北京人》《霧重慶》等多達數百出。在國民黨統治的陪都重慶，排練公演延安根據地的秧歌舞和陝北道情，在沙坪壩文化區引起轟動。學生劇社還到北碚農村、川北鐵路礦區進行抗日宣傳的演出。

　　人文底蘊，學脈淵源，愛國愛群的情懷，為公為民的價值取向，構築了南開校園文化，積澱成為貫穿南開百年歷史、賦予南開長久創造力的南開精神，啟迪陶冶了數以萬計的南開人。南開的教育使人終身受益，南開學生都對學校懷有深深的感激之情。

　　抱誠守真的學生生活、大氣恢宏的校園文化，是促進人的成長、培育傑出人才基礎素質的關鍵。

2. 尋求共識，教育求真

　　在四川雅安至西昌的崇山峻嶺中，有一條「雲端上的公路」，這是美麗雄奇的中國逆天工程———雅西高速。它全長244公里，全程高海拔，從四川盆地邊緣向橫斷山區高地爬升，沿南絲綢之路，穿越中國大西南地質災害頻發的深山峽谷地區，跨越青衣江、大渡河、安寧河等水系和12條地震斷裂帶。它選取的路段都盡量不破壞生態環境，設計美感也很是醉人。穿過橋梁270座，其中特大橋

23座，宛如在半空中穿越人間仙境；穿過隧道25座，其中特長隧道2座，長隧道16座，彷彿穿越時光隧道，讓幾小時的路程縮短到以分鐘計算。隧道的設計也是採用不會影響山體的螺旋隧道，其中的大相嶺泥巴山隧道施工難度之大，堪稱人類歷史之最。

雅西高速是中國自主研發的十大高新技術建設工程之一，十大項目還包括南水北調工程、亞洲最大深海油氣處理平臺等工程。國外媒體根據世界銀行的一份報告，推算出中國成為世界第一大經濟實體，我們對此並不一定當真，但國外論壇上對十大高新技術建設工程的評論，我們卻不能不聽。「即便是十年前，我訪問中國時，就已經對他們的發達基礎設施感到敬畏了。如今，他們發達的基礎設施已經延伸到了三線城市和農村地區。」「這些偉大的工程壯舉是中國製造業和創新工程能力的象徵。不過你仍然能發現有些傻瓜指責中國人只會抄襲。這些成就給了那些傻瓜一記耳光。」

雅西高速工程耗時5年，有多少科技人員、工程師、工人為此付出心血和汗水！行駛在這條天界神路，人們會對他們的智慧讚不絕口。但是，由此聯想到他們背後的中國教育而肅然起敬、聯想到為他們的成長付出艱辛的教師而心懷敬意，這有可能嗎？！

中國日益強大，國際地位日益提高，在這樣令人歡欣鼓舞的大局下，為什麼研究起「錢學森之問」，竟是這樣的眾說紛紜、格外困惑，甚至有「大師遠去，再無大師」的萬般無奈，揪心痛楚？

比起經濟發展，教育更難。十年樹木，教育是「百年樹人」，三十年一代人，要想解決中國目前世界一流人才短缺和公民整體素質亟待提升的問題，在有利教育的條件下，需要三代人。下定決心百年樹人，才能找准問題，樹立信心，創造條件。

僅就教育中的學校教育、學校教育中僅就課堂教學質量和影響力，舉一個淺顯而實在的例子。我算是改革開放、恢復高考後的第一代。「文革」時我初中沒畢業，連三角函數、立體幾何都沒學過。在重慶師範大學數學系學習專業課程之前，我用一個月的時間，不分白天黑夜，自學完「文革」前的高中數學課本，做完每一道例題、習題。那是用珍惜科學的春天、追回失去的十年的勁頭在學習。數學考試名列前茅，甚至有滿分，那是熱愛和鑽研的客觀反映。同樣是在大學考試，高燒40度，物理仍得了滿分，但那卻是不折不扣的「應試」的結果，考完就丟完。同樣的「優秀成績」大相徑庭，只看分數，是無法判斷育人效果，甚至不能判斷學業水準的。

我把自己的自學體驗和鑽研學習國內外教育理論與經驗的體會，用在數學教學教改中。我特意找到人教社出版的英語版高中數學教材，終因才疏學淺、任務繁重未能實踐，但也可見我對學生的將來用心良苦。

對教育的希望和信心，建立在教師和學生的共同努力上，建立在相對客觀的評價上。在我的「最沒有資優生」，也就是沒有聞名全校、全市的資優生的這個班，有兩個學生的「數學」很說明問題。

周吟冰高二後赴澳大利亞，沒上培訓學校，高中學習一年，直接考入墨爾本大學。回來看我，她微笑著遞給我一張「大圖」———數學競賽獲獎獎狀。而她在我班上屬於偏好文學的，理想是從事中美文化交流。周吟冰說，外國數學老師教得跟韋老師一樣好，重視數學思維，嚴謹且生動有趣。而她的這位高中數學老師是全校首屈一指的，後來當了校長。

冼軒是班上的資優，比那些「聞名的資優生」更酷愛數學。酷愛，是難得的潛質和水準，是深入鑽研的動力。高中三年，我倆用心保護「酷愛」，相當默契。高考時，他認定了復旦大學數學系。由於當年數學系沒在重慶招生，他的第一志願是化學專業。但他還是最愛數學，一年後通過考試轉到數學專業。他父母是工人，在獲得碩士學位後，懷著不捨與一絲遺憾，他沒有繼續深造，決定當教師。多所名校搶著要他。在南開試講，只讓他講了十幾分鐘，他以為沒戲了，結果是「基礎知識太紮實了，邏輯清晰，表達準確」，通過了，哈哈！第一學期教學，他就受到學生歡迎，20多個班中，他的教學班學生成績名列前茅。

冼軒算是恢復高考後的第二代。他的數學思維和知識綜合能力肯定強於我。假如他的家國情懷，教育視野，教學研究，育人的觀念、方法和落實程度也能甚於我，那麼，在他的三十年教師生涯中，一定會感染和影響學生，一定會有酷愛數學甚於他的好苗子。假如苗子的後繼成長機遇和自我修煉甚於冼軒，家國情懷和視野胸懷甚於我倆，那麼苗子可望成為數學思維與綜合能力超強的頂尖人才。

但是，假如冼軒沒有堅持教育理想的堅定信念和韌性，他只能為教學取得好成績而疲於奔命，被各種壓力捲入漩渦而沈寂。或者，冼軒很頑強，但卻沒有必要的環境和社會條件使他能夠堅持，假如誠信缺失、說套話講空話、學術造假等令人深惡痛絕的現象不能根治，假如只重分數、學生們從小就被埋在作業堆裡，假如家庭、學校、社會教育相抵觸，再過十年、二十年、三十年，會是什麼樣子？那麼，最有希望的這一百年就成了泡影，下一個百年呢？就更難了！比出不了頂尖人才更可怕的是「育人」難，學生難成「才」，甚至難成「人」，國民整體素質還會滑坡，社會上道德失卻底線的現象比比皆是。因此，有識之士稱「中國教育已經到了最危險的時候」。

在社會民眾對中國當今教育心急火燎、眾說紛紜，教育機關煞費苦心、不斷出臺解決方案，各界精英為教育憂心忡忡、怒斥沈痾之時，作為教育體系中最最重要一環的教育一線教師的聲音，卻幾乎完全聽不到。這不奇怪嗎？

　　我讀中師的地方，是一個優美的小鎮，有一所歷史悠久的鎮中學。因為教學質量突出，泰極否來，有經驗的教師被調到縣裡的學校，有潛力的學生被挖走。1997 年，我回到小鎮，聽說這所完全高中高考沒有 1 人上線，而這年我班上的 56 個學生高考，只有 1 人沒上線。當人們用分數評價學校、教師和學生時，其實連成績也看不懂！不看前因後果，缺乏科學評價，像無數只推手，使學校教育進一步偏離了希望的軌道。社會不良輿論使學生和家長失去對學校的信任，這所鎮中學將在怎樣的壓力中生存？鎮中學尚且如此，農村學校可想而知。最難的，應是教師；最受損失的，還是學生。最痛恨只以分數評價學生、評論教育的，應是教師和學生！

　　在城市裡的某名校，學生們趨之若鶩，擠都擠不進來，但學校卻有教學樓空置———沒有招生指標！對教育資源的配備，教師們有發言權嗎？

　　在名校的四周，林立幾十所「培訓學校」，辦得風生水起。諸多因素，包括「減負」，把學生的時間、家長的金錢「撿」了進去；而「培訓」的，是學生在校學習的內容。這裡引出了若干問題：怎樣才能真正減負、靠誰來減負？真正的培訓，是終身學習必不可少的，培訓學校終歸要進入正軌，那麼，該讓什麼人去培訓呢？假若社會民營辦教育，師資從何而來？公辦學校裡的教師，教育教學質量口碑不好的，就算公辦學校派去「支教」，民營學校也不會要！一旦民營學校選中了的教師，一定會受到珍視，並且有教育、教學的主動權，誰不知道，教師決定教育的質量！是誰不知道呢？……

　　一位年輕的母親，把孩子送到幼兒園，看著哭哭啼啼的孩子們，面對老師佈置的親子互動「作業」，對幼兒園的老師諸多不滿。一周過去了，年輕的母親深深感嘆：我們一家人圍著一個孩子轉，都筋疲力盡；一個班 30 個孩子，僅有 3 名教師，才幾天工夫就能有這樣大的變化，真不容易啊！30：3，就是中國幼兒園正常的師生比例。這 3 名教師，不過是幼師畢業的年輕女孩，若是在讀書或從事其他職業，說不定還在父母面前撒嬌呢！

　　中國的教師承受著繁重的工作量和超負荷的心理壓力。

　　面對繁重的工作量，老師們吭聲了嗎？中國的國情，只能是大班教學。這在傾心羨慕外國教育的人看來，是短板；而中國的教師們把它變成了特長。一個構建有素的班團體，是學會生活的大家庭、學會民主的小社會、學會創造的用武之

地。而精心構建，需要班導師付出怎樣的心血，才能讓學生真正成為班團體的建設者和享有者？為什麼有的班能夠高考時全班學生打翻身仗，秘訣是什麼？掙脫分數束縛，培育人文素質，共同奮鬥，互相幫助，人人進步，且資優更尖！這已經不是班導師的能耐，而是教師團體、班團體的優勢！

然而，好不容易建設的班團體，高二要文理分班，只得重新組建。更有甚者，有的學校以考試成績「滾動式」編班，這無異於「強拆」。這種編班方式，就可能使學生進了大學後連同學會都聚不起來。為什麼？沒有同學情誼！令人遺憾的是，有的學校靠著真心依靠教師，使得學校教育質量突飛猛進，贏得了社會的信任，卻把功勞歸於「滾動式」編班，令效仿者未得真經，卻誤食苦果。

教師，每天都在面對學生、面對家長、面對社會，對目前教育體系的種種問題感受最深刻、認識最清楚。教育體制改革的每一條措施，都關係著具體教育實踐及其效果。教師群體缺席教育政策的決策和措施的制訂，其成因姑且不論；社會輿論對教育、對教師的評價和認識，與整天在一線忙碌的教師艱辛付出的真實生存狀態的巨大差距，其客觀的影響是極其險惡的。不少學生和家長對教育抱著厭惡的情緒，甚至個別學生和家長以「要挾」對付教師。班導師工作，必須首先考慮學生安全，考慮自己這個教師怎麼才能當得下去！中國的教師超負荷的心理壓力，已經接近無法正常工作的危險邊緣！

教師，不能沒有職業神聖感。學生，不能失去對學校、對教師的信任。在教育最關鍵的時刻，真誠地相信和依靠教師，對學生充滿信心，中國的教育才能真正成為最有希望的教育！

從這個角度講，思想解放，是高層理論界對中國、對人類的劃時代的貢獻，是平民百姓豐衣足食、茶餘飯後的暢所欲言。教育界呢？教育需要的思想解放，並未如春風潛入夜般自然來臨。人們眼中的學校教育，基本上還是以大報為準繩，以課本為依據，謹小慎微而又爐火純青地說著套話，漫不經心而又心有不甘地戲說軼聞，紅紅火火而又筋疲力盡地追求「辦學質量」。人們還心有餘悸，恪守著「言多必失」，牢記著中國的古訓！就算「學而不思則罔」，也比飛來橫禍、魂不附體強啊！許多人從童年時候起就養成了學而不思的習慣。習慣成自然，不知道內傷之痛的人，也會延續這種「自然」。

時至今日，上述想法，即使想一想而已，也仍是危險的，連親人也不能告之，否則親人會擔驚受怕，會強烈勸阻，何止是不准形成文字，想都不能這樣想！誰敢這樣想，一定會被人誤認為家裡出過右派，並且心懷不滿，而不是在探討「錢學森之問」！對中央文件、對大好的形勢、對國家統一出版的教材，居然還有自己的想法，一定會被人當作小辮子捏在手心，一旦不如自己的意時就拽上一把，

毫無疑問！那些不准別人有想法的人，惡人只是少數，大多數人保持沈默，正是社會災難中最大的悲哀。沒有許多人的思考和奮爭，哪來這樣劃時代的文件？對今天的社會有一點思考，不正是熱愛和信任？難道有思考，社會就不穩定了？假如對一篇文章、一個問題，想法都不能有，這樣的教師，怎麼能培養有獨立思想的學生？（圖17）

教師的活力和創造性在苦苦掙扎中損耗，該講又想講的，不敢或不便講；想做又該做的，困難重重。學生很難有時代的責任感和緊迫感，更多的是升學就業的壓力和人際交往的重負，在「真」與「假」中難以角逐。

捫心自問，辦教育的條件，何時有現在好？我們需要一套好制度，需要一身硬本事，更需要的是那份赤誠，那般求真，那樣的勇氣！有多少到國外考察教育的，能像嚴範孫先生那樣令人潸然淚下？有多少學子，有多少教師，能像民國時的大師那樣忘我求學、傾心從教，為學術、為真理不屈不撓地昂起高貴的頭？

尋求共識，教育求真，從自身做起。

普通的教師，要有點獨立的思想，須得有思想的自由，無殺頭坐牢之懼，無失業餓飯之愁，無失去尊嚴之憂。然而，當我們能夠無慮、無愁、無憂之時，卻沒有自我覺醒，誰又能代替自己獨立思考？沒有肝膽相照，誠信怎能從天而降？沒有說真話、做實事的勇氣，教育就會騰飛？難道，在這發展教育的千載難逢的機遇，還要讓教育失去本色？

教育是什麼？教育是一種社會性的交互行為，離不開高度信任之下的言傳和身教。陶行知說：「真教育是心心相印的活動，唯獨從心裡發出來，才能打動心靈的深處。」「教師的職務是『千教萬教，教人求真』；學生的職務是『千學萬學，學做真人』。」真實的教育，才能豎起中國的脊樑！

圖17 「小辮子」被捏住了

愛「人」，是愛國的靈魂

歷史，不僅是已經成為歷史的人書寫的，今天，就是明天的回憶。當代人怎麼看待歷史和現狀，就是後代人眼中的今天的歷史。真誠的自我教育，讓真實的歷史成為教育騰飛的平臺。

闊別三十多年後，我第一次參加了初中的同學會。同學們已經有過好幾次聚會，對我格外熱情，我和大家一一握手，幾乎叫出了所有同學的姓名，每一次相認，都引起一陣陣開懷大笑。大家興致極高地一起合影留念，我主動參加多種組合，也留意邀請同學，不讓任何人受到冷落。我已察覺到當年有點過「左」的個別同學微微有些尷尬。我既然來，就是已經把過去拋在了腦後，我打定主意善待每一位同學，絕不舊事重提。

全體留影時，有人說「可惜當年沒有照全班畢業相」。冼智說：「準備照團體相的時候，有人說『紅五類站一邊，黑五類站一邊』，我趕緊走了。」李琦說：「我們這些『不紅不黑的』不知道站哪裡，大家不歡而散。」冼智曾是我的鄰居，「文革」前，她的父親右派摘帽多年後才回家，那天，她讓我陪著去找老師。雖然團委溫老師寬慰她說「已經沒有問題了」，可我還是感覺她沒有一絲驚喜，而是滿懷著對陌生人的深深的恐懼。

我和安美坐在一塊，我們久久地手拉著手。她爸是老工人，「文革」時我到她家跟她媽媽學十字繡，她一家人待我就像我家沒出事一樣。下鄉當知青時，她的生產隊就在公社邊，我父親被打成反革命判刑二十年的告示就貼在公社的大門上，而我每次趕場都是到她那裡落腳，連她生產隊的人見了我都會說：「安美，快煮飯，你的這個同學來了。」不是誰來都會有飯吃，只有我。每次我倆都有說有笑，但從來沒提起過我的父親。這一次，她對我說：「我爸早就給我說過，你爸是個老醫生，好人，被冤枉的。」她不無歉意地說：「幾次同學會，你們幾個（指當時家庭出身不好的）沒有來，我們大家心裡都很難過，都說是因為把你們傷害得太深了。」她就是這樣一個善良寧靜的人，從來不以我的恩人自居，她以最自然的方式驅散黑暗，隨時給人帶來光明和溫暖。

大家有太多的話要說，索性把幾張桌子拼成一個大會議桌，大家圍坐在一起，嗑著瓜子，談著趣事，笑聲一片。我的「鐵哥們」光敏還是那樣爽朗，一個普通的工人，把兒子培養成研究生，其間的艱辛，從她口裡說出來，都變成了相聲段子。到北京去了那麼多年，還是時不時地溜出重慶特有的口頭禪，逗得大家哈哈大笑。

忽然，光敏站起來，在大會議桌的對面，對著我，大聲地喊道：「我今天，有幾句話，要當著大家說，這麼多年，把老子快憋死了！」大家又是一陣狂笑。只見她從未有過的嚴肅，一字一句地說：「韋新聖，我對不起你，我龜兒不是個人！」我們全都愣住了，一下子靜了下來。她帶著從未有過的哭音說：「廠裡的人，我的那些好朋友，哪個不罵我缺德，和你那麼要好，還去抄你的家。真是沒有良心啊，什麼東西都拿，洗碗的肥皂，吃飯的筷子。你媽媽說：『可不可以給我留一條褲子，我只有身上穿的一條，沒有換洗的，怎麼去上班呢？』我龜兒還要去彙報了，才給你媽媽留了條褲子。」

我心裡一緊，我與家人一直忌諱提起「文革」的事，褲子的事我不知道，確實也太過分了。見她那麼難受，我來不及細想，趕緊說：「那是搞運動，哪能怪你呢？」

「開始我也是這麼想的。我那些朋友說，你不可以裝病不去嗎？是啊，我不僅沒有想過找藉口不去，還比誰都積極，上躥下跳。這麼多年，我們還是好朋友，我龜兒居然從來沒有想到這是做了對不起你的事，我的家、你的家，誰的家可以這樣亂翻？我……」

突然，坐在我身邊的傅鈺站了起來，打斷了她的話，「過去的事」，她揮動著手臂，發出震耳的聲音：「過去的事情，就讓它過去吧！」大家再一次愣住了，吃驚地盯著她。

我沒理會她，接過光敏的話題，「光敏，那些年，那種情況下，你仍然把我當朋友，好難得啊！你對我們家還有恩呢！」接著，我輕鬆地講了個真實的小故事。

武鬥期間，有一天，我外婆像有什麼預感，對我們說：「先把我送到防空洞，你們再吃飯。」光敏家離防空洞很近，我們在她家借了根條凳給外婆坐。回家後我們剛端起碗，槍聲大作，槍聲不同往常，從不還擊的對岸向這邊掃射，子彈呼嘯著從屋中飛過，我們一個箭步衝到廚房的厚灶台前蹲下，聽見尖利的呼嘯聲接著刺耳的爆裂聲。「文革」開始時，我們被通知搬家，就在同學的幫助下找到這間農民房子，灶台足有兩米寬、一米高、一米厚。靠著這天然的屏障，我們貓著腰，衝進鄰居家。江對岸架著機槍掃射的車隊開走後，看見家中的大櫃冒煙，衣櫃中炸開了花，子彈穿過棉衣打穿了衣櫃。據說那是新式武器，子彈射進物體後要爆炸。我家中了好幾槍，外婆的眼鏡被打碎，外婆平時坐的地方，牆上留下好幾個槍眼！（圖18）

圖 18 「厚灶台」———救我們命的天然屏障

「好險啊！」大家一陣驚呼，氣氛緩和了下來，接著是一片輕鬆的議論聲。就像打開了禁區，大家聊起了「文革」。程華當年是紅衛兵團長，武鬥中，一顆子彈打壞了他的門牙。我只目睹過他在學生鬥老師的熱潮中訓斥過老師，這些事我一點都不知道。我開玩笑說，你怎麼也有神靈保佑，不僅活著，居然還沒破相。他說，這一槍把我救了。我倆說的都是真心話，受傷後他不再參加文攻武衛。當知青時，他做了件大好事，是他帶領同學們把我從山上「救」了下來。

當初我第一批報名上山下鄉，臨近出發時被取消了名字，據說是有人臨時想通了決定下鄉，就佔了我的名額。我到學校找老師，革委會負責人是以前的美術老師，他打著官腔走了。空曠的大樓裡，我一個人站在牆角絕望地放聲痛哭。忽然，有人輕輕拍拍我的肩頭，他告訴我，他是工宣隊的，姓王。我指著身上的衣服，哭著告訴他，「我最早報名，給知青發的布票買的布，我媽手工縫的衣服。我家姊妹多，還有老人，只有我媽一個人上班。我也有一雙手，不在城裡……」他說：「我知道，我認識你媽媽，明天你照常去上車。」我哭著謝謝他，他急匆匆走了，說要趕到廠裡去幫我落實生產隊。回家後，我把媽媽找來的紙盒子用布條把稜角糊上，第二天我獨自提著這個裝著衣物的紙盒子和面盆上了車。臨上車前還在餐廳領了乾糧。學校的唐校長在那兒勞動，他遞給我乾糧的瞬間匆匆說了句：「終於爭取到了？一切都會好的！」在一片喧鬧和哭聲中，有人高聲喊著我的名字，告訴我在舒家公社大塘大隊。到了舒家公社，又有人通知我在「槽上」的天星大隊。

槽上，就是大山梁頂。社員領著我沿著陡峭的山路爬了半天，除了鳥叫，沒

有人煙，沒有吹風樹林也嗚嗚作響。社員指著一間草棚對我說：「這是我以前的房子，明天修一修，你就住這兒。」翻過幾個山坳，到了他家，他說以後就到這兒來擔水。我已記不得當天在他家怎麼住的，第二天怎麼下的山。在公社遇見程華，他主動問我怎麼樣，我淡淡地說還好，社員說要給我打五抽櫃，只是那草房下半截是空的，沒有牆壁；擔水很遠，周圍沒有人家。

　　聽說槽上的上新大隊還有我班的同學，是與我從小在一起長大的雙胞胎姐妹，她們的媽媽是我爸媽的同事。因為她倆出生那年她們的父親當模範到北京開會，所以她倆的名字合起來是「模範」。模範的家在「文革」中也被抄了。

　　沒有想到，程華很快就召集了同學們接我們下山。雙胞胎姐妹的生產隊條件比我的好得多，熱情的女隊長堅決支持我們下山，她說：「這槽上怎麼能分知青來！」她給我們煮了臘肉，散發著誘人的香味，每一片都厚厚的，足有巴掌大。多日不見油葷，我和安美合著分吃了一片。下山來天已經漆黑，深夜裡大家在公社靜坐，第二天終於給我們三人重新安排了生產隊。雖說我的生產隊地處大山坡，還是很窮，但畢竟有了人煙。

　　不斷地有同學主動與我交流，還有人試著向我表示歉意。有個男生，他下鄉在大塘大隊，他老家的人對那一方很熟，知道那是稻穀之鄉。我樂呵呵地說：「真的把我分在大塘，可能我還活不出來，地少人多，社員知道了我的『底細』，不把我恨死才怪呢！我那個窮生產隊的人對我極好，評五好知青時還給我評『六好』呢！」

　　面對大家，我提高了音量，動情地說：「很多年以來，我也有幾句話想給大家說。過去的事情，有的是不能忘記的。我想謝謝同學們在我掉進深淵的時候，給了我溫暖和那麼巨大的幫助。當人們唱起鄭智化的那首歌時，我就會想起深夜裡在田埂上蜿蜒而行的隊伍，那幾十支電筒猶如夜幕下的『星星點燈』，它給了我人生的希望和光明，讓我相信世間還有善良，還有真情，不管多難，人都應該努力活下去。」

　　同學會的組織者李琦對我說：「新聖，今天你來了，真是太好了！招工的時候，我們都回重慶了，丟下你們幾個人在農村。臨走時我們想去找你……你的生產隊旁邊有個排花洞，多年後，我們到排花洞去，碰到你生產隊的人，他聽說我們是你的同學，還煮飯招待我們呢。」

　　李琦站起來，激動地對大家說：「這麼多年，我也有幾句話想對新聖說，我要謝謝新聖，謝謝新聖的媽媽，是新聖的媽媽救了我侄兒的命！我姐姐的兒子嗆了奶出不了氣，臉色都變了，眼看就要不行了。」

她面對著我,「我想起你媽媽是醫生,到你家,你媽媽說了聲『快!』我拉著你媽媽從磚瓦窯後面衝下來。你媽媽氣都沒緩過來就抱起我侄兒,轉了轉,拍了拍,只幾下,我侄兒就活過來了。」她笑著,卻有些哽咽。

　　我心裡又是一緊,我家屋後是個陡坎,青苔雜草叢生,通向磚瓦窯的後面根本沒有路,亂石嶙峋,好危險啊!媽媽救人是常事,經常在路上遇到有人見到我媽媽時,對牽著的小孩說:「快叫婆婆好,這是你的救命恩人!」而這種事,我從沒聽她自己說過。

　　也在大會議桌的對面,安美依然坐著,不緊不慢地對大家說:「我也給大家說一件事情,是新聖的爸爸,醫好了我同事的病。我那位同事不知得了什麼病,到處看病,很多年了,越來越瘦,人已經垮了架,可以說,他就要死了。我對他說,有一個好醫生,是我同學的爸爸,以前是國防廠最有名的大醫生,平反後被安排在石門那個小診所。那個同事很相信我,就去看了病。別的地方都給我那個同事開很貴的藥,新聖的爸爸根本就沒給他開藥,叫他買大母雞燉來吃,連湯帶肉一起吃。有人勸他不能吃,說那個醫生是個反革命,搞階級報復的,唉,反正是『文革』裡那些難聽的話。我的同事說,我不吃反正也是個死,人家醫生說得對,『再好的藥,自己的體質太差,不能吸收,也沒有用。你已經吃了那麼多的藥,只需要把身體補起來就行了』。我那個同事才吃了兩只大母雞就好了,長得紅頭花色的,現在還在上班。他對我感激得不得了。我說,你應該感謝人家醫生才是。新聖的爸爸還是那種醫生,什麼禮品都不接受。後來,我那個同事給診所送了面錦旗,哎呀,一傳十,十傳百,好多人都到那個診所去看病喲!」

　　安美很平靜,同學們專注地看著她。她講完了,一時間竟沒有人說話,對大家來說,這是一個太意外的故事,對於我來說,內心同樣受到強烈的震撼。一個被打成反革命的人,竟然是這樣的醫生!平反後的父親,竟然還敢這樣當醫生!

　　同學會很晚才結束,我和安美邊走邊談。我告訴她,我特意坐在傅鈺的身邊,是想給她一個機會,哪怕是輕輕的幾個字。其實,我現在過得很舒心,並不在乎她是否表示歉意,但是對她來說,有機會表達內心的感受,心裡肯定要好過得多。我相信人心都是肉長的,她還是教政治的老師,難道一點想法都沒有?過去的事,是像她這樣過去的嗎?有些事,本來我以為我都忘記了,她那麼激昂地說「過去的事就讓它過去吧」,好像還不准人說話,我反而還記起來了。那是個晚上,不讓我媽休息,還把我外婆和我拉來一起鬥。她對我媽媽大聲呵斥:「說!你為什麼要保姆給你洗內褲?」別的話我媽媽都忍了,這話我媽媽不能接受,我媽說:「我從來都是自己洗內褲!」真的,虧她想得出來!我還沒出生,保姆唐婆婆就到我家來了,唐婆婆是我的家人,關她什麼事?唐婆婆得了子宮頸癌,是

我們照顧的,她在我家養老送終,臨死的時候說,下輩子就是當貓當狗,也還回我們家。傅鈺憑什麼那麼說?這件事,太傷人了。

回到家,我打電話給姐妹們講述同學會的情形,講著講著,眼淚就掉下來了。光敏那種豁出去的勇氣,她說出來的這番話,使我很感動,內心對她充滿了敬意。三十多年了,當年的紅衛兵都成了家,有多少人能用愛自己家的心情,去反省、去痛恨隨便抄別人家的那種違反法律與情理的行為?沒有她的這般勇氣和真誠,「文化大革命」仍然是我們這代人的一個禁區、一塊心病、一網留給後代的糾結。

雖說父親徹底平反已經過去二十多年了,但只是洗清了罪名,光敏、李琦尤其是安美髮自肺腑講的幾件事,才真正使那個抽象的符號———平了反的反革命,在同學的心目中,在我的心裡,恢復成了實實在在的一個人,一個有血有肉、有思想有情感、有尊嚴的正常人!我很想放聲痛哭,我的父親終於在我的心裡活過來了!我在心裡不斷地呼喚著:「爸爸,爸爸,我的爸爸!」

我已經記不得什麼時候喊過他「爸爸」了!記得「文革」結束後,父親回了家。從媽媽那裡知道,因為父親醫術有名,在監獄裡沒多久就讓他給人看病。除此之外,我對他一無所知。我們都認為,十多年的苦難把他變成了另外一個人。那個幽默風趣、和孩子們一道唱歌表演、在同事的婚禮上給大家帶來快樂的人,那個自己動手製作紗門紗窗、進家門就親切地稱呼岳母為媽媽的人,那個帶著孩子逛書店、辦「小韋圖書館」、自己也堅持學外語的人,那個為了工作沒有星期天、夜裡睡覺可以隨時翻身起來到醫院去搶救病人、數不清有多少次獻出自己鮮血的人,在他被打入受誣陷的沼澤時,就永遠地離開了我們。他低垂著頭不願見人,畏縮的目光躲躲閃閃,這哪裡是那個曾經教我們打籃球,為我們做鞦韆,教我們唱《遊擊隊之歌》,教我們識星座、侃侃而談天文地理的父親?他顫顫巍巍,沈默不語,毫無生氣,哪裡還有一絲醫生的風采?

但是,我們沒有想到,在骨子裡,他對他的事業的忠誠,他對他的信念的堅持,一點都沒有變!在病人面前,他還是那麼循循善誘給予關懷,為了救死扶傷的天職,他還是那樣毫無雜念無所畏懼!他的那份堅持,至死不渝!每天他到石門診所上班,要走好幾裡路,年輕人快步都至少要走四十分鐘的路程,他要走一個多小時。媽媽勸他不要再上班了,當醫生是有風險的,萬一有什麼不好說,但他依然天天早起。媽媽只好把家搬到九村,離診所近一些,離開了我們住了幾十年的一村。工作幾十年除了動闌尾手術沒有請過一天病假的父親,因為受到強烈的精神刺激,小腦萎縮,最終導致癱瘓。幾年,他默默地忍受病痛。他是在病床上等到了他的徹底平反的通知的。他喃喃地對來人說:「感謝黨⋯⋯」沒多久他就去世了,他是熬著生命盼到了這一天!他感謝什麼?他感謝徹底平反還了他靈

魂的清白，他感謝徹底平反證明瞭他所相信的———值得相信！他相信什麼？他相信共產黨，相信社會有正義！

父親在「文革」中從不低頭認罪。他行醫幾十年從來沒有過醫療事故，他拒不承認所謂的錯誤和罪行，更不承認那些莫須有的罪名。大字報裡把父親堅持原則、批評浪費公物當成「階級報復」的罪行，醫院幾十年死了的病人全都成了他的罪證。別有用心的人指使醫院的工人誣陷父親把沒死的病人抬到停屍房。這個工人說：「人家一個主任醫師，幫我抬屍體，夠好了，我不能這樣沒有良心亂說。」在「文革」那樣聲勢浩大、極其殘忍的運動中，不低頭認罪就是重罪。父親遭受了非人的折磨，遊街示眾，在廠區的大路上拉板車當搬運，大人、孩子喊著含有他名字的侮辱人的順口溜，向他投石塊和垃圾。搞運動的人威脅他，承認有罪就可以減輕懲罰，否則就要蹲大牢，他還是不承認有罪，即使被關在看守所了，也拒絕簽字。他是作為「負隅頑抗」的典型被判刑、被重判的。十年鐵窗，他已經瘦削虛弱得不像樣子，沒有那樣的相信，他能撐過來嗎？

父親的家庭出身是中農。他家境並不好，很早就離開家自己謀生，十幾歲時當過教員和小學校長。因為成績優秀，一直靠著考前三名可以免學費讀完了醫科大學。母親讀的是難民助產士班，中華人民共和國成立後培養成醫生的。「文革」中廠裡多次外調父親的家庭，傳說五花八門，開始說是貧農，後來說是破落地主，也有說是個地方紳士，當過幾天代理縣長。父親被判刑時說是被鎮壓的惡霸地主。

父親是無黨派知識分子，曾在黨的關懷下進革命大學學習。抗美援朝時，父親和母親一起，用工資收入買藥品，捐獻給國家支援前線。父親一直享受著黨對高級知識分子的政策，即使在最困難時期，每月還能平價購買兩三斤「營養品」黃豆。我家人多，一直住著全廠最好的房子。蘇聯專家曾住過的房子，照現在的說法就是獨立別墅，只住了我家和老紅軍劉廠長兩家人，深紅色的木地板，淺綠淺黃的玻璃漆牆面，寬大的衛生間、陽台，整幅的落地式玻璃門。四周綠樹環抱，我們姐妹與同學們常在花園裡捉迷藏。週末，全家人經常一起看電影、看雜技、看歌劇。

父母是在抗戰中認識的，都經歷過兵荒馬亂的困苦生活，很懂得珍惜，教育我們要尊敬老師，好好學習；尊敬工人，熱愛勞動；養成好習慣，尤其是要誠實。他們特別節儉，內衣都是補丁接補丁。廣州的大姑給我們寄來尼龍襪子，父母不給我們穿，說不讓我們特殊化。我家從來就是同學們溫習功課的地方，父親親手用紙板做了小黑板，鼓勵我們姐妹關心和幫助同學，表揚我像個「小老師」。

災荒年，什麼都要票證，開始是家裡「蒸罐罐飯」，自己吃自己那份口糧「二

兩五」或「一兩五」，到後來是到食堂排隊憑票「打飯」回家來分，有時是數每人多少顆煮胡豆。再後來，打的「飯」是清水一樣的麵糊糊，乾的是樹根磨的「代食品」，吃了解不出大便。上課時餓得流清口水。

我家屋前的花園變成了各家各戶的一畦畦菜地，鬱鬱蔥蔥綠油油一片。風調雨順氣候宜人，碩大的絲瓜、肥厚的牛皮菜救了我們的命。那時常有人因只吃菜得了流行的青紫病。到後來，菜地不分彼此，飢餓的人們把我家屋後父親栽種的芭蕉林連根挖走，我家餵養的一群可愛的貓咪也被充飢，父親說「那都是為了活命」。我們匆匆地搬了家。

新家是在廠中心區，門前是荷花池，屋後側面就是商店，裡面有高價食品。母親腳腫得厲害，輕輕一按就是一個深窩。她多次暈倒，大流血住進病房搶救，我親眼見到竹簍裡堆滿紙裹著的像血旺一樣的大塊大塊凝固的血。媽媽一出院就拖著虛弱的身體去上班。外婆勸父母保命要緊，買一點高價食品。父親和母親卻說「要和全國人民一起渡過難關」。父親領著我們種落花生、養灰兔、打老鼠。那時的知識分子從來沒有怨言，與黨水乳交融，同心同德。那時的醫生對病人就像對家人，許多人因為看了病，與父母成了朋友。病人裡也有廠區附近的農民，困難時期，有人把一塊肉和豬肝悄悄放在我家後門口。母親是婦產科醫生，她把產婦不要的胎盤烘乾碾碎做成小丸，送到廠幼兒園給小朋友吃。

我過十歲生日時，外婆和唐婆婆商量，悄悄給我買了一個「高級餅子」，十元錢，只有湯圓那樣小的一個酥餅。妹妹眼巴巴地望著我，我很想分給她一點點，但是卻連手心的那點殘屑都舔得一乾二淨，留下了一生無法釋懷的歉疚。我得了肝炎，全家人省下定量供應的紅苕糖給我一人吃，讓我在缺少食糖保養和治療條件的年月活了下來。在「文革」前的最後一張全家相裡，除了我還保持著圓臉，全家都蒼白瘦削得變了模樣。可以說，沒有親情就沒有我這條命；沒有對共產黨的信賴，我的父母也撐不到災荒過去有飯吃的一天。

改革開放了，我們嘆息父親沒能過上今天的好日子，常觸景生情而難過。然而，子欲養而親不在的哀痛，從未像今天這樣如此強烈，那是沒有經歷過的人無法體驗的哀痛。切膚之痛中，還有無法言說的痛，那是靈魂被刺破的痛！

國有殤啊，「身既死兮神以靈，子魂魄兮為鬼雄」，仰望高尚的靈魂而不能靠近，那是怎樣的一種痛啊！我痛悔，我永遠地失去了與父親交流的機會！我永遠失去向父親表達女兒的愛的機會，永遠地失去了！

這樣的機會，原本我是有的。當他身陷困境的時候，哪怕一個信任的眼神！給了我那麼多愛的父親，在他最需要愛的時候，我竟然「一無所知」！這是怎樣

二、歷史是一面鏡子

的一種麻木、冷漠、無情，這是怎樣的一種傷害！

「文化大革命」為什麼會如此殘酷，持續這麼多年？因為，沒有愛！女兒不會愛自己的父親，社會缺失了人性的愛，有的人失去了人性！

在全廠鬥爭大會上，有個人痛哭流涕地控訴我父親的「反革命罪行」，她說她家世代工人，她母親生病，我父親不給醫治。她到我家跪在地上，求醫生行行好，救她媽媽一命。她說我父親一邊喝酒，一邊拿著雞骨頭啃，對跪在地上求救命的病人家屬置之不理，像電影裡的黃世仁一樣。

這個控訴的人是誰呢？她是我媽媽親手培養起來的醫生！她以前是廠裡的學徒工，沒有任何醫學學歷，因為國家急需大批醫務人員，就抽調工人在醫院的實際工作中學習護理。在我父母毫無保留的精心培訓下，她已經成為有技術的得力的醫生。我們還記得早些年她和衛生科的年輕人一起出入我家，喜歡吃我家的泡菜。她怎麼就忘記了，我家人多，雞腿都是切成塊的，我父親從不吸煙，從不喝酒，從不用手抓東西吃！人的惡行中，沒有比無中生有的誣陷更可怕的了！

即使這樣，也可以原諒，畢竟是搞運動。人，都可能犯錯誤，在所有的錯誤中，明知故犯是最危險的錯誤；知錯不改是更危險的錯誤，為了掩蓋錯誤而文過飾非，或嫁禍於人，甚至置人於死地，就不再是「錯誤」一詞可以蔽之的了。堅持錯誤、錯上加錯，那就可能不再是錯誤，而是罪孽！

明明是中央撥亂反正，平反冤假錯案，父親回了家，可有的人抱著不可告人的目的，硬不肯為父親徹底平反。就是這個編造出那樣的鬼話講得活靈活現的小人，在父親回來後不僅沒有表示一絲的懺悔，還繼續以編造的鬼話作為不能平反的罪證。如此恩將仇報，喪盡天良，踐踏人性，天理難容！同樣是搞運動，為什麼別人沒有這樣做？不能再用搞運動做幌子，遮掩個人缺失良知的骯髒！如果她還有一點點念及師徒之情，就不會走得這麼遠。人只要離開常理就會邪惡，不懂得感激，不會去愛「人」，就可能失去人性。

這個小人為什麼要這樣做？我不明白！搞臭了前輩，就能當名醫嗎？不說為病人著想，就是為自己打算，留著一個經驗豐富的老醫生，在危難病症時會診，少擔多少風險？何以要借著運動置人於死地！

這個小人為什麼敢於這樣做？因為有人要相信，不是少數人，是「群眾」！「群眾」為什麼會相信？為什麼那麼多的人，都成了「錯誤路線的受害者」？因為愛國的熱情！那是狂熱的，也是虔誠的愛國熱情！絕大多數人都相信：「捍衛革命路線」就是愛國。在愛國的旗幟下，打倒了一大批老革命家，毀掉了無數家庭，讓國家陷入深重的災難。怎樣「愛國」，太值得深思！

在我們的教育裡，當然應該「人民的利益高於一切」，然而，許多年，「人民的利益」裡，卻沒有保障具體的「人」的利益的概念，甚至考慮個人的利益都是「資產階級的個人主義」，是可恥的自私自利。我們從小就「愛祖國、愛人民」，愛國就是忠心耿耿地響應「國家」的號召，絕不會把愛國與愛「國人」聯繫在一起。我們愛人民，卻不懂得人民是由具體的個人組成的。我們愛那些遠離我們的偉大的英雄，卻不會去愛身邊的人，不會去愛弱者，更不會愛那些有缺點和錯誤的人。尤其是，以階級鬥爭為綱的極「左」的路線影響下，我們的教育裡，許多年，「人性」這個詞免提，漠視個人內心的真切的感受。不需要真憑實據，就可以把一個人變成階級敵人。對階級敵人，只能是仇恨，而與階級敵人沾邊的東西絕對不能愛，對階級敵人的朋友，對階級敵人的子女，只能是敵視，決不搞「階級調和」，即或是面對身體和生命，也是可以侮辱和蔑視的。1964年，著名教育家斯霞的「母愛教育」，被視為修正主義「人性論」「和平論」加以批判。不懂得愛，就不懂得責任，忽視個人幸福，就不懂得人的尊嚴和權利，甚至違背人性，愛國教育就難免陷於偏頗與狹隘，這為「文革」埋下沈重的、危險的禍根。

什麼樣的中國人，才能使中國避免「文化大革命」的悲劇？有「愛」的人！像安美、安美的爸爸、工宣隊的王師傅那樣的人！他們懂得國家是由「國人」組成的，愛國家，就要愛「國人」；自己是國家的組成部分，自己有愛，國家就有愛，給身邊的人光明，中國才有光明！或許他們並不懂得這些，但是最重要的是，他們懂得「人」，能夠以「人」之心待「人」，越是可憐的人越需要去愛！

祖國和民族，是「人」的依託，對祖國和民族的愛，應當是在理解人性基礎上的博大的人類之愛。愛國，就是要讓祖國強盛，要讓人民幸福。人民是千千萬萬的「人」組成的，是若干階層的「人」組成的，離開了「人」的幸福，就沒有人民的幸福，也就談不上國家的強盛。會愛「人」的人，才能真正愛國。能讓「人」感到幸福的人，才是真正會愛國的人！

我的父母和許許多多的好人，是最會愛國的人。父母用愛「人」的情感去愛「國」，對重症之下的「國」不離不棄，用一生對病人心痛的那樣的深情去醫治「國家」的創傷。對家人，他們付出生命去愛；對病人，他們像對親人一樣去愛；即或是小人，他們也愛！

在「文革」中，不認「罪」的人被打死的不計其數。父親不惜以生命為代價捍衛清白，是捍衛「人」的尊嚴，也是在捍衛國家的尊嚴。在父親受迫害的日子裡，常有素不相識的人把當時極為稀罕的月餅等小食品塞進我和妹妹的書包，悄悄說：「韋主任是好人！」「你爸爸是好人！」確知父親清白，即使是當「反革命子女」，我們的內心還能存有一絲問心無愧的高貴，唯有以此對抗惡人對我們

慘無人道的踐踏。今天我才懂得，父親不惜以生命為代價捍衛清白，也是對親人最大的愛。

父親被關押後，不僅沒了工資，銀行的存款也全部凍結，靠母親一個人的工資維持全家八口人的最低生活，連小菜都買不起。為了全家的生存，從來都與世無爭、賢良溫柔的母親，憤怒地當眾撕下了寫她的第一張大字報，義正詞嚴地宣佈———我做過童工，我永遠不會反黨，不會反毛主席。母親義無反顧的堅決，嚇退了那些準備跟著寫她的大字報的人，這才逃過了一劫。在最艱難的日子，母親說：我還有老母親和五個女兒，我不能死！

母親不僅用她的脊樑堅強地撐起了我們的家，她還以博大的胸懷去關愛需要幫助的人。武鬥期間，鄰居周爺爺站在家中被流彈打傷，黑夜裡媽媽冒著生命危險去給他包紮。數不清有多少次，我們提心弔膽地等待母親回家。有一件事，幾十年後我才知道，每次想起，我都潸然淚下，不能自已。

「文革」武鬥期間，買柴米油鹽都要去搶購。一次在斷了油很久後，一村商店到了一批菜油，妹妹從外婆那裡拿了油票和錢，一頭鑽進瘋擠的人群中。只有她一個人是女孩子，顧不得流氓的手在身上亂摸，那時也是身不由己，妹妹拼命在人群中掙扎。在幾個工人糾查隊員的維持下，人群總算安定下來，排起了長龍。就在妹妹好不容易排到櫃台前，把油票和錢遞進窗口的那一瞬間，只聽一聲大吼「把韋××的狗崽子拉出來」，馬上有三四個大男人硬是把妹妹連同伸進視窗的手從隊伍中拉了出來，妹妹看清了那個工糾的臉以及躲在他身後點水的那個小學同年級男生。屈辱、憤怒、傷心欲絕，妹妹在幾百人前號啕大哭著跑回家，外婆心痛得唏噓不已。

世上的事就有這麼巧，沒過幾個月，一個響著零落槍聲的晚上，一個男人焦急地敲開了我家的門，妹妹一看正是那個「工糾」，他的老婆要生小孩了，武鬥期間醫院沒人上班，他來求母親同他一起到醫院去接生。妹妹用仇恨的眼光怒視著他，加上擔心母親的安全，妹妹堅決不准母親去。當母親得知就是這個人時，慈愛地拍拍妹妹的頭，用她特有的溫柔聲音，簡單地問了一下情況就跟那人走了。妹妹又氣又急，當時就哭了。母親回來後告訴妹妹：「我是醫生，誰來找我，我都會去，我對他越好他越會內疚。」後來，那個「工糾」為感謝母親，給我家送來一張買縫紉機的票，雖然這是盼望已久的事，但妹妹實在是忍不下那口氣，當著母親和那人的面大聲說「我們不需要」。寬容的母親沒讓那人難堪，用那張票買的縫紉機作為歷史的見證，至今還放在我的家中。

即使過了幾十年，我仍然感覺那只流氓的手就像摸在自己身上，那是終生無法治癒的傷痛！我屈辱、憤怒，我傷心欲絕！可是我的母親在那樣的時刻，竟那

樣平靜、溫和地對待淩辱自己最心愛的女兒的小人！竟然不惜冒著生命危險，去迎接形同流氓、惡棍的小人的孩子的出生！中國之所以永遠不會滅亡，不會永久陷入黑暗，就是因為有這樣光輝的人性！生命，永遠高於一切！

　　母親懂得，生命需要尊嚴，事業需要忠誠，父親徹底平反，不僅關係父親的清白，更關係醫務工作者崇高的職責。假如隨時隨地都可能受誣陷，哪個醫生還敢全心全意為病人著想？母親堅信，黨能夠把災難後的中國引向光明，就能夠為父親伸張正義，社會的進步，要靠每個人竭盡自己的努力。母親白天忙於工作和家務，還要照顧家中臥床不起的病人，就在深夜的燈光下一遍遍地寫申訴材料，堅持上告。父親去世後，廠裡為父親開了隆重的追悼大會，公開徹底平反。靈柩移走的那一刻，母親喊了一聲：「我的好人哪！」就昏死過去。人群裡哭聲、唏噓聲連成一片。長長的車隊、夾道的人群、雪白的紙花送父親上路，一路悲歌。安慰母親的人常常為我們這樣幸福的家庭遭此橫禍而惋惜和憤憤不平。母親坦然地說：「國家遭受這麼大的災難，那麼多老革命家、國家領導人都被迫害致死，何況我們老百姓呢！」對十年動亂中作祟的小人，她告訴我們「這種人日子不會好過，不要再提了。」博大的胸懷使母親從悲痛中走出來，開始了新的一段人生。

　　母親去世後，妹妹含淚寫下了《慈母的愛激勵我奮鬥》，我才知道了三十多年前的那段往事。為什麼這麼多年不曾提起，是我們家親情淡薄嗎？不！大姐翻山越嶺送五妹到豐都山區當知青。我當知青是獨門獨戶，自己餵豬養雞，用賣蛋的錢買鹽打煤油，讓媽媽把錢省給知青點的姐妹。妹妹聽說我缺糧瘦得脖子像個磨心，省吃儉用存了幾十斤糧票寄給我。二姐趕到我所在的生產隊幫我幹活，她連包穀羹都捨不得吃，吃的是我平時吃的沒油少鹽的白蘿蔔紅苕片湯。媽媽和三姐來看我，天雨路滑，泥濘的山路走不上去，三姐讓媽媽踩著自己的腳一步一步往上爬。艱難歲月的愛，刻骨銘心！不曾提起，是因為「文革」的往事不堪回首！

　　我們對「文革」諱莫如深。對人心險惡、鬥爭殘酷的恐懼，還潛留在人們記憶的深處。改革開放這麼多年了，妹妹告訴我，她至今不敢寫日記，有時用鉛筆淺淺地寫上幾個字。對此我很驚訝，仔細想想，我又何嘗不是？每次交學年總結，甚至教學小結表格，我都要抄寫或復印一份留底，以防不測。學生問我：

　　「老師，你怕熱還是怕冷？」我說：「我怕餓。」學生議論水災、旱災、泥石流哪個可怕，我心裡說「人災更可怕，誣陷最可怕！」但，我三緘其口。「文革」中，一段文字、一句話、一個字，都可能成為「黑五類」的罪證，甚至一幅畫都可能倒著看出「包藏的禍心」，曾經的事實讓我們心有餘悸。

　　當我痛悔失去理解父親、瞭解歷史的機會，抱著滿心希望向姐妹們詢問時，才發現她們與我一樣，沒有與父親交流，甚至不敢有這樣的願望！「文革」有多

可怕？它可以控制人的感情，控制人的思想！

「文化大革命」過去了，作為黨徹底否定的錯誤寫入了歷史。怎樣看待錯誤，就是怎樣對待歷史。有一股暗流，有一些不明真相的青年，認為「文化大革命」哪有那麼黑暗，都是那些被整了的人編出來的，想當然地認為那些被整的人對社會懷有仇恨。只要提起錯誤，比較出不足，就懷疑別人說話的動機，彷彿只有自己才最愛國、最忠誠，甚至無限上綱、亂扣帽子。有一種思潮，有許多激情澎湃的青年，認為「文化大革命」罪惡確鑿，連同之前的種種運動，都是禍國殃民的災難，理所當然地認為其根源就是整人和弄權，十惡不赦。對於錯誤的原因，根本不相信主觀超越客觀現實就可能鑄成大錯，彷彿只有自己才最愛國、最正義，甚至懷疑一切，對進步和成就也視而不見。

這些青年都犯著同一種錯誤，那是「愛國」青年最容易犯的錯誤———以為只有自己最愛國！他們不能平等待「人」，推己及人；他們用自己的結論去敘述事實，而不是從事實中得出結論。因為，他們只能在傷痕文學、網絡傳言中瞭解「文革」，並沒有多少從身邊的人那裡獲得的零星、瑣碎，然而卻是無可辯駁的真實的事實。因為，親身經歷「文革」的老一輩大多已經逝去，小一輩們忙於學業、工作、養育下一代，無暇也不願去撕開傷口。因為，我們的教育無論學校的、家庭的、還是社會的，都還沒有把通過這一段歷史的真實來進行愛國的教育、愛「人」的教育，作為緊迫的、義不容辭的責任。

當年的小一輩們，如今已「知天命」、逾「花甲」，難道還要緘默著把事實帶進骨灰盒，讓下一代重蹈「不會愛國」「不會愛國人」的覆轍？難道真的要讓我們的後代身陷血腥的煎熬中，才懂得受盡磨難的人對光明的社會懷著無比強烈的期盼和無限熱愛與珍惜？難道真的要讓我們的後代在國家深陷滅頂之災時，才懂得尋求國家強盛之路是多麼的不容易？！

每一段歷史，都是人類寶貴的財富。一段使「人」痛苦的史實，包含著太多的錯誤，也就蘊含著太多的啟示。珍惜錯誤，就是敬畏歷史！人的一生會有錯，領袖是人，也會犯錯誤，黨是人組成的，也會犯錯誤。社會主義前無古人，不可避免會走彎路。人犯錯誤，自己吃苦；領袖犯錯誤，人民吃苦；執政黨犯錯誤，人民遭罪，國家遭受災難。珍惜錯誤，借鑒錯誤的經驗教訓，才能少犯錯誤或避免錯誤。

在愛國的道路上，我們走過太艱苦的歷程。太多的彎路，若干的錯誤中，愛國只憑激情，是一個重大的原因。「大躍進」，是為了「多快好省地建設社會主義」。大煉鋼鐵，確實是抱定趕超英國的雄心壯志，為「1070萬噸」揮汗如雨。那時我才小學一年級，沒資格接近學校的小高爐，就和同學們在自家門前花園裡

的池塘邊，撥拉出一個小土坑，放進拾來的柴火與廢鐵。好不容易燃起的美麗的火焰，轉眼就變成一縷青煙，我姐姐趕來消防滅火，狠狠地用腳踏滅。小小年紀就感受了愛國熱情的激動和失望，但是並不懂得毀壞花園和「縱火」的危害。建設強國，只憑愛國的激情和運動，缺乏科學的論證是會乾蠢事的。土高爐煉出的那些一坨一坨的毛鐵毫無用處，許多年後還堆積如山，流著黃褐色的鏽水。

建立「人民公社」，是學習蘇聯的團體農莊搞大農業，也是懷著建設新農村的美好願望。連我那樣無知的小學生，都憧憬著當新型農民，在美麗的田野上開著拖拉機、收割機。甚至於至今，我仍然相信，組織起來辦大農業，實現機械化，實現農林牧副漁全面發展，是實現建設社會主義新農村的美好前景的必經之路。邢燕子、董家耕那樣的知識青年，仍然是我心目中的榜樣。可是，沒有切實的步驟和可靠的制度，就偏離了偉大的目標和正確的方向。完全不搞社會主義的「按勞分配」，而是「一大二公」，吃起「共產主義」的大鍋飯，打擊了農民的勞動積極性。沒有每「個」農民的幸福，怎麼能有廣大農民的幸福？砸鍋賣鐵硬逼著群眾吃公社食堂，不僅坐吃山空，根本就是剝奪了公民的權利。不管初衷如何，違背客觀規律辦事，不講法治，是要受到懲罰的。

浮誇風已經沒有了任何愛國與革命理想的痕跡，最可怕的是，它不是運動，卻甚於運動，一層層的欺上瞞下，甚至動用行政命令，讓最勤勞忠厚的農民做惡事。我下鄉所在大隊的農民、農村幹部告訴我，那時種小麥不是「播種」，而是一把一把的，把小麥放進土窩裡，哪裡可能有收成！我說你們怎麼這麼傻，他們說，規定的指標，一塊地裡不丟完那麼多「種子」就不收工。緊接著災荒年，飢餓、浮腫、面色青白。不僅死人，持續多年，許多婦女沒有生育，學校學生數量銳減。這樣鐵板釘釘的事實，哪裡需要爭論災荒年是不是「自然災害」！說假話，是災難的根源。不從根本上建立起監督誠信的機制，災難就不可避免！

教育不能解決所有的問題，但是，所有問題的解決都需要教育。有自我教育，才能有力量，能夠戰勝自己的弱點，就能面對困難、挫折、錯誤、問題，就能迎難而上，一個人如此，一個黨也如此。信任，只有靠信任去獲得；有誠信，監督誠信的機制才能名至實歸。真實的教育，才能培養真正的「人」，有這樣的人，事業才能有人才，國家才能有脊樑。

真實的教育，只能從自我教育做起。愛國，就要學會「愛『人』」！「文革」中一代人的相互諒解和包容，是對歷史負起責任，也是傳遞給未來的愛。老師的愛，可以影響學生。一個班團體的學生，因為學業、才能、機遇及諸多因素，將來在社會上就可能是不同階層的人，今天能相互信任、彼此親近，明天就能相互理解、和諧共處。

二、歷史是一面鏡子

不放棄希望，願意交往，是包容，也是一種信任。再後來的同學會，我按時參加，同學們一起回到我們當知青的第二故鄉，去看望父老鄉親。臨別時，幾十個同學興高采烈地聚餐，比以往任何時候都親近。我沒留意，怎麼湊巧又和傅鈺坐在了一起？一切都很自然，我的內心已經很平靜，很滿足。

沒有想到的事情再一次發生，就在我與大家告別後走出大門時，一個人也跟著出了大門。她站到我的前面，擋住了我的去路。傅鈺！我一怔。近在咫尺，她面對著我，看著我的眼睛，她又向前一步靠近我，對我說：「新聖，我想了很久、很久，我很早就……」才開口，她的眼淚就流了下來。「我想給你說這句話，一直沒有勇氣。」我的眼淚也情不自禁地流了下來。「新聖，過去的事情，對不起……」沒等她說完，我一下就抱住了她，眼淚刷刷地流淌。我倆緊緊地擁抱在一起，我感覺到她身體在戰慄，她一個勁地說：「對不起，對不起，真的對不起！」我想說「不用說對不起」，可是卻喃喃地說：「一切都會好的，會好的！」

是的，一切都會好的，當我們能夠正視這段歷史的時候，當我們用真誠的自我教育向前邁進了這一步的時候，過去就永遠地成了過去。一切都那麼美好，信任和信心像溫暖的陽光擁抱著我們，我們的手握在了一起。

時日荏苒，愛國教育，這個莊嚴的命題，從來沒有像今天這樣宏大和壯麗。「人」，成為立國的基石，「科學發展觀」就是以「人」為本。《中華人民共和國國家賠償法》開始實施，從法制上給人足夠的人權保障。人的尊嚴，成為國家尊嚴不可侵犯的標誌。

歷史重現了真實，抗日戰爭中壯烈犧牲的國民黨軍官，被國家民政部追認為革命烈士，他們感人的事跡陳列在歷史紀念館。抗日戰爭主戰場的國民黨軍隊裡為抗戰而英勇犧牲的將士，與共產黨領導的八路軍、新四軍的英烈一樣，都是國家的功臣，受到人民的敬仰和懷念。任何一位愛國志士的生命和情懷，都受到尊重和崇敬。任何一位愛國志士的付出，都是中國強盛的力量！

歷史要一步步走，許多問題的解決，只是時間問題。在創建和諧社會，視「人民民主是社會主義的生命」，「尊重勞動、尊重知識、尊重人才、尊重創造」的大氣候下，現在我們可以做的、最迫切的事情，就是以自我教育的方式，爭取思想的自由和精神的獨立。真誠的自我教育，可以戰勝虛假與妄言，修復缺失的信任與信仰。愛，可以治癒創傷。苦難有多深，對思想自由的渴望就有多強烈；創傷有多痛，愛，就有多強大的力量。從寬容到博愛，是人性的崛起！人的內心的變革，是超越時空的裂變，民主的基因將深植於民族的肌體，人人皆可創造的獨立精神如同自由的空氣。生命意義的價值觀賦予自我教育更新的活力，人人都努力自我教育之時，就是中華教育騰飛之日！

三、環視地球村

在全球化的今天，要讓我們的國家強大起來，必須善於向他國學習。教育是教人學會學習，就更應當善於學習他國的教育，博採眾長，克己之短，揚我之威。

日本，挑戰我們的教育

中日兩國文化淵源極其深厚，而近代戰爭創傷積怨也極其深重。電視劇中總能看到日本的大街小巷裡原汁原味的中國字，還有那謙恭的日本式的鞠躬。前者，令我們驕傲；對後者，多少有點不屑———心裡記著那筆賬呢，舉起屠刀那麼凶殘，八格牙魯的有，連嬰兒都砍得下手！裝什麼立地成佛的斯文，虛偽！

且慢驕傲，收起不屑！今天的中國人，拿什麼證明自己是禮儀之邦？人家見到一位彬彬有禮的黑頭髮、黃皮膚的人，總以為是日本人，或者是韓國人；如果一個人不講禮貌，在候機廳大聲嚷嚷，站隊不按順序插隊，人家往往會判斷是中國大陸人。我們不能不思考，日本的教育對我們有什麼警示！

(一) 小事，確保將來

在日本，數萬人集會的會場不留下一片紙屑，這不能不讓我們對日本的教育心懷敬意。這絕不是一天的工夫可以實現的作秀，這是長期從小處培養習慣形成的社會風氣。

日本的老師教小學生愛國，非常細緻生動，帶著孩子們在街頭看來往車輛，數其中豐田等國產車佔多少，激發學生的民族自豪感。(圖 19) 日本的教育法規非常具體，必須落實也容易落實。日本中小學的體育課時間，高一每週 2 小時，高二高三每週 3 小時，幼兒園、小學和初中生必須喝牛奶、吃配餐，這些都是法定的。課外興趣小組也受法律保護，日本甚至規定，初中男生必須從柔道和劍道中二選一。

日本重視統計戰後的日本青少年的身高等體質數據，據說平均增長率和平均身高都已超過中國。1991 年，中國由國家教委、國家體委、衛生部、國家民委、國家科委共同組織了全國學生體質健康監測，結果證實了這一點。就國內比較，反映耐力素質的千米跑速度 1991 年比 1985 年差；與日本同時期資料相比，中國 7 至 17 歲男女學生平均身高分別與日本相差 2.54，1.53 公分；體重分別相差 5.66，4.66 公斤；而胸圍則分別相差 4.16，4.76 公分！

圖 19 日本小學生的愛國教育

小事不小！如此大的差距，這已經不是小事！近代史上，西方對中、日素有「東亞病夫」「日本矮子」的羞辱。誰能料到，當我們自認為已經摘掉「東亞病夫」帽子、為雄踞世界奧運金牌大國而高唱凱歌之時，卻悄然成為這樣的弱者和「矮子」！

悄然？也未必！1993年的一篇文章《夏令營的較量》，在社會上引起巨大反響。77名日本孩子來到中國的內蒙古草原，與30名中國孩子舉行了一個草原夏令營。一天十幾小時的生存訓練和各種競賽，日本孩子如履平地應付自如，中國孩子疲於奔命叫苦不迭。日本小孩的背包裝滿食品和野營用具，鼓鼓的、沈沈的，而中國孩子的卻空空的、癟癟的，才走一半路就水盡糧絕，祈求別人支援。日本孩子吃飯時先禮讓，然後狼吞虎嚥，而中國的孩子飯來張口、挑三揀四，結果餓著肚子哭冤叫屈。野炊之時凡是抄著手啥也不做的全是中國的孩子，他們對「不勞而獲」的批評麻木不仁。日本家長乘車走了，只把鼓勵留給發高燒的孫子；中國家長來了，在艱難路段把兒子拉上車。在中國的草原上，日本孩子用過的雜物都用塑膠袋裝好帶走。他們發現了百靈鳥蛋，馬上用小木棍圍起來，提醒大家不要踩。可中國孩子卻走一路丟一路東西，以為野外可以扔垃圾。

一件件小事，無聲地得出結論，無論在體能、意志力，還是環保意識、自理能力等方面，中國孩子都輸掉了。日本領隊作總結時特意大聲問日本孩子：「草原美不美？」77個日本孩子齊聲吼道：「美！」「天空藍不藍？」「藍！」「你們還來不來？」「來！」此時每個日本孩子的眼裡都閃動著激動的淚花。這幾聲大吼震撼了在場的每一個中國人，這一幕，也震撼著每一個中國人———這就是日本人對後代的教育！

《夏令營的較量》的發表如石破天驚，引發持續幾年的全國大討論，把問題提升到兩國教育的較量。不要說有日本人公開講「你們這代孩子不是我們的對手」，我們自己又何嘗不擔憂！不能由 30 個孩子「以偏概全」嗎？那些現象在我們的生活中太常見！那 30 個孩子的父母，即使有種種不足，其勇氣也令人起敬。敢於去大草原野外生存訓練的中國孩子肯定不少，但如今捨得讓孩子冒這樣的險、吃這樣的苦的中國母親有多少？

　　中國青少年絕不會甘願輸給日本人。2000 年 8 月，《夏令營的較量》的作者在日本親身感受了中日兩國青少年的一次登山探險活動，用 14 個小時的艱苦跋涉與奮力攀緣，去征服 2053 米的原始野山棗黑姬山。這是遠比內蒙古草原上的較量艱險數倍的、超負荷的生死較量。其間，一名日本男孩捂著肚子宣佈退出，一名日本女教師摔傷併發生了骨折，一名日本男大學生眼睛被毒蟲蜇傷。然而，包括作者女兒在內的七名臨時自願報名的中國學生，不僅奇跡般地堅持下來，而且相互激勵、團結互助，讓日本人刮目相看！

　　中國青少年的精神面貌令人欣慰，但體質、實踐能力等仍令人擔憂。2006 年底，中國青少年研究中心發佈了《中日韓美四國高中生生活意識比較研究》，中國和其他國家學生的對比有四強，即自信心強，上進心強，幸福感強，紀律性強；但還有四弱：實踐能力弱，自主能力弱，親子溝通弱，休閒娛樂弱。令人擔憂的現象，沒有得到根本的改變！2007 年全國青少年體質健康調查顯示，青少年體質持續下降，包括肺活量、速度、力量等。天津市的一項調查更顯示，學生的身體素質甚至降到了 20 年來的最低水準！

　　中國與日本教育的差距究竟在哪裡？人們雖然沒有眾口一詞地明說「除了學習，其他的什麼都不重要」，實際上就是沒有把落實全面發展的「小事」放在重要的位置。教育的共識與落實是相互共存的，最根本的，是需要法規和措施在具體小事上落實。重慶南岸區從 2011 年 9 月開始，為全區小學生提供免費牛奶。若這樣的措施能成為法規堅持下來，人們的觀念、行動和效果，都會大不一樣！

　　日本的修學旅行制度，迄今已經堅持了 100 多年。日本的小學生可以跟隨學校組織的活動，在家庭所在地附近，和同學待上一天一夜；初中生每年可以參加學校組織的、在全國範圍內 3 至 4 天的旅行；高中生則可以跟隨學校出國旅行一周左右。日本孩子出遊前，首先由國家給孩子投保，一旦發生問題，家長不會過分追究學校責任，而是直接找保險公司解決問題。日本的學校組織孩子到中國春遊，在出發前數日就聯繫好並確認在目的地 15 公里內的所有醫院和消防等情況，一旦出現問題及時採取措施。交通工具、餐飲供應、帶隊老師的訓練、學生住宿安排等細節，都一一落實。出發前，帶隊的志願者還要逐一檢查隊員的鞋子、

雨衣、背包、水壺等是否合格。日本的國民都有共識，應該讓孩子鍛鍊，萬一出了事不能隨便把責任推給學校。越是這樣，孩子越沒有怪罪他人的藉口，自己承擔起責任，反而是最安全的。

　　日本的社會輿論和風氣，對教育呈良性影響。在日本，人講禮貌，車講禮讓。日本人開車不爭搶，也根本用不著爭搶，人人都遵守交通法則和約定俗成的規矩，極少看見車輛為了提高速度而在車流裡鑽來鑽去的。東京車流密集，但是基本不堵車，道路通過率極高，交通繁忙而井然有序。在兩隊車並成一隊或支路車進入幹道時，司機都懂得一輛插一輛地交錯匯流。據官方統計，日本是全世界交通事故最低的國家之一。日本人享受著禮讓的效率與和諧。

　　重慶直轄後，市容、市貌和城市基礎設施變化很大，過街紅綠燈比比皆是。但是，人行時，有的摩托車照樣在斑馬線內的人群中穿行。不少出租車在車流中隨意穿越，勝過如魚得水，甚至有的公交大客車也爭分奪秒搶先，讓小車望塵莫及。車行時，有人也不甘示弱，眾目睽睽之下對著紅燈過人行橫道，有的中小學生不守規則也不臉紅。

　　這樣具體的遵守法規的教育，直接關係到青少年的生命安全和身心健康，這樣的小事做不好，難以建設先進的法治社會。為什麼我們做不好，日本卻做得這樣好？在日本，崇尚「禮」，是日本社會的共識，貫穿在日常生活中。在日本，甘於過平凡生活的觀念相當普遍。日本的中學，經常把社區裡的普通人請來給孩子們講課。學生們在吃飯之前，要向廚師鞠躬表示感謝。大家對普通的職業都懷有感激和敬意。尊敬我們祖先的日本，不愧為我們的老師！（圖20）

圖20 餐前向廚師表示感謝

　　「禮」原本是中華文化的核心，是以內心的「德」為前提的修養，是中華民族的習俗和行為準則。在十年動亂中，我們把孔子和儒家的仁智禮信當作四舊掃

地出門，如今雖已覺悟，但誠信、禮儀尚未修復。缺少對平凡職業的敬意，缺乏對平常人的尊重，沒有「禮」也就沒有「儀」，不重禮貌，不守規則。現在的中學校裡，打了下課鈴卻不下課的「拖堂」現象極為普遍，按時下課的老師反而稀少。表面看是不辭辛勞為學生講解，實際上沒有替學生考慮，忽視學校作息時間，對學生身心健康造成負面影響。既然老師都可以不重視「小事」，學生也就習以為常。

虛心向日本———我們最不服氣的老師學習，從小事做起，遵守法規，遵守禮儀，才能重建我們的道德准則和行為規範，重塑中國人在世界的形象。

(二) 遠山，在呼喚

我們從小就耳熟能詳的一句話是：「中國和日本是一衣帶水的鄰邦，中日人民要世世代代友好下去。」中國有句古話「遠親不如近鄰」，「友好下去」的語義是已經很友好了，繼續下去就行了。事實如何呢？假若我們無所用心地把這句話轉述給我們的學生，可能就會事與願違，鑄下大錯！一部日本電影，讓我慢慢地明白，「友好」是需要相互瞭解的，而我們對「鄰居」瞭解得太少了！

這部電影是《遠山的呼喚》，獲得日本 1980 年電影多項大獎，獲得第四屆蒙特利爾國際電影節評委會特別獎。影片很美，像一幅水墨畫，把北海道旖旎風光下的多姿人物，以及人物訴諸出來的別緻心像，帶著濃鬱的生活氣息和抒情色彩緩緩展開。

民子是一位賢淑瘦弱的少婦，兩年前隨丈夫遠離繁華喧囂的都市到北海道拓荒。不想丈夫卻因意外去世，留下兒子武志和她一起靠餵養奶牛為生。民子勤勞、剛毅，一心守護與丈夫共同創辦的牧場，使人感到她從內心到外表都是那樣純淨美麗。

在一個大雨如注的冬夜，請求避雨驅寒的田島耕作，闖進了民子母子原本冷清而寂寥的生活。田島耕作在民子的牧場做上了短工，只求有口飯吃，不要工錢，這難免讓人心生疑竇。然而，高倉健飾演的田島耕作越是神情冷漠，越是讓觀眾為他的命運擔憂。田島耕作默默地承擔著繁重的勞動，不僅和武志成了形影不離的朋友，而且還成了這個柔弱家庭的保護神。

食品店的胖子老闆氓田是個鰥夫，時常來幫民子的忙，一心想娶民子為妻。他言行粗俗，被民子拒絕後伺機動手動腳，幸而耕作及時趕到。氓田暗地挑釁，要用武力與耕作一決高下，被耕作狠狠揍了一頓。這一幕被悄悄跟在後面的武志看見。民子默不作聲地聽著武志講述，不由得心生情愫，漸漸地不再把耕作當外人。內心感動的耕作依然冷峻，更加勤勉，堅守著一個短工的本分。

氓田不願善罷甘休，邀約來兩個大漢挑起事端。高大強健的耕作身手不凡，幾個回合就把倆大漢打趴在地。虛張聲勢的氓田見勢不妙，沒做任何抗爭立即抱頭鼠竄。萬沒想到，當晚氓田一下就像變了個人，這位胖子和善地滿臉堆笑，打著燈籠、提著酒菜，向耕作謝罪言和，從此對民子不存非分之想。

　　英武俊朗的耕作和清秀溫柔的民子在共同的艱辛勞動中不斷走近，真摯的愛情使耕作有了久違的笑意。為了武志，耕作決意過正常人的生活，參加了賽馬會。然而，旗開得勝之時，耕作覺察自己已被員警認出。就在警車到來的前夜，耕作把自己的身世告訴了民子，原來他是殺人逃亡犯！耕作幼年時，父親因還不起高利貸而自殺。耕作的妻子又因償還不起高利貸而自尋短見。面對債主「以為死了就可以賴賬」的惡言，耕作一怒之下殺了債主後流亡他鄉。耕作的哥哥因此辭職，自感不宜再擔任教師，他曾經找到耕作勸其自首。

　　民子依然對耕作一往情深，母子倆目送耕作走向警車。耕作被判刑四年。

　　火車行駛，緩緩停靠，從車窗遠遠望去，牧場蕭疏。鏡頭裡，民子的家已了無生氣，蛛網垂落。

　　就在押送耕作的火車即將開動離站時，民子與胖子出現在耕作的車廂裡。胖子故意與民子大聲對話，讓耕作知道，民子已經賣掉牧場，與武志住到鎮上，決意等候耕作歸來。其間，誰會一直幫助她母子倆呢？是我，胖子氓田！面目冷峻的耕作眼中閃動著淚光，他扭過臉去，用民子遞給他的手絹拭去淚痕。

　　這最感人的一幕令觀眾熱淚長流，日本人真可愛啊，連胖子都是那麼善良和智慧！幾乎所有的中國觀眾都贊嘆著日本電影的美、日本人的美。三十年後的中國青年觀眾更是由衷感慨：「這部日本電影，可能是至今為止能讓我真正流淚的影片，而且是忍不住地嘩嘩而下。」這讓我重新思量這部影片。

　　我問我家何老師：「我怎麼有些不明白，『遠山的呼喚』究竟是呼喚什麼？愛情嗎？已經得到了；幸福嗎？這樣的愛情夠幸福了；幸福生活嗎？四年刑滿，也不遙遠；良知嗎？好像耕作就代表正義；人性嗎？怎樣的人性，又如何呼喚？」

　　我家何老師說：「我也有點奇怪，知道是殺人逃亡犯了，一點都不擔心自己孩子的安全，還繼續不顧一切地愛，連我們都覺得愛得感人，不繼續愛反而不合情理。借出錢，收不回來，被殺了，還成了該殺的惡人；殺人的，反而情有可原，只判四年，連我們都沒感覺有什麼不妥。這真有點駭人聽聞！」

　　一部溫情的影片，使人感到十分恐懼，心理上的安全受到威脅，這不僅因為我們夫妻二人都是班導師老師，有維護學生安全的責任，而且因為與日常的倫理有悖，顛覆了我們的常理，卻比我們的教育更「潤物細無聲」！

儘管人們認為中國人早就丟了老祖宗的「禮」，那只是一部分人失了禮貌，天理還在。「文革」中不把人命當回事，毫無疑問是十惡不赦的罪行。改革開放後，說是中國人一切向錢看，但至少，借錢還錢，父債子還，常識仍在。甚至，一個人出了意外，其子女年幼，他的父母或兄妹就算再貧困，也要奮力創業，哪怕用十年、二十年，也要掙錢還清債務，這樣的事情屢見不鮮。假若一旦知道相識的人是殺人逃亡犯，首先考慮報警，考慮如何確保身邊親人、朋友和市民的安全。

我很納悶，這樣看電影，豈不是活得太累？到底該怎樣看影片？終於有一天，我恍然大悟。又是一次看電影，這次是獲得柏林電影節金熊獎、奧斯卡最佳外語片獎的伊朗電影《一次離別》，也是描述小人物平實生活和情感的，也挺感人。在影片中，兩個可憐的家庭被捲入了一場曠日持久的糾葛。導演用極其低調、樸實的技法，只是表現精英與平民階層之間的分裂和碰撞、表現個人內心焦慮的兩難，而並非定義好壞。影片始終圍繞著的一個隱藏命題，就是信仰之下誠實與謊言的博弈。真相出人意料，真誠地面對自己內心，對每個不可捨棄信仰的伊朗人來說，都是最重要的！

原來，電影可以對當代社會問題從一個非常小的切口進行完整而深入的展示。優秀的影片能把觀眾帶入到一個完全開放、可以自主演繹的空間中去，每個人都可以根據自己的知識和閱歷來解讀電影。電影之所以獲獎，國際大獎看重的是電影所表現的民族性、民族特色所代表的文化形態。

影片《遠山的呼喚》的導演山田洋次，從 1961 年開始，自編自導了 77 部電視、電影，經典之作多不勝數，其中以逾 48 集的《寅次郎的故事》系列最具代表性。從 1971 年起，每出新作均成為日本的指定賀歲片及暑期片。山田洋次 1931 年生於日本大阪，兩歲時因父親的「工作關係」，舉家遷往中國滿洲，戰後才返回日本。那是日本侵華戰爭的殘酷歲月。看來，他對中日文化有切身的體會，對日本人的民族性有深刻的瞭解，因此能把日本文化的特性詮釋得淋漓盡致。

在日本，同情殺人犯，並不罕見；像耕作這樣善良正直的人淪為殺人犯，有其文化淵源。

日本的櫻花極負盛名，繁花似錦，嬌媚多姿，凋零時竟然可能一夜之間枝上一朵不留。如此的淒美，竟然成了武士道精神的象徵———看透死亡，毫不留戀、果斷地去死。武士道精神之下，用刺刀捅自己肚皮的剖腹自殺尚且被尊崇為莊嚴和勇敢，對別人的生命又怎麼會珍惜？

武士道是日本文化精神的核心，原本是一套道德體系，概括起來就八個字：「名，忠，勇，義，禮，誠，克，仁」。這八個字是有順序的，重要性從前向後遞減。這與中國儒家文化講求的「仁，義，禮，誠，克，名，忠，勇」，已有根本性不同。「仁」是愛，是大愛，愛己及人。把「仁」從放在最前變到了最後，還有多少發自內心地對他人的仁愛憐憫呢？更有甚者，日本統治者為了侵略擴張，打著「拯救日本」的幌子，對武士道斷章取義，突出「勇」和「忠」，強行灌輸「盡忠」的思想，即使主君暴虐無道，叫你死你就得死。

　　日本武士道的古典稱為「葉隱」，就如樹木的葉蔭，在人家看不見的地方為主君「捨身奉公」。武士道標榜的，是精神上的優越，就是心理上先能戰勝自己，然後必能戰勝別人。窮兵黷武的軍國主義使之演變成殘忍的「不要命」「要人命」。「葉隱」的著述者山本常朝的家族，為了練就武士道，讓5歲的兒童斬殺狗，15歲的少年斬殺死罪者。

　　武士大眾，從小帶刀成長，十四五歲開始實習斬首，養成斬殺人不在乎的習慣。為了使斬首習以為常，佐賀鍋島藩祖直茂在其西方衙門內，排列十人讓他的兒子勝茂嘗試斬首。勝茂連續斬首了九人，看第十人是強壯的年輕人，就說「已經斬夠了，那傢夥讓他活吧」，第十人才免遭斬殺。由此可見，侵華戰爭中，日本軍人殘忍的「百人斬」比賽，以殺人為樂，絕非一時之惡念。1937年12月13日，日軍攻佔了南京，殺戮手無寸鐵的平民，慘絕人寰的大規模屠殺長達6周，30多萬人橫屍遍野、血流成河！消息傳出，世界驚悚，日本國民卻按捺不住心中的狂喜，紛紛叫喊著湧上街頭，打著燈籠遊行，歡呼「皇軍」的勝利！！

　　侵華日軍對重慶的大轟炸，從1938年2月18日至1943年8月23日長達5年半！日軍飛機從武漢起飛，對準重慶市中心狂轟濫炸，大量投擲燃燒彈，地面一片火海，居民區、繁華的商業街被燒成廢墟。重慶民眾傷亡慘重，數十萬人無家可歸。1941年，日機對重慶的攻擊達到瘋狂的程度，不分晝夜輪番轟炸。6月5日，十八梯防空洞慘叫聲不絕於耳，兩千多人窒息身亡。僅8月30日，攻擊重慶的日機就有175架，投彈480多枚。在日軍佔領的中國漢口機場，跑道兩旁是端著刺刀的日本兵，押著中國平民站在跑道中間，妄圖讓中國人做人肉盾牌，製造中國飛機炸中國人的慘劇，阻止中國空軍反擊。蛇蠍詭計，何其歹毒！

　　如此「近鄰」，如何「友好下去」？

　　火車消失在茫，民子只能在愛的深處呼喚著耕作的早日歸來。山田洋次，一個道盡日本人心事的電影大師，他在呼喚什麼？耕作，終於認罪自首，從一個殺人犯，可望回歸正常人的心態和生活。日本，何時認罪悔過，讓最慘烈的死亡與毀滅的匯集，隨著日本文化脫離侵略野心的歧路而告終？這真是太深遠、太遙遠

的呼喚！

隱隱約約簡單的幾個鏡頭，耕作的哥哥代表著日本的良心，弱弱地，不奢望強力規勸，只是訴說著自己的愧歉、苦惱、窘迫和憂患。

日本將二戰太平洋戰事稱為「大東亞戰爭」，說「這場戰爭旨在為日本求生存和自衛」。把侵略戰火燃燒到他國領土，謂之「自衛」！垂涎別國的所有，並付諸武力據為己有；佔領他國領土，奴役他國人民，叫作「建立東亞王道樂土」！

培養這樣的「無恥」，就是日本軍國主義打著「愛國」旗號的強盜邏輯。接受這種「教育」的日本青年，由普通的正常人淪為慘無人道的劊子手。

侵華戰爭不僅是中華民族的災難，也是日本民族的災難。日本島國資源匱乏、國土狹窄、人口超載、地震頻發。即使自然災害使日本電影《日本沈沒》成為真實版的險象環生，日本民族也不會滅亡。真正威脅日本存亡的，是侵略野心推動的日本軍國主義戰車的瘋狂。

日本法西斯的失敗，從它發動侵略戰爭的那一天就開始了。中國人民艱苦卓絕的持久戰，牽制和消耗著日本陸軍三分之二的兵力，太平洋戰爭的推進更是讓日軍喪失了太平洋上的空中優勢。日本為了輓救其戰敗的局面，組建「神風」特攻隊，進行自殺式攻擊。當曾經所向披靡的法西斯陣營節節敗退，德國宣佈無條件投降時，只剩下日本一個孤獨的頑敵，日本仍然發出戰爭叫囂：日本的作戰目標不會因德國投降有絲毫的變更。

中、美、英三國發表《波茨坦公告》，敦促日本早日投降。公告給了日本最好的前景，日本將被允許參加世界貿易體系，日本人民將得到鼓勵去建立一個他們自己的「愛好和平和負責任的政府」，日本軍隊在完全解除武裝之後，允許返其家鄉，得以和平生產和生活。甚至，公告之外，還做了允許保留日本皇室的通融。然而，日本政府拒絕接受《波茨坦公告》，發誓軍方要在本土進行「陸上特攻作戰」，戰鬥到最後一個人。日本瘋狂宣稱，即使連婦女兒童也扛著竹竿上陣，即使死上一億人，也要決戰到底。

美國原子彈的震懾，蘇聯百萬紅軍的重擊，中國戰場上的全面反攻，給準備「舉國玉碎」的日本頭上澆了一盆冰水。日本天皇意識到，如果繼續戰爭，「本土決戰」絕不會有任何一絲勝利的希望，「無論國體或是國家的將來都會消失」。日本天皇於1945年8月15日發表投降詔書，宣佈330萬日軍放下武器無條件投降。日本終於停止了以戰爭自我毀滅。

然而，日本的戰爭文化依然毒害和損毀著日本民眾。日本潰敗時，被日本政府派到中國東北的「開拓團」移民，也紛紛逃散。黑龍江省方正縣吉利村村民、

81歲的劉安發老人告訴記者：「那段時間，經過我們這兒南下的日本人有萬把人。那些走不了的都聚到一起，堆上炸藥和手榴彈，集體自殺。我親眼看到，那些日本女人甚至硬把自己的孩子按在水裡淹死，20 多個孩子呢！」

以德報怨的中國人，收養了侵略者的後代。烏雲就是這樣的一個日本孩子，她的日本名字叫立花珠美。她說：「一天早上醒來，熟悉的家、村莊和軍人的卡車都不見了，野地裡到處是老人、婦女和孩子。媽媽將妹妹放在地上，拿起刺刀，就那麼一下，妹妹當時就沒命了。我驚呆了，等媽媽回過頭抓我時，我拼命地亂竄，過了一會，沒聽見動靜，回頭才看到媽媽已經倒在妹妹的身邊，她也自殺了。」年僅 7 歲的烏雲被一對中國夫婦撫養成人。曾任全國政協委員的她，多年來致力於中日兩國的友好交往。

中日兩國的友好之路，何其艱難！

戰敗後的日本並沒有改邪歸正。中國沒有要求賠償，反而姑息了日本，日本絲毫不感謝戰勝國的寬恕。日本首相和國會議員集體參拜供奉日本甲級戰犯的靖國神社，公開宣揚「正是在戰歿者寶貴犧牲的基礎上，今天我們才能夠享受和平和繁榮。靖國神社大門旁邊一個紀念碑上的浮雕，一幅描繪的是中日甲午海戰，另一幅是抗日戰爭時期日軍入侵上海，描述日軍如何「英勇」作戰，美化當年的侵略戰爭。日本至今不提悔罪，甚至把戰敗稱為「終戰」，連「投降」這樣的字眼都不出現。日本擴軍備戰不斷升級，製造「中國威脅論」，網羅軍事同盟，在中國的領土、領海不斷挑起爭端。

好不容易於 1972 年達成中日建交，一度升起的中日友好的希望，又被落到冰點。戰爭一觸即發！

中日友好前景黯淡，已山窮水盡？也未必。

遠山，在呼喚。

沒有多少人會繼續細想影片中的情節，假如沒有那一場以多對少卻根本不成對手的慘敗，低俗險詐、崇尚武力的氓田，怎麼可能變為心地純正、助人為樂、憨態可掬的可愛胖子？要和日本交朋友，首先就得讓他服氣；膽敢挑釁，就得把他打趴！沒有實力，沒有這樣的警覺，不可能！！

美國在日本上空丟了兩顆原子彈，徹底征服了濫用毒氣戰、細菌戰、人肉戰的日本，使其至今對美國服服帖帖。蘇聯紅軍當年席捲東北，將百萬侵華日軍一掃而光，讓日軍沒了死灰復燃的機會，日本至今在北方四島（俄羅斯稱南千島群島）問題上不敢越雷池一步。爭取和平必須贏得戰爭！！

同樣是戰勝國，為什麼日本對中國不服罪？難道日本投降只是被原子彈嚇破

了膽？事實並非如此。

在抗日戰爭中，有一場事關中國的命運之戰———石牌鎮保衛戰。石牌是不足百戶的古鎮，位於長江三峽西陵峽右岸，扼守長江天險，歷來是兵家必爭之地。日本強佔宜昌，距離此地僅十幾公里。一旦石牌被攻陷，戰時陪都重慶將無險可守，中國將危在旦夕。

1941 年 3 月，日軍以重兵兩路夾攻石牌，慘敗而歸。1943 年 5 月 25 日，日軍以 10 萬兵力直撲石牌鎮。堅守核心陣地的是國軍十八軍第十一師，師長胡璉和全師官兵都做好殺身成仁的準備。惡戰在即，胡鏈當夜修書五封，與父母妻兒訣別。敵我雙方以生命相拼，戰鬥極其慘烈。日軍幾攻不下，日機助戰，山頭被炸得土翻幾層。成排、成連的中國官兵戰死殉國。5 月 29 日，胡璉對團長們下令：「從明天起，我們將與敵人短兵相接。戰至最後一人！將敵人枯骨埋葬於此，將我們的英名與血肉塗寫在石牌的岩石上！」

5 月 30 日，越來越多的日軍突破外圍防禦，向石牌要塞猛攻。在日機掩護下，若干股日軍以密集隊伍衝鋒，作錐形深入。幾個小時之內，國家的命運就要被決定，而勝利的天平似乎又在向日寇傾斜。八斗方之爭奪，最為激烈。越來越多的中日兩軍士兵開始上刺刀———他們已經近到能夠清晰地看到彼此的面龐了，仗已經打到無法開槍的程度。成千上萬中日士兵端著刺刀衝向彼此。這是第二次世界大戰中規模最大的白刃戰，敵我兩軍扭住一團近身肉搏，三個小時沒有槍聲！

為爭奪制高點，日軍一度施放催淚瓦斯彈，我軍士兵無防化設備，以血肉之軀與敵相拼。我軍士兵多是農民家的孩子，普遍營養不良，十六七歲的小兵，大多沒有上了刺刀的步槍高，他們就端著比自己還長的槍上陣拼命，奇跡般守住了陣地！1500 名中國士兵靜靜地躺在自己的國土上，用年輕的生命書寫出精忠報國的中國精神，令武士道黯然失色。日軍敗退，陣地前沿留下近 2000 具日軍屍體，堆積成錐形狀。

石牌保衛戰，從 1939 年 3 月設立江防開始，到 1943 年 6 月石牌決戰結束，歷時五年，中日交戰不下百場。中國守軍堅如磐石，日軍久攻不下，損兵折將慘重，士氣和信心完全喪失。1943 年 5 月 5 日至 6 月 18 日的石牌殊死決戰，中國軍隊投入兵力 15 萬人，日軍投入 10 萬兵力，日軍傷亡 2.5 萬餘人，損失飛機 45 架、汽車 75 輛、船艦 122 艘；中國軍隊傷亡 1 萬餘人，取得石牌鎮保衛戰最後的勝利。不可一世的日軍，靠凶殘用最拿手的拼刺刀也拼不過中國軍人，休想在其他地方逞威風！

中國軍人的英勇無畏，足以讓日本侵略者膽寒！如此浴血奮戰取得的抗日戰

爭的勝利，足以讓日本低頭認罪！這樣無敵的威武之師，作為接受日本投降的中國軍隊，足以讓日本人肅然起敬，從此改邪歸正！然而，就在美國軍隊以戰勝國姿態入駐日本時，這支代表戰勝國的中國軍隊卻在日本缺席———在中國派去打內戰而不復存在。歷史因此拐了一個大彎！

日本貼著侵略文化鏡片的視角裡看到的中國，大而不強，強而不堅，堅而不韌。咬一口，無妨；撕扯幾口，「忍無可忍，被迫還擊」，沒捏緊的拳頭捶不痛；搶了財寶，無非被趕走，連東西都不用還。這等「便宜」，隨時偷窺、伺機而行，侵略本性使然！中國打贏了戰爭，卻不能讓戰敗國日本低頭認罪！為什麼？

一句話，中國還不夠強大！

只有「舉國一心」，中國才能大而強、強而堅、堅而韌！無論怎樣，抗日戰爭的勝利、新中國六十多年的數次自衛反擊戰的勝利，已經雄辯地證明，無論什麼勢力以怎樣的藉口、在任何時候挑起侵略中國的戰爭，都不可能征服中國。甲午戰爭的一幕永遠不會重演！在中國生死存亡的危急關頭，中國人不分民族、黨派，都會聯合起來拼死抗敵。中國大陸與港、澳、台的團結一致，中國各民族的大團結，比原子彈有更大的震懾威力！

舉國一心，就在平時。失去對戰爭的警惕是危險的！

6月5日，在其他城市的人眼中，它不過是世界環境日，但在重慶人心中它卻有著別樣的意義，代表著那一段不能忘懷的悲痛日子，因為這一天是重慶遭大轟炸的紀念日。從1998年至今，每年的這天，重慶都會拉響悲愴的防空警報，過往船隻也隨之鳴響汽笛，響徹嘉陵江上空，提醒人們要永遠記住那段歷史，勿忘國恥，奮發圖強。

然而，淒厲如泣的警報聲中，當上了年紀的人駐足靜默時，學生們照常上課、下課、玩耍。青年人渾然不知是怎麼回事，議論著，「是不是哪裡發生火災了？」「這聲音很奇怪，像是警報，是不是出了什麼大事情？」「哦，幾十年前的這一天，重慶被日寇飛機轟炸了，悲慘！」孩子們，只是「這一天」被轟炸嗎？牢記歷史，不是為了延續仇恨，然而，連事實都淡忘了，對反人類罪連義憤都沒有，又怎麼能肩負起維護和平、制止戰爭的責任？

8月6日，是日本廣島遭原子彈轟炸紀念日。日本各界在日本廣島和平紀念公園舉行大規模集會，人山人海，悼念原子彈轟炸死難者，祈禱和平。每逢這個日子，總有一架特別的鋼琴在日本各地巡演，發黃的琴鍵、淒美的琴聲，無不在控訴著戰爭罪惡。這架距離原子彈爆炸中心1.8公里奇跡「存活」的鋼琴，肩負起了宣傳和平、反對戰爭的使命，至今已參與了300多場音樂會。日本民眾不

會忘記遭受轟炸時那一幕幕地獄般的場景,更不應該忘記廣島和長崎為什麼遭到轟炸。當年的親歷者大多成為日本反戰的中堅。

隨著經歷戰爭災難的一代人的離世,對那段歷史有正確認識的人越來越少,日本右翼勢力也越來越囂張。日本修改教科書,掩蓋歷史真相,刪除對日軍731細菌部隊等一系列罪行的記述。日本官房長官污蔑中國痛斥「南京大屠殺」的暴行是「惡作劇式的展示」。他們刻意突出自己是戰爭受害者的形象,妄圖掩蓋日本對亞洲鄰國犯下的種種罪行。

日本的教師給高中生佈置了這樣的一道考題:「日本和中國一百年打一次仗,19世紀打了日清戰爭(我們叫作甲午戰爭),20世紀打了一場日中戰爭(我們叫作抗日戰爭),21世紀如果日本和中國開火,你認為是什麼時候?可能的遠因和近因在哪裡?如果日本贏了,是贏在什麼方面?輸了,是輸在什麼條件上?」日本學生分析得頭頭是道,佔據制海權,從海上出擊,躍躍欲試。

甲午戰爭,是中國中學歷史教材的重點,真實可信!高考題,甲午戰爭必考,爆發時間、簽訂條約名稱、割讓多少土地、賠償多少銀兩,記得就行。分析題也是有的,過去的痛和悲,歷歷在目。至於對可能發生的戰爭,有那事嗎?用得著學生操心嗎?考軍校,不就是享受提前錄取嗎?我眼睜睜地看著我的一位有志於軍事研究的學生,在父母勸說下學了金融。

曾經,日本的一個跳樑小丑公開發表辱罵中國人的言論,經網上披露後,激起廣大中國青年的憤慨。重慶某高校的大學生群情激憤,燒毀了一輛停在校園裡的豐田轎車,這是與反華言論毫不相干的一位普通中國人的私車。我告訴我的學生們,只有陰魂不散的日本軍國主義分子,才希望中日邦交出現裂痕、中日貿易出現斷層,才希望中國人內訌。愛國,究竟該怎麼愛?僅僅停留在熱情和義憤的層面是危險的,很可能直接影響社會安定團結的大局。許多事要經過自己頭腦思考,不能人云亦云。

日本一搞小動作,中國青年學生們就要求抵制日貨。我和我的學生討論,憑什麼任由它風吹草動?舊中國抵制日貨是為了保護民族工業,在當今的國際環境下,有必要嗎?抵制日貨能強大中國嗎?既然能想到抵制日貨,為什麼不想到發奮超越日貨?我家的第一台全自動洗衣機是日本原裝的,用了十幾年沒有修理過。其後呢,自然都用中國製造,價廉物美,何樂不用?保護在華外商包括日商利益,發展中外合資實業,這些都是中國經濟發展的組成部分。只要中國經濟命脈掌控在中國自己手中,外企、中外合資實業發展得越好,中國就越有主動權。在華日企友好人士必將是日本的反戰正義力量。冤有頭、債有主,我們絕不把過去的賬,算在日本友人頭上。

日本侵華這筆賬，究竟該怎麼算？血淋淋的數字，豈能只是考試填空的答案？

為什麼日本至今仍然拒不正視侵華歷史、徹底悔罪，反而蠢蠢欲動？在侵華戰爭中掠取的巨大利益，撐大了軍國主義的胃口；背後的魔掌為軍國主義招魂壯膽。日本通過甲午戰爭獲取中國付給的賠款，折合成 3.58 億日元，這是當時日本想都想不到的一筆巨大收入。日本從一個不怎麼被人看得起的小國，變成軍國主義猖獗的帝國主義強國。歐美列強看見小國日本打敗了中國，紛紛在中國佔領租借地，劃分勢力範圍，搶佔路礦權，控制中國經濟命脈。中國名義上保持著獨立的地位，實際上處在被半瓜分的狀態。中國，遭受到世紀性的打擊，一個歷史最為悠久的文明古國的文化，被侵略文化砸得體無完膚。中國喪失的，不僅是財富、主權，還有幾千年賴以生存的文化自信！其後中國所有的災難，都裸露著甲午暴戾撕裂的白骨！！

這筆賬該怎麼算？全世界的人都該清楚明白！

1894 年的甲午戰爭改變了世界的格局。西方的文明、科技的進步，也沒能阻擋侵略戰火把地球點燃。甲午戰爭後 50 年間，兩次世界大戰，把人類拖進空前的災難。哪一次，沒有日本的窮凶極惡？掠奪中國的列強們，又有誰能自保平安？

中國受難，世界亂套；中國強盛，世界受益。中國在世界舉足輕重，這就是中國文化自信毋庸置疑的事實！世界各國，還能允許日本戰爭販子挑戰全人類嗎？在日本戰車後面的推手，誰又能有好下場？全世界該有怎樣的警醒，阻止混賬邏輯將歷史倒退到戰爭的深淵？

日本學生如何回答，我們真的不必當真嗎？日本出這樣的題，令人震驚、憤慨、失望、遺憾！日本，確實是我們不能不放在心上的「老師」！失去警惕，只能讓侵略更囂張，戰爭來得更快、更慘烈。不善於思考未來，失去的是現在，毀滅的是將來！

一位留學日本的中國研究生，被要求寫一篇關於北京市一年四季的氣象研究的論文。這位學生蒐集了多年的資料，猛然發覺這樣的國情研究成果，怎麼能交給這樣的「導師」？一旦中日交戰，這是多麼重要的軍事情報。世界大戰中，日本偷襲美國珍珠港，不就是以迷惑人的天氣為掩護的？歌舞昇平之時，戰爭的威脅仍然存在。以中國為假想敵的國家，又何止日本！戰爭挑戰和平，未來的戰爭挑戰我們今天的教育！我們的這位留學生，拒絕為其寫這樣的論文，代表中國當代的有志青年，交了最能說明問題的答卷！每一個中國人心中有家有國，強烈的

國家認同感、真摯的愛國情懷,為國效力的使命擔當,聚集成舉國一心、堅持為和平而戰的力量,這,就是真正強大的中國最有威懾力的鐵拳!

歷史的傷痛不能遺忘。中國,越是經濟建設成果輝煌,越渴望和平安寧,應對外來的新挑戰、新威脅,就更要有打一場有準備的、徹底的、現代戰爭的準備。這是軍威、民心、綜合國力之戰,這是擊敗侵略文化的靈魂之戰、信仰之戰!

一場殊死的角逐,首先是文化及其影響力的較量。中國世代積澱下來的習慣和信念,對戰爭抱以「以戰止戰,止戈興仁,鑄劍為犁」的和平主義理想。這是建立在對人類生活的高度理解之上的價值觀念,代表著人類理性向著較高水準發展的方向。只有首先贏得戰爭,才可能「以戰止戰」,也才能完整地體現這種美好的價值取向的力量,讓侵略文化趴下。

遠山在呼喚!

飾演耕作的高倉健,是一位從骨子裡熱愛中國的藝術家。他想呼喚什麼?耕作的拳頭把氓田教訓得瞠目結舌,氓田的改過讓人大開眼界,耕作接受胖子的認錯也順水推舟、皆大歡喜。人,會改變;世界的格局,也會改變。中日友好,永不言棄!

中國的文化中,戰爭的最高境界是「不戰而屈其兵」。國力、武力強大到敵方不敢輕舉妄動,這已經很不簡單。還能有什麼力量比之更強,能夠化敵為友?———文化,中國文化,與強盛的中國交相輝映的中國文化!摧毀侵略文化,使其丟棄貪婪的侵略野心、一心向善,獲得的卻是甚於珍寶的文明、進步和發展!

使日本正視侵華罪惡歷史,是中日友好的前提,也是全世界一切有正義感的人的責任。家永三郎就是這樣一位充滿正義感的日本人。家永三郎起訴日本政府篡改他編寫的高中歷史教科書,他與日本右翼歷史觀進行了長達30多年的鬥爭。作為日本著名歷史學家,他最清楚中日友好對日本發展的重要意義。中日友好的歷史,就是日本文化興起和昌盛的歷史。背離中日友好,就是對日本歷史的背叛!

中日交流始於漢朝。隋王朝統一中國,中日友好關係進入了新的階段。中國唐代經濟和文化高度發展,給周圍各國以積極影響。中日友好最感人的詩篇在盛唐!

日本奈良朝廷仿唐王朝的模式建立了中央集權制國家,並派出多批遣唐使與學問僧赴唐交流或留學。據日本史書記載,自西元630年至894年的二百餘年間,日本共任命遣唐使達19次。許多遣唐使、留學生及學問僧的學術和藝術造詣至

今仍被廣為傳頌。唐王朝曾多次向日本派遣使節，密切了相互關係。中國的書籍、貨物等也隨兩國使節大量輸入日本。唐玄宗李隆基曾接見遣唐使藤原清河並作詩相送。

盛唐時代，中日民間友好。19歲隨遣唐使來長安留學的阿倍仲麻呂，漢名晁衡，是唐代著名詩人李白、王維的好友。晁衡歸國途中在海上遇到風暴，李白以為其遇難，作詩哭他。後晁衡隨破船漂至越南，又輾轉跋涉回到長安，晁衡在中國生活了54年，最後老死於中國。

唐代高僧鑒真，弟子四萬，有感於日本入唐留學二僧榮睿與普照的懇請之誠，不懼滄海淼漫、生命難存，執意東渡弘法。5次東渡失敗後，鑒真已雙目失明，仍宏志不渝，終於以66歲高齡，在日本遣唐使藤原清河一行的陪同下，第6次東渡日本成功，到達了當時日本的國都「平安京」（即奈良），受到了極其隆重的迎慰禮節。天皇特賜以「傳燈大法師」的名號。

鑒真成為日本律宗的開山祖，對日本佛教的發展起了巨大作用。鑒真還帶去了一批有藝術、醫學、建築等專業知識的人才，並帶去了大量書籍、工具和技術。鑒真憑嗅覺鑒定藥物，為日本民眾看病，治癒疑難雜症。光明皇太后患病時，鑒真獻藥，醫治有效。鑒真有豐富的指導修建寺廟的經驗，他率弟子在奈良營造著名的唐招提寺，成為中日友好的歷史見證。

日本高僧空海，即弘法大師，是日本真言宗的開山祖師，作為日本弘揚佛法的先驅者享有崇高的聲譽。空海留唐時，與當時著名書法家韓方明成為師友，結下了深厚友誼。據日本史書《高野物語》記載，傳說唐朝皇帝宮殿上的王羲之墨跡，因牆壁損壞以致墨跡不全，知道空海精於王氏書法，請其補寫，幾與原跡一樣。空海年輕時著有《三教指歸》，三教乃指儒教、道教與佛教。該書為四六駢體漢文，是空海青年時代學習漢文典籍的實踐之作，也是一名日本人向自己的同胞介紹和闡釋中國儒釋道思想精髓的典範之作。弘法大師創辦了日本歷史上第一所國民公學，同時將唐代先進的採礦、築路、水利、架橋等生產技術引入日本，並親自參與興修水利等實踐工程。

日本民族是一個善於學習的民族，同時又是一個善於創新的民族，創造出了具有本民族特色的文化。日本園林藝術深受中國園林尤其是唐宋山水園林的影響，因而一直保持著與中國園林相近的自然式風格，同時又結合日本的自然條件和文化背景，形成了它的獨特風格而自成體系。日本茶道世界聞名，而最早，茶葉是從中國傳過去的。榮西禪師被尊為日本茶祖，他多次渡海入宋學習佛教，深悟中國茶文化，將中國茶籽帶回日本培植並廣為傳播，榮西禪師1192年所著《吃茶養生記》，是日本第一部茶書，奠定了日本茶道的基礎。日本的上屋親王，曾

遣人送給揚州鑒真寺異靈袈裟，上面繡有四句短詩「山川異域，風月同天，寄諸佛子，共結來緣」，表達了中日世代友好的願望。

日本是一個崇拜強者的民族。中國的強大，是中日友好的依託。堅持中日友好，是中華文化自信的體現。中華民族的偉大復興，必然是中華文化的偉大復興。弘揚中華文化的自信，就從文化自覺開始。

一個人的自覺，最深刻的，是文化的自覺。熱愛中華文化，把中華美德與智慧發揚光大，在多元文化中吸納和創新，這才是真本事。失去文化自覺，潛在的威脅無法抵禦。再美的影片不知道美在哪裡，還可能顛倒美與醜，不知不覺地丟掉了那些平常生活裡傳承著中華文化精髓的民俗和喜好。

當我們滿心歡喜地用「給力」等時尚的詞語表達著內心的意願時，不曾想到，這原本中國的淮北方言，卻是靠著日本搞笑動畫在中國的大紅而成為熱門用語，讓人誤以為這是日本創造的詞彙！我們的前輩，善於吸納日本語言，用「科學、民主」代替了「賽先生、德先生」對西方術語的翻譯，在今天看來確實很明智。但，今天詞彙的「中國製造」，多以「小三」為代表，相形見絀，令人汗顏！

當激情炫亮但也不乏色情、戰爭夾雜其中的日本動漫在全球捲起小小旋風，以無國能敵的氣勢輸出日本文化，同時獲得豐厚的經濟利益時，那些美麗動人、曾經感動著中國幾代人的中國動漫怎麼就不見了？以中國古典神話、民間故事為題材的影視動畫，不是被他國脫胎換骨之後風行世界，就是被自己人當作搞笑元素又失卻幽默而被國人狠狠吐槽，真正夠格的少之又少！

我們為什麼就不能多出點真正代表中國精神的文化產品，讓世界認識中國，讓我們的和諧文化感動世界？人們想到日本婦女時，就會想到日本電影裡自立自強、善良勤勞的阿信；想到日本小孩，就會想到聰明的一休。中國的電影該用怎樣的形象，向世界表達今天的「中國人」？善於向日本學習，這不是弱小和卑微，缺乏獨立思考和創造力，才是最大的隱患！

教育，立國固本。日本領先世界的科技人才和國民素質源於日本的國民教育。截至 2014 年，日本是歐美之外獲得諾貝爾獎最多的國家，達 22 人（其中 2 人獲獎時已移籍）。首次獲獎的日本人，出現於 1949 年。進入 21 世紀後，日本人的獲獎次數僅次於美國，居世界第二。全數得主皆為日本國立大學畢業生！而在這一切後面，是日本理性的國家管理、成熟的社會機制，深謀遠慮的環境資源保護和國際競爭戰略。中國，需要從根基上崛起，才能讓實力雄厚的日本心悅誠服，重現盛唐的中日友好。

日本，與我們一衣帶水，中日教育工作者要攜起手來，反對日本軍國主義，

加強中日友好文化交流，讓教育成為保衛世界和平、為人類造福的共同事業。

遠山，在呼喚。

西點軍校，弘揚美國精神

我們對美國的瞭解，曾經局限於我們所受的教育。美國再怎麼強大，也激不起我的敬意，是比爾·蓋茲徹底扭轉了我對美國的印象。一個有創造力的民族，一個尊重人才的國度，令人仰望！敢於學習美國精神，這是我們有民族自信心的表現。

西點軍校學雷鋒

20世紀90年代初，美國的西點軍校學中國雷鋒的消息，使我們感到好奇。西點軍校從此進入我的視野。

有人做過統計，在全球500強企業中，近20年來，從西點軍校畢業出來的董事長有1000多名，副董事長有2000多名，總經理或董事這一級的也有5000多名。這些頂尖級人才富有個人特色，善於開拓創新。世界上也許沒有任何一家商學院能夠培養出這麼多傑出的企業領導人。西點軍校怎麼會培養出這麼多創造型人才？

美國是靠獨立戰爭推翻殖民統治建立的國家，沒有悠久的歷史，更沒有幾千年的文明史，維繫國家生存、發展的精神支柱———美國精神，就是由它的國情所致。美國崇尚自由、民主、獨立精神，否則，立國的獨立戰爭就是非正義的；美國把吸納和創造作為美國精神的核心，否則，不善於學習、沒有比別人強的東西，自信就沒有本錢。

美國的民主自由，給美國人很多的寬容和機會，美國人很自信，崇尚獨立精神。但在美國西點軍校，首先就是強調服從，對長官只能回答「是」或「不是」。在22條「從成功到卓越」的軍規中，軍規1：無條件執行；軍規2：工作無藉口；軍規3：細節決定成敗；軍規4：以上司為榜樣。服從，這與美國精神矛盾嗎？不。自由、民主，這是爭取獨立的旗幟，是美國立國之本，而軍人的絕對服從，敢於承擔責任，與維護國家利益一脈相承。主動服從，與創造並不相悖。創造，需要民主意識，需要獨立思考，需要探索精神，這些，都需要通過教育獲得。提高教育者和受教育者在這方面的意識和能力，不能取消教育者的話語權。主動服從，是基於對上司和學校的信任，信任上司對國家利益的忠誠，相信學校的一切都是

為了學生的將來。西點軍校的學生以軍人主動的服從，把團隊精神、敢於冒險、全力以赴、敬業為魂、立即行動等軍規，變為自己的人文素質。而這些，正是優秀企業對領導人的要求，也是現代人開拓創新所需要的基礎素質。

21世紀，在西點軍校，道德哲學成了必修課。課堂上學生必須研習的難題是，是否應該犧牲一個人的生命來輓救另外幾個人的生命。原創於英國牛津大學的「電車難題」，經過美國教授們創造設計，成為課堂上採用的那些林林總總的思想實驗，激起學生濃厚的興趣，逼著人去思考選擇的道德性。這些，與我們想像中美國式自由的散漫、民主的隨心所欲大相徑庭。不同的學校有不同的風格，這也正是崇尚自由、自信、吸納、創造的美國精神的體現。

美國的創造有目共睹。美國的吸納無孔不入，令人咋舌。一位中國農村婦女到美國大使館簽證，欲到美國長住。美方人員問她有何長處，她簡答：「剪紙」，她拿出刊登介紹她鄉土藝術的小塊文章的報紙，拿出剪刀和紅紙，三五下就剪出活靈活現的小動物。不等她再說什麼，簽證立即OK，而被拒簽的不乏中國名牌大學的碩士生。一技之長，哪怕是剪紙，都奉為至寶。提倡創造和善於吸納的美國精神貫穿於美國的教育，中國的孔子、京劇受到美國人青睞，美國西點軍校的學員知道中國的雷鋒也就不足為奇了。（圖21）

圖21 哢嚓剪紙過關OK

然而，西點軍校並沒有學雷鋒！導言引用《學習雷鋒好榜樣》的歌詞，寫得極吸引人的外電播報的新聞竟然是假消息！「走進西點軍校，人們首先發現校園內一尊雷鋒的半身塑像」，「學校還把雷鋒日記中的一些名言印在學員學習手冊的扉頁上」，這一切都子虛烏有，純粹是西方媒體的「愚人節新聞」！這確實讓人啼笑皆非，真是太大的「國際玩笑」！看來，美國仍然只向外輸出自己的意識形態，向中國學習這樣的事在現實世界還只是玩笑。對他國國情如此熟悉，這真

是令人驚嘆的「心懷全球」！美國媒體能把沒有的事情說得似乎合情合理讓人相信，把想像隨意改編成新聞如同掌控在手掌之中，這樣的玩笑但願只在愚人節發生！

西點軍校、美國教育、美國精神、美國媒體，令人深思。

爭創世界一流

2001年9月11日，恐怖分子劫持兩架飛機撞向紐約雙子大樓，發生了震驚世界的「911」事件。美國「911」事件後的第二天，學生的週記很多都寫了此事，有一位學生在週記裡的一句話，引起我的警覺。「教我們的老師，只有英語老師對恐怖分子表示了極大的憤慨。」———也就是說，包括我在內的中老年教師，沒有在課堂上表態。

我痛恨恐怖襲擊，我心疼無辜的人受到傷害，我擔心著我的留學美國的學生的安全。我確實當天沒有面對學生明確地表態，對恐怖分子表示極大的憤慨。我還存有一絲幻想，祈禱這只是一起愚人節玩笑。難以置信！幾乎不被侵略威脅困擾的美國，科技如此發達的美國，尖端國防對付飛機的雷達怎麼會失靈？既然只是被劫持飛機干擾了視線，那麼普通的客機怎麼會有導彈般的衝擊力，把世貿中心重創至轟然坍塌？

我知道，不少中國老百姓對美國霸權主義的痛恨和無可奈何的情緒，在這件事情上不適當地反映出來。美國轟炸中國駐南斯拉夫大使館的那口惡氣，憋在心裡沒有出啊！毫無徵兆，中國大使館突然被導彈擊穿，奪去鮮活的生命，這樣的恐怖襲擊，美國卻稱是發生了誤差！！

對「美帝國主義」的極度不信任和警惕，深植在我的心底。

美國，就像江湖上的霸主，哪裡有災害，它俠士般給以援助；哪裡有戰爭，它都要派出軍隊去「裁決」。自己夠強大了，卻老擔心別人強大；自己擁有的夠多了，還四處盯著，世界上哪裡還有好東西，都想據為己有，尤其是會挖人才。不准別國欺負他國，自己卻到處去當別人的主宰，哪裡都要插一腳。哪一次出兵侵略不是藉口堂皇？為了石油，說是「維和」；侵犯他國主權，說是「幫助人民建立民主政權」。「師出有名」的多國部隊，不就是「八國聯軍」？美國出兵朝鮮、越南，總是在我們最困難的時候，逼著中國人勒緊腰帶流血犧牲，抗「美」援朝、保家衛國！抗「美」援越，保家衛國！！1999年的那一次襲擊，就像「911」一樣突然，讓中國人的心流血，那是怎樣的痛啊！！！

多年前的情景猶如昨天發生般刻在腦海。1999年5月8日，以美國為首的北約國家無視中國主權，用導彈襲擊轟炸中國駐南斯拉夫大使館。3枚雷射制導

導彈精准命中，使館工作人員邵雲環、許杏虎、朱穎3位同胞當即犧牲，鮮血染紅了成為廢墟的大使館。消息傳來，全國為之震動，抗議怒濤洶湧。我的學生們異常憤慨，他們口誅筆伐，一首小詩寫出了我們的心聲。

未來戰士

我們是未來的戰士，我們像獅子一樣吼叫，抖動著金色的鬃毛，因為憤怒使我們鬥志高昂，抽出復仇的鋒利刺刀。

我們是未來的戰士，我們像豹子一樣奔跑，穿越荊棘不可阻擋，因為憤怒已使我們熱血沸騰，只想跟敵人過招。

我們是未來的戰士，我們像鷹一樣睜亮雙眼，犀利地尋找目標，因為憤怒已使我們不能忍耐，恨不得給敵人心口插上一刀。

我們是未來的戰士，我們像狼群一樣緊緊依靠，勇猛地衝進敵人的戰壕，因為憤怒早已使我們把生死拋上九霄，期待著把敵人的旗幟焚燒。

我們是未來的戰士，自由的戰士，我們不是競技場的角鬥士，看似勇猛實為奴隸。我們不要霸主、不要皇帝。英勇搏擊，只為和平、友誼、伸張正義。

我們是未來的戰士，勝利的戰士，血腥擋不住我們的步伐，誘惑不能讓我們一絲動搖。透過黑色的硝煙，自由女神向我們微笑。

我們是未來的戰士，向著未來進發，不掃除一切害人蟲，決不放下手中的利刀。

當時，我和學生們都知道，中國不夠強大，人家才敢如此欺侮我們！

我思考。心裡有一顆仇恨的種子，對不對？對用高科技武力攻擊代表國家尊嚴的機構、屠殺手無寸鐵的工作人員的惡行，無法懲治，怎麼能不恨得咬牙切齒？仇恨沒有什麼不對！但是，懷著仇恨生活，是一件痛苦的事情。尤其是，去恨一個國家，恨一個民族，混淆了自己的視線，擋住了自己的目標，耗費了自己的精力，不僅不值得，而且有錯。

重慶，有美國飛行員的紀念碑，紀念的是為中國的抗日戰爭捐軀的英烈。為了恢復中國在聯合國的合法席位，為了中日建交，為了中美建交，老一輩的外交家斡旋於世界各地，嘔心瀝血，歷盡艱辛，運籌帷幄。不少日本友人、美國朋友為之付出，不少中國僑民，甚至獻出自己的生命。所有的一切，都是為了中國有一個建設、發展的和平環境。

愛國，是承接世界價值取向的鏈條。反對經濟制裁，反對霸權主義，是世界

範疇的戰略。我們決不能贊同「仇富」心理，絕不能容忍恐怖主義的報復行為。愛國，不是狹隘的民族主義。愛國，就要愛自然，保護環境；愛國，就要愛和平，維護世界和平；愛國，就要愛人類，要和全世界愛好和平的人攜起手來。

理智的民族，才是有希望的民族。為世界著想，才能真正地強大起來。學做一個真正會愛國的教育者，才能把愛國的思想傳播給受教育者。視野開闊的老師，才能影響學生，把眼光投向世界，面向未來。

我和學生約定，為祖國的強大而努力。一定不要忘記，不忘記暴行，這是第一步，第二步是要發奮學習和工作，把中國建成世界強國，能夠不懼怕任何國家的挑釁。僅有這兩步是不夠的！今天，我們只能忍辱負重，盡一切力量進行經濟建設；明天，當我們強大之時，絕不恃強凌弱，一定要為捍衛人類社會的和平正義，發揮中國強大的影響力。

團體的精神面貌對每個學生產生極大的影響。普普通通的學生，袒露內心的情懷，竟是這樣的自信、堅定，大氣超然。

做世界第一流的

做世界第一流的，太狂妄、太自傲了吧？

不，這不是狂妄，也不是自傲，而是每一個有思想有能力的中國青年、所有的中華兒女都應具備的志氣和膽量。

做世界第一流，太難了嗎？

不，世上無難事，只要肯登攀！我們的能力有限，但我們的勤奮可以、也應當無限。只要我們有堅定不移的信念，有頑強不懈的毅力，就能一步步向世界第一流跨出堅實的步伐。

也許，我們最終不會取得像愛因斯坦的相對論那樣偉大的成就。但是，只要我們費盡了自己的心血，把一切獻給了這美好的理想，我們可以毫無愧色地說：「我們是世界上第一流的奮鬥者。」

做世界第一流的，是為了什麼？是為了中華的崛起，是為了祖國的振興。

祖國，曾經是帝國主義瓜分的賽場，祖國母親，曾經遭受百般凌辱，遍體鱗傷。不能容忍母親這樣痛苦，兒女們要為她療治創傷。要讓祖國騰飛世界，我們，必須要做世界第一流的。

爭創世界一流，談何容易，然而學生們內心迸發的力量，卻是這樣的令人驚嘆。我分明感受到學生們超越以往的自覺、主動、齊心，與我心心相印。

爭創世界一流，何其遙遠，超越自我，就是千里之行始於足下。我們這個普通班，吸引了年級、甚至學校眾多好奇的目光———這個班，怎麼這麼活躍？怎麼又出了個這麼棒的資優？嚴欽，學生們敬佩的班長，化學奧林匹克競賽獲全國一等獎，進入冬令營，又經過選拔進入國家集訓隊。化學的選拔試卷居然是全英語的，他曾經的弱項英語早就在他的頑強拼搏下俯首稱臣。

　　學校的一位老師，這位經常和我一起討論心理健康教育的好朋友，對我班上有這樣出類拔萃的學生而高興。他興奮地告訴我，據說這個學生很聰明，初中的時候不怎麼學習，就考上南開了。

　　我抿著嘴笑，因為，對「成功人士」，人們都會有自己的推理。對他，我聽到的說法是不同的版本。有同學說，他學習太刻苦了，高一剛入學就知道開夜車，開到夜裡一兩點鐘。有同學說他太會休息了，高三從不開夜車。有老師說他非常重視基礎，也有老師感到困惑，嚴欽經常給同學們解答問題，他沒有多的輔導書，靠什麼鑽研？大家說的也許都是事實，但有關鍵的一點未被提及，那就是他善於在學習中思考，並且不僅僅學習和思考課內知識。他寫的一篇週記可見一斑。

進化與積累

　　生物學有一門分支———進化學。它告訴我們，生物的進化經歷了一個相當漫長的階段：從單細胞生物進化到多細胞生物大約經歷了幾十億年，到脊椎動物的出現，又經過了十幾億年，從古猿進化到人類又經過了幾百萬年。

　　可是，到了如今，從單細胞到新生兒的誕生，卻僅僅需要十個月左右。從幾十億年到十個月是怎樣巨大的變化，它們的比值是多麼驚人的數字！這時，我們不禁讚嘆母親的偉大，但，我們更得冷靜地想一想：這天壤之別來自何處？

　　不錯，正如我們所想：來自進化，來自進化過程對進化成果的不斷積累，正是這進化與積累帶來了翻天覆地的變化。

　　這樣的事例，在人類社會的進化、發展中也是屢見不鮮的。人類從怕火到學會用火、製造火，經歷了一個多麼漫長的過程；可如今，我們用火柴或打火機引火所需時間卻是用秒來度量。第一輛汽車的誕生又經歷了多少個年月；可如今，世界上最好的汽車製造商卻是以每兩分鐘一輛的速度工作著。古代，一個資訊要從中國傳到歐洲，需要的時間以年計算；可如今，只在彈指一揮間。

　　這，同樣也來自進化與積累。社會的進化，知識與能力的積累。正是這進化與積累，使今天的我們能在短短幾年中繼承人類幾千年來創造出的文明。

　　讓我們感謝這進化與積累吧！讓我們繼承這幾千年的文明吧！

但是，倘若僅僅這樣，我們的價值又何在？那不就成了厚厚的筆記本或一張拷貝盤了嗎？處於時代浪尖的我們，所應做的，更多的是創造。只有創造，才能使我們這個社會不斷地進化，才能使社會在進化中不斷積累。

順著作者的思路，我們發現了什麼？———他思考的角度！珍惜並繼承這幾千年的文明，所應做的，更多的是創造。只有創造，才能使我們這個社會不斷地進步。

嚴欽曾經化學成績並不好。他有股不服輸的勁，為了學好化學，擠進了化學競賽小組。他發現那麼多的化學定理，幾乎沒有以中國人名命名的。強烈的民族自尊心激勵了他更強的學習動機，樹立了面向世界的決心。內心世界，決定著一個人的能量。怎樣地期待創造，就會有怎樣的變化、積累與超越。

化學競賽的成績遠遠不是他的終極目標。對於教育來說，面向世界、面向現代化、面向未來，是立於不敗之地的方向；對於一個人來說，是把自己的理想和國家民族的需要連在一起，是腳踏實地的工作，是活力四射的創造。

能與學生志同道合，這是怎樣的一種幸福，一種驕傲！

突如其來的「911」事件，使我猛醒。壓根就遠離情系西化的自由主義，也早已摒棄仇恨心理的狹隘民族主義，在困難的磨礪中爭創世界一流教育的我，落在了學生後面！

世界上哪天沒有恐怖襲擊？我們從來都反對侵略戰爭，從來都痛恨任何反人道的罪惡行徑！在突發事件面前，我都力求在認真思考中靜觀學生，不曾即刻慷慨激昂，為什麼唯獨這一次我受到學生質疑？為什麼對「911」事件報導不夠敏捷的媒體都自我檢討？恐怖勢力如此凶險，確實令世界赫然！建立世界反恐聯合戰線，是歷史的趨勢。不站在世界的角度看問題，就豎立不起大國心態！什麼是爭創世界一流？首先是眼光和心態！當全球化成為我們所處時代的知識語境，當全球化使得人類社會成為一個即時互動的地球村時，教師如何與學生交流，就是教育如何面向世界！這，是一種新的挑戰。

「911」事件，讓我們重新認識美國，真切關注美國人。美國，善於把自己的問題擺在世界人民面前。為了自己國土的安全，他們把威脅人類安全的恐怖主義作為頭號敵人，交給世界裁決。沒有緩過神來的任何國家的媒體，都可能被指責為與恐怖主義同流合污，這就是美國的影響力！美國聲稱要聯合世界上的國家抗擊恐怖威脅，包括他自認為強大的對手俄羅斯和中國，還有他曾經藐視的弱小國家。這就是大國的氣勢、姿態和謀略。

林肯有句名言：「你雖然能在所有的時候欺騙某些人，也能在某些時候欺騙

所有的人，但不能在所有的時候欺騙所有的人。」這代表著美國文化的經典。美國民眾對國策、對戰爭有著思考和警覺。

著名的美籍華裔建築師林瓔設計的越南戰爭紀念碑，建造在美國首都華盛頓中心區靠近林肯紀念堂的憲法公園的小樹林裡，碑上刻著 57000 多名陣亡者的名字，依每個人戰死的日期為序，警示寶貴的生命首先成了戰爭的代價。黑色的、像兩面鏡子一樣的花崗岩 V 型碑體，寓意地球被戰爭砍了一刀，留下了這個不能癒合的傷痕。林瓔的設計在 4 千多名設計師的方案中獲得第一名，雖然藝術界與新聞界均對她的作品贊許有加，但一開始並不為美國人廣泛接受，引起激烈的爭議。一些越戰老兵認為，紀念碑本該拔地而起，而不是陷入地下。內政部長還曾經出面，下令暫停工程進度，並要求在 V 字形建築的中間，放一座士兵雕像並懸掛一面美國國旗。林瓔面對種種壓力毫不妥協。最終，紀念碑按設計落成，參觀的美國人絡繹不絕，沈痛之中深深思索。美國總統在白宮為林瓔披掛上紫綬帶的金質獎章，表彰林瓔作為建築師、藝術家、環保人士的卓著成就，這是美國官方給予藝術家的最高榮譽。林瓔是中國建築大師梁思成的夫人林徽因的姪女，她是首位獲得此殊榮的亞裔。

越戰紀念碑所體現出來的超越於政治的人道主義精神和敢於直面歷史的勇氣，也讓世界各國參觀者對美國人民肅然起敬。美國，不再是那個抽象的符號「美國」。在 930 多萬平方公里土地上，生活著超過三億的美國人，在這個全球最大的移民國家，法制保障下的多元文化共存與相互尊重，克服種族歧視等種種詬病，賦予獨立自由勃勃生機。美國與任何國家一樣，有內在的矛盾衝突和困難需要面對，需要用自己的進步、成就和誠意，贏得世界各國的尊重和信任。

真正感動世界的，是美國人民在災難面前表現的真實的自我和獨立思考的勇氣。「911」災難中，數千人井然有序地從大樓中步行撤離，還給消防隊員留出一側的救援通道；消防隊員迎著烈火而上，泰然自若、英勇無畏，讓人感受著長期積累的文明素質和深入骨髓的敬業精神背後美國教育的力量。

一位受難者家屬面對媒體，沒有義正詞嚴地斥責恐怖主義，而是發自內心地傾訴：此刻最需要的，是一個可以依靠的肩膀！面對國家遭遇的空前災難，有三千多人被掩埋在廢墟裡，恐怖分子仍逍遙法外，媒體沒有去「引導」如何愛國、如何以大局為重，而是真實地給予報導，敏銳地覺悟到重建幸福才是減輕災難損失最迫切需要做的事情；關注本國的制度建設，才是拯救和振興美國的出路。美國人自發地組織起各種志願者團體，確保在災難發生時，及時地給予受難者家屬適當的照顧和心理諮詢，讓每一個痛不欲生的親人都能夠有「一個肩膀」依靠。美國的民眾把災難暴露出的種種問題，諸如城市規劃與消防安全隱患、災後救助

與醫療保險的政府不力等等，毫不留情地揭示出來。

　　美國政府沒有把自己放在民意和輿論的對立面，而是任由媒體窮追猛打，任由民間獨立機構徹查到底，政府有關部門不得不站出來承認工作中的疏忽和失職，做出改進的承諾。政府顯得從容自信，化解了災難和事故導致的民眾對政府的信任危機。資訊公開、表達管道暢通的美國，公眾和媒體對災難鍥而不捨地挖掘真相，把災難變成一本本教科書，變成源源不斷的精神財富。這是美國強大的表現，是美國教育成功的內在力量。

　　面對災難的「912」精神，是美國精神的真正體現，《獨立宣言》中人人生而平等的理念，深入每個美國人的頭腦。不因為對外部敵人的仇恨，吞沒了對自身幸福的關注，這就是美國精神對我們最重要的啟示。理性地對待美國，在多元的思維中共同致力於國民幸福的建設，透過堅實的制度建設實現中華文明復興，這恰是全球化的戰略眼光，這就是我們最需要的「爭創世界一流」！

香港，告訴我們什麼

　　學生程寅生病，我乘車到他家去探望他。沒多久他基本痊癒，高高興興地回到學校。不久，我發現他有了很大的改變，常常凝思，雙眉緊皺。不論我怎麼關心，他都說身體沒問題。我發現程寅的週記失去了活潑清新、開門見山的風格，描寫著不化的冰雪，陰森的沼澤，看著讓人後背發涼，彷彿身邊散發著淤泥的腐臭味。無獨有偶，趙海路的週記也沒有了往日的激昂與自信，說著自己的變化，猶豫徘徊，心事重重。

當怒則怒

　　我也不知道當怒則怒還對不對了，現在我已不再是當怒則怒的人了。一切都去忍，逆來順受，只有實在不能忍了才發發火。但以前我不是這樣的，看見一些事總會發怒，比如誰欺善怕惡，誰處事不公，誰貪汙受賄。家人總是說我眼裡不能進沙子，說我這樣會吃許多虧，說我發了火也沒有用。現在，這一切我都司空見慣了，或許是人長大了，或許是修養好了。現在見了這些，我只想走得遠遠的，不再生氣，這樣交往的人也就多了起來。難道這就是為人處世嗎？或許是吧，宋江不正是這樣的人嗎？和珅這個大奸臣不也是這樣的人嗎？說到這裡我又糊塗了。欲怒不能，我變得憂鬱起來。

　　終於，程寅不再忍受內心的煎熬，直截了當地問了我一句話：「老師，

你真的認為腐敗能夠整治？」聽此言我恍然大悟，看來，學生得了特別的憂鬱症———憂國憂民，擔心腐敗蔓延無法懲治。已經有大學生來信問過我這樣的原話。我一個普通的班導師，從沒敢當眾斷言過腐敗一定能整治，這樣的反問是什麼意思？（圖22）

圖22 老師，你真的相信腐敗能整治嗎？

或許是經歷過三年災荒、十年動亂，我對撥亂反正、改革開放後的今日社會充滿了信任和感激。在我看來貪官腐敗古今中外都有，如何整治輪不到我來研究。人人做好自己的事情，各行各業、各個層次都有盡職盡責的能人，什麼問題都有希望解決。

眼下，學生的心理健康的需要，硬把我的「盡職盡責」提升到關心國家大事的高度。我還真得好好鑽研，不僅鑽研怎樣懲治腐敗，還要研究學生的愛國心與關心政治的關係。

客觀一點說，讀書人須心靜，思想單純一點好。愉快地讀書學習，投身豐富的學生生活，就能理解常識，懂得尊重環境、歷史和人，自然會有愛國之心。愛國之心能夠使學生的讀書學習更有意義、更有動力。教育學生有愛國之心並付諸實踐，與學習緊密結合相互促進，學為中心，足矣。中學生閱歷淺，雖不說「兩耳不聞天下事，一心只讀聖賢書」，也不必太關心政治。誰當領導，國策幾何，抱著信任的態度，有一定的瞭解就行了，全心全意做好自己的事情，能夠有這樣的水準就相當不錯了。

現在的問題是，貪官腐敗引發的信任危機，已經威脅到我的學生的心理健康，建立起能夠懲治貪汙腐化的信心，成為解決問題的焦點。我們教師誰不痛恨腐敗？正該有一點「從娃娃抓起」的雄心壯志，讓教育成為反腐敗的潛在力量。

腐敗就真的不能治嗎？曾經，面對香港的繁榮，我理解了學生的赤子之心。如今，我再一次把目光投向世界的「廉潔之都」———香港。到香港探親時，路過中環，姐姐指著那棟臨街的肅穆而簡樸的辦公樓，滿懷敬意地介紹香港廉政公

署對香港發展的巨大作用。沒想到，香港作為通向世界的視窗，再一次發揮了「面向未來」的教育的作用。

　　在我的心泉欄目園地，貼上了我給學生推薦的文章《香港廉政公署肅貪所向披靡》。香港廉政公署，這個令香港市民敬畏，披著某種神秘色彩的反貪機構，三十多年鍥而不捨地肅貪倡廉，為香港贏得了世界廉潔之都的美譽。

　　過去的香港，聲名狼藉。20世紀60年代中後期開始，香港社會發生了急劇的變化，社會轉型助長了貪腐的風氣。發生火警，消防員要先收取「開喉費」才打開水龍頭救火，入住醫院必須先「打賞」醫院的護理人員。輪候公屋、申請入學等，幾乎所有的公共服務領域，都必須「黑錢」開道。警務人員貪贓枉法現象普遍，公開包庇黃、賭、毒，警匪一家。一個犯罪的警司人員在入獄時很坦然地說：「貪汙在香港的員警隊伍中是一種生活方式，就像晚上睡覺、白天起床刷牙一樣自然。」1974年，港督特派廉政專員公署成立（英文縮寫ICAC），擁有「一人之下、萬人之上」的權力，以「緊逼盯人」的反貪戰術和誠信教育，使貪婪之徒無處下手。香港現今仍然實行在英國普通法的基礎上、在審判實踐中逐步形成的一整套司法制度。司法獨立，強調程式正義，對執法人員要求極其嚴格。廉政公署制訂了一整套舉報程式，具名舉報佔舉報的70%以上，武裝保護舉報人和證人，洩漏舉報人身份者將會被追究法律責任。廉政公署充滿自豪和自信的廣告詞是「香港，勝在有ICAC！」

　　奮鬥的成果凝聚的小小文章，像一縷春風，吹散了小夥子額頭的愁雲，連我都感到春風拂面。特殊的憂鬱症啟動了健康保護機制，以積極心態關注社會，保持一種清醒的頭腦，不失為心理健康的「晨練」。即使反腐敗是世界難題又如何？香港告訴我們的，是中國的一句古話———「世上無難事，只怕有心人！」

　　我希望我的學生能做這樣的有心人。而法治社會，需要制度，需要從小事做起。

　　香港以法治社會聞名世界。香港是世界上人口最密集的繁華城市之一，卻又是最井然有序的地區。法治的社會，不僅維護正義，而且為民眾創造福利，同時還是教育的方式。

　　香港的法規人性化，法規為民而設，公民樂於遵守。小巴車有許多沒設站牌的車站，乘客只需提前一站告訴司機，就能在最方便處下車。在節假日的某些人流密集的公共區域，有特別的措施和大量的警力保證交通暢通，人們在方便自己的同時也不給別人造成不便。生病住院，病房按質論價，物有所值，不需要也不允許開後門。

大事有法，小事有規，能執法到位，是香港管理的特點。所有的法規，從立法之時就考慮執法。地鐵在乘客高峰時，一隊隊穿著制服的執勤人員立即出現在車門兩邊。香港的清潔是管出來的，大街小巷裡只要有人隨地吐痰，就會出現執法人員。在香港，往下水道吐痰、隨便翻垃圾箱都是違法的，有人監督，民事法庭依法罰款。這樣的管，就是最有力的教育。管出來的環境，確確實實能教育人，使人養成愛護環境的習慣和觀念，影響清潔的人被公眾所不恥。香港人文明程度高，為世人公認。

　　香港的淡水是靠內地供應，廣東的東江水順著管道流進香港的新界，流進香港的各大水庫。沒有水，就沒有香港的繁榮，但是只有水也不會有香港的繁榮。同樣的道理，學習和借鑒西方是發展中國所必需的，但是只靠西方的經驗，並不能發展中國。學習借鑒與簡單模仿、全盤照搬是完全不同的。不僅法規，就是執行時細微的方法，也需要因地制宜。英國人在香港立法初期，香港人並不接受。為了以誠信保證法庭審判的公正，結合中國人的風俗習慣，把面對法官舉著《聖經》起誓的這一程式，改為殺雞拜祖先舉祖宗牌位，逐步接受後才改回到一般程式。

　　香港，這個世界的視窗，讓學生們看到了法治的力量，瞭解了程式的重要，知道了從小處做起的意義。一個學生在週記裡寫道：「老師倡導的學生自我教育自我管理的制度，開始我不以為然，現在我認識到這樣的制度很好，很重要。但是，好的制度重在落實。這並不容易辦到，因為，現在的許多人不能從自己做起。」

　　從自己做起的力量從哪裡來？信心！心理的健康需要廣義的信任，個人的自信和樂觀離不開對社會的信心。在我的心底，生活鑄就的信念永遠不會磨滅，「相信群眾相信黨」像血液注入我的生命，任何時候都不可摧毀！

　　那是 20 世紀 70 年代，中國還處於「文革」的非常時期。我下鄉當知青，「反革命子女」就像烙在臉上的印記，無人不知。最淳樸的中國農民用人世間的善良為我遮風避雨。那時，要知識青年去「鏟資本主義的尾巴」，把農民房前屋後種的瓜菜拔掉，說是「寧要社會主義的草，不要資本主義的苗」。我和農民站在了一起，沒有去做傻事。離開老百姓的實際，什麼主義都是空的。什麼是社會主義？提高人民生活水準才是社會主義！在與農民血肉聯繫的土壤裡，小學時埋在我心裡的建設新農村的夢想，像一粒種子，在勞動的汗水中發芽。

　　我太想把生產搞上去了！我冥思苦想，怎樣才能走出飢餓難耐、貧窮落後的困境？沒有辦法，手裡只有一本小字典、毛選甲種本和幾本「馬列原著」小冊子。翻過去看過來，毛澤東的《矛盾論》《實踐論》，讓我一下開了竅。做事要符合

客觀規律，解決問題要抓主要矛盾。大隊劉支書的話使我知道，同樣是農民，可以大不一樣。調動起農民的積極性，他們有的是實踐的智慧。

在我鼓動下，大隊老支書安排在大隊小學辦起了夜校。沒想到，打著火把從田埂上走來的農民把偌大的教室擠得滿滿的。農民到夜校學文化課的熱情震撼了我，我感受著「老師」的尊嚴和農民對知識、對幸福的渴求。搖曳的煤油燈下，在農民堆裡「教書」，把自己苦苦思索初步理解的哲學常識講給農民聽，竟然成為我們生產隊「打翻身仗」的精神力量和智慧。共同奮鬥，啟動了潛藏在我靈魂深處曾經接受的教育，讓我幾近枯竭的生命在極度貧困和精神苦難中煥發出青春。這一段人生，使我感受到教育的力量，對教育心懷敬畏和感激。

苦戰之後糧食產量翻番，可把我們樂壞了。在翻曬糧食的場壩上有一場熱烈的討論。我的鄰居胡碧蘭說：「謝謝老韋讓我們能吃飽飯了。」一個小夥子接著說：「我們的豐收全靠毛澤東思想。」婦女隊長反駁說：「毛主席在北京，他幫我們做了什麼？還不是靠我們自己流汗水一鋤一鋤幹出來的。」立即又有人反駁：「哪一年我們沒有流汗水，為啥收成一年比一年差？老韋說我們的生產一定能搞上去的時候，誰相信？」「就是，過年時老韋沒回重慶，帶著我們學毛選，我們還好笑呢！」「毛澤東思想確實是個寶，我們一下子就想通了，要靠齊心，要靠自己出主意。」大家你一言我一語，最後一致認為好收成是靠我們大家的苦幹，毛澤東思想讓我們有了信心發揮出了自己的力量，還要感謝老天爺幫了忙。農民挺有水準，說到了點子上。

趕場天，有人告訴我公社陳書記找我。陳書記很高大，農民大叔般和藹。空曠的公社裡，拐角處有一張破舊的四方桌，兩根條凳。陳書記要了一瓶白酒，沒有菜，邊說話邊給我倒酒，旁邊的人咽著口水，看著我和陳書記把那一斤白酒對飲完。社員告訴我，請人喝酒是表示敬重。我不知道我哪一點值得敬重，也沒有絲毫的受寵若驚，只是從陳書記口裡學會了一個詞———「打翻身仗」。這個詞，讓我感受到農村幹部內心的渴望，對窮對苦，沒有與農民的感同身受，何來的「翻身」？

接任劉支書的李支書是位轉業軍人，在部隊上曾是連級幹部，身體很單薄。酷暑的中午，白晃晃的烈日烤得地面發燙，我鑽進墳壟間割刺藤當柴火，鑽出來時嗓子冒煙、大口喘著粗氣。我看見李支書從十幾裡外的大山打柴下山，背著大捆的柴草走在小道上。農村的苦他不是不知道，他的孩子也算是回鄉知青，可是大隊從來沒有推薦過他的孩子進廠或上學。倒是我這個出身不好的「老知青」被連續推薦了三次。他對我說：「農村這麼多人都要活，出不去也沒有什麼不得了。你要回城只能靠政策。」

下鄉五年後，我被推薦到區裡，區裡有一個「可以教育好子女」的名額。我不想再佔用大隊的推薦名額，就上區裡詢問，竟然答復我：「你超出了範圍。」區裡的知青告訴我，區裡有個「官」的親戚佔了這個名額。頓時，心中升騰起熊熊怒火，把絕望和怯懦一燒而光，佔了這個名額，已經夠殘忍的了，還用這樣惡毒的藉口，真是不要人活了！我向知青借了錢，坐上長途客車，直奔縣文教局。媽媽不知從哪裡知道了消息，擔心我出意外，也趕了過來。

　　在局長辦公室門前，從來都很堅強的媽媽拉著我，勸我「忍忍吧，算了吧！」我鼓足勇氣敲了門。門打開了，辦公室裡堆滿了人，煙霧繚繞，人聲鼎沸。一個高大的人，面色嚴峻，「什麼事？」他大聲質問，就像我們是來幹壞事的。

　　媽媽把我的手攥得緊緊的。我鼓起勇氣說：「找局長。」他看看我，厲聲說：「找局長幹什麼？」我知道門一關上就不會再開了，趕緊大聲說：「問政策！」「什麼政策？」「『可以教育好子女』有沒有超出範圍的？」聽了這話，就像冰冷的蠟燭點燃了火苗，那人的聲音立刻變得溫和了，原來他就是包局長，滿屋的人都是招生、招工單位的。

　　包局長讓我們在隔壁一間辦公室坐下，很耐心地詢問了情況。我說：「我不想辜負大隊和公社的推薦，我也做好了一輩子就在農村的準備。有這樣的名額是黨的政策，我相信黨的政策，出身不能選擇，道路可以選擇。區上不推薦我，我也能想得通，畢竟名額有限，是體現政策。但是，說我超出了『可以教育好子女』的範圍，我連『反革命子女』都不是了，那不是就成了地富反壞右分子了？我還怎樣活啊？」包局長霍地站起來，「不像話！」又是那麼嚴厲的聲音，把我和媽媽嚇了一跳。「這麼一個名額都要來擠，還當什麼共產黨的幹部！」他踱了幾步，重新坐定。

　　「政策和策略是黨的生命，絕對不允許這樣亂來！」他又恢復了溫和，「不論能不能推薦，都要相信群眾相信黨！」我重重地點了一下頭。我簡直不敢相信，素不相識的包局長，居然會為我這樣的人、這樣的事動怒。他的那句話，「相信群眾相信黨」深深地刻在了我的心頭。

　　我獨自乘車返回，還沒下車，就聽見車下有人在喊：「誰是韋新聖？電話通知，叫你馬上回縣裡體檢。」我想都沒想，就決定跟車回縣裡。錢不夠，售票員居然沒叫我買票。招生已進入尾聲，就我一人體檢，到處都是和顏悅色，我聽見他們商量：「近視？老知青了，就寫1.5！」

　　幾個學校招生的老師圍著我「面試」，有人說：「聽說你當的生產隊長？」我說：「不是，是記工員，青黃不接時隊長撂挑子，我派了幾天工。」有人問：

「三角形的內角和是多少度？」我說：「好像是360度，可能是180度。」就是這樣無知，竟然沒人笑話我。我聽見他們說「這個知青還不錯。」他們都是大學的，打電話回學校去，說是沒有「可以教育好子女」的名額，還很惋惜地鼓勵了我一番。這是什麼樣的年月？竟有這麼多的好心人！

　　第二年，招生的學校還是沒有那樣的名額，素不相識的縣師範學校的萬代新校長頂著壓力招收了我。在「反擊右傾翻案風」時，學生們舉著「打倒鄧小平」的標語上街遊行，萬校長不拍被扣上帽子，極力阻攔。中師畢業時我留校，那時父親還沒有平反。沒有驚天動地的正義凜然，即使是在黑暗動亂的日子，仍然有許許多多黨的幹部默默地堅持著實事求是的精神，彰顯著人性。

　　多年後，在南開，我收到一封來自九龍坡進修學校的信，是我讀中等師範時的班導師繼武老師寫的，他慎重地向我道歉，我大惑不解。當年，繼武老師對我信任有加，他的家人都很關心我，我感激都來不及呢！老師告訴我，學校有一個縣優秀團員的名額，同學們推選了我，幾個學生黨員徵求他的意見，他斷然否決。我深知，在當時，他的做法是對我最好的保護，這是親人般的關懷！而老師認為他錯在不敢於堅持實事求是。在改革開放初期，我的老師就認真地反思「文革」，這是多麼不簡單！獨立之思想，在他的人格中熠熠閃光。

　　是的，學生們看透了我的內心，我對中國充滿著希望，從來沒有失去過信心！中國的老百姓不是愚民，是一個個大寫的「人」，就在我的身邊！共產黨的幹部絕不會都是貪官，那些正氣凜然的一幕幕銘刻在我的心間！我堅信，從上到下，上上下下，無數的共產黨人與老百姓一樣，對貪官和腐敗徹骨痛恨！

　　反腐敗是世界難題，中國的問題，何時又不是難題呢？當代青年把目光投向中國的問題的時候，離開了四項基本原則，難以建立起真正的信心。班導師不回避教育難題，卻也不需要回答學生的每一句話。鼓勵學生思考，學生學會追尋真理，懂得實事求是，才能獲得對特殊憂鬱症的終生免疫，樹立起一生中無論什麼困苦磨難都不可摧毀的自信。

　　當我通知班幹部在家中找毛主席著作時，學生像看外星人一樣盯著我，只有少數學生家裡還能找到曾經家家戶戶都有的書。沒有「一句頂一萬句」的神秘光環，學生們饒有興趣地聽著我的講解，和我一起細細閱讀毛澤東的《矛盾論》《實踐論》，不僅在通俗易懂的文字中學習思想方法，也學會歷史地、辯證地看人、看事、看問題。

　　哲學的書很多，通俗有趣的不少，我選這樣的書，當然有我的想法。治病須治根，從敬仰到崇拜，從狂熱追隨到徹底失望，那樣大的落差，猶如精神大堤崩

潰。這當然與錯誤有關，脫離實際，失信於民、災禍連連的後遺症，但是也與思維方式有關。如果仍然停留在對「神」而不是對「人」的角度看問題，錯誤永遠都是錯誤和罪孽，而不會成為教訓、經驗和解決問題的突破口。我們不能眼裡只看錯誤，把滿目瘡痍的舊中國建設成為今天這樣強大的新中國，是多麼了不起的成就！我們還要往前看，發展馬列主義毛澤東思想，也還要靠青年一代呢！

看看過去是怎樣走過來的，學生們會有新的感受。一個人，為了尋求中國強盛的道路，看了那麼多的書，經歷了那麼多的艱險；為了自己相信的事業，犧牲了摯愛聰慧的妻子，獻出了兒子年輕的生命，「淚飛頓作傾盆雨」。這樣的一個人，一個偉人，尚且會犯錯誤，差一點斷送了自己為之奮鬥一生、千萬人浴血奮戰的事業，那麼錯誤的原因就太值得正視。

具體問題具體分析，是馬克思主義活的靈魂，違背了就要犯錯誤。我也曾經差點犯錯誤。那時學大寨修梯田，我想把我們生產隊的紅石穀山澗改造為梯田。不要說根本就做不到，就是做到了，山洪一來必定被衝得一塊小田巴兒都不剩！

一個人，無論地位多高、境況如何，都不能離開中國文化所注重的自覺的道德。放棄內省、割斷與「人」的聯繫，是危險的，甚至可能走向自己的反面。發自內心不斷完善道德人格，始終關注「人」的生命、生活、尊嚴和幸福，才能擔當起個人對國家和民族的責任。

中國人要建設自己的法治社會，要靠自己的智慧。從實際出發，實事求是，是非常重要的原則。中國的改革開放，從深圳特區起步，與香港有直接的關係。

從 1957 年到 1977 年，香港附近的深圳邊境曾發生過多次大規模的逃港風波。廣東省委專門派出了調查組赴深圳進行調查。結果，深圳河兩邊的兩個「羅芳村」引起了調查組的注意。當時，深圳河這邊的羅芳村，村裡農民人均年收入是 134 元，而在河對岸香港那邊的羅芳村，人均年收入是 13000 元。更讓省委調查組感到驚訝的是，河對岸香港那邊原本並沒有一個羅芳村，居住在那裡的人竟然全都是從深圳的羅芳村跑過去的。鄧小平聽取彙報後，做出了創辦經濟特區的重大決策。1980 年 8 月，全國人大常委會通過頒發了《廣東省經濟特區條例》。條例頒布後，邊境滯留的人群就逐漸消失，到八十年代中期，延續近二十年的逃港潮徹底終止。

第三章

具體：特色系列教育　促進學生的和諧發展——實踐創新的班導師

第七段，圍棋曰「具體」，班導師言「特色教育」。對大局有全面的理解，對具體的工作善於感悟，於細微之處都能顯示出靈性。班導師，站在國家與民族的高度理解教育，站在學生成長的角度研究教育，心有所想，想有所為，不斷學習，不斷創造，教育理想落實在現實的教育中。登上班導師七段，師生同唱成長歡歌，人稱「卓有成效、很有一套的班導師」，我稱「以實踐創新追求理想教育的班導師」，以特色系列教育促進學生和諧發展。

　　什麼是教育，什麼是和諧的教育？

　　盧梭在《愛彌兒》中這樣論教育：

　　「我們生來是軟弱的，所以我們需要力量；我們生來是一無所有的，所以需要幫助；我們生來是愚昧的，所以需要判斷的能力。我們在出生的時候所沒有的東西，我們在長大的時候所需要的東西，全都要由教育賜予我們。」

　　「這種教育，我們或是受之於自然，或是受之於人，或是受之於事物。我們的才能和器官的內在的發展，是自然的教育；別人教我們如何利用這種發展，是人的教育；我們對影響我們的事物獲得良好的經驗，是事物的教育。」

　　「所以，我們每一個人都是由三種教師培養起來的。一個學生，如果在他身上這三種教師的不同教育互相衝突的話，他所受的教育就不好，而且將永遠不合他本人的心意；一個學生，如果在他身上這三種不同的教育是一致的，都趨向同樣的目的，他就會自己達到他的目標，而且生活得很有意義。這樣的學生，才是受到了良好的教育的。」

　　當代的學生怎樣才能實現這三種教育的一致呢？怎樣的目標才符合他的本意，使他生活得很有意義呢？聯合國教科文組織指出：21世紀最成功的勞動者將是全面發展的人，將是對新思想、新機遇開放的人。把體力、智力、情緒、倫理各方面的因素綜合起來，成為一個完善的人。

　　良好的學校教育，應當引導學生樹立這樣的目標，在學會做事和學會做人的自然的成長中，全面發展，完善自己。這是在團體教育中激發的自我教育。讓學生在關注自我和團體，竭盡全力去發現、表現自我的過程中，認識自己、瞭解生命的意義，理解人與自然、與社會的關係。學會求知，學會共同生活，學會發展自我，學會創造；豐富情感，培養毅力，學會做事，學會做人。實現真正的自我教育，每個學生都能主動地成長和充分地發展，為今後的終生學習打下基礎，成為可持續發展的人。這，就是我們理想的教育，和諧的教育。

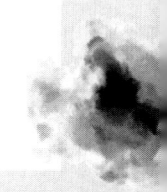

一、創造豐富的精神生活　專時專用是法寶

創造班團體豐富的精神生活，形成生動活潑的班級風貌，能使學生開發自己的智慧，培養高尚文明的精神追求和情操，樹立終生有所寄託的精神支柱。

「專時專用」，使時間發揮最大效益，使生活變得多姿多彩。校園，暢響生活協奏曲，有清脆的奏鳴、有舒緩的過渡、有激越的高潮，是那樣抒情、和諧、壯美、激動人心。

難忘的中秋之夜

二十分鐘可以做什麼？可以做到什麼？學生筆下的生活，道出了淒涼為何變為了歡樂。

難忘的中秋之夜

九月十六日，中秋節悄然到來。中秋是皓月當空、親人團聚的時刻，但我們這群離家求學的中學生，卻無法享受與家人團聚的溫馨。多想與家人一起品嘗月餅，一起許下心願，但這一切卻如此遙不可及。回想起王維的詩句「獨在異鄉為異客，每逢佳節倍思親」，我的心中泛起一片淒涼。

下午，班長在黑板上寫下通知：「今天晚自習後開中秋晚會，有月餅的同學請把月餅帶來。」啊，這是多麼令人興奮的字句！我沒辦法從家裡帶月餅來，放學後趕忙去買了一個我最喜歡吃的火腿月餅，等著晚會時來慢慢品嘗。

上晚自習，我看了好幾次月餅，真想早點吃了它，急切地盼望時間過快一點，漫長的三個小時的晚自習早點結束。偏偏今天的值日生像偵察員一樣，明亮的眼睛四下搜索，盯上了我。他指指我的小本子，示意我訂當天的晚自習計劃。我見大家都很專心，馬上醒悟過來，抓緊時間完成作業。

「叮———」下課鈴響了，只見韋老師笑盈盈地走進教室，班長走上講台，手中拿著兩只大紅蠟燭。韋老師走上講台，雙手捧著一個很大很大的月餅盒，她做了一個很優雅的姿勢，以引人注目的動作打開大盒子———啊？空的！台下一片笑聲。有人已經明白過來，「交月餅，有月餅的……」話音未了，燈熄了，幾縷柔和的燭光映入我的眼簾，使我感到無形的溫暖，優美的樂曲聲響起，我彷彿置身於夢幻的世界。

學藝股長帶大家唱起了那支古韻十足的詩詞歌曲，「明月幾時有，把酒問青

天，不知天上宮闕……」月宮也許不勝寒，我們這裡可熱鬧非凡，歌聲中夾著笑聲。「收購月餅」的幾個同學走到哪裡，哪裡就是一片笑聲。拿盒子的同學走到我面前，輕聲問了一句：「有月餅嗎？」當時我沒懂他的意思，以為要發月餅，我就說了聲「有」，也許是聲音很小，他沒聽見，就向後面的同學走去。

看到其他同學把月餅放到大月餅盒子裡，我才明白過來。如果我把月餅交出去，我就吃不到我的火腿月餅了，反正他已經走過去了，再說誰也不知道誰交了月餅。即刻，我懂得了燭光的另一層不易為人知的含義。捏著手中的月餅，我不安起來，這不是自私嗎？如果大家都像我這樣，晚會還能開嗎？我是這個團體的一員啊！我趕緊把月餅遞給前排的同學，看著我的月餅經過那麼多人的手，終於放進講臺上的大盒子裡，我的心頓時平靜下來。

捧著月餅盒子的同學又下來了，每個人用牙簽挑起一塊月餅送到自己口中。月餅，我雖然只吃到一個的四分之一，但我覺得那小塊特別甜、特別香。在燭光下，大家一起品嚐著月餅，享受著從未有過的快樂，似乎在家裡也找不到的感覺。

「詞語接龍」的遊戲再次掀起晚會高潮，幾個同學還在講臺上切著月餅，遞著「獎品」。之後是自由發言，有的激情真誠，有的幽默詼諧，還有的故意做出饞涎欲滴的樣子，要求再發塊月餅，逗得大家哈哈大笑。

歌聲又響起來，「因為我們是一家人，相親相愛的一家人，有福就該同享，有難就該同當……」看著身邊這樣一個大家庭，相親相愛，充滿溫馨，淒涼的感覺蕩然無存。搖曳的燭光下，喜氣洋洋的夜晚裡，不爭氣的淚水濕潤了我的雙眼。我沒有讓它掉下來，用歡笑將它代替。

這時，物理老師來了，班長雙手呈上月餅，哦，我們一家人！物理老師給我們帶來一個特別的消息，「今天晚上月全食！」大家又是一陣歡呼。

快樂的夜晚，短短二十分鐘的晚會，沒有特意準備的節目，一切都是那麼平常。正因為這平常，才讓人感到親人的溫暖、和睦，它不需要任何裝扮，因為它擁有歡聲笑語，擁有人間最美好的東西———愛。融融的中秋情，留給我最美好的回憶。

課餘二十分鐘的小型晚會，幾乎沒花準備時間，卻這樣歡樂，為什麼？青春的活力、內心的需要就是歡樂的源泉。影響學習了嗎？沒有。淒涼會影響，歡樂不會影響；孤獨會影響，友愛不會影響。晚會也是學習吧？書本上學不到的、平時沒機會學習的，在快樂的感受中、在付出的體驗中變成了內心的財富。

名列前茅的 300 下

　　有這樣一個小故事，古希臘大哲學家蘇格拉底讓他的學生們做甩手運動，他問道：「從今天開始，每天做 300 下，大家能做到嗎？」學生們都笑了，這麼簡單的事，有什麼做不到的？過了一個月，蘇格拉底問學生時，有 90% 的同學驕傲地舉起了手。又過了一個月，堅持下來的人只有 80%。一年過後，蘇格拉底再次問大家時，整個教室裡，只有一個人舉起了手，這個學生就是後來成為古希臘另一位大哲學家的柏拉圖。

　　我對學生說，我也來當次「蘇格拉底」，要求每個同學每天跳繩 300 下。據科學研究，跳繩可以健腦、增強肺活量、助長身高，拳擊運動員以此訓練協調。總之，跳繩花時間少、場地要求低，是一項有益身心的體育鍛鍊項目。但是，它更重要的作用，是鍛鍊一個人的毅力。我說，「每天跳 300 下繩，也就兩三分鐘。堅持五十年，在全世界的人中，你至少有一件事，是名列前茅的。一個人的信心，是靠堅持練出來的！」

　　學生最容易在團體生活中形成有益終身的習慣。由被動到自覺，學生寫出了跳繩的感受。

跳繩

　　在鍛鍊小組長一番軟磨硬泡之後，我答應在鍛鍊時間去跳繩，迎接班上的「檢閱」，也就是以寢室和走讀組為單位進行比賽形式的檢查。可到時候我還是溜了，這麼忙的學習，誰不抓緊時間復習功課，那才是傻瓜。十幾分鐘搞什麼體育鍛鍊，哄誰？跳繩是個人鍛鍊自選項目，暫時不會有懲罰措施，於是我跑回寢室安心做我的作業題。

　　一天，在體育股長的「威脅」下，我極不情願地去跳了繩。開始我心裡還有一團火，說什麼這算團體活動，好像我是個落後分子。可是，跳著跳著，我把所有的不愉快、學習上遭受的「打擊」都拋到腦後去了，跟著同學們邊跳邊笑。這還是我高中以來難得的大笑，這樣的開心，這樣的痛快，彷彿身上脫去了過冬的大衣，是多麼輕鬆啊！

　　十五分鐘的鍛鍊時間很快就過去了，我還想跳，但什麼事都應有個「度」，所以這次我又極不情願地把繩還給了同學。晚自習，我的學習效率非但沒有降低，注意力反而特別的集中。這可是一舉兩得的好事呀！於是，第二天我自己去買了一根跳繩，每次鍛鍊的機會我都不再放過。

冬天的課間十分鐘，我們班上長蛇陣般的「跳長繩」，簡直就是龍飛鳳舞，吸引不少外班的同學觀戰。在他們羨慕的眼光裡，我們跳得更歡了。

跳繩，成了我們生活的一部分。

不做的事情，永遠也不能體會到它的好處。逼著學生跳繩的，是班級的制度；能夠讓學生堅持下來，靠的是專時專用的法寶和團體生活的快樂。各種形式的小比賽，常常是比出差距，比出得意，比出笑聲，比出追趕，比出對人生的感悟。

生活需要用心歌唱

三點一線的校園生活，可以在索然無味的枯燥中打發，也可以在蓬勃朝氣中展露進取的風華。聽聽學生心中的獨白，看看學生真實生活的自我寫照，你就會明白，青春不能沒有歌聲，生活需要用心歌唱。

進一步才是海闊天空

新的學期開始了，新的生活來到了，一股激情衝動從心靈奔騰而出。我豪情萬丈，似乎要幹一番大事業，大有「今天非我莫屬」的氣概。

早上六點半起床，晚上近十一點睡覺，中間大部分時間是坐在教室裡記筆記、思考、做作業。鋪天蓋地的新知識，吸引著我，也埋沒著我。從寢室到教室、從教室到食堂，天天重復著鈍角三角形的往返，距離拉長了我，也縮短了我。一天一天的時光消逝，我的激情彷彿已被生活的崎嶇磨得無影無蹤，我的鬥志似乎也被捲入現實的風口而蕩然無存。我忙啊忙，什麼注意身體健康，什麼提高學習效率，我完全沒閒心理會，沒時間思考。我終日忙得不可開交，但每天都像沒有太陽一般，毫無激情，心裡亂成一團麻，真不知是為什麼。

直到有一天，不幸終於降臨。我們寢室雖然連續幾天「清潔最好」榜上有名，但終因晚上熄燈後開燈洗澡而違紀。在班幹部會上，韋老師也給我下了「最後通牒」，措辭嚴厲，「限時整改，怎麼能不重視作息時間，亂了方寸！」霎時間，我感到悔恨不已，熱淚奪眶而出。這是對自己這段時間麻木度日的憤慨，也飽含對激情生活的嚮往。會後，韋老師把我單獨留下來談話。她分析了我這麼心煩的原因：學習基礎好、目標高、壓力大，卻沒有把三者協調好。她教我如何調節情緒、減輕壓力，簡言之，重在專時專用。我仔細聆聽著，自己也思考著。其實又有多少曲折呢？無非寢室難管一點而已，學習壓力大一點而已。這有什麼大不了的？寢室，改進方法，調動大家的積極性，踏實地幹，按制度遵守作息時間；學

習，計劃好時間，多多反省，學會調節。

彷彿，激情重新又回來，歌聲在我的心裡響起。

Beyond 的《不再猶豫》：「無聊望見了猶豫，達到理想不太易。即使有信心，鬥志卻抑制……縱有創傷不退避……」

耳畔又縈繞著蘇有朋那動聽感人的《天地一沙鷗》：「如果不是心中還有夢，又能忍住多少痛？我會拼命飛過天地的盡頭，看人間更遼闊。如果不是一生都有夢，又能努力飛多久？我會拼命追求生命的感動，讓考驗榮耀我，教會我。」

這是在挫折與傷痛面前不變的激情！這些歌，雖然早就唱得滾瓜爛熟，但我直到現在才瞭解了它深深的內涵。從來都知道要珍惜時間，現在才懂得時間也是要精打細算的有限的財富。不能用低效率擠佔睡眠的時間，要讓「專時專用」拓展人生發展的空間。

這一周的「青春十分鐘」，我特地挑選了這兩支歌教給大家，並藉以重燃我心中的激情之火。這兩天非常成功，效率提高心情舒暢。我告誡自己，面對挫折不要畏縮，進一步才是海闊天空！

每天的青春十分鐘，就這樣成了學生們生活的必修課，繁忙的學習生活中，學生接受了我們屢屢相傳的法寶———專時專用！這個在忙亂中終於獲得自我解放的學生，你知道他的潛力有多大嗎？不僅成績在全年級數一數二，體育，也由 60 分的及格成績，躍為 80 多分名列前茅。當他通過刻苦鍛鍊終於高質量完成槓上動作時，同學們為他的進步鼓掌，由此獲得的愉悅和信心，不亞於學習上的成功。每週末的運動場上有他的身影，厚積薄發，籃球比賽中的三分「神投」，贏得滿堂喝彩。高中，他作為南開中學合唱團成員，參加全國比賽獲獎。進入清華大學後他依然名列前茅，獲得「國家獎學金」，在繁忙的學習中，他竟然學拉小提琴！

唱一唱《青春的歌》吧！這是他在我們班歌創作活動中的傑作。

對生活的熱愛，是一個人幸福的淵源。學習基礎好，照樣有壓力；無論怎麼聰明勤奮，照樣需要專時專用。每個學生都嚮往真正的學生生活。青春，永遠離不開歌唱！（圖 23）

圖 23 青春的歌

不可或缺的主角

　　學校班團體精神生活的核心是學習，課堂學習是最重要的專時專用。誰能使課堂學習效益最大化？學生是主體，教師是主導，科任老師和班導師一樣重要，主角一個都不能少。師生和諧的團體，才可能有高尚的精神生活；熱愛老師的學生，生活將饋贈求知的喜悅、理解的歡樂。老師，在學生心目中是多麼可敬、可親、可愛、可樂。

我們的汪老師

　　新學期開始，第一堂化學課，我們見到了我們的化學老師。他姓汪，身材高大，約莫五十多歲。汪老師端著茶杯，夾著書本，急急忙忙地走進了教室。

　　「看起來，大家的精神不錯嘛」，他一開口，中氣十足，聲如洪鐘。「一個個精神抖擻，容光煥發，在我今天教的三個班中，另外兩個班都趕不上你們，真是韋老師教育有方啊！」汪老師走下講台，揮著手，與抑揚頓挫的語調相配合。頭節課就給我們戴上了「高帽子」，叫我們個個受寵若驚。於是小孩子般也想聽讚美詩的我們加倍認真起來。

　　汪老師講課有個很大的特點，愛一邊講，一邊不停地打手勢。手勢原本也是一種語言，有聲音表達不出的特殊效果。兩種語言相輔相成，互相補充，課堂也自然變得生龍活虎起來。

汪老師講課的聲音也很有特色，無論講什麼都一字一頓，絕無拖泥帶水之感。聲音也彷彿升降機一樣，時高時低，如此音差，讓你聽得清清楚楚，明明白白。自然的，你也就進入了角色，漫步在廣闊的化學殿堂中了。

聽汪老師的課，真的很想笑。他的一句話，一個動作，甚至一副表情，足以令你捧腹。就說他叫我們背金屬活動性順序表吧，由於他在原有的基礎上又增加了幾個需要識記活動性的元素，順序也就打亂了，於是他就編了一句順口溜傳授給了我們。「大家記下來，我說慢一點。」於是他便搖頭晃腦，饒有興趣地念起來：「鉀鈣鈉鎂鋁錳鋅，鉻鐵鎳，錫鉛氫，銅汞銀鉑金。」順口溜果然不一樣，不僅念起來朗朗上口，用起來也得心應手。在記憶「鉻鐵鎳」時，汪老師風趣地說：「同學們記憶這句話是不是有困難？好，我就教你們一個方法。」他眉毛一翹，滿面春風地說：「四川人吵架叫『割裂』，『鉻鎳』，鉻的什麼鎳？『鐵鎳』嘛！」一句話，逗得滿座「鉻鎳」聲起，心裡無不稱道：「絕了！」

對於汪老師，我們懷著深深的崇敬之情。在化學這門學科上，有他這樣的老師，我們是多麼的幸運啊！

可愛的新面孔

汪老師到市裡開會去了，今天代課的老師會是什麼樣呢？上課了，我們面向著門靜息，舉目以待。

一個白色的身影突然出現在教室門口，迅速踏上講台，叫了聲「起立」，又迅速問了聲「同學好」———從頭到尾，時間不超過八秒鐘。

雖然還來不及一睹廬山真面目，不過，他的雷厲風行已經告訴我，他是一位相當有時間概念的老師。坐下來，我打量了這位三十來歲的老師。他和許多老師一樣，擁有一副表示身份的眼鏡。不同之處，這位講著普通話的老師，還是一個表情相當豐富的人，表情雖誇張，但恰到好處。

當作完一次試驗時———一副不言而喻的樣子。

當同學們回答不上問題時———一副失望，甚至痛苦的表情———我們因此而不好意思。

當回答正確時———也並不立刻高興，而是一副充滿疑問的樣子，他在考驗我們的自信心和意志力呢！

面對這位老師豐富的教學表情，我們不敢有絲毫的懈怠，整節課都緊張而愉快。

這位老師，儘管是張新面孔，儘管不知道他的姓名，但這並不妨礙我們打心

眼裡喜歡他。

尊敬老師，這是學生的禮貌，更是人的文明。關注老師，不論是熟悉的老師，還是不知道姓名的老師，都投以熱情的目光，這是人的善良，是對學習的虔誠。用心去理解人，也是重要的學習。

我的「恨」與「愛」

聽說我們班這學期的物理老師是周老師，我的心裡別提有多高興了。周老師不高的個子、看似嚴肅實則風趣的表情立即浮現在我眼前。他曾經給我們上過幾次競賽課，他的言談舉止和生動的比方，我都記憶猶新。我是多麼想他來教我們啊！

現在他終於來教我們了。他一點沒變，課上得生動極了。他仍是那樣風趣而又嚴肅，初到我們班的他，立即贏得了全班同學的敬愛。然而，我卻因為一件小事，「恨」了他好幾天。

那是剛開學的一個物理晚自習。我問他一道我百思不得其解的題。我開始以為周老師會像其他老師那樣耐心地解答。誰知他接過書，只是瞟了一眼，便放下書，似乎很嚴厲地說：「你們呀，思考問題就是不仔細，這道題很簡單，做都不用做就出來了，用三角形相似啊！」

「啊？這兩條邊都在變，用什麼相似三角形？」我連忙又問。「你畫圖啊，不畫圖，怎麼看得出來？」我還想問，他已經大步走出教室了，竟不給我解答。他教好幾個班，但也不至於沒有這兩分鐘吧？這算什麼老師？我何嘗沒有畫圖，只是觀察不出來，不懂才問你，你卻說它很簡單。這一變化有那麼多三角形，我怎麼知道哪些三角形相似呢？總之，我覺得他根本就不是個好老師。一時間，我看見物理就心煩，我開始有點「恨」他了。

我可不是個向難題讓步的人，我向學藝股長請教。他告訴我利用結構三角形與向量三角形相似，因為無論這兩個力怎麼變，每一次都有對應的一對三角形，利用對應邊成比例，問題就迎刃而解了。聽他這樣一分析，我恍然大悟，我為什麼沒想到這一點呢？

於是，以後的幾天裡，我都不敢拿問題去問老師，而是換個角度多想一想。周老師的課還是上得那麼好，就像他猜透了我的心思，除了講物理，他還給我們講了他的一些經歷，介紹了他的學生是如何的優秀，這一切都深深地吸引了我。他說他不贊成題海戰術，題太多了就沒有思考的時間。他要同學們自己動腦筋，對問題從各個可能的方面去思考、想透徹。確實，他佈置的課外作業不多，有時

明確地告訴我們刪去一些題，但上課質量卻相當高，我們班的物理成績在逐步提高。我開始意識到老師的良苦用心：他要同學們自己想，而不是一口一口地餵給我們。這樣的老師，才是真正的好老師。「教，是為了不教」，他常常對我們這樣說。他使我們領會到一個「悟」字，使我們變得「靈」，我們學習物理既輕鬆，收效又大。他的確是一位傑出的好老師。

我對他的「恨」蕩然無存，取而代之的是愛，發自內心的愛。我有幸成為他的學生，我要用實際行動去學好物理，用優異的成績向老師表達我這份真摯的愛。

理解還需要交流，洋溢著欣賞和激勵的「心語」，提升著班級的活力。班導師給學生寫，學生給學生寫，教師節，各課小老師親自或委派同學寫的「心語」，讓老師心裡特別感動。

今年的教師節又默默地來了，一如老師們默默工作、默默耕耘的一貫作風，沒有節日的喧嘩。在這個平常又神聖的日子裡，學生本該用愛的贊歌，贊美老師金子般的心。可是我卻只想對老師說句心裡話。

段老師，您還記得嗎？那天，您是那樣高興，那麼興奮地告訴我們：我們班上有喜事！您說，您的女兒順利地從南開小學考入南開中學，您說我們韋老師的兒子也順利地由南開的北樓跨進了南樓。那一刻，望著講臺上眉開眼笑的您，我們的心中交織著喜悅與感動，更多的，還是感激。

怎麼能不喜悅呢？我們班是個團結快樂的團體，組成這個團體的，是同學，也有老師，老師的快樂也就是我們大家的快樂。怎麼能不感動呢？當您講述著您的快樂時，您的喜悅在深深震撼著我們的心！平日的您，總是用您的心血、您的淵博知識，向我們講述中華五千年的燦爛文明。可是這一刻，也只有這一刻，您那不經意流露出的喜悅才告訴我們，您並不僅僅是生活在文學殿堂裡，面對生活中的柴米油鹽，您也與我們一樣有著喜怒哀樂。我們這才想起，老師也並不永遠是那一盞照亮我們人生路的明燈———老師也是人啊！只是為了我們這群孩子，方將自己的喜怒哀樂在心裡藏得很深很深……

因為喜悅，因為感動，所以，我們深深地感激您！「桃李不言，下自成蹊」，您的付出，我們做學生的都看在眼裡，都記在心裡。我們知道，一聲感謝回報不了您的辛勤。但在這裡，請允許我們向您真誠地說一聲：老師，謝謝您！

學生學會愛自己的老師，師生和諧，這是一個班團體活的靈魂。

學在南開 樂在南開

學校元旦會演是學生隆重的節日。各個班都竭盡全力準備，努力展現出自己班的風采。

我們班沒有藝術特長生，大家一合計，決定推出我們獨特的節目———自編自演鑼鼓快板，用充滿青春活力的快板詞，道出學習、生活、課外活動的繽紛多彩，體現我們豐富多彩的中學生活。以寢室和走讀小組為單位，一個單位創作一段，綜合大家提議，總題目定為《學在南開，樂在南開》。

化學汪老師和我是「老搭檔」，一起教了好幾屆學生。他的快板書全校聞名，拜師學藝，快板詞就有了，「呱噔呱、呱噔呱、呱噔呱噔呱噔呱」，挺有意思。

四個「主角」很快就完成了「開場白」：「打竹板邁大步，表演節目來湊個數。打竹板打得歡，說說我們高二（三）班。打竹板走得急，素質教育舉紅旗。打竹板很普通，學在南開樂融融，學在南開樂融融！」他們在班上提前表演，整齊的節奏，得意的表情，還真讓大家樂不可支。

各個「單位」利用課餘時間緊鑼密鼓地準備。走讀的男生與女生聯合創作，聯袂預演第一部分《全面發展促成長》。

男聲氣勢雄壯：「允公允能南開精神，年年歲歲育新人，怎樣做個南開人，班會校會引導我們。」女聲歡快悠揚：「母親節送朵花，尊重媽媽理解她；與同學共進步，友誼是棵常青樹；看世界學科學，老師給咱來引路。」男生抬頭挺胸：「國旗下把頭昂，熱愛祖國有理想。大操場上來學軍，革命傳統記在心。建校勞動來除草，勞動艱辛初品嘗。學工勞動走出去，懂得生活不容易。」男女生一起打著快板，還走動著變換了隊形：「學在南開樂在南開，在南開揚起理想風帆。鑼鼓喧天，竹板連天響，全面發展———促成長！」同學們報以熱烈的掌聲。

快板的第二部分是《學會學習》，第三部分是《學榜樣》，卻被負責第四部分的男生404寢室搶了先。他們直接用《文明寢室掛牌了》代表「生活主題」，特別的幽默。快板中夾著獨白，還用童聲歌曲《我是一個粉刷匠》的曲子給其中一段「小懶蟲」配音，滑稽的表演把生活的情趣演繹得惟妙惟肖。

「（齊）：南開校園喜鵲鬧，文明寢室掛牌了，榜上有名404，我們的心裡樂開了花，嘿！嘿！樂開了花！我們的室長趙富生，來自巴南小山村。（白）：身

體倍兒棒，吃飯倍兒香。(齊)：勞動的本色永不忘，學習努力志氣高，待人寬厚人緣好，積極鍛鍊不怕苦，冬天還洗冷水澡。

（丁）：我是寢室的小懶蟲，脫下臭襪子床下扔，室長幫我做清潔，我的心裡很內疚。

（齊）：一個好漢三個幫，懶漢不懶是榮光，接受糾正要服氣，思想交流在一起。寢室是家我愛它，美好環境要靠你我他。杯子毛巾擺整齊，桌面門窗淨如洗，三齊四潔五條線，紀律嚴明更甭提。跳繩長跑添樂趣，團結友愛人心齊，文明寢室牌高掛，繼續創優再努力，再努力！」

班上的寫作高手李桑杉別出心裁地訓練大家用快節奏「說唱」她的傑作，第五部分《青春十分鐘》：「未來是個五彩繽紛的夢，夢圓圓在青春十分鐘，歌唱理想憧憬希望，生活是海洋青春是槳。《郵遞馬車》跑呀跑得快，和我們一起《走進新時代》，《真心英雄》《有你有我》，青春是首《不老的歌》！」頗具匠心的歌名串聯，博得大家好評如潮。

女生215寢室的任務是編寫結束語。對於「素質教育」這個主題來說，涉及範圍廣泛，表現形式多種多樣，內容也較為繁雜，要用簡短的語言全面概括，並賦予快板的節奏感，確實不是件容易的事。雖然她們積極構思，但終因形式陳舊、語言感情貧乏而沒被採納。

星期三晚自習後，室長李桑杉把大家召集起來，她說：「我們不能各想各的，把想法說出來，大家討論，三個臭皮匠，頂個諸葛亮，我們這麼多人，要頂兩個諸葛亮了。」大家都贊成，各抒己見，寢室一下子沸騰起來。袁苑忽然想到「21世紀在招手」，楊陽靈機一動，「對，把小霸王學習機的廣告詞改成快板」。大家的靈感一下子都冒出來。「你拍一我拍一，素質教育數第一」「你拍二我拍二，……」「四說什麼？」「說班會吧。」「班會放眼天下事。」「太誇張了吧？」「那就用『班會留心身邊事』怎麼樣？」「好啊，五說勞動。」「六說體育。」……一個多小時，終於完稿，幾個人笑成了一團。

團體創作大功告成，緊接著我們精心排練，幾乎是全班總動員。鑼鼓、快板、彩旗背景，動作、表情、隊形變化，上場的是演員，不上場的當陪練。正式演出不同凡響，場面極其熱烈，因為音響設備欠佳，陣陣笑聲淹沒了我們快板詞，對效果有所影響。當然也因為南開的文藝演出水準很高，我們沒能獲一等獎。但這又有什麼關係呢？我們很滿足，創作的來源、過程和成果，真的是———學在南開，樂在南開！

難怪學生發出這樣的感嘆———

捨不得你———我的高一

一直以為還早，一直還沈浸在高一的浪漫中。今天才恍然發現，我們正步步逼近高一的尾聲。今天搬教室，為期末考試騰出考場。看著同學們小心翼翼地摘下貼在牆上的獎狀，一個字一個字地拆下校訓、班風，心裡竟莫名地湧出難受的感覺。

那一張張獎狀，從校運會的團體第五名，到歌詠比賽第一名，其中有著我們多少的歡樂、汗水和欣慰。這一路走來，在這個團體中，我們感受了許多，收穫了許多。雖然很捨不得，但同樣很感謝，感謝高一給我新奇，感謝高一給我感動，感謝高一給我精彩。

人們說，16歲的花季是人生中最值得珍藏的回憶。我的16歲，足夠的豐富，足夠的精彩。我幸福地感受著我的16歲，捨不得你———我的高一！

二、珍愛生命　樹立理想　系列班會作主線

每週一次的班會課是南開的必修課，更是我們班的特色中的特色。

學習的敵人是自己的滿足

班導師的專題講話和專題講座，是班會課的一種形式，一種必不可少的形式。不僅要傳播新思想、新理念，還要培養學生「受教育的能力」，班導師不能不用心思吸引學生的注意，啟發學生思考。曾經在學生意識裡似乎有些刻板的「班會」，在學生眼裡煥然一新。

學習的敵人是自己的滿足

像往常一樣，韋老師滿面春風地走進教室，準備開始一週一次的班會課。值週幹部一本正經地宣佈本次班會課的內容是韋老師介紹學習方法。一聽此言，同學們有點失望，各個學科都要講學習方法，和往常一樣，對司空見慣的東西，同學們不甚在意。

突然，端坐在臺上的韋老師出人意料地拿出一張寫了幾個大字的橫幅，在我們面前晃了一下便收了下去。這莫名其妙的一招立即引起了大家的興趣，同學們

的注意力一下子被吸引到了韋老師那笑眯眯的臉上。這時，韋老師才慢條斯理地說出她的「用意」———讓我們說出那橫幅上寫的什麼字。教室裡立即形成了鮮明的對比，看清了的喃喃自語，躍躍欲試；沒注意看的，只有低下頭，佯裝沈思（說句老實話，我也沒看清）。老師即興抽了幾個人來答，都沒對！韋老師又讓我們看了一次，這一次大家都專心致志，果然成效立現，一語中的———「學習的敵人是自己的滿足」。

顯然，同學們對這堂課發生了濃厚的興趣，議論紛紛。這時，韋老師「故伎重施」，這一下，亮出了「學習的故人足自己的滿是」，有的同學高聲讀出「學習的敵人是自己的滿足」之後，才發現其中暗藏玄機。一陣笑聲之後，大家的注意力更集中了。吃一塹長一智，同學們居然死記硬背下了這句毫無意義的話。最後，韋老師調動了「學習的敵人是自己的滿足」這句話的字的順序來考驗我們，也被我們一一識破，沒有上當。

這時候，韋老師才道出她今天所要介紹的學習方法———「提高注意的能力」：如何集中注意，如何通過增強注意力，迅速聯想、深入理解，克服思維定式，如何利用「無意注意」。顯然，這是針對我們學習中出現的問題而談的。這時，我們才知道了她真正的「用意」！

韋老師不愧為一位經驗豐富的老師，課堂，龍騰虎躍；講解，有聲有色，充分激發了大家的興趣。這樣的教育課印象深刻，受益匪淺。「注意力不集中」這個課堂上的老大難問題，我們應該也能夠解決。從今天的事實可以看出，一句毫無意義的話我們都可以在極短的時間內背熟，更何況書上的內容呢？只要大家拿出今天的興趣和熱情，這是不難達到的。

「學習的敵人是自己的滿足！」猛然間，我發現這是多麼重要的一句話，老師的「用意」，還不只是在「注意」上！

敬畏生命珍惜親情

準備班會的過程，是引導學生思考的過程。學生，學生，顧名思義，就是要學會生活，學會理解人生。為什麼要等到出了問題才去「教育」學生呢？人，為什麼一定要活到大半輩子，才來思考人生的意義呢？「人為什麼活著」的問題，就應當在學生階段開始思考，而思考，就從敬畏生命開始。

準備班會有一個竅門，就是借他山之石，讓學生廣泛地查選資料，貼在園地

裡供大家享用。以《生命》為主題的班會前，我們貼出有關的文章，其中有一篇文章是《在德國我們學會感謝死者》。德國十大高校之一的蒂賓根大學，臨床醫學非常著名，醫學研究條件很不錯，五十多具完整的屍體有條不紊地擺放在解剖樓裡供學生學習使用。在德國學醫的中國留學生，看到導師在解剖屍體以前都要肅穆默哀，不論死者生前是否為罪犯。每年當解剖學考試結束的第二天，蒂賓根大學就會在市大教堂組織一場集體追悼儀式，所有學生人人手持一支蠟燭，靜靜等待臺上主教念禱。每當念到一位志願捐獻遺體者的名字，一位學生就在莊嚴的音樂聲中將火苗搖曳的蠟燭獻到台前。許多還在猶豫是否捐出遺體的人，親歷整個追悼會的過程後，立即與大學簽下志願捐獻的協議。留學生回想起若干年前，自己在國內起步學醫，每組十人圍著一具不知用了多少年的陳舊屍體標本。老師常以不屑的口吻說：這大多是些槍斃後無人收殮的罪犯的屍體。因此自己一開始對其就相當厭惡，從來不會對其感恩。兩者對照，可以看出為什麼在德國這樣一個人口數不斷下降的富裕國家，每年供學子研究的屍體依然源源不斷。學生學習醫術的第一課，是最生動的醫德教育：感謝死者，即尊重生命。

　　短小的文章激起學生的思考。學生在週記裡各抒己見。有的查字典解釋生命的含義，有的用「非典」病人頑強地同病魔搏鬥與跳樓自殺的青少年相比較，肯定前者是生命的強者，後者是懦夫。從中國的古訓，到保護生態環境、愛護動物的生命，似乎珍惜生命已成為堅定的信念。其實不然，有幾種說法很特別。

　　一種是引用了「或重於泰山，或輕於鴻毛」的一段話來證明自己的論點：有的人的生命寶貴，有的人的生命不寶貴。於是，生命本身並不重要，而是做什麼樣的人重要，比如張思德，比如希特勒。於是，對生命區別對待。

　　一種是從宗教的角度談對生命的態度，基督教的信徒是不會自殺的，因為他們認為人的身體是上帝的，自己無權毀滅它。這很符合我們班導師的想法，學生好好活著就好，不管你是什麼理論和信仰。但就有這樣的學生，用極其生動的語言，表示對死的好奇，很想親身試一試死了是什麼滋味。這可怎麼辦？

　　真實的想法，不能回避，需要真實的說服力。

　　以「珍愛生命」為主題的班會分三部分：什麼是生命，敬畏生命，熱愛生命。有詩，有歌，但最主要的是週記和選的文章組成的中心議題討論。

　　什麼是生命？字典裡關於生命的定義是「動物、植物的生活能力，也就是跟礦物、水等有區別的地方」，學生以此為論點，謳歌自然，歌頌生命存在的美好。有了生命，宇宙才如此精彩。每個人都是獨特的生命，每個人都應當接納和愛惜自己。

敬畏生命，就要珍惜生命。對於「有的人的生命寶貴，有的人的生命不寶貴」這種論點，同學們展開討論。

任何人的生命都是寶貴的，任何人都無權傷害別人的生命。正因為如此，希特勒罪大惡極，死有餘辜；張思德的死最好能避免。為什麼烈士們犧牲生命是崇高的？抗洪勇士用自己年輕的生命保衛了千千萬萬的生命，實現了生命的最大價值。感悟生命，不可避免地談到人生的價值。學生們明白過來，毛主席原文是「人總是要死的，但死的意義有不同」，談的是生命的價值，而不是生命本身。

感悟生命，談到人生的價值，自然而然談到生與死。

思維最活躍的韓霏，又有了表現自己與眾不同的機會。當他說到「我們每個人都有一條命。科學家說人死後就剩下一個軀殼，這是真的嗎？誰實驗過？」時，教室裡一片笑聲。

「⋯人死後靈魂就消失了嗎？誰能告訴我死後的感覺是怎樣的！世界上的未解之謎還有很多，宇宙有邊界嗎？宇宙之外又是什麼呢？這些問題科學暫時都沒有辦法解釋。等我死後，我就會知道謎底了！死，也許會是一種解脫。人有時活得是很辛苦的，死了也許會快樂。死，代表一個生命的結束，但會不會是另一個生命的開始呢？說實話，有的時候我真的很想試一試。」

漸漸地，思考代替了笑聲。不少同學與老師一樣，擔心有人會去做傻事。只聽韓霏話鋒一轉：

「但是，我通過學習知道，實驗有三種可能，一種是驗證結論正確，一種是驗證結論錯誤，還有一種是有待繼續實驗。我以自己的生命做試驗，萬一不能解謎底，白白地送了性命，那我的生命說不定還沒有一隻小白鼠的生命有價值。我不想死後有什麼遺憾，所以，我會活得很精彩！」

這時候教室裡氣氛熱烈。「小記者」開始採訪，引發了討論。「人活著很累」「活著就好」「人死了不能復生，不能拿生命開玩笑」，全都是學生內心所想。

結束討論的，是一個女生感人至深的親身經歷———感受死亡，珍愛生命。她說，我可能是這個世界上最珍愛生命的人，因為我經歷過死亡的恐懼。

她和幾個不會游泳的女孩下河游泳。突然一股水流把她衝到河底，黑洞洞的什麼也看不見，什麼也不知道了，冥冥中死的恐懼遍佈全身，「我真的要死了？我才十三歲，我不想死！」求生的慾望使她亂蹬亂劃，好不容易浮上來，又被水流衝下去。幾經沈浮，正當她筋疲力盡時，一個因為不放心而悄悄跟著她們的家長把她救了起來。她媽媽得知後，一把抱住她，全身戰慄，緊緊地抱住她不放。她說：「從此，我知道，我的生命不僅僅屬於我自己。活著真好，我要為自己好

好地活著，我要為親人好好地活著，我要……」

沒有什麼比鮮活的思想、真實的事實更打動人的了！我們都受到一種感染，感受到生命的脆弱，感受到生命的寶貴。

熱愛生命，珍惜生命，對於中學生，就要珍惜時間，努力學習；就要注意人身安全，學會自我保護，尤其要保護心理健康，不能讓寶貴的生命污染上血腥、暴力、淫穢而頹廢消沈。

健康地成長，很重要的一點，就是珍惜親情，曾經不屑一顧的「孝心」，成為班會後學生關注和議論的焦點。生命教育中，親情教育融入學生的自我教育，成為具體行動的重要方面。學生眼裡有了「孝心」，內心反省自己「成熟」的變化，學會關愛，學會感激。

盡孝

星期六，我回到家中，媽媽正在做飯。啊，好香，有回鍋肉、香菇、燉藕湯，都是我喜歡吃的。媽媽一邊做飯一邊說：「你外公愛吃藕湯，我想你也喜歡吃。待會你給外公送去，……」我雖不大樂意，還是答應了。

外公家離我家頗有一段距離。外公已72歲，去年檢查出肝膽癌變，雖已做了手術，可是如此高齡，也不過延長一兩年時間。媽媽強忍悲痛，凡是能想到的，都為外公想到、做到，盡最後這點孝心，難道我還能無動於衷嗎？

香菇和藕都已熟了，可媽媽還嫌不夠軟，擔心外公嚼不動，又舀起一些倒進高壓鍋壓了一下，少少的放了點鹽，然後一筷子一筷子地挑出大朵無蒂的香菇和正節藕，放在小鍋裡。於是我就出發了。

送到後，外公趁熱吃了，他連聲稱贊：「很好吃，很軟，很香，……」他一臉的自豪，自豪有這麼好的女兒。平時只吃一小碗飯的外公，這天吃了一大碗飯，喝盡了藕湯，臉上又是歡悅之色，我也不禁高興起來。看到外公依依不捨地目送我，我招招手，告訴他下個星期我還來給他送湯。

走在回家的路上，我想起媽媽經常給我講她小時候，外公對她是如何的好，現在他老了，我們不能忘了中國人的傳統美德，我們要多盡孝心，要細心……我一下子明白，為什麼媽媽要給我講這些，為什麼要讓我給外公送湯，外公多想見見自己最疼愛的外孫子啊！

我也想起了我小時候的一幕幕：我尿了床，我睡乾處，媽媽睡濕處；我冷了，爸爸脫下大衣給我套上。我病了，媽媽連夜背著我冒雨上醫院，滑倒時還要向前倒，怕摔著我。自小到大，我愛吃的，媽媽都「不愛吃」，我不愛吃的，媽媽都

「愛吃」，……

　　我眼眶濕潤了，我這才體會到人們為什麼要盡孝道，為什麼不肖子孫會激起公憤。我不知道該如何表達我的感情。我的媽媽是個好媽媽，也是個好女兒，她為我做出了榜樣。

　　我加快了腳步，我要回家親手給媽媽夾她「不愛吃」的香菇和藕。(圖24)

圖24 盡孝送湯

我愛父親母親

　　上個星期天，媽媽來看我，提著一保溫桶熱乎乎的雞湯，背著一包水果和鹹菜。我禁不住喜形於色。我們一起吃了午飯，在一起說了會兒話，媽媽便說該走了，她要去趕下午兩點的下水船回家。看著媽媽那瘦小的身影漸漸遠去，我心裡禁不住一陣寒戰。記憶的大門在我濕潤的眼中打開，那一件件往事，一齊湧上心頭。

　　我想起我小時候，我們一家人多麼快樂。我們一起去趕場，我扭著爸爸買玩具；媽媽帶著我在山坡上摘野花，爸爸給我們照相。我們在河邊沙灘上放風箏，在河邊用石塊打水漂，煮香腸，拾鵝卵石，捉螃蟹。我們一起打羽毛球，打乒乓球，打籃球……

　　上了初中，學習任務漸漸緊了，爸爸媽媽常教我制訂學習計劃，如何預習、

復習，如何努力，如何改進學習方法，如何為人處世。中考前，我緊張得失眠，爸爸專門陪我聊天，媽媽為我按摩。

考上了高中，離家遠了，爸爸媽媽千叮嚀萬囑咐，叫我注意身體，伙食吃好不要太節省，注意身體；要我把學習放在首位，不要受花花世界的影響；要我注意人際交往，不要再像以前那樣，不注意說話的方式；叫我⋯⋯

父母給我一天比一天多的關懷，我卻一天比一天不懂事。上初中時，居然不願照「全家福」，在媽媽又勸又拉之下才極不情願地照了相。學了一句話「外君子而內小人」，居然當著眾人在飯桌上說：「爸爸是外君子內小人。」爸爸在公司遇到不順心的事，週末到爺爺那裡傾訴，我卻故意調皮，被爸爸打了一筷子還汪汪大哭。暑假裡感冒發燒，看著學習計劃一天天地被耽擱，心情不好，媽媽來噓寒問暖，我卻置之不理⋯⋯我清清楚楚地記得，爸爸媽媽是怎樣的淚流滿面，或者關在屋裡獨自嗚咽的。我常常深恨自己是如此不懂事。既然愛爸爸媽媽，就要表現在行動上，為什麼要裝出一副「成熟」的樣子，讓爸爸媽媽傷心呢？

想起這些事情，我不禁潸然淚下。

今天，我在全市最好的中學裡，為創造自己美好的未來而不懈努力。至少為了父母，我也沒有理由不好好學習，沒有理由不最大限度地發展自己。人們說，宇宙間最崇高的感情就是父愛母愛。我感激父母給予我生命和健康，我感激父母為我做的一切，甚至，我感謝父母活著———我有爸爸媽媽！從現在起，我要多多關心爸爸媽媽，我要用我的成長與關愛，來報答生我養我的父母，讓我的爸爸媽媽成為天下最幸福的人！

給理想賦予生命的意義

生命教育，重新點燃像渴望學會走路一樣的學習熱情，珍視生命的每一段歷程，主動地發展自己。成績非常優秀的女生張薛在週記裡寫道：

「就像門外的常春藤，永遠沿著桿子不斷地爬，不知道自己的方向，由著桿子東拐西彎。進了全市最好的小學，讀重點初中，現在又步入南開，然後是某重點大學，然後是某高薪企業，然後、然後呢？我突然腦死亡，像靈活機敏的夜貓沒有了觸鬚，像夜間神捕蝙蝠沒有了雷達———我迷失了方向。生命何其漫長又何其短暫！我卻為將來的人生之路感到索然無味，甚至厭倦，甚至憎恨。我的短暫的生命若是追求上述看似令人驚羨，其實十分渺小的事，我豈不會煩惱生命的

漫長？不，我不要以它們為目的來空虛自我。

那麼，我的人生目標是什麼？我要做同樣的事———讀重點中學，爭第一，考重點大學，但抱的是不同信念。我不再為做而去做，學習不同的學科是我對大自然、對社會多一分瞭解，是讓這些來充實我、昇華我，是我駕馭著它們奔馳在廣闊的時空，而不僅是它們來牽領著我走。我要珍惜學習生活，我要瞭解生活，我要享受人生。我會歌唱，我會哭泣，我可以為一件傑作而得意，我能夠在一次次失敗中站起。我要做得更好，我要釋放所有的能量來完成生命。」

一個成績平平的男生在學期小結中寫道：

以前聽說的是，努力過初三，高一就可以放鬆了。但現在的我明白了，高中和初中根本是兩個不同的層次，要想學好高一的知識，起碼要用兩倍於初三學習的時間和精力。我原本以為，我現在努力地玩，人生一輩子最寶貴的青春我便享受到了。其實，在青春中奮鬥，由一個兒童長成少年，成長為有思想、有能力的青年，變成一個大人，成就自己的事業，才是真正的享受青春。

人生的理想，綻放出生命的綠色。班會隨著生命的歷程，一步步把學生的眼光引向世界。「我為什麼上南開」「十字型人才」「設計人生」「友誼之樹常青」「愛情・理想」一系列的班會，因為與生命聯繫在一起，貼近學生的生活實際，觸及學生思想和情感深處。

班會，成為學生喜歡的課，引以為傲的課。班會傳播的知識和真理，內化為學生自己的方法和思想，成為引領人生、激發學生自我教育的指路明燈。

三、閱讀引導思考　榜樣就在身邊

優秀的書籍是人類進步的階梯，真正的閱讀，是自我教育的必由之路，它能引導學生仔細觀察和瞭解人的靈魂的複雜性，引起學生去深入思考自己和周圍的世界。

我的世界

班團體的讀書活動，給學生打開心靈之窗。團體環境薰陶下的閱讀，對人的成長是其他閱讀不能替代的。不要求寫讀書筆記，沈浸於書中有時竟顧不上查字

典，彷彿歡樂地遊弋於書的海洋。學生情不自禁地表達著對讀書活動的喜愛和對閱讀的渴求，從中所受的教育更是令人欣喜。

快樂的團隊活動

下午第三節課，我們的團隊活動拉開帷幕。今天到場的不光有共青團員，還有一些積極進步、「靠攏團組織」的同學，或者說對我們的團組織生活好奇的同學。

我們的活動是到學校圖書館自由閱讀。既然閱讀是人生最必要的和最快樂的事情，團隊活動是年輕人可以選擇做自己喜歡的事情的活動，何不將二者珠聯璧合呢？

我們一行人來到學校圖書館，閱覽室裡人已經很多，有的站在書架前挑選著書籍，有的選好了座位坐下來，有的已經埋頭閱讀彷彿進入無人之境。見此情景，我們迫不及待，像一隻神秘小分隊，悄無聲息地迅速四散，潛入選書的人群中。

靜靜的閱覽室，蘊藏著多少寶藏，有多少雙渴求光明的眼睛，有多少顆渴求美好的心靈。我沈浸其中，無比的愉悅，我能感覺到我們的心裡有了更多的共同的渴望。

這是默默無言的團隊活動，也是有意義的團隊活動，更是我們盼望的快樂的團隊活動！

我的世界

假如我說，我擁有一個世界，你一定會感到驚奇。假如我說，我的世界很大，你一定會覺得很滑稽。也許你會說：一個中學生，半平方米的立足點，一立方米的三維空間，竟想擁有一個大世界？真可笑。

可是，假如我再說一遍我擁有呢？

有一天，有人問我：「書上說德川幕府統治了日本260多年……」我回道：「是呀，豐臣時代後是德川幕府，而豐臣秀吉死於1598年，德川幕府倒臺在1867年，這期間約260年。」他驚訝地看著我，「你怎麼知道？」我得意地說：「因為我讀過一本書，那裡面有。」書，不是我的，甚至不曾在我的書包裡佔一席之地，但是它屬於我的世界。

現在，你該相信我擁有一個世界了吧？

我的世界，它是一片森林。它不屬於哪個氣候帶，它的領域中廣布著各類樹木，常青的或落葉的，針葉或闊葉的……開著各色的花，結著各樣的果。就像我

擁有一座森林一樣，我並不把每一片樹葉、每一片花瓣、每一顆果實揣進懷裡。我曾是一個頑童，現在也還像一個頑童———在我的世界的腹地中匆匆地走，好奇地摘取我所需要的果子。

書，它屬於我的世界。從書中我認識了自然，從書中我認識了社會。

書———這就是我的世界。

《悲慘世界》告訴我

星期天上街買了盤帶子，是雨果的《悲慘世界》的電影剪輯帶，我知道這是部很著名的長篇小說，卻從未讀過。寢室裡的好友穎、冰、小小都說好看，於是我戴上耳機聽。

聽完，激動得久久不能平靜，於是不停地在室友面前朗讀———「他安靜地去了，很幸福，因為他把他所有的一切獻給了那個人，把她從悲慘世界裡拯救出來。」

「他，曾因飢餓，偷了一個麵包，被判服了十九年苦役，他又搶過錢。但他生平第一次感到愧疚，於是走上助人之路。他給了小姑娘克塞特一生的幸福。」

助人是不是一種幸福？我問自己。果戈理說：「如果有一天，我能夠對我們的公共利益有所貢獻，我就會認為，自己是世界上最幸福的人。」

看到別人在自己的幫助下獲得幸福，自己也就幸福。雨果在書中寫道：「把自己的歡愉建立在別人的悲慘上，是一種痛苦。」種樹得蔭，造福得福，人的一生需要的是幸福而不是痛苦，而幸福是付出的報償。當在馬路上扶起一個跌倒的小男孩，當在別人受傷時送去一種問候，別人回送你一句「謝謝」，回送你一個微笑，那便是你付出後得到的幸福。

助人真好，幸福真好。一生何求？也許已找到答案。

體驗面對書籍進行深思的激動，跟自己進行著內心的交談，樹立起人生的榜樣和理想，這是自我教育的一個重要的階段，能夠進入這樣的階段才能有真正和諧的教育，才能擁有美好的人生。

特別的故事會

　　班導師特別需要真正的閱讀，閱讀思考是工作中必要的學習，更是生活中最大的享受。閱讀不僅豐富著自己的內心世界，也豐富了自己的閱歷。許多栩栩如生的人物和精彩紛呈的故事成了我生活的一部分。遇到難題，人生體驗中的故事精靈們聞訊起舞，化為一把把解決難題的金鑰匙。信手拈來，即席發揮的小小故事會，就像對準關鍵轉動鑰匙，常常能化解偶發事件的危機。彷彿思想寶庫的大門自動開啟、敞開，讓學生們看到新的天地。

　　這天早自習，教室人聲鼎沸，卻不是讀書聲，風紀股長正忙著登記昨晚教室被盜的物品。我默默地退回到辦公室。兼任男生108寢室室長的班長龔浩和副班長龍筱凡匆匆走進辦公室。「老師，昨晚曹坤沒回寢室，也沒請假！」「哦？……暫時別說。」「大家都知道了。」「那就悄悄叫他來一下。」

　　曹坤衝進辦公室，上氣不接下氣地對我說：「老師，不是我！」「別著急，坐下慢慢說。誰叫你不按時回寢室，現在知道厲害了？」他看著我，心神不定。

　　「我相信你！第一，相信你不至於那麼蠢，做那種傻事！第二，相信你，萬一的萬一你做了傻事，會向我承認的。我向你保證，不論第一還是第二，你都可以和我一樣———清白做人！不過，要水落石出得有個過程。不論我在班上講什麼，你都記住，記住我相信你！」

　　曹坤剛走，龔浩和龍筱凡又匆匆走進辦公室。「老師，我們相信曹坤不會做那種事。」「憑什麼？」我兩眼一瞪。「感覺。」我笑起來：「那就把原話告訴他，多和他在一起。」感覺，我也有這樣的感覺。但我仍然有擔心的感覺。直爽的性格是好的，但若沾上了哥們義氣，砂土蘿蔔一帶就走，跟外面不學習的人有交往，也難說不犯錯誤。

　　怎麼辦？頭腦中一片翻騰。偶發事件若處理不當，會發生連鎖偶發事件。「兩個相信」應當成為處理偶發事件的原則。但是，同學們都能有這樣的信心嗎？同學們不信任的態度會給個別學生很大的壓力。怎樣讓學生們理解人性的善惡與複雜呢？嗯，有了，給學生講畢淑敏的短篇小說《翻漿》，先安定人心。恰好因下雨不做課間操，學生一聽說老師要講故事，頓時歡呼雀躍。在熱烈的掌聲中故事會開場。

　　五千米的青藏高原空氣稀薄，山勢險峻。初春，人凍得像個冰人，公路卻因大地回暖，地下水拱上來，膨脹翻漿，卡車顛簸搖晃如同醉貓。搭車回北京探親

的女兵坐在司機旁,已經十天零十幾個小時了,不敢出大氣,也不敢打瞌睡,因為路邊的汽車殘骸和白骨就是打瞌睡的下場。

突然,在無邊的黑暗和沈寂中,立起一個土柱遮擋住銀色的車燈————一個渾身是土、提著一個破口袋的人要搭車。這個渾身散了架、已看不出是知青的男人,是到幾十裡外的團部借小米,連走帶爬了幾天,如果今晚還不到家,老婆和才出生的女兒必定餓死。女兵讓「土人」擠司機台,司機堅決不准搭車,「土人」抱著車燈不放,司機只好讓他上了卡車廂。

卡車顛簸在翻漿的路上,司機給女兵講了一個真實的故事。他的師傅和車就是在這段路上失蹤的,十幾年後殺人搶車的罪犯在上海犯了事,被打得人快死了才吐了真話。從此車隊的司機絕不讓不認識的人搭車。剛才還為自己做了善事而興奮的女兵,此時後悔不已。

司機讓女兵從小孔監視那個不像個人樣的「土人」。不看還好,一看可嚇壞了,「土人」身手敏捷地在翻弄女兵的行李,那可是她當兵五年的心血啊!不能讓賊娃子得手後跳車。司機憤怒地猛踩油門,車身像在十級颶風中翻滾,女兵擔心賊娃子被撞死,可賊娃子的意志堅硬如鋼,身體被拋來拋去,頭破血流,手卻抓住行李不放。女兵恨得咬牙:撞死一個賊娃子少一個壞人!

「你們猜,結果怎樣!」看看快到上課時間,我來了個提問準備畫龍點睛。「怎樣?」「女兵的行李是用繃帶捆的,散了,知青想用自己米口袋的繩子把它捆上。」「啊!⋯⋯」全班學生鬆了一口氣,曹坤的臉色也平和多了。「一場虛驚」,「人性善」,大家議論紛紛,說到了點子上。

接下來的幾天,我給學生講了「人性惡」和「人性複雜」的故事。畢淑敏的長篇小說《紅處方》中,忠於職守的戒毒所醫生簡方寧被她的一位美麗的病人毒害致死,毒源是一幅美麗的油畫《白色的和諧》,而不吸毒且敬佩戒毒醫生的三大伯卻是販賣毒品的老手。鬆了一口氣的學生又重新睜大了警惕的眼睛,努力思考著。

沒過幾天,教學樓再次被盜,我班加強了防範未受損失,晚上最後離開教學樓的我確信被盜與按時歸寢的曹坤無關。不久,案破了,真相大白,是校外人員作案,教室風波徹底平息。一波三折中,同學們對「人」有了新的瞭解,還結識了一位人生路上的新朋友———畢淑敏。

身邊的榜樣

人生需要榜樣。生命的歷程中，管理人生是永遠的必修課，而高中這個階段學會自我管理尤為重要。沒有誰能強迫躊躇不前的高中生擯棄種種陋習的困擾，唯有他心中的榜樣，能讓他超越自我。

每一個學生的內心都有追求進步的渴望，總有時刻閃耀出令人激動和贊嘆的美好。讓學生的閃光點一閃即逝，太可惜，那是人生的無價之寶。每一個團體有自己的先進人物。讓學生中的先進孤獨地走在前面，很可怕，不僅僅是生命資源沒有得到開發，還可能在敬而遠之的冷淡中讓先進失去動力，失去光華。先進，先進，顧名思義，就是先前進一步，後面的人要跟進。發現和學習身邊的榜樣，能讓每一塊寶石都發光，能讓先進帶動著「後進」前進，始終沿著健康成長的方向。

開展學榜樣的活動，首先由大家推選榜樣，各自寫出自己敬佩的人的突出優點和具體事例，再由大家潤色，「組裝」成「事跡介紹」，張貼上光榮榜。

我不希望學生只看到學習成績優秀的光榮，看不到成績後面的思想境界和付出。我不希望學生只懂得學習好這一種優秀，而不懂得敬佩責任心等諸多長處。我希望鮮活的形象、豐富的思想，借著靈動的語言躍然紙上，讓學生心裡充滿真摯的敬意和迫切學習追趕的激情。所以，我帶頭寫我敬佩的「榜樣」。

熱愛生活，做團體和自己生活的主人

學習是學生生活的主旋律，130分的高分不會滿足，激起的是更強烈的求知慾；70分的低分不會氣餒，主動查找原因，絕不怨天尤人，更不因此把自己定為分數的奴隸、生活的看客。

明眸掃過燦爛的笑容，揮手流出心中的贊歌，成功的瞬間凝聚著多少苦練的汗水，我們的指揮也許更能理解共同奮鬥的艱辛和歡樂。當班長勇於負責，當風紀股長心甘情願，當「老百姓」積極主動。能幹，首先是能夠去幹！

她那麼出色，充滿信心地走在前面，不論是體育、文藝、領操、編舞。班會上的朗誦催人奮進，運動會上矯健的身影令人歡欣鼓舞。但，她卻「不出眾」，總是快樂地和同學們在一起，寢室裡練操、教室裡練歌、一起為運動會剪道具『胖胖手』。

她是誰？宋書丹！

先進，不再是一幅生硬的面孔，學榜樣，不再是乾癟癟的口號。學生們自編自演的快板《學榜樣》，熱情贊揚、高度概括，為學榜樣的美景錦上添花。

（白）：用成長的眼光注視我們的生活，以人的心靈去理解我們的同學，你會發現：生活真好，好人真多，榜樣的力量是無窮的。

（齊）：說周悅道周悅，學習第一是周悅。愛學習、有理想，全面發展是方向。

說嚴欽道嚴欽，勞動積極數第一，勇於付出敢拼搏，揚長避短戰自我。

李桑杉啊李桑杉，以認真求進步，以頑強求發展，養成自身好習慣。

李孟俠啊李孟俠，幫助同學似大俠，把生病的同學帶回家，全家精心照顧他，不是親人勝似親人，樂於助人的有心人。

宋書丹不簡單，團體活動走在前，領操、指揮、主持人，學有特長真能幹。

能幹人有鄒磊，文章下筆如有神，開朗活潑永向上，完善自我創「三好」。

能幹人真不少，楊興韻律操做得好。李媛苑愛鍛鍊，堅持跳繩她領先。龍筱凡是好漢，團體的事情熱心幹。王勝勝、李映和楊科，他們的優點也很多。榜樣就在咱身邊，學習榜樣加油幹，追上去，超過他！學習榜樣爭上游，學習榜樣爭上游！

學生中的榜樣，來源充足，方方面面，親切自然。具體生動的事例令人折服，彩色照片配以優美的文字，更能打動人，讓學生在學習榜樣的過程中感受到美的呼喚。榜樣專欄標題由「光榮榜」變成了「學習他，趕上他，超過他」。甚至，不管是否張榜，學生都樂意寫，寫出自己敬佩的人，是一種心願，一種學習方式，一種快樂。一位學生的週記裡寫下了自己向榜樣學習的體會，寫了學習的榜樣吳才君，鍛鍊的榜樣餘祥，生活的榜樣張凡，寫著寫著，自己也成了榜樣———努力學習榜樣的榜樣！

紅岩少年

德育處主任興奮地在全校大會上表揚一位見義勇為的好學生。有個小孩在池塘邊玩耍，不幸落入水中。一個小夥子飛奔上前救起了小孩。當小孩的家長趕到後，對這個學生千恩萬謝時，這個學生卻淡定地說：「這沒什麼，難道我能見死

不救？」家長感動不已，一遍遍地追問小夥子的姓名和單位，小夥子無論如何也不肯說，最後不得已說了幾個字：「南開中學的。」家長寫信到學校，希望能夠找到這位救命恩人，讓孩子記住他的名字。德育主任激動地說：「不要說家長想知道他的姓名，就是我也很想知道。捨己救人，還認為理所當然該這樣做，這樣優秀的學生，太令人欽佩。南開有這樣的學生，我感到很自豪。」班導師會上，德育主任再提此事，希望班導師們能夠協助找到這位學生。

我沒細想，不過對學校要求的工作還是要履行職責，在班上也就順便提了提這事。但我主要是提醒安全，強調不要到水邊玩耍；看見危險的情況，要從安全的角度考慮預防、自救和施救。德育主任後來又在大會小會上說了幾次，我們也沒有放在心上，只知道這個做好事的學生還沒找到。幾個月過去了，這事也就淡忘了。

這天晚自習，辦公室門口探出個頭，確信只有我一人在內，他終於亮相，一看，是甫雷。他輕輕地喊了聲報告，躡手躡腳地走到我面前。幾乎是聽不見的低音：「韋老師，我來自首。」我早就發現他近來神色不定，老愛悄悄地觀察我，我等著他主動找我談心，果然是做了錯事，終於來坦白了。

我和顏悅色地讓他坐下，鼓勵他不要有什麼顧慮，有話直說。他垂下眼皮咬緊嘴唇，終於下定了決心：「那個救小孩的南開學生就是我。」

「什麼？」我以為自己聽錯了。他又重復了一遍。我「撲哧」一下笑出了聲。

「你不相信？不信你可以問四班的一個男生。」

我還是止不住笑，笑著對他說：「這是什麼自首？哈哈，做了好事怎麼害怕承認？哈哈，我為什麼要去問別班的學生？我不相信熟悉的人，反而相信不認識的人？哈哈⋯⋯」太過意外的「坦白」激發了我的笑神經，他也不由自主地跟著笑起來。

我好不容易平靜下來。我問他為什麼當時不主動「承認」，他不好意思地說：「我怕受處分。」我驚愕地瞪大了雙眼。他接著說：「我私自下池塘游泳，違反校規。」我恍然大悟，接著又問：「那你現在為什麼又來承認呢？」兩片紅暈染紅了他的面頰，他更不好意思了：「我想入團。」我心裡一酸，眼淚湧了上來。我含著眼淚笑著，端詳著他。青春痘撒落在他的臉上，兩道濃眉下，兩汪幽深的潭，如今清澈見底，泛著希望的淚光。

「我很想擁抱你，知道為什麼嗎？」我聲音有點發顫，「因為你還好好的活著」，我深深地嘆了口氣，「謝天謝地！」

「老師，你別著急，我沒有捨己去救人」，他突出了「捨己」二字。「我只

是拉了他一把,他個兒很小,不會把我拖下去。」他也一定多次回憶過當時的情景,也有過後怕,用曾經安慰自己的話來安慰我。「老師,這件事我只想你知道,可以嗎?」我無法表達內心的感動,走到他身後重重地拍了拍他的肩頭。我告訴他這樣的好事應該讓班上的同學們知道。(圖25)

圖 25 紅岩少年

他終於說出了他想說的話,心滿意足地走了。

望著他的背影,和他相處的情景一齊浮現在我的腦海,我分不清是難過還是激動。

他曾經是一個典型的後進生,但是他「不調皮」。老師眼裡的調皮,就是和老師耍心眼,甚至對著幹。但是他不。他對老師很有禮貌,直率的糾正也能接受,可以說他「接受教育的能力」還挺強。特別是有一件事讓我很感動。有一次,新上任的康樂股長陳強發電影票時給我發了一張第一排的。我有些氣惱,因為他遲到我糾正了他,他和我頂嘴,發票時他還故意調侃:「這是最好的座位。」我無話可說,難道老師就應該坐最差的座位嗎?全班僅有這一張一排的,黑乎乎的電影院裡,誰也不知道一個班導師被學生故意發配到這個地方。可甫雷居然看見了,還跑來硬要和我換座位。我當然不會換,但是我卻有了機會在班上發表感言。我感謝他的關心,尤其是感謝他讓別班的同學看到了我們班學生的風格。我用餘光掃了一眼康樂股長陳強,他悄悄低下了頭。

甫雷讓人煩心的事也挺多。他不思學習,一心想談戀愛,換著法子與女生搭訕,遭到拒絕後,硬擠到人家座位旁堵住出路。旁邊同學的勸告他也不聽,被我

狠狠怒斥之後才有所收斂。文理分班到我班時他的成績還不錯，怎麼看著他開始用心學習了，成績卻越來越差？100 多分竟落到 70 多分，又落到 30 多分！學生們告訴我，過去他作弊！當他不再作弊後，他的媽媽反而很著急，我告訴她這是了不起的進步，這是在做一個真正的人！

他抽煙，和其他班抽煙的幾個學生混在一起。學生們以為我不知道，一直幫著他瞞著我，寢室「違紀」一欄老是填著「無」。直到讀書活動後，寢室裡的學生會幹部吳才君主動向我認錯，他說只有真正的友誼才能使人內心安寧和愉悅。我告訴他，如果甫雷沒有改正的願望，又沒有你們監督，我硬讓他來承認錯誤，再給他個處分也無濟於事。而且，如果他認為是你們告發了他，那麼他更會脫離班團體。我和吳才君商量如何依靠同學們的力量拉他一把。在寢室民主生活會上，大家用激將法勸說甫雷主動向老師認錯，他們說：「我們哄騙了韋老師這麼久，再也憋不住了。你幫幫我們吧，你再不主動承認，我們可就都不能成為光明磊落的人了。」

他在室員們的陪同下向我承認了實情，就在他接受大家的監督戒煙後不久，一輛救火車呼嘯著開進了學校。原來，那幾個抽煙的學生把煙頭扔在搪瓷盅裡，為了躲避寢室生活老師的檢查，用棉被罩住搪瓷盅，引起了火災。幸而被食堂的炊事員發現報了火警。當救火車到來時，火已被學校的保衛人員熄滅，但寢室裡已被燒得黑乎乎的。那幾個抽煙的學生受到學校嚴厲的處分。

我們都暗自慶幸，甫雷終於在同學的幫助下脫離了過去，走向了新的生活。但是，他這麼渴望入團卻是我沒想到的。他想和同學們一樣，成為先進青年組織中的一員，這使我特別高興。我覺得他太可愛了！

班委會上，大家笑成一片。活在我們身邊的英雄，竟是這樣的單純和坦然，他的「事跡」又是這樣的曲折和不可想像。我們正在學習「紅岩精神」，大家一致推選他成為最具代表性的榜樣———紅岩少年。

我不想給他太大的壓力，保守著紅岩少年的秘密。但是，好幾次不得不講，因為他過去的「知名度」，入團時我必須向團委書記介紹。因為他專心學習起步晚，真實的成績沒能趕上高考的列車。那時南開退休教師辦的復讀班很不容易進，孫校長是我的老上級，可是知道甫雷是我的學生後反而不收他了。她說：「我不嫌他的成績差，但是，你想想，在你的班上有五十多個學生，就他沒考上，不知教育他有多難！」我佩服她經驗豐富，告訴她那只是甫雷早已過去的過去，而他是這樣的勇敢向上可敬可愛。

一年後，我收到已是大學生的甫雷送給我的一本書。他說：「我相信這是一

本老師喜歡的書。心愛的書,是我通向光明的途徑,我想感謝老師的話就在書的末尾。」

《相約星期二》,這是一本談論人生的書。美國一位年邁的社會學教授莫里‧施瓦茨身患絕症,受一家電視台節目採訪時,被他十六年前的學生、作家記者米奇‧阿爾博姆偶然看到。當學生匆匆趕來看望即將離世的老人,老人卻宣佈要給他的學生上最後一門課。於是學生每週星期二坐飛機七百英里趕到病床前上課。

莫里老人急於把他在恭恭敬敬地體驗死亡時的重要發現告訴學生和社會。他說:「不管你生活在哪兒,人類最大的弱點就是缺乏遠見,看不到自己的將來。」他認為人類文化和教育的重大問題,就是不鼓勵人們思考真正的大問題,而只關注實利瑣事,並讓人們認為這是真理。大多數人因此失去了自己的判斷力,不清楚自己真正的需要,以為個人擁有的越多越好,不願意投入到人類大家庭裡去,忽視了人的精神需要。他認為,人的最低需要和最高需要應當是一致的。他說:「在生命的起點,當我們還是嬰兒時,我們需要別人活著,對不對?在生命的終點,當你像我這樣時,你也需要別人活著,是吧?可還有個秘密,在生命的中途,我們同樣需要別人活著。」「給予別人,能夠使我感到自己還活著。汽車和房子不能給你這種感覺,鏡子裡照出的模樣也不能給你這種感覺。只有當我奉獻出時間,當我使那些悲傷的人重又露出笑臉,我才感到我仍像以前一樣健康。」

他告訴米奇:「如果你想對社會的上層炫耀自己,那就打消這個念頭,他們照樣看不起你。如果你想對社會底層炫耀自己,也請打消這個念頭,他們只會嫉妒你。身份和地位往往使你無所適從,唯有一顆坦誠的心方能使你悠悠然地面對整個社會。」他說:「人生最重要的是學會如何施愛於人,並去接受愛。」「把自己奉獻給愛,奉獻給社區,把自己奉獻給能給予你目標和意義的創造。」

就是這樣一本反思如何思考人生、宣講生命意義、提倡人生奉獻的書,引起全美國轟動,連續四十四周名列暢銷書排行榜,在中國發行也是熱銷,我想買還沒能買到。看來不分地域和年齡,對人生的思考充滿期待的人實在不少。莫里老人的故事能夠感動下一代人,這給我極大的鼓舞。我慶幸我們班的讀書活動,能讓學生在人生最關鍵的時候尋求人生的思考,在榜樣的感召下去理解人生真正的需要。

捧著書,我熱淚盈眶。甫雷,我心愛的學生,竟是這樣的理解我。書的末尾有這樣一段話:「你一生中遇到過一個好老師嗎?他把你視作一塊未經雕琢的玉石,他會用智慧把你打磨得璀璨發亮。如果你幸運地找到了一條通向他們的途徑,那麼你在生活中就不會迷失了方向。」

四、元學習　上臺階

「元學習」是學習心理學領域近三四十年出現的嶄新概念。1978 年提出「元認知」這個概念，至今還不到 40 年。「元」即「跳出這個系統來觀察這個系統」。「元學習」即「關於學習的學習」，也就是學習者對自己的學習過程主動客觀地自我觀察、自我評價、自我調節，使自己成為自主的、高效的、獨立的學習者。一直以來，我致力於提高學生的學習成績的同時，也在努力培養學生的終生學習能力，二十多年都在進行教育教學實驗。如何發揮學生的主動性，一直都是開展實驗的難點，「元學習」使我茅塞頓開！

啟迪動機寄希望

「元學習綜合能力實驗」的第一步，是總動員。從學生最關心的提高學習成績切入，激發每個學生參與實驗的迫切願望。

沒有哪個學生不想成績好。可是為什麼有的人刻苦努力卻沒有效果？學習成績的差異是「天生智力」的差距嗎？這些問題困擾著學生，有的人甚至因為失去信心放棄了努力。因此需要引導學生去思考，自己得出結論。

我和學生對實驗充滿期待。如果一個人不知道為什麼學習，不明白自己在怎樣學習，根本就不準備採用適合自己的學法，不能控制自己的情緒，不能對學習反思與改進，怎麼能夠取得進步、獲得好成績？善於學習的人們在長期的實踐中把學習的寶貴經驗上升到「元學習」的高度，我們為什麼不借助「元學習」，讓自己的學習上一個台階呢？

「元學習」實驗的目標，就是要通過具體的訓練，培養元學習能力。學會確立學習目標，激勵自己勤奮學習；善於選擇能達到目標的最適當的學習方法；善於檢測達標情況，必要時採取補救措施；善於總結自己達到目標的成功經驗和失敗教訓，及時調節自己的學習情緒、學習心態，改進學習的方式方法。學生明確，要實現目標，就要在具體訓練中積極主動，每一個環節都不能偷懶。

在學習動機激勵的問卷中，我列出「你為什麼學習」的十幾個選項，被主動積極的學生們添加成幾十個。「為了一碗飯」和「能夠周遊世界」，成為大家議論的中心。為了基本的生存，為了心中的夢想，最終都獲得了共鳴。當學習已經成為社會人的生存方式，當終身學習成為人生幸福必不可少的內涵時，用「元學習」促進自我發展成為我們共同的嚮往。

主動學習，讓學生發現了嶄新的自我，久違的對學習的熱愛又回到學生們的心中。

希望從這裡升起

「嘩嘩嘩……」化學課上響起了陣陣掌聲，這是大家在為潘達的精彩講課鼓掌。

這一節課的內容不是很難，化學老師便在兩天前叫大家報名參加講課。課雖不難，但就潘達來說，化學並不好，作為體育特長生，平時課外活動時間還要訓練，要講好這堂課就難上加難了。但他積極報名爭取到了講課的機會，然後又精心準備，昨天晚上他還打著電筒看「教案」呢！

今天的化學課，當潘達胸有成竹地走上講台時，大家都非常驚訝，向他投去疑惑的目光。潘達有些緊張，但很快平靜下來。十幾分鐘過去了，他用事實證明———他勝利了！他工整的板書、饒有興趣的啟發、清晰的講述征服了大家。在一片激情的掌聲中，潘達微笑著走下了講台。

潘達自信的目光，在我的眼前揮之不去。一位化學「後段生」，竟能講出如此一堂好課，這充分說明上進的精神已經深入人心。我們將在這樣良好的風氣中學習，勝利將屬於我們高一（三）班。希望，就從這裡升起！

學習「四化」在課堂

在這個知識爆炸的時代，在以考試成績論成敗、定終身的社會環境，在必須要贏得高考、又必須獲得真才實學的人生階段，怎樣教學生學會學習和思考，實在是太重要的事情！高質量的課堂教學，是實現全面發展的中心環節。有效地解決如何自主高效地學習的問題，學生才可能主動地成長，發現和發揮出自己的潛能。

在辦公室，我給幾個成績很差的學生輔導數學。他們通過正面、反面的例子真正理解了有關概念和公式後，竟然可以一題多解。我直誇他們聰明。這麼聰明，為什麼上課時學不懂基礎知識？為什麼不能獨立做數學題？我讓他們每次下課後立即給我「說課」。問他們這節課學的什麼，第一天回答我：「學的數學」，我又好氣又好笑，數學課不學數學，難道學的語文？第二天回答我：「學的例題」，就再沒有下文。

我把這事在班上一說，全班都樂了。誰都想證明自己聰明，「說課訓練」就此應運而生、如火如荼。自我審視、相互借鑒，就像把教學過程放了慢鏡頭，那些以為「學數學」就是「做題」的學生像發現了新大陸。如何通過觀察發現問題，如何引出概念導出方法，如何歸納規律掌握通性通法，如何舉一反三靈活應用，如何深入研究發現新問題，以前大家根本就沒有把這些往心裡去，現在卻如獲至寶。同樣精心準備的數學課，因為有了「元」的滲透，效果卻大不相同，上了好幾個層次！

學習方法在本質上涉及人的價值觀。當代認知心理學在教學中的應用，把元學習的學習方法非常精煉地歸結為「四化」：條件化、結構化、自動化、策略化。我把自己的理解融入課堂，用「顯化學法指導」「顯化數學思想滲透」等方法，讓學生瞭解這「四化」是什麼意思，進行實現「四化」的訓練，思考為什麼需要「四化」以及如何創造適合自己的學法。

學習任意角的三角函數，我與以前的教學一樣，以三個擴展為線索，讓學生理解三角函數知識的發生、發展。再由單一的角度制擴展到角度制與弧度制並存這個擴展中，我仍然會激發學生想辦法記住角度制與弧度制互化小公式：1 弧度 $\approx 57°\ 30'$ 以及 $1° \approx 0.01745$ 弧度。不同的是，在一番熱鬧非凡的「創造」賦意法、「發明」諧音法記住之後，我會來個「畫龍點睛」，再「潑一瓢冷水」。

好不容易記住的兩者中，前者很重要，熟記了便於迅速估值。比如，判斷 4 弧度的角在第幾象限，用前者將 4 弧度化為角度數，立即可知是第三象限角。對基礎知識和方法，像觸動鋼琴鍵就發出聲音一樣，熟練得一觸即發，就是「自動化」。知道知識的來龍去脈，也就知道在什麼條件下該用什麼、如何用，這就是條件化。有用的知識很多，我們怎麼才能「知其所以然、需要就出來」呢？刀槍入庫，有序整理，殺雞焉用牛刀，削蘋果自然是用水果刀！這就是「結構化」。否則，眾多武器橫七豎八，費時費工取不出所需，說不定還會走火傷人呢！

好不容易記住的兩者中，後者幾乎沒有用！這是不是太掃興？其實，我們學知識，首先是重在學習過程，訓練了思維，學會了學習，需要什麼就能學會什麼。在一個知識爆炸的時代，花九牛二虎之力去學一些、記一些無用的知識碎片，甚至還以此為誇耀的資本，無異於浪費時間，降低生命質量。我曾經在圖書館借了厚厚幾本有關電腦的書，瀏覽了一下，傻眼了，這要學到哪年哪月？

立即決定，放下當「電腦內行」的「雄心壯志」，首先學會電腦打字、查閱資料存檔，不斷學習有助教學和班導師工作的電腦運用技能，就行了。「需要什麼，選擇最迫切需要學習的內容」，這樣重要的關於如何學習、如何思維的經驗、體會、方法，就是學習策略。在頭腦中建立和儲存策略性知識，就是「策略化」。

學法指導，上課只能點到為止，可以逐步滲透、長期訓練。

結構化，不僅通過知識和方法的系統化能牢固掌握知識，還有助於學生迅速聯想、靈活應用、深入鑽研。資優生的解題「跳板」，就是來自對「集成塊」結構的調動，思維的跳躍性，是創造性思維的特徵。

訓練「結構化」，從每節課的小結，到單元、全章的總結，甚至到全書內容的結構、同一問題的對比類比、深化擴展。全章總結的基本模式為三部分：內容結構表；基礎知識、基本方法、數學思想方法；典型題及好題薈萃。從簡單章節讓學生「抄」總結，到讓學生完成局部小結；從給出提綱讓學生做總結，到學生獨立完成後相互交流、補充完善、提出新問題。這是真正面對全體學生的教學，而「數學資優」更是樂在其中、獲益頗豐。

思維訓練是最重要的學習策略。演繹推理是從一般到特殊的「運用真理」，而數學歸納法則是從特殊到一般去「發現和論證真理」，是創造發明的途徑。這些通過課堂學習與自我訓練體驗獲得的、即使將來不再學數學、考數學時仍然有價值的思維方法，可以延伸到人生、到社會「四兩撥千斤」！

立體幾何是學習演繹推理、訓練邏輯思維的重頭戲。邏輯思維，簡單說就是因果分析。演繹推理這種邏輯分析，就是以定義、公理、定理為大前提的三段式由因及果，符合一個定理的條件，就能得出定理的相應結論。不少學生不能正確推理的常見錯誤，是羅列出一堆條件後隨意得出結論。我讓學生回家學炒菜，讓學生有了生活經驗，然後把錯誤推理過程寫在小黑板上，對比正確推理評講：「因為鍋熱了，所以可以放油了；因為放鹽，所以鹹；因為放糖，所以甜；因為放醋，所以酸。因為恰到火候、調味適宜，所以，這是一道美味佳餚！再看看錯在哪裡———」學生哄堂大笑：「因為放鹽，所以酸（無根無據亂『推理』）」「把油鹽醬醋一股腦兒放進鍋裡了！」學生真正有了體會，也就明白立體幾何的全部定義、公理、定理需要結構化、條件化的準確記憶。我設計的一張圖表和數字索引法、簡筆畫快速復述法即刻贏得眾知音心領神會，「創造學法」之妙也就不言而喻，讓學生熱血沸騰！

獨立、正確、快速地解題，是學數學的基本功。習題精加工，是訓練思維、提升基本功的具體策略。多題一解練習通性通法，一題多解訓練發散思維。一道好題，知道好在哪裡；做錯一道題，知道「陷阱」「機關」在哪裡，需要牢固掌握的知識和方法是什麼。我不主張「錯題集」而主張復習小結「好題薈萃」。對於學習吃力的學生，到處都是錯題；再寫一遍錯題過程加深了錯誤的印象！不如用抄寫錯題的時間，改錯、分析錯誤原因、習題批註。創造適合自己的符號和方式，在錯題前標注符號、批註要點，在題後改錯。隔段時間重溫，一看就明白的，

就可以劃去錯題符號了！在此基礎上，能編出同類題、變出新題，何愁難題不能化解、錯題還會再錯？

學習「四化」學法並啟迪學生創造自己的學法，最大的障礙是不少學生從小就養成埋頭做題、不求甚解的習慣，迷信「題海戰術」，以致有的學生屢戰屢敗、做得多錯得多，厭倦了勤奮學習。我明確指出：「題海戰術」虛有其名，「題海戰術」慘不忍睹。有多少人遊得過題海？不重視學法，必淹死無疑！實話說，現在可不是題海，是書海！每屆學生的高二下期，我們數學教研組就為高三選復習參考書，有經驗的教師每人手捧七八本高考復習書閱讀比較，團體深入分析後全年級選定一本。一本，自成體系；多了，亂套！南開的教師有優良的傳統，自己新編的或發現的新穎題都會共享，這也是我們敢於習題精加工的底氣。

合作學習策略，是不亞於課堂領域思維策略重要性的策略。有了「元學習」的策略思想，老師的精心設計，就變成了群言堂，奇思妙想源源不斷，集思廣益生動活潑。數學題是有限的，思維空間是無限的；課堂教學是有限的，創造潛力是無限的！

彈性目標挖潛力

學生提高成績不是一件簡單的事情。學生必須對自己的學習前景充滿信心。制訂「彈性目標」，就是定出自己希望並可能得到的考試分數的範圍。這有點像遊戲，但實際上是具體地進行自我測查和評價，發現自己的上升空間。有了切合自己實際的具體階段目標和措施，誰都不會放棄證明自己的機會，堅持努力就容易多了。

制訂表格使學生便於入手，結合自己已有的考試成績及其變化趨勢，既根據自己的學習水準、學習狀態，又結合個人性格特徵。比如，語文、數學的滿分都是 150 分，一個數學成績冒尖的學生，數學可以定 135~150 分，而語文可能只能定 100~125 分；數學成績中等的可定 95~108 分或 105~125 分，數學成績差的可定 60~80 分或 70~90 分，甚至更少。有的學生壓力大容易緊張，不妨把目標的下限向下調，使自己更放得開，大膽考試。有的學生有了高目標更能激發自己的鬥志，不妨把目標的上限向上調。匯總各科分別計算出下限與上限的總分，再算出上限與下限總分的平均分。如果能夠達到下限總分就算基本成功，達到總分平均分就算成功，達到上限總分就是令人欣喜的「超水準發揮」了。

李輝制訂了彈性目標，興高采烈地給我看，我一看就笑起來了：「你這什麼

彈性目標，純粹是『貪心目標』！語數外理化生六科總分750分，你現在346分，就能在本學期內達到500多分？照你這樣，提高成績也太容易了。你這樣定目標，必定遭受打擊，最後還要對我的『專利產品』失去信任。」對比著他過去的測驗和考試成績，逐學科的分析，最後總分為380至446分，上線下線的總分平均數即中線為413分，如果考試成績在中線左右就進步近70分，很偉大的進步了。結果他考了415分。於是，我又有了個雅號———「神算」，哈哈！數學老師當班導師，儲存了那麼多次各科成績，和每個學生都會診過多次，能不神機妙算嗎？（圖26）

圖26 彈性目標

張馳高二文理分班進入本班時期末測試總分只有280分，他信心不足，或者說對學習根本就沒有信心。我問他：「這成績是你自己的勞動成果嗎？」他很詫異地看看我：「老師，這麼點兒分，還不是我的呀？作弊的人才不會這麼少的分呢！」我說：「那就好！」他說：「老師，好什麼好，成績這麼差，我都不想讀書了，再怎麼學，還是考不上大學。只是想到不讀書也沒事幹，太無聊，只好天天到學校。」我說：「你知道，種子數量很少吧？來年的收成誰能數得清？不作弊的分數就是優良品種，前景可觀啊！」他的眼睛一下子睜大了，顯得很興奮，但目光馬上暗淡下去，又垂下了頭。我在草稿紙上寫出科目和現有成績，問他哪些學科可以上進，具體可以進多少分，一分兩分都行。他看我不是開玩笑，也就認真地進行預測。我們制訂了力爭平均每科進步5分，每次大考力爭總分進步30分的目標。一年四次大考，就能進步120分，非常美好的理想！

為了實現目標，我們堅持進行「說課訓練」，提高上課的有效性。表面上，張馳沒什麼變化，到學校的時間和平時一樣，不遲到而已，但是上課專心的程度大不一樣，不打瞌睡了。他體型較胖，這種孩子很容易上課想休眠，他自己泡了茶喝，決心和行動之間產生了化合作用，太好了！晚自習後我到寢室去，不見他的人影，正欲發怒，室長告訴我，他求得生活老師的同意，轉到一個單人樓梯間，每晚開夜車呢！我趕緊實地考察，只見他在讀英語，計劃熄燈後做作業。我告訴他我們不提倡開夜車。他說：「老師，我不笨，我過去比別人玩得多，覺睡得多，現在就要少玩一點，少睡一點覺。這麼大一身肉，累不垮的。你別擔心。」我的嗓子眼像被什麼堵住了，他說出這話的時候，自己也被感動了。我關切地看著他，他也在看著我。一切盡在不言中，我輕輕地帶上門。

　　果然，高二期末他的總分達到 402 分，高考獲得 507 分的好成績，上了線，離重點本科線只差幾分。他感到遺憾，躲在家裡暗自傷心。同學緊急出動，坐出租車去寬慰他，贊揚他創造了奇跡。他想明白了，高興地說：「我早已忘記我曾經成績那麼差。能夠有這樣大的進步，幸虧讀了這樣的『實驗班』！」

歸因訓練立奇功

　　兼顧各科、揚長避短是目標管理的重點之一。引導學生深入分析自己的學習現狀，找准突破口尤為關鍵。要做到因勢利導，把握時機難度較大，我和科任老師們聯手，與學生一起分析學情。

　　李桑杉好學上進，理解能力也挺強，但總分老在 450 至 500 分左右徘徊。她的各科中最差的是數學，及格都費勁；語文最好，基本上都在 110 分以上。她迫切地希望把數學提上來。我在專題講座《歸因訓練》中，介紹了歸因的意義和方法，提倡從不穩定的、可控制的內部因素去找原因、定措施。她借助我印製的表格，從身體狀況、考試情緒、審題狀態、解題思路清晰度，到知識點掌握、解題步驟、表達和計算等，一項一項地具體分析考試失分的原因，並找出近段時間學習和本次考試的主要進步。她發現考試時不能適當難易取捨是成績差的原因之一，審題聯想是薄弱環節。在平時學習中，她對概念的學習還是比較重視，但是在做題時不能主動地聯想有關的概念和法則。我對她加強了「用數學」的說課訓練，經過一段時間，她告訴我，小學喜歡數學的感覺又回來了。

　　當她的數學能夠穩定在 90 多分，可以上 100 分時，她還想乘勝追擊，在數學上再加一點時間。我們進一步分析，要確保總分超過重點本科線，必須把分數

分解到各科。她的語文功底強，字漂亮，善於感悟生活，寫文章得心應手。語文爭取再上 20 分比數學再上 10 分的可能性還大。共同分析後，決定高三以揚長為主，課外數學學習時間不能增加。我們商定了「重大舉措」：在語文喬老師的重點輔導下研究語文高考，落實基礎知識、寫作等各部分提高的具體措施。高考，李桑杉以總分 576 分的成績考入了自己理想的重點大學。她的數學成績超過 105 分的目標中線 11 分，而她的語文更令人驚喜，獲得 142 分的高分，全重慶市之冠！這是至今保持著的高考語文高分紀錄，喬老師還以此激勵後來的學生呢！

元學習有長效

「元學習」要把學生引向做一個自主高效的終生學習者，當然要努力提高學生的成績。但是，這與只為考試而學習有根本的區別。只為考試而學習，容易目光短淺，容易嫉妒，容易被分數牽著鼻子走進一個怪圈：越想成績好就越緊張，就越是考不好。終生學習者熱愛學習，善於發現問題，不斷創造出適合自己特點的學習方法，後勁十足。

進行「元學習能力綜合訓練實驗」已經十多年，有好幾屆學生參加了實驗。第一屆就獲得成功，學生進步顯著，高考成績突出，校長當著大家的面說：「韋新聖，你創造奇跡了！」更令人欣慰的是，各個層次的學生綜合素質都有了很大的提高，很多學生在大學裡發揮出主動性，體現了元學習能力綜合訓練實驗的長遠效果。

酈燕是個體育資優，體育和很多方面都很優秀，但高中時成績平平。保送到重慶大學國際經濟專業學習，綜合成績優秀，高等數學第一次考全系第二名，第二次考第一名。她擔任班長、學生會幹部，獲高額獎學金，畢業論文獲全國大學生論文獎。她告訴我：「我列表歸納知識，大學的同學很好奇，問我這是在幹什麼啊？我說『這樣才能更好地分析、比較，找出知識間的聯繫和區別呀！』我在南開學到了好多有用的東西，只是因為當時體育訓練，沒有時間落實。進了大學，有了時間，我知道我認真去做就一定能行。」

我班的侯仲崗高考以南開第一名的優異成績考入北京大學，大二就通過了 GRE 考試。保送進北京大學的向禹，在大學發展得很好，不僅成績連續幾年為系裡第一名，還組成智囊團，競選學生會幹部獲勝，任系學生會會長。他率隊參加大學生辯論賽捧回獎杯。他懂得自己需要什麼，該怎樣學習，該如何發展。在大學裡，面對許多人高談闊論引經據典，他堅守著「讀原著」。這樣的自信，起步

就在南開。向禹在來信中寫道：

「在北京大學看了不少的書，理論修養也比以前提高了不少，但感覺自己思想成長過程中，在高中時期所讀的一些文章，如《矛盾論》《實踐論》等，對我的影響和作用是最具決定性的，也是最關鍵的。能夠用唯物辯證法來指導自己的思想，尤其對於科技工作者，或者對於我立志從事的國際政治研究，都是有極其重要的意義的。少走彎路，盡量走捷徑，才是獲得最大成功的秘訣。只有勤奮和天賦是不夠的，需要有科學的認識論和方法論從理論的高度加以指導，才有可能比別人更成功，更出色，才有可能承擔起自己願意承擔的、有可能承擔的重任。」「學習方法與學習知識同樣重要」，「『元學習』的實驗再早一點進行就好了」。

五、「學生成長研究」助成長

「元學習訓練」讓我們嘗到了甜頭，也更加清醒地認識到：「學習」，早已不是狹義的，不只是上課聽講、完成作業等過程，而是與學習心態、人生理想、個人性格、同學交往、家庭教育、社會發展密切聯繫的體系。在教育這樣宏大的系統中，每個學生是不可或缺、不可重復、不可替代的子系統，蘊藏著非常大的潛能。煥發潛能需要抓住時機，每個人成長的每一步都不能疏忽。因此，借「元學習」的東風，我們「發明」了「學生成長研究」，彷彿數箭齊發，讓每個學生自己來研究班團體的成長、研究自己的成長。

這是實踐，也是課題，更是生活中的凹凸鏡，放大著我們的觀察和思考，聚焦我們的能量，煥發出成長的生命潛能。

遲到的研究「救遲到」

冼軒長期遲到不斷，高一年級整整一年，我可沒少花功夫，常規方法用盡，談心、扣操行分、寫認識、請家長「會診」，他卻沒有根本改進，操行等級已淪落到「良減」。到了高二，其他「老遲到」都舊貌換新顏，他卻一如既往，凸顯出登峰造極之勢，成了全班之「冠」。他的父親對我說：「老師，你別白費心思了，初中三年，我的腳都跑大了，老師的嘴都說乾了，也沒把他糾過來，要他不遲到，一萬個不可能。」

我是從來不會向困難低頭的人，連「不遲到」這樣的基本習慣都不能養成，

在我這裡，也是「一萬個不可能」！任何一個學生，不管他多差，我都絕不會放棄，何況是他！———他是我見過的最可愛的學生中的「最酷」，酷愛學習！

　　幾乎每天晚上，我是最後一個離開教學樓的教師，因為他總是整棟樓最後一個離開的學生。這天，眼見要熄燈了，我知道他每天收拾東西都慢騰騰的，於是走近他再次催促。只見他把一本英語書放進書包，我沒想什麼，勤奮的學生都會晨讀的；又看見他把一本數學書放進書包，我暗自欣喜，數學老師嘛，有時也有點「偏心」。接著看見他把一本語文書放進去，我有點沈不住氣了，睡眠不足可不好。只見他繼續把生物書、物理書一本本拿起來放進書包。啊，那麼大個書包，難道晚上不睡覺？見他沒有停止的傾向，我趕快制止他：「回到寢室就要熄燈了，帶這麼多書回去沒有用的。」他看看我，憨憨地一笑：「老師，書好寶貴喲！」乖乖，原來是如此愛書！我告訴他，不僅教室要鎖門，教學樓也鎖門，很安全的。他已經完成預定動作，心滿意足地背上書包，笑著對我說：「老師，我知道，我習慣了！」天哪，他知道，還天天如此，好一個書癡！

　　他成績很好，在班上名列前茅。但是，我認為他的學習方法有問題，上課老是埋著頭，和我歷屆的資優生不一樣。他最喜歡數學，奇妙的是，似乎他沒聽講，但只要我的推理有一點跳躍，他就會大聲地「自言自語」：「怎麼能得到這一步？不對喲！」因此，他不抬頭聽課我也就不怎麼強求。而且，他問我的問題，有個特點，「很基礎」。開始我以為是他不專心聽講，基礎知識沒搞懂，旁邊的同學臉上大有「這個都不懂啊？」的表情，但仔細想想，他是對知識間的聯繫發生興趣，產生了新的問題。他很能深入思考，很會獨立鑽研。他很有禮貌，言必稱老師，每次問了問題後都要說「謝謝老師」。這樣尊敬老師的學生，怎麼會不接受教育？

　　教育，實在是太複雜的事情。現在的學生抱怨高考壓抑了自己的天性，讓自己沒有了自由，不能得到發展。我真的還得好好研究一下，冼軒的這個遲到，是不是必須糾正？是不是他的學習需要獨特的個性，而他的個性需要允許他遲到？我閱讀過科學家的傳記，為思考問題而忘記時間的那種專注，是與眾不同的潛質的表現。

　　著名科學家皮耶·居禮從未上過小學和中學，他愛好幻想的性格使他不能適應學校的系統教育。幼年時他常習慣於集中精力思考某一事物，如果要他半途而廢或轉變思維方式以適應環境，幾乎不可能。很多人因此而認為他頭腦反應遲鈍，他的父母別具慧眼，認為這種人在將來一定會前途無量。他的童年全部在家庭中度過，他早期所受的教育主要來自母親、父親和哥哥。

　　在皮耶·居禮14歲那年，他的教育中發生了一件重要的事情，他的父母為

他聘請了一位非常優秀的教師 A.巴支洛先生，教他初級、高級數學。老師能夠理解這位年幼的學生的長處，越來越喜歡這個學生，對他的學習十分關心。皮耶‧居禮的拉丁文功底一向較差，在這位老師的指導下，也得到了突飛猛進的進步。皮耶‧居禮與老師的兒子結下了深厚的友誼，這種無形的教育對他的影響非常大。由於在數學和物理學方面成績優秀，皮耶‧居禮在 16 歲時就獲得了理學學士學位。至此，他已經度過了他正式教育的最大難關，以後就可以不受拘束地獨立從事於自己所喜歡的某一領域的科學研究了。

家庭的特殊教育，保護和發展了皮耶‧居禮的天賦；家庭教育與社會教育的良好銜接，為他發展和發揮才能創造了條件。

對學習特別癡迷的冼軒，眼下是不是需要特殊對待？

我和冼軒細談，瞭解他的生活細節。他不睡懶覺，喜歡早晨在寢室讀書。他喜歡思考，需要安靜。他遲到多半是在早自習，早晨在寢室裡讀書時，不讀完那段書，不完成自己的計劃，就不準備轉移陣地。他自製力很強，集中注意力的能力也很強，即使在教室裡，只要不找他說話，有點小動靜不會影響他的思維。他認為，他的遲到與那些偷懶的不同，在哪裡讀書不是一樣嗎？

由於他的成績總分已明顯有下降趨勢，其他科老師主動和我交換意見，反映他有時很煩躁。我發現他已經有許多變化。過去，我以為他愛學習，不是很在乎分數，現在發現他也受分數的困惑，看到不滿意的成績時，臉漲得通紅，拿著筆在紙上亂畫。他告訴我，高中與初中大不一樣，上課不聽講簡直是事倍功半。而且，南開的老師上課，不是照本宣科，很注意啟發，不積極思考就會跟不上。有疑問時，做個符號，可以換個時間再考慮；有時自己的疑問，被同學提出來，直接在課堂上討論，收穫特別大。他這樣一說，我還真發現上課已經能看見他明亮的眼睛，有時還閃爍著激情呢！

他的遲到的根子、他的現狀、他的繼續發展的需要，在我頭腦裡逐漸有了一個清晰的整體輪廓。小學和初中，他的學習方法和學習效果不發生矛盾，他的生活習慣和他的意識自成一體，他自己的內心是和諧的。雖然有遲到不改的突出缺點，但由於其他各方面都比較優秀，與團體和諧是主旋律。比如說，他初中時是要鍛鍊身體的，踢足球還很在行。但是，高中不同了，學習的難度、密度、強度，使他不得不有所改變。他很能動腦筋，學習方法主動適應高中學習，數學適應得比較快，已有所發展，有的學科還在適應中。為了節省時間學習，他不參加體育鍛鍊，我和同學們從來不知道他會踢足球。至於遲到，並不是他思維發展的需要和當前學習的需要。觀察分析他遲到的原因，表面上是時間安排不當，實際上是發展目標有偏差，已經發展到不參加體育鍛鍊、不愛與同學交流，考試不順利就

煩躁的地步。而這個偏差已經影響到他與周圍世界的和諧，因為，他不在乎團體的需要，不在乎同學、家長和老師的希望，一句話，不在乎他人的感受！這是多麼危險的傾向！

偉大的科學家獨特的成長經歷，更使我堅信，當代人要有傑出的貢獻，必須有傑出的才能，其中包括與人相處的能力。正確地認識自己、獲得同齡人的友誼，是青少年時代必須學會的事情。取得社會的承認，善於在社會生活中相處，獲得有識之士的信任，贏得施展自己才能的機會，是成功的重要條件，而這，是需要通過教育，提前做好準備的。贏得高考是必需的，學會人際交往同樣是必需的。

看冼軒寫的檢查，基本上是就事論事，什麼我影響團體榮譽啊，我習慣不好啊。這啟發我，要從發展的高度，讓冼軒自己樹立起新的明確的目標！再次跟他交談，我告訴他，我有充分的信心，解決這「歷史遺留問題」！他看我這麼有信心，態度很誠懇地說：「其實我也不想遲到。您說怎麼辦？」我說，這事不能靠我強求，全靠你自己。我問他：「為什麼別人能不遲到，你卻做不到，這是不是表現你的獨特、你的創造性？」他搖搖頭。我給他一個題目「我是一個什麼樣的人，我怎樣才能做到不遲到」，讓他在辦公室裡寫。他不願意停課寫，我知道他最怕犧牲上課學習時間，故意給他造成一點心理壓力。我說：「按照學校三個遲到算一個曠課的規定，你曠了多少節課？按照十個曠課給校級處分的規定，你該受哪級處分？受處分前停一節半節課寫認識，班導師還是有這個權力的。你遲到這麼嚴重了，還不覺悟，今後怎麼辦？哪個單位會重用經常遲到還不思悔改的人？你要我當個不合格的班導師，給社會上培養不受歡迎的人嗎？」

我守在他身邊看著他寫認識。他知道我鐵定了心，老老實實坐下來寫。第一稿把自己說得一無是處。我說：「你這麼壞，我還管你幹啥？你應付我，還有沒有良心？」一聽這話，他臉都漲紅了。我說，你還是知道不能亂說自己啊？那就好好想想，寫出真實的自己，算是「研究自己的成長」，行不行？他一聽「研究」二字，兩眼放光，連連點頭。於是，我「特赦」了他，讓他去上課，並向他推薦了「自我意識與人格智慧」以及有關辯證法的學習資料。

因為是研究題，激起了他的興趣。他的初步結論是：我發現我是一個有思想的人，我有一個聰明的大腦；我是一個上進的人，愛學習，愛團體；我有良心、有感情，孝敬父母，熱愛老師；我是一個有毅力的人，別人不能堅持的，我都能做到。但是，我沒用我的頭腦辯證地思考，堅持了錯誤的東西，養成了壞習慣，給團體、給自己造成了損失。我能做到的是盡量不遲到。

我和他約定實踐措施：第一，時間計劃裡寫明早晨上學出發時間；第二，自己把計劃告訴同學，由寢室同學督促；第三，約定懲罰方式：遲到了站在教室裡

讓大家都知道，罰站時不能讀書，這是他最心痛的事！第一次遲到罰站一分鐘，三次內罰站時間等差數列遞增，三次以上等比數列遞增。每次遲到按班規，寫小論文一篇，自己命題，交我批改。第四，也是班上學生都怕的一招，請家長來，當著大家的面，讀這次寫的認識，讓大家理解自己。他竟然沒有反對這第四條，看來他真的下定決心了。

晚自習要結束前，他父親和我坐在教室後面，他站在講臺上，認真地讀，很清楚。當讀到「這麼多年，遲到的缺點都沒有改正」時，他眼裡閃爍著淚花。當讀到「我辜負了老師和家長的希望，辜負了同學們的信任時」，眼淚順著他的面頰流下來，他抬起手臂揩眼淚。同學們全都靜靜地注視著他，幾乎是屏住呼吸。我的眼淚也在眼裡直打轉。在同學們熱烈的掌聲中，他結束了一生中都不會忘記的發言。下課鈴響了，同學們像簇擁著英雄，陪著他收拾書包。他父親和我緊緊握手，他沒有說話，有一點激動。

一段時間過去了，冼軒沒有遲到。我告訴同學們，提高要求，「不准」再提醒他了！這以後，他又有了遲到，但很少。第一次遲到，他站在教室裡門口邊，手捧著書，我走到他面前，毫不留情地把手伸過去，他無奈地把書遞給我。我必須心狠，要他兌現自己的承諾，不愉快的心情體驗會促使他早點與遲到徹底拜拜。

一天早自習，我在辦公室裡準備上課，教務主任急匆匆地進來：「你們班那個男生站在那兒，又不讀書，問他什麼事也不說。我叫他回座位也不聽。」她有點嚴肅地對我說。我輕鬆地一笑，「哦，他老遲到，約法三章。」「沒想到你還會體罰學生。我硬叫他回座位了。」她鬆了口氣。我一聽，像子彈頭一樣從座位上蹦起來，正準備衝下樓，被她攔住。我無可奈何地回到座位。

沒過多久，教務主任又來了，她笑容可掬。「你們班那個男生，考試都遲到，也太過分了。今後隨你怎麼管，我也不過問了。」終於，我們也建立起統一戰線。但這已經失去了意義，因為，他基本上不遲到了。

老大難根除了，帶來的變化令人驚喜。團體體育賽事，觀戰者隊伍也會出現他的身影。以前他只向老師請教問題，現在也喜歡和同學討論問題了，還常常給不懂的同學耐心講解。以前新年晚會，要找個同學看住他，否則他來報個到，一會兒人就不見了。現在他還積極參加活動，最漂亮的獎品是個大大的布娃娃，竟然被他贏得。不一會，布娃娃就到了其他同學手中。我擔心影響他的心情，又把布娃娃找回來。可好不容易還到他手裡，一會又不見了。我著急地問「冼軒的娃娃在哪裡？」引起哄堂大笑。我自知話不得體，可他毫不介意，也笑。一會兒，他走到我面前，輕聲說：「老師，布娃娃讓大家玩，我更高興。」我好感動，覺

得他更可愛了！

同學們說，高考結束了，他像變了個人，喜歡交往了，豁達開朗，跟他在一起特別快樂。其實我知道，在高考前他就已經變了。高考，冼軒如願考入復旦大學。他來信，深深感激南開的教育，使他懂得了做人的道理，感謝老師為他做的一切，特別是糾正他的遲到，他已體會到這件事太重要了。

遲到的研究，終於讓多年的不良習慣得到糾正。在外人看來是「救了遲到」，在我內心，卻自以為說不定是保護了一個「居禮」呢！

青春不需恐懼

青春期教育是個太敏感的話題，被動的擔心不是教育，正面的引導可以彰顯青春的原色。如何引導呢？充分發揮團體的影響力，讓學生瞭解自己是怎樣的一個人，發現自己內心的真正需要是什麼，明確今天該為一生的幸福如何選擇。

快上第二節晚自習了，同學們都進了教室，我準備到教室看一看，卻被朱峰攔在走廊上。「老師，我有急事找你。」還沒等我做出判斷，他又開了口：「老師，我怕！」這是一個天不怕地不怕的小夥子，剛才下課時竟然不敢到辦公室裡當著其他老師找我談，難道有什麼人威脅他？我望著他。「老師，我怕！」他焦急地說，「宋旎英想和我談戀愛。我怕！」（圖27）

圖27 老師，我怕

我一聽，差點笑出聲來。不可能！宋旎英與朱峰同桌是我特意安排的。朱峰成績很差，許多基礎知識都不懂。宋旎英學習好，講解能力強，樂於助人。尤其是宋旎英性格溫和、耐心，骨子裡有股要強的勁，只要她想做到的事，就會堅持到底。我相信她一定能幫助朱峰樹立起信心。最近朱峰的學習大有起色，上課從來沒有現在這樣專心，我正高興著呢。

我讓朱峰到辦公室談，他執意不肯。我們走到走廊的盡頭。

我和他很有交情。文理分班後，我發現這個學生不會笑，再看看他面黃肌瘦，擔心他家裡出了什麼事，我問他家裡情況怎樣，他說「很好啊」。我問他學習上遇到了什麼困難，他說「沒有啊」，看來他太不重視學習，連成績差也不放在心上。我問他有沒有什麼不愉快的事情，他還是說沒有。這天，我半開玩笑地問他：「朱峰，我怎麼沒看見你笑過呢？」他一臉茫然。我小心翼翼地說：「你不僅不笑，還板著臉，讓我有點擔心呢！」他困惑地說：「不會吧？我沒笑過？」他鄰座的男生說：「你啊，從來都是這樣，就像別人欠了你的錢不還。」朱峰說：「我是這樣的嗎？」我讓朱峰笑一笑，他咧了咧嘴。鄰座的男生笑起來，旁邊的同學笑起來，朱峰莫名其妙，也跟著笑起來，我知道他還是會笑，這才放了心。他對自己太不瞭解了！我和他約定，主動訓練自己的表情，不要老闆著臉，要微笑，讓身邊的人放心。

　　很長一段時間，我都特意與他說笑，也慢慢熟悉了他的性格，他很開朗，很隨和。所以我大膽地給他開了個玩笑，試探虛實。「你怕什麼？經常板著面孔，誰敢和你談戀愛？你像營養不良一樣，又黃又瘦，以為自己是個大帥哥啊？」他著急地說：「老師，我說的是真的。我早就『用微笑面對生活』了，但是我沒有想那方面的事。就算我是個帥哥，我也不會想談戀愛。就算我想找她談戀愛，她不接受我，我也不會怕什麼。現在是她想和我……我怕她受影響。高三了，她成績那麼好，如果……」

　　我完全相信他真的是在擔心，但是我還是有些半信半疑，是不是朱峰的自我想像？他怎麼知道宋旋英想和自己談戀愛的？難道我們班上的女生會主動向男生表示愛慕？尤其是她和他。

　　朱峰告訴我，宋旋英幫助他學習很耐心，自己深受感動，所以也很努力，感覺自己進步很明顯。漸漸的，除了學習，倆人也會談各自的家庭，談對各種事物的看法。走讀的朱峰也會幫住讀的宋旋英代買學習用品。他倆也和其他同學一起上過街。最近，宋旋英經常用書中的愛情典故表達心意。上課時宋旋英也想和他講課外的事，如果不理她，她就會哭。看見她哭，朱峰就手足無措，害怕這樣下去怎麼辦。自己是一個成績如此差的學生，怎麼會引起這種事？越想越覺得事情不妙，越想越害怕。

　　哭？有點像！女孩子在戀人面前會撒嬌的。我趕緊寬慰朱峰：一個成績差的學生，在有的學生心目中以為處處都差，接近之後發現有許多地方令自己欽佩，這很正常。青年男女容易由欽佩產生愛慕，這也很自然。青春不需恐懼，對於中學生來說，覺察到異性的愛慕之情不要害怕，要尊重這種感情。最好的尊重是要讓這種感情回歸到友誼的軌道。要小心翼翼地回避親密接觸。否則，真理向前半

步就是謬誤，許多不幸和災難，都來自缺乏承受考驗的心理準備的所謂「愛情」。

朱峰放了心，他遇到的事情屬於正常現象。他堅決地說：「老師，把我和宋旎英的座位調開吧，我會好好學習的。不能為了幫助我，讓她再受影響。」

我說，我會和你一起來想辦法。是不是調座位就解決問題？你站在她的角度想想，她會怎麼想？你獨自來告訴老師，她能接受嗎？如果她真的是有了那樣的感情，分開坐內心就能平靜下來嗎？同學們又會怎麼想？這樣的壓力她能夠承受嗎？你怕的，是失去你並不想談戀愛的「清白」的名聲，還是害怕她的前途受影響？你自己想想，現在該怎麼做。

朱峰說自己已經盡力勸說宋旎英專心學習，並且硬逼著自己專心聽講，也故意裝著專心聽講，回避她的問話，種種方法試過了都不管用。怎麼辦？「我準備乾脆不理她，可是萬一她說出那些話，怎麼辦？———其實她就說過。我怕！」

哪些話？可能是他不理她她就不想活了那一類撒氣的話吧？我告訴他，我這裡的原則是，沒有處理好之前，不能調動座位。否則，人家真的承受不了出問題怎麼辦？朱峰又開始滿臉愁容：「老師，我就是怕啊！如果問題解決了，又何必調座位？」

我告訴他，害怕不能解決問題。你說現在誰更適合出面幫助她？你作為好朋友那樣推心置腹地談心，可能比我找她談話效果更好。你最擔心的是什麼，設身處地地想想，哪些話她能夠接受。

朱峰說：「宋旎英準備考重慶的一般大學，好繼續幫助我學習。她這樣降低對自己的要求，是我最擔心的，那我不是就成了受人之恩反而害人了嗎？」

我笑起來，對朱峰說：「為什麼這麼優秀的一個女孩會對你心存敬意？一事當前，你不是只考慮自己，你能為她著想，這就是關鍵。你確實是一個值得女孩子敬佩和喜歡的人。你是一個男子漢，是值得她信賴的。」

「那我就從關鍵的地方說起。」朱峰終於有了信心，露出了一絲笑意。

我也找宋旎英談話，講一些遠遠的故事，但故意回避與朱峰有關的話題，讓她覺得老師什麼也不知道，朱峰找老師也不過是問數學題。我悄悄觀察她，情緒比較穩定。

大約過了兩周，宋旎英連著幾天都主動與我探討數學題。這天晚自習，她終於到辦公室，悄然坐到緊靠我身邊的椅子上，有些羞澀地說：「老師，我想給您說幾句話。」我平靜地笑著看看她。沒等我開口，她就急切地說起來。「老師，我真傻！事情過了之後，我回想起來，自己怎麼會這麼糊塗？我怎麼會丟下學習去想那些事情？我都不好意思給您說。我知道，其實您早就知道了。但是，我必

須給您說了,我才能放下這顆心。謝謝老師這麼相信我們,這麼理解我!我已經給我爸爸談了這件事,他也理解我,相信我。我決定仍然考上海的名校。老師,朱峰說我們恢復自然的時候才能調座位。我想我們現在可以調座位了。如果我想調座位,您說可以嗎?」

我沒有回答她的問題,讓她自己考慮決定。主動權還給學生,他們會更深入地思考問題,不僅考慮眼下,還會思考將來;由己及人,舉一反三。學生研究自己的成長,並不在於要用筆寫一篇體會,而是在思考中選擇更有利於健康成長的方式。

我告訴宋旎英,能夠發現一個人的優點,去發自內心地尊敬、愛慕一個人,這是一種健康的感情,不是什麼罪過,沒有什麼羞恥。但是,有一種感情很特別,就像花朵一樣,只能在適當的時候才能開放。過早地開放會很快地凋謝。有時候,放下和割捨,正是等待理想之花美麗綻放的一種執著。不合時宜的感情有很多種。即使是一塊鵝卵石,放在衣袋裡,日子長了也會捨不得丟棄,這樣的感情放不下,沒有什麼意義。她流著淚,一個勁地點頭。

我對她說,你很真誠,很勇敢,能夠選擇成長的最好方式。謝謝你主動與我交流,你對我說這些,對我是極大的鼓勵。我覺得我很幸福,能夠有你這樣的學生,使我相信自己的選擇,堅定了自己的選擇。我相信你的一生會很幸福!

她有些驚訝地望著我。也許她想問我,老師您的選擇是什麼?我在心裡默默地回答她:做一個引導學生創造人生幸福的老師,這是我的理想,這就是當我希望學生學會選擇的時候,正實踐著的我的選擇。

方向性、主動性、堅持性

發現和培養資優生,是班導師必須精心去做的常規工作,任何班團體都有學習上相對的資優苗子,都需要資優學生帶頭以提高團體的士氣。然而,比這更重要的,是喚醒每一個學生去發現自己長處和潛能的渴望。世界上最寶貴的資源是人的智慧,人的生命只有一次,各種潛能的開發都有特定的時機和規律,錯過了時機就無可輓回,壓抑了潛能就是對人類犯罪。

「重慶南開中學高層次人才中學階段基礎素質培養方向研究實驗」,是重慶市雙百工程之一,我把全班學生一個不落地引領進這個實驗研究。因為,面向全體學生,使每一個學生都能主動地得到全面的發展,這「兩個全面」是素質教育必須始終堅持的方向,偏離這個方向,就不可能為高層次人才的基礎素質培養奠

定基礎。

　　高層次人才在中學階段應具備什麼素質？我讓學生們先看看幾個高層次人才的事例。

　　「中國原子彈之父」鄧稼先，他的學生時代處於抗日戰爭時期，他學業優異，並有強烈的報國之志。他的同窗好友楊振寧留學美國並獲取諾貝爾獎。而他在中國耗盡自己的才智和體能，以無私的奉獻精神，與眾多的科技工作者、解放軍官兵一起，讓蘑菇雲衝上九霄，使中國人挺起了腰桿。這位科學家以他對世界和平的卓越貢獻永垂青史。他的信念、才華、合作精神、領導藝術，是成就高科技事業的高層次人才的重要素質。

　　創造上億價值的水稻專家袁隆平現已世界聞名，可他卻是幾十年如一日默默無聞地與農作物打交道。「文革」十年動亂中受到迫害也未動搖過，如此堅韌，源於他目標的堅定。平民意識和對科學的信賴鑄就了他堅定的目標；熱愛生活，以苦為樂，閒暇時還拉一拉小提琴，豐富的精神世界、富有美感的生活情趣和親情，滋潤了他天人合一的事業觀。

　　身兼兩院院士的王選，在電腦領域填補了多項空白。他既精通電腦的硬體，又精通軟體，既瞭解市場的需求，又清楚用科學解決問題的突破口，還能用哲人的眼光審視社會，掃除社會人事紛爭對科技創新的障礙，發明創造成績顯赫。成功後的王選，思考的是怎樣為年輕的創新人才開闢道路。

　　凱文‧凱利是美國《連線》雜誌的創始主編，也是美國最早的互聯網社團的創辦人之一，在美國互聯網發展過程中扮演著關鍵性的角色。《紐約時報》認為他是《連線》雜誌的大思想家，擅長將新鮮而有深度的思考、艱澀的新經濟理念用新鮮而深刻的語言帶到大眾讀者面前。他的關於新科技與新經濟發展的著作被《財富》稱為所有企業經理人必讀的書。人們把他看作新經濟大師和未來學者，而他自己的定位是「理論家、科技轉變的觀察者和哲人。」他說，「我習慣做系統性的思考，人倒不是我思考的重心，而是系統本身」「我從未上過大學，但是在亞洲當了八年攝影記者。我相信自我教育，同時順著你的天賦發展。我的經驗是『跟著你的熱情，成就將隨之而來』」。

　　高層次人才具有堅定的信念，有超越常人的功底與才華。敢冒風險，有捕捉機遇的敏銳眼光和膽魄，有與事業融為一體的執著的敬業精神和很強的承受力、堅持性，自信，對人尊重。這些素質基本上是人文素質，核心是價值觀，關鍵是能力。

　　高層次人才中學階段應具有哪些基礎素質？熱愛生活，尊重生命，自信自強；

關注社會，關愛他人，有強烈的社會責任感，有為促進社會發展做出傑出貢獻的志向；熱愛科學，有強烈的求知慾，善於學習，有很強的觀察能力、分析能力，有自己獨到的見解，有創新意識；元學習意識和元學習能力強，明確自己在幹什麼，不斷思考怎樣幹更好；有不斷進行自我教育的能力。這裡，志向和善於學習是核心與關鍵。

一提培養高層次人才的基礎素質，不少人就想到培養個別資優生，似乎與堅持「兩個全面」的素質教育無關。事實上，全面發展不僅指學生個體的各方面得到發展，而且包括在此基礎上的學生群體的發展。而健康發展的學生群體是中學階段培養高層次人才的基礎素質的重要條件。不能想像，一個對團體冷漠的學生會有強烈的社會責任感；不能想像，一個冷冰冰的團體會生長出大批富有創造力的個人。熱愛生活的品格只能在生活中塑造，良好的人文素質只能在人群中培養。

每個學生都是獨特的個體，我常常被一個個鮮活的生命所打動。開學的自我介紹中，「奇怪的小女孩」———剛上小學、才六歲的譚奇，因為老師暗示考試時同學們可以「互相幫助」而衝進了校長辦公室。家裡的廁所被堵塞，張振昕「奮不顧身」想了不少辦法，最後不惜用了世界上最靈活的工具———手。「少年得志令人羨慕，大器晚成又未嘗不好」，這表達不甘一生中碌碌無為的豪言壯語，竟出自一個成績還很差的學生的手筆。學生是世界上最可愛的人，愛每一個學生，這種深沈的愛是一種對生命的珍愛，學生的生命活力與潛力正是在老師的呵護下逐漸煥發的。教育者再不能犯「把愛迪生逐出校門」的錯誤。在現行高考制度下，我們容易發現數理化成績優秀的學生的聰明、勤奮和潛力，忽視學生其他方面的活力與潛力。類似於用「家庭出身」「繭巴」「智商」「分數」來評判學生成功與否的錯誤，不知貽誤了多少人才！

主動性是創造的前提。當我們的教育真正做到尊重學生的個性、愛好、特長，並提供條件使他們發揮自己的優勢時，當我們的教育能使學生在學習中體會到成長的喜悅，看到努力的成果，從而保持健康良好的心態、樂觀向上的精神面貌時，教育才是真正的素質教育，才能激發學生的主動性和創造潛力。

一個活潑開朗、有點「懶惰」的女生在週記中表達著從內心覺悟到行動進步的欣喜。

學習與素質

班會上，認真聽了老師的一番深刻教育，感慨良深。一個人怎樣才能具備素質？怎樣才談得上素質教育？這個問題沒有原來所想的那樣簡單。原來以

為特長即素質，而自己有畫畫的天賦，且在聲樂、書法方面也有造詣，可在學習功課的抹殺下已毫無生氣，沒了熱情。因此自認為我並沒有受素質教育。而我渴望素質，這使我對學習越來越憎恨，越來越厭惡。到頭來是竹籃打水一場空。我為此苦惱、麻木、逃避。現在我似乎意識到，學習與素質並不矛盾，素質其實也是一種熱愛生活的表現，並不是你的某一項突出就意味著你擁有了素質。素質只能在不斷培養、豐富自己的過程中形成，與學習有著必不可分的關係。

今天真是艷陽高照，心情真是好得不得了。上課上得非常愉快，突然被自己的求知慾「嚇倒」。喔，原來學知識也是挺輕鬆的嘛！只要有了信心一點點，好心情一點點，哈哈，沒准我也是天才。哼著小調飛快地做完作業，預習了功課，做了課外題，依舊不知疲倦。

學生有了學習的熱情和發展自我的信心，這是最寶貴的，還必須把它變為堅持不懈的努力。加強個人發展的目標管理，發揮班級制度、教師團體和家長的作用，是堅持性的保證。

全面發展不一定是全面優秀，每個人所受的教育都應當適合自身的特點。學生因人而異，應有不同層次的發展目標。所以，承認學生在志向、智力、毅力、情感等方面的差異，發現人才苗子並給予重點指導使之進步更快，這不僅符合我們進行實驗以實現「早出人才、出高層次人才」的宗旨，而且，也只有這樣，才是「每個人都得到發展」，學生群體的全面發展才真正得以實現。

在成績波動的背後

春節剛過不久就如期開學了，在信箱裡拿到一份沒有貼郵票的信。剪開，一張小紙條飄落下來，明毓的字跡：「附：這信寫了很多天了，今天才給您，是因為放假沒出門，郵票也沒找到，還有我也有些猶豫。今天看見您桌上的全班的成績表，細心的您，一定看見許多同學的進步中，夾了我這麼位退步明顯『—102名』的學生。我感到對不起您。總之，我會努力的。」厚厚的一疊數學作業本紙寫的信，用釘書釘裝訂得整整齊齊。

明毓是個和藹善良、聰明勤奮的女孩子，對她的成績一而再地不升反降，我很困惑。抱著極大的好奇心和滿心的希望，我展開信細讀。

敬愛的韋老師：

我是明毓。我期末考試班上倒數十幾名，語文、物理、化學三科不及格，英語、數學也考得很差，我半期就後退了一百多名，這次更退下去了。我應該主動給您談談考試失誤的原因。忘不了考前您把我叫到辦公室給我鼓氣，給我加油，我卻辜負了您的希望。我自己也很難過，這次春節晚會也沒看，躲在被窩裡哭。我不得不承認自己很軟弱，兩次連續的挫折使我失去信心，很自卑，為自己和全家人都沒過好春節而憂鬱，為開學所要面對的一切而膽怯。我坐在桌前，模樣是在補習功課，實際是放任自己的思緒，想著很極端很不現實的事，滿足逃避，自暴自棄，像孩子似的不理智。

　　在假期裡，我是多麼的痛苦。不怕您笑，我計劃是考 550 分以上。我以為半期的失誤，在下半期的努力下，進步一些是必然的。結果理想與現實差距過大了，才 445 分的總分呀！我感到這如同摧毀了我的某一精神支柱，我盼望著有人能坐在我身邊，不是像我父母那樣，只知道問我：「你為什麼考這樣孬？……」「你這半期在學什麼？……」「你一天在想什麼？……」，甚至於，「哼！只有打才有出息……」「過幾天就打！……」———而是先安慰我，真正地對我有信心地安慰我，讓我能盡情地發洩出自己的悲痛。不先把我動盪不安的情緒穩定下來，我哪能恢復自信、自尊，又怎麼能夠響亮而剛強地與自己交談，剖析自己？同時，我卻又害怕別人的關心更會刺痛我的傷，我總是在尋找孤獨，孤獨地想啊想……總之，考試失敗，我飽嘗痛苦，成天想著某些還未出現過的極端就哭。

　　所幸！我骨子裡還有倔強、剛毅，感謝！我不停地想，終於把自己從跟隨失敗而來的痛苦中喚醒。我堅定下這一點：生活是值得過的！我一定有我的價值，我該認准我所擁有的，少想我所缺少的，用我擁有的去彌補我的過錯，靜下心來做我該做的事情。我要永遠保護我的學習、我的進步、我的當資優生的熱情，不管它是多麼脆弱。它，不是夢想，是我只要付出就能獲得的明天，或者後天。

　　我為什麼考這麼差？您最想瞭解這一點吧？我猜我父親也將會向您詢問我在校的情況，您也想知道我在家時怎麼過的。包括我自己，也想周圍的人告訴我，對我的學習態度、發展方向等的看法。怎麼說呢？老實講，假期裡我想來想去，覺得不能把成績不好歸結為考試失誤，歸結為一點、兩點，而是這點、那點，內因、外因及其他等等綜合交織著。我的成績差是必然還是偶然？我覺得還是向您講講我以及我周圍的情況，您便會瞭解我，瞭解我考倒數十幾名是可能的，也是可以避免的，而我卻因為缺乏對自己的深入瞭解而沒有避免。

　　我的性格很複雜，內向、外向都不一定，養成的習慣也有好有壞。我可以準確地認為，我的學習是不刻苦耐勞的，至少不是主動、自發的，而是在某個時候、某個階段，為某個目的而發生改變，乃至生活上也不積極。這或許是家庭環境、

五、「學生成長研究」助成長

外人影響的，也或許是我天生一副求得平平的感覺罷。我行為不踏實，愛做白日夢，想像出圍繞自己的很多美妙前景。

我不笨，甚至自以為較聰明，因為我學習起來理解容易，聽人話也善於明白其意，還能由觀察得出正確率很高的猜想。課堂上老師講的，我只要聽了都能當堂明白。可這就出問題了。我時而內向的性格，使我沒能廣交朋友，羞於在眾人面前發言、提問、議論，害怕做眾人的領導，遇到什麼事就想著往後退，從而不能深入嘗試，思索實際。我時而外向的性格，使我與周圍裡我很近的朋友很親熱，我的同桌、鄰桌都愛與我談天吹牛。有時起勁了，下課、上自習、晚自習，乃至考前復習時，我都忍不住分心講話，既影響了自己，也害了朋友。

韋老師，您還不知道我還有這等惡習吧？我總是打開話匣子就收不住，您今後可要留心我上自習課分心沒有。

我說我聰明，聽課不費力，可我就是有時不聽老師的課，感興趣時才聽。以為教科書看得懂，參考書上的例題也能理解，不聽老師講課也一樣。沒有了緊迫感，所以，有的課聽到老師溫和的語調就想睡覺。其實現在的教科書都很淺，考題卻是越考越活了，只是懂了知識，沒有在老師指導下學會思考，不會深入學習鑽研，怎麼行？以前我還很奇怪，怎麼平時好像什麼都懂，到了考試時就是思維遲鈍，甚至不會做了呢？考完一聽評講又後悔，覺得簡單。我想，是我沒有真正學好，不能把書上的知識變成自己的知識，也就不能舉一反三，更不善於創出自己的思路，考試當然不理想。這是我的錯誤想法導致的惰性造成的必然。

當然，我對數學有興趣，在您的課上還是專心的。但是我並不是總認真聽講、積極思考的好學生。我應該每節課都認真，不開小差，不自以為是。我知道自己該怎樣上課，怎樣上自習，怎樣預習復習。我的意思，就是想告訴您，不要被學生的外表、表面現象迷惑了。您以為他在認真聽講、思考，其實心不在焉，沒有投入，在想其他事情，就像我上有的課時一樣。

在學校我不是刻苦努力的好學生，在家裡又怎麼過的呢？我早晨七點差幾分時才起床，動作很麻利，被子有時也不疊，七點過五分或過一刻出發，只求不遲到。家人都起得晚，我在路上買早點，或者不吃，早上我很少吃東西。您看我住在校外，卻比住讀生還起得晚，多懶的我！中午回家，午餐，睡午覺，也曾想過中午看書做作業，但晚自習就想打瞌睡，只得放棄。晚上十點二十分回到家，洗澡、吃點東西，收拾一下書，留一個小時看書，往往是十二點過了才睡覺，典型的晚睡晚起。而且效率極低，那一個小時也是「虛」的，我很容易被外界干擾，愛分心，情緒化，三天就有一天情緒不好，看不進書。

我還是個訂計劃的高手,「無志者常立志」。我訂計劃,總因自己無毅力而不能堅持,再訂,不執行,又訂。如此循環,終無所成。雙休日,睡懶覺,然後閒著啦,坐在桌前,沒幹些什麼,又訂計劃,計劃都是空條文。一句話,在家裡,抓不緊。每每想起成績下降和期末目標,有「一分鐘的熱情」,堅持不了幾天,又成了「樂觀分子」,把悔恨忘到九霄雲外。倒數十幾名的恥辱,應得的痛苦。

　　我說我易受外界影響,就是這樣,我很敏感、愛想像、發揮,因而分心,心思不能大部分放在學習上,而且什麼事都愛打聽、關心、議論什麼的。我生在五口之家,有兩位分別大我三歲、六歲的姐姐,我最小,以為小的就應該大家讓著,脾氣越來越躁,一句話就能讓我氣憤或悲傷,各種感覺都有過。哪知我家是「不保護弱者」,很直的那種家庭。我們三姊妹常常就事論事地辯論、爭吵,經常看自己的心情而站在哪一方。我一遇到姐姐們聯合起來對我辯論,便無能為力,就生氣,就哭。我是心胸不寬廣的,小氣自私。一遇到難處就焦急,想不開,更是看不慣這人,看不慣那人,影響我學習。我愛在家裡說:「沒心情了!」瞧,多不成熟的我。

　　還有我的父親,特別的人。他愛看書,我承認他的博學,他對女兒卻要求苛刻。他的格言很多,其中有一條:「黃金棍下出好人」,就是主張打!我從沒看過哪本書主張教育子女打是好辦法的。我家裡若是誰考差了,或是做錯了事,就罵,就打,他說「吃得苦中苦,方為人上人」。做錯了事,自己心裡已經很難受時還被父親打是很痛苦的,何況已經這麼大的人了。他卻說,在家中經過了不公平,以後社會上的不公平才承受得住。我眼見同學在遭受挫折或犯了錯時有「春風般的溫暖」,而我家,正如我大姐說的,是「心靈施暴」。我告訴您這些,您就會明白,一學期下來,我總要經受幾次大的壞氣候而傻氣地發揮,小題大做,最後還是害得自己無心全力學習。

　　各家有各個家庭的特點,我的家人多,快樂的時候仍是主要的,我應該看到我比獨生子女家庭的同學幸福、幸運。我有姐姐做朋友、做老師、做對手、做學習的榜樣。我的父親也是優秀的,他從不抽煙、不喝酒、不打牌。他在思想上常引導我們姐妹,鼓勵我們永遠熱愛學習。他以身作則做榜樣,天天學習,看書工作到深夜。我家的三個大書架上的書都是爸爸買的,什麼學問的都有。我的學習輔導書也是他買的,買得很多,也很好,很適合。他還重視學習之餘的休息,假期帶我們去旅遊,開闊我們的視野和胸懷。我想,只要我少做錯事,他也不會打我了。像我這樣小心眼、幹了許多傻事、錯事的孩子,光是嘴上教導也根本沒用。面對環境、外人、家人帶來的問題,我該學會怎樣處理了,不應再讓不好的情緒影響我的學習激情。「別人對你的傷害,如果是你應得的,就從中學點東西;如

果是委屈，就忘掉它。」這句話，我要試著去做。

　　已經寫了不少，我總覺得還是可以用一個詞來形容我的：「懶！」這是廣義的懶。我不懶，就不會有如此不合理的作息；我不懶，也就能堅持執行我的計劃；我不懶，才會堅持鍛鍊身體，抵抗力才會加強，才不會天天耳鳴、頭昏，考試時重感冒；我不懶，才能嘗試著打開心扉，交上很多朋友，獻上我本有的愛心，獻出我的才智。小懶啊！韋老師，您見過我問過老師題嗎？沒有。我從來不問各科老師我不懂的問題，也不愛問同學。我這號懶人的觀點還有二：「如此之難度不會考」是其一；「我都看見了的題，不會是考試題」是其二。謬誤之極！您看我這手字，像個文靜的女孩寫的嗎？不像。是因為懶，我從小學一年級起就懶得多寫字、練字。記不清曾訂下多少次練字的計劃，因為懶，沒有堅持練過。再懶下去，我會考不上大學，我理想中的大學！

　　倒數十幾名，三科不及格，這一次的恥辱我終生難忘。我進高中，不，乾脆略說一下，我讀書以來的名次。我的光榮史總是因為我不勤奮而沒有長久過。小學一至四年級，平平；五、六年級，勤奮了，在我記憶中，都是年級第一，雖然全年級的學生也只有幾十個。初中，進了南開，在年級最差的一個班，我是矮子中的高子，三、四名，最差一次十二名。初中和張或同桌，壓力有了那麼一點點，他總是班上第一，我便是班上的第二，卻還是懶洋洋的，沒想過學張或身上的勤奮。結果還是昏著學，升學考試才五百多分，我知道，我若不是本校初中生，就該被踢出南開了。但我仍然不勤奮，做著一名聽課、作業、作業、聽課的懶學生。高中努力了一把，名次前進了，然後又掉下去。過去初中一直在我後面的同學，高中後前進了許多，特別使我相形見絀。我寫了這些，告訴您，我高中的這成績，是不應該發生在我身上的；我高中的這水準，也不應該發生在我身上。小學、初中就算代表過去，作為南開的高中生，讀了一年半沒進步，也不應該啊！我最需要的進步，是對學習的認識、對學習的態度、對自己情緒的把握。

　　高中已經讀了一半的時間，我還有一半的時間可以思進步，見行動。我不能改變別人，我只能改變自己。我只能改正自己的錯，才能改變退步、落後，迎來進步、飛躍。我的實力不該因為懶而淹沒。我將這樣做：確定每天的目標；最充分利用時間；集中精力，全力以赴地去完成最重要的任務———學習；用計劃、毅力堅持下的行動，來代替我的空想。

　　哦，謝謝！我擺脫了這極度消極迷惘的困境，我擁有著我將珍惜的時間、精力和能力。我感受著戰勝了悲觀失望的快樂，勇敢迎接、面對、處理好我要面臨的重重困難。哦，韋老師，謝謝您聽我吐出了心聲。字跡很草，也有錯別字，句子也不通順，因為我是當著您的面在訴說。您是幸福的，您作為老師、班導師，

班上有我這樣願對您談談自己的學生。我學習著您，面對困難，有一種將克服它的快感，越是困難越不退縮。我又想到我們的班團體，進步的班團體，我相信不論現在、將來，我永遠自豪地為它而笑。

　　韋老師，我知道您很忙，所以用信的形式來代替我的談話。其實，我想對您說的還有很多，可總是這樣，筆的能力趕不上思想的速度，說的、寫出來的僅是人的思維的一部分。我翻看前幾頁，真怕您覺得我囉唆。您也明白我吧？我是如此地迫不及待，想告訴您我的悔恨，我的思想鬥爭，我的計劃。您放心吧，我自己的路我將走得踏實，走得自信，走得充實而快樂。我還想請您幫忙，

　　對其他各位老師表達我的決心，我是會進步的，各科都會進步。對於數學，我想再次對您說聲對不起，我對數學很愛好，在初三，我的數學有過第一名的經歷。我有信心從頭開始，從基礎開始，把數學學好、學精———我將同過去的我競爭！

　　「生命是一把披荊斬棘的刀，那麼挫折就是一塊不可缺失的『砥石』。為了使這刀更鋒利，勇敢地面對挫折磨礪吧！」這句話真好！

　　祝韋老師身體健康，闔家幸福！節日快樂！

　　以種種複雜的感情，一直看到最後，我彷彿親身經歷著學生艱難的成長，我為她的真誠、執著、勇敢而感動。我慶幸「成長研究」太必要了，沒有誰能如此細緻、生動、深刻、綜合地刻畫出學生內心世界在環境中的複雜變化；沒有誰能如她自己那樣，在學校教育、家庭教育和自我教育的結合中煥發出成長的動力和激情，破繭而出。她研究著自己的成長，還時時提醒老師如何去深入瞭解學生，這是怎樣的一種境界，多麼寶貴的資源！許多學生，有著同樣的經歷，卻在被動的心理折磨的危機中耗費著青春。以成長研究促進學生的自我教育，通過團體的良好情緒相互感染，深化學生的自我體驗，增強抗挫折能力，是對學生最好的引導和保護！

　　「學生成長研究」，由老師對學生的成長研究，到老師引導學生自己研究自己的成長，到學生獨立地研究自己的性格、志向、潛能和發展方向，研究自己與周圍世界的關係，促進了自我教育。

　　對於一個有自我教育能力的人來說，不論什麼教育，都能吸收其精華。重新再看一遍，對她父親的名言警句「在家中經過了不公平，以後社會上的不公平才承受得住」，我受到一種震撼，深感家長對教育用心良苦。我對家長深深地尊敬和同情，他知道他的女兒天天耳鳴、頭昏嗎？我想得更多的是，怎樣能讓家長也參加到我們的成長研究中來，一起促進學生成長，和自己的孩子一起成長。

六、歌聲中的家長會

要讓學生的第一任老師———學生的父母、家人，成為團體教育、學生自我教育的同盟軍，成為實驗的參與者，抓住家長會這樣的機會至關重要。

學生眼中的家長會

家長會是我們班與眾不同的又一特色。學生周吟冰無比興奮地寫下對家長會的感受。

最合心意的家長會

高中的第一次家長會，是學生與家長共同參加！不像以前初中和小學所開過的那麼多次家長會，將學生和他們最親近的父母、老師分開，彷彿關於自己的問題不用自己關心，只要父母與老師協商就行了。

這是多麼特別的一次家長會！我們提前好幾天就開始準備合唱《同一首歌》。不少外班的同學問我：「你們開家長會還要唱歌呀？」表情驚訝萬分，不！更多的是不屑，他們認為哪有這個必要，多此一舉毫無意義。對驚訝，我們報以微笑，因為我們十分理解，當韋老師告訴我們她的決定時，我們也是又驚又喜，甚至還有幾分好奇和擔心。對不屑，我們毫不理會，高高地昂起頭從他們身邊走過，我們練歌的興致絲毫不減。同學，難道我們的心已封上厚厚的繭？寧願為虛構的戲中故事落下大把的眼淚，也不願為身邊微小但卻真實、美好的小事給予一點點讚揚？整日煞有介事地唱著未曾經歷過、也不能理解的情歌，卻為兒女們要獻一首好歌給自己的父母親人而渾身不自在？假如你能親眼看看那動人的場景，也許，你封閉的心會打開些小窗？

家長會由兩位班長主持。他們做了簡短自我介紹之後，宣佈家長會開始。首先是獻給爸爸媽媽的歌。

在韋老師激情的指揮下，我們用心地歌唱，可以說是聲情並茂。親切、深情的歌聲在教室內回蕩，久久不願離去，似乎表達著我們對父母深深的感激，也宣告著我們的成長。家長們嚴陣以待、準備接受殘酷的分數考驗的嚴肅表情，漸漸地變成了欣慰的笑容，媽媽們眼裡閃動著喜悅的淚花。歌聲激起家長們的共鳴，不少家長甚至和我們同唱這首幾乎每個中國人都知道的歌。「水千條山萬座我們曾走過，每一次相逢和笑臉都彼此銘刻，在陽光燦爛歡樂的日子裡，我們手把手

啊，想說的太多……」

教室裡爆發出熱烈的掌聲，家長和我們一起，為我們真摯地同唱一首歌喝彩！

接下來，按慣例是各科老師發言。老師們像約定了似的，熱情滿懷地鼓勵，沒有點名糾正任何一個同學。聽著老師們的肺腑之言，我們不能不被充盈於字裡行間的款款深情所打動。感覺著老師對我們進步的喜悅，和恨鐵不成鋼的著急，我暗下決心，為了不辜負老師們的一片苦心，無論如何我都要好好學習。

韋老師的發言最長，雖然為了讓教幾個班的科任老師隨到隨講而多次被中斷，但仍是那麼吸引人。她舉了不少同學進步的例子，分析了進步的原因；她談自己的生活感受、教育體驗，像講故事一樣生動，卻是環環扣著她講話的標題，強調學習方法和養成習慣的重要，真可謂理論聯繫實際恰到好處，有條有款的，不少家長還做筆記呢！韋老師選用同學們週記的精彩片斷，把學生對半期考試的期待或無奈、半期考試後等待成績的不安，以及對家長看到成績時的滿臉烏雲的心理恐懼，表達得淋漓盡致。韋老師講到素質教育問題，希望我們學生主動地全面發展，並且真誠地希望家長們不要過於看重分數，而要透過它更好地瞭解自己的子女，和孩子一起找出進步、抓住問題、分析原因、確定措施。我的心得到撫慰，學習是為了充實自己，成績不論好與壞都是自己勞動的成果，都應當得到尊重，甚至連知曉成績那一刻的歡愉、遺憾、難過，都是心靈旅程所帶給我們的鮮活的感受，都是我們的一筆珍貴的財富。我想，許多同學不再會害怕向老師和家長敞開心扉了。

班幹部們依次上臺，按照黑板上各個獎項的名單給同學們頒獎。精心準備的頒獎發言，有的十分搞笑，以至於有的優美語句也被淹沒在大家的陣陣笑聲中。全勤獎、學習優秀、良好、進步獎、優秀班級日記作者、勇敢者、活動積極分子、創新獎，那麼多的獎品，落到了幾乎每個人的手中，它給了我們多大的鼓舞，尤其是在家長面前！

兩位班長悄無聲息地走到各位家長面前，送上寫有姓名但卻開著口的信封。那一小條或報憂或報喜的成績單，真正成了隱私，只在家長與學生手中細細研究，真正發揮了它的價值，而不是淪為定心丹、去魂丸、攻擊物。

這是我們有生以來參加過的最特別、最合心意的家長會。家長會就應該是這樣的呀！尤其是我，因為父母不在本地工作，家長會對我就似乎是別人的事，與我無關。現在好了，家長會終於與我有緣了。也許，明年也會和今年一樣，父母來不了，可那又有什麼關係呢？我不會再為自己的座位空著而不快了，也可以和

同學們一起坐在教室裡面，饒有興趣地聽。我喜歡這樣的感覺！

學生們喜歡我們這樣的家長會，家長們更喜歡。我自己就是個家長，對開家長會深有體會。

兒子讀小學時，我去參加家長會。班導師按照學生考試成績，從高到低一個個宣讀姓名發成績單。我一聽這規則，頭皮都炸了，無可奈何地坐在那裡。幸好兒子是第三名，得到成績單，我像逃離苦海一樣，拔腿就走。其實，兒子的班導師很有愛心，兒子很喜歡到學校學習。她教學很有一套，兒子開始學寫字就有筆鋒。她很耐心，我親眼看見兒子調皮後她循循善誘直到孩子心悅誠服。而且，兒子所在的學校很重視家庭教育，大概因為我專程到學校去抄「小學生守則」吧，還被評為「好媽媽」呢！但是，為什麼家長會就這麼恐怖，令人心有餘悸呢？

我多麼希望和兒子坐在一起，聽老師介紹班上的情況，有哪些活動，有哪些進步，有哪些問題。我多麼希望看到兒子的同學，平時從他口中聽到名字的那些可愛的孩子，還有他們的爸爸和媽媽，我們能在一起交流教子心得。我們家長能有多少次這樣的家長會呢？小學到中學，十二年，可以有 24 次這樣期盼的聚會。然而，有多少人有這樣的機會呢？多麼遺憾的事情！

不僅遺憾，而且可怕，家長會已經變了味。家長會後等待學生的常常是風暴；風暴之後的學生對班導師常常是一臉的冰霜。然而我們的家長會後情形大不一樣，學生的內心也發生著變化。

改變

我一直固執地認為「家長會＝挨 K 會」。在寒冷的雙休日，我不情願地看著媽媽走進了校園，因為我不想讓媽媽遭受打擊。剛一見媽媽，嚇了一跳，表情有點冷酷，空氣有點緊張……

家長會結束了，走出校園，天更冷了，但我和媽媽的心裡卻是暖暖的，華燈初上的山城看起來是那麼美麗，我們心中都存有了一份希望，不只是成績，而是一個大寫的「人」。

這一次爸爸的改變真的令我感動，我感到更加地悔恨，我要盡我的全力學習。我深深地感到，家長寬容一點的教育比打罵和施壓更能起作用，因為它能使我們從心底受到教育與感動。

下一次，我會像迎接節日一樣，和大家一起精心準備家長會———歌聲中的家長會！

學會放手一起成長

家長會，是學習教育的「研究生」班———研究學生，也就是自己的孩子———怎樣更好地成長的學習講座和研討會。要讓「面向全體學生，讓每一個學生都主動地得到全面的發展」的教育思想，成為班導師和家長共同的目標和心願。班導師對家庭教育的作用，是促進家長與子女的理解和交流。家長會上同時面對眾多的學生和家長，始終要尊重家長，激勵學生與家長主動的自我教育。

我們的家長會，既隆重推出精心準備的理論聯繫實際的文章，也兼有親切閒聊的簡單方式，還有學生原汁原味的內心獨白，讓人印象深刻。班上一個男生寫的班級日記，赫然在目，一字一句，彷彿一刀一刀地剜在我們心上。

讓我失去童年的網

我現在才知道，我掉進了一張網，一張由周圍世界為我編織的網。

不知是天生的馴服還是本身的怯懦，從小就在父母的「呵護」下、「關懷」下生活，父母怎麼說就怎麼做，從沒考慮過自己的意願，從沒說過「不」。

我沒有童年。我已記不起我的童年除了考差了被責罵以外，還有什麼特別的事兒。沒有姐妹兄弟，沒有遊戲，沒有歡笑，有的只是單調與乏味。除了父母的幾分滿意，和鼻樑上厚厚的玻璃鏡片，我的童年沒能給我留下什麼。「童年」，代表著什麼？每當我從書刊、電視中看到那些童年的趣事，除了羨慕、嚮往，更多的是遺憾和自卑。我永遠地失去了我的童年！

我不願做被牽著線的小玩偶，我寧肯做斷了線的風箏。我想追回我的童年，我想獨立，我想快樂，我想擁有除了分數以外的收穫。

我進遊戲廳，我上網打遊戲，我放心地丟下作業，我唾棄所有的勸告。看似瘋狂，實為無助；看似興奮，實為頹喪。我無法尋覓我那失去的童年，我正在失去我的世界，我連分數也沒有了。我的良心受著煎熬。我再一次掉進了一張網，一張由歷史和現狀結成的網。

我，想掙脫這張網！我幾時才能掙脫這張網？（圖28)

圖 28 讓我失去童年的網

　　一個在同學眼中聰明活潑的少年，一個在家長眼中聽話的好孩子，內心裡隱藏著不能承受的愛之痛。沒有愛就沒有教育，然而，只有親情的愛，甚至只有變質的生物之愛，也難說有良好的教育。沒有哪一位父母會希望孩子失去童年，更沒有想到孩子因為失去童年的痛苦而在寶貴的青春年華棄學從「遊」。父母對子女的愛，是無與倫比的最真摯最深沈的愛，由愛釀成的悲劇，實在讓人痛心。從學生的角度感受不同教育方式，理解孩子成長的需要，家長會得出自己的結論。

　　錯過了太陽，不要錯過月亮；失去了童年，更渴望美好的青春。在老師沒有任何察覺的情況下，我們的這位同學能夠坦言現實中的自己，並向過去告別，這就是覺醒，就是自我教育。他正在融入團體，所以，發現了那張網。我們的團體，我們的快樂生活，對於他，對於一個中學生是多麼的寶貴。

　　一個人從童年步入青年，不僅生理上發生了很大的變化，心理也發生了重大的變化，這種重大的變化被稱為兩大覺醒，即自我意識的覺醒和性意識的覺醒。青春期，這是一個充滿希望又蘊含危機的年齡階段。學習的困難，期望與現實的矛盾，對人生的困惑，交往的煩惱等接踵而至。青春是美好的，但不是什麼樣的青春都是美好的。世上好東西很多，但是不能把握分寸，好東西也會成為負面的殺手。沒有自製力，過度而不能把握分寸稱之為迷戀。不少學生迷戀言情小說，迷戀武打小說，迷戀網吧遊戲，迷戀卡通漫畫。迷戀，耗費著青春。對迷戀，需要喚醒。誰來喚醒？自己！學生要投入團體生活，要自我教育，要能夠接受父母、老師的教育。

　　家長在孩子面前，至少有三重身份———親人，老師，學生。不管哪種身份，都需要愛。愛，學會愛，並不容易，尊重，是愛的內涵。孩子不是父母的私有財

產，絕不可以想打就打、想罵就罵，那是違法的。在外國，如果小孩落水夭亡，不論父母是怎樣的悲痛欲絕，作為監護人是要被法律制裁的。此理同天下，父母對子女，子女對父母，都必須是一個人尊重另一個人的態度。

　　讓教育回歸生命的意義。孩子幼年時，父母俯下身拉著孩子教他們學會走路。將來，父母年老了，過馬路時該是兒女攙扶著父母。現在，正是學生開始自我教育，逐步獨立成長的時候，父母要學會慢慢地放手。慢慢放手，是一種責任，是一種教育藝術。把孩子當作學生，就是明確家長的責任，教孩子學會生活，學會走人生路。向孩子學習，這是任何一個好老師，必然要學會的課程。

　　看看教室裡滿懷著希望，風塵僕僕趕來開會的家長，人生最好的老師就在我們面前。同學們，請不要錯過這個機會，說出自己早就想說的心裡話———爸爸媽媽，我愛你！不久的將來，我們會進入大學、走上社會，再要享受父母耳濡目染的教育，已不能擁有今天這樣的機會。請珍惜這樣的機會，主動與父母交流。告訴他們，你的辛苦、你的困惑、你的奮鬥、你的軟弱，你是多麼需要他們的理解，同時又多麼需要他們放開手，讓你學會獨立思考和生活。同學們，在並不很遙遠的將來，也許你們也會為人父母。———不要笑，可以笑，但這不是笑話。人生很多東西都要靠現在的學習打下基礎。試著去理解父母吧，不要等失去了才來嘆息。人生最不要做的事情，就是後悔；人生最應當學會做的事情，就是珍惜！

　　為什麼教育的條件越來越好，孩子的幸福卻越來越少？為什麼孩子們越來越用功，家長卻越來越難當？缺乏換位思維的誠懇交流！家長把苦水咽進自己肚裡，卻增加了學生的煩惱。

　　如何引導孩子愛學習是家長們感到苦惱的事，家長們的煞費苦心，在孩子眼中一清二楚。一天，我坐在中巴車上，兩個女孩興奮地閒聊，音頻極高，沒法回避地振動著我的耳膜，她們在揭穿「老爸的謊言」。

　　「我爸爸看了我的錄取通知書，笑得嘴都合不攏。一個普通中學的女生，考上重點大學，一家人像撿到了金元寶，哈哈。」她的笑聲感染力極強，我看見車上的人都在笑。

　　「我爸爸又把他那一套施展出來了，又開始來哄我了，」她放低了音量，和女友擠在一起笑。不過她倆就在我前座，句句話都清楚地飄進我那對家庭教育特別敏感的耳朵。

　　「我爸爸說：『女兒啊，你是我們幾家人裡唯一的秀才，我們都指望你將來有個好工作。你就再苦一年。只要大學的第一年基礎打好了，以後就沒有問題了』。你說，大一苦過去了，我的大學生活還有什麼盼頭？難道大二就可以輕鬆？

哎呀，等我做兩天美夢再來『勸學』不行嗎？」

女友十分迅速地接下話茬，「一樣，一個樣，我老爸一模一樣，編起話來騙人不臉紅。小學的時候說，把這兩年奮鬥過去就好了；初中說，把這三年拼搏過去就好了。高中怎麼說，把這一個月苦過去就好了。好狡猾啊，一個月一個月地騙我，說這一關熬過去就產生飛躍了。其實我是越學越痛苦。幸好，上了個本科線，不用復讀。不然的話，又要來勸我苦熬一年，專科生不好找工作，一定要上本科。他當個教授，我上個大專，他心裡也不平衡啊！還好，終於解放了。」

「什麼解放，到時候還要勸我考研究生。他覺得我很好騙，其實我早就知道，一輩子都沒有輕鬆的，也知道他是為我好。」

作為聽眾的我終於為她們的老爸鬆了一口氣。家庭有親情，「謊言」也是美麗的，不至於有後遺症。看看不少大學生，在高中還好好的，到大學就「紅燈高掛」，就是因為「熬」著中學生活，硬撐著跨進大學門檻，進校門就「補償享受」出的惡果。

為什麼「老爸」不能把自己的故事講給孩子聽？人生的閱歷是多麼寶貴的財富，分享閱歷，是一種令人羨慕的成長！為什麼不把自己的願望、擔憂、困惑和驚喜告訴孩子？家長們加入到我們的團體裡，疼著孩子的痛，笑著孩子的歡樂，我們共同的生活，將是世間多麼難得的閱歷！

一天，張或的媽媽匆匆趕來，極神秘地告訴我，她發現了一個嚴重的問題，他的兒子早戀，至少是單相思！一聽這話，我也緊張起來，注意力「嗖」地一下集中起來，迅速「過電」，把他所有的蛛絲馬跡搜索了一遍，我立即得出結論，這個孩子沒有那樣的苗頭。我問她怎麼會有這樣的想法。

她的兒子很愛學習，生活樸素，還是個班幹部。家長告訴我，上了高中，孩子生活更有規律了，早上按時起床，被子疊得很規整，刷牙洗臉，這些都很好。但是，最近發現他出門前照鏡子、梳頭，把衣領認認真真翻好之後，還要上下打量一番才出門。一個男孩子，以前從來沒有這樣的事，這樣的跡象，難道不是在談戀愛？老師說過，向最好的目標努力，還要預防壞的事情的苗頭，看來很有道理。

我一聽就樂了。最近開了班會「我是南開人」，其中學習了「容止格言」：「發必理，鈕必結，肩容平，背容直，勿傲、勿暴、勿怠」。人家是遵從格言提高素質，哪有什麼問題。家長一聽也樂了，哈哈！南開的特色還真多。我告訴她，我們還開了《愛情‧理想》的班會，張或是主要發言人。他和同學用表演雙簧的形式，說明為什麼中學生不適宜談戀愛。幕前者提問題，回答時張口不發聲音，幕

後者看書解讀，一問一答，引起同學們極大的興趣。其中有一段話，讓我印象很深。他說，「愛情是美好的，婚姻是神聖的，誰會選擇愛一個自私自利、缺乏內涵的人？誰會選擇與一個不能在社會上立足的人共度終生？現在選擇專心學習、發展自己，正是為了將來能夠有選擇的自由，選擇適合自己的人生的伴侶，贏得真正的愛情。」我對家長說，所以啊，關心孩子，就要瞭解他成長的環境。家長點頭稱是。

這事到此還沒完。我找到張彧，「敲詐」了他一下：「聽說你最近有些跡象不大對勁！」他嚇了一跳。我笑著，模仿他媽媽的表情學說了一番，他也笑起來。我又故作嚴肅地說：「我看你啊，就是不對勁。知不知道，我可是有真憑實據。」他茫然地看著我。我叫他認真想想。「哦」，他明白過來，「我沒有主動與媽媽交流，告訴她我們的班會、我的想法。」學生真聰明！

關注孩子成長的班團體，和孩子一起成長，這是新的學習，是自我教育，也是對自我教育最好的引導。和孩子一起成長，是父母的天職和幸福！

七、創造性活動出創造

我們班每週的值日生是一個小團隊，值日生制度中有一項是給小團隊的「創造性活動」加分。小團隊提前一周開準備會，匯集每個人的建議，提升出「創意」，並確定「創造性活動」的內容和實施辦法。創意五彩繽紛，管理晚自習的「亮黃牌」，環保的「回收易開罐」，電腦製作班級網頁「世界裡我的家」，活動層出不窮。鼓勵創造的班級制度，真的讓學生團體出智慧，創造出快樂，養成動腦筋高效辦事的習慣。

普通話周的奇遇

早在20世紀90年代初，我到香港探親，到深圳旅遊，回來給學生講見聞。說者無心，聽者有意，一個創意就悄悄地產生了。

週末的晚上，學藝股長張波走上講台，出人意料地用普通話宣佈：「同學們，下周是我們幾個同學當值日生，我們這組值日生的創造性活動，是把下周定為『普通話周』，希望大家配合。我們規定哈，上課必須講普通話，下課就隨便你囉，我們希望大家不管說啥子，都講普通話。」

「哈哈……」他生硬的普通話帶著川音，引得全班大笑。不少同學議論紛紛，

有人對此表示不滿，同學中好些都不願講普通話，聽起有點「那個」———刺耳，說起有點「那個」———彆扭。

學藝股長沈住氣，一字一頓地堅持用普通話，繼續說講普通話的意義，特別強調面向未來，為將來上大學做準備。當他最後說：「朗格說哎（重慶話，意為『怎麼說呢』），反正，普通話嘿（很）重要」時，全班又是一陣大笑。

我忍俊不禁，連心裡都在笑。從香港探親回來，到深圳玩了幾天，改革開放使深圳聚集了全國各地到特區來發展的人，於是普通話就發揮了作用。我只是隨便講講，沒想到學生由此產生創意，還發揮出面向未來的寓意。

回到辦公室坐定，還沒等我合攏嘴，學藝股長就站在我的辦公桌前，很正式地發出最後通牒：「韋老師，你也必須講普通話喲！」我熱情地表揚他，連連說：「可以，可以。不過我上數學課，不會用普通話說那些符號，先準備準備，過一周再開始吧！」「不行不行，再下一周不是我們當值日生了，是我們這周的創造性活動，您必須參加，還要……」他一著急，說出一串四川話，趕緊又用普通話補上，「還要帶頭！」逼著我這個數學老師上課說普通話，學生啊，也真夠厲害！

我去上課，第一句話就說「飆」了（說走了音）：「今天我們學習三『各』函數」，趕緊改過來：「三『角』函數」，全班學生毫不留情一陣大笑。我鎮定地微笑著，等笑聲小下來，又繼續講我的課，繼續用普通話。

畢竟是當過靠查字典正音的主持人，我很快就自然地講普通話了。新的問題又來了，上課時學生不怎麼呼應，說普通話沒有勇氣，說四川話又覺得太不積極，乾脆就「啞」了。我請個同學回答問題，因為需要說「sinA」，她站起來，張開口沒發出聲音就又緊閉上嘴唇。我請她坐下，想了想，教大家讀了幾遍，然後告訴學生，「如果覺得說『賽音A』不自在，可以說『角A的正弦』。如果說『什麼』不習慣，說『啥子』，甚至『抓子』也可以；『很』說成『嘿』也沒關係，『好極了』說成『好慘了』，『對』說成『對頭』，照樣表達。反正，我們『川普』也還沾著個『普』字」。沒等我說完，故意說「川普」的已經迫不及待。

課間，「川普」惹起一陣陣笑聲。但是也不是老笑，我就為眼前的事著急了。

已放學，聽見走廊發出巨大的響聲，接著聽見幾個學生咚咚咚地飛奔而過跑下樓。我走出辦公室一看，圓柱體的大開水桶倒在地上，學校的一個主任正在糾正我們班的學生不愛護公物，而我班的學生說著普通話，結結巴巴。聽了半天，我大致知道了事情經過。

水桶裡的水很少了，其他班的幾個學生倒開水，用力過猛把水桶推翻了，發出的巨響把他們嚇得驚慌失措倉皇而逃。水桶就在走廊裡離我們教室門口不遠

處，我班的學生聞聲出來，正圍著商量，怎麼把桶和架子抬起來。就在他們把架子放好，費力挪動開水桶時，學校的一個主任聞聲趕到。他問怎麼回事，學生的回答「語無倫次」，且「不承認錯誤」，主任有些惱怒，狠狠地糾正了學生。

　　學生繼續申辯———居然還是用普通話，為找不著適當的詞語和發音而面紅耳赤，結結巴巴的，仍然堅持說普通話。主任根本聽不明白。我很想上前說明———只需要一句話說明「學生在搞普通話周」就能解決問題。我好不容易才忍住了，學生絕對不歡迎我這樣的參與使他們的努力前功盡棄。他們終於把事情說清楚了，因為我看見主任「嘿嘿」地笑起來。我真佩服學生，其中有的學生家住農村，以前從沒講過普通話，這種情況下還能沈住氣！

　　沒兩天，學生已經習慣講普通話了，還操起普通話到處講，也不管別人懂不懂。那天，張格去買耳機，忘記了售貨員不一定懂普通話，恰好那個售貨員就不懂。他說了半天，那個人也不懂。張格心裡開始著急，本想用四川話，但他想怎麼能夠就這樣洩氣了呢？他開始意識到自己的普通話說得不標準，於是他放慢速度，一字一字很清楚地說。最後那個售貨員終於聽懂了。「哈哈哈哈」，張格說，「老子笑慘了」。「哈哈哈哈」，聽眾們也「笑慘」了。有人提醒他，別用普通話說髒話。「哦」，他改正道：「是我———笑慘了。」他故意把「我」拖得老長。有人建議，「我們能不能用普通話笑一笑」，立即有人發出別具一格的笑聲，接著是全體抑制不住的放聲「搭夥笑」。

　　在這一周裡，不僅我們班的同學得到了鍛鍊且拉近了距離，在年級裡也影響不小。星期一，我下課後到辦公室把有趣的事一講，辦公室也沸騰了。老師們立刻在辦公室門上寫上了「歡迎您用普通話！」這樣，不管老師還是同學，進了辦公室就自覺地說上幾句普通話。又有幾個班也興起了「普通話熱」。

　　通過一周的鍛鍊，我們的普通話越講越好，同學們討論問題也用上了普通話。那些可笑的事漸漸地少了，但有趣的生活卻長久地留在我們的記憶裡。

　　學生上大學後來信，很自豪地說：「我很快就與同學們熟識了，誰也沒聽出我是重慶人，還以為我是北京人呢！」而我，從那時起堅持普通話教學，至今已是二十多年了。

　　面向未來，就這麼簡單。

特別的選修課

　　選修課是南開的一大特色。但是高一週末選修課的報名卻是一件相當麻煩的事。一看我說「相當」的表情，班委們都樂了，居然還有連韋老師都嫌麻煩的事情啊！我笑著說：「希望大家支持我的工作，不要添麻煩就好！」別的事都是學生做，唯獨這件事，往屆都是我親自出馬。要想全班同學都滿意，太費時間和精力了！就算只求大家沒什麼意見，都不容易。

　　一散會，周悅就盯上了我，只見他兩眼發亮，「韋老師，這事就交給我吧！」他是學藝股長。從高一學生進校，我就把班幹部當作事業的夥伴，講述我的理想。周悅聽了我關於高一到高三的種種設想，興奮不已，也把在做小事中培養主動思考、高效和創新作為自己的目標。看來，他又抓住機會了！

　　他先研究這事難在哪裡。幾十種選修課，有的課連續上2節或3節，有的課只上1節，各種課又安排在不同的上課時段。每個學生要選好幾種選修課，湊齊全天的課時。志願填報時，每個學生要列出志願的順序。學生填表後，各班匯集各種課的報名人數及志願順序上交。學校按總人數調整班次名額，力求滿足大多數學生的志願。但，最終還是平均分配名額到班，各班自我調節。調節談何容易，每個學生都是在幾十種課程中精心選定的科目，高一的新生誰不想抓住提升自己的機會呢？通常是老師找學生一個個做工作，往往要花費一兩周的課餘時間才能完成。

　　周悅拿出了簡單易行的報名調節方案，與大家商量後一錘定音。第一次交報名表的同時，每個學生自己留底，並在班級總表上填上同樣的內容，在這樣一張總表上統計總數真是輕而易舉！反饋信息後，在班上用總表公佈學校給的名額，對照差額，讓名額不夠的科目的同學做好重新選擇的準備。然後，全班學生坐在教室裡，周悅逐一讀項目，先讀報名人數多於名額的科目，同學們按志願順序舉手報名，另一名班委在備用總表上對照覈實和記載。名額不夠，班幹部首先棄權。名額仍然不夠時，有特別強烈願望的，可以簡短申訴不放棄的理由，博得同學們的理解和同情，餘下的同學在全班注視下很快主動放棄。凡滿足了一次第一志願的，出現名額不夠時就暫時不舉手，讓其他同學也滿足一個志願。各項課程，從最熱門的開始，一項項地報名入格，居然在半小時之內全部搞定！

　　難以置信，這個高效的美妙方法就是「舉手」！幼兒園小朋友都會的「舉手」！這是創造嗎？在我看來，這是不同尋常的創造！從調查研究開始，找准問題的要害，有針對性地提出解決問題的方案———自創的方法流程，這已經構建

了發明創造的諸多元素！更難能可貴的是，解決問題的方案不是憑一己之力，他充分運用了民主的手段、協商的方法！尊重個人的意願，理解大家的需要，把要做的事情變為實現共同的願望，複雜的事情就變得簡單，問題迎刃而解。有時候，促進人際和諧是一種創造，展現團體的智慧和風格也是創造！主動為大家服務，迎難而上，無私、公正、真誠、信任，就是創造的源頭！

隔了幾天，周悅跑來問我，「高一下期報名時，可不可以讓那些顧全大局的幹部先舉手，先滿足他們的第一志願？」我沒作聲。他肯定地說：「我覺得可以，學習的機會是大家平等的權利，既要講風格，也要講公平合理。」

「OK！」我由衷地興奮。南開的選修課，給了學生更多的選擇，而周悅因此也獲得了特別的「選修」！

我保存了報名過程的總表，研究學生的興趣愛好，發現他們的特點。我隨時準備把難題和機會呈獻給不同興趣和特長的學生。這，是我受「特別選修」啟迪的創造靈感！

有了創造的意識，平常的工作就可以做得更快更好。有了創意，用知識和智慧付諸實踐，就是小發明、小創造。我們班的楊帆同學借助他的化學、美術特長，設計出公園循環水系統，環保節能，在重慶市青少年創新大賽中獲得小發明獎。

創造的意識，放飛著心中的夢想。

八、多維空間　編座位的理想三部曲

「自由組合編座位」是我們班的又一大特色。這是理想三部曲的第三部。理想三部曲，折射出人生境界關鍵的三大步。第一步是主動服從，第二步是學會合作，第三步是學會主動選擇。

認識自我，認識他人，認識相互關係；發展友誼，學會交往，學會為人處事，這是學生成長的重要方面。我們「編座位的理想」特色教育，把成長的重要層面具體化，展示在學生面前，變成大家的目標和理想。多維空間，蘊含著時間的變化，位置的變換，心理的變化，交織著個人慾望與公民權益的微妙區別，體現出個人物質需要與精神需求的緊密聯繫，展示了現實與理想結合的美好，甚至，從當前的班級小社會預示著將來大社會的和諧。

「服從」小序曲

　　第一部曲是學會服從求生存。生存的要素是在社會上有自己應有的位置，由此體現個人受到尊重，體現個人對社會的尊重，即服從。

　　第一種編座位方式，就是在新生高一入學和高二文理分班後的第一次編座位。人人要求公平，按照身高和性別的規則，相對公平。學生都願意服從，因為不可能有其他更好的選擇。我希望學生們能夠理解規則和程式，學會主動服從，主動參與監督。在服從中，李輝有了新的感受。

我和我的同桌

　　班上的座位做了一次大變動，我的同桌變成了一個「girl」。

　　我是個男生，從初中開始，就一直與男生坐在一起。現在同桌是個女生，心中很不是滋味。因此，我一看見公佈的座次表，就立即去向韋老師「申冤」。可是不論我如何找理由，韋老師就是不答應，還說要學會與女同學交往，主動互相幫助。我無奈了。

　　我的同桌成績很好，自製力很強，很適合幫助我。我是屬於成績不好、自製力不強、性格活潑的男生。她是學藝股長，是老師的得力助手，看來韋老師對我特別地重視。我也不能無動於衷，還得加把勁把學習搞上去。

　　以前，成績好的同學總給我一種不問世事、埋頭苦學的感覺，但自從和她同桌之後，我的看法就改變了。

　　我第一次和她講話是關於學習。一道數學題讓我頭痛了半個晚自習。幾次想開口問她，欲言又止。問一個女生，我始終有點不好意思。時間一分鐘一分鐘地過去，知道旁邊坐著一位數學天才卻不敢開口，真沒用！最後我終於鼓起勇氣說了話：「你幫我講講這道題好嗎？」沒想到她還有點頑皮，笑著說：「我就等你這句話了。」她很自然地接過書，「這道題看起來很複雜，但當我們知道作者出這道題的意圖時，就十分好做了。我來提醒你幾句。」接著她拿起紙筆，開始邊說邊劃。幾句由淺入深的問話點醒我這夢中人，我恍然大悟。

　　我認真觀察了我的同桌。她有一雙大大的眼睛，長長的辮子，滿懷著對學習的熱愛，上課很專心。她並不是死讀書，懂的東西挺多，也很會玩。她很開朗，下課時找她玩的同學都和她一起有說有笑。

　　她總是很熱心地幫助我，當我管不住自己時，她總會提醒我一聲。我很想說

感謝她，她反而先說是我促進了她的獨立自學能力和表達能力的提高。我已經開始感到學習的樂趣，我相信我的成績也會好起來，當然也盼望她的成績更冒尖。我從心底感激班導師的安排，當然更感激班委之一的她。

這就是我和我的同桌。

從不願意服從到主動理解，學會主動服從，這是一個人能夠愉快生活的基本能力。

按照身高編座位，真的就公平嗎？班上不高不矮的學生，有機會坐在教室的「黃金地帶」，在高個子和矮個子看來，並不很公平。這就是要讓學生懂得，事實上，社會上是有很多不公平的，但是有時你只能適應，不能推翻社會已存在的公認的規則。當你站在一己之地看似不公平的，在整個社會的角度看還是公平的。對個人，總會遇到不公平，對此不要牢騷滿腹。努力去適應就是求生存，讓不公平不影響自己的生存，這才是最重要的。努力發揮出自己的長處，不公平就成為自己生存的階梯。自己對自己公平，才能爭取社會對自己的公平。

座位很簡單，一個教室的座位，也就五六十個；社會很複雜，不能要求學生單純地丟掉自己的利益和權利，失去在社會生存的意識。人人都須樹立公民意識，不能培養一批好人學雷鋒專門奉獻，助長一批旁觀者坐享其成，縱容一批蛀蟲專門發牢騷、鑽空子、興風作浪。懂得利益和權利，既懂得自己的，也懂得公眾的，才能懂得民主，才能成為合格的公民。

座位很簡單，人性很複雜，編座位面對的局面也就很複雜。尊重了每一個學生嗎？讓每一個學生感受到受到了尊重嗎？家長滿意嗎？怎樣才是真正的滿意？唯有公平、公正、公開的規則的實施成為共同的努力，才有可能感受到尊重，才能實現大家都基本滿意。

於是，複雜的事情回歸簡單，按簡單的理想去做。制訂簡單的規則和執行規則的程式，明確程式執行的監督方式，讓實施監督的人在公眾的監督下進行監督。簡單的規則能夠落實，理想就能實現。一個班級如此，一個年級如此，一個學校如此，可以推而廣之。

關注生存是民主的起源。沒有服從就沒有民主。主動服從和維護公平原則，就是實施民主。民主是生存最理想的空間。

「合作」協奏曲

　　第二部曲是學會合作求發展。在思考中學會信任和理解，在交往中發展友誼，在互助中形成快樂團隊。

　　第二種編座位方式是「微調」，以加強「四人學習小組」的學習互助為原則，由學生自己提出申請，學藝股長和班長擬出初步方案，班導師與相關學生個別交換意見，綜合考慮各方面的因素之後審定方案，班幹部討論後協助做工作，學生基本上滿意或同意服從之後，公佈新座次表。

　　有一道數學預習題，常常為班幹部做動員工作掃清障礙。題目是：「超前學習高二數學的內容『排列組合』。設全班人數為 n，編排的座次表可以有多少種？師哥師姐的計算器因此『爆棚』！不信？那就試一試！答案是有 n！=n×(n-1)×(n-2)×(n-3)×…×3×2×1 種。56！=？算一算！」學生算到 12！就喊：「乖乖，不得了，12 人坐 12 個座位就有上億種編排方法！」心中自然明白，「微調」還是需要服從。既然座位是老師和幹部們「深思熟慮」的方案，學生也就開始細細體會其中的奧妙。學生在新的位置以新的角度思考，在新的交往中磨合、體驗、成長。

悟

　　星期一晚自習數學檢測，我的同桌參加數學競賽輔導去了。當考卷發下來時，我的腦海裡連「給他留一張考卷」的氣泡也未冒一下。第二天，同桌問我：「我的考卷呢？」我先是吃了一驚，「怎麼找我要考卷呢？」然後不假思索地答道：「你看後面的同學是否有，沒有就找韋老師吧。」

　　這下可好，韋老師順理成章地知道了這件事，把我叫到了辦公室。起先，我以為這麼一件小事，韋老師不會說什麼。我輕鬆愉快地走進辦公室。沒想到我漫不經心的態度引來的是「驚濤駭浪」，韋老師「發火」了，她問我當時是怎麼想的，竟然會這樣！回答這個問題時，我很茫然。這樣怎麼了？我直到這時都沒意識到我錯在哪裡。看在韋老師平時很講道理，對我態度很親切的份上，我多少知道自己准是做錯了點什麼。

　　叫我說什麼好呢？大凡我意識到自己做錯了事後，總會在真理面前理盡詞窮。說點什麼吧，開口後又傻乎乎的，語無倫次，與其胡亂攪和應付，還不如堅持沈默，聽「真理」怎麼說。可是韋老師恨了我一眼，沒好氣地說了聲「自己下去想一想」，就讓我走了。

走在放學的路上,我與小學老師迎面而過,我自然而然地問了聲:「張老師,您好!」我猛然想起一件事。那天與我同行的初中同學,在我問候我倆的初中老師時,她居然一聲不吭。我問她為什麼,她回答說:「不為什麼,就是開不了口。」我當時還笑話她怎麼這麼膽小,連起碼的禮貌都做不到。現在我才發現,我不也是連常識都沒有嗎?同桌同學給我解答問題時,我覺得理所當然;而他不在時,我理所當然要幫他把考卷接下來收好。我不能習慣於做一個旁觀者,不能習慣於接受別人的幫助而不幫助別人。我要在生活中做主人,心裡要有他人。好的習慣是由小事養成的,我要養成主動關心和幫助別人的習慣。

我心悅誠服。我會迎頭趕上。

可貴的友誼,在理解交流、相互關心中,悄然而至。

生命的企盼

雖然我是個女孩子,卻從小就喜歡看武俠小說。那裡常有朋友結拜為兄弟,為了朋友不惜犧牲自己生命的豪爽之舉,令我心動。年幼的我也憧憬著會擁有這樣的朋友,就算沒有轟轟烈烈,只要彼此真誠相待,就足夠了。

終於,在初中我結識了一位與我同姓的女孩,我們愛好相投,都很有理想抱負,很快地,我倆就形影不離了,連老師們都羨慕我們的感情,雙方家長也讚賞我們的友誼。我知道這就是我一生的知己,我的夢想已真切地實現。

然而,沈浸於友誼的陽光和花香的我,根本沒有意識到暴風雨的來臨。在學校發生了一系列意想不到的事。開始我被班導師老師叫到辦公室,她問我是否有試題的答卷,我莫名其妙地望著她,從她眼中我讀到了懷疑。她搖搖頭,「你這樣的成績不用做那種事,那會毀了你……你先下去,這事我會查的。」我氣極了,迫不及待地跑出辦公室。

我聽到同學們的議論,他們一致認為這莫須有的罪名是我的好朋友強加給我的。我當然不相信,我甚至認為是同學們嫉妒我倆的友誼。

但倒楣的事接二連三。一位男生與我發生衝突,他說是我告發了他打架、抽煙,害得他被請家長。但他的這些情況我是全然不知的啊!男生的一位朋友告訴我這些都是與我朝夕相處的知心朋友所為。我仍不相信,這怎麼可能呢?

班導老師又找我談話,說我自負,有事不告訴老師;嫉妒心強,這影響自己進步。還說我是個好班長,但有待改進。我這才恍然大悟,有人想與我搶班長這個職務。事情就有這麼巧,幾天後我經過辦公室,聽到了那熟悉得不能再熟悉的聲音:「老師,就給我一次機會吧,我一定會比她做得出色。你看她這麼多缺點,

還當班長……」天啊，世上真有這樣的事？我只覺得自己的身體縮成了一團，生命已枯竭了。我遞交了辭職申請，老師不同意，但見我執意不做也只得作罷。我退出了，我希望有一天她會對我說聲對不起，而且真心對我，我想我們還是好朋友。但當我看到她如願以償的那一刻臉上得意的笑容，聽到她口中帶刺的話時，我徹底絕望了。為何老天對我這樣不公平？

從此，我小心地關上了渴求友誼的這扇窗，甚至一度自我封閉。

高中，換了學習環境，封閉的心被慢慢敲開。當我有心結時，同學自告奮勇充當我的心理醫生，傾聽我的訴說；當我生病時，同學主動帶我看醫生，替我打飯，在寢室裡陪伴我。特別是，同學們鼓勵我參加幹部競選，為我競選獲勝高興得歡呼，為我的成績進步而激動地擁抱我，那是一個寢室的那麼多的知心朋友啊！世界上並不只有嫉妒和無情，面對這樣的真誠，這樣值得信任的信任，我怎能不流淚呢？我改變了自己對人的冷漠態度，我的心重新燃起了對友誼的渴求。

友誼的花朵為我而開，這是真的嗎？這次，是真的！淡淡的花香告訴了我這一點。它聽到了我的企盼，在我心中悄然綻放，我會小心地澆灌它，守護它。

真誠，信任，友誼———我生命的企盼！

「選擇」交響曲

第三部曲是學會選擇求和諧。和諧不是天上掉的餡餅，它是個人與環境、與團隊主動協調的過程中實現的理想狀態。沒有主動就沒有和諧。有選擇，才會主動。主動地選擇，才會有獨立的思想、新穎的方法。創造是選擇的結果，善於選擇才能夠有所創造。

現在的學生選擇的機會太少。自由組合編座位，「醉翁之意不在酒」，而是在創造選擇的機會，讓學生生活在主動思考的氛圍中，這就是我們從高一就開始「孵化」的夢想。

第三種編座位，是高三下期自由組合編座位。自由組合，顧名思義，不是每個人隨心所欲找個座位坐，而是先自由選擇組成四人學習小組，然後以四人小組為單位，選擇填報座次，「編」出全班的座次表。

這是我們的「高端」特色，綜合著我們的綜合素質，展現著我們磨煉出的心態，體現出我們的整合實力。這樣的選擇，需要友誼和品格為條件，靠著前兩年半的真功夫打下的基礎，順利實現理想，否則，只能是一場鬧劇。

選擇從高一就開始了。高一我就告訴學生，高三要自由組合編座位。學生說早一點不行嗎？我笑笑不語。他們心裡也明白，條件不成熟。互相尊重和謙讓、顧全大局，談何容易！真要出現矛盾，誰怕誰？趕緊學會交往，否則到時候沒有人願意和自己坐，豈不尷尬？

　　高二的座位微調，由自願申請變動和服從調配相結合，四人學習小組磨合出的友誼、觀察力、處事能力和風格，為自由組合的選擇奠定了基礎。高三上期要全力以赴「進入高三」，適應高三學習不適宜分散精力。同時，「以強帶中，以中幫弱」仍然非常需要。高三下期最為適宜，因為高三下期基本上沒有什麼大型團體活動，這樣的活動讓學生新鮮、歡樂、愜意、有成就感。同時，高三下期應當允許「強強聯合」和鼓勵「相對自由」。況且是在寒假中自願組合成新的「四人小組單位」，不耽誤開學後的學習時間，還促進了寒假中的相互學習幫助，一舉幾得。

　　隆重地推出規則和程式，拉開正式選擇的帷幕。

　　高三下期自由組合編座位目標、規則、程序

　　規則提示語：學會觀察，學會選擇，學會協調，學會創造，學會珍惜。這是我們對自己的內心要求，也是我們的理想。

　　一、目標

　　1. 形成高三最佳班團體學習氛圍，同學之間相互促進，做到上課積極思考，自習靜心鑽研，課後熱烈討論，課餘思想交流，發揮出個人、各小團隊和全班大團隊的力量，共同進步，取得高考的最佳成績，創造我們心中的奇跡。

　　2. 學會觀察分析，學會選擇抉擇、商量協調。力求既個人心情舒暢，又能顧全大局。

　　3. 為高考填報志願做準備，實現「適應社會需求條件下的個人與團隊利益最大化」。

　　二、規則和程式：

　　1. 按目標自願組成的四人小組為單位。

　　2. 將四人組單位的四人姓名，按上左、上右、下左、下右的順序填入希望安排的「單位座位格」內，即模擬座次表中的某一格中，並注明「入格」時間。

　　3. 模擬座次表張榜三次，每次的限定時間見表上附註。揭榜後放班導師處存檔。以第三榜為座次表。

　　4. 當一個「單位座位格」有多個自願組時，按以下原則及順序協商調整：

(1)填表日期先後順序；(2)協商：參考身高，提倡相互體諒，提倡男士紳士風度；(3)抽籤。

　　5.座位確定後，原則上不變動。座位按大組每週輪換的方式與高三上期相同。三、注意事項：

　　1.認真對待

　，主動參與，學會思考，學會商量；

　　2.味精不能當主食，不要影響學習；

　　3.無論如虎添翼，揚長避短，還是以毒攻毒，多一點信任和理解，無論和誰坐都會不錯。

　　四、模擬座次表

　　第＿＿＿次　模擬座次表　張榜時間：＿＿月＿＿日至＿＿月＿＿日

（講台）

　　這是集幾屆的經驗的合成品。顯然進行可以相對順利，理性選擇的公平性和適應社會的成分更多，更適宜推廣。有的組走來就選擇「黃金地帶」，結果可能反而落在邊緣地帶。這就像高考填志願一樣，處在大城市的名校就可能填報的人多，不被錄取的風險就大一些。

　　最初試行「自由組合」編座位時，沒有用三榜模擬座次表，而是「編座位」時，自由組合成的各個小組在教室外等候，然後一組接一組走入教室直接入座，這就更考驗風格。沒有想到，有學生會幹部那個小組發揚風格最後走進教室，竟然坐到「皇冠之位」———正中間！而我，班導師老師，根本就不在場！所有的表現都發自內心，沒有擔任幹部的學生發揚風格，更感人。學藝股長李吟異寫下了自己的觀感。

從調座位談起

　　我班又調整了座位，與以往不同的是，這次是本著自由組合的自願原則。同學們感到新鮮和高興。可是，矛盾很快便出現了，誰會去坐第一排和最後一排呢？我懷著擔心等到了換座位的一刻。

　　大家有條不紊地走進了教室，坐上了早已預想好的座位。沒有誰爭先恐後，

但我還是緊張,望瞭望第一排:無人;我扭頭看最後一排,還是無人。我更擔心了。就在這時,馮顯舟和陳陽等同學從容不迫地走進教室,望瞭望最後一排,十分坦然地入位坐下。又有人走向第一排。

眼見這一幕,我懸著的心踏實了。我不禁從心底為他們這種行為暗暗叫好。反觀自己,雖然沒有去爭奪那黃金的三、四排座位,但卻做不到那份坦然,也沒有去想坐最後一排。我為我的行為感到深深的自責。

在幼兒園時,老師便教育我們要謙讓,要幫助別人,我滿心歡喜地記在心上,自以為已深深紮根其中,自認為自己做得還不錯。但隨著時光的推移,也隨著所謂「閱歷漸深」,那份坦然被歲月的灰塵一點點的封存起來。在那片灰塵之中,頑劣地長出了勢利、圓滑、漠然的荊棘,灰黑瘋長的枝條蓋住了綠色的理想之苗。多少次,雖然意識到一些,但卻根本無法除去它。久而久之,代替那份坦然的,便是自我解嘲:「那不過是幼稚,不值一提。」難道長大就要丟棄那美好的品德嗎?難道成熟就一定要學得尖刻嗎?如此的話,我寧願不長大,永遠「幼稚下去」。

馮顯舟和陳陽等同學以實際行動給我上了很好的一課。保持著對美好品格的追求,堅持著內心的坦然,長大,成熟。如同猛烈的寒風,摧枯拉朽;如同犀利的秋風,吹散心靈的灰塵;又如同春天的甘露,滋潤著心靈裡那棵綠苗,抖擻出參天大樹的力量。

按捺不住敬佩和喜悅,閱讀學生的感言,我被深深地打動。馮顯舟的理想是做一位軍人。這一幕與軍人果敢、奉獻的形象疊印在一起,牢牢地印在我心上。雖然,職業理想隨著社會的現實會有所改變,但是一個人在關鍵的時期確立的道德理想和精神嚮往,卻是一生都不會褪色的。

模擬座次表,是有效的改進,是把學藝股長觀察的現象,放大展開在每個學生的面前。「自由組合」編座位,就是在民主的氛圍中學習民主。我們不僅提倡奉獻風格,更提倡公正合理,提倡利益與責任共存。這是因為,民主不應當是犧牲一部分人的利益去維護另一部分人的利益,而是實現共同生活的和諧,實現個人行為和內心的和諧。

對「自由組合」編座位,不是每個學生都積極主動。在選擇的大氣候下,不選擇,也是一種選擇。有三個學生沒有「組合」,被迫在剩下的最後一排「填空」。他們或者平時就不積極主動,習慣於「不選擇」,或者是自製力特差,或者是不習慣於交流。不管怎樣,坐在剩下的座位,還是得選擇,選擇「隨遇而安」,接著選擇「和平共處」。

提倡選擇，老師也要學會選擇，選擇信任，選擇放手，選擇心態平和，盡量創造選擇的機會，讓學生在協調嚴格遵守紀律和保持性格這二者中求得和諧。

　　肖天是個活潑的「話包子」，要讓他長時間安靜不講話就如同受罪，他的記憶只有靠發出聲音邊讀邊記才能印象深刻。剛好教室旁邊有一間閒置的小辦公室，我特別申請，為他開闢了自習課時的自由天地。有同學也想去享受一下自由，我明知道會影響學習效果，但也允許去體驗一下。只要有其他同學，肖天就特別興奮，不由自主地發表「高見」，講著講著就會偏離學習主題。誰能耗著高三的時間不心疼？用不了兩三個體驗者的廣而告之，其他人自然就退避三舍了。

　　還有一個「短教室」的笑話。高三復習的最後階段，我們教室坐得滿滿的，怎麼看都像我們教室比別班的教室短。宋校長順路看學生學習，我就提出疑問，他不動聲色地讓我張開雙臂量一量，然後呵呵地笑著說：「這麼規範的教學大樓，怎麼會專門為你設計『短教室』？這叫『人氣旺』，好事情！」

　　我這才發現，人氣旺，學習氛圍特別濃，高考成績也跟著漲。當學生學會了選擇，選擇為目標而努力，也就選擇了嚴格要求自己，沒有人選擇請假回家享受躺在床上看書的自由、享受隨時打開冰箱喝冷飲的自由。當學生享有了選擇，也就享有了心情舒暢，享有了心靈的自由。

　　這樣「盛大的」選擇，這樣「強勢的」團隊，這樣鮮見的「創舉」，將為學生生活注入不可估量的活力，為學生的人生留下難以磨滅的回憶。

　　理想三部曲，是把美好的目標分解成階段目標逐步實現，不僅編座位，可以遍及各個方面。理想三部曲，是實踐的讚歌，更深的寓意是，一步一步地、堅定不移地走向理想，從學生的自我教育，到社會的公民素質；從學生個人的幸福，到社會的和諧發展。一個班上的學生，畢業不久就是社會不同職業的成員，今天的相互理解、和諧相處，意義非同一般。

九、面向未來　資源共享

　　教育，賦予學生在現代社會持續發展的觀念和能力。終身學習，使時間勝金錢，創意賽珍寶。團隊為樞紐，資訊是資產，情感是能源。閱歷，彌足珍貴，樸素的日常語言引發的感悟和思考，可以潛入心靈深層，化為潤澤生命的甘露。生活對每個人的饋贈，聚集起團體的財富，面向未來，資源共享，共創美麗人生！

共品心靈雞湯

班級日記、週記集錦、班導師主辦「心泉」專欄，班幹部定期學習理論及優美短文，組合成我們班的又一特色。真實，鮮活，感人，如澄澈的清泉，澆灌心靈的園林。

班級日記知心朋友

班級日記，是學生自我管理的輿論導向工具，是學生自我教育交流人生體驗的載體。然而，在我們心裡，她是團體的成員，是最真摯的朋友。學生這樣寫道：

班級日記的創辦大概要滿兩週歲了吧，班級日記大概也有了厚厚的幾本了吧。現在打開來看，真是別有一番情趣：

李可波的「正確理解基因型、表現型的關係」，對生物知識學習的總結，簡直是恰到好處，精煉準確，如果大家認真地看班級日記，記住他的經驗之談，一定會受益匪淺。蔣鈺寫下了學雷鋒的喜悅之情，讀後不禁像她所寫的那樣，發自內心地歡笑。王頌韜對班級日記傾訴了自己的苦惱，不僅放下了思想包袱，而且得到大家的理解。

班級日記載滿了多少喜怒哀樂，它就像一個朋友一樣，默默地接受大家的傾訴，然後又像一條紐帶，把大家的思想感情傳送給每一個人。在同學與同學之間，在老師與同學之間，架起了理解和友誼的橋梁。

班級日記，我們的知心朋友！

週記集錦 精彩薈萃

別忙著細細閱讀，先看看一本本週記集錦那饒有情趣的封面。《校園新曲》，陽光透過樹叢，小鳥結隊飛過，路上只留下腳印，人到哪裡去了？當然是在讀書了！《走進高三》有不同的版本：只見「走進」，不見「高三」，代之以重重迷霧繚繞、峰巒疊嶂之高山峻嶺，雖是困難重重，迎接挑戰已是眾志成城；既見「走進」，又見「高三」，手夾課本的讀書郎童心未泯，迎著朝陽，燦爛的笑容把信心傳遞給每一位讀者。

一本本週記集錦的「書名」，就可以記敘生活，概括人生———《小小的我》《背著書包上學堂》。《感受親情》，我懷著《感恩的心》，《我愛學習》，《我愛南開》，《學習的哲學》，寫下《半期的總結》，那是《隨想》，更是《心靈

的點滴》、《成長的歷程》《山重水復豈無路》，《山水》間的《足跡》，有《友情》，也有《成長的煩惱》，那都是《我的財富》。

在《自己的天空》，《今夜星光燦爛》，《星星月亮的對話》是《花季詩話》，《心要讓你聽見》。《在雨季》，《水手》《划船》《賽場縱橫》，也是《我的暢想曲》。帶著《南開情結》《放心去飛》，我《為人民服務》，創造《美麗人生》。

週記集錦匯集了成長的感悟，是班會取之不盡的資料和創意的源頭。真摯的語言，感染著學生，也感動著老師。班導師因為有了它，不經意間就冒出靈感，心永遠年輕。

「心泉」欄目獨領風騷

教室裡，在「數理化園地」「綠茵地」以及經常變換名稱的語文、英語黑板報之外，還有一個特別的園地———「心泉」，那是我這個班導師的專欄。

班導主辦的園地，夠獨特吧？20世紀80年代末，我在新年晚會上朗讀了自己創作的一首小詩《十七八，最好的年華》。在我的激情朗誦下，濃縮了人生體驗的短句組合激起學生共鳴。那時沒有復印的條件，學生要求我貼出來供大家閱讀。學生手抄版流傳，多年後還念念不忘。我想說的話還多著呢，何不來個「連載刊登」，娓娓道來呢？

「心泉」像清晨的奏鳴曲，讓擺在架子上的書籍從「沈睡的巨人」，變為我們心靈的朋友。張平的《十面埋伏》，二月河的《康熙大帝》，是我推薦給學生暑假閱讀的小說。學生介紹的《心靈雞湯》中的文章，幹部會學習的內容《中國當代名人成功素質分析報告》的節選，高尚動人的愛情故事，或粗略或細緻的學法體會，也都復印上牆。我的一篇《教師的成長》與學生的「成長研究」遙相呼應。當學生瞭解到《因為在那個位置上》《自信的價值》等富有激情和哲理的文章，是《黨員文摘》的卷首篇時，驚訝的神情不亞於發現了新大陸。教室的門背後釘上了鐵釘，掛上了一排排《讀者》《黨員文摘》。用心地撰寫，用心地選擇，「心泉」園地內容繽紛，質地清純，特色欄目在教室的牆上，在大家眼裡，也在我們心裡。學生們喜歡它，用彩色的剪紙把它裝扮得靈秀動人，宛如能聽見泉水叮咚。

介紹經驗吸取精華

思想好比小火星，一顆火星會點燃另一顆火星。班導師用心點燃的小火星，讓星空群星燦爛。我班的資優應邀到其他班交流經驗，我們也請其他班的同學來傳經送寶。我們還邀請經驗豐富的胡主任談樹立愛情理想，邀請年輕有為的毛老

師來講新世紀對人才的素質要求。

共同學習，創造並分享著，真摯的情感和真誠的交流，把大家的心連在一起。更高的精神追求，把今天和明天聯繫起來。

自由需要有所準備

大學的校園生活是中學生嚮往的明天。一封來自西安的信，把明天拉到了我們眼前。學生「冒昧」的問題，就像一個重要的轉折，使我們的生活又增添了分享的新的特色。

……老師在回信中談到對我關心很少，我覺得您太客氣了。高中三年，在生活和思想上，您都給了我太多的幫助。剛上高二我發高燒時，您在我身邊守候多時，帶我到校醫室打針的情形，至今我記憶猶新。而我找您談心的次數，多得我都數不清了。退一萬步說，與其給我過多的幫助，不如指導我如何去面對生活，「授人以魚不若授人以漁」。我現在獨處西安，沒有任何人可找，全得靠自己，正是要求自己學會面對大學的生活。

在大學已經一學期了，現在可以算是基本認識大學生活了吧。最突出的感受，便是大學並非天堂，一切都得靠自己。大學並不完美，更不是我們這群迫切擠進象牙塔的學生頭腦中的仙境。有豐富多彩的社團活動，但大學生活依舊緊張且有些單調，仍然要求我們努力奮鬥。學生們不但要鑽研學習，還得擠時間來從事社會活動，也可小稱辛苦了吧！當然，也有一部分學生不圖上進，滿目的成雙成對，週末眾多人湧向遊藝、錄像、歌舞廳。我並不會迷失方向，但與我的想像的差距仍讓我驚訝。

一學期的生活與思考，我已有新的看法。還是老師您說得對，「人的一生都要不斷學習和奮鬥」。世上哪有十分閒暇的生活，即便有，也並非有意義。人的生活樂趣就是從奮鬥的過程而並非十分注重的結果中得來的。學校生活，應當是比工作時的生活輕鬆一些的，至少一個有志向的人應該是這樣。其實，在我步入大學以前，我便有了埋頭學習的打算，所以，我對大學緊張的學習生活並不反感。不過，有一個問題，我實在忍不住，想冒昧地問老師：「老師如此多的桃李，一定都會談到理想和現實的差距，為什麼老師不提醒和告誡我們這群當初即將步入大學的中學生呢？」還請老師多多原諒學生的冒昧。

我現在基本具備了一個學生成長、成才的大多數條件。上學期期末，我考了

個全年級第二，我想這完全應該歸功於母校和老師的培養。我意識到我的學習方法還有待於改進，也正在嘗試著改變。學校裡學生來自四面八方，但我並沒有感到有什麼性格上的地方差異；什麼樣的人都有，但我也不覺得有多麼難處，相反，我現在的人際關係還不錯。

但是，我在大學裡並不十分活躍，我擔任的班上的組織委員，卻也沒什麼工作可做，彷彿大學裡班級概念都很淡薄，沒有什麼凝聚力。我沒有參加什麼團體，不是我不想參加，而是弄不清自己到底愛好什麼。我不知道大學裡能否找到志趣相投的朋友。大學生缺乏真正的友誼，這好像是個普遍的嚴重問題。平時大家有說有笑，但自己的心聲卻無法傾訴。我曾多次想找韋老師您談談，卻無奈已不在南開，也怕耽誤您寶貴的時間，我知道您現在的時間屬於新的校友。實在無奈，我只好和原來班上的同學寫寫信。大學裡這方面是最大的困難，沒有老師可找，連這方面的書也絕跡了。學習方法的改進和對社會生活的認識，便成了我當前最大的困難。不過，我相信，有南開精神，是可以克服一切困難的。

我曾經給學生打過「預防針」，關於大學生活，既要期盼，又不要想得太理想。但空口說白話，學生沒印象。學生的直言不諱讓我覺悟到，我「獨享」學生來信，是多麼巨大的損失。於是，與時俱進幡然改進，班團體的精神生活，有了新的「注入」，新的「接力」。

教室裡，一雙雙明亮的眼睛望著講臺上的那位男生，他正高聲讀著一封遠方來信。

「韋老師，您現在的學生一定比我們出色吧？他們都是您的『心肝寶貝』，我們只好『退居二線』了；假如他們不珍惜，就不怪我們『競爭上崗』『勇奪第一』了！請老師替我轉告對學弟學妹們的問候，希望他們努力學習，更希望他們能與您相互理解，互相愛護。」

抑揚頓挫的朗讀聲不時被笑聲打斷。這又是我們班級團體生活的一個特色鏡頭，閱讀學生給我的來信，成為快樂生活的一部分。

當然，不是所有的來信都可以公開閱讀。一個考入北京某著名高校的學生厚厚的來信結尾寫有「附註」：希望這次與老師交流的內容不要洩露。我即刻用釘書釘封口，把信鎖進了抽屜。其實沒有太深奧的秘密，簡單說就是在單相思的日子中自我覺醒的故事。十幾年過去了，釘書釘早已生鏽，那些生動的細節也已淡忘，但有一點我還清楚地記得，關於愛情理想的班會像清涼劑，使他從高溫中冷靜下來，開始了認真的思考。因此，不管有多少人不理解，我也始終堅持開這樣

的班會。僅此一點，也足以讓學生們受益。鏽釘子封存的信帶著信任和我的謝意，靜靜地散發著幸福的清香，永久地體現著它的價值。

　　主動適應大學生活的學生們，把自己豐富多彩的生活呈現在我們面前，執意抓住機會，讓我們分享學習收穫，分享快樂。多少顆年輕的心因此更嚮往著新的生活。

　　韋老師：

　　見信愉快。現在我已經快把西政這塊地皮踩熟了。所以我用我的大腦判斷出現在是給您寫信的最佳時機。西南政法大學重慶人不少，但是平時還得用普通話交流，普通話都「說傷了」，所以我寫信的時候都充滿了「親切」的重慶味。好了，不耍貧嘴了，耽誤您寶貴的時間，學弟學妹們要有意見了。

　　上課已七周，好歹也適應了大學生活。我現在在學校的學生會當一名小小的幹事，凡是校學生會的活動我都要寫報導。老師肯定猜不到，我的頂頭上司，就是您以前提起過的南開才女王珍。和她共事後發現，她工作的時候很狂，休息的時候像個小孩一般的可愛。這兩年重慶本地人終於在學生會佔了一席之地，以前則是廣東人多。

　　其實，和每個給您寫信的學生一樣，我感觸最深的是如何自學。開學沒多久學校便出了通知，寫 WTO 與中國金融、證券、銀行、市場等新聞報導。我們都愣了，憑我目前的知識，根本無法動筆。學長姐們的經驗，成了我救命的靈丹妙藥———寫論文全靠去圖書館查閱資料，等著老師來催促是不可能的；大學裡要主動向老師請教。上理論課，我最初還不知道怎麼學，我主動問老師，大學裡的老師回答問題很「精到」，他告訴我，大學裡最重要的不是上課，而是把上課與進圖書館查閱的資料聯繫起來，形成自己的認識。課外的學習，擴大知識面，直接影響今後的論文寫作和實際應用。對此我已深有體會。

　　我很慶幸高中時在韋老師的指導關懷下，已經具有一定的自學能力，因而現在能夠較快地適應大學這種處於自由狀態的學習氛圍。不怕老師笑話，我雖然讀了大學，但是心裡也沒怎麼覺得自己有多成熟，只是自己的膽子大多了。說到這裡，我要由衷地感謝韋老師和班上的競選制度。如果不是老師鼓勵，如果不是大家都積極參與，我怎麼也不會想到去「冒險」。也許，我會像一個小蝦米一樣碌碌地生活，不知道自己考哪個學校，更不會到大學裡還能比較從容地應付一切。每次想到這些，我都格外地依戀您和母校，而且，我感到一個人的機會來得多不容易，所以，我要抓住每一個學習的機會、可以表現自己的機會。我的確想在大學的學生會裡做點事情。當然，學習畢竟是當前的首要任務，我絕不會丟掉西瓜

撿芝麻的。

我和同學們保持著密切的聯繫。重慶郵電大學去過一次，很漂亮的校園，菜也很好吃。到重慶醫科大學去，剛好他們開運動會，麻醉學的標語是「麻醉麻醉，全校之最」，臨床學也不示弱，提出的口號與麻醉學針鋒相對：「臨床臨床，實力最強」。我們學校的運動會不知什麼時間開，學校的協會多如牛毛，活動也是接二連三。最近又搞了個怪招，招聘婚慶主持人，大家見到海報無不大笑。

筱凡近來不很得志，沒有進入校學生會，但是他爭取了一個年級團支書，我覺得這種情形對他似乎更好。據說他們學校學風不太好，選舉程式也不對。我告訴他哪裡的大學都差不多，關鍵是自己了。

嘉麗在西南交大過著很滋潤的日子。校園著實漂亮，我把成都的大學都遊了一圈，得出的結論是現在的大學都修得不錯，交大最漂亮。他們學校男女生比例嚴重失調，女生就理所當然的「物以稀為貴」了。而且，以嘉麗這種「沒心沒肺」的性格，當然能很快地從「外來妹」變成「地頭蛇」。只是嘉麗的普通話實在不敢恭維，為此還鬧出很多笑話。比如別人敲門，她在裡面大吼「川普」：「一『抽』就開了。」明明是「把紙貼上去」，她非要說成：「把紙『巴』上去。」嘉麗這個人，總有讓人開懷一笑的本領。據說，就是靠她的面不改色心不跳的「川普」，讓寢室的凝聚力在新生入校時就名列榜首。

好了，您看，我把信都寫成中篇小說了。大學的生活才剛剛開始，精彩就在平常中。告訴學弟學妹，珍惜南開的機會，我們在大學等著他們。

謹祝教安！

學生的來信傳遞著重要資訊，有不少很實際很重要的經驗。

一位就讀天津大學的大二學生，結識了不少大三大四的朋友，對北京、天津的諸多大學也留意觀察，感想頗豐。

……在天津大學待了快兩年了，我想談一些自己的想法。首先，要考大學，最好考北大、清華。當初有些貪玩不懂事，沒有往這個目標努力，真是終生遺憾。我的意思是，一個人的目標，決定你的效果。幸好我能有天津大學這樣的目標。

如果大學本科畢業後就找工作，學校的名氣很重要。我現在知道，一個學校好不好，名氣大不大，有其地域性。比如，天津大學，在北方名氣很大，越往北走名氣越響，在天津，人們就認為天津大學、南開大學是最好的大學之一，但在南方，比如在浙江、廣東，名氣很小，在上海人眼裡，不過是個一般的重點大學。在上海，人們認為復旦大學、上海交大是最好的大學，甚至比起清華、北大也毫

不遜色。如果你打算本科畢業後在廣州工作,那你最好讀中山大學。

如果準備考研究生,就要早作準備,不要到大三才來考慮。

我現在有一個最大的感觸,就是大學主要的任務是學習。學習的內容當然很廣泛,但最重要的還是英語、電腦、數學等基礎課程。昨天,我被一家軟體公司錄取了,他們吸收我做程式設計師,因為我業餘自學了VB等程式語言。估計再過一點時間就得接活工作了。英語的重要性簡直不能用語言表達,我現在很努力地背單詞、聽mp3、閱讀。反正,大學還是比較自由的,雖然每天有很多課要上,有很多作業要做,但是,我還是抽出很多時間學自己認為重要的東西。

寒假結束新學期開始,大學生們利用高校比中學開學晚的時間差,回南開給學弟學妹們傳經送寶。談鍛鍊的,談學法的,談交往的,各盡所能。周悅因要提前趕回學校不能赴約,寫好了發言稿請同學代讀。

師弟師妹們:

你們好!我給大家聊一聊大學生活。當然,沒有了高考,大學學習自主選擇餘地較大。比如我上學期,必修課五門,其中包括一門政治課,然後選修了四門:一門「廣義相對論」,一門「美學基礎」,一門「游泳」,一門「科技英語」,基本上都是出於興趣。這樣的學習生活當然是既充實又愉快的,所學的與感興趣的沒有太大差別,壓力也不是太大。我們一周只有二十幾個課時,剩下的時間都自由安排,不過如果想學好必修課,大部分時間都是要用來自習。其他呢,可以泡圖書館,可以上機,也可以痛快地打球、游泳、跑步,也可以參加豐富多彩的社團協會活動。大學裡有許多社團、協會,如散打協會,綠茵協會,心理協會,國際問題研究會,哲學研究社,火石新詩社……各種文學、藝術、哲學、體育、科技等各方面的協會。

記得剛進大學時,思想道德修養課的老師曾經說過一句很經典的話:「自由對於沒有準備的人是痛苦的。」的確,大學很自由,但是你如果沒有對自己正確的定位和對未來的打算,不能腳踏實地地向著目標前進,大學生活就會讓你感到茫然。我的室友裡就有這樣的例子,他是一個很聰明的少年班學生,十五歲時就考上清華,不過是在父母的管束與緊逼下。結果在大學裡很頹廢,成天玩遊戲,絕大多數課程沒能及格,面臨著勒令退學的危險,輔導員、家長和班委想幫助他,想盡辦法,都沒起多大作用。類似這樣的同學在大學並不是極個別的。有時我和高中同學聊起這類同學,都有些感慨,本來都是很聰明的孩子,只可惜非智力因素方面不太好,或者說,是「應試教育的犧牲品」。

前幾天我們高中同學在北京聚會，我覺得高中班上同學大都比較有自己的思想，有自己的打算，這跟南開三年韋老師的教育絕對分不開。我和我的高中朋友們在大學裡都進一步發現高中三年的收穫：思想的進步，全面發展的意識，老師和同學的相互理解，還有優秀團體的概念。這一學期我當班長，很多辦法都是模仿高中的，努力創造班級制度形成的氛圍和班級理念體現的文化，比如為加強同學間思想交流而定下的班級日記制度，節目與遊戲穿插的新年晚會，定期召開班委例會，每週值週幹部進行工作彙報，等等，都收到了比較好的效果。

大學比高中更自由，也因此更讓人茫然的另一件事是，畢業後有許多選擇而不像高中畢業必須參加高考。成績好可以推薦讀研，可以申請出國；成績不太好可以考研，可以參加工作。這樣的話大家都不太在乎名次，因為各人的打算都不太一樣，於是有打算的人更能學好知識本身，沒打算的人更容易頹廢。我們班大多數同學都準備推研或出國，不過到底是推研還是出國，大部分人都是舉棋不定。而且大學裡不會再有班導師等老師來指導思想，因為到大學大家都是成人了，應該有了比較成熟的思想。同學之間也不像高中同學關係這樣近，人比較有獨立性，誰也不服誰，彼此之間留有空間。在大學一切要由自己來決定，需要經常自我反省，調整自己。所以我想，在高中接受一些正確的、積極的觀念，並且學會自己思考，獨立思考至關重要，對大學生活重要，對一生更是重要。

好了，東拉西扯說的這些，希望對大家有所幫助。祝你們成才，並希望明年九月能在清華園見到你們！」

有準備地迎接自由，這是學生們特別重要的一課。

共享人生閱歷

我信奉「相信群眾相信國家」，那是太多人的親身經歷凝聚的人生感悟。那些故事常常會在不經意間溜出來。沒想到，我的學生在生活中的曲折和奇遇，竟然如此相似，讓人感動。

盛夏，當得知凌芸高考成績超出所報考第一志願的某重點大學錄取線 30 多分，卻只被第二志願的大學錄取時，我渾身像被罩在蒸籠裡，一句話都說不出來，活生生被「噎」住了！

怎麼可能！凌芸是我們班的學藝股長，成績優秀，全面發展，一手漂亮的字像她本人一樣端莊秀麗。我早就對學生說過，高考是全中國各項考試制度中相對

最公正、執行時所受監督最嚴格的。南開中學評「三好學生」非常嚴格，信譽很高，不可多得的連續三年的「三好學生」淩芸，怎麼可能超出錄取線幾十分不被錄取呢？淩芸和她的家長已經向重慶市招辦反映了情況，抱著一線希望等待。淩芸平靜地告訴我，實在不行也沒關係，錄取她的第二志願高校是地處外地省會的重點大學。

事有湊巧，我們班上一個學生考入淩芸所報考的第一志願重點大學，分數恰好是錄取線。我無話可說，既為我班被錄取的學生感到幸運，又為這樣太過明顯的事實感到悲憤。

一個學生跑來告訴我———「意外的事情發生了！」我平靜地說：「不可能！」我很放心，我的學生絕不會走極端，傷害自己的生命和健康。會有什麼意外呢？淩芸決定不到被錄取學校上大學！原來，淩芸和她父親到那個省會高校實地考察，與第一志願的高校相比，條件和環境差距太大，感覺太不公平。淩芸到第二志願高校說明原委，獲得了同情，取回了檔案。接著，她正式到重慶市招辦狀告第一志願高校，並直接與第一志願高校聯繫，表示了誓不罷休的決心。家長堅決地說：「本來填這個學校就是低就，想確保選專業。這樣明顯的事實都不據理力爭，明年再考，分數再高又有什麼用？」

聞訊，我一陣心悸，上告之路有好難，個中的艱辛痛苦，沒經歷過的人怎麼體會得到？

淩芸和他父親天天「進駐」市招辦，到市招辦諮詢的、上訪的群眾都一致要求工作人員積極處理此事。重慶市招辦愛護自己的考生，主動與高校聯繫。幾經周折多方協商，終於，又一個「相信群眾相信黨」的故事畫上圓滿的句號。

不是奇跡，勝似奇跡，一生中遇到這樣的事堪稱奇遇！中學生為了自身的利益，更為了社會的公正而奮爭！我為我的學生慶幸，生活在思想和信念能夠蓬勃生長的時代；我為我的學生驕傲，能夠相信該相信的一切，勇敢地為心中的理想竭盡全力！學生的奮鬥影響著我，一種全新的愛———對學生精神世界的仰望，對賦予學生勇氣的公眾人心的感恩，對自己從事的事業的信心和激情，在我的心中升騰。

淩芸胸懷淩雲志，對人無怨，對己無悔，快樂地學習生活在自己熱愛的大學。在流感肆虐時，她的寢室因為人人健康而聞名校園。和室友們每天跳 300 下繩、跑 400 公尺，這就是大學生們有目共睹而又可以共享的「秘訣」。

一天，我接到一個長途電話，傳來激動的聲音：「韋老師，我是淩芸啊！高中畢業十年了，來去匆匆，這次回重慶過年，想見見老師！」一見面，還是那個

熟悉的淩芸，熱情親切，笑聲朗朗。她急切地與我交流，談了三個多小時還沒有盡興。

淩芸說，她看到了《心泉》，書中真實的故事勾起她太多的回憶。她稱我的班導師工作是堅持「精神教育」。她說，這種教育非常具體而生動，就在每天的生活中，然而卻對人的精神世界產生極大的影響，一輩子受用。影響最深的，簡單說，就是「珍惜」、「感恩」和「堅持」，這些平實的人生體驗，到哪裡都適合、都需要。她就是靠著這樣的信念和實踐，走過了讀大學、出國留學、開創事業的人生階段。

在美國讀研後找工作，競爭激烈，差一點就放棄了。就在這時，想起了中學同學王嘉麗在班會上的一句話：「再堅持一下，咬咬牙就過去了」，狠下心來堅持，果然，不僅找到了理想的工作，在一大公司站住了腳跟，還進入公司高層。當淩芸心懷感激地跟王嘉麗講起這段往事時，王嘉麗卻一臉茫然：「我在班會上講過這樣的話嗎？」一個學生說過的話，自己已經淡忘了，卻無形中成為另一個同學人生的財富，這樣的事兒也太奇妙了！

考慮父母的期望和自身發展，需要向更複雜的工作挑戰，淩芸回國到深圳發展。進入一著名公司後，很快經考察進入公司核心層。淩芸進入核心層的機遇，在於她成功地設計、組織並主持了一次公司的大型年會。她並不知道領導與她談話就是面試，她自然地與領導交談，獨到的見解贏得了領導的重視，而這次組織年會就是考察。淩芸慶幸自己早在中學時代就鍛鍊出較強的工作能力，培養出與人交往的真誠與自信。

共享人間真情。

已畢業近二十年的一位學生因病住院，學生相約前前後後的去看他，順便也通知了我。我們在醫院裡哪裡像探望病人，住院的人從容樂觀，探望的人輕鬆自在，一起談笑風生，僅僅需要壓低聲音不影響他人。學生說：「老師，我覺得，我們的同學之情、師生之情，已經轉化為親情了。誰有點事，就像是大家的事；心裡有點什麼不痛快的，與同學聊一聊就舒暢了。」我想想，還真是這樣。學生中有大學教師，有個體戶，有公務員，有工人，有員警，能保持同學交情就很不錯了，而我們真實的如同大家庭，不是親人，甚似親人，同學友誼、師生情誼，甚似難得的親情。我心裡暖暖的，隱隱地感到，理想和現實無比真實地融合在一起。

秋高氣爽，我到北京旅遊。這天，學生吳亞楠陪我逛高校校園，聞訊專程趕到的同學們在人民大學的餐廳小小聚會。每個學生都是熱情地飛奔而至，親切地

和我擁抱，那一刻，我像小孩子般開心，無盡的牽掛、糜集的情愫化為朗朗笑聲。席間，手機響了，上海的、南京的學生連聲問：韋老師，什麼時候到上海、南京來？

　　快樂地看著既熟悉又有變化的學生，聽著他們親切懇摯的交談。有的保送研究生了，有的還在準備考研，有的準備就業。女生董依靈在高中時很善於學習，成績拔尖，如今在名牌大學考研究生選的第二專業，因而壓力不小，同學們熱情地鼓勵她，還幫著出主意怎麼復習提高效率。男生周寅天說大學比高三艱苦得多，特別是準備考研時，引得大家群起而攻之：「誰叫你大一大二想著玩！」曾經在高中畢業時有過考飛行員意向的男生王海，已決定北京航空大學畢業後簽約當飛行員，他問我，「走了這麼一大圈又回到考飛，老師你認為冤不冤？」顯然是胸有成竹，故意來考察我。我反問道：「你說呢？」他說：「受了大學教育，人與以前不一樣了，值得！」大家七嘴八舌，「今後發展前途無量」「把北京玩得差不多了，當然值得」，又是笑聲一片。

　　學生們熟練地 AA 制付賬。他們告訴我，南開的校友會很隆重，不是所有中學都能有這樣強的凝聚力，有的學校根本就召集不起來。回憶南開，回憶自己的班團體，他們很自豪。特別是，我們班在北京的同學每個學期都聚會，外地同學來京也要聚一聚，已經三年多了。怪不得大家聚在一起談心，相互之間那麼瞭解，那麼親近。我很欣慰，很感動，什麼是成功的教育？不需要下定義，看看我們的學生，那樣的朝氣蓬勃，那樣的充滿自信，那樣的真誠友愛。對於一個看著他們一天天成長起來的教師，還有什麼比這更幸福？

　　教育，可以如此美麗！

第四章

坐照：上下左右協調　急教育之當務之急——堅持教育理想、有建樹的班導

第八段，圍棋曰「坐照」，班導師言「協調」，面對複雜的局面，須以誠至善，隨機應變，萬變不離其宗。

《石室仙機》中謂「坐照」是「入神饒半先，則不勉而中，不思而得」，有「至虛善應」的本領。面對複雜的局面，能平心靜氣，深悟其中，足智多謀，深得奧妙，近於入神。不必勉強就能恰到好處，不假思索就能從容不迫，靈機應變直達霄漢，那是怎樣的一種境界？

班導，領略著教育的美麗，也品嘗著工作的艱辛。面對種種教育難題，必須做出艱難的抉擇——能否堅持？如何堅持？教育，非一日之功，不能堅持將前功盡棄！如果局限於自己的班級，勢必管中窺豹，難以走出困境。堅持教育理想，實踐理想的教育，需要整個社會對教育的理解支援，需要教育界的整體協調，需要學校教育方方面面的協同配合。否則，教育理想只能是水中月鏡中花，理想的教育只能是紙上談兵。上下左右協調，是教育的當務之急！

班導，須急教育之所急。風物長宜放眼量，看懂世事堅持理想，不是莽撞行事，而是胸懷大局；不是忍受，而是樂在其中！妥協，是為了堅持；堅持，才能協調。不必勉為其難，企盼為人處事毫無偏差；不需苦苦思索，力求言辭舉措經得起推敲。發至真誠自然應對，化解難題戰勝險惡。奮力登上班導師八段，否則七段不保！以誠至善，有所建樹，堅韌豁達，在學生的成長中，班導師也學會繼續成長！

一、看「我的大學」

現代教育，離不開社會大課堂。班導必須以「旁觀者清」的姿態，看懂這所「我的大學」，從班團體與社會大課堂千絲萬縷的聯繫中，去尋求協調的靈感和堅持的動力。

小事，小事？小事！

打考勤，在學校教育中，是天天都見的小事。這樣的小事，竟釀出了北京某高校的「課堂門事件」。該高校的楊教授是著名的經濟學家，可這一年，他不是因為專業的建樹聞名遐邇，而是為上課打考勤，與學生發生爭執和拉扯而轟動全國。人們發出這樣的疑問：我們的教育怎麼了？

沸沸揚揚的大討論中，各種意見都有，但卻忽視了一件「小事」———在大

考的頭天晚上，正是學生緊張地全面復習應考之時，卻安排上選修課！「課堂門事件」的發生，排課不合理是根導火線。即使排課有困難，也是可以克服的，關鍵是，是否站在教師和學生的位置，設身處地為師生著想？更重要的是，主動考慮為教育大局做點什麼沒有？不難想像，這樣排課，即使學生來聽課也難以專心學習，這對於教師精心準備的教學內容，是一種極大的浪費。該事件對教師是極大的傷害。遭遇該事件的女生，並不一定是平時逃課的學生，同樣也受到傷害。小事做不好，就會出亂子，不按學習和教學規律辦事，就會影響教育的大局。

可以說，任何一個大學生，都是懷著熱情和期望跨進大學校門的。不想上課，他到學校來幹什麼？可是，大學裡考勤難，卻成了不爭的事實。學生缺課現象較為普遍，代為簽到是公開的秘密；無視教師的存在，隨便離開課堂的，也不是個別現象。考勤如同一根鏈條，把大學與中學緊緊相連。脫離了做人的基本教育，忽視落實管理教育的種種「小事」，中學與大學教育的銜接出現斷層，教育就是要出問題！

孩子進了大學之後，迷戀遊戲不能自拔的有；不愛學習懶懶散散，致使若干課堂「掛紅燈」的也不少，不就是考勤不嚴格的直接惡果嗎？沒有勤奮付出就難有誠實收穫，考試作弊之風屢禁不止，槍手大有市場，論文評選造假並不鮮見，還奇怪嗎？老百姓花血汗錢讓孩子上大學，家長還要為孩子能否畢業、能否成為好人擔心，人們怎麼會對大學教育滿意呢？這些弊端不除，玷污青年們嚮往的科學殿堂，那可是要失落一代人的理想的啊！面對這樣的事實，還能說操評分可有可無、壓抑了人的天性嗎？還能說中學生的自我管理、自我教育是異想天開、多此一舉、小事一樁嗎？教育無小事！

在國家的發展中，大學教育功不可沒。既然大學聚集了如此多的優秀青年，大學的社團活動可以那麼豐富多彩，為什麼打考勤就不能靠學生自治？中學生都能夠做到的事情，大學生怎麼會做不了？若將「操行分三級評定制」拋磚引玉，設計「大學生綜合素質測評基礎指數體系」，提供給大學生借鑒，誰能預知大學生們會發明多少自我管理的好方法！

其實，與「課堂門」事件一樣，許多問題可以杜絕，也可以改善，但是必須要各方面的協調配合，把對教育的憂患意識，變為共同的努力。

重慶的高考，曾經多年都是高考前填報志願。有的學校為了讓學生敢於填報名牌大學，就搞小動作，在全市的模擬考試結束後，把資優生的成績改成更高的分數。為了不露餡，還「天女散花」，在多張考卷的多道題中分散「加分」。這樣的「小事」多了，連我們都有所耳聞。對這太過醜陋的作假，我們甚至不屑議論。

這天，我在辦公室備課，一位學生來找他的班導師胡老師談心。胡老師與我是多年的搭檔，辦公桌就在我的對面。忽然，學生站了起來，激動地說：「對這樣的事情，我絕不會接受！」我抬頭看他，清秀的臉，很嚴肅，他看看胡老師，又看看我。胡老師仔細翻看著攤在桌上的考卷。我一下就明白了學生的意思。我斬釘截鐵地對他說：「你放心，南開的老師絕對不會做那種事！作假，就能多考幾個名牌大學？就算考北大、清華又怎樣？離我們的目標還遠，南開希望為國家培養高層次人才。作假，還想搞教育？別把學生教壞了！害人誤國的事，南開人不會做！」胡老師一貫幽默，說了聲：「學生又不是傻子！」學生收起了考卷，有了一絲笑意。他退後一步，恭恭敬敬地站好，對著我和胡老師深深地鞠了一躬。他望著我們，深情地道了一聲：「謝謝老師！」我的眼眶有些潤，我知道，他需要事實證明他的信仰，而他理解我的真話的全部意思。不管環境怎麼變化，相信自己的選擇，始終堅持自己的信仰，這樣的人，更多！望著他的背影，我和胡老師感嘆：「有這樣的學生，南開就不愧為南開！」

　　在重慶，那樣的事已銷聲匿跡，高考後填報志願，從根本上杜絕了類似的作假。尤其令人欣慰的是，2010年的高考，重慶試行了重點本科第一志願可以填報六個學校，視作平行志願，依照本人意願和相關規則檢索錄取。看似小小的一個變動，卻是對學生極大的精神解放，再也用不著為研究填報志願的「行情」過度絞盡腦汁，避免了因為「一念之差」而改寫一生。對於教委和招辦的人來說，只是做了一件小事，卻成就了學生的「終身大事」，為教育的改革開創了一片新的天地！

　　按教學規律辦事，按教育規律辦事，發揮創造性辦事，人人做好小事，是職責，是理解，是成就大事業，是最好的上下左右協調！

說教，說教？說教！

　　「說教」，不知什麼時候成了貶義詞。孫子對爺爺的話不滿意，會嚷嚷：「不聽你『說教』」；班導師老師發表議論，逆反的學生會說：「看，又在『說教』了」。報紙上、書刊裡、影視中，在「說教」的前面大都冠以「空洞的」「乾癟癟」的形容。

　　怎麼能把「說教」當貶義詞呢？南開的前輩，一位語文老師解說教育的「教」：右邊是「文」，左邊是「孝」。「孝」要發自內心，內心裡缺少的美好的東西，要靠「教」賜予。從孝從善必以真為本，要講真話，不講違心的瞎話；

教者以「文」表達，二者結合方為「教」。所以，老師「教」人者，離不開「說」，「說教」是教師的本分。工人做工、農民種地，是必要的、光榮的事情，能把「做工」「種地」當作貶義詞嗎？

說教很重要。說教，是人生經驗的傳遞，是不同尋常的愛。我的外婆是對我影響最大的人之一。她勤勞善良，可親可敬，更難得的是，她閱歷豐富，娓娓道來感人至深。這位人生難得的良師益友的說教，拓廣了我的視野，潤澤了我的心靈。日寇侵華血染街頭的慘狀，如親眼看見，令我刻骨銘心；二十四孝的生動故事：「十月裡什麼花飄飄蕩蕩，什麼人捂寒冰搭救母親……」，如誦詩般動聽。外婆的家傳格言：「瓦屋簷前水，滴滴還舊窩」「不要你屙金尿銀，只要你見事生情」，讓我們耳目一新，至今記憶猶新。愛國、感恩、勤勞、主動做好事，成為我們的行為準則，她的說教令我受益終生。如果沒有她的「說教」，我想，我的人生遠沒有這樣豐富和充實。

說教不容易。說教，需要提煉思想、錘鍊語言，絕非輕而易舉。我的外婆曾經說過：「勤快人喜歡勤快人，懶人也喜歡勤快人。」多麼樸素的真理！我想，沒有人會認為說得不對，任何有生活經驗的人都會讚嘆其表達是多麼準確、精煉。

我也學著說：「真誠的人喜歡聽真話，虛偽的人也喜歡聽真話。」對不對？仔細想想，後半句不對，前半句也未必對。假話迎合人的虛榮心，阿諛逢迎屢屢得手；真話切中要害，好心好意卻可能逆於耳。如果「有口無心、有啥說啥、口無遮攔」，更可能讓內心有所忌諱的學生火冒三丈，陷班導師自己於尷尬之地。憑什麼真誠的人說真話，還不及虛偽的人說假話「入耳」？所以，說教要用心。我重新學著說：「真誠的人願意聽真話，虛偽的人也不願聽假話。真誠的人善於講真話，最能激發人的真誠。」

班導師面對幾十個學生，更需要立足身教，善於說教。人正心誠，說話才有信度；善於表達，才能啟迪學生思考。

真實世界的表達方式大致有三種：有什麼說什麼，能說什麼說什麼，該說什麼才說什麼。為了「教」而「說」，必須有所取捨，講究方式。具體的形式可以是故事點評式，可以是問題啟迪式，可以是激情演講式，可以是生活滲透式。說教，可以精心設計，可以即席發揮，可以層層遞進，可以點到為止。瞭解學生的需要是前提，教師明確自己內心的思想是關鍵，有了二者的結合就有了針對性。真誠地有的放矢，永遠是語言最深厚的功底。發自肺腑的讚美，遠勝過小心翼翼地奉承；虛心認錯的簡潔，強過信口雌黃、苦於辯解的冗贅；不明就裡時詢問，比有恃無恐的權威斷定更具有向心力。明晰的思想和措辭，最能令人心悅誠服。

說教，體現著人格，表達著思想，激勵著進步，創造著和諧。

班導師的說教，還得抓住機會。別樣的勞動動員，竟是這樣的「說教」，讓人生體驗使實踐更富有思想而饒有情趣。

建校勞動前一天，我的嗓子全啞了，暗自慶幸近幾天不用講課，可以盡快恢復。但覺心裡有事，從來酣睡如泥的我，竟然半夜醒來，猛然想起必須作勞動動員。勞動機會這麼珍貴，一定要讓同學們好好珍惜。由於不知道具體的勞動任務，更需要學生有積極主動的態度，這也是安全的保障。翻身起床，奮筆疾書，一揮而就。

早晨，我們班集合在三友路上。雨後的空氣格外清新，清脆的朗讀聲和著小鳥的歌唱。擅長朗誦的周吟冰領讀，同學們熱情地跟讀，帶著抒情的韻味：

「作為自然的人，人的天性是追求自由、輕鬆、快樂。作為社會的人，幾乎無一例外的，必須去做自己想做或不想做的事情，承受身體或精神的苦或累，仍然期望獲得成功與幸福。

「從自然的人走向成熟，成為社會的人；由社會的人走向成熟，回歸自然，有一條重要的人生體驗，那就是：學會吃苦，一生不苦；學會付出，一生幸福！」

讀完，又有人重復了最後一句，惹得大家一陣笑聲。新分的勞動小組男女搭配，總有人要特別地顯示出青春的活力，何況是這樣特別的「早自習」。

班長張詩箐揮揮手，組長招呼組員不要說笑了。張詩箐接過周吟冰遞過的講稿，迅速地看了看，抬起頭，明亮的眼睛直視大家，酒窩裡含著笑意，聲音裡透著微微的激動。「剛才大家朗讀的，不是名人名言，但卻是一個人的肺腑之言，這個人說不出話，就用筆寫，半夜寫的，這個人是誰，大家知道吧？」隊伍一下子安靜下來，沒有人嬉笑，也沒有人接著回答「是韋老師」，靜得可以聽見風吹樹葉的聲音。

「她還有下面的幾段話，請大家看在這份情意上，認真聽，認真思考。最後我還要請同學們用最簡潔的語言，回答我提的問題。」我的講稿上沒有這段話，她說得這樣自然，看來她已經不是「照本宣科」，而是在傳遞她所理解的思想。

她瞄了一眼講稿，不是讀，而是講，每講完一段話就略有停頓。同學們或思考，或用眼睛交流，或小聲議論的時候，她又看看講稿。

「學會吃苦，一生不苦；學會付出，一生幸福，現在，學校給了我們學會幸福的機會。今天的社會實踐———建校勞動，是人生的一次機會，學會吃苦的機會，體會付出的機會。無論學校安排什麼具體勞動任務，希望大家盡力而為。盡力而為的第一個層次是量力而行，注意安全。因為每個人的體能不一樣，體力勞

動很容易受傷。盡力而為的第二個層次是全力以赴，不怕累。把自己當作一個普普通通的勞動者。不偷懶、不嫌枯燥，堅持在每天幾個小時的勞動時間內老老實實地幹活，只有這樣，在南開給予的這次寶貴機會裡，你才可能獲得人生最重要的常識和體驗。

「昨天晚自習，大家一起學習了學校關於勞動先進團體和先進個人評選條件。希望認真想一想評選優秀的意義。從社會的角度，評優是一種促進社會進步的、對人的激勵機制，有優可評，評出真正的優秀，才能起到激勵作用。從個人的角度如何看待評優，這個問題比較深奧。我的頭腦比較簡單，喜歡把複雜問題簡單化。我認為，年輕的時候，應重視評優的條件，從而瞭解怎樣做才符合社會的要求，力求做好，同時爭取社會的承認，也就是年輕時既重視『優』，又不忽視『評』。年紀大一點，要超越評優的條件，為自己所認可的『優秀』盡力而為，不被『評上』或『評不上』所左右，即是強化『優』，淡化『評』。

「在『站』的是不是都很年輕？能不能按照學校的勞動要求，努力創優？———不怕苦，不怕累，注意安全，全力以赴？」

「最後提個問題，韋老師告訴大家的人生體驗是什麼？」

學生們恢復了動態，嘻嘻哈哈地接嘴，「我們相當年輕，要爭當勞動積極分子」「要全力以赴」。最後，幾乎是有節奏地齊聲回答：「學會吃苦，一生不苦；學會付出，一生幸福！」

勞動，圓滿結束，以全力以赴的態度、以學習的態度、以思考的態度。更重要的是，對勞動、對人生、對瑣事、對責任，學生有了全新的認識。

誰說教師「說教」就是低水準？嗓子累了、嗓子累病了，說不出來了，還有筆，可以寫。但是，寫出來不「說」，有這樣的效果嗎？「說」得別有情趣，「說」得抒情悠揚，「說」得沁心入意。於是，在人生難得的機會前，一個人的人生的體驗引起許多人發自內心的思考，通過實踐後化為大家的人生財富。這樣的「說教」有什麼不好呢？

一個不以「說教」為然的教師，怎麼能夠學會「說教」？又怎麼能夠盡到教師的職責？請為「說教」正名！

誰能為「說教」正名？對社會輿論和人們的思想意識影響最大的，是媒體。媒體是以思想文化的繁榮昌盛為己任。「宣傳」是媒體的事業，「說教」是教師的職責，請用神聖的事業維護天職的尊嚴和權利！「說教」需要盟友，教育最需要與媒體攜手！

二、時代呼喚教育家

時代呼喚教育家。

我們把期待的目光投向校長，投向肩負著教育領導責任的人。

誰能讓他愛自己

來自加拿大的外籍教師凱麗在一所小學教英語，課餘向學生學習中文。她長得很美，又親切和藹，深受學生喜愛。她給學生佈置了英語作文題目《你愛誰》，學生的回答幾乎一樣：愛爸爸媽媽、愛祖國。凱麗啟發孩子們；「難道你們只愛爸爸媽媽和祖國嗎？」孩子們說還有老師、爺爺奶奶。凱麗說：「孩子們，你們要愛的不只是這些，你們首先要愛的是你們自己，唯有愛自己，才能愛父母，愛祖國，愛這個世界上的一切。你們才是最重要的，而不是其他，你們必須要有這樣的意識。」她的言論在學校激起軒然大波，校長希望她不要向孩子灌輸這樣的觀點，不要試圖讓孩子們接受這樣的觀點。凱麗提出辭呈，學校極力輓留，但凱麗去意已決。她說：「我熱愛這裡的一切，但是我不能勉強自己，我首先得愛自己。我覺得自己的教育理念在這裡無法施行，我不可能委屈自己去浪費自己的時間。」

凱麗的離去，給人們留下了一連串發人深省的問題。

凱麗愛的，是自己的事業和理想，當她的觀點不能被校長接受時，她可以堅持自己的觀點。外籍教師不願委屈自己，可以一走了之，打一槍換一個地方，到允許發揮自己思想和才幹的地方愉快工作。而我們，該怎麼辦？中國本土的教師們，該如何選擇？

我們需要胸懷寬廣、眼界開闊、具有先進教育理念的校長。尊重和理解教師，這是好校長最普通、最細微的特點，然而卻是教育最需要的、教師們最渴望的教育家的品格。在我們的周圍，有許多這樣的好校長，他們能夠讓教師「愛自己」！

我剛到南開時，傅震垣校長「約見」我的情景至今記憶猶新。校長，竟可以是這樣普通的人，這樣平等待人！傅校長的廉潔、嚴謹、工作至上，有口皆碑，影響著許許多多的教師。在我的教育藝術寶庫有一枝奇葩———要求學生把老師看成活生生的一個人，而不是冷冰冰的機器或萬能的神，收效甚好。而這靈感，源於珍重別人對自己的尊重，這個「別人」就在我們身邊，不斷地賦予我們「成長的悟性」！

在南開，我逐漸養成了用平常心面對主管的習慣，避免片面偏激地看問題。現在，社會上較為普遍地存在著「仇官」心理。因為痛恨腐敗，對幹部和社會的民主機制更多地關注與監督是必要的，但是，「仇官」卻大可不必。那些腐敗分子最恨、最怕的，是一身正氣的幹部，離間這樣的幹部與群眾的關係，恰是腐敗分子奢望的詭計。沒有手握權力的好幹部與廣大民眾的協同奮戰，腐敗是反不下去的！發現、理解、支持和珍惜我們身邊的好幹部，這是上下左右協調最重要的一條，這是我們生存的需要，這是公民的職責，這是民眾的大智慧！

　　教育，困難無處不在。當班導師遇到突發事件時，最需要領導的理解；班導師要堅持自己的信念，最需要學校教師團體的支持。

　　不久前，一件突如其來的事情，讓我明白了，我為什麼能夠「愛自己」。

　　那是高三上期的一次月考，我監考。

　　上午考語文，相安無事。下午考數學，我知道數學考試答題的時間都很緊，特地向考生強調，終止鈴聲響後要按上午的過程，也就是高考的要求，立即停筆，先把筆筒套上，再起立整理試卷。開考後，我逐一檢查學生填寫在密封線內的考號和姓名，然後回到講桌前坐定。離終止時間還有15分鐘時，我輕聲報了時間，又下位逐一檢查晶片卡填了沒有，一切順利，都填了。有一個學生舉手，他答題寫錯了位，檢查時才發現，我告訴他現在打箭頭注明就行了，高考時有另外的補救措施，他輕聲說：「謝謝老師」。一個學生的草稿紙掉在地上，我幫她拾起來，她也輕聲說：「謝謝」。能為學生服務，學生又這麼有禮貌，我很愉快。

　　考試終止鈴聲響了，我站在講臺上，發出「停筆、筒筆、起立、整理試卷」的口令。我環視著學生。一位男生未整理好試卷就離開座位，我用手指了指他，那位男生趕緊回到原位。見每個學生桌上的考卷都整理好了，我請學生一組一組的離開教室。最裡邊一組的學生最先走，接著是第二組，可是第二組的第二個座位的男生卻俯下身去寫字。我輕聲說：「同學，停筆！」他停住了。第二組的其他學生也離開了教室，我見他又在寫，我大聲說：「同學，停筆！」他停住了。考生多數都走出了教室，扭頭一看，他沒離開座位，又俯下身子去寫字。我立即走過去，嚴肅地警告他：「再不停筆就要記『違紀登記』了」。他停了筆，手仍然放在考卷上。我讓他鬆手，我拿過了他的考卷，翻過來看了密封線處———汪繹，成績最好的那個實驗班的。

　　我把答卷放到另一張課桌上，對他說：「趕快離開教室，我要收考卷了！」他說：「老師，我沒有寫。」我說：「不記你的違紀登記，你快走」。他還站在那裡不知說些什麼，我從門邊開始收考卷，邊收邊說：「你還不走就留下來登

記。」我把已收好的考卷放在講桌上。汪繹拿著晶片卡走到我面前說:「我的這個會不會讀不出來?」我認真看了一下說:「沒有問題。不記你違紀登記,趕快走。」見還有個女生站在黑板前,我問她:「有什麼問題嗎?」她不好意思地說:「老師,我有點緊張,不知我的晶片卡填了沒有?我可不可以看一看?」我說:「填了的,我全都檢查了的。你不放心可以去看一看,不過,不能帶筆下去。」她說了聲「謝謝老師」,下位看了一眼,退回來,又說了聲「謝謝老師,老師再見」,出了教室。汪繹還站在講桌前,對我說:「老師,你幫我填嘛。」我說:「填什麼?我幫你填那不是幫你作弊啦?趕快離開教室,不記你違紀登記就行了,趕快走吧。」他也說了聲:「謝謝老師」。

見他出了教室門,門口已經有不少學生,我關上門,繼續收考卷。就在那一瞬間,傳來驚天動地的一聲大吼:「老師———我 × 你媽!」毫無疑問,是汪繹!沒有半點猶豫,我打開門,衝出去,他還在吼著什麼,隨即他的背影消失在樓梯口,只留下樓梯處咚咚咚急速的跑步聲和汙濁罵語的餘音。

我折返身,走進教室拿了紙筆,匆匆寫了幾個字:「汪繹考試數學出教室之後高聲吼:『老師———我 × 你媽』!證明人:×××」留白下面落上了日期。

我走出教室。走廊上我班的學生們已經大致明白發生了什麼事,議論紛紛。「亂吼什麼呀?有病!」「還是實驗班的,丟人!」「不像話!」「我們回來這麼久了他才出教室,准是作弊被逮住了」「有本事自己考好點,沒考好來罵老師,無聊!」

我問學生:「你們知道他是哪班的?」「實驗班的!」「你們聽見他罵人了?」

「這麼大聲吼,聽不見就是聾子!」我把紙遞給學生:「你們聽到的,願意證明的,請簽名;沒聽見的,不要寫。他其實沒作弊,是違規。」我把經過情形簡約地講了幾句,回到教室清理試卷。

學生推門把「證明」遞給我,我抱著試卷和晶片卡匆匆趕到大辦公室。「你們樓上出了什麼事?」高三教學樓是校辦工廠改建的凹字樓,這樣的高聲叫罵早就驚動了院壩和整幢樓,大家議論紛紛。我把經過講了一遍。監考的職員說:「天哪,老班導學生都敢罵,我們職員還敢監考啊?」有老師說:「不能就這麼算了,最近已經發生了幾起學生罵老師的事了!」

學生罵老師?幾起!我冷靜得幾近麻木的神經像通了電,霎時布滿了警覺的細胞。以前聽說學生罵老師,我總認為教師多少都有一點錯,不是簡單粗暴,就是不近情理,至少是粗枝大葉,沒調查清楚來龍去脈,讓學生受了委屈。今天的事情,別說有錯,那真是模範加標兵,作為監考老師,既嚴格遵守考試規則,又

為學生著想，連表情都是恰到好處，溫文爾雅的莊重，使考生不敢有非分之想；親切和藹的語音和體態，讓學生沒有心理壓力，在愉悅的氣氛中發揮得更好。對心存僥倖的學生，及時制止其不繼續犯錯誤，態度好得他不能不說謝謝。這種情況下，他不心存感激，卻高聲叫罵，唯恐別人聽不見，也真是太過分了！即使我站在這個學生的角度，也不能理解他為什麼會這樣。

兩個老師走過來接過我手中的考卷和晶片卡：「我們來檢查、裝訂，你快到學校去！南開，絕對不准這種事情再發生！」聽說教務主任在科學館監考，有老師說：「我給他打電話，你先走！」又有老師說：「我給汪繹的班導師打電話，你快到學生處去！」

訓導處的黃主任聽我把經過詳詳細細地說完，她皺皺眉頭：「什麼風刮到我們南開來了！學生罵老師！我們不僅要嚴肅處理，更要加強教育。」正說著，教務主任和班導師也趕到了。汪繹的班導師和我是老交情，幾屆同在一起教高三，平時我們還一起逛商店。她挨著我坐下，輓著我的手說：「別生氣！太對不起了！」我勉強地笑了笑說：「你有什麼對不起我的？不過，你是遇到麻煩了，這個學生這樣變化無常，謹防出問題呢！你趕緊給他打電話，說不定他現在已經感到後怕了。」班導是個很能幹的人，這時也面有難色：「剛才給他打了電話，他沒接，我還擔心呢！我不明白他是怎麼想的，平時表現也不差，成績還挺好。考試前我才找他談了話，他很有信心，沒有想到會出這種事！」教務主任點點頭：「現在的學生，預料不到的事還真多。照這樣，早晚都會出問題。這事如何處理，一定要慎重。」我們商定，先由汪繹的班導穩定學生的情緒，瞭解他為什麼會這樣，等考試完了，待他有了初步認識，再帶到我這兒來，我們兩個班導師一起教育。視他接受教育的情況，學校再決定處理的方式方法，不僅要讓這個學生受到教育，還要教育更多的學生，更要樹立學校的正氣。

第二天還要考試，可是當天晚上班導就帶著汪繹來了。我心裡暗喜：覺悟得還真快，急忙迎上前去。

「老師，對不起，我錯了！」汪繹開門見山，他執意不肯坐下，站在小小的辦公室中間，他的班導師和我也只好站著。我面對著汪繹，與站在他身後的班導交換了一下眼色，班導滿眼的自信，但並不輕鬆。

「錯了，改了就好，不要有負擔。」我微笑著對汪繹說。仔細端詳他，高高的個兒，五官很端正，文文靜靜的，一看就知道是個讀書人。我靜聽他的下文，然而他卻靜默了一會，我瞟了班導師一眼，她輕輕碰了碰汪繹。「我寫悔過書」，他堅決地說。

「你明天還要考試，考試完再寫，就先說說你錯在哪裡，好嗎？」我不想學生為這件事一蹶不振，連考試都淡心無腸。

「我不該罵人」，他的頭低了一點，又沒有了下文。

「罵人？」我追問了一句。

「老師，對不起，我罵了髒話。」他頭抬起來，看著我，「我罵髒話不對，但是，我沒有罵老師，真的沒有。」

我直視他，我心裡有種不妙的預感。他沒有回避，我看看班導，她完全放鬆了。我一下子明白過來，他用「沒罵老師」開脫了自己，在班導師那裡過了關。

「汪繹，你沒有罵老師？你記得你的原話嗎？你扯著嗓子吼『老師———』，接著說的髒話，你敢說你沒吼嗎？」我把「罵」改為「吼」和「說」，減輕他的壓力。抽象的認錯，具體的否定，遠不如具體地認識問題，承認錯誤是改正錯誤、接受教訓的第一步。因為害怕而不敢承認，這在我的預料之中，畢竟知道罵老師不是好事。

「我說了髒話，但是，我沒說『老師』，」他斬釘截鐵地說。

「哦？你真的沒說『老師』？那你有什麼錯呢？又有什麼必要到這裡認錯呢？」我耐心地勸導他，話中有話。我是不會讓犯了這樣的錯的學生蒙混過關的。我的臉上還保存了一絲笑容，目光直逼他的眼睛。

「我是個學生，在學校大庭廣眾之下大聲罵怪話，我錯了！」他看起來是那麼虔誠，但在低頭的那一瞬間，眼珠來回轉了轉。

「你知道你是個學生？這太好了！學生的任務就是學會成長。錯了不要緊，關鍵是能夠認識錯在哪裡，也就能夠改正。你今天能來，我就很高興。我和你的班導老師是好朋友，不會把錯誤強加於你。」我真心實意地對他說這番話，讓他放鬆心情，不然什麼話說了都沒用。果然，他的腳挪了一挪，身體不再那麼僵硬。

「不打不相識，說不定我們還會成好朋友呢！既然來了，我也說幾句，希望你瞭解我們老師是怎麼想的。其實你很懂禮貌，考試完臨出門時還說了『謝謝老師』。就算你真的罵了老師，也不是故意犯這樣的錯。即使真的要處分你，也不會影響你的高考錄取，這一點，我可以用人格保證。當時我和你的班導見面商量，首先考慮的，就是你的安全，擔心你把事情看大了做傻事。學生嘛，哪裡有學生不犯錯的，學生什麼都很好了，還要老師幹什麼？別把這事看得那麼重，最要緊的是好好成長，是不是？」

見他點了點頭，我移開了目光，坐到自己座位上。我請他坐下，他還是不坐。我想，他還是比較老實，知道事情還沒完，只要我說聲讓他走，他會拔腿就跑的。

我只好又站起來。

「現在輪到我給你道歉了！」我的話音未落，所有人的目光一齊射向我。

我輕鬆地在汪繹面前踱著步子轉了一圈。「我這個老師，有一個很大的優點———學生心態，成長的心態。有什麼錯，也不很自責，錯都錯了，自責有什麼用？生活還要繼續。但是，我一定要及時認錯，不然，我這裡不安」，我指指自己的心口，「還睡不好覺，受折磨！認錯不該死，別人原不原諒是別人的事情，我自己輕鬆了，解放了！」

「你想，」我轉到汪繹面前，笑呵呵地說：「你沒有說『老師』兩個字，就是沒有罵老師，對著空氣帶幾個髒字，關我什麼事？可是，我怒氣沖沖地跑到學校訓導處去把你告了，冤枉了你，不該給你道歉嗎？」聞此言，不僅他倆，辦公室裡的老師全都立起了身子。

「不僅如此，我班上的學生還簽了證明文件，現在還捏在我手裡，明天要拿去影印，交學校存檔。你看見站在教室門口的那一排學生的吧，要不要他們也來給你道歉？」

「老師，我錯了，我說了『老師』兩個字，我是罵了老師，對不起，真的對不起！」沒想到，汪繹來了個 180 度的大轉彎，一口就認了錯，真是個聰明的孩子！我一下就放心了。

「你為什麼要這樣做？」「老交情」皺著眉頭，對汪繹語氣略有點嚴厲。我給她眨了眨眼睛，她舒了口氣，表情和緩了。「有勇氣認錯，還是好！」她拍了拍汪繹的肩頭。

「南開的學生，就是不錯。你想，換個地方，學生會幫老師證明嗎？難說！」我也發自肺腑地讚揚其他學生。

「你為什麼要這樣做？」班導畢竟是班導，現在承認的與來之前瞭解的情況不同，原因也就需要知道，「老交情」不顧我的示意，執意要他回答。

「考得不好，頭腦發熱。」汪繹說完後，看看班導師，也看看我。

「你晶片卡填完了嗎？當時還發生了什麼事情？」「老交情」不滿意他的回答，又追問了一句。我一下子明白了，汪繹在他的班導師面前沒有真實地反映當時的情形。學生沒有填完晶片卡，在終止鈴聲之後繼續填寫，是很容易博得同情的。如果監考老師再有點出言不遜，甚至發生拉扯，那老師被罵就會被認為「情有可原」了。

「當時你說了『謝謝老師』才出的門」，當著汪繹的面，我把過程細細講了一遍，實事求是，才能以理服人。

「老交情」的表情有些凝重。我面對汪繹，不緊不慢地說：「能說『謝謝老師』，你還是很理智的。頭腦有多發熱？發熱就可以罵人？頭腦發熱，那不是還可以殺人了？」

「那不可以，怎麼能殺人呢？無論如何都不能殺人！」汪繹急迫地說。

「哦，你還是知道頭腦發熱不能殺人啊？頭腦發熱就可以罵人，就可以罵老師？」我踱了幾步，返回到他面前，我直視他，「老師都可以罵嗎？老師是隨便可以罵的嗎？」一個有基本的判斷是非能力的學生，居然沒有把「罵老師」列為不可以做的事情，我皺了皺眉頭。

汪繹看了看我，有點不自然，沒吭聲。「老交情」輕輕碰了碰他，他說了聲：「對不起。」班導師老師見他再沒有下文，有些慍怒：「只是說聲『對不起』就完了？」

「老師，真的對不起！」汪繹態度誠懇地說。

我笑了一笑：「能來承認錯誤，能說『對不起』，就很不錯了，今天就這樣了吧！明天還要考試，記住不要再違規了。你也知道，高考時終止鈴聲結束後還動筆的，要扣除試卷所得分數的30%，那可就損失慘重了！」

「老交情」想了想，「這樣吧，你先去復習功課。明天考完後，寫一個檢討報告，一是犯錯的經過，簡短明瞭，不要遮遮掩掩的；二是當時的想法，是怎樣想的就怎樣寫，我們想知道你真實的想法；三是事後的認識，怎樣改正。交給我看了，我們再談談。」

她這幾句話正是我想說的。我看著汪繹，「這三點，清楚嗎？」我見他認真地點點頭，也拍拍他的肩頭：「今天還早，靜下心來復習。」

汪繹對我行了個禮，說了聲「謝謝老師」。我笑著說：「我也謝謝你，今天晚上可以不生氣，安安穩穩地睡個好覺了。」

我和「老交情」交換了眼色。作為教師，無端被學生罵不是件好事，但面對學生，只能始終想著怎樣幫助其邁出認識錯誤這一步。一切都是那麼簡單、自然，甚至還有一分相互理解的愉悅。

然而，之後的事情接二連三出人意料。

第二天早晨，我早早來到辦公室，沒想到汪繹也來了。他把「報告」交給我。我心想，看來他是一個很少犯錯的學生，寫了報告才能安心考試。拿過來一看，我發現自己太單純！一張紙上，寥寥數語，核心的一句是「昨天和監考老師發生了一些不愉快的事，頭腦發熱」。以此作為罵老師的原因，給人想像的空間太大了，誰會認為他有什麼錯？關鍵是既無標題又無落款，即使錯，與汪繹有什麼關

係？我請他把名字簽上，他說：「這是草稿」，而且還準備拿走。我還是硬讓他簽上了名，並把「草稿」裝進我的提包。我明白，我遇到「對手」了！

　　別看有的學生平時小錯不斷，「表現不好」，可是接受老師的教育並不太難，只是改起來慢一些而已；但是有的成績好、「表現好」的學生，平時不怎麼犯錯，一旦犯錯，卻一心想保全面子，很難聽進勸告。而他，還不是這麼簡單！看來昨天的一幕又重新上演了———不僅罵了，不想認錯，還要動點腦筋，走一步看一步，看你老師如何！

　　回想起整個過程的一幕幕，他太過於聰明，分明是設下了圈套要老師鑽！他頭腦非常清醒，用填晶片卡為掩護繼續寫解答題，並以此在班導師那兒過關，甚至他以為罵老師可以博得學生的同情。要不是我監考滴水不漏，要不是他的班導師是個有正義感的人，要不是我對突發事件相當的冷靜沈著，要不是學生明辨是非敢於證明，所有的黑白都要被顛倒過來！一旦學生不把自己當成學生，不準備接受教育，一心對付老師，玩點花招，與老師鬥智鬥勇，教育起來就特別費勁，高智商高難度啊！假若今天他旗開得勝，還真以為老師不僅可以罵，還可以當猴耍，明天還不知會賣弄聰明弄出些什麼禍事。不要說他這麼大聲地罵老師，影響惡劣，就是他罵得小聲，也不能就這麼算了！

　　班導師打來電話，高興地問我：「汪繹說已經寫了報告交給你了，你覺得怎麼樣？」我說：「我覺得不怎麼樣！看來不處分，他是得不到教訓的了。」聽我說了他「報告」的內容，班導師也感到很意外。我倆又走到一起商量。我說：「處分他是必然的了，一是因為影響惡劣，學生可以無理取鬧，想怎樣就怎樣，今後誰還敢嚴格監考？二是他的態度，簡直是把老師當傻子糊弄，我看他罵老師也不是純屬偶然，只是真的不懂他為什麼會這樣。處分對他來說，最大的損失是不能評三好學生。」班導師說：「他本來就沒評過三好學生。」我說：「所以高三再評不上就更可惜了。」

　　隔了一天，班導師陪汪繹的媽媽來了。汪繹的父母是大學的教師。她媽媽非常和善，連連道歉。我以為她會給孩子求情，不！一點這樣的意思都沒有。她說孩子從來都比較懂禮貌，現在出這樣的事，她很震驚，如果不嚴肅教育，對孩子沒有好處。她說該給什麼處分，就早一點處分，早一點改正就早一點撤銷。我心裡隱隱作痛，處分孩子，對家長打擊也太大了一點吧？我告訴她，孩子來認錯，我以為他已經接受教育，也還是考慮過不處分，但現在看來不是這樣。他寫的所謂報告，比罵人本身更讓人難受，就好像老師做了不好的事情，學生有難言之隱。這樣的態度是很令人氣憤的。既然家長來了，我們一起找孩子談談，再看看他的態度怎麼樣。

汪繹來了，終於願意坐下。當著家長的面，我問一句他回答一句，他總算是承認了事實。確信事情經過如老師所說的，他媽媽嘆了口氣，也問了同樣的話：「你為什麼會這樣？———老師這樣耐心地關心幫助你，你怎麼會想起罵老師？」

「重慶的人，心裡不舒服的時候就要罵髒話，我又不是故意想罵老師」，汪繹似乎沒有愧色。接下來，她媽媽想說服他的講話被他隨意打斷，他東一句西一句，越說越離譜。班導師盯了他幾眼，他才稍有收斂。沒想到在老師面前，學生對家長竟然是這樣的態度。

班導說：「汪繹，你最好還是冷靜下來，不是急於回答我們的問題，而是認真想一想，好好檢討這個問題。」

「我不是已經寫過報告了嗎？還檢討什麼？」汪繹振振有詞。

「汪繹，我覺得你寫的，確實不算報告，遠沒有你那晚上的態度好，你自己想一想是不是？」我嚴肅地說。「直到現在你都沒有意識到『罵老師』根本就不是學生正常的行為。頭腦發熱罵老師，心裡不舒服罵老師，在你看來，好像都是允許的。你知不知道，我們真的不理解你是怎麼想的！」

「罵都罵了，認也認了，還要怎麼樣？」汪繹站起來，滿臉的不屑，準備一走了之。「你這樣的表現，可能有點對不起自己的班團體！」班導聲音不大，但很有威懾力。看見班導嚴厲的目光，他站住了。

「請你坐下！」我很想發火，但還是平靜地說：「我們不想怎麼樣，只想你學好，至少像個學生。教了這麼多年書，還沒見過大庭廣眾下高聲叫罵老師的學生！說實話，把你看成自己的學生，想的是你今後還是個很不錯的人，才推心置腹地給你講這些。」

我不管他聽不聽，最後的機會了，想說的一起說出來。「你說考不好，心裡不舒服罵老師。什麼是考得好？考出自己的水準就是考得好。高考數學題做得完的有幾個人？像我的學生周悅，他就是做完了還有時間檢查，那是怎樣的功底？全市高三聯考數學就他一個滿分！難道全市其餘的學生沒得到滿分的都叫考不好，都可以罵老師了？」說得興起，我跑了題，歷數自己教過的資優生，競賽進國家集訓隊的嚴欽、高考南開第一名的侯宗崗、北京大學年年名列前茅的向禹⋯⋯

忽然，我發現，汪繹一下子像變了個人，目光柔和，像我班上的學生一樣，坐在我的對面，專注地聽我講。要害在哪裡？我的資優生鎮住了他！他平和的態度，可貴的學生的姿態，反而激起我深深的悲哀———所教的學生成績好不好，

居然是老師能不能受學生尊重的依據。把老師分成三六九等，根本沒把教「平行班」的老師放在眼裡，這就是他罵老師的真正原因！這一點，深深地刺傷了我。一個受人尊敬的老教師，怎麼能夠容忍對教師團體的輕蔑！我不再想說什麼，感到身體極度的難受。「老交情」發現了我和汪繹的變化，她問我：「韋老師，你怎麼了？」汪繹連聲說著對不起，主動表示願意重新寫報告。

汪繹一走，我的眼淚就流下來了。年齡使我的身體遠沒有內心堅強，彷彿帶著鈎的矛刺穿胸膛又拔出來，血淋淋的一片，五臟六腑都失去疼痛感，唯有血量般的天旋地轉。汪繹的媽媽緊挨著我，陪著我流淚。作為大學教師，她也看懂了孩子態度的變化。師高弟子強，這樣「高」的老師，怎麼能夠隨心所欲去侮辱！分數，就是他判別是非的標準，是他的精神支柱，他所做的一切，就是為了多得幾分，可悲啊！

假若我們班沒有資優生，豈不是就該他謾罵了？明知監考老師是一班的班導，當著一班的學生高聲辱罵他們的班導，欺人太甚！我明白，我的一番話對症下藥，根本就沒有偏離方向！在關鍵的時候，教師的直覺使我不由自主地舉起了自衛的利器。作為教師，可以等待學生的覺悟；作為一個班導，哪裡容得別人漠視自己的學生團體！作為一個人，即使容忍侮辱自己，也不可以容忍辱罵自己的母親！

我一點都不恨汪繹，瞭解了真實原因後，我消除了對他「玩花招糊弄老師」的厭惡感。我長期在為學生贏得好成績艱苦努力，同時又在與影響全面發展的「唯分數論」苦苦搏鬥，我知道它的厲害。師生感情被踐踏，教師對學生的信任被損傷，萬般皆下品，唯有分數高，害人不淺啊！

處分，對於缺乏學生意識、目中無人只有分數的汪繹，無異於輓救他的清醒劑。但是，此刻，我要求學校公開嚴肅教育處理的願望愈加強烈，已經不僅是為了教育學生，而是為了保護自己！

感謝教務主任、班導和家長的及時教育，汪繹承認了辱罵監考教師的事實，否則，做得再好的監考教師，豈止是被貶低，還要被冠之無事生非、破壞高三安定團結的罪名！教師身教重於言教，任由歪曲，身不正，如何服人？受學生無端侮辱，教師還有什麼事業的神聖感？連做人的尊嚴都沒有，還談什麼當教師！

當天，我寫了非常正式的《關於學生汪繹辱罵教師的情況報告》，交到學校訓導處，要求學校查明事實經過，公開說明事實經過，公開嚴肅處理教育，以正視聽。很快，學校就研究了，徵求教務主任、班導和我的意見後，決定不在全校公告、不貼告示，只是在年級廣播宣佈處分。我們認為這樣有利於講清事實、教

育學生，對汪繹也不造成太大的壓力。

回到家，我家何老師告訴我，汪繹的父親到我家來等了我很久，陪同他來的是與我親密搭檔的科任老師，看來是想來說情的。何老師告訴他，不管最後怎麼處理，我們老師都會為汪繹著想，都是為學生好的。

一週過去了，學校沒有宣佈處分。班上的學生悄悄觀察我的表情。我很有信心，鎮定自若。走在學校的路上，不少其他年級的老師主動向我詢問，最後都是一句話：「不能就這樣算了！」還有老師說：「你可不要被學校哄了，拖一拖，時間一久，誰也不提了。」我想，哪能呢？我碰到教務主任，問他是怎麼回事，他說可能是校會佔用了廣播，沒聽說有什麼變化。

兩週過去了，還是沒有宣佈處分。學生躲閃著我的目光，不知道他們想做什麼事情。不斷有青年教師專程到我辦公室，給我講了很多故事。他們的同學，在某地教書的青年教師，被學生罵了，結果教師被「下了課」，因為那個學生的父親是「一匹官」。還有一例，有個老教師，被學生當眾無端辱罵，年級裡的教師義憤填膺，團體聯名要求學校處理，結果老教師的班導師被撤銷了。他們說：「韋老師，你高級職稱是評了的，沒有任何後顧之憂，你是幾十年的資深教師，如果都不敢伸張正義，我們今後怎麼辦？學生想罵就罵，甚至想都不想就可以罵老師，這個老師還怎麼當！」

我也坐不住了，直接到校長辦公室找宋校長。他耐心地聽完我的陳述和所有疑問，明確表示，關於學生辱罵老師這件事，不僅要在學生大會上講，還要在教師大會上講，監考就是要嚴格認真，對學生就是要加強思想教育、加強做人的教育。不尊重老師，還怎麼學做人？他笑著說，你還當過學校教代會主席團成員，怎麼這點都不放心，訓導處根據校規研究的處分決定，怎麼會因為學生家長是個幹部或者是個教授就不執行呢？

我們還一起擺談了關於招生、分班、師資配備、學校民主建設等問題。我說，實驗班應當以實驗項目吸引學生、引導學生，而不僅僅是以學生的成績來劃分。我堅決反對那些說法：「我們用最好的老師教實驗班」「實驗班必須多開幾個，因為不能上實驗班，資優生就不願意讀南開」。這些說法傷害了大多數教師，給學生帶來負面影響。事實上，南開中學全面發展的頂級資優和高考狀元不少都出自普通班，不少普通班真正在搞實驗。而「平行班」分班時就不「平行」，已經出現單科平均分就相差 20 多分的現象。這對班團體樹立信心造成障礙，給青年班導師帶來太大的心理壓力，而老班導師的先進經驗和成果也極易被低分數埋沒。這不利於教育教學評價，不利於教育資源的利用和開發。宋校長說，我希望大家都能像你這樣主動關心學校的建設。

我暢所欲言，又重拾信心。可是接下來的星期一校會時間還是沒有聽到任何資訊。難道……

　　走在回家的路上，一位老教師特意等著與我同行。「你做了一件很好的事情」，他說，「聽了那些過程，我為現在的學生擔憂，確實需要好好地接受教育。學生還是需要樹立正確的價值觀，要把做人放在首位。頭腦裡只知道分數怎麼行！」原來，還沒等到校會時間就宣佈了處分決定，而且講得有理有節，分析得入情入理。訓導處黃主任是精心準備好了才講的，真是好樣的！

　　學生們又嘻嘻哈哈地湧進辦公室了。一個學生說，老師，您知不知道，汪繹想來和我們一起打羽毛球，王郁說「你連我們班導都要罵，還想來和我們玩啊？」因為寢室安排住宿問題，王郁與我意見不同而跟我賭氣，背後卻這麼維護老師，人說師生情如同親情，看來不假。「永遠斷交？」我問他們。「現在不用了！」學生和我一樣，輕鬆了！

　　新年前夕，我收到一張精美的賀卡，那是特別的祝福———汪繹所在的實驗班全體同學的溫暖人心的話語！不愧是「老交情」啊，在最困難的時候，我們始終站在一起，為學生的成長商量對策，為我們共同的「愛自己」竭盡全力！

　　我明白了，我為什麼能夠愛自己，為什麼二三十年了，無論發生什麼事都不能摧毀我教書育人的信念。一個好幹部，會給一個單位或地區帶來生機；一個好校長，會帶領出優秀的教師群體。這是班導師的職業生命保持青春活力的心靈的家園。真是感謝天、感謝地、感謝陽光照亮了南開大地，因為有了溫暖的教師團體，教師的生活才如此美麗。

誰能讓青春保持生態

　　生態，即是生活的、生命的、自然的狀態。富有青春活力的健康成長是學生的生態。有哲人說過，如果一個民族的孩子們沒有青春，那麼這個民族是註定沒有希望的。

今夜星光燦爛

　　學校的團體活動能讓學生真正生活在團體中，哪怕是流淚，也帶著青春的滋味。

　　今夜星光燦爛，新年晚會的星光，照亮了校園的每一個角落，照亮了我的學生、那個活潑的男孩子肖天曾經失望的心。他流著淚，寫下了自己的感受。

我愛你，我的班團體

　　從小學到初中，又從初中上了高中，也許以前太小了，或者是自己的性格太活潑，行為太隨便，我對以前所在的班印象總不是很好，唯一常想起的，只是和幾個要好的玩伴無所作為的瘋狂。

　　到了南開高中，我自然也非常興奮，可是那種什麼都無所謂的性格依然沒有更改。按著學校的安排，我到了高一（二）班，一個新的團體。這裡沒有一個我所熟識的同學，全部都是新面孔，我的心有些涼了。過了些時間，我又發現班上的男生並不酷愛足球運動，這和我又不一樣，我的心已經失去了希望。而我要好的朋友卻告訴我，他們班的男生是如何如何的熱衷於足球，班上的女生又是多麼多麼的熱情堅守在足球場邊。相比之下，我們班真夠冷清的。加上最初我對班導師的印象不太好，認為她管得太嚴，我真有一種這三年熬不過去的悲哀。

　　時間飛逝，過了半期，考試成績下來了，我們班很多科目都走在了全年級的最後。對於我這樣一個很需要幫助的同學，我又一次喪失了對班團體的信心。當時我真的有點希望自己能成為其他班的一員。同時我還發現，我們班的同學連做假戲都不會，越是自習、檢查做眼操，班裡的聲音越大。我無話可說。

　　新年快到了，每個班都要組織開晚會，我沒抱多大希望，只是想老師不會因為晚會開得太差而對我們大發雷霆就好了。大家準備了些什麼，我一點不知曉，我像遊弋於班級之外的流浪漢，直到晚會的開始。

　　沒有想到，這次晚會上我們班的節目出奇的豐富，小品的水準雖夠不上螢屏的標準，可處處表現出同學們的細緻觀察和精心準備；唱歌雖不如大牌明星那麼招惹觀眾，可是歌聲串起了同學們的心。精彩的電影獨白，富有創意的遊戲，使得各位老師都贊嘆不已。最後一個節目是大家一起唱晚會主題歌《今夜星光燦爛》。

　　「星光依舊燦爛，真心依舊沒有改變……」當那熱情的歌聲響起時，同學們都高興地互相牽起了手。燈光暗了下去，若隱若現的彩帶愜意地飄動，教室中間心形的燭光搖曳閃爍，歡樂的教室，五十幾顆心匯成了璀璨的星空。

　　大家唱得那麼開心，我心裡似有一股暖流湧過。我不由想起了許多，一個個的片段，在我的腦海連成一片。當我問老師問題時，不管問題是多麼簡單，老師依然耐心地啟發我；當我犯錯誤時，不管我顯得多麼傲氣，老師依然溫和地開導我。當我和同學們一起在球場上比賽時，儘管戰績不佳，但同學們仍然盡力拼搏，場上場下如我般瘋狂。當我生病在床，不能來班裡上課時，同學們問候我擔心我，我真的好感動。我大聲地唱著：「我們在友情歲月裡寫下一頁，永恆的故事……」

同學們都激動了，大家相互拍掌祝福，我也鼓起勇氣祝賀大家「新年快樂」。晚會在美好而又激動人心的氣氛中結束了。我不知哪來的幹勁，拼命地打掃清潔。

回家的路上，又和以前的好友聚到一起，我們說起各自班上的晚會。他們沒有了往日令我羨慕的神色。有的說老師和同學不往一處想，晚會結束得很快，而且很沒勁；有的說老師不讓成績差的同學去給外班的同學拜年，怕丟班級的臉；有的說節目單一，晚會死氣沈沈。

我自豪地告訴他們，我們班的晚會是如何如何的精彩，同學們是多麼多麼的團結。這時一個好友毫不客氣地說：「你不是抱怨你的班導師死板，同學不活潑嗎？」雖然我知道他故意開玩笑，仍然一路上和他爭了個面紅耳赤。我這是怎麼了？我竟然為了班級與好友爭執不休。

回到家，我便上了床。在床上我想著這晚會的一幕幕，我哭了，真的是發自內心的眼淚，歡愉的眼淚。我這人平時大大咧咧，很少流淚，就算被打被罵也不會。可這次我的雙眼再也無法包容我的情感，淚水順著我的面頰落在了才換的枕巾上。我突然發覺，我所在的團體正是我需要的團體，老師、同學心連心。我突然擔心，畢業分別時將會多麼痛苦，我真的希望那一天不要到來。我發覺，無形中我已經深深地愛上了我們的老師、我們的同學。我愛你，我的班團體！

晚上，我做了一個夢，夢見了敬愛的老師、可愛的同學，大家都在笑，笑得那麼開心，那麼甜……

學生，就得有學生的生活。團體活動絕不是可有可無，絕不是做做姿態走走過場。一個班級，沒有團體活動，就如同有軀體沒生命；沒有真心實意的團體活動，就如同卡住了動脈，失去血液循環帶來的生命力。在親切自然的團體生活中，班團體才能成為學生心靈的家園。經過了那麼多次有聲有色的活動，昨天沒有「回心轉意」，今夜，終於「星光燦爛」。

誰能讓學校成為學生心靈的家園？假如沒有南開特色活動的大環境，班導師想如此的星光燦爛，很難、很難。假如沒有這樣的氛圍，假如校長不准許開新年晚會，假如學校假惺惺的「保持傳統」———臨到晚會的前兩天才通知可以搞這樣的團體活動，那麼，沒有今夜，即使有，星光也將不會燦爛！

令人揪心的哭泣

如今的大形勢下，教學「向前、向前、向前」，每一個學習階段都要拿一點「超前」的東西來考考學生的「創造力」。高中三年的課程，兩年學完，這已經是雷打不動的「教學規律」「高考常規」，誰也沒有異議！

誰也沒有異議？背著沈重的書包，初中學生哭著讀課文。「我們上語文課學《范進中舉》，老師在講課時，下面就隱隱傳出哭泣聲，好幾個同學和我一樣哭了。」這是瀋陽市一所中學初二學生的日記。同病相憐啊，那考試未果心先碎的慘痛，那百考不成功也不成仁的煎熬，過早過多地感受到世態的炎涼、因而覺得生活「沒有意思」的學生，聯想自己的遭遇，怎能不悲從中來！在一切為著分數轉的氛圍裡，學生不僅失去了青春和快樂，甚至休息的權力都不能保障，連家長看著都揪心。

　　記得兒子才上初中時，有一天他對我說：「媽媽，我難過。」看著他痛苦的表情，我趕緊問：「你哪裡難過？」他難過得說不出話來，指指自己的心口，我擔心有什麼大病，一邊安慰他，一邊準備帶他上醫院。他說：「不是身上，是心裡難過。」我挨著他坐下，問他為什麼難過。他就像呼吸困難一樣，好不容易擠了幾個字：「我沒有時間玩。」我一聽就笑起來，連連說：「別難過，別著急，我們來想辦法。」

　　我們一起制訂了一個精密的時間計劃，努力提高學習效率，擠出時間鍛鍊身體，也就是他說的「玩」，還有上學校圖書館閱讀。

　　就在第二天，我們的「美夢」徹底破滅。

　　兒子放學回家，直接衝進我的房間，撲在我的床上，放聲大哭。可以說，他是個很不愛哭的孩子，從小到大，他從來沒有這樣哭過，那樣的傷心，那樣的絕望，那樣的痛苦，悲痛欲絕。我趕緊問他發生了什麼事。他好不容易止住了哭泣，告訴我，每天下午第三節要上自習課。我抱著一線希望，小心翼翼地問：

　　「就你們班上嗎？」他搖搖頭，「全年級」。（圖 29）

圖 29 令人揪心的哭泣

這一次，我連笑的念頭都沒有，無言的絕望籠罩在我心頭。我知道，我的孩子需要鍛鍊，這不是純粹的體育鍛鍊，是孩子們的交往、摔打、磨煉，是人生重要的學習。我的孩子需要閱讀，一個人在中學階段所讀到的東西，會融入生命，凝聚成人生的精神支柱，錯過了這樣的時機，將是終生的遺憾。假如將來他遠離我身邊之後不能繼續進步，這就是最大的隱患。

　　兒子的學習，從小養成的預習的習慣，被高聳的題單壓得渺無蹤影。初三開始學化學，暑假裡他抱著好奇心提前專心預習，開學後第一次考試考了個全年級第一，可從此以後好景不再。問他為什麼不預習，他說：「時間呢？難道我不完成作業？」

　　丟掉好的學習習慣，很令人痛心，但是，我們只有降低對孩子的要求來適應現狀，別無他法。只要孩子能勇敢地面對現實，也算一種成長。可惜這樣的成長代價太大了。

　　回想我的學生，過去是變著花樣爭取玩的時間，現在鍛鍊時間賴在教室裡不走，反過來要老師動腦筋勸學生去玩。學生的習慣意識，已經成為改善學生自我生存狀態的阻力。

　　高三的月考司空見慣，聽說初二年級也開始月考。月考使教學的課時更緊張，學生的學習強度更大，心理負擔更重，為考試而學習的傾向更嚴重。學生忙著應付考試，力不從心，焦頭爛額。我在交給學校教育教學年會的論文中，提到了這一點。沒想到，初中的月考很快就被取消了。我無比的興奮，以為「匹夫有責」終見正果。後來聽說是市教委發了文件，不允許初中月考。關心學生、關心教育的，不僅僅是第一線的教師！

　　誰能讓學生成為自己時間的主人？誰能讓學生恢復生活的常態？誰能讓學生擁有學習的激情？誰能讓青春保持生態？肩負教育領導責任的人，更能夠擔當起歷史的重任！時代呼喚教育家，國家發展的重要歷史時刻，亟待教育家的不同往常的擔當！！

三、學做堅韌的實幹家

　　時代呼喚教育家，也需要一大批實幹家，需要班導師人人都成為教書育人的實幹家。迎接挑戰，堅定不移，在困難中思考，在實踐中學習，發揮出自己的智慧，這是一種令人嚮往的生活。喚起學生，同心幹！

親近就是魅力 幸運的籃球冠軍班

高中三年，唯一一次由學校舉辦的年級籃球比賽在即，學生在體育老師的指導下學習投籃、傳球等基本動作。班上有一批「歷史悠久」的籃球愛好者，課餘擔任起了新手們的教練。為了鼓舞士氣，我告訴學生，我當過校籃球隊長，一定來當陪練。學生一聽就樂了，躍躍欲試，要創 NBA 的明星班。

天有不測風雲。得知母親病危，我向學校請了假，心急火燎飛往海南母親身邊，匆忙中囑咐我家何老師告訴班上的學生我的情況。三天後，母親病情稍一穩定，醫院的事安排好，我立即趕回學校，第一件事就是看班級日記和週記。就像我惦記著他們一樣，學生也牽掛著我。

離開班導師的日子

早自習的預備鈴聲響了，值日生開始做報告了，值日生報告結束了，早自習開始了。我讀著書，眼睛不時地瞟著教室的門口。我留心到同學們讀著書，也不時地抬頭張望。

終於，門開了，進來的卻不是韋老師，眾人一驚。何老師告訴我們，韋老師的母親病危，今天來不了學校。

離開韋老師的第一天，就是我值日，有一點壓力！

同學們今天好像特別自覺，做操挺不錯，以往上午最後一節電腦課經常是「晚節不保」，今天也得到科任老師贊許的表情。

一天不見朝夕相處的班導師，感覺有些不可名狀的異樣。

每天早晨，韋老師會早早地到教室，主動和同學們打招呼，「你好！你好！」她故意在教室座位之間的過道繞一圈，微笑著對我們連聲問好。教室裡此起彼伏地響起「老師好！」「韋老師好！」的聲音，就像是一支晨曲，讓人感到清新又舒暢。為了享受這樣的感覺，喜歡睡懶覺的我也「改邪歸正」，早早地到教室讀書。

每天早自習開始前的值日生報告，韋老師都會認真聽，不時地露出驚訝或驚喜的表情。我們也不由自主地或慚愧或著急或興奮或得意，有時還會一同鼓掌。不到三分鐘的時間，卻為一天加足了勁。

有一天下課鈴剛響，韋老師衝到教室門口，上氣不接下氣，揚著手，說不出話來。我們以為發生了什麼緊急的事情。哦，原來是國慶放假，她要我們回家代

她向我們全家問好，祝爸爸、媽媽、爺爺、奶奶節日快樂！我們馬上覺悟過來，連聲說：「祝老師節日快樂！祝老師全家節日快樂！」這以後，我們一看到她在節假日前的最後一節課下課時匆匆趕到，就會像唱歌一樣替她說：「代問爸爸、媽媽、爺爺、奶奶、全家節日快樂！」接著是「祝韋老師、何老師節日快樂！」還沒到節日，我們就全都提前快樂了。

　　讀小學、初中的時候，聽人說高中的老師很嚴肅，很少和學生在一起，我還擔心呢。哪知我們的高中班導，晚上都還要到寢室來。她一來，就帶來一片笑聲。我們問她累不累，她說「累什麼，習慣了」。

　　是啊，我們也習慣了有韋老師的日子。

　　離開班導的日子，也該是我們好好表現的時候。好吧，是該拿出點實力，讓別的班瞧瞧，我們是好樣的，讓老師知道，我們是可以讓她放心的。

　　但是，我還是希望韋老師早點回來，希望韋老師的媽媽，也就是我們的奶奶早日康復！

　　沒想到我的母親成了那麼多學生的奶奶，我很感動。母親轉回重慶住院，我每天必須抽時間到醫院去一趟，陪練籃球的事只得告吹。

　　這天，體育股長告訴我，下午課外活動時間是我們班第一場比賽。我一再叮囑學生安全第一，一定不要為了贏球莽撞行事。她看著我的眼睛，滿懷信心地說：「我們班不是那種拉拉扯扯混戰一團的水準，您放心。」

　　乘車匆匆趕到醫院，看母親情況還好，只坐了一小會兒，我就對她說今天學生比賽，我準備回去了。她早看出我心神不定，很爽快地點點頭。等我趕回學校，比賽已接近尾聲。

　　我們班落後4分，啦啦隊員們緊張得屏住呼吸，這種氣氛傳染給了場上的隊員，我們班的幾個高手很頑強地力求有所突破，但看得出來戰術配合因為緊張而不奏效。

　　隊長要了個暫停。隊員們聚在一起，隊長說：「一定要配合，打放鬆一點！我們有實力！」我緊接著說了句：「對！注意掩護！」隊員們會意地相視一笑，就把緊張丟在一邊，五人擊掌，齊聲「嗨！」的一聲，豎起高昂的鬥志。

　　重新開始比賽的哨音一響，我把手舉起來，啦啦隊員們看著我的手勢。我們班隊員剛一得到球，「二班加油！二班雄起！」的口號聲驟響，整齊有力。隨著我班隊員逼近前場，聲浪陣陣加速，一浪高過一浪。只見隊員穿插過人，掩護，一個假動作，掩護傳球成功，欄下起跳投籃，命中！兩分有效！「啊———」觀

眾齊聲驚呼。我班的學生歡呼，跳躍，擁抱。我的手再次高舉，斬釘截鐵地吐了兩個字「必勝！」把手一揮，頓時，「二班必勝！二班雄起！二班必勝！二班加油！」驚天動地的口號聲響徹全場。

場上隊員配合得更默契了，對手圍追堵截著右場的我班隊長「喬丹」，可球已從左線切入，又是一個兩分！還沒等對手回過神來，他們的發球又被我班截住，一記長傳，三人並行二人掩護，單手投籃，球擦著欄板上正方形黑框線落入網中。不等我揮手，「二班必勝！」聲浪直衝雲端。

對方發球人站在底線左右為難，他的視線被我班「大漢」不斷移動的身軀擋住，其餘四人被我班隊員人盯人「夾死」。就在這時，「嗚———」終場哨音長鳴。裁判老師宣佈結果的聲音被勝利的歡呼聲淹沒。我正準備揮手再來個「凱歌高奏」，啦啦隊員們早已衝上球場，和英雄們歡呼擁抱在一起。

我獨自在場邊手舞足蹈，然後被大家團團圍住，笑啊，笑啊，從心裡到臉上，幸福之花競相綻放，我們品味勝利的喜悅，盡享共同奮鬥的歡樂。

第二場比賽是各小組出線的「高手」對陣，形勢不容樂觀。天意弄人，等我趕到賽場，我班又是「暫時落後」。好在是前半場，而且只差兩分。我告訴學生，我的母親病情大大好轉，今天開口說話了，學生跳起來歡呼。對手望著我們不知所措，以為我們又有什麼秘密武器。不用說，局勢逆轉，我們很快就把比分扳過來，反敗為勝。隊長又叫了暫停，換上了新隊員上場過過癮。班際間信息靈通，對手以為機會來了，使勁加油呼起口號。

我手一舉，對啦啦隊員們簡潔地發令：「只說『二班』！」學生們立即會意。對手的指揮聲嘶力竭地喊著「四班」，其餘人接著齊聲高吼「雄起」，於是在我的指揮下，只聽見我們班喊「二班」，他們班喊「雄起」，場上只聽見「二班」「雄起！」「二班」「雄起！」等到他們反應過來，已水過三秋，我們班的「新老銜接」大功告成，比分領先直到終場。

我們班終於取得決賽資格，但是與強手班打了幾次練習小比賽都敗北，且比分差距不小。我對學生說：「那就準備當個亞軍。但是，必須打出水準，不要失利就沒了士氣。要讓全年級看決賽的同學覺得———我們班不錯，看這場比賽，值！」

決賽那天，剛好我上午沒課，去了醫院，下午全心全意觀賽。

下課鈴聲一響，學生就趕往球場，球場被圍得水洩不通，遠遠的都站滿了人。我終於履行諾言———陪練。我和球員們一起賽前熱身，我一個三大步上欄，球進了！站在罰分線外投籃，球「唰」的一聲，又進了！掌聲四起。強手班的隊員

竟然開始找他們的班導師了，「沒來，還沒來」，很是焦急。

沒想到，多日不練球，功夫還在，更沒想到，我這兩刷子，竟然對軍心大有影響。我暗自想，上兩場球，原本輸著，我一到就開始贏；該不會這次我從頭就在，開始就贏吧？一個喜歡創造奇跡的人，就喜歡突發奇想。哈哈，事實正是這樣！

對手實力遠遠超過我們，但他們抱定必須奪冠的想法，太過緊張。我們很放得開，開場不久就命中兩分，這一來，他們就更緊張了。我班的隊員們早就想表演一下，騰空躍起一個籃板球彷彿雄鷹展翅，轉身一個靈巧過人猶如魚兒戲水，三分線外一個遠投那更是百步穿楊令人叫絕，快速的戰術配合與個人球技贏得陣陣掌聲和尖叫喝彩。對手確實身手不凡，比分緊咬不放。但是等到他們完全明白過來，徹底放鬆，發揮出他們的水準時，為時已晚。我們班超過對手兩分，僅有兩分，獲得了學校舉辦的籃球比賽的冠軍！

冠軍，來之不易的勝利，也許是僥倖，但是卻讓我們收穫了更多。擺正自己的位置，自我意識重要，調整心態重要；認真做好每一個動作重要，迎難而上重要，堅持不懈重要。還有呢？團結，最重要，師生同心，賽過黃金！

魅力，是特別的影響力，是心態，是思想，是能力，是特長，是素養。但是，沒有親近，對學生就什麼也不是。親近，就是魅力。喜歡、高興、憂傷、困頓、生氣、憤怒，都可以是影響力。「遙控」，是對機器而言，對人講「控制」，不是什麼高水準。放手與親近是孿生姐妹，師生親近，更能放手讓學生鍛鍊。

親近與魅力，世間寶貴的東西，都是不易得到的。曾經，一個善解人意的女生，很擔心地對我說：「老師，您這樣真誠地對學生，是容易受到傷害的。」我感激地對她笑笑。很早以前我就已經明白這一點。人際間交往的關鍵是「度」，像我這樣與學生走得這樣近，也許是容易受到傷害的。但是，因為怕受傷害而不敢走近學生，對於一個班導，還有什麼影響力可言？

真誠不可抗拒 「問好」的意外

走在校園裡津南村的林蔭小道上，遠遠看見一個女孩，那不是黎莉嗎？她讀文科班後，我倆還沒單獨見過面呢！我驚喜地喊著「黎莉」，跑著迎上去。她徑直向我走來，但是臉上沒有一絲表情，身體極不自然的僵硬著，從我身邊擠過去。我堆滿笑容的面部也一下子凝固了，難道我認錯了人？不會！我呵呵地笑了起來，蹦跳著向後退了幾步，伸出雙手做出老鷹捉小雞的動作，把她攔住。她的

身體一下子靈活起來，躲閃著我，眼睛裡滿是慌亂。進入角色了？可是三個回合後，她一聲怒吼：「煩得很，誰想給你來這一套？我不想理你。」我站住了，可手還懸在半空。(圖30)

圖30 問好的意外

「你讓我過去！」她聲音緩和了一點。

「你還沒有回答『老師好』呢！問了好，就讓你過去，哈哈！」我恢復了笑容。

「我不說呢？」她秀氣的面龐仍然沒有表情。

「你為什麼不問老師好？難道我得罪了你？」我還心存幻想，與她開玩笑的口吻，試探著。

「實話告訴你，我恨你！你不准我們新年晚會那天回原班上來，說得好聽，是為我們好。結果呢？知不知道，我們有多痛苦？當時有個同學說，真恨不得用啤酒瓶子擲你的頭！被我們勸住了。不信，你去問葉靚。」

我兩眼一動不動地盯住她，既不相信我的眼睛，更不相信我的耳朵。她望望我，又朝路邊看看。路邊是雜草叢生的泥土地，我側過身，讓她從水泥路上走過去。

路的另一側就是教師住宅樓，有人探頭看著我們。不一會，樓上的吳老師蹬蹬蹬地跑下樓來，走近我身邊。「韋老師，你不要難過，初中我教了她三年，她從來沒有說一聲『老師好』，你就不要煞費苦心了。唉，學生啊，現在的學生啊，叫什麼學生啊！」我感激地望著他，一句話也說不出來。

不會吧？我暗自思忖，黎莉在我班上操行分幾乎是滿分，初中三年不問老師

好，這可能嗎？哦，是的，有點像這回事！記得高一開學，我發現許多學生不會主動問老師好。有一天，我熱情地問候一個學生：「你早！」他回答我：「今天是有點早。」旁邊的學生提醒他說：「你該說『老師早』啊！」接著又來了個學生，我說：「你早！」他回答我說：「不怎麼早。」我接著說：「你好！」他說：「還好。」學生們都笑起來，他才恍然大悟：「哦，老師好！」從此，我就每天早晨早早地趕到教室，站在門口，一個個地問好。黎莉比我還到得早，我去時總看見她已坐在教室裡讀書。難道，她就是這樣躲避我的問好？

我深一腳淺一腳地走回家。用啤酒瓶子擲我的頭？憑什麼？就憑我開導他們的一片好心？我哪裡說錯了？新年晚會前，讀文科班的幾個學生跑到我辦公室，要求回來參加新年晚會。我告訴他們，我當然歡迎你們回來，那有多熱鬧啊！可是文科班是由幾個班的同學組成的，如果都各自回自己以前的班級，那新年晚會還怎麼開？人家班導師還怎麼當？文科班是自己的團體，要靠自己去把它建設好。就好比，我們這兒是娘家，有句俗話說「嫁出去的女兒潑出去的水」，表面看起來，此話絕情得沒有了人性，其實呢，是愛得忘我，女兒只有把婆家當作自己的家才能幸福啊！聽我一席話，學生高高興興地答應一定積極準備文科班的新年晚會，我還為自己忍痛割愛、顧全大局的一番話感動呢，怎麼竟然成了罪魁禍首？

不知道那天發生了什麼事，學生們失去了一個快樂的新年之夜肯定是不爭的事實。我好心痛，所有的努力都白費了！

學生問一聲好，真的就這樣難？要學生理解，真的就這樣難？被學生恨，這是怎樣的一種滋味？

我是這樣的喜歡學生，並且堅信學生也喜歡我。學生最喜歡我什麼？最看重我充滿自信的感染力，最感激我對學生永不放棄。其實，我時常苦苦掙扎———放棄還是堅持？

做一個有思想的人，常常很困惑，美好的事物有時沒有那些骯髒的東西有力量。做一個有追求的老師，太難了，有時心裡很苦，揪心般難受。不被別人理解可以放置一邊，然而，善意被學生拒之千里，千辛萬苦獲得的良方被視為可有可無，看著時間在這樣的無奈中流逝，不甘絕望的痛楚椎心泣血。

不可能避免這樣的苦痛，因為放棄會更痛苦。身體的苦痛並不能置人於死地，精神的絕望會使生命失去意義。不管怎樣，都要堅持！

是的，「不管怎樣，總是要……」！人們傳頌著這樣的一首詩，它在特蕾莎修女創辦的加爾各答「兒童之家希舒·巴滿」的牆上，也在我們的心底。艱難的

時候，它能給人堅持下去的力量。這首詩是《不管怎樣，總是要……》：

人們不講道理、思想謬誤、自我中心，不管怎樣，總是要愛他們；

如果你做善事，人們說你自私自利、別有用心，不管怎樣，總是要做善事；

你所做的善事明天就被遺忘，不管怎樣，總是要做善事；

如果你成功之後，身邊盡是假的朋友和真的敵人，不管怎樣，總是要成功；

誠實和坦率使你易受攻擊，不管怎樣，總是要誠實和坦率；

你耗費數年所建設的可能毀於一旦，不管怎樣，總是要建設；

人們確實需要幫助，然而如果你幫助他們卻可能遭到攻擊，不管怎樣，你總是要幫助；

將你所擁有最好的東西獻給世界，你可能會被踢掉牙齒，不管怎樣，總是要將你所擁有最好的東西獻給世界！

特蕾莎修女百年前說的，直指我的內心。

也許，我們不可能像獲得諾貝爾和平獎的特蕾莎修女那樣，忠誠於一個信念，日復一日的去實現它，做得那樣的純粹、了無雜念，完全徹底的奉獻出自己的一切。但是，我們可以努力地學會日復一日地堅持信念，堅持去做那些可以做到的、必須做的小事。

兒子放學回家，聽我訴說原委。他輕輕地拍了拍我的肩頭，只說了一句話：「媽媽，做你的學生是幸福的，你的學生早晚會明白這一點。」

幸福？問好的意外，勾起我一個個「意外的問好」的回憶。

在沙坪壩火車站，行走匆匆的白領忽然站在我的面前，熱切地問老師好。那亭亭玉立的身姿，那寫滿臉上的幸福，哦，那不是生命教育輓救的生命嗎？

在陳家灣菜市場，一位中年婦女熱切地拉住我連聲問好。她興奮地告訴我，她的孩子在讀研究生，問我還記不記得我的這個學生？怎麼會忘呢？當初我對那個數學成績特差卻一心要用文學解救非洲難民的「小姑娘」情有獨鍾。猛然發現，她面黃肌瘦、眼球突出。深入瞭解，才知道是為了減肥得了厭食症，我可是與這位母親聯手才搶回了她的健康。

「叮鈴鈴……」午休時響起了電話鈴。「老師，您還好嗎？沒有急事，我只是想聽聽您的聲音……」

在喧鬧的市區，駐足等待那高聲大叫的學生，看著她穿過滾滾車流和人流擠到面前，只為說「好不容易又見到老師，老師您還是那麼年輕」，那是什麼感覺？那是心靈相通，那就是幸福。

我拋開了我的委屈和苦惱。我明白，不在於誰對誰錯，最重要的是我不能放棄努力，放棄努力就沒有理解，沒有幸福。堅持為什麼這麼難？堅持與困難是孿生兄妹，正是因為難，才需要堅持。只有堅持，才有被理解的一天，只有堅持，才能有和諧。

晚上，我準備到文科班找葉靚，一到辦公室就看見她和幾個學生在等我。他們告訴我新年晚會那天的情形。文科班節目準備得很充分，新年晚會如火如荼。可是，文科班班導過去的學生回來給班導拜年，形勢立刻急轉直下。

「班導忙著和他們左一張右一張地照相，把我們晾在了一邊。想到您不准我們回原班，他們卻可以回去，還成了主人，我們一氣之下，就跑了出來。」

「我們在操場走了一圈又一圈，不知不覺還是走到我們教室門口。聽到熱鬧非凡的教室裡歡歌笑語，我們就哭起來，坐在我們班的教室下面的梯子上哭。您知道嗎？連男生都哭了。」

「當時有個同學說了氣話，但是我們知道不是您的錯，我們不能不知好歹。但是，我們還是難受，與高一時新年晚會的情景相比，真是天壤之別……」

我的眼淚不爭氣地想湧出來，我硬把它吞了回去。學生們一直看著我，我沒法哭出來。我眨眨眼，接下話茬。「沒想到會這樣，真的很對不起你們！我很心痛！其實你們真的回來了，我和你們班導的表現沒有區別，所以我才硬著心腸不敢要你們回來，這一點你們一定得理解。你們現在的班導和我一樣愛學生，不然她的學生也不會想回原班去。反過來說，這也是你們的福氣，遇到了愛學生、學生也喜歡的班導。」我有了一絲笑意。「假如，你們當時再寬容五分鐘就好了。假如，我們老師事先就通個氣就好了。假如，年級學生會能統一協調就好了。是不是？」看見他們臉色舒坦了不少，眼裡多了一層思考的靈氣，我笑了：「明年，可能請你們都不一定捨得回來了。文科班，自己的班，好重要哦！好好珍惜，珍惜過去，更要珍惜現在……」

葉靚走過來拉住我的手，「老師，我們知道。您不要生氣，不用擔心……」不需再說更多的話，我們已經心心相通。

我惦記著黎莉。她的媽媽就在學校工作，是個樂天派。她告訴我，黎莉性格像他爸爸，極為內向，要她主動問聲好比登天還難。「到高中後好了許多，不過，要改啊，萬難！」

我才不管千難還是萬難，我決定，碰見她，還會主動問好，至少，要堅持三次。校園這麼大，很難碰見她，她要躲避我很容易。但是，我實現了我的堅持！第三次，我微笑著注視著她，她主動問了「老師好」。對於她來說，這也許是奇

跡，但奇蹟畢竟發生了！

年級裡的事，班導師們心有靈犀，第二年，高三的新年晚會熱烈有序，學生只能在自己班上開新年晚會，只能在規定的幾分鐘內派出幾名代表，到別的班拜年。這樣的規則，對於對自己的團體有深厚感情的學生，已經成為自然。

第二年，讀文科班的同學沒有等到晚會中規定的幾分鐘，新年晚會前就一起來給我拜新年。聲聲「問好」情深意長，最動心的是黎莉的那一聲。我的目光尋找黎莉，在鮮花後面露出了她的笑臉。

我慶幸我堅持了「問好」這樣的小事，贏得了許多可貴的機會。不然，我不會知道已經發生了的故事，誤解永遠也不會消除。當我們決定堅持的時候，要相信，真誠是不可抗拒的。當我們決定堅持的時候，就必須準備迎接種種「不曾經歷」的困難。

以直報怨永不放棄「10 號家長會」

看著辦公室裡圍成圓圈擺放的十幾張椅子，我很擔心，家長們能按時到會嗎？為了讓遠道的家長趕到，開會時間約定在星期天的晚上七點半至九點半。

這一次部分學生家長會，是一次艱難的家長會。已經是高三下期了，紀律還出問題，這在我教過的以往各屆都不曾有過。有的事看似很小，卻像傳染病，來者不善；有的隱患陡然劇變，考驗著班導師臨危不懼的膽識。與家長取得共識，已經成為班團體繼續健康發展的關鍵。為了實現這個目標，我精心準備了這次家長會。為了促使學生與家長交流，由學生自己通知家長開會；為了避免家長情緒激動或難堪，我決定採用特別的方式。

就在開會前五分鐘，全體家長到齊。我發自肺腑地感謝各位家長的理解和支持。家長都和我很熟，很隨意地聊了幾句家常，然後進入正題。我發給每位家長一張小紙條，上面只有自己孩子的姓名與對應編號。我告訴家長，每個學生都有自己成長的故事，10 個故事作為教育案例分析，可以相互借鑒。我希望大家暢所欲言，並約定，會上我們不提孩子的姓名，會後呢，一定與自己的孩子好好交流，所有故事都可以與孩子、家人一起討論。家長們都熱情地表示贊同。

1 至 5 號故事是「五人曠會」。我逐一介紹五個學生的優點和進步，言簡意賅、生動具體。有的主動找同學結成互助組，不懂就問，改變了以前不求甚解、作業只是填個 ABCD 的狀況；有的主動關心同學，陪同學看病，與同學之間的友

誼使得心境開朗愉悅，不再「沈默是金」；有的主動與老師交流，協調學習心態，對學習適度要求，克服急躁情緒；有的長期努力「治理」薄弱課堂，現在初見成效。而這五個故事，有一個共同的情節，就是故事的主人公在重要的年級大會無故缺席。

學生開會缺席一次，家長本來並不在意，可一聽說有五個學生同時「曠會」，都有些緊張。「他們是故意約定的嗎？」「平時是不是『兄弟夥』？有沒有不良行為？」我告訴他們，有的去理髮，有的去吃飯，「不約而同」，只是不重視開會，以為高三可以紀律鬆懈而已。家長們頓時鬆了口氣。

我輕描淡寫地點了一句：「南開這樣好的環境，我們班這麼重視自我教育，管理又這麼嚴格，高考前還要『曠會』，到了大學怎麼辦？」家長們放下的心又提了起來。

6號故事是「晚上開夜車學習，白天上課看小說」。家長們都感到對這樣的事不可理解。我說，這並不一定是不會計劃時間、自製力差，有時是用一種姿態掩飾缺乏自信的擔憂。家長恍然大悟：「我老問他『還能進步多少分、前進多少名』，這不是逼著公雞下蛋嗎？給他的壓力太大了！」我笑起來，「我就是在想，他成績進步那麼大，怎麼會信心不足呢？其實，進步可以在許多方面，並且對一生都產生影響。他『應邀』在班上談了他的體會，很真誠，這樣的進步，對學生們是很好的激勵，連我都深受啟發。不然，我怎麼知道『姿態』的含義呢？」家長們議論起來，「和孩子一起成長，還真不簡單呢！」

7號故事的主角是「活潑聰明的『老病號』」。學生活潑好動是長處，喜歡鍛鍊的人學習後勁足。雖說有時注意力不集中，但他專心學習時思維很靈活，這樣的表現讓家長感到很興奮。至於老請病假，家長無奈地說，孩子確實腸胃不好，體質較差，不然也不會復讀了。家長們都表示惋惜：這樣聰明的孩子，缺課太多，高考就考不出應有的水準。其實，我和家長心知肚明，孩子學得辛苦，有時想藉口生病睡懶覺，家長心軟，也就簽了假條，殊不知「贊助」出了「老病號」。

8號故事是「『老遲到』愛勞動」。這個學生也是個復讀生，雖說經常遲到是個缺點，可是他願意改正，並且成了全班的「勞動大王」。我與他約法三章，遲到三次就實行懲罰。他自願選擇罰做清潔。他的個子高，門窗玻璃別人夠不著的地方，就讓他擦。一看見玻璃上有灰，不管有沒有遲到，該不該懲罰，他都主動去做，還帶動同學一起擦日光燈。有次學校通知衛生大檢查，學校的清潔工人告訴我，你們班上清潔最好了，特別是窗戶，明晃晃的，一塵不染，隨時都經得起檢查。我饒有興致地圍著教學樓轉了一圈，果然如此，沒有其他哪個班能夠把天窗都擦得這麼乾淨。我在班上把工人的表揚大力渲染了一番，同學們看著他

報以熱烈的掌聲。「勞動大王」的媽媽對孩子要求嚴格，經常主動到學校與我溝通。她贊揚我們班制度嚴格，使得孩子觀念發生了轉變，知道經常遲到既害己又丟人。以前叫醒了他還要賴床，現在能自己上鬧鐘了。

9 號故事有些令人心酸———「競賽後遺症」。這是一個酷愛數學、物理的男孩，他一心想通過競賽證明自己，保送進名牌大學。對熱愛數學的才子，我當然格外珍惜，我知道他有智慧、有潛力，但是高三丟下各學科的學習，孤注一擲搞競賽，我是堅決反對的。不要說他成績平平，就是資優生，我也不會同意。他知道我反對這種功利性太強的競賽目標，但仍與我辯論。我明確地告訴他，我擔心他停課搞競賽，使原本就不好的英語更差，以至無法彌補。就數學而言，他忽視基礎，不願意深入鑽研概念，做題計算錯誤較多，這些弱點是致命傷，他不致力於改進，試圖靠多練幾套競賽題取勝，這怎麼行？他聽了我的分析，「轉行」搞物理競賽。

物理老師的分析與我一致。確實他在某些地方有獨到的見解，但是現在的競賽本質上是考試，基本功不紮實要取得好成績幾乎是小概率事件。我們一致希望他眼光放遠點，不要為了走捷徑進大學而忽視打基礎，影響將來的發展。

「數學才子」認定，如果不靠競賽，只能考個一般的大學，還不如復讀重考。

即使競賽成功的概率小，也不是不可能。他毫不動搖，在寢室開夜車。最後，他藉口生病請假回家搞競賽。家長勸他不聽，見他真的很刻苦，並且保證競賽後補齊所有作業，也就同意了。班上有同學也來勸我支持他。因為他主意已定，不支持也不可能改變他，於是我也就同意了。競賽前他回到學校，我還特意到寢室去看他，鼓勵他。

競賽結果很慘，更慘的是他無法靜下心來學習，竟然開始曠課。有時，他還衝著我發脾氣。好在他還願意與我交流，能讓我有機會苦口婆心。但是，家長老遠地趕來看他，他閉門不見，家長在門外傷心流淚。

隨著故事的深入，家長們已經感到事態的嚴重。一個班到了高三下期，有十個人缺失基本的紀律觀念，太值得深思。年級大會這樣重要的高考資訊會、提升士氣的勵志會都不參加，實在是一種損失。頭腦裡只有「學習」，沒有紀律，沒有做人的原則，結果連學習也不能保證。瘋狂地加班加點「學習」，到頭來丟了學習。

「數學才子」的爸爸也是數學教師，他嘆著氣說：「我們當家長的，還是要學會對孩子說『不』！」

「聰明的老病號」的爸爸緊接著說：「以後簽病假條，我要從嚴，現在的孩

子太任性，自我為中心，做事不考慮後果，假若請病假出去玩，那才糟糕呢！」

我也和家長一起議論，趁機談我的教育理念和體會，為第 10 號故事做鋪墊。

我說我不後悔，「數學才子」全力以赴搞競賽，畢竟是在主動選擇更利於自己發展的目標，只是目標與現實差距太大。學生硬要走彎路，老師是拉不住的。有時硬拉反而會背道而馳。

走彎路，哪怕走錯路，也是一種成長。和孩子一起成長，有時候就是看著他走彎路，陪著他受磨難。在他還未走彎路前，給他分析透徹，指出可能的危險後果；當他決意冒險時，也就只能支持他、鼓勵他，盡最大的努力幫助他成功，和他一起分享過程的快樂，體驗過程的艱辛。當他受到挫折、遭受痛苦時，更要和他一起承擔痛苦。這樣，才能把損失減少到最小。

在學生最苦惱的時候，一定不能居高臨下盛氣凌人，尤其不能幸災樂禍地說：「我早就告訴過你了，誰叫你不聽勸告？」因為這樣做使他無地自容，使他出於自尊而反抗你。在教育學生的時候，如果引起了他的反感，那是沒有任何好處的。當他因為沒有聽你的勸告而感到羞愧的時候，反而要和和氣氣的，用好言好語把他的羞愧遮蓋過去。

我笑起來，我想起盧梭舉過的一個例子。勇敢的羅馬首領，看見他的軍隊潰逃、無法收拾的時候，就跑在士兵的前頭，帶著他們逃跑，並且叫喊道：「他們不是在逃跑，而是在跟隨他們的統帥。」這種犧牲自己名譽的「帶頭逃跑」，給人的感覺太奇妙了！因勢利導，可以把敗兵變成忠誠的戰士！如果不是愛兵如子，珍愛生命，怎麼可能如此當機立斷？把士兵的尊嚴看得比自己的面子和權威還要重，這樣的大將風度令人肅然起敬！

把自己的高明藏起來，分擔過失，和學生「一起犯錯誤」，就能和他一起走出錯誤。

我對「數學才子」說，全重慶市只有幾十個人可以達到你所希望的目標，而和你一樣為此努力付出犧牲的學生又何止成百上千上萬？大家都在經受考驗，真正的強者就是能審時度勢、與時俱進、再接再厲。沒有拿到獎項，不等於你的努力全都付之東流，學習的功底雄厚了，毅力更頑強了，這是誰也拿不走的資本。現在是證明自己的最好時機，此時不搏，更待何時？

學生發脾氣是缺乏承受力和自控力。有時候，學生對家長和老師態度惡劣，是他很無助、很心虛，不知道我們的內心到底怎麼看待他。所以，學生出現非正常的狀況時，家長和教師尤其要冷靜。要讓他在錯誤面前獲得的教訓中，相信我們是很愛他的、為他著想的人，並且是有遠見和才能、知道怎樣引導他謀求幸福

的人。我們要用理智戰勝蠻橫。當學生發洩的時候，要及時疏導，同時內心要理解他，他不對著家長、對著老師發火，還能對誰使性子？畢竟我們是孩子最親的人。但是，絕不能過分遷就學生。不能對學生過激的行為聽之任之。要讓他知道，為了他自己的利益，最好還是傾聽老師和家長的意見。那麼，現在走彎路就為今後的發展奠定了重要的心理準備，通過改正錯誤，壞事就能變成好事。

那天，「數學才子」主動到辦公室和我談心，說著說著就翻了臉，又吼又叫，還說我對他是假惺惺的。當時辦公室裡有不少老師，我一怒之下出了辦公室。想想不放心，我又重新坐到他面前，一言不發看著他，直到他道了歉，我才開口說話。

「數學才子」寫了一篇週記《長恨歌》，我希望他在班上讀，他不肯，但是，既然他對我無端發火，我就有理由要求他接受老師的建議，學會克制自己、尊重他人。

他在班上讀週記，非常誠懇，就像與全班同學談心。

如果這是最後的結局，我但願這只是一場夢。如果這是一場夢，我相信這不是最後的結局。我需要實實在在冷靜地思考，怎樣才能輓救自己。

不知什麼時候，我學會了逃避，逃避自己的生活，逃避學習，逃避自己的責任。我學會了長期請病假，甚至逃課。我從沒想過會淪落到這個樣子———不想回到那個讓我痛不欲生的教室，不願見到自己最親的親人。

在我灰暗的心裡，儲滿了『恨』，關心我的人的『恨』。好朋友恨我的墮落，老師恨我不近情理，父母恨我言行不一。我更恨我自己，好恨好恨！天長地久有時盡，此恨綿綿無絕期。我恨我為什麼又遲到，為什麼又曠課。我恨自己辜負了好朋友的相知之心，我恨自己讓父母傷心絕望，我恨自己辜負了韋老師的信任和心血，還不斷地傷害韋老師慈愛的心，不斷地傷害同學的情意，我好恨……

他聲淚俱下，學生們無不動情。

在剩下的日子裡，我一定要盡全力學習。決不隨意請病假，更不會曠課。無盡的悔恨鞭策我，不要倒下，朝著正確的發展方向，不再停步。我相信，綿綿的恨終將會化為暖暖的愛流。

真誠的交流抹去了那一層隔膜，學會理解和尊重犯了錯的同學，成為團體成長的新的高度。那些「曠會」的學生、上課看課外書的學生，原認為有同學多次曠課，老師都管不下來，我這點錯算什麼。可是，我告訴他們，有自控能力而明知故犯，這樣的錯更危險。

為什麼十個同學明知自己有錯，卻能夠自己通知家長來開這樣的特別家長會？說明有所覺悟了，而覺悟的過程中，「數學才子」的《長恨歌》功不可沒。

說到這裡，「數學才子」的爸爸終於有了笑容。我們曾經一起說服孩子放棄偏頗的想法，一起支持孩子實現心中的願望，一起面對孩子的困窘和逆反，現在又一起燃起新的希望和信心。

家長們能按時到會對我也是極大的鼓勵。家長會能開到這個程度，也已是圓滿成功。開會的過程中，我沒提任何學生的姓名，家長們也遵守約定，用「我的孩子」「聰明的男孩子」一類的稱呼。這使我最後下定決心，講第 10 號故事。我需要家長們的理解、支持、關注和保護。我是把家長們看成我的朋友和親人，看作自己的家人也無法取代的事業的夥伴。

我所要講的事實觸目驚心，令人心急如焚。當我把其中的片斷告訴我的班長時，那個最能幹的女生竟瞠目結舌。

如果說，往屆的此時我已經可以享受學生自我管理帶來的愉悅和輕鬆，進入「創造奇跡」的淬火階段，那麼現在的我卻是在付出心血竭盡全力———「救救孩子」！救救我那令人痛心的孩子———凱！

迷戀打遊戲的凱，原是熱情活潑的陽光少年，文理分科到我班，很快就融入團體。雖說為了幫助他改掉遲到和上課隨便講話的缺點，我動了不少腦筋，也遭遇過他的「反抗」，但我倆反而更親近了。他告訴我，爸媽都曾是老師，經常為他的教育問題發生爭執，媽媽比較耐心，爸爸比較急躁，以前自己不懂事，讓家長操心，自己也受了不少皮肉之苦。現在自己很爭氣，家長心情也好多了。他的學習挺有爆發力，只要專心學哪一科，那一科的成績就上升，數學成了他的強項，甚至在班上也算是「高手」了。看著他的進步，我打心眼裡高興。

照這樣的勢頭，高考上本科線大有希望。

高三上期他主動上臺競選當康樂股長，他的競選演說令大家捧腹大笑。他說：「高二時我以為競選是走過場，失去了機會，現在可要抓住機會。同學們也要珍惜機會，不選我，你們會後悔的！選我當康樂股長，歌聲和快樂將伴隨你贏得高考，為了證明這是個真命題，請趕快投我的票！」他真的說到做到。按慣例，我們班的「大型家長會」要唱一首歌，他不僅提前帶領大家精心準備，還別出心裁，要唱三首歌：《同一首歌》獻給家長，《讓我們蕩起雙槳》獻給老師，《真心英雄》獻給學生們自己。為了讓大家吐詞清楚，他連夜寫出歌詞拿去復印人手一份。深情的歌聲激起家長的共鳴，貼近的心理距離讓人感受親情般的溫馨。最讓我感動的是，他悄悄和班幹部們商量買了鮮花，在家長會上要我代表爸爸媽媽們和老

師們接受獻花。

就是這樣可愛的孩子，在短短的幾個月裡發生了可怕的變化。

凱的變化始於在校外租房，因為想開夜車抓學習，半期家長會後，他要求不再住讀。考慮到他自控能力較差，我沒有同意。他媽媽說要來陪住，一起奮戰高三，我也就放了心。可是，怎麼這孩子老請病假，即使來上課也老伏在桌上立不起來？我以為他得了什麼大病，建議家長帶孩子到醫院徹底檢查。一周、兩周過去了，沒見好轉。開始的病假條中規中矩，還有家長簽字，到後來假條也不交了，這才發現簽字都是冒牌的，家長根本沒來陪住！不好，肯定是打遊戲！遊戲這東西對於沒有自控能力的人簡直就是白粉！幾番周折，凱終於向我坦白，他打遊戲，從下晚自習之後去打一兩個小時，發展到打通宵。然後睡一會兒就來上學，一覺就睡到下午。我約見他家長，他家很遠，他爸爸還是來了。我強烈要求他來陪住。他很為難地說太忙了。我說你現在又不是當老師走不了，做生意嘛，少掙點錢，如果現在不管，以後想管也來不及了。他說孩子根本不聽他的。我確實親眼看見過他父子倆爭得面紅耳赤，誰也不服誰。他答應回去商量讓他媽媽來。他媽媽其實不在家，我與她通電話，知道她在外地。

我把此事給教務主任做了彙報，他說還是請家長帶學生回家，換個環境調整一下也許有用。可他家遠，家長工作忙來不了，我只能堅持盡自己最大的努力。我和學生幹部們商量，他們表示和我一起努力。

我和凱約定，只要他不來，我就給他打電話，接到我電話他立即趕到學校。開始還行，即使是已經快到下晚自習的時間，他清醒了也要趕到學校。我常常在空空如也的教學樓等著他。他表示歉意和悔意之後，總能管上個三五天不缺勤。但是，能夠受感動的凱在虛擬世界裡變成了鐵石心腸，漸漸地，他不再接電話，到了學校也躲著我。學生幹部們也說凱回避與他們交流。我想到凱租房處去找他，轉念一想，如果他要躲我，那不是他連棲身之處也沒有固定的了嗎？

這天，凱早自習就來了，他睡眼蒙矓、亂髮蓬鬆，倒在課桌上。我趕緊找他談心。辦公室就我倆人，他一張口就把我嚇一跳：「我不想到學校來了，我一來，你就要找我談話，心裡煩！」我忙說：「那我就不找你，行吧？」「你不找我，他們還不是要找我說———不是這個就是那個，沒完沒了的。」我心裡很感動，學生們真好。我心裡又很難過，凱怎麼變得連同學的關心都不珍惜了？凱發現我真的不說話了，索性自己說起來：「我知道你們是為我好，但是我好不起來，就恨自己。」我心裡暗喜，快覺悟了？那樣渾渾噩噩的日子，肯定過膩了。

「實話告訴你，我很想把你殺了，要不是看著你從來不放棄我，我早就把你

殺了！」

　　什麼？殺我？一股驚悚閃電般襲遍全身，小腿肚似乎有微微的痙攣，前腳掌不由自主地抽動了一下。殺我？不可能吧？從來還沒有人這樣威脅過我。我看看他，像才從窩裡鑽出來的瞌睡蟲，混混沌沌，面無表情。不知為什麼，我竟然想笑。在失去理智的學生眼裡，不放棄學生仍然是教師的優點，我因此而不該被殺的偉大的優點。

　　「你笑什麼？你以為我說著玩的？初三的時候，我準備在我爸媽熟睡的時候把他們殺了，只不過有人來打了岔……」

　　見他起勁地胡言亂語，我收斂了笑容，嚴肅地瞟了他一眼。我走過去關上了辦公室的門，我不想讓這樣的噪音影響隔壁教室裡我班上的學生。

　　我走到窗戶前，天很冷，樓下的植物籠罩在薄霧裡。我關緊兩扇玻璃窗戶，插上插銷。以防萬一，這是我面對情緒失控的學生的一貫做法。返身坐在辦公桌後，凱坐在辦公桌對面，我倆都很安全。

　　「我仔細考慮過，你這個人缺點不多，優點不少。不過，你以為你辦事公正，我終於想起了一件事，就是編座位，你偏袒田垣。」凱像開幹部會發言一樣，說出他的「新發現」。

　　「哦？有這事？」我作為班導師的第二大優點，被他抬出來，又被他否決了。我迅速搜索記憶。記得高二第一次編排座位也是按照身高，田垣高度近視兼有散光，準備做矯正視力的手術，編座位時沒有坐第一排。結果手術時間沒安排好，他要求調座位，我很為難。當時凱和他的同桌都在教室裡，聽見我們的對話，主動提出調換座位，不僅班上作為好人好事表揚，我還對他倆表示了感謝。

　　「不是你們主動做的好事嗎？」我不想刻意辯解，以免激怒頭腦正在發熱的他，但是我必須澄清事實，以免他帶著誤解不愉快生活。並且，我很想讓他回憶起自己是一個樂於助人的好人。

　　我不贊成委曲求全，我發現不敢說出真相，往往造成更大的誤會，委屈自己並不能求全。看到電視裡那些強忍辛酸不吐真言的情節，我會著急地念叨：「交流啊，溝通啊，快告訴實情啊，不然會更糟糕的！」許多善良的人以德報怨，

　　往往積怨更深，自己也筋疲力盡，不如以直報怨，讓抱怨者明白事理，消除誤解和怨恨。

　　「那時我才到這個班，想表現好。但是你就不能為我想想？我這麼一個不愛學習的人坐在教室後面能夠專心嗎？」他仍然順著自己的思路，固執己見。

　　「你學習進步那麼大，不能專心的人，數學會這麼好？高三自由組合編座

位，人家女生艾小紅就是衝著你數學好、學習潛力大、又樂於助人，主動與你一個組的。」我說的都是實話。他的神色和緩了。不知他在想什麼，臉色由紅轉白，我擔心地看著他那虛脫般的白色，也許他和我一樣，為現在的他感到難過。

「我進步再大，成績還是不算好。我不睡覺地開夜車，實在太累了，才去恢復一下。」

我知道他說的「恢復」是打遊戲，我靜聽他下文。如果他能徹底傾訴煩惱，將是嶄新的開始。但是，「恢復」的按鈕觸動了他的神經，彷彿遭到雷擊，他的臉鐵青。一絲陰冷貼在他的嘴角，他站了起來。「我今天把你殺了，沒有人知道是我做的。」彷彿魍魎附體，他面目猙獰，口出狂言。

「你這話是不可以說的，這是威脅他人生命安全！」我不由自主地貼緊了座椅靠背，雙手環抱在胸前。我用餘光瞄了一下他，手上沒有物件。我平視前方，表示淡漠他的惡行。我放棄了用目光與他對峙，我的目光平時很有威懾力，此刻不想與他接火。唯有讓他無名火熄滅，清醒過來，才能保護我自己，也才能保護他。我慢慢地和他聊。「我從小就喜歡看偵探小說，沒有幾個案子是現場就偵破的，推理破案的居多。不過，推理也沒人懷疑你，因為你沒有動機」，我略去「作案」兩字。

「所以，我今天把你殺了，沒有人知道是我做的。」他挪了兩步，站在辦公室中央。

「你才是聰明一世糊塗一時，沒有人知道就可以做壞事了？何況，怎麼會沒有人知道呢？」

「你以為你一喊，隔壁的人就會來救你？想得美，門窗都關著的，沒人聽得見。」他得意地笑起來，倒是輕鬆了不少。

「我才不想學生來救我呢，那就麻煩大了。」我看了他一眼，皺了皺眉頭。「我現在想救你！說出那樣的話來，還像不像你？凱？」日積月累的擔憂層層重疊，柔軟纖細的聲帶像附滿疙瘩沒有了張力，我的聲音有些變調，遮不住滿眼的哀怨和內心的憤懣。

「救我？救我，我無可救藥！」他伸長了脖子，漲紅了臉。「……我要把你殺了，把他們———你的學生，都殺了！」

「你敢！」我呼地衝到他面前，沒有片刻的猶豫。「你敢！你再敢說半個字，我馬上報警！」我怒目噴火，臉對臉地盯住他，只差一點把他吞了。「你亂說這麼半天，看在你心裡著急的份上，沒跟你計較。你要威脅我的學生，我拿命跟你拼！」我聲震如雷霆，逼得他後退了一步。

「我把你們……」他還想負隅頑抗，我又吼了一聲「你敢！」他終於把剩下的字咽了回去。

我倆站在辦公室中央，弩拔弓張。

「你報警，別人來了，我什麼事也沒做，你誣陷我！」他眼裡沒有怯懦，目光像遊弋的螢火飄浮不定，聲音微微顫抖。

「說這樣的話就是危害公共安全，就是犯罪！」我不知道具體的法律條文，但客觀上就是如此。他說出那句話急得我衝上去的時候，我已經斷定不敢再輓留他。學生們的人身安全不能有萬一，心理安全也要悉心維護，尤其是高三，不能人心惶惶。

「我就這麼壞？你為了他們，還是要放棄我了？」他像看透了我的心思，狡黠地試探。

「我倒真想放棄你，可惜沒有辦法放棄你！誰叫你是我的學生！就算你成了罪人，我也是罪人的老師，教了你一年多，這是改變不了的歷史。你以為給我籠上『放棄學生』的罪名，我就怕了你？少來這一套！放棄你的，是你自己！你一天到晚在遊戲裡混日子，這麼多同學關心你，你不領情。你對老師恩將仇報！———竟然威脅生命安全，惡語相傷！你不讀書，是你自己的事情，你要上梁山，不要誣賴我逼你上梁山！」一聽他說我「陷害」，說我「放棄」，我就極端憤怒，欲加之罪，何患無辭！做人最壞不過的惡行是「誣陷」，做老師最大的罪過是放棄學生。終於，我也還了他一句「放棄」和「誣賴」，不想反而把他說成梁山好漢。

眼淚，從他的眼眶中湧了出來，掛在腮邊。他是一個易怒也易動感情的人，曾經那麼善良。我想抬起手給他揩眼淚，卻抹在自己臉上，我也流淚了。我知道他是男子漢，不願意別人看到自己流淚。我把紙巾遞給他。我倆回到原位坐定，默默地。

「我今天本來是想來和老師談心的。我真的有過那樣的想法，想法……你說過，一顆老鼠屎壞了一鍋粥，我是老鼠屎嗎？……」他先開了口，還是有些語無倫次，前後矛盾。我什麼時候說過那樣的話？那些令學生敏感的「重慶言子」，我慎用。我是個老教師，絕不會對某個具體的人說這類話。雖說委屈不能求全，我也只能受點委屈，不跟他爭辯。只要不說那個字，那個「殺」字，我就等他說下去。他是一個病孩子，中了網毒，在虛幻世界裡殺紅了眼，分不清是非曲直。傾聽，誠懇地聽他吐露，是眼前唯一能做的。我抬眼望著他，溫和而憂鬱。

漸漸的，他平和了。「我知道很危險，所以想給你講。」

我有些後怕，真的發生那樣的事，我不知道該怎樣保護自己，是護著我的眼睛，還是抓住他的手？我心有餘悸，幸好他接過了我的紙巾，假如他為了掩飾自己的羞愧和困窘，順勢傷害我，我該怎麼辦？我那麼坦然地面對他，是不是過分相信他了？我別無選擇，我只能相信他還是我的學生凱。

　　「你像現在這樣說話，就沒有多危險。只是想法，與真的說出來威脅別人是不一樣的。你對爸爸媽媽說過這樣的話沒有？」我注視著他，認真地，輕聲地說。他點了點頭。

　　「你今天確實很危險，把遊戲和現實世界混淆了。」我把他的錯誤說得很客觀，不想他認為自己罪不可赦而破罐子破摔。「這又不是打遊戲，哪能亂說？你語言失控，就像人生病時發燒、流鼻涕一樣，不能自控。但是，即使生病，也是個正常的人，你必須對自己的行為負責。」我必須讓他知道，有些錯誤是不能再犯的，我要他明白，我仍然把他看作說了錯話的學生，不會就此不了了之。「生重病的人必須就醫。我現在想，怎樣才能斷你病根？不能慢慢改，慢慢減少打遊戲的時間是減不下來的，只能痛下決心，不去打遊戲，說不去就不去。我無法照看你，還是只有請你父母關照你。」見他看著我，沒有什麼變化，我試探著說出我此刻的決定：「我覺得你需要請一個星期的病假，回家調整一下，徹底把網癮戒了。」讓家長帶回家，學生們都知道這是一種很重的處罰。

　　「我想上課，可不可以？」他沒有表示反對我的決定，試探著問我。

　　「可以，等會下了課再進教室。」他家很遠，父母一時半會也來不了，在教室裡上課的學生是最正常、最安全的。我必須確保他的安全，只有他安全，其他同學才安全。當然，我不會麻痺大意，我必須與學生幹部商量，想想辦法，以防萬一，還要給教務主任彙報。眼下，即使我不同意他上課，也不能明確地拒絕。

　　「你爸爸媽媽星期天才來得了，我準備開個家長會，開會時再接你走。你幫我通知家長開會，可以嗎？」我還是像跟我的幹部凱商量工作一樣。他遲疑了一下，同意了。我把最近班上紀律方面的問題列舉給他聽。要不是他有一天無一天的曠課，班上紀律也不會這麼差，他完全明白我的言下之意，也體會到我還是把他看成和其他同學一樣的學生。

　　「我保證不會讓家長難堪，但是，該說的話我是要說的。」我列舉了他的優點，尤其是迷戀打遊戲的這段時間還能想著改正缺點錯誤，能理解老師，真的難能可貴。我對他說：「是你自己，給了我永不放棄你的勇氣和信心。」處罰，仍然是不放棄。我決定家長沒來之前這兩天讓他上課。

　　我給他家長打電話，問他們是否知道孩子曾經想殺父母，他們知道。我告訴

家長，現在孩子就有這麼危險，務必請父母都及時趕來。

　　家長會上，我力求簡要地平鋪直敘經過。雖然我語氣平靜，但好幾處都有些哽咽，擦拭擦拭眼鏡片，接著又講。我看見家長們目光裡閃過驚恐，滿含著對我的關注和同情。我仍然沒有提學生姓名，有意略去了評論性的心理活動。但帶著殺氣的故事仍然讓家長們心驚肉跳。凱的媽媽一直很專注地聽，看得出有些震驚。也許早就被磨得疲憊麻木，她沒有流淚，陷入沈思。「勞動大王」的媽媽同情地看看「康樂股長」的媽媽，又心痛地看看我，輕輕嘆了口氣：「唉，遊戲害人。老師難當，家長難當啊！」有的男家長拿出香煙，捏了捏，又把它放了回去。

　　等大家緩過神來，我明確地提出本次會議的中心思想：怎樣幫助學生培養基本的觀念和習慣，維護學生的心理健康。

　　有位家長著急地詢問自己的小孩有沒有談戀愛的現象，我笑起來，「怎麼一說心理健康，就草木皆兵？」其他家長也笑起來。氣氛輕鬆了許多。

　　我說，心理健康與身體健康一樣，不同的問題，就像不同的病症，要對症下藥。有的傷風感冒，過幾天就好了，有的呢，要住院，要動手術，時間要長一些。不能因為問題小就掉以輕心，長期感冒會降低免疫功能，一旦免疫功能低下，什麼病都可能得。問題嚴重的，不能性急，更不能失去信心放棄醫治。我們老師和家長，就像醫生，治病救人，不要只盯著病，要想著人。學醫是最難的了，我們要多學習、多鑽研。更重要的，我們老師和家長，不能只是手術室的醫生，等著別人病重了來動刀子。我們應該是營養師，是體育教練，引導學生講究衛生，吸納營養，鍛鍊身體，預防疾病。

　　我這樣比喻，是想給凱的媽媽減緩一些壓力，同時做好艱苦付出的思想準備。家裡有重症病人，心情的沈重與焦慮不言而喻，沒日沒夜的操勞，體力透支，連自己的身體都可能被拖垮。但是，再難熬的日子也要挺過去，親人痊癒的一天終會到來，畢竟是年輕人，得的也不是絕症。

　　家長們三三兩兩地交談，每個家長都分別與我交換了意見。最後只留下凱的媽媽。她同意把孩子帶回家調整，並按年級的要求寫了相關的書面材料，調整時間不是一周，是一個月。她寫完了，簽了字，嘆了口氣：「早知道這樣，還不如不到這個學校讀書。」我心裡咯噔一下，欲言又止，像一塊堅冰硌在胸口，怎麼能把孩子的問題怪罪到了讀了南開？如果不是班上有這麼多問題，如果不是開會來了這麼多家長，在家長們面前，年級的決定顯然不容置疑，也許她是不會同意帶孩子回家的。她比我更清楚，獨自面對凱的教育，需要多強的心理承受能力啊！

　　她問了幾個具體的問題，都是關於凱的。孩子在她眼中有些陌生，她盡量地

瞭解得更多、更仔細。我細細地回答她的問題，漸漸地放寬了心。她告訴我，她擔心孩子的爸爸來可能會很急躁，跟孩子鬧翻，沒讓他來。我默默地點點頭，母親，有時候更堅強。

她提起手袋，對我說了聲：「韋老師，我走了。」我站起來送她，我走到她身邊站住，說了句她意想不到的話：「你還有句話沒說」，她詫異地看著我。我注視著她的眼睛，認真地說：「你還沒有說謝謝我。」

她看著我的眼睛，我仍然注視著她，我們的目光碰到一起，我仍然滿懷期待地注視著她。她終於堅持不住了，眼淚在眼眶裡打轉，「韋老師，謝謝你，」眼淚順著她的面頰流了下來。「我一直都想對您說這句話，在那種情況下，您還想著凱的感受，我實在是……」她抽泣著。我雙手扶住她的肩頭，她的戰慄傳給了我，我淚如泉湧。

我輓著她坐下來。「我不是真的要你說聲『謝謝』，我是想你知道，我盡了最大的努力。我沒有辦法啊，不是我要你帶他走，是他根本就不到學校來了……我想讓凱懂得，必須對自己說的話、做的事負責。」眼淚模糊了我的雙眼，我也語不成調，斷斷續續。

「我確實希望你說聲『謝謝』，我的心很累，受的傷很深。你說『他不到這個學校讀書還好些』，真的是這樣嗎？就因為他現在的錯，他那麼多的進步就一筆勾銷嗎？我是靠想著他的進步、想著他那麼多可愛的地方才堅持到現在。你把這些都忘記了，怎麼和他相處？怎麼撐得住？」我顧不得還掛著鼻涕、眼淚的窘相，一股腦兒道出我心裡的話。

「你說了這聲『謝謝』，你的心裡要好過得多。你說了這聲『謝謝』，我也才放得下心。老師不愛學生、學校對不起家長，如果你帶著這樣的怨氣回去，還怎麼教育孩子？你這麼講道理的人都一肚子怨氣，你的孩子正頭腦發熱，豈不是火上澆油，真的要出禍事！告訴你實情吧，那天我給教務主任講的時候，他著急地叫我馬上通知你立即帶孩子走。我才回到辦公室，一個青年教師就跑來勸我，我曾是他的指導教師，他擔心我的安全。我也擔心啊，萬一的萬一出個什麼事，我怎麼對得起學生，怎麼對得起學生的父母？就算不殃及學生，只是我自己遭到不測，學生不受傷害嗎？我又怎麼對得起我的家人？我把事情經過講給家長聽，也是迫於無奈，以防萬一啊！」

「韋老師，對不起您，太對不起了……真的謝謝您，能遇到您這樣的老師，真的……我是著急啊，該說什麼都想不起來了。我心裡後悔啊，我慚愧啊，我都不好意思說『謝謝您』了！」她輕聲地哭起來。我也一個勁地流淚。人的一生中，

能在一起流淚的成年人並不多，我希望她把我看做是這樣的一個人，把心裡的苦倒出來。

我倆相依在一起，慢慢地恢復了平靜。我認真地請求凱的媽媽，代我向凱轉達兩句話。

「你一定要告訴凱，有個人像你———像他的媽媽一樣，愛他、為他著想、相信他。你一定要告訴他，同學們惦記著他，盼著他早點歸隊。」他現在缺乏自控力，愛和信任是他最寶貴的力量。

「你一定要告訴凱，『恩』是相互的，在一起生活就是『恩』。我永遠不會忘記凱的『恩』———幸福的鮮花、快樂的歌聲、成長的進步，那些令人感動的故事。」在萬分驚險的情況下，我怒斥凱「恩將仇報」，不是因為我是對他有大恩大德的了不起的恩人，而是痛恨他不珍惜師生情誼，背離了自己的目標。我希望他記住自己曾經為愛而付出的「恩」與「德」，挺起自己的胸膛，昂起頭開始新的生活。

凱的媽媽長長地吐了口氣，雙手緊緊地握住我的手。

看著她轉身離去的背影，我既不是如釋重負，也不是悵然失落，而是心裡很踏實，滿懷著期待。因為，我說出了我想說、並且也應該說的話。雖然我靜靜地接受她的抱怨，也理解她無奈的哀怨，但是我沒有默默地「忍受」家長的埋怨。此時的忍受，是在心上插一把刀，割裂的是學生與班導師生死與共的血肉聯繫；刺傷的，是那顆甘願為學生付出的赤誠之心。心靈的創傷難以修復，「全心全意」將不復存在，我不願這樣。

俗話說「小不忍則亂大謀」，我沒有立即頂撞家長，就算是「小忍」了。如果我灑脫到聽了那樣指責的話也無動於衷，那我就是忘記了常識。而常識，是一個人安身立命的規則，是一個社會安定和諧的神靈。紊亂規則，褻瀆神靈，還有什麼「大謀」可言？大謀，應當是公益的事業，而不是為一己之利的老謀深算或只顧眼前苟安的小肚雞腸。保衛常識，就是大謀！父慈子孝、夫妻互敬、尊師愛生，滴水之恩湧泉相報，己所不欲勿施於人，信守這些人倫常識，生活增添愉悅，精神世界更加美好；背棄它，人性被抹殺，情理被顛倒，社會失去公信力，悲劇不可避免。一個學生叫囂殺自己的老師，不是被麻醉得失去了理智，就是喪失了起碼的良知，天理難容！如果家長對一心輓救這樣的學生的老師不心存感激，反而心懷怨恨，不是忘了常識，就是亂了方寸。忘卻常識就不能輓回良知，亂了方寸就會危及自身，又何談救人！我似乎想都沒想，非常自然地說出在別人看來難以啟齒的提示語，提醒她說聲「謝謝」，是希望她依靠常識恢復生活的常態。我

相信，常識能支撐人的精神支柱，能堅定生活的信心，能讓善良的人心靈相通。

凱的媽媽在最關鍵的時刻終於和我站在了一起，她能夠用凱此刻最需要的東西去影響他、喚醒他，那最需要的東西，就是愛和信心。一個教師，無論付出了多少愛，如果學生沒有感受，家長不以為然，這樣的愛幾乎是沒有意義的。我經常提醒學生說「謝謝」，謝謝爸爸媽媽，謝謝清潔工人，謝謝同學，甚至也謝謝我。說出「謝謝」，這是喚醒對愛的感悟、對愛的理解，是鼓勵付出愛和學會愛的最簡捷的方式，是常識。

按常識思考，按常規辦事，早已成為我的習慣。當學生向我借了錢，還錢時丟下錢就走的時候；當學生犯了小錯，我們認真交流之後，我會提醒：「嘿嘿，你還有句話沒說呢！」有一次，一個學生上課不做筆記，課後不做作業，被我狠狠地糾正了。晚自習我請他到辦公室，謝謝他能夠允許我當眾糾正他。當他心悅誠服接受了我的意見，正欲離開時，我提醒他「你還有句話沒說」，他說了一聲「老師再見」，我說不是這句，他想了想，勉強地說：「謝謝老師。」我呵呵地笑起來。我說：「很好，就是這句話！今天你是被迫說這兩個字，不過我覺得你該說，因為要糾正學生，老師要下很大的決心。你已經習慣於不動筆，如果沒有人給你壓力，逼著你改正，就沒有我們希望的那一時刻的到來。最艱苦的時候有人為你付出，甚至連你自己都做不到的那樣的付出，難道不值得感謝？當你成功的時刻，你滿懷深情地對我說這幾個字的時候，我會說『不用謝，所有的進步都是靠你自己的努力』。不過，你真要說，我也不拒絕，因為能說出『謝謝』的人，內心是愉悅的。」

現在，困難中堅強的母親含淚說出了「謝謝」，即使沒有內心的愉悅，也會有一絲安慰。我感謝她對我的理解和鼓勵，我相信會有真正愉悅的那一天。

「10號家長會」後，班上重新進入正軌。凱的成長艱難跋涉，欠下的功課，使他與同學們拉大了距離。高考一年後的同學聚會他來參加了，這給了我極大的安慰。兩年後，我接到他父親的電話，他風趣地講那過去的事情。「韋老師，您聽說過『肺都氣炸了』這話吧？唉唉，真有這事。對兒子的教育，我太急躁了，急得病倒了，住醫院，一檢查，肺穿孔，『炸』了五個孔。為了自己的身體，也要學會耐心啊！一個班那麼多學生，韋老師你可要多保重啊！」

是啊，再用心的教育，也不能奢望立竿見影，要耐心、再耐心！教育不是萬能的，但是不教育卻是萬萬不能的，即使再難，也要堅持。人生，還會遇到許多沒有經歷過的事情和困難，老師也得繼續學習。學會淡定自若，學會以直報怨，學會攜手共渡難關，學會在風雨中也能見彩虹。

妥協是為了堅持 夾縫裡的歌聲

過去，在我們的人生詞典裡沒有「妥協」，以為妥協意味著背叛和放棄。其實，和諧就意味著讓步，任何一方都堅持到底就不可能協調。妥協，是實現和諧的過程中最艱辛階段不得不採用的策略。在困境中，有時需要退一步才能立住腳跟。妥協，是為了生存，生存下來就有希望發展。妥協，是為了堅持，學會妥協是追求理想的最現實、最理智、最頑強、最堅定的一種選擇。（圖31）

我們班的「青春十分鐘」被更名了，改為「青春五分鐘」，但不管怎樣，畢竟存活了下來。

圖31 妥協是一種更堅韌的堅持

晚自習前的唱歌時間，曾經叫「青春半小時」。那時，晚上七點鐘到教室，七點半正式上晚自習。這半個小時成了我們班的最具特色的快樂時光。學生們或教唱每週一歌，或聲情並茂地讀報，或是花樣百出地「點歌」，齊唱、輪唱、獨唱、二人轉、說笑話，沸騰的教室注滿青春的歡樂。

學校作息時間表依舊，全校實際上已改為七點鐘正式上晚自習之後，我們的「青春半小時」改為6：50至7：00的「青春十分鐘」。十幾年來，數屆學生一如既往地堅持下來，高三也不例外。當全校改成六點半上晚自習之後，我們「渾水摸魚」，6：30至6：40照常「青春十分鐘」。

這一屆的高三，據說形勢很嚴峻，在幾個名牌中學裡，我校的優勢並不明顯。學校分管教學的領導親臨年級教師大會做動員。接著的班導師會上，教務羅主任特別強調，班導師要和學生一起奮戰，抓緊每一分鐘時間，不要只是「遙控」。我一點都不感到壓力，因為我每天早晚都和學生在一起，屬於班導師中標準的勤

快型。會後，羅主任留下我，建議我班的唱歌時間改在晚自習之前，他說唱歌影響了晚自習的安靜，其他班的學生有意見。我一聽就傻了眼，我們班竟然成了年級裡的落後分子。羅主任從來態度都很和藹，很注意工作方法。他把我留下來單獨談，一則不讓我難堪，二則避免我這個老教師慷慨激昂地提出反對意見。我理解他的苦心，小聲嘀咕了一句：「下午放學那麼晚，除了吃飯，哪裡還擠得出來時間？不唱歌的班，晚自習才開始的那十分鐘也未見得安靜。擠這一點點的時間都不行？夾縫裡的歌聲都不能容？」素質教育被擠在夾縫裡，這是許多人的共識。

「夾縫？」羅主任聽出了我的弦外之音，一時語塞。

「一天唱一會兒歌，能提高學習效率。不唱歌有什麼好？心情鬱悶，還要老師做思想工作，多的時間都要浪費掉，對高考一點好處都沒有。我們保證十分鐘一到就戛然停止，可不可以？」我抱著一線希望，試探著說服他。說實話，即使應試教育，也需要歌聲。

「那就暫定五分鐘吧。不過，五分鐘不能安靜上自習，對全年級還是很大的損失。」他做出了最大的犧牲，連我看著都覺得很對不起他。「還是要調整過來！」他堅決地說。他給我一個過渡的五分鐘，讓我們班的學生逐步「適應」沒有歌聲的生活，已經夠寬宏大量了，我只能表示感謝。

召開緊急班幹部會，原以為要炸了鍋，沒想到幹部們心情沈重，默不作聲。每一屆的「青春十分鐘」都是經歷了學生消極應付的階段才走上興旺愉悅的。這一屆好不容易才進入「發現」階段，發現團體的歌唱與個人哼歌大不一樣，發現團體生活可以這樣令人心花怒放。為此付出的幹部們，深知走到今天不容易，這樣的愉快生活不能放棄。十分鐘已經夠少的了，如果只有五分鐘，是不是還有效果，他們的心裡也沒有底。

「青春五分鐘」名不符實，學生們唱得正歡，興頭上哪裡剎得住車。好幾次我衝進教室喊道：「戛然而止，戛然而止！」然而並沒有什麼效果，我急壞了，學生們還衝著我樂。班幹部會上我要求務必遵守時間，否則這五分鐘也會被取消。這一次，幹部們似乎早就做好了調查研究，胸有成竹，七嘴八舌。「老師，別班的同學沒有意見，他們還想唱呢，不能唱，聽聽我們唱歌也好啊！」「學校作息時間表上明明寫著7：00-7：30新聞聯播，7：30上晚自習。這是『國家政策』，不然為什麼這樣寫？」「我們把下晚自習的時間往後延十分鐘……」

我說服學生，我們只能生活在現實中，不要去搬過去的老皇歷，不要對現在的作息時間耿耿於懷。我們只能在現有的條件下，盡可能地使我們的生活方式有

利於學習、有利於身心健康。下晚自習的時間往後延十分鐘是不可能的，不安全。既然做不到只唱五分鐘，而年級同意我們用五分鐘也只是暫時的，那就乾脆把唱歌時間恢復成十分鐘，挪到晚自習前吧。

學生們在理論上同意了唱歌時間前移的決定，在實際上卻不能實行。晚自習沒有預備鈴，無法準確打考勤。放學後那僅有的70分鐘時間裡，我們要求大家擠15分鐘鍛鍊，還要走路、吃飯，再要擠10分鐘唱歌，太緊張了。有人跑進教室時喘著粗氣，哪還忍心記他的遲到？難道晚來了幾秒鐘也算遲到？誰也不是故意不按時到。半分鐘不算遲到，一分鐘又差多少呢？團體的事人不能到齊，心也就散了。剛開始幾天還能歌聲等人，漸漸愈見人煙稀少，歌聲趨於消失。

我們提倡的15分鐘鍛鍊是團體休閒式的，學生們在一起打打羽毛球，拉拉單槓，跑跑步，說說笑笑，緩解疲勞，也算有一點學生生活的味道，這個時間不能再擠了。只能下定決心，只用晚自習前的5分鐘唱歌。我親自督陣，負責寫歌詞的同學必須放學時在黑板上寫好歌詞才能離開，放錄音磁帶的同學必須在唱歌前提前1分鐘站在講台。我要求走讀生晚上也在學校食堂就餐，6點25分準時考勤，同時歌聲響起來。

從站在教室門口協助打考勤，到坐在教室後面督陣，直至在窗前看學生的表演，在辦公室裡和著歌聲哼唱，我終於可以淡出學生的視線。學生把握了這五分鐘的主動權，當愉悅的歌唱再次在心中暢響時，「青春十分鐘」正式更名為「青春五分鐘」的經歷，也深刻地豐富著學生的人生。退步與進步沒有絕對的界限，學會讓步式的堅持，面對新的窘迫，生活依舊可以從容而亮麗。

其間的奮鬥，我沒有半點的猶豫，因為我比學生更早地領略了夾縫裡的歌聲。

那是前兩屆高二年級的歌詠比賽。我班在高一年級以四聲部合唱獲得第二名的基礎上，早早地選定了歌曲開始了訓練。我班實力雄厚，有十幾個學生是學校合唱團成員，學生們一心想超越自我，爭創第一。臨比賽前，教學大樓裡歌聲此起彼伏。上樓梯時，聽見有幾個學生哼歌：「你像粉筆潔白質樸，你像蠟燭心光閃爍，奉獻青春，默默工作……桃李滿園……這就是你最大的歡樂……」這不是我們班的歌嗎？難道有別的班和我們唱同一首歌？正想著，聽見他們笑起來。「哈哈，自己班的歌記不熟，唱別班的歌倒挺起勁」「三班練了好久，我都聽熟了」「好優美啊，我都被感動了」「還是多聲部的，這次他們可能得第一了」。聽見他們的議論，我心裡美美的。我借他們的議論鼓勵我們班的學生繼續努力，特別強調「重在過程，淡化結果」。文藝方面的評價不像田徑比賽那樣標準統一，常常是仁者見仁，智者見智，結果因人而異大相徑庭。歌詠比賽是一種學習，不

僅學唱歌，還學做人，要像這些同學一樣，學會欣賞美，懂得欣賞別人，發自內心地贊揚別人。

歌詠比賽開始了。第一個站在幕前的不是主持人，而是教務主任。她說為了公平起見，專門聘請了外校的音樂權威人士當評委。禮堂裡有些嗡嗡的議論聲，一會兒就安靜下來。我坐在靠禮堂中間過道的椅子上，以最佳的角度，愉快地欣賞全過程。一切都進行得很順利，我們班的學生相當出色，從後台返回禮堂的座位時，他們的臉上寫滿了喜悅，我向他們豎起大拇指。

開始頒獎了。三等獎沒有我們班，這是理所當然的。禮堂裡響起掌聲，稀稀拉拉的掌聲。我發現從低獎至高獎的頒獎方式不符合參賽者心理，沒有激情，沒有渴望，先獲獎者反而有些失望。不知為什麼這一次用這種方式，以前都不是。宣佈二等獎了，我似乎有一點期待，但願有，最好是沒有。果然，二等獎也沒有我們班。我們班的學生異常興奮。不知為什麼，禮堂裡的掌聲仍然不熱烈，似乎有些異常，照理說，獲二等獎也不錯了，總該有班級激動萬分吧？宣佈一等獎了，有兩個班，但沒有我們班。也許是說錯了，我們等著更正，但沒有。像一瓢冰水從頭澆下來，我的全身冷卻，我們班像雕塑般凝固。奇怪的是，禮堂裡竟然跟我們班一樣沈寂。短暫的沈悶之後，嗡嗡的議論聲席捲禮堂。突然，「黑裁判———」不知從哪個角落冒出了高亢的吼聲，緊接著爆發出整齊的吼聲：「黑裁判！黑社會！黑裁判！黑社會！」整個禮堂像被投入了炸彈，燃燒著憤怒的火焰。「黑裁判！黑社會！黑裁判！黑社會！」憤怒的吼聲響徹整個禮堂。

哀莫大於心死，極度的失望冷卻了我所有的情感。我沒有憤怒，沒有同情，沒有對正義的呼聲的感動。我不相信，竟然可以在眾目睽睽之下，把人與人之間的信任如此踐躪，連一點遮羞布都不要。

不知什麼時候，禮堂裡的人向四個大門湧去。順著人流，我走到禮堂大門外。天格外陰沈，幾個班導師圍著教務主任，大家的氣色都不好，聲音和平時大不一樣，教務主任極力解釋著。我站在大家身後一言不發，什麼話也聽不進。大家都走了，我跟在後面慢慢地拖著步子。

「韋老師」，教務主任叫住了我，「給你們班的學生做一下心理建設。我就是擔心評比不公正，專門請的外校的權威當評委……」

「太過分了！你們這樣做，學生怎麼想？」我沒心情聽她解釋，沒好氣地丟下一句話，轉身離去。

回到家，習慣性地吃了飯，準備到教室去。臨出門時想了想，我對學生說什麼？我實在是不知道該說什麼好。我自己都失去了信心，還怎麼影響學生？我返

身躺在床上，靜靜地思考。

簡單說，學生的公憤不是出於對我們班的同情，而是對上一次韻律操比賽評比節外生枝的錯誤不改正的憤怒，對這次原襲錯誤、變本加厲的錯上加錯，不可容忍而爆發的反抗。

不久前的自編韻律操比賽，頒獎場面十分熱烈。雖然我們班只得到三等獎，我也不很在意，我認為我們班並不比有的獲二等獎的班差，但韻律操畢竟不是我們班的強項。我班學生照樣熱烈鼓掌，他們對獲一等獎的班級心悅誠服，對他們編排的動作和隊形的特色很是讚賞。不料隔了幾天，評比結果被改動了，某班被提升成一等獎。沒有說明任何理由，在課間操結束時學校草草宣佈「更正」了事，原來獲一等獎的班級受到極大的傷害，給人的感覺好像是因為錯判得的一等獎，竊取了別人的成功和快樂。學生和老師們議論紛紛，據說某班的班導師與教務主任關係特好，又「特別能戰鬥」，到學校體衛處去大鬧，說評比不合理，還把參加裁判記分的實習老師罵了個狗血淋頭。大家都認為這樣的事情太不可理解，怎麼能隨便改動已經公佈了的結果！許多班的學生給學校提意見，但仍然維持「二判」。

碰到體育處的老主任，我們很熟，我直截了當地告訴他這件事影響很不好。他笑了笑，輕描淡寫地說：「計算評分的時候可能是有點錯。錯了就改嘛！」我說，假如評比過程有錯，就應當公示過程，並且應當有制度，在今後杜絕類似錯誤。去鬧了就改結果，豈不是鼓勵「鬧而優則獎」嗎？他說：「哎呀，你又不是不懂，有多大回事嘛，要鬧的人有幾個？」我說這事就是大，把人心搞亂了。學校裡都不講公正，學生還相信什麼？我到南開這麼多年，還沒見過這樣的事。老主任語重心長地說：「小韋，許多事不要想得這麼簡單，也不要想得這麼複雜。」我說：「我都是『老韋』了，真的不懂你們的『簡單和複雜』，怎麼能把『鼓勵錯誤』說成是『改正錯誤』呢？」我倆誰也不能說服誰，但還是很友好。我隱隱地感到，有權力的人一旦做錯了事，不容易改正，有可能為了維護「正確」而再犯錯誤。我們這些下屬，影響力太小，有的事你只能聽之任之。有機會「好言相勸」或「提提建議」，撫慰一下自己的良心，就算不錯的了。某班的班導師為什麼要用「鬧」的方式？我多少有些理解，我們太缺少表達意願和維護公平的管道和方式，正式的提意見和建議，反而不受重視。

錯誤就是這樣地繁衍下來，歌詠比賽中，某班明顯的是被大大的「提升」了，評委們太懂得利害關係，似乎連上次受傷的班也兼顧著另眼相看。有升高就有降低，錯位在所難免。問題是，像我們這樣的班連三等獎都被擠掉了，做得也太離譜了。

看來學生已經把這些看得一清二楚的，不然怎麼會抗議「黑裁判」？不要說我不想說假話，根本就不需要我說什麼，真話、假話都不需要。說出學生已經瞭解的真相，我還是難以啟齒，畢竟評委們還是老師，太丟我們老師的臉了！

即使保持沈默，我也還是得和學生們一起度過今晚。

教學樓人聲鼎沸。辦公室的聲音比教室的還大。我徑直走進辦公室。從來沒見過男老師們為學生比賽評獎一類的事說得這樣起勁，這樣義憤填膺。

「我不明白，為什麼要請外校的『權威』，難道南開的音樂老師連自己學生的歌詠比賽都評不下來？這麼不相信自己？哼！結果是早有預謀。你說不合理、不公正吧，『外校的權威』評的，誰也沒有責任。太可笑了，我們老師是傻瓜嗎？」

「我很困惑，為什麼不一個班唱了就公佈一個班的分數，原來是這麼一回事！『外校的權威』連假動作都不做一做，也太露骨了！」

看見我進來，一個老師對我說：「你們班上的學生剛才來找你，說是教務主任到你班上把學生訓了一通，說他們不該說『黑社會』『黑裁判』。哪裡是他們說的嘛，是我們班上的男生最先吼的。我還真有點佩服你們班上的學生，那種情況下還穩得起。」

「該吼，太黑了！我們班的學生吼得最起勁。這樣亂來，還搞什麼團體活動！教育學生？我看有的人也該被學生教育了！」

一聽說學生找我，我急忙進教室。班長嚴欽正在講臺上說著什麼，似乎在組織大家討論。我示意他出來一下，其他的幹部全都跟了出來。辦公室的老師們按教務主任的要求到各自的班安撫學生去了，我班的幹部們在辦公室裡繼續他們的討論。

嚴欽說：「我認為我們什麼也不說是正確的，是顧全大局。」

有人點頭，有人說沒想這麼多，還在期待重新宣佈，所以沒有說什麼，也沒有跟著吼。

康樂股長宋書丹說：「我當時是氣傻了，什麼也說不出來。恨不得現在和大家一起吼『黑裁判』。就是黑裁判！不是『仁者見仁、智者見智』，完全是明目張膽，別有用心！」

體育股長楊興說：「我們叫什麼『顧全大局』？我們是『敢怒不敢言』！如果大家都像我們這樣明知不對，少說為佳，明哲保身，我看這個『大局』真要成『黑社會』了，還怎麼顧全大局？」

學藝股長陳延說：「其他班吼『黑裁判』是對的，我們班不吼也是對的。當時，我聽到那吼聲時的感覺是什麼？熱血沸騰！正義終將戰勝邪惡，光明終將戰勝黑暗！教務主任說是我們帶頭吼的，她為什麼這樣想？說明她也知道對我們班的評價極不公正。聽說我們班沒有吼，她完全不相信，這下她應該明白，是『黑裁判』激起了公憤，不是我們沒得到獎鬧事了。」

　　女體育股長蔣勤說：「還說我們鬧事！錯了不承認錯誤，還反咬一口。難道，亂評了就算了？難道，誣蔑我們鬧事也可以算了？」

　　楊興情緒激動起來。「韋老師，您為什麼一言不發？您應該代表我們給學校反映，不能讓這樣的事情重演。不，這次就必須改正錯誤！」

　　楊興和蔣勤堅決要求以班委會的名義寫信到學校，強烈要求學校出面主持公道。既然上次可以把對的改成錯的，這一次為什麼不可以把錯的改正？嚴欽非常樂觀，他說，這麼嚴重的問題，學校不會坐視不管，用不著寫信。一直默不作聲的周悅說沒有必要寫信，年級裡學生的意見這麼強烈，如果學校都不管，寫信也沒有用。看來他和我一樣，信心受到極大的摧殘。他是學生會幹部，和教務主任接觸比較多，越是尊敬和信賴，越是失望和痛心。我表示我可以找學校領導談談，信就不必寫了。

　　我在班上只說了幾句話。我說，我們班同學們的表現讓我非常驕傲———在關鍵的時刻，思考，異乎尋常的重要。年級裡班導師老師們對我們班的鼓勵和關心，溫暖了我的心。年級學生們的表現使我受到極大的震撼，我們老師不能不思考，我們到底希望什麼？我需要好好想一想，不是單純的對與錯，而是我們的思考需要沿著怎樣的方向，怎樣才能把該做的事做好，怎樣才能讓我們期待的真誠、公正和光明，成為個人精神生活和社會團體生活的主旋律，優美而純粹，深情而高亢。

　　我的內心急於面對的，不是化解眼前的委屈和悲哀，而是怎樣「處」我們的現實社會。我感到充滿著信心的理想，在那個時刻被擠進了夾縫，黑沈沈的重壓下幾近窒息。期望靠著艱苦而踏實的付出，使學生全面發展的道路越走越寬廣，卻被高豎的兩面岩石夾擊擋道；期望人性在心靈的歌聲中煥發真善美的光輝，卻被假醜惡扼住了咽喉。掙脫羈絆的吼聲表達著人心的向背，但它畢竟不是我渴望的歌聲。

　　學生值得我敬佩。他們沒有冷漠地認為發生的事與己無關，不值得關心。他們有自己的思考和價值判斷。學生對真理和正義本能的嚮往，我們該把它引向何方？超出他們想像和承受能力的現實中的醜惡，使他們對民主和進步的激情演變

成了憤怒。憤怒的勇氣可貴，可我們需要的僅僅是憤怒嗎？

我找張校長談，他早已知道這事，希望我能協助教務主任把問題處理好。教務主任主動約我交流。她說沒想到事情會這樣糟，對我們班確實不公平，還錯怪了我們班的學生。她在一摞紙中抽出了一張給我，說是我們班學生的告狀信，到學校把她告了。我一看，落款是「一個正直的人」。我問她怎麼知道是我們班的學生寫的，她說你自己看看。我瞟了一眼其他信，字很大，寫得很亂，許多驚嘆號，只有這一張寫得很工整，抬頭是「尊敬的學校領導」，最後是強烈要求改正錯誤，中間是闡述的理由，口氣是一個學生，不是代表我們班的。我告訴她，我們班決定由我代表學生要求學校主持公道，沒有決定寫信。如果我們班決定寫信，會署名的。我問她，既然你也認為不公正，能不能改正？她說不行，評委是外校的，不可能找回來重新評定。她說自己是把事業放在第一位的人，卻遭到這麼多人的反對，不知道今後還怎麼搞團體活動。說著說著，她哭了。

我替她難過，我理解她現在的心情，付出了勞動卻事與願違，一定很傷心。不論她這次是不是有意地促成了「黑裁判壟斷」，我只想理解真實的她。她想搞好教務工作的責任心是有的，有親有疏的人情世故也是有的，今後也難免厚此薄彼。她想公正辦事，讓大家都滿意的願望是有的，不想公開改正錯誤的顧忌和困難也是有的。關鍵是，今後年級的活動還得靠她組織。只要還有團體活動，學生就有成長的大環境，這才是最重要的。

亞伯拉罕‧林肯在給老師的信中說，孩子的一生好比是穿越新大陸的冒險。所以，親愛的老師，請你耐心教育他，教給他必須懂得的道理。必須教給他，並非人人正直、人人忠誠。同時也教給他，有卑鄙齷齪的無賴，必有正氣凜然的英雄；有自私自利的政客，必有克己奉公的領袖。要教給他，有敵必有友。要知道，路遙知馬力，日久見人心。要教給他，勝不驕，敗不餒。讓他不能心存嫉妒，要教給他偷笑的秘訣。要讓他盡早懂得，恃強凌弱者最不堪一擊。教給他，以善良待善良，以粗暴對粗暴。教給他，要相信自己的觀點，縱然所有的人告訴他這些觀點是錯誤的。教給他，在憂傷的時候學會微笑；教給他，眼淚並不是羞恥。也要讓他有憤慨的勇氣、勇敢的耐心。

我們老師如何教會學生這些做人的道理呢？沒有人際交往，沒有團體活動，沒有對思考的引導，行嗎？有人說，只有學校是一塊淨土，社會才有希望。我贊同這樣的說法。不要說學生，就是老師，也是好的環境培養好的品行。初到南開不久評先進班團體的情形，我至今記憶猶新。直至現在，我都以顧全大局為榮，以能夠發現別人的優點為美，以能夠商量辦事為樂。環境，尤其是具體的人與人之間相處的人文環境，對一個成年人的影響都是如此巨大，何況學生！所以，我

三、學做堅韌的實幹家

不能不對「黑裁判」憤慨，不能當作什麼事也沒發生。

可是，我們抱定不改正就不罷休的決心又會怎樣呢？教務主任已經表示，公開承認和改正錯誤是辦不到的，我們再堅持，只可能是僵持不下，大家都會疲憊不堪，甚至失去對團體活動的信心和興趣。教務主任承認這次的結果很糟，並向我明確地表達了對我們班學生的歉意，這也是很不容易的，這是一種妥協，更是一種勇氣，這是領導與年級學生們追求正義和公道的心聲的共鳴！雖然它低沈得若隱若現，但在我的心裡卻是氣勢磅礴的樂章的前奏，激起我的希望和遐想。

學校縱然不是一塊淨土，但也可以是一塊沃土，社會依然有希望。沒有力量徹底鏟除垃圾，就只好變垃圾為肥料。不能追求美麗的花園不長雜草，那就培育更健壯的花苗。學生在這次歌詠比賽獲得的，是比一等獎更珍貴的經歷和思考。在崖石中生長，很難，但一旦紮根，更能經受風雨的考驗。我相信我的學生追求的，比「以善良待善良，以粗暴對粗暴」更美好，他們等待學校主持公道，希望公正和光明成為理所當然。然而面對真實的世界，如果他們要堅持美好的追求，現在就只能以犧牲對自己的付出得到公正評價和成功的歡樂為代價，放棄「改正」的要求。這是一種妥協，更是勇敢的耐心，是一種更堅韌的堅持。

在我的內心深處，我沒有放棄最重要的東西，我沒有改變做人的原則。我照樣疾惡如仇，但這只是對事，而不是對身邊共事的人。學會妥協，是學會寬容，學會發自內心的平等待人。正直的人也會犯錯，有一種錯是明顯的，沒有做成好事；還有一種錯是隱藏在內心的，那就是認為只有自己最正直，這會妨礙客觀地判斷事物和理解他人，影響更多的人對自己更好地瞭解。這一次我受到深刻的教育和極大的鼓舞，正直的人很多，比我更勇敢的人不少。因為大家的堅持正義，才不至於混淆視聽、黑白顛倒，我才有可能心甘情願地放棄具體的要求。評價並不在於一張獎狀，如果學生背上「鬧事」的黑鍋，我能妥協嗎？絕對不能！感謝生活再一次賜予我最需要的東西，那就是人與人之間的信任！信任和信念，是學會妥協的力量。

青春五分鐘的歌聲，靠著這樣的力量，含著妥協與堅持的柔韌在夾縫迴旋，真摯的理想之歌以和諧的旋律，帶著理解與信任迎接明天。（圖32）

圖 32 夾縫裡的歌聲

榮譽是一種昇華選票第一的考驗

　　女班長張詩箐興致勃勃地跑來告訴我，年級十六個班中要初評出六個學校的先進班團體，各班要準備材料去發言。她信心滿滿，因為我們班文明達標周次在年級名列前茅。我笑笑，讓她在班委會上通報此事，確定一個幹部到會上記錄，乘機取點經，看別班有什麼特色舉措。至於評先進團體的材料，班上本來就要期末總結，各個班委準備下期開學時在班上發言的內容，提前匯總就行了。如果大家覺得哪些方面是我們班的特長，也不要吝惜，看成是讓別人學習的機會。

　　「學習我們？」她覺得好笑。她這一笑，倒讓我有些擔心，看來我們班的學生自信心不足。我即刻明白，要鼓勵學生把評優作為提高信心的機會。「我們班是應付交差、棄權，還是一定要評上？或者，在年級裡把我們班的形象樹立起來，把我們班同學的信心鼓起來？一句話，不要想那麼多，看成學習的過程，珍惜南開的生活，如何？」

　　她一下子興奮起來。我太瞭解她了，有能力，不願意做浪費生命的無意義的事情，該做的事，總是熱情和智慧一起迸發。

隔了一天，張詩箐悻悻地對我說，年級開了班長會，文明達標次數不算條件，主要看選票。各班代表發言後立即投票，那還有什麼意思？我看看她的臉，還保持著一絲平時慣有的笑意，酒窩還留在那兒，再看看她的眼睛，透出淡淡的憂慮。我懂她的意思，她認為按「硬條件」評的都不算數，「軟條件」就只能是走過場了。

「那你說怎麼辦？」我問她，其實也是問自己。

一年一度的評選先進團體，最能看出一個年級的風氣。公平、公正、公開的學校環境，最能培養學生理性地看待榮譽。榮譽，本意就是讓人懂得廉恥，揚善抑惡，樹立社會的正氣，伸張社會的正義，讓好人受人敬佩，讓好事有人誇獎、有人學習。

怎樣看待榮譽，是學生的一門必修課。求勝心，是學生上進的熱情和意志的加油站，必須好好保護。對團體的榮譽漠不關心，是生命危機的信號，必須及時施救。但把榮譽當作終極目標，為此而累競折腰，那是本末倒置，迷失了方向。評學校文明達標班級，是南開的特色，不限名額。有具體的要求和檢查手段，每一項要求都是學生必須做到的，學生理所當然地向這個目標進發。我鼓勵學生不把文明達標僅僅看成榮譽，而是實現理想的路途中的一種路標、一種鞭策。我要求學生既重視過程，也重視結果。至於評先進團體，這是有名額限制的，我希望學生重視過程，淡化結果，以免影響班級間的團結。

怎樣看待榮譽，現在也成了困惑我的問題。過去老師們坐在一起商量，標準只有一個，就是先進團體能真正起帶頭作用，現在的事情卻複雜得多。我深知，在社會上不正之風隨處可見的今天，能夠還榮譽的本真，是社會的陽光；維護榮譽不被玷污，不墮落成打擊先進、摧毀善良的工具，實在是有良知的人應盡的義務和責任。但是，我實在是厭倦與「黑裁判」打交道的這類事情，我想繞開「榮譽」這塊礁石。我經常提醒學生的「重在過程，淡化結果」裡，是不是對評比也有這麼點走過場的味道？

我淡忘了此事。幾天後，走在回家的路上，碰到教務主任，她笑容可掬，「韋老師，你們班上票數第一！」「啥票？」剛說出口我就反應過來，真的還數票？還公佈？還來真格的？

「倒數第一呀？」我笑著問，落實一下，好去鼓勵學生，我知道全年級 16 個班，我們班不會在後一半，但正數第一還是沒想到。「當然是正數第一。你們班長，那個女生，很會說。」

還沒來得及高興，教務主任的話讓我一愣，「你們班怎麼選個很差的男生當

班長？」我沒怎麼想，自然地冒出來一句評語：「哦，林韻牛，成績是差，但進步很大，團體的事很積極。」

沒等我細想，教務主任很認真地說：「他會不會去拉選票？」

要不是天色漸晚，她一定會看見我驚得眼睛都沒敢眨，「不會吧？」我本能地發出三個字的音，所有的愉快煙消雲散。

晚上到學校，班幹部早就等在辦公室給我報喜，人人臉上流光溢彩，笑成豌豆角的嘴合不攏。看著他們，看見了他們眼裡的歡喜，我心裡一下子踏實了，恢復了喜悅和輕鬆。

「同學們知道了？」「知道了，還沒有正式宣佈，等您呢。您不說點什麼？」他們以為我會借機鼓舞士氣。

「……」我想阻止他們宣佈的念頭一閃而過。我笑著輕輕搖搖頭，笑著目送他們。隨即收斂了笑容，我得好好想一想。

三個問題：首先，林韻牛該不該當班長；其次，他或班上其他同學會不會拉選票；尤其是，不論有沒有人拉選票，這件事如何處理才好。

我當班導師，每一屆都會遇到特別讓自己開心的學生，林韻牛就是這樣一個開心果，心無城府，活潑開朗。他的事，即使沒引起別人重視的小事，也能引起我的關注，但這些與當班長是兩碼事。開心果競選當上班長，不要說教務主任感到不可理解，就是我，當時也沒想到，那可是要幾十個同學投票贊成啊！他是本校初中升上來的，也許從來沒當過幹部，一副「天生老百姓」的「隨意瀟灑」，也就是不嚴格要求自己。

競選格外踴躍，我認為就是因為他上臺競選，同學們擔心今後班上的工作不好做，不想讓他這樣不能起帶頭作用的同學當幹部，所以大家才會挺身而出，踴躍競選。但是我想錯了。見到他競選成功，而且是當班長，我猜是學生們的好奇心，在考驗我，試探我這個班導師，是不是真的相信每一個學生，是不是真的要學生自我管理、自我教育。但是我又想錯了。

實在說，我們班的制度，並不在乎誰當班委，誰當都能正常運轉。但是如果沒有一個各方面都過硬的班長和我攜手，那還是不容易落實的，對班長還是要求高一些才好。好在女班長很過硬。事已如此，我只能以迎接不曾有過的新的成功的態度，努力去培養他，適度地要求他。我們班的兩個班長是不分正副的。因為他從來都是團體活動的積極分子，於是讓他分管團體活動、勞動和體育鍛鍊，女班長負責值日、學習和寢室，各自發揮其所長，相得益彰。分工的瞬間，我發現學生投他票的時候就是這樣想的！

仔細想想，同學們為什麼敢於選他當班長，還真的是看中了他的上進心，認可了他的真誠。競選前，他寫了短短的一篇班級日記《年輕的夢》：

年輕的我們應該有年輕的夢。也許在這次半期考試中，有的夢已破滅，但新的夢將會升起。不要因一次挫折就影響你的夢想，有夢才會有奮鬥，才會有收穫。抓住你的夢，努力，奮鬥，付出，相信你會得到收穫，夢會圓，人亦會快樂。讓我們在拼搏中尋找快樂，尋找真理，尋找夢想的源泉，感受生活，享受生活。

Never give up! Be confident!（決不放棄！要自信！）

值週幹部給他評了1.5分，高分！因為在大家心目中，他幼稚、可愛、誠懇，所有的缺點都來自學習不努力，而不努力都因為「還沒長醒」———沒懂事。現在他能夠有這樣的見解，實在讓人刮目相看，值得鼓勵。

學生不僅選他，還密切地關注著他，鼓勵他，嚴格要求他。連續兩篇班級日記都寫的他。一個女生寫的《新班長上任三把火》：

今天是新班長上任第一天，也是當值週幹部的第一天。可別說，就連老天爺也挺照顧這個新班長，天氣晴朗。一大早，沒有一個住讀生晚到，走讀生早到的也不少，給這一天起了個好頭。上課時，大家也格外積極認真，我想這或多或少也跟我們那可愛的新班長有關。看他以往上課老打瞌睡，可這兩天脖子伸得特別長，就像要把老師講的東西一口吞下去。一到做操時間，新班長總是急先鋒猛衝在前，我們也不好意思落後，因此，我們班總受到學校表揚。晚自習，在班長的帶動下，也顯得比以往安靜些。

總的來說，新學期，新班長，新氣象。

一個男生，「新班長」的好朋友，接著寫《班長，加油》：

既然前一位同學把班長吹噓了一番，我也就今天班長的表現來談談吧。老實說，今天大多數同學都表現不錯，而班長的表現就不敢恭維了。眼保健操不是很認真，課前準備也不是很認真，不過好在晚自習還表現得不錯，沒讓我這個值日生下不了臺。

我想，一個班的班風，很大程度上都在於班長的帶頭作用。所以，希望班長在這方面多多加油。忠言總是容易逆耳，望班長大人不要見怪。

總之，革命尚未成功，同志仍須努力。班長，加油！我們支持你。

第一個問題，顯而易見，他應當有平等的權利當選班長，他應該得到同學的信任。客觀上，他的當選促進了班團體的進步。我從來認為班幹部不需要「清

一色」，現在我更確信這一點。蘇霍姆林斯基有一句話最能激起師生共鳴：「讓每一個學生都抬起頭來走路。」要讓每一個學生在自己可能的方面做出顯著的成績，樹立起自尊感，樹立起做人的自信心，享受生活中的歡樂。做到這一點最關鍵的是，學校不能單用成績這把尺子量人。「要讓學生通過親身經驗深信，人們是用許多把尺子衡量他，是從各個不同的方面看他的。」

「開心果」是怎麼當上班長的？競選時，大家心目中的男班長羅夢寧宣佈了自己當學藝股長的施政綱領，讓大家確信新的學藝股長非他莫屬，特強的學藝股長會讓我們班的學習來個飛躍。之後沒有人競選班長，開心果這才站上講台的，大概就是這個新學藝股長動員他競選的。

以往都是新班長公告新班委的分工情況。這次我要明確表態，由我來宣佈。我說：「南開的班長很光榮，是很高的榮譽，是很具體的責任。既然大家相信林韻牛，我為什麼不敢相信他呢？班長是一個班的形象，我相信林韻牛不會給我們班丟臉，更希望他能帶領我們班前進得更快！」他一個勁地點頭，大聲回答「是！」全班一片歡騰，掌聲如潮。我又面對他說：「你熱愛團體，關鍵的時候站出來，抓住了機會，祝賀你！」宣佈衛生股長時，我又說：「正是有徐倩這樣正派又能幹的衛生股長，林韻牛才當得下來這個班長！」全班又是一陣歡笑。照道理，他是不會給班上抹黑的。

既然我都對林韻牛當班長曾經有過疑問，教務主任的擔心和由此產生的推理就很容易理解了。

林韻牛會不會因為對團體熱情過分、「忠誠」過度而做傻事呢？真理向前半步就是謬誤，他會不會幼稚到以為拉選票是愛團體呢？順手翻開班級日記，看到他當班長之後寫的第一篇班級日記。

粉筆人生

一隻小小的粉筆是平凡的亦是偉大的。說它平凡，因為它小，僅僅是一隻不起眼的粉筆；說它偉大，因為它在奉獻出生命的同時，幫助了需要它的人。

人的一生是平凡的亦是偉大的，因為每個人都是一樣的「人」，很平常；而每個人都代表著生命，生命即是偉大。只是人有善惡，在不同的人眼中，分出了低下和高尚。

生命，一個廣闊的主題，一個偉大的事物。人生，就要像粉筆一樣，一筆一畫，書寫出美麗的樂章，每一天，每一刻，生活都精彩，讓生命綻放光彩。

不要沮喪，不要悵惘，生命需要陽光。

一個陽光青年的內心獨白躍然紙上。我拿定主意，把對人和對事區別開，無論他有沒有做錯事，我都信任他，不能有一絲一毫的不相信，不能讓他那需要陽光的心受傷。

我對張詩箐一百個放心。這個班我第一個認識的人就是她。

當時我正在教室裡做開學的準備，重新安排桌椅，把八列變成九列，拆掉第七橫排，以免開學後家長來要求調座位，第七橫排距離黑板確實有點遠。她探頭進來，「老師好，請問我是不是在您這個班？」我繼續幹活，問道：「你叫什麼名字？」她一聽，喜出望外，「我說了名字，您就知道有沒有我？」她趕緊說了姓名。我想了想，「張思進？沒有！」她失望地站著不走，我再想想，「哦，張詩箐？有！」她高興得一蹦老高。從此後，我們就一起開始了心心相印的共同奮鬥。她告訴我，她想做一名新聞記者，但是她媽媽擔心她「太正直」，為了追求真實性而遭受不測。我從來不曾知道，社會風氣會直接影響學生對職業的選擇。我相信她會堅持自己的選擇，因為中國的進程從來沒有現在這樣健康穩健。張詩箐理解我的教育理想，和我一起實現理想的教育，她是想都不會想那些不正義的事情的。

在學生面前，我心裡藏不住事情，我不願再猜想、再等待，我要給自己一個明白。別人怎麼說，我可以不管，但是，我不會允許歪門邪道在我班上有市場。當然，我也不會把事情全亮在學生面前，不能影響我的頂頭上司在學生面前的形象，讓自己被動。

我召集了臨時幹部會。學生帶著那樣不可抑制的笑容圍坐在一起。我問大家：「我很好奇，我很想知道，為什麼評選先進團體，我們班能在年級幹部會上選票第一？」

幹部們七嘴八舌地說起來，全說的班上的制度、工作、活動、變化。張詩箐一聲不響地拿來了個大大的硬面抄筆記本，我們的班級日記。

我又問大家：「就憑你們說的這些？」

學生們指著自己的女班長，「她，有功。———她一發言，全場都安靜了，震住了。」

「哦？」我本來就好奇，教務主任說女班長很會說，她到底說了些什麼？我目光轉向她。詩箐平靜地把班級日記遞給我，帶著笑意，「學期總結，就是大家說的那些。」我翻到最後一頁。

從操場邊烈日下第一聲軍訓的哨聲，寫到今年又一個夏天的開始，高一(2)

班由誕生之日起，已經由陌生走向熟悉，由相識到相知，60顆載著各自夢想的心交匯在一起，並願為之而歡樂、擔憂、努力、奮鬥。

起初使我感到特別的，便是與傳統觀念下大相徑庭的班會，不是除了聽廣播就是上自習的空洞與乏味。那是一次次心田的灌溉與滋潤，交流與融匯。記得初進校時的《我愛學習，我愛南開》，賦予了我們極大的信心與飽滿的熱情。

隨之而來的學習系列專題又為我們構築起通往成功的橋梁。無論是談學習態度的《攀登就是爬》，還是細述心理素質培養的《成功的秘訣》，無論是《寶劍鋒從磨礪來》的「元學習」方法介紹，還是《注意、記憶與創造》的提煉與點撥，都令我們收穫無數。正在進行的生命系列班會如火如荼，《生命之源》教會我們領悟親情；《生命的企盼》教會我們感受真誠、信任、友誼。

當然，也有適合當時實際情況的一類班會：競選班委的《展望未來，始於足下》，運動會前的《生命的色彩》，考試前的《談復習》與考試後的《歸因訓練》，也讓我們及時從班會中吸取能量添加動力。

最有特色的當數《心靈的樂章》，大家自己填詞創作的班歌將班會推向一個個高潮。每一次班會的準備，都是學習與交流，大家通過查閱資料和週記的甄選取稿，每個主題都有班導師極富激情的總結發言。班會成為走向成功的階梯。正因為有它的存在，我們前進的方向明確，每一步才足夠的踏實有力。」

這一段全寫的班會。我要求每個學生在週記本後面記下班會的題目。學生問「只寫題目嗎？」我說「是，班會時重在參與，要輕鬆一點才好，不要什麼課都記筆記。體會可寫在週記裡。」看來，張詩箐是個有心人。看見幹部們還在快樂地議論，我趕緊快速掃描，又看了一大段。

同學值日、班幹部值週，實行學生自我管理、自我教育，是我們班的又一大特色。這一舉措，不僅使一個班的日常管理健康發展，更培養和鍛鍊了團體中的每一個同學。人人都積極主動參與班級的建設，值日生就是當天班級的領導者、決策者與執行者。一篇篇極富個性的班級日記，與值週幹部略帶幽默的評語相呼應，一格格嚴謹的考勤、學科內容日誌，與當天的表揚懲處同時公布，我們的管理逐步走向透明，趨於完善。

與課內管理重要性不相上下的課外管理，也逐步走向成熟。落實到每天是否按時吃早餐，是否跳了300下繩，是否聽了英語這樣極其微小卻又至關重要的細節上。我們的生活顯得很有規律。正是這樣，在高一達標班級為數不多時，我們班也屢屢達標。男女生寢室也都有文明示範寢室。還有一些班級不注意的做操早

到，我們卻把它作為日常管理的一項。從廣播裡傳出的表揚中也屢屢有我們高一(2)班。只有紮紮實實、穩穩妥妥做好每一件事，我們才感到自身努力與夢想的距離日趨逼近。

我們還擁有許多的特別，晚自習前的「青春十分鐘」，是每天的「必修課」。或許在別人眼裡，十分鐘能做兩道題，但我們卻放下手中的筆，抬起頭，共同吟唱精彩的旋律。那種共鳴———心靈通過音樂的交流與感應，賦予人激情、感動和快樂。每次家長會也頗能顯出我們的與眾不同，老師、同學、家長共聚一堂親切交流，我相信，家長們也並不是一味要求子女在學業上的高分，他們更喜於看到孩子健康、全面的發展。

全寫的我們班的制度。難道，就憑這些，把南開的學生幹部們「震住」？我的心受到極大的震撼。這就是青年，這就是南開！誰都希望生活充滿陽光，向著理想！

我相信我的學生們，有水準———有較高的道德水準！我一點都不擔心什麼，終於說出了我最想問的問題。

「假如不瞭解我們班的人，看見我們一個普通班———不是重點班，而且還是成績最差的班———當然資優生還是頂尖的，平均分慘不忍睹———選票第一，就說我們班拉了選票，你們怎麼想，你們又準備怎麼做？」

我以為這一下肯定炸了鍋，可是，幹部們冷靜得很。你一句我一句，言之有理，慢慢道來。原來，他們對不按「文明達標周次」當必要條件，感到問題嚴重，因為那是學校明文規定的先進團體評選條件中的主要條件。現在的學生，對「社會上的事情」沒有「純潔」到「無聞」的地步。他們認為對不公平不合理的事情，不能聽之任之。評選先進團體，就應該評平時做得好的，不管結果如何，至少要讓全年級的學生瞭解，有這樣的團體，在這樣的奮鬥，我們達標周次名列前茅是怎樣來的。

「發了言再投票，發言發得好，選票就多，這樣的拉選票，是這樣的規則給我們的好處」「說選票多的就是拉選票，也太小看南開的學生幹部了，他們那麼傻？想拉就拉得來？」

學生幹部們還是有一點激動。幸好，我用了「假如」。

「所以，不按硬條件評，也還是好，不然我們就沒有得選票第一的機會了。」「不然我們自信心還沒有這麼強」「還不知道我們班上有這麼多令人羨慕的秘密武器。」學生們挺會理解人，心態調整得如此寬宏大量。

我也受了學生影響，發自內心的感謝教務主任。如果不是這樣的選舉方式，學生不會有這麼快的提高；如果沒有她的三句話的提醒，我對學生的瞭解還停留在多年以前的經驗。

　　心頭一塊石頭落地。我又問學生：「我們班當這個先進，哦，不是當先進，是選票第一，是不是真的問心無愧？」我不希望學生得了榮譽不進反退。我認為這個選票第一是很高的榮譽。獎狀我們並不一定能得到，世界上的事情既複雜也簡單，不要去管那麼多自己管不了的事情。

　　「問心無愧！」幾乎是異口同聲。「絕對問心無愧！」林韻牛又補了一句。

　　「我覺得我們問心無愧，還因為把我們的經驗毫無保留地交流了，」張詩箐考慮問題就是略高一籌，一句話說到了關鍵。她接著說：「我們學習上還要加把油，我對我的學習成績不夠滿意。」「對，對，對」，又是同聲呼應。我趁機把我將要進行的「元學習」實驗的下一步給幹部們交了底。

　　學生們走了，我接著把張詩箐寫的「學期總結」看完。

　　「患難見真情」，一次次的困難給了我們一次次考驗。當同學腳受傷後，每次到科學館、實驗室、音樂教室上課，大家你扶我抬，毫不怠慢，後來，十幾人輪流背，那可是 200 多斤不瘦的體型。他們額頭上的青筋、臉上的汗水，一次次讓我感動。難怪別班的同學打趣說：「他們二班每次到科學館上課都浩浩蕩蕩，人馬一大群，簡直像個車隊！」此時心中會泛出無比的自豪，為這個團體，為這些小而深刻的事感到驕傲。

　　這是一個充滿活力的團體。我們認真，每一件小事都傾注全力；我們執著，不因為學習有困難就退卻；我們追求，班上各方面都有榜樣，成為大家的楷模；我們全面，不論是歌詠比賽的一等獎，還是籃球場上的「高一冠軍」。當然，我們一直在努力，我們知道今後所要面臨的艱難險阻，但我們勇敢！

　　———所以，上帝不會太偏心，我們付出很多，我們應該得到！學習上我們再接再厲，半期上 500 分的人數躍升到 30 人。這與各種鼓勵措施分不開。表彰全勤、學習優秀、學習良好、學習進步、積極分子、特別貢獻，這也是我們的特色。小小的獎品是同學的信任和肯定，人人愛團體，才有了團體的榮譽：冬季長跑團體第七名、運動會團體總分第五名，團體穿梭第四名。元旦文藝會演二等獎，歌詠比賽一等獎、體育道德風尚獎、先進團支部。

　　我們從未停止過努力，只願換來不會停止的進步！

　　張詩箐從個人的角度，來看團體的特色和進步，沒有打官腔，所以這麼長的

文章，也不顯得枯燥。當然，肯定是在規定時間裡讀完的。可能她說的四川話，這樣更樸素自然？也許普通話朗讀的，更有感染力？我知道，她的寫作和朗讀是會增加發言分量的。她為什麼這樣用心？是習慣，是責任感。但是，更重要的原因，是她對同齡人的理解。當分數成為學習的唯一目標和標準，生活就是這樣的「學習」的一統天下，在這樣的大局之下，學生渴求正確的方向，正常的生活，她相信這一點。她和我一樣，渴望有廣闊的天地，弘揚我們的特色，堅持我們的方向。我理解她，一個不浪費生命能量的人，和我一樣，不放棄對理想的追求。不，學生們已經更甚於我，勝於我———比我勇敢，在榮譽面前，沒有回避。

　　我甜甜的打了個盹。說實話，這幾天還是有一點精神緊張，輕鬆下來，這才感到有一點點累。

　　濛濛矓矓中，我的種種想像像無數的精靈，牽動著我，我彷彿邁開了太空步。

　　我決定還是要把我心裡的疑惑都解開。我對林韻牛說：「假如，是假如啊，就有人說，是你，在下面，不是在會上，『那種』拉選票，你怎麼辦？」

　　「我？」他看著我，歪著頭，指著自己的鼻尖。眼淚漫上他的眼眶，又退了下去。當之無愧的「開心果」，還原了他的笑容。「嘿嘿，那是我對團體有功！」

　　我盯住他，難道他……

　　「從我到這個班那天，我就在下面拉選票了。我曠課嗎？我連遲到都沒有！知道為什麼嗎？我讀的這樣一個班！認識我的人很多，誰不知道我是個小懶蟲！我在下面拉選票，是的，就在我當選為班長那天，一個年級都傳遍了，我拉了很多很多的選票。假如，假如，什麼假如？對我就是這樣看的！假如，假如不是幹部投票，是學生投票，我們班還要全校第一！我根本就沒有想到我真的能當上班長，還不分正副！大家為什麼會選我？我熱愛團體，誰不知道我從來都尊敬老師，誰不知道我是個好心腸的熱心人！我就只能在下面拉選票，我沒有別的能耐。拉了，又怎樣？」眼淚又盈滿了他的眼眶。

　　怎麼回事？他的眼淚，怎麼從我的眼裡流出來了？明明是我找他個別談話，怎麼他身後站著那麼多同學，還撫摸著他的肩，撫摸著他的胸口。怎麼回事，他的胸口流著血……

　　我一下驚呆了，說不出話來，想走過去，但腳軟軟的，提不起來。

　　我努力站起來。一個趔趄，我栽倒了。劇烈的振動傳遍我的全身，四週一片漆黑，怎麼回事？門在哪裡？我焦急地拍打著冰冷的牆壁。整棟樓劇烈地搖晃著，裂成了兩半，把我拋了出去。骨頭像炸裂一樣，劇烈的疼痛刺醒了我。

　　山搖地動中我抓住了一塊岩石，手指甲嵌進石縫，我奮力攀爬上去。突然，

一道亮光劃過頭頂，殷紅的血從我的手指裡流出來，手痙攣裂變成了爪子，身上長滿了羽毛。不可抑制的烈火在胸中燃燒，在身上燃燒，褪去了舊羽毛，卻長出一對新的翅膀。我猛烈地撞擊著岩石，憤怒地啄著指甲。衰老的指甲被血淋淋的一個個拔去，新生的爪牙鋒利無比，我像被連通到高壓血泵，渾身熱血沸騰。

　　一隻重生的老雕，蹬開峭壁懸崖，飛騰而起，直衝霄漢，在遼闊的高空盤旋翱翔。

　　頭猛烈的一顫，我驚醒了，啊———我長長地籲了一口氣。我做了一個夢，一個真實的夢。我相信我是當老師的命，平時我很少做夢，但是會做講課的夢，上課遲到是開學前做過多次的噩夢。總的來說都是好夢，防患於未然。這不，我肯定不會去問「開心果」是否拉了選票這樣愚蠢的問題。就算萬一又怎麼樣？不是什麼都是老師一下子能教育過來的。無非，……沒什麼無非，現在一切都好，什麼都不要緊。

　　感謝我的學生，讓我在引導他們的過程中，啟迪了自己。我懂得了，不饒過榮譽，也能心情舒暢地面對現在，還能更振奮地迎接將來。

　　現在，生活是如此的美好，天朗氣清；工作，是如此的美麗，令人著迷！

　　感激南開，給我成長的階梯，讓我登上豁然開朗、心曠神怡、不斷滋生和發揮智慧與活力的境界。感激領導，感激同事，感激南開優秀的教師群體，讓我保持了「相信群眾相信黨」這個我賴以生存的、終生不渝的信念，真誠在心，大信相伴。尤其感激數學教研組給了我那麼多快樂。我相信，在現代社會，沒有團隊就沒有真正的快樂，就沒有真正意義的成長。

　　感激家人，那也是一個親密的團隊。大家庭、小家庭是我賴以生存的心靈的港灣，最難過的事兒有地方傾訴，小小的成功也有人欣賞和分享。

　　作為教師，作為班導師，我最感激的還是學生。學生說春催桃李師恩似海，「老師您的愛，從不曾驚天動地，它像暖暖的毛衣，緊緊地擁著我們，伴我們度過風寒」。我說如今是「桃李催春」，老師受益匪淺。在人生最困惑的時候，是學生成長的需要，使我分清涇渭，做出抉擇，逼著我在「而立之年」「不惑之年」「知天命之年」意識到並努力養成「成長」與「耐性」，慢慢成長，永不放棄，漸入佳境。在我最困苦的時候，是學生的來信鼓勵我；在我嗓音不好的時候，是學生天天幫我提錄音機，協助我上好課；是學生，讓我感受到被人需要是人生最高的價值。

　　和平，是戰士胸前最閃亮的勳章，雖然，和平年代軍人的大智驍勇常隱於默默堅守。學生的成長，是教師最大的快樂，當然，也只有與學生一起成長的教師

最能體驗這種歡樂。

將來，會怎麼樣？

據說外國有個大獎賽「什麼是人生最幸運的事」，獲大獎的答案是「做自己最喜歡的事情，並靠它掙錢生活」。看來天下最幸運的事被我碰上了，從事著太陽底下最崇高的職業，不亦樂乎？當個不斷成長的教師，真好！

三、學做堅韌的實幹家

第五章
入神：高山景行　心馳神往──百年後誰能與人共商教育

第九段，圍棋曰「入神」，班導師言「高山景行，心馳神往」。

《石室仙機》中謂入神是「變化不測，而能先知，精義入神，不戰而屈人之棋，無與之敵者」。棋界九段，超然神功悠悠神態，達到不可思議的神妙境界！

班導，應當是人生的導師。台灣稱「班導師」很具前瞻性，即使當「百年」代表著久遠時，人生仍然需要導師。推而廣之，一位班導師，一位母親，一位科學家，一位平常人，都可以是一位善於引導人生的導師。教育，引人入勝！深入其中，孜孜不倦，深悟其妙，坦然自如，天人合一。人生導師，令人神往！高尚的品德似巍峨的高山，令人仰慕，光明正大的行為似寬廣的大道，令人跟隨。雖不能至，然心嚮往之！

九，為中國的太極之數。班導師九段，喻指最傑出的人生導師。給我們以心靈震撼的平凡的教師，留下傳世之作的教育家，給世界以巨大影響的大師，可歌可泣的故事讓天地動容，廣博睿智的思想與日月同輝，高尚的品格令高山仰止。敬仰，是人生不可估量的動能，懷著感動閱讀人生，千千萬萬懂得敬仰的人將彰顯人性的光輝，平平常常的班導師們將譜寫出光照人寰的教育詩篇。

一、一片慈愛　普照人生　　聖潔的雪山

曾經，看過一個小故事。外國一個研究機構跟蹤分析若干社區的學生受教育情況，發現一個貧民窟的孩子們一個個成了醫生、律師、教授、商人，而他們的共同之點，是受教於同一位老師。當人們找到這位老師，問她有什麼訣竅，使那麼多的學生改變了灰暗的人生軌跡時，這位慈愛的老太太幸福地微笑著，她說：「我愛這些孩子們。」老師的慈愛，像人生的火炬，讓小小的故事也熠熠生輝。

這裡，是真實的生活，都市女教師來到雪山腳下，以無與倫比的愛，照亮了孩子們的人生。

2003年，34歲的成都女教師謝曉君帶著三歲的女兒，到四川省甘孜藏族自治州康定縣塔公鄉的西康福利學校支教。2006年8月，一座更偏遠、條件更艱苦的學校———木雅祖慶學校創辦了。謝曉君主動來到這兒，當起了七十多個藏族娃娃的老師、家長，甚至保姆。2007年2月，她把工作關係轉到了康定縣，並表示一輩子待在這裡。

最初讓她來到塔公的不是別人，正是她的丈夫胡忠。辭去城市裡化學老師一職，胡忠以志願者的身份到西康福利學校當了一名數學老師。300多元的生活補助費是他每月的報酬。臨別那天，謝曉君一路流著淚把丈夫送到康定折多山口。

從此，所有的假期，謝曉君都會去塔公。與福利學校的孤兒們接觸越來越多，謝曉君產生了強烈的願望：到塔公去！她說：「是這裡的純淨吸引了我。天永遠是這樣藍，孩子是那麼尊敬老師，對知識的渴望是那麼強烈……我愛上了這個地方，愛上了這裡的孩子。」

只要設身處地地想一想，就知道她的愛有多深！

不少人夢想到西藏旅遊，可是卻懼怕高原反應，擔心不習慣當地的飲食，僅僅是旅遊，未能成行。而她，離開「天府之國」成都，放棄自己熟悉的舒適生活，要在海拔4100米終年積雪的雅姆雪山的懷抱中生活一輩子！

福利學校建在清澈的塔公河邊，學校佔地50畝，包括一個操場，一個籃球場和一個鋼架陽光棚。這裡是甘孜州13個縣的漢、藏、彝、羌四個民族143名孤兒的校園，也是他們完全意義上的家。一日三餐，老師和孤兒都是在一起吃的，飯菜沒有任何差別。木雅祖慶學校校園沒有圍牆，從活動房的任何一個視窗，都可以看見不遠處巍峨的雅姆雪山。不少教室的窗戶關不上，儘管身上穿著學校統一發放的羽絨服，在最冷的清晨和傍晚，孩子們還是凍得瑟瑟發抖。比嚴酷的氣候條件更大的威脅，是塔公大草原的狼，它們就生活在雅姆雪山的雪線附近，從那裡步行到木雅祖慶學校不過兩個多小時。

四川音樂學院畢業的謝曉君彈得一手好鋼琴，可是學校最需要的不是音樂教師。三年時間裡，生物、數學、語文、生活老師，她嘗試了四種角色。三年，捨棄自己心愛的藝術，有多少人能做到？三年之後，她沒有後悔，沒有逃離，而是選擇了到更艱苦的學校，去教素不相識的學生。這是怎樣的一種大愛啊！

木雅祖慶學校實行藏語為主、漢語為輔的雙語教學。牧民的孩子們大都聽不懂漢話，三十幾個超齡的孩子編成的特殊班和三年級一班的四十多個孩子在一起，教學難度極大。謝曉君托母親從成都買來很多語文教案自學，把小學語文課程學了好幾遍。學生聽不懂她的話，謝曉君就用手比畫，用孩子們熟悉的氂牛、酥油茶等詞語組詞造句。每週36節課，她都必須不停地說話來製造「語境」，一堂課下來，她喝下整整一暖壺水。令她感到欣慰的是，四個月的時間裡，孩子們學完了兩本教材，還能背誦唐詩，還學會了許多好的生活習慣。

儘管環境如此惡劣，謝曉君卻覺得與天真無邪的娃娃們待在一起很快樂。她說：「課程很多，上課是我現在全部的生活，但我很快樂，這樣的快樂不是錢能夠帶來的。」

「明年，學校還將招收600名新生，教學樓工程也將動工，有更多的草原的孩子能夠上學，未來會越來越好，……我會在這裡待一輩子。」堅定中流露出

喜悅的謝曉君，就像她身後巍峨的雅姆雪山，莊嚴而聖潔。

雪山下的女教師，因為愛而幸福。

夏天，當淙淙的雪水化作清澈的小溪迤邐而來繞過藏寨，謝曉君會帶著孩子們把課堂移到草地上。那醉人的草綠順著山坡蜿蜒連綿，白雲像是帶著遠方的夢想，在藍天上飄動。清新的空氣散發著野花的芬芳，氂牛散落在草地，悠閒地吃草。孩子們或趴或坐圍成一圈，拿著課本大聲朗讀。那如畫的美景，詩意的生活，是上天對愛的眷顧。

我們敬仰，我們羨慕，我們祝福。透過那最純淨的天空，我們發現，愛的幸福，不僅在雪山下。

在我們的周圍，有這樣的人，他們品格高尚，舉止平凡，即使有驚人之舉，照舊默默無聞。南開中學的李宛之老師就是這樣的一個人。現已年逾八十的她精神矍鑠，走起路來還有當年風風火火的餘韻。

李宛之老師是數學教師，教學受學生歡迎；她是我們數學教研組的組長，受教師們愛戴。她是離休老幹部，1946年就參加革命，搞過學生運動，還打過遊擊，知識分子型的老革命，在極「左」路線下的運動中也受到衝擊。這樣一位最具傳奇色彩的人物，在南開既是赫赫有名，又是普普通通。她所做的事情平平常常，但是仔細想想，沒有多少人能做到。

她精力特別充沛，長期堅持聽年輕教師的課，每一次都能於細微處發現獨特的閃光點。發自內心的贊揚、耐心細緻的指點，讓許多教師鑽研起教學更加興致勃勃。她把自己積累的數學資料整理完善，親手刻寫油印發給教研組的每個教師。那些資料清楚娟秀，圖文並茂，賞心悅目。那時，加工資的機會非常金貴，她卻硬要讓給別人，並且真的這樣做了。她的理由很簡單，她認為別人的工資低生活困難，而自己的工資夠用了。不少人對此不理解，有各種議論，對此，她則淡淡一笑了之。

也許，有時我們並不完全理解他們。但是，就像我的一個學生的爺爺說的，我們做不到而別人能做到，我們更要尊敬他們、感激他們。尊敬和感激，是一種學習，也是一種力量！熱愛他們，愛護他們，是我們內心的真情實感。因為，有這樣的人活在我們周圍，是我們的幸運，是時代的光榮！不允許詆毀他們高尚的人格，不允許傷害他們慈愛的胸懷，不允許閒言碎語像蚊蟲一樣的噪音干擾他們寧靜的生活。因為，慈愛，是對他人生命和成長傾心關注的大愛，沒有對奉獻和忠誠的敬仰，就沒有教師的慈愛，就沒有真正的教育。

在教師奇缺，學生流失的地方，怎能奢談百年後的教育？在教師雲集、家長

趨之若鶩、學生生源滾滾的地方，教育仍然可能荒蕪。一個名牌電器商場的專業師傅幫我安裝電視和音響時，不斷地收取連接線一類輔助材料費，還不開收據。他耐心地「開導」我：「物優還得價廉才能吸引顧客，等顧客買了商品，不能不安裝，只好接受現實再掏腰包買輔助配件。大家都是這麼做的，我們不這樣就不能賺錢。要說這些亂了套，我們也明白。說實話，我現在這樣做，都是學校教壞了的。」他告訴我，他的孩子好不容易進了所好學校，結果一個班七八十個學生，老師哪裡會關心到我們普通老百姓的成績平平的孩子？不過，老師還是有記得每個學生的時候———交錢補課，一個月就是 150 元。上級不准學校補課，老師就轉移到自己家裡。說是自願，班導師的號令，誰敢不聽？這位師傅虛心地向我請教，問孩子是否需要補課。我無語，他看出我的憤懣。這哪裡是補課？投射在孩子心裡的陰影難以抹去，影響的是社會的現在和未來！

敬仰謝曉君，熱愛李宛之，嚮往事業的幸福，慈愛才能生存，教育才有希望。

班導師，用人間的慈愛，豐富自己的人生。每一天，多一份付出，多一分期待。辛苦時，想一想冰峰雪嶺下的城市女教師；困惑時，看一看身邊那些心靈純淨的人的奉獻。把每一份苦都變成珍惜時機的奮鬥，把每一份快樂都化為與人分享的甘甜，讓每一天，都有明媚的陽光，照耀在每一個學生的心上。

二、一種堅持　超越經典　　神奇的 56 號教室

雷夫‧艾斯奎是美國洛杉磯市霍巴特小學的五年級教師，這所學校位於該市最貧困的社區。他在同一所學校的同一間教室———56 號教室，年復一年地教同一個年齡段的學生，長達二十多年。艾斯奎被評為迪士尼全國年度教師，他的事跡被拍成紀錄片，他的著作成為熱門暢銷書，他仍然堅守在他的 56 號教室。

一年的良好教育有多神奇？

教室裡有什麼樣的老師，就有什麼樣的教育。一個教師傾其所有精力、美德與創造力時，他能為學生做什麼？美國傳奇教師艾斯奎和他的神奇的 56 號教室，證明瞭一名教師可以在最小的空間，創造出最大的奇跡。

在高中輟學率高居不下的洛杉磯，艾斯奎的學校處於貧困社區，他的學生大多是拉美和亞洲的移民，英語是他們的第二語言。經艾斯奎教過的學生的大多數都讀完了高中，不少人還進了名牌大學，這些無疑是奇跡，但這些，僅僅是艾斯

奎追求的「良好的教育」的成果的一部分。

除了完成官方課程的教學任務，讓學生的考試分數遠遠高於學校平均分外，艾斯奎還教他的學生學習高等數學，閱讀原版文學名著，教學生演奏吉他、打籃球和棒球。他還籌集經費帶孩子到全國各地去旅行，甚至去過歐洲，借機教給學生在教室裡無法學到的東西，如行為舉止、音樂欣賞和旅行安全。他的每一個學生在讀五年級的一年時間內，都要學習並參與排練莎士比亞的一部完整的戲劇，並在全國各地甚至國外的劇院上演。這些，無疑是神奇的，但這些，仍然僅僅是他提供給孩子的「良好的教育」的一部分。

艾斯奎的學生在一年中學會的，是一種貫穿人生的生活方式！在沒有悠久尊師傳統的美國，最傑出的教師被稱為英雄。因為在美國人看來，教育與其說是神聖的，不如說是極端困難的。艾斯奎就是這樣一位被公認的英雄。在眾多的榮譽面前，艾斯奎認為真正的英雄是他的學生，因為他們有勇氣走上一條追求卓越的道路，而卓越不是輕而易舉就能實現的。「我希望他們在學數學、文學的時候，在打籃球或是在外出的時候，都要追求做得最好。這不是光鮮的表現，而是 56 號教室的一種生活方式。」

56 號教室為什麼能創造這樣的奇跡？

艾斯奎說，大多數課堂都建立在恐懼的基礎上：學生對教師的恐懼、對失敗的恐懼，而他的課堂則是建立在信任的基礎上。學生對教師的信任，靠的是他的言行一致、善良仁慈，和他以多年堅守在同一個地方所獲得的聲望。學生對團體的信任，對自己的信心，靠的是艾斯奎的兩大法寶。如果沒有能夠讓學生信服的班級理念，面對這群「困難兒童」，任何教師都上不了課。

艾斯奎的第一個法寶，是讓孩子們學習做事的「六大境界」

他依據科爾伯格的「道德發展層次論」，教孩子們反思人們做事的原因，並把原因分成以下六個等級：

第一級：不想惹麻煩；第二級：想獲得回報；第三級：取悅他人；第四級：按規矩辦事；第五級：出於對他人考慮；第六級：有自己的為人處世原則，並按此行事。

在整整一年的教學時間裡，艾斯奎鼓勵孩子們做第六級的思想者和行動者。他努力讓孩子們明白，做模範公民，不是為了他人，也不是因為回報或是恐懼，

而是因為有自己的為人處世原則。一旦他們明白了這個道理，為人友善、勤奮學習便成為他們自己的原則。他讓孩子們自己制定一套行為準則。當他不在教室的時候，這些孩子也能表現得很好，因為他們不是為老師表現的。

有一次，一個資助人在未預約的情況下走進教室，不巧，艾斯奎正好不在教室，而這位資助人後來成為給艾斯奎提供資金最多的人。她告訴艾斯奎，她之所以幫助，不是因為孩子們才能出眾，學習優異，也不是因為他們會演莎士比亞的戲劇，而是因為孩子們的行為舉止，而且知道這是無法表演出來的。

艾斯奎的第二大法寶，是代表班級管理制度的「經濟實體」

如果沒有出色的班級管理方法，「六大境界法」的教育理念就無法在學生生活中體現，教師的教育理想就不能成為學生共同的目標。艾斯奎創造的班級管理制度，就像他本人一樣有趣、嚴謹、充滿活力，牢牢地抓住了學生的心。

艾斯奎在自己的教室裡建立了一個最小的經濟體，也就是用一個遊戲形式的制度來進行班級管理。學生們有工作，有「報酬」，必須花「錢」「租」自己的座位。他們還要「納稅」，領取「獎金」，購置「財產」。新學期的第一天，每個學生都必須申請一份工作。「銀行職員」負責 4~6 名學生的財務記錄，每人每月的虛擬工資是 600 元。負責教室某區域衛生的管理員每月掙 650 元。還有評分員、傳令員、出勤監考員等職務，都有相應的「工資」。這套制度不僅讓孩子們學到了數學和經濟學，還創造了一個氛圍，讓學生明確地知道班裡的獎懲規則，讓他們感到這間小小的教室對自己是有意義的，如果遵守規則、勤奮努力，自己也有成功的機會。（圖33）

圖33 神奇的56號教室

艾斯奎為什麼能創造出這樣的法寶？

堅守，一切為了學生

《華盛頓郵報》的主筆、資深教育觀察家傑伊‧馬修評價艾斯奎：不僅是「全美國最好的教師」，而且是「最有趣、最有影響力的教師」。在馬修看來，在效率低下、缺乏活力的學校管理體制下，艾斯奎艱難地闖出了一片天地。他的想法也許並不比其他教師高明多少，但是重要的是他堅持做下去了。

成名很早的艾斯奎本來有很多機會離開學校，但他不願意離開學生。他認為，在教育界有許多江湖大俠，有了一些漂亮的口號，得了些獎，出版了著作，建了網站，到處演講，然後離開了教學第一線。他說：我不能這樣做，對於我來說，離開就成了一個偽君子。

堅持，不容易

艾斯奎也經歷過絕望。數年前，飽受困倦和挫敗感折磨的艾斯奎花了幾個星期的時間在內心深處拷問自己：做教師是否值得。他有幸在教室裡獲得了走出黑暗的時機，幫助一個自卑的女孩子，使他重新找到了做教師的意義。他說：「作為一名教師，我的大方向是對的———孩子們是你唯一操心的，其他任何事情都必須忽略。」

即使是現在，也不是所有的人理解他。他所在的學校有125名教師，大多數教師對艾斯奎都非常好，但有少數人認為他是「偽基督」，他的朋友中也有認為他是堂吉訶德式的理想主義者，但他並不把這當回事。「世界上最好的教師是蘇格拉底，但卻被判了死刑」，艾斯奎說。

艾斯奎認為，學校對孩子的要求低得可笑，種族歧視、貧困和無知主導著校園，再加上學生的不領情，教師同行的卑微心態，即使是最堅強的心也會崩潰。但艾斯奎堅信，面對現實的每一個失敗，都意味著有一個孩子的潛力失去了發展的機會。他滿腦子想的是：我給了他們什麼，能讓他們終生受用？

成功無捷徑

艾斯奎認為自己是「最瘋狂」的教師。他每天堅持工作12個小時，霍巴特小學的校長說：「在我40年的從教生涯中，我還沒有見過為孩子投入那麼多寶貴時光的教師，他幾乎把每一週、每一天都獻給了學生。」

艾斯奎給全班學生定的座右銘是「好好表現，勤奮學習」。教室正面的牆上

掛有「成功無捷徑」的標語，艾斯奎對孩子們說：「這句話涵蓋了我要教給你們的一切。」他教給孩子的，正是他所做到的。

艾斯奎說，我希望孩子們成為什麼樣的人，我就首先需要做什麼樣的人。我希望他們成為友善、勤奮的人，因此，我必須是他們見到過的最友善、最勤奮的人。他每天早上 6 點鐘到學校，讓學生知道他真的很勤奮，感到自己也不得不努力。他友善地對待孩子，不讓他們丟面子。他發自內心尊重孩子，他說：「我要破除人們對貧困兒童的觀念，我認為我們對學生的期望還不夠高。很多孩子都非常棒，他們只需要有人給他們帶路。」

為教育理想獨行特立

艾斯奎對於美國教育的現狀非常不滿。他希望家長和教師跟他一樣認識到，美國的大眾文化是一場災難：在一個把運動員和大眾明星的重要性置於科學家和消防隊員之上的社會，要培養善良、聰慧的公民，事實上是不可能的。

因此，他在 56 號教室創造了一個完全不同的世界。在那裡，講人品，講勤奮好學，講和善謙遜，講無條件地互幫互助，跟美國課堂通常給人的印象迥異。

艾斯奎深知閱讀對於教育的重要性，特別是對移民學生來說，過不了閱讀關，就難以通過教育改變自己的命運。他不認同學區安排的統一閱讀教材，他鐘情於用經典的文學作品來喚起學生們的閱讀興趣。為此，他曾與學校負責讀寫教學的指導員發生過衝突。

艾斯奎給學生留的作業很少，學生每天的作業通常不超過一個小時，成績好的學生自己給自己佈置家庭作業。他的學生把主要的時間都用在看自己喜愛的書上。艾斯奎堅持領著學生在教室讀書，每天至少一小時。他認為，不能在孩子到了八九年級時再把名著扔給他們，讓他們在家裡閱讀，很多孩子家裡的環境不適合讀書。他認為學生的變化，不在於教師教了他們多少，而在於把好書擺在學生面前。

學習之餘，艾斯奎還力圖通過各種課外活動拓展孩子們的視野，豐富他們的生活。而且，艾斯奎的課外活動不局限於本班學生，還對學校其他班的學生開放。每年，艾斯奎都要帶領一群學生到全國 20 多所大學參觀。他認為自己有義務搶佔學生的課外時間。他說：「要麼是街頭、電視，要麼是我。」

和家長站在一起

但凡堅持有益於學生終生的教育，都困難重重，獲得學生家長的理解和支持，就格外的重要。

艾斯奎最初決定在課後教學生排練莎士比亞戲劇時，希望得到學區督學的批准，但他得到的回答是「放學後教莎士比亞戲劇是不對的。」艾斯奎終於說服五位學生的家長，同意讓他們的孩子放學後留下來排練兩個小時。一句句地教，一句句地練，孩子們掌握了很多從來沒聽說過的單詞，獲得了極大的樂趣。幾周後，有 28 名學生參加了排練。

　　艾斯奎認為，他是為家長和納稅人工作，雖然有的教師忘記了這一點。「他們是付給我工資的人，是我效勞的人，盡我所能為他們提供最好的服務是我的職責。這並不是一件輕而易舉的事情。」他堅信，所有成為教師的人都應該將一些信念銘記心頭：不是所有的兒童都好教。教師有義務放學後留下來幫助困難的學生；教師大量的私人時間會被花在備課和為教學準備資料上。

　　艾斯奎只教學生一年，他尤其關心學生的未來。他在著作中提醒家長和所有關心教育的公民：「我懇請各位對學校保持警惕。表面上平靜的學校充滿各種矛盾，而家長的出現將會對學生有利。」他認為，學校裡不少教師很平庸，個別的甚至很壞，家長一定要小心，盡量讓自己的孩子避開這樣的老師，因為你的孩子要和他待在一起數千個小時。因此，家長應該在新學年開始之前為誰是孩子的下一位教師操心。他建議家長盡量多花時間在學校，到班裡聽課，瞭解學校發生什麼事情。

中西合璧，挑戰教育難題

奇跡依靠法寶，方法實現方向

　　艾斯奎的兩大法寶，把自我教育的教育理念和自我管理的班級管理制度恰到好處地融合在一起。這與我奉為至寶的「特色教育」和「自我教育自我管理的」的「操行分」制度，真是不謀而合！沒有這樣的適合自己國情與「班情」的、能夠落到實處的制度，再美好的理想也不能變成師生的共同奮鬥！同樣都有二十多年「歷史」的班級制度裡，我們班吸收西方之所長強調「制度的程式化」，艾斯奎的班級理念裡吸取東方文化精華強調「仁愛謙遜勤奮」，東方與西方文化的相互滲透，竟然珠聯璧合！這是可以複製的經驗，這是可以推廣的創造！這種由經驗提升的創造，都是出於這樣的思考：我們用什麼方式，讓學生主動參與教育？我們的教育給予什麼，能讓學生終生受用？

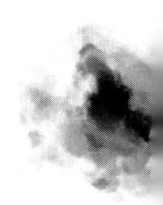

堅持就是創造奇跡

一條通往理想的道路展現在我們面前。實現學生主動參與、獲得有益終生的教育的理想之路，需要我們堅定地走下去。這條路上不再只有教師的艱難跋涉。「地球上的每間教室都是英雄誕生的地方」，當學生也成為英雄時，將會有多少創造、多少奇跡！

所有的創造，都需要執著，始終如一地堅持付出。班導師，堅守在自己的教室，堅持，就能創造超越經典的奇跡。

三、一段話語　提升人生　　夢想如雞蛋

美國紐約百老匯極負盛名的演員安東尼‧吉娜，在美國電視台著名的脫口秀節目《快樂說》中講述了自己成功路上最難忘的一段經歷。

在大學讀書時，吉娜是學校藝術團的歌劇演員，她參加了一次校際演講比賽，題目是「璀璨的夢想」。她在演講中說：「大學畢業以後，我要先去歐洲旅遊一年，以增加自己的閱歷，然後到紐約百老匯發展，實現自己成為一名優秀的演員的夢想……」她聲情並茂的演講、卓爾不凡的風度贏得了所有師生的喝彩，並一舉奪魁。

吉娜的心理學老師當天下午找到她，肯定了她很有才華、很有發展潛力，接著向她提出一連串尖銳的問題：既然你的夢想是成為一名傑出的演員，「現在就去百老匯，跟畢業一年以後去究竟有什麼區別？」「現在就去百老匯，跟一個月以後去究竟有什麼區別？」……「現在就去百老匯，跟一個星期以後去究竟有什麼區別？」吉娜終於下定決心，第二天就飛赴全世界最著名的藝術殿堂百老匯。她以自己特別的思想和才能，抓住百老匯正在招聘演員的機會，在幾百個應聘者中脫穎而出成為該片的主演，穿上了人生的紅舞鞋。

吉娜特別的思想和才能是什麼？她到紐約後，沒有急著去漂染頭髮、購買靚衫，而是費盡周折搞到即將排演的劇本，閉門苦讀，悄悄演練。面試時，當製片人要她說說自己的表演經歷時，她粲然一笑，說：「我可以給你表演一段在學校排演過的劇目嗎？」製片人同意了。當製片人發現吉娜是在表演劇本中女主角的念白時，不禁驚呆了。她的表演是那樣惟妙惟肖，製片人當機立斷，一錘定音：結束面試，主角非吉娜莫屬。

電視台節目主持人向觀眾展示了吉娜珍藏多年的筆記本，就是心理學老師在她到百老匯以前送給她的那個精美的筆記本，並朗讀了老師在扉頁上寫下的贈

言：「在出發以前，夢想永遠只是夢想。只有上了路，夢想才會變成挑戰。也只有經過挑戰，夢想才會實現。如果夢想是可貴的，那麼不失時機地挑戰夢想就更可貴。夢想如雞蛋，如果不及時孵化，就會腐敗變臭。」正是這段話，改變了吉娜的人生。(圖 34)

　　孔子說：「可與言而不與之言，失人；不可與言而與之言，失言。知者不失人，亦不失言。」一個人能夠聽你講道理但是你沒去跟他講，你就把他錯過了，這叫「失人」，不好。相反，假如這個人根本就不可理喻，或者還沒到開導他的時機，而你偏和他講道理，那就叫「失言」，也不好。吉娜的老師知人善言，及時引導，點石成金。

　　一句話，可以影響一個人的一生。

　　國際酒店業市場行銷會仲裁、註冊酒店高級職業經理人羅伯特‧吉爾伯特博士，將自己的成功歸結於一堂課對他的影響。他說：「我的人生中的最重要的一課，是在我剛進入大學時，第一堂課的第一分鐘學到的。」當時，教授在開口之前逕直走向黑板，在上面寫下了這樣幾行大字：「大學是知識的源泉，少數的人如飢似渴地暢飲，更多的人優哉遊哉地品呷，絕大多數的人則只是漱了漱口。」簡單的話語，讓年輕的羅伯特警醒：同樣是汲取知識，態度上卻有極大的不同。他欣慰地說道：「所幸的是，我選擇了暢飲。」

圖 34 夢想如雞蛋

　　班導師，怎樣才能做到「用自己精闢的語言，給學生帶來有益一生的影響」？
　　簡單的話語，是教師人生閱歷積澱、提煉的智慧。教師的人格魅力，常常濃縮在這樣富含哲理的簡單話語中，讓學生有益一生。人格魅力，與能夠提升人生

的簡單話語一樣，不是純粹地來自技巧，而是源於做人的態度，來自不斷學習和思考的人生閱歷。閱歷，不等同於經歷。泰戈爾說：「沈思———就是去領悟真理，去生活，去運動，並在沈思中獲得我們的存在。」用心靈去感悟生活，才能使生命飽滿而充盈，思想自由而睿智，心境坦蕩而歡欣，每天都有新的感受豐富著自己，也才能有新鮮的養分疏導給別人。

在國內外刮起「李燕傑旋風」的著名演講家李燕傑，從20世紀70年代至今，到過海內外680多個城市，共演講四千餘場，收到十五萬封信，回信無數，編書四十餘種。他被授予「教育培訓界終生成就獎」「演講界終生成就獎」「愛國勳章」等多項榮譽，被各大機構或高校聘為會長、名譽校長、博士生導師等700多種職務。2006年我參加中國教育家大會，有幸聆聽李燕傑的講話，不僅他的演講讓人受益匪淺，他本人更是給人極大的震撼。李燕傑年逾古稀，卻神采奕奕；他身患絕症，卻聲如洪鐘，氣宇軒昂。他知識淵博橫跨中西，談古論今引經據典，似信手拈來卻環環扣題，給人以明晰的思想感受。

李燕傑曾經是一位普通的教師，「文革」結束後他到校外給青年職工補習文化，通過文化課幫助青年明是非、辨美醜。看到許多青年職工常常是滿身油漬的衣服都來不及脫，就從工廠趕來上夜校，李燕傑深受感動。有位女青年流著淚告訴他，如果早有人對我們進行這樣的教育就好了。青年成長的需要促使他做出了人生的選擇，成為「點燃心靈之火的人」，在有限的生命中做到「立德、立功、立言三不朽」。他在《總有一種方式讓你脫穎而出》一書中談演講美學400問，幫助更多的人理解真、善、美與語言的魅力。他把「說教」提升到動人心弦、感人至深、美輪美奐的極致。人格魅力和語言魅力的完美結合，給教師一種不斷追求的新的目標和動力。

2008年初，西南大學教育學院「未來教育家聯盟」的師範生們在重慶市11所中小學進行了一項調查，在「你喜歡的老師是因為他的哪個方面」這一問題中，「個人魅力」超過「工作嚴謹」「關心學生」等選項，獲得壓倒性的票數。學生真是內行啊，懂得魅力是內心境界發出的光輝。

班導，想做一位有魅力的老師嗎？那就快快進入角色！因為，夢想如雞蛋

四、一枚果實　世界分享　　為生命而歌

教師的教師

　　蘇聯教育家瓦‧阿‧蘇霍姆林斯基(1918-1970)，是享譽世界的教育實踐家和教育理論家。他一生中寫了四十多本書，六百多篇論文，一千多篇供兒童閱讀的童話、故事和短篇小說。他的教育著作被翻譯成三十多種文字出版。可以這樣說，蘇霍姆林斯基的著作是全世界共有的最寶貴的財富，他對中國教師的影響是巨大的。1980 年，根據他的著作選譯的《給教師的一百條建議》供不應求。我幸運地在南開中學圖書館借到該書的上下冊，愛不釋手，感覺從此走進了有思考、有激情、有生命活力的教育事業的天地，彷彿開始了新的人生。

蘇霍姆林斯基的創作源泉就是學校生活

　　他從十七歲當鄉村小學教師，邊教書邊完成大學師範函授課程，到獲得教師合格證書後擔任中學語文教師、中學校長，以至區教育局長，他始終堅持學校的具體而深入的教育教學工作。他每天早晨五點至八點從事寫作，白天上課、聽課和當班導師，晚上整理筆記，思考一天工作中遇到的問題，在他的三十五年教育教學生涯中幾十年如一日。他曾試辦六歲兒童的預備班，接著又從一年級到十年級，連續擔任這個班的班導師，在十年中跟蹤觀察和研究了學生的童年、少年和青年期的各種表現。他先後為 3700 多名學生做了觀察記錄，他能指名道姓地說出二十五年中 178 名「最難教育的」學生的成長過程。他說：「只有日復一日地鑽進教學教育過程的精細微妙之中，只有不斷地發現塑造人的靈魂這門藝術的新的境界，你才能成為真正的領導者，成為教師的教師，才能為別人所信賴和尊重。」

與全世界分享的成果，來自每一天平凡的勞動

　　蘇霍姆林斯基堅持寫教師日記，從教師生涯的第一天開始。就在他作為小學教師踏進校門的那一天，有一件事引起他的深思。村子裡有一位人稱性情古怪的醫士，在他給剛入一年級的孩子量身高和體重時，把所有的數據都詳細地抄錄下來。更令人驚奇的是，他寫這種記錄已經二十七年！在這二十七年中，孩子的身高平均增長了 4.5 公分。在當時，還沒有任何人想到過兒童身體加速成長的問題。這位醫士得了重病，把資料交給了蘇霍姆林斯基。蘇霍姆林斯基從學校工作的第一天起，就開始記錄兒童身高、體重和智力發展情況。從這些寶貴的資料中，可

以發現社會影響對學生成長引起的變化。在 1935 年，一年級 35 名新生中，能數到 100 的僅有 1 人，有 5 人能數到 20；1966 年，一年級 36 名新生中能數到 100 的有 24 人，其餘 12 人也能數到 20、30 或 40。1935 年，35 名新生全都見過夏季的朝霞，能夠描寫日出的景象；但是在 1966 年，36 名新生中卻只有 7 名新生看到過夏季的朝霞和日出。他的寶貴資料，記錄下的，是人類生命進程的變化。

蘇霍姆林斯基的教育日記，不是簡單的記錄。他深入觀察、細心記錄教學工作中的事實，認真地進行思考，不斷地做理論上的概括。他的教育科學研究，始終是建立在大量事實的堅實基礎上的。

從 1948 年起，蘇霍姆林斯基擔任烏克蘭一所農村十年制中學———巴普雷什中學的校長，一直到 1970 年去世，始終沒離開這所學校的實際工作，他的全部教齡長達 35 年。蘇霍姆林斯基用十五年的時間反復試驗，建立了一個獨創性的學生作息制度。一天中，學生從事緊張腦力勞動的時間共計五六個小時。

下午，學生完全按照自願原則參加多種多樣的課外小組活動，或參加勞動，或散步旅行，或開展團隊活動。這個作息制度，從時間上保證了德育、智育、體育、美育、勞動教育都能和諧地進行，使學校的全部生活保持有條不紊。這所學校裡沒有「忙亂」「突擊」和「神經緊張」，而是對什麼事都應付裕如。學校的教學、教育質量穩固提高，而且發現和培養了不少少年人才。蘇霍姆林斯基認為，學校工作最重要的規律性之一，就是要保持各育的「和諧」，永遠不要喪失「分寸感」，不要「迷戀於一件事而忘記了其他許多事」。

蘇霍姆林斯基的學校被譽為「世界上著名的實驗學校」，他的「和諧教育」的思想，他關於「學生自我教育」的論斷，他對教育教學工作的建議，都是理論聯繫實際進行教育研究的成果，有極其深遠的影響。

在他的書裡，我們看到了一個教師，怎樣引導學生走近自然，教給學生觀察和發現各種事物和現象的眾多關係，激發出他們自己的活生生的思想，讓每一個天性都是詩人的孩子，打開創作的源泉，讓心裡的琴弦響起來。他說：「我也寫作，不過不是為了發表，而是為了教會我的學生使用語言。……當我的短文和詩觸動了兒童的心弦時，他們會情不自禁地拿起筆來，努力表達自己的情感。我覺得，對詞的感覺、想用詞來表達人的最細膩的內心活動，這正是一個人真正文明的重要源泉之一。」

在他的書裡，我們看到一位校長，怎樣和全體教師、全體學生一起，實現最美好的教育理想。他說：「當我被任命為校長的時候，我很高興，我有了可能跟

全體老師一起實現我的教育信念。學校的每一個學生都成了我的學生了。」他用三年的時間，自修完了數、理、化、生物、歷史等學校所有學科的教科書和教學法參考書，他不斷地注視跟學校教學大綱有關的那些科學的最新成就和進展。

蘇霍姆林斯基喜歡到操作室和專業教室，與少年自動化小組、無線電小組的學生一起，懷著濃厚的興趣裝配儀器和模型，與學生們一起建造氣象站和兒童天文臺。他和園藝、生物教師們在實驗園地、生物室搞起了各種試驗，打開跟學生進行精神交往的新的領域，開闢通往最難教育的學生的心靈的又一條途徑。他帶著強烈的興趣閱讀遺傳學、自動學、電子學、天文學方面的科學著作，與物理老師的每一次談話，都會得出新的主意。曾經因循守舊的情況沒有了，深入探索學生思維奧秘的活動，把教師們團結在一起。

他有一個豐富的藏書室，只選購有重大藝術價值的作品，使那裡成為審美修養的標準。教師、家長、學生都到這裡借書，與讀者的交流成為他擴充教育眼界的視窗。

任何一位教師，如果能做到蘇霍姆林斯基所做的一切，必定成為了不起的教育家。蘇霍姆林斯基為什麼能做到這些？他說：「當我思考教師工作的時候，得出一條結論：只有你自己依戀孩子，離開他們就感到無法生活的時候，只有在跟他們的接觸中你才能找到幸福和快樂的時候，孩子們才會依戀你。」面對教育給社會、對學生家庭帶來的進步和變化，他說：「對於我們這些人民教師來說，共產主義建設並不是一個抽象的概念，而是我們在培養、教養和把他們領進生活的活生生的人。」

蘇霍姆林斯基，是真正影響著教師一生的最卓越的人生導師。為學生而寫，為生命而歌，他的創造性勞動，為人類的進步，豎起了教育的豐碑。他英年早逝，只活了 53 歲，他的著作延續了他的生命。這位教育家和他的著作對世界的影響已經遠遠超過了半個世紀。

五十五條班規

在資訊時代，不需要等到著作等身，只要是為學生而寫的，能夠給人以啟發，有實踐的價值，就能與世界分享。

羅恩‧克拉克是一位非常年輕的美國迪士尼年度教師。他的成名，是因為他在北卡羅來納鄉村和紐約市哈萊姆區薄弱學校取得的成績，在這兩個地方，他幫助困難重重的學生樹立了自信心，提高了成績。他永遠激情四射，在教學中不

斷創新，且重視學生的實際生活經驗。克拉克把他的成功歸功於他給學生定下的 55 條班規。

克拉克的 55 條班規

克拉克在《55 條基本規則》這本書中，詳細介紹了他集禮儀修養、紀律守則和做人原則於一體的 55 條規則。比如：

規則 2：要知道視線接觸的重要性。如果有人在講話，眼睛要一直注視著說話的人；如果有別的人發表意見，則要轉過身去，正對著那個人。

規則 11：順手做些善意的事，給別人以驚喜。每個月至少創造性地給別人做一件令人驚喜的、善意而又慷慨的事情。

規則 20：在代課老師面前也必須同樣遵守規則。

規則 21：必須遵守課堂紀律。未經許可不得離開座位，除非你病了，才可以馬上離開。不得說話，除非：A.你舉手，我叫了你。B.我問問題，你要回答。C.休息或午餐時間。D.我特批的時候，例如小組活動需要溝通。

規則 26：不應該在食堂佔位。如果有人想坐下，應該讓他坐下。一所學校應該像一個大家庭，大家以禮相待。（圖 35）

圖 35 班規 26：不應該在食堂佔位

規則 49：堅持你的信念，如果你強烈地感到你應該做什麼事情，就儘管去做。

有了這些規則，學生不再只顧自己、只關心自己的目標，而是凝聚成了一個緊密團結的團體，成功地給班級營造了一個家的氛圍。這 55 條規則，是非常成功的班規。

《55 條基本規則》成為暢銷書，在《紐約時報》暢銷書排行榜上停留了好幾個星期。克拉克的傳奇故事被好萊塢拍成了電影，他受邀到全國各地演講，成

為一名世界矚目的美國明星教師。

《55 條基本規則》為什麼受歡迎？

規則的必要性和效果明顯。克拉克說：「我最開始教學的時候，教室裡的紀律問題實在太多，我無法抓住孩子們的注意力。他們不尊重我，也不相互尊重，更不用說尊重學校裡的其他教師。我感到有時我們在對待孩子的問題上有些想當然。我們一直在告訴他們要守規矩，要有修養，但具體對他們有什麼要求，家長和教師都不曾花時間手把手地教。我想列出一個規則清單，讓孩子們明確地知道他們應該有怎樣的行為舉止。我同時還想讓我的學生感到驕傲，在我做教師的地方，孩子們缺少自尊和自信。我想，如果我能教給他們這些技能，他們就會獲得自信，進而獲得自豪感和自尊心。於是我列出了 55 條規則，比如如何與人有力地握手，如何參加面試，進餐時有哪些禮節，以及怎樣做到為人謙和、不傲慢，等等。」

一旦規則建立起來，學生便開始體驗學習的內在快樂。11 個月後，這個原來被視為「全校最差」的班就變成了講文明、懂禮貌、表現非常好的班。到了學年末，克拉克的嚴管理與高要求帶來了學生們學習成績的大幅度提高。他所教的「低水準」班此前在州統考中連四年級的標準都沒達到，但時隔一年，這些孩子在全市五年級的數學與閱讀考試中擊敗了那些所謂的「資優班」。

不少教師在看了此書後深受鼓舞，嘗試著跟著學。有的教師在克拉克的網站上留言：「我照著做了一年，學生的考試分數從來沒有這麼高過，這些規則給我的課堂和教學帶來了令人難以置信的變化。」

成名後的克拉克與在全國各地的教育專業的學生有過交流。很多新上路的教師告訴克拉克：「教學的第一年是一場災難，帶著所有的美好理想和教學設計走進教室，但卻一敗塗地。」克拉克認為，新教師似乎在教學法上有所準備，知道如何寫教學計劃，知道教育裡的很多行話。但是，在課堂紀律方面，他們沒有準備。他們不具備讓教學抵達每一個學生的課堂管理技能。克拉克說：「這是我們的大學在教師教育方面可以改進的一方面。」而《55 條基本規則》提供了新教師亟待獲得的班團體管理技能。

克拉克在書仲介紹了規則執行的過程、對教師的要求，以及可能遇到的困難。他說，首先，開學與學生討論這一學年的學習任務，逐條解釋這些規則。「有一點我要讓孩子們知道，之所以會有這麼多規則，不是因為我有什麼惡意，而是因為我想幫助他們成為好學生。當他們離開我的班的時候，會獲得一生都受用的技能。」

然後，有一周的試行期。試行期後，凡是違反了規則，就會有後果。一開始，克拉克的學生不是很理解規則，但一個月以後，學生說：「我們喜歡有55條規則，因為我們明確知道可以做什麼，不可以做什麼，如果不遵守規則會有什麼後果。」

面向學生的規則，能夠實施的關鍵仍然在於教師教師要恪守自己的本職。克拉克說：「當初我接手那個班時，學校裡的人說那是他們在30年裡見過的最糟糕的一個班。開學後的前兩周我知道孩子們不喜歡我，但只要他們尊重我，尊重全班同學的學習權利，我不在乎。我不是來這裡跟他們做朋友的。我到這裡是來教他們的。」

教師要保持平衡。克拉克說，教師不能過於嚴厲，如果太嚴厲，學生就會恨你，然後他們就不尊敬你，或不想上你的課。沒有誰會願意待在一個教師從來不會笑的班裡。但另一方面，你不能過於追求學生喜歡你。如果你太仁慈，因為怕學生不喜歡你而不實施懲罰，那他們就學不到任何東西。他們會爬到你的頭上，最終一點都不尊敬你。教師必須嚴格，有公正、一貫的規則。

教師要堅持信念。開始校長堅決不准克拉克開學時講規則，而要他上數學課。克拉克知道必須要教這些規則。他說，有時就是要「我行我素」。做與眾不同、有創造性的事，得不到許可，就必須在雷達下面飛行，把教室門關上，教自己想教的東西，不要四處張揚。「一旦你的學生取得了好成績，你就會獲得尊敬，你的校長就會相信你，這樣你就逃脫了處罰，其他教師還要反過來向你取經。不過，在你取得為之證明的成績以前，你真的難以立足。在目前的教育現狀之下就是這樣。」

規則的意義在於有所作為。在美國，校長的業績和學校的排名都取決於學生的考試分數。教師被迫「應試而教」是普遍現象。有人說「我沒有時間教55條，我必須教學。」更多的教師意識到55條班規的意義，那就是面對教育的困難現狀，積極地有所作為。

一位教師說：「我做高中教師已經10年，和所有的教師一樣，知道現在的學生缺什麼：社會性技能、對他人的尊重以及文明舉止。大家都在哀嘆，孩子們都已不再尊重他人。教師們憤憤地說，家長沒有使孩子們具備應有的素質，沒讓他們形成應有的價值觀，卻責成教師去完成。我知道同行中很多人確實在努力，但我們並非總是知道從何處著手，採取什麼方式得當。克拉克先生不僅坦然面對這個問題，還極有作為。在克拉克先生的啟發下，我們所有人都能不遺餘力地把我們的孩子和學生培養成尊重他人、關懷他人的負責任的全球公民。」

克拉克說，對於有資質、有能力的教師來說，不得不應試而教、被統一教案

束縛手腳是一種恥辱。克拉克到過全美國 49 個州，和教師們談這個問題，每個州的情況都一樣：教師很有挫敗感，就像被捆住了手腳，他們被指示每天要教什麼，創造力被趕出了教室。教師為之精疲力竭，也因之紛紛跳槽。而學生們只學會了考試。他們不再為學習的熱情所激勵，他們不再能成為終生學習者。他們只會成為應試者。進入大學後，他們將不再有對學習的渴望、對知識的渴望。我們不是在激勵他們胸懷大志，而是鼓勵他們應試，這是一個恥辱。

克拉克說：「如果我們所有教師都滿腔熱忱，才華橫溢，不僅熟練掌握課程，還熱心於對孩子施加影響，就沒有必要那麼強調分數，因為考試分數自然會高，且孩子們會更加喜歡學校，更加尊敬教師，發自內心地積極進取。」

青年教師克拉克為什麼能寫出受歡迎的 55 條班規？

幫助孩子是一件多麼美妙的事情。

克拉克的從教之路充滿神奇色彩。他出生在一個非常小的村莊，一直渴望走出去，讓生命充滿冒險，但家裡從來就沒有太多的錢，沒有機會實現願望。大學畢業後，他用在速食店打工的薪水買了到倫敦的飛機票，背著行囊走遍了歐洲。去過希臘，在沙漠荒島上被困 4 天 4 夜。看到了世界是什麼樣子，他感覺自己真正活著，很快樂。但因為意外食物中毒，身體越來越虛弱，他只好回到家鄉。在醫院的病床上，母親告訴他，附近小鎮的一位教師去世了，學校附近很窮，很難招到教師。母親給他下了最後通牒：若不去與校長談談，父母從此將不再給他提供任何支援。

克拉克抱著只是準備「談一談」的想法，見到校長。校長告訴他，這個班令人頭疼，孩子們有的學習困難，有的是多動症，有的完全就是「壞」孩子。孩子們的成績已經低得見底，但還在往下掉。校長說：「克拉克先生，我想你就是做這份工作的人。」當得知克拉克對教學不感興趣時，校長很失望，但希望他在離開前至少能看一看那些孩子。

推開教室門，眼前的景象就像噩夢一般，孩子們瘋了似的大聲嚷嚷，可憐的代課教師假髮掉了一半。一個男孩的課桌被推到教室的門口。克拉克低頭看這個孩子，孩子抬頭看著他，問道：「你是我們新來的老師嗎？」望著孩子臉上難以描述的無助表情，克拉克站著呆住了。他說：「我想是的。」（圖 36）

圖 36 「你是我們新來的老師嗎？」

克拉克說：「就在那一刻，我感到有一個召喚，召喚我走進那間教室，給他們帶去變化。」於是，他對校長說：「好吧，我來教這個班。」

第二天，23 歲的克拉克就開始教學了。真正走進這個班。克拉克發現這些孩子沒有自己小時候具備的東西。克拉克是在真正的南方式教養下成長起來的，從小與祖母生活在一起，被教導如何自尊自愛，如何有禮貌、有教養、守紀律，如何去關心他人。克拉克的父母在制定現實可行的獎懲措施方面一直都做得很好，從不對孩子說消極的話。生命的意義何在？家人做出了極好的榜樣，那就是盡其所能為其他人做貢獻，幫助朋友和身邊的所有人。克拉克長大後也有了同樣的人生觀。作為教師，他想把這些觀念傳給學生，於是開始編寫課程，制定有關禮貌、修養的規定。第一年寫了 5 條，第二年變成了 8 條，第三年有了 28 條，去了紐約之後最終變成了 55 條。

克拉克是在電影上看到更困難的紐約的哈萊姆區的學校，自己去哈萊姆的。克拉克說：「對自己所做的任何有關給孩子帶去影響的決定，我從來沒後悔過。我很早就明白了一個道理，那就是，當你受到挑戰的時候，你就會成長、學習，並變得更好。那是一個非常珍貴的經歷，是什麼都不可替代的。」

學生說，得知克拉克先生當選為迪士尼年度教師，我們一點不感到奇怪。當他知道自己被評上後，他說他會通過抽籤讓 3 名學生跟他一起去洛杉磯領獎。但到了抽籤的時候，克拉克先生宣佈：「你們所有人都去。」克拉克先生真的很愛我們，無法想像大多數教師會這樣做。他和其他教師的真正的區別在於他的投入程度。他在我們身上看到其他人看不到的東西。我們因為克拉克先生的到來而不同。我們的生命裡永遠有他。

孩子的變化給了克拉克極大的驚喜。他說：「我曾經過於熱衷於冒險和旅行，只在乎自己的快樂。可是走進那間教室，我才發現幫助學生是一件多麼美妙的事

情。當你真的能夠給另一個人的生活帶去影響時,這是很令人震撼的。對我來說,這就是教師的價值。以前我到全世界去冒險,但什麼也比不上我在教室裡獲得的興奮、挑戰和回報。教學是一個了不起的職業。有機會激發孩子,對他們的生活和學習有真正的影響,這真是一個福分。我成了他們生命中的導師。」

55 條規則,來自對生命價值的思考。克拉克的祖母和父母給了克拉克生命中最重要的東西,為時代培育了英雄。克拉克勇於承擔教育的責任,迎接挑戰,真正給予學生一生中最需要的幫助,成為學生人生的導師。克拉克說:「對我來說,教書就是製造驚喜,就是製造令孩子難忘的驚喜和美好瞬間。我想,如果人人都有這樣的想法的話,我們的世界一定會充滿樂趣。」年輕的克拉克以自己短小精悍的著作,煥發了無數教師有所作為的激情。在他的家鄉,在世界各地,在教師富有激情的每一個地方,真正的教育將創造出無限美妙的生命之歌。

為生命而歌

語言,是班導師的利器,寫作,是班導師的功底。為學生而寫,和學生一起寫,是班導師寫作的奧秘,這樣的寫作,就是為生命而歌。

生活是寫作的源泉,學生的困惑和需要,學生生動而真摯的語言,都可以激起教師寫作的激情。寫作是檢驗教育的標尺,如若學生筆下沒有真實的校園生活,沒有對教師的真心話,那就是教育出了問題。

寫作提升生活。教育需要語言,語言深化教育。書面交流,可以更明晰地理解想法,更深刻地啟迪思考。學生因挫折而沮喪時寫出心情是自我覺醒,為進步而歡欣時發現原因是超越自我。學生書寫的點點滴滴,常常喚醒教師的靈感,開始工作中新的探索。老師的輕輕一筆,可能是畫龍點睛,讓徬徨在人生路口的學生將困頓變為人生有益的思考。真情點燃的生活激情,讓生命躍向新的高度。一個班導師,一周,為一個學生的週記寫下寥寥數語,一個月就為全班學生寫下千餘字、數千字;二、三十年,就是幾十萬字。不曾想「發行」的厚厚的「書」,沒有在班導師身邊留下一紙一墨,卻印在師生的心底,伴隨學生的成長軌跡走向天南海北。

學校的生活紛繁叵測,學生的故事層出不窮,一天一段特色語言,一學期一本的班級日記該有多少精彩?一週一個真情故事,間週一本的週記集錦,該給人多少難忘的驚喜?二三十年,幾十本學生團體創作的「獨版著作」相倚在班導師的書架上,其中的甘甜和思念,有多少大作家有幸品嘗?

不是只為應試而教，不是只為發表而寫，激情中揮就生活的詩篇，靈思中撰寫實踐的經典。為學生而寫，班導師是天賦的有所作為的「作家」；和學生一起寫、成長之歌是天賜的不朽的巨著。能與世界分享所有，則是生命永恆的意義！

五、一種生命　超越極限　　生命的本色

人在非常境況下，表現出的往往是生命的本色。南開的一位老教師，和我一起教了兩屆學生的李景華老師，讓我明白了這一點。

李老師在幾臨退休時患了腦癌，但我們誰也不知道。放暑假前的最後一次物理課，李老師聚精會神地給學生上課，還是那麼神采奕奕，親切自然。汗水濕透了他的全身，衣服緊貼在後背，可是滿滿一黑板的板書沒錯一個數據。看著他上課，學生心裡感動著，並不知道他已病魔纏身的學生深深地感動著。週記裡寫著他，一個快滿六十歲的老教師，眼睛看著學生，講解著、啟發著，不看教案本，隨手寫下那麼多分析和解題過程，物理的解題過程，那麼多的公式、字母、數據，像從心裡流出來的。學生贊嘆他的記憶力非凡，就像刻在腦子裡的；學生敬佩他的毅力，那麼熱，那時教室裡沒有電扇，幾十個人蒸騰出熱量，六七月的教室像個火爐，李老師卻是那樣神清氣定。

放了暑假，李老師才想到去醫院檢查，這時他已經感覺身體很難受了，他囑咐家人帶上他的備課本。到醫院很快確診已是腦癌晚期。醫生詢問他叫什麼名字，他說「我記不得了，我只記得我教物理，教兩個班的物理喲！」他的妻子徐老師哭了，在場的人都流淚了。當我告訴學生時，我感覺靜靜的教室裡，眼淚，那麼多人的眼淚，嗒嗒的滴落在課桌上。

他動了開顱手術。允許探視後，我和學生到醫院去看他。雖然頭上帽子下裹著厚厚的紗布，但是在我們面前的，還是那個熟悉的和藹可親的李老師。他不僅認識我，還認識學生。他說「韋老師你這麼忙，不用來看我。」他努力地叫出學生的名字，完全是即將重返工作職位的神態。他鼓勵學生們好好高考，就好像什麼事也沒有發生過。

我們擔心影響他的身體，不敢久留，他卻執意送我們出來。他和我並肩走在醫院的小道上，關心地詢問班上的情況。我告訴他，學生說他記憶力特好，他說：「現在不行了，每次上課前都要花時間復習，哪能說錯、寫錯，把錯誤教給學生呢？我們是老師啊！」

在醫院的大門旁，他說：「我最大的遺憾，是沒有把這個班帶完。他們高考了，我剛好退休，船到碼頭車到站，多好啊！沒想到，關鍵的時候擱淺了。」沒

想到，這就是他跟我說的最後一句話。

李老師走了，帶著對事業難捨的依戀，帶著親人深深的哀思，靜靜地走了。一個最普通的人，卻又是一個最高尚的人，忘記了自己的名字，卻還牢記著引以為驕傲的工作———那一份最平常的工作！這樣一位把學生、把事業根植於生命深層的教師，他的靈魂是不死的！在我的心裡，在學生的心裡，在親人們的心裡，李老師永遠活著，音容笑貌猶在。

我記得，在我的搭檔中，在我們這個教師團體中，他是獲得榮譽最少的一位。毫無疑問，他德高望重，尤其和藹親切，和他在一起教一個班，心裡踏實，就像緊靠著大地之神。誰的心裡都敬重他，可是，評這樣那樣的先進，沒有他，大家彷彿也習以為常。他那麼泰然，就好像理所當然：無名小輩積極努力需要鼓勵，有名的學校骨幹需要讓大家注視著學習，唯獨他，什麼也不需要。他平實的生命，讓我震撼，我不知道怎樣的榮譽，才能配得上他！

一種生命，超越極限，忘卻自我，銘記著學生和事業。人生的導師，就是這樣，以生命的本色，淨化著我和學生的靈魂。我們會記住他，學生的孩子們會知曉他，百年後，有許多崇尚心靈純潔的人會與他喃喃低語，就如同人們永遠不會忘記汶川大地震中那些捨身救孩子的老師們一樣。

2008年5月12日14點28分，中國四川汶川發生8級大地震。在山崩地裂災難發生的瞬間，恐懼和逃命是人的本能，但是，學生面前的老師，卻超越了生命的極限，以生命的本色，譜寫了人間大愛的生命贊歌。

王周明是名年輕教師，是50多名學生的班導師，地震發生時，他指揮學生分成兩路，從教室的前、後門逃生。就在房屋垮塌的一瞬間，他一個箭步衝上前去，把還沒有跑出教室的一名女生推出教室。這時，一根粗大的橫梁打在他頭上，他的頭蓋骨被擊碎……見到從校外趕回來救學生的老師，那位女生哭了：「王老師為了救我，被砸死了。」在生死一線的那一瞬間，班導師，把學生推向了生，那瞬間凝聚的，是人生所有的能量，是天職超越一切鑄就的靈魂的本色。

湯鴻這年20多歲，是名年輕漂亮的舞蹈老師。地震發生時，她正在為學生排練迎「六一」兒童節的舞蹈節目。在險情發生的瞬間，她把學生推向牆角，把她們抱在自己懷中。坍塌的樓房倒在她身上……人們找到她時，她俯身趴在那面牆的角落裡，她的懷裡，3個女孩活了下來，而她的姿態卻永遠地定格在那一瞬間。她用身體的語言告訴人們，什麼叫作「老師」！她用生命的本色，昇華了美的意境。

那是多麼慘烈的一幕，廢墟裡，她的身體斷成兩截，臉部血肉模糊。她的雙

手仍緊緊擁著兩位學生，人們怎麼掰，也無法掰開她緊緊摟住學生的雙手！地震發生時，她正在疏散學生離開教室，看到兩個學生手足無措，她大步跑過去，一手摟住一個朝門外衝。教學樓突然垮塌，她和幾個學生被埋在廢墟裡。這位老師叫向倩，大學畢業到什邡龍居小學當英語教師剛一年。向倩的父親向忠海是南泉小學副校長，他悲痛欲絕，可他說：「我可以理解，作為教師，應該這樣，應該這樣！」

「應該這樣！」———在這樣的情況下，說出這樣的話，讓我們大慟難抑！這就是老師啊！這就是老師生命的本色！

生命，這是永恆的主題。生命意義何在，不少人是永遠也不會思考的。許多人總是在人生身處困境經受坎坷時，或者在人生快到盡頭回顧生命的歷程時，才來關注生命的價值。而能夠在平凡的事業中做出成績獲得快樂，能夠選擇充實和成功的人，都會在少年或青年時認真思考生命的價值。把工作作為生活的組成部分，把事業融入生命，無論在多麼平凡的職位上，人生都將綻放生命的異彩。

六、一種胸懷　鑄就天才　　大師的境界

如果說世上最有成就的科學家稱為天才，那麼居禮夫人是公認的天才。如果說世上最富有智慧又最具人格魅力的人稱為大師，那麼居禮夫人是當之無愧的大師。她和居禮發現了鐳，對推進科學的進步，對發展醫學、減輕人類的痛苦，做出了巨大的貢獻。按常理，她擁有鐳的生產方法的專利權，專利收入能使她成為巨富，但是，她「一無所有」，甚至連她用於實驗的一克鐳都是屬於實驗室的。人們被她放棄專利權的驚人舉動深深感動，她卻平靜地說：「沒有任何專利。我們為科學工作，鐳不應該使任何人變富。它是一種元素，它屬於所有的人。」

居禮夫人是這樣一位令人震驚的妻子和母親。她是第一位女性諾貝爾獎得主，第一位兩度獲得諾貝爾獎的人；居禮夫婦是第一對夫婦諾貝爾獎得主；居禮家族是唯一有四人獲得諾貝爾獎的家庭。居禮夫婦的長女和女婿一同獲得諾貝爾化學獎；次女婿被授予諾貝爾和平獎。

放眼寰球，當今世界有多少居禮夫人這樣的大師？有多少居禮夫婦這樣的大師伉儷？有多少居禮之家這樣的大師級傑出人才家庭呢？至少，我們沒聽說過；即使有，也還沒有被世人發現、被世界公認！人們發現，為「大師遠去」而焦慮的，並不僅僅是中國人。從教育的角度，人們最關心的，是什麼造就了這麼傑出的科學家，這麼偉大的人！而大師，對人的教育又會具有怎樣深遠的影響？培養傑出人才，家庭、學校、社會應當創造什麼樣的條件，向哪些方面努力？

幸運的是，許多人不斷地請求居禮夫人寫下她的事跡，強調這對歷史的重要性和對將要獻身科學的學生們的影響。居禮夫人最終同意，寫了《居禮傳》。看《居禮傳》，越是感動，越是思考，就越覺得珍貴，教育的尖端難題的奧秘，就隱含其中。

　　居禮夫人的父母從事教育，她自己當過家庭教師、大學教授，為了教育子女，她還和大學的朋友們一起自辦教育機構。可以說，《居禮傳》是居禮夫人留給教育的重要文獻，她以女兒、母親、教師、科學家的獨有視角，詮釋了家庭教育、特殊教育、自我教育、人格教育、獻身科學造福人類的崇高理想，對傑出人才的成長的重要作用。

家庭教育 陶冶情操

　　居禮夫人是波蘭人，名叫瑪麗亞·斯克沃多夫斯卡。她的丈夫皮耶·居禮是法國人。居禮夫人在她所著的《居禮傳》中，談到家庭教育對人的一生的巨大影響。

　　瑪麗亞1867年11月7日出生於華沙，是父母五個孩子中最小的一個。她的家庭幾代人都從事教育。她的祖父從事農業，且管理一個省立學校。她的父親喜歡讀書，畢業於彼得堡大學，是華沙一所大學預科學校的物理和數學教師，年輕時也想從事科學研究。她的母親擔任華沙一所女子學校的校長。瑪麗亞的父母從事著在當時被認為是最崇高最莊嚴的教育事業，工作非常認真，學生們都非常愛戴和感謝他們。在瑪麗亞眼裡，母親是一位音樂家，歌喉清脆。母親性情慈愛，知識廣博，責任感非常強，有超人的品行，對人非常寬宏大量，又極有權威。瑪麗亞對母親有一種強烈的羨慕和崇拜的感情。

　　在瑪麗亞11歲時，年僅42歲的母親因患肺病不治而去世，全家悲痛欲絕。父親強忍悲痛，全身心地投入到工作和對子女的教育中。

　　當時華沙在俄國沙皇統治下，其統治手段中最殘忍最惡毒的就是對學校及孩子們的壓迫。侵略者的教育宗旨就是極力防範波蘭民族精神的覺醒，學校所有課程都必須用俄文教學。學生整天處在被嫌疑與監視之中，如果不小心說出一句波蘭語，或者言辭稍有不慎，不但自己會受到嚴厲的處分，家人也會因此受到連累。學校被一種虛偽、憤怒、怨恨的情緒所籠罩，所有孩子的天真與快樂喪失殆盡。這種反常的情況，又將波蘭年輕人的愛國熱情推到極點。

　　在受壓迫的憤怒及喪母的悲痛之下，瑪麗亞的幼年顯得格外暗淡而淒慘，但

瑪麗亞始終保留著對家庭的美好回憶。

　　瑪麗亞的父母與鄉村的親戚保持著不斷的來往，使得孩子們終身喜愛農村和大自然。平靜而忙碌的生活中，親朋好友的聚會是一件非常快樂的事情。瑪麗亞假期住在農村親友家裡，不受員警的嚴密監視，享受自由自在的生活，或在樹林中奔跑競走，或在稻田裡與農民一起耕作。有時，瑪麗亞還能和父親一起度假。平原開闊的視野及柔和的景色，深邃的山谷和蕩漾的湖水，海洋的大浪和不斷變化的潮汐，面對自然界的各種景觀，瑪麗亞都充滿喜悅和好奇。

　　瑪麗亞的父親不僅愛好科學，喜歡為孩子解釋自然現象及其規律，還生性愛好文學，能夠熟讀波蘭與其他國家的詩詞，還擅長於將其他國家的詩翻譯成波蘭語，並且能自己寫詩。全家人非常喜歡他以家中的瑣事為題材寫成的短詩。星期六的夜晚，父親常常為孩子們朗誦著名的波蘭詩詞，瑪麗亞和她的姐姐、哥哥都非常喜歡聽，內心深處被激起強烈的愛國熱情。

　　在父親的薰陶下，童年的瑪麗亞非常喜歡詩詞，能熟練背誦許多波蘭著名詩人的詩句。她早年就學過法語、俄語、德語，能立即閱讀這些國家的名著。在學習外國文學後，對文學的愛好更加強烈，後來她覺得必須學習英語，不久就能運用自如，並能讀英文名著了。通曉多國語言，為她之後留學巴黎打下了堅實的語言基礎。

　　親近自然、珍愛親情、熱愛祖國，成為瑪麗亞一生中不可改變的信仰。文學愛好，成為她主動學習、善於學習的深厚動力和功底。

　　瑪麗亞與皮耶・居禮初次見面，是在一位非常敬佩居禮的教授家中。雖然兩人國籍不同，但在談論科學、社會及人道主義方面的一些問題，看法卻令人驚奇地相似，他倆彼此都感覺親切而友好。毫無疑問，這得歸因於他倆在家庭生活中所感受到的道德氛圍有某些相似之處。皮耶・居禮的秉性同樣得益於父母的影響，他用「盡善盡美」來描繪他的父母。

　　皮耶・居禮 1859 年 5 月 15 日出生於巴黎。他的父母都是知識分子，家庭生活氛圍十分溫馨及恩愛。一到星期天，附近的親友和鄰居就會登門造訪，一起下棋、玩木球。皮耶・居禮的母親克萊爾・德佛雷是巴黎近郊一位著名製造家的女兒，外祖父和舅舅在染料及特種紙的製造上有大量的發明而頗有名聲。母親性格活潑，勤儉持家，能以堅定的勇氣接受生活的各種困難和不幸，尤其善於理解孩子。

　　皮耶・居禮的父親歐仁・居禮希望從事科學研究工作，曾在巴黎博物館實驗室任職。但迫於家庭的負擔而當了醫生。他一直保持著對科學的熱愛，只要有可

能，他仍然不間斷實驗研究工作。他最大的愛好就是讀書。他具有罕見的無私的精神，當他還是個學生的時候，法蘭西第三共和國政府就授予他一枚獎章，以表彰他救護傷員的高尚而勇敢的行為。不久，霍亂流行，巴黎形勢嚴峻，醫生紛紛逃離，他卻開設一家診所治療霍亂。

　　正是父親對大自然的熱愛，對皮耶‧居禮產生了極大的影響，在父親的指導下，他知道如何觀察事物並給予正確的解釋。他對巴黎附近的動、植物都非常熟悉，可以歷數林間田野和池塘溪流一年四季的不同景物。各種動、植物，青蛙、梭尾螺、蠑螈、蜻蜓等，都能引起他極大的興趣。他常常獨自或隨同家人到鄉間為父親採集動、植物標本，思考其中的奧秘。他對生物界的知識迅速增長，同時也掌握了數學方面的一些基本知識。相反，對於古典藝術方面的訓練則被忽略；對於文學及歷史方面的知識，他則主要是通過閱讀的方式取得。他酷愛讀書，即使是十分枯燥的名著他也愛不釋手。

　　皮耶‧居禮終生為尋求真理而生活，這裡仍然有著父親的影響。父親的政治信仰十分堅定，巴黎公社時期，他在自己的住所開設了一家診所救治傷員。戰火離他們的住所很近，皮耶‧居禮常和哥哥一起出去救護受傷的士兵。

　　在人的一生中，在人生信念形成的過程中，父母的影響無法比擬，父母的教育不可或缺。與自然密切地接觸，與人友愛地相處，對社會正義承擔責任，會在孩子幼年純潔的心靈裡播下熱愛自然、嚮往科學、尊重人格、追求真理的種子，培育出真誠善良、樂於思索、認真執著的品格。這些，是傑出人才成長必需的啟蒙、重要的方向和潛在的動力。

　　父母是孩子的第一任老師。家庭教育的薰陶，來自父母本色的演繹。百年樹人，從某種意義上來說，傑出人才的培養與普通人的成長一樣，需要一代代人潛移默化地傳承優良的素質。行走匆匆的現代人，如何保持對大自然的那種難捨的親近和細膩的關注？水泥森林中的人們，如何喚起那份鄰裡間的親切與真誠？生活在和平環境裡的人們，如何保持對踐踏人性的災難和戰爭的警惕，在內心充滿對優秀文化的依戀、對正義和真理的嚮往與忠誠？

特殊教師　順應發展

　　瑪麗亞的父母非常重視孩子的教育。瑪麗亞 1 歲時，父親被提升為男子中學副督學，母親為了照顧五個孩子，毅然辭去校長職務。瑪麗亞 6 歲時，她的父親被俄國當局撤去副督學職務，減薪並收回住房，於是他開始在家招收寄宿生，供

給他們食宿和個別指導。瑪麗亞6歲入學，在私立寄宿學校學習，是班裡年齡最小、個頭也最小的一個，每次有人來參觀，就會被叫到講台前朗讀課文。她生性膽小，常常為此感到窘迫而想逃避和躲藏起來。瑪麗亞的父親是一位極優秀的教育家，對孩子的功課非常關心，並很善於引導。瑪麗亞對智力方面的功課應付自如。因家庭經濟拮据，瑪麗亞14歲轉入國立學校。在中學階段，瑪麗亞的學習成績總是名列前茅，並榮獲金質獎章，畢業時才15歲。

作為最優秀的學生和自學者、最傑出的教師和科學家，居禮夫人以自己的成長和發展的經歷深悟教育，在子女教育上卓爾不凡。

居禮夫人認為，教育子女是自己職責裡重要的一部分。怎樣照看女兒又不放棄科學工作，是她面臨的嚴峻問題。對一個平常的女人來說，放棄其中之一是很正常的事情。對於居禮夫人而言，放棄是很痛苦的事情。居禮夫婦倆誰都不打算放棄寶貴的事業和孩子的教育。居禮夫人親自負責孩子看護中的所有細節，尤其是孩子生病時。她與居禮的父母感情很深，到實驗室時，孩子就由他們照看。家庭的緊密團結使難題得以解決。

因為經濟來源有限，居禮夫人不得不親自操持大多數家務，甚至煮飯。在家中會見為數不多的科學工作的朋友時，居禮夫人同時還要為女兒做點針線活。她很痛惜因此減少了科學研究的時間。她認為，協調家庭生活和科學事業，這很不容易，需要極大的決心和自我犧牲。為了能讓孩子在開闊的鄉村散步，讓孩子的爺爺安然享受自然環境，她把家搬到巴黎郊區，那裡有一幢帶花園的房子，為此她要騎半小時自行車到城裡工作。家庭成員始終互敬互愛和相互理解，使生活快樂無比，在家裡不會聽到粗言粗語或看到自私的行為。（圖37）

圖37 協調家庭生活和科學事業，這很不容易

居禮夫人請波蘭婦女擔任家庭教師，讓孩子學會自己的母語。居禮夫人重視

觀察孩子的天性,發現適宜孩子的發展方向。在女兒很小的時候,居禮夫人就發現小女兒活潑聰明,對音樂有不平凡的天賦;大女兒在智力上像他父親,性格也不活潑,但已經能看到她有推理能力的天賦,應該會喜歡科學。皮耶‧居禮對孩子的教育有很大的興趣,常帶孩子散步,回答女兒提出的所有問題,使孩子稚嫩的思想得到迅速的發展。

居禮夫人的大女兒在巴黎的一所私立學校受過一些教育,居禮夫人不想讓她留在公立學校,因為公立學校的課時太長,不利於學生的健康。居禮夫人認為,在孩子的教育中,應該重視他們的成長和身體的需求,還應該留一點時間用於藝術修養。而大多數的學校花在各種讀寫練習的時間太多,在家裡要做的作業太多,這些學校的大部分課程普遍缺乏實際的訓練。

為了孩子得到最好的教育,居禮夫人果斷地決定自己辦學。她和幾個持有相同觀點的大學朋友共同組織了一個學習班來教育他們的孩子,每個人都負責教一門特定的課程。他們自編教材,用少量的課時,把教育所需要的科學和文學的成分,成功地結合在一起。科學方面的課程帶有實際的練習。雖然年齡不同教起來很麻煩,但孩子們興趣很大。這樣的教育持續了兩年,證明對大多數孩子非常有益,對居禮夫人的大女兒更有效。經過這樣的預備教育以後,她的大女兒進入巴黎大學的一個高級班,毫無困難地通過了學士考試,而且年齡比通常的小,之後在巴黎大學繼續學習。居禮夫人的小女兒沒有接受這種自辦教育,因而沒得到它的好處,開始只是勉強跟得上大學課程,後來才完全跟上了,各方面也表現不錯。

居禮夫人盡力確保孩子們有合理的體格訓練。除了戶外散步,她還重視體操和運動。那時法國非常忽視女子在這方面的教育,居禮夫人要孩子們定期做體操,還經常讓孩子們在山上或海濱度假,她的女兒很會划船和游泳,不怕長途步行或騎自行車遠行。

充盈著母愛和親情的良好的早期教育,嚴格落實的樂趣無限的全面發展的培養,順應個人特長髮展、激發科學和文學興趣的自辦教育和課程改革,無疑是居禮夫人對子女的成功教育的重要組成部分。

自我教育 堅定信念

瑪麗亞 17 歲就開始當教師,她當過多種不同尋常的教師。她在教學與自學的過程中主動選擇了自己的發展方向。

由於身體發育的需要和學習的疲憊,中學畢業後瑪麗亞到波蘭南部鄉間親戚

處度假一年。返回華沙後，瑪麗亞原打算在免費中學教書，考慮到父親年老，為了資助二姐求學和為自己求學積攢學費，她決定接受家庭教師的職位。

瑪麗亞最開始在城內擔任家庭教師，後來她隻身前往遠離華沙的農村當家庭教師。那家的主人是個農業家，他的大女兒與瑪麗亞年齡相仿，還有兩個小一點的孩子。因為熱愛農村，瑪麗亞並不感到孤獨。她與學生十分友好，像夥伴一樣相處。他們在課後一起散步、堆建雪屋、滑冰，乘雪橇遠遊，過河溝時翻個仰面朝天，照樣感覺樂趣無比。瑪麗亞對莊園的農業開發方式興趣極大，觀察植物生長，熟悉馬的習性，瞭解田間工作細則。

課餘，瑪麗亞在村裡另外組織了一個小班，用波蘭語的課本教孩子們和姑娘們讀書寫字。孩子們的父母對此十分感激。在俄國統治下，這樣的教學是冒著被抓進監獄或流放到西伯利亞的危險的。

瑪麗亞用晚上的時間自學。當時，她還沒有決定學習的方向，對文學、社會學和科學同樣感興趣。在獨自學習的幾年裡，她逐漸發現自己真正的愛好還是數學和物理，並決定一定要到巴黎去學習。在自學過程中，她經常被各種困難所困擾。由於在中學所接受的科學教育很不完善，同法國中學教育的差距很大，她就設法以自己的方式，找一些書來進行補習。效果不是很理想，但卻養成了獨立工作的習慣，學到了一些以後很有用的東西。

在完成了對學生的教學工作後，她回到華沙，通過給學生上課增加收入，同時繼續努力自學。她的表兄是市政府屬下一間小小的實驗室的主任，她利用晚上和星期天到那裡獨自做實驗。她試做了物理和化學課本上各種各樣的實驗，有時被出乎預料的成功大受鼓舞，有時因意外失敗陷入極度的失望。她在實踐的磨煉中明白了成功的道路既不容易也不迅速，堅定了對物理和化學領域的實驗研究的愛好。

瑪麗亞參加了由波蘭男女青年組成的熱心於教育的秘密團體，以這個團體特有的方式一起自學。這些由共同的學習願望而聯合起來的愛國青年們認為，國家的希望在於努力發展民族的智力和道德素質，而這種努力將改變國家未來的局面。當前最貼近的目標就是自學，並設法教育工人和農民。為此，他們在晚間相互講課，每個人都當老師講授自己最熟悉的東西。

這一時期的社會活動和所有經歷，增強了瑪麗亞進一步學習的願望。瑪麗亞始終相信當時那些令自己倍受鼓舞的理念，是實現社會進步的唯一道路。提高每個人的素質，才能有希望建立一個更美好的社會。為了這個目的，每個人都必須完善自己，同時分擔全人類的共同責任，承擔責任的途徑就是用自己認為最有效

的方法去幫助別人。

24歲時瑪麗亞進入巴黎大學學習,生活異常艱苦,借助一盞酒精燈和一些廚房用具自己做飯。寒冷的冬天,取暖的煤都要自己親自搬上六樓,盆裡的水在晚上結冰是常有的事。學習也很困難,尤其是剛開始的時候。為了跟上巴黎大學物理學課程,她把時間分在了課堂、實驗室和圖書館,全心全意地致力於學習直至深夜。這樣的生活竟令她著迷,感到極大的精神滿足。科學的世界展現在她面前,所有見到和學到的新東西都使她興奮不已。

強烈的責任感,旺盛的求知慾,深厚的自學能力,堅韌的毅力,過人的分析能力和自我教育發展能力,成就了瑪麗亞超群的智慧。瑪麗亞26歲時以第一名的優異成績通過物理學學士考試,27歲時接受國家的研究課題,以第二名的優異成績通過數學學士考試。28歲與皮耶·居禮結婚,29歲通過大學畢業生在中等教育界任職的資格考試,榮獲物理學第一名,並到實驗室工作。31歲時,與居禮共同研究發現新元素釙和鐳,並發表論文。36歲獲理學博士學位,獲諾貝爾獎。她先後受聘於高等師範學校和巴黎大學講授物理學。

獻身科學 百折不撓

皮耶·居禮與瑪麗亞為理想而結合。皮耶·居禮在學生時代就決定從事科學研究工作,他對科學有著不可動搖的信仰,為此居禮直至35歲都沒有涉及戀愛婚姻。與瑪麗亞相識,居禮認為有天才的女性實在太少,他向27歲的瑪麗亞描繪每天的研究生活,熱切地期望瑪麗亞同他一起分享獻身科學的夢想。瑪麗亞心中從事科學研究的熾熱願望埋藏已久,但是她心中還有一直珍愛的社會計劃,要為在壓迫下的祖國波蘭保存民族精神做出最大的努力。居禮理解瑪麗亞的愛國抱負,並且確信波蘭終將有恢復自由的一天,他還主動學習波蘭語。

居禮和瑪麗亞彼此都認識到除對方之外,再也找不到適合自己的終身伴侶。他們舉行了極其簡單的婚禮。在實驗室的緊張工作、準備上課、演講和考試之余,居禮夫婦喜歡戶外活動,散步或騎自行車郊遊。短暫的野外生活,沐浴鄉間朦朧的月光,迷戀一望無垠的森林,沈醉於黯淡蓊鬱、被金雀花和石南花覆蓋的河岸,使大腦從緊張的工作中得到鬆弛。女兒降生後不能再出遊,他們常在偏僻的村莊過簡單的生活作為度假。他們是如此簡樸,混雜在村民之中,以致記者見到他們時幾乎不敢相信。

居禮夫婦是在極度缺乏科學家的必備條件下進行科學研究的,長期頑強的堅

持，靠的是獻身科學的堅定信念。皮耶‧居禮是法國第一流的科學家，早在20歲時就已經嶄露頭角，顯示了他的天賦，但終生沒能得到一間專供研究的完善的實驗室。儘管居禮做出了許多成就，在科學界已有很高的聲譽，但是因為他從不去運用獲得晉升的各種手段，當實驗室主任這一小職位竟達12年之久，當時的薪水大致相當於一個勞工的水準，即使維持最簡單的生活也不夠，更何況還得從事個人研究。居禮夫婦被迫認識到必須設法增加收入，居禮想在巴黎大學獲得一個重要的職位，以滿足簡單的家庭生活需要。但是他渴望的職位不但都落入他人手中，而且沒有人想到推選他為候補人選。

1900年皮耶‧居禮被委任為高等工業學校助理教授。這年的春天，日內瓦大學決定聘請居禮為物理教授。校長用最熱忱的方式發出邀請，堅持要給聲望如此高的科學家居禮以特別的待遇。不僅薪水比一般高，還要建造一個物理實驗室，在實驗室給居禮夫人一個正式的職位，並且有能與鄉村媲美的寧靜生活。面對如此優厚的條件，居禮考慮到已經從事的鐳的研究，為了不中斷研究，做出了不去日內瓦大學的決定。

此時，巴黎大學講授醫科學生必修課的教授職位空缺，居禮申請這一職位得到了聘任。收入增加了，但研究工作卻倍加困難，學生人數很多，居禮要從事雙倍的教學工作，感到非常疲憊。他利用新的職位為學生開辦科學講座。當時關於放射性的研究發展非常迅速，居禮決定利用新職位選擇學生，指導他們進行研究。新的職位沒有實驗室，因此他提出申請，希望得到一個較大的研究場所。申請的審批在財政和管理方面困難重重，障礙很多，往往是處處碰壁。呈交大量的公文，進行頻繁的拜訪，其辛苦的程度實在難以想像，使居禮感到非常苦惱與失望。

就在這樣的條件下，居禮夫婦堅持進行實驗研究，不斷地穿梭在大學和理化學校做實驗的小棚屋之間。但是由於財力資源不足，研究難以深入進行。居禮參與的一切工作都非常煩瑣、複雜，不能把注意力集中在某一確定的主題上，他的內心非常焦急，加上整天勞累，他患病的次數越來越頻繁。這時巴黎大學礦物學教授的職位正好空缺，居禮本來是非常合適的人選，他在這方面學識淵博且有重要論文，這個職位有利於他專心於研究，然而他卻未被選中。

居禮夫婦不屈不撓地獻身於他們的理想和事業，在這樣的痛苦時期，竟然以超人的努力，圓滿地完成了多方面的研究。1903年，居禮夫婦和貝可勒爾獲得諾貝爾物理學獎。

在居禮身上，居禮夫人感受到科學家最需要的人格和胸襟。皮耶‧居禮有開闢新途徑的信念，知道有崇高的使命等待自己去完成。青年時的神秘夢想，將他

從平凡的生活之路不可避免地推向了一條他稱之為反自然的道路,因為這種生活要放棄一般人所不可或缺的生活樂趣。他明白這一點,但他堅決地使自己的思想和願望服從這一夢想,使自己適應它,並越來越嚴格地用它來要求自己。皮耶・居禮寫信婉言謝絕給他授予附帶有許多利益的教育勳章,他說:「能夠在毫無牽掛之中從事研究,這種好處與榮譽相比的確不能相提並論,並且也最讓我感激不盡。」他謝絕騎士勳章的信中說:「我不需要任何勳章,我最需要的是一間完善的實驗室。」

居禮夫人說:「過這樣的生活要做出很大的犧牲,瞭解這一點是很有益處的。一個偉大的科學家在他實驗室裡的生活,並不是像很多人可能想像的那樣,是一首平靜的田園詩。他經常要與周圍環境中的各種事情,更重要的是與自己作痛苦的鬥爭。一個偉大的發現,不是從科學家的大腦裡蹦出來的,它是以前大量工作的結晶。即使是在多產的日子,也時常會出現猶豫不決的時候,似乎什麼事也不會成功,什麼都在與自己為難。正是在這種時候,必須堅持,毫不氣餒,皮耶・居禮從沒放棄過他那耗之不盡的耐心。」

大師境界夢想空間

居禮夫人對皮耶・居禮始終懷著敬佩、信任和不可割捨的深厚感情。在 11 年的共同生活中,日漸深入的洞察思想,不同尋常的才能和巨大的人格魅力,使相互的欽佩之情與日俱增。居禮對自己深愛的人的深情以及對朋友的真摯盡善盡美。他不惜放棄自己沈思的習慣,以便與所愛的人建立融洽、信任的關係。這種溫柔的感情充滿了誠懇、親切和關懷,使人感到最大的幸福和甜蜜。擁有卻又失去這樣一位親人,對居禮夫人顯得分外的殘酷。

居禮夫婦的身體並不十分強健,他們深知共同生活的價值,因而在艱苦的工作和生活中,總是害怕無法輓回的事情發生。居禮憑著他的勇氣,得出一個必然的結論:「無論發生了什麼事情,一個人即使變成了沒有靈魂的軀體,還是應該照常工作。」所以,1906 年,45 歲的皮耶・居禮慘遭車禍不幸逝世後,居禮夫人仍然堅持他們的理想,獨自承擔起教育孩子的重任,繼續教學和進行科學實驗研究。

鐳的發現,不僅具有極大的科學價值,而且鐳能治療一些別的方法無法治療的疾病,特別是癌症。成功的治療,依賴於對鐳的使用量有準確的瞭解。所以鐳的量度對工業和醫學,與對物理化學的研究一樣重要。居禮夫人接受來自不同國

家科學家的要求，承擔此項研究。這是一項難度極大的實驗研究，需要精細的操作。居禮夫人設計了一個非常完美的方法用於度量鐳的質量，終於在1911年獲得了成功。

　　就在1910年底，為了不被名聲所累以專注於研究，居禮夫人拒絕了內務部堅持要授予她的騎士勳章。這一年，居禮夫人提煉出金屬鐳元素；她的《論放射性》兩卷本專著出版；她和皮耶‧居禮的學生德比爾納合寫的論文《論釙》發表。

　　1911年1月，居禮夫人同意了同事的要求，作為候選人競選巴黎科學院院士。居禮夫人對私人拜訪深惡痛絕，而很多院士原則上反對婦女入選，最終她以一票之差落選。10月，居禮夫人參加了第一屆索爾維會議，愛因斯坦等世界著名科學家出席。這一年末，44歲的居禮夫人病了，而且病得很重，原因是落到她身上的煩惱、打擊太多。在居禮夫人的生平大事年表裡，明確地寫著：1911年11月，居禮夫人遭到無聊文人的毀謗性攻擊！難以想像，對居禮夫人這樣高尚的人，那些無恥之徒會編造出怎樣的謊言！幸運的是，人在做，天在看，天意難違！也就在這年12月，居禮夫人第二次獲得諾貝爾獎。這是很特別的榮譽，是世界上的女科學家第一次獨立獲得諾貝爾獎。這是對居禮夫人卓越才華和偉大貢獻的高度贊譽，這是社會的正義表達，也是對人類文明的推動。榮譽，終於發揮了它應有的功能，讓那些流言蜚語只能在下水道裡呻吟。

　　更難以想像的是，事過90多年、100年後，還有人像發現新大陸一樣，煞有介事地撿起當年的「證據」，有意無意地向居禮夫人的靈魂潑污水！而且，這樣的文章一而再地，堂而皇之地轉載在我最喜歡的雜誌上！可想而知，要想對人類有傑出貢獻，人格的強大有多麼重要！要想出傑出人才，保護人才的尊嚴和寧靜，公正的制度和輿論有多重要！

　　居禮夫人不同尋常的一生，蘊含了太多的意義。她是人類天才的表率、大師的典範，永遠被人們記憶、流傳的，不僅僅是她偉大的科學成就。她熱愛祖國的情懷是那樣始終如一的真摯與強烈，她用波蘭文發表重要的論文，用波蘭的名詞構造新元素的名稱釙。她是最崇高的國際主義者，為人類的正義和科學奮不顧身，對於她是那樣自然和平常。

　　1914年7月，第一次世界大戰爆發。8月，德國對法國宣戰，攻打巴黎。居禮夫人冒著危險，帶著沈重的裝有用鉛保護著鐳的包裹，乘火車把實驗室的鐳送到安全的地方。當人們為躲避敵機轟炸逃離巴黎時，她卻趕回巴黎，協同衛生部，用各種方法保護實驗室。在戰爭期間搬遷實驗室，既沒有錢又得不到任何幫助，居禮夫人只能自己一點一點地搬運設備，並讓女兒和實驗室技工一起協助分類整理。一天，他們一大早就去了鮮花市場買樹苗，花了一整天在實驗室旁植樹，

就在這天，德國大炮開始對巴黎轟炸，有些炮彈就落在了他們附近。

居禮夫人努力尋求最有效的方法，讓科學知識為法國發揮出最大的效益。她發現法國的防禦準備極不充分，在醫療服務方面極為薄弱。由於 X 射線為外科醫生提供了特別有用的方法以檢查疾病和傷痛，對準確地找到射入體內的彈片非常有用，於是，她決定為部隊組織放射治療裝置和培養人員。她用遊覽車裝備了一輛有發電機的 X 射線車，任何大小醫院都可以向這輛車發出召喚。她拜見數不清的首長，以便獲得通行證，奔赴戰火下的軍事區。

因為司機不夠，年近五十歲的她學會了開車，過著從一個醫院到另一個醫院奔波的日子，自己洗衣、晾衣，為放射車找安全的位置，為助手找住處，經常不能保證找到食物。經過居禮夫人的努力，建成了 200 個放射站，她在實驗室裝備了 20 輛 X 射線車全部送到了部隊。她培訓了大批使用 X 射線設備的人，許多只有初中教育程度的婦女經過培訓成為出色的助手或能獨立工作的醫生。為了讓公眾瞭解和熟悉放射醫學，她寫了《放射學與戰爭》的小冊子。她用聚集的鐳射氣提供給衛生隊治療，療效顯著。由於制備過程非常精細，她得用很長時間獨自製備。X 射線的使用和鐳療拯救了很多傷員的生命，使很多人免除了長期的痛苦和持續的衰弱。（圖 38）

圖 38 改裝的 X 射線車

在犧牲了那麼多的生命獲得勝利後，有一件事使居禮夫人感到莫大的快慰，在她的有生之年實現了她的夢想———她的祖國波蘭恢復了獨立。

由於跟鐳打交道有很大的危險，居禮夫人的身體受到很大的傷害。1934 年，67 歲的居禮夫人患白血病逝世。她為人類的科學和進步無私地奉獻了自己的一切，不僅是她全部的精力和心血、超群的智慧和才華，還有一個女人的美麗和健康！

居禮夫婦的大女兒伊倫娜獲得諾貝爾獎，絕不僅僅靠天賦、靠知識和智慧。她親眼看到、親身體驗到自己的母親，兩度獲得諾貝爾獎的女科學家，是怎樣奮

不顧身地為人類奉獻自己的一切。戰爭期間，居禮夫人在巴黎大學學習的大女兒伊倫娜，學習了護理和放射醫學，鬧著要求幫忙。17歲的女兒好幾次與居禮夫人一起出車，到前線做救護工作。她還為X射線醫學培訓義務講課。她參加救護隊上前線，因工作出色圓滿，獲得多個獎章，戰爭結束時還獲得了一枚勳章。1921年，居禮夫人的女兒陪同她到美國，接受美國婦女捐贈的鐳。女兒為母親的工作受到人們如此重視而自豪不已。在捐贈儀式的頭天晚上，居禮夫人堅持讓律師寫下文件，確保這一克鐳永遠屬於科學研究，而不是個人的遺產。這感人至深一幕，銘刻在所有知曉這件事的人的心裡。1935年，伊倫娜和她的丈夫因研究和合成人工放射元素榮獲諾貝爾化學獎。

正如居禮夫人所說：「人類確實需要注重實際的人，他們盡力把工作做好是為了自己的利益，但同時也沒有忘記和違背大眾的利益。但是，人類也需要夢想者，他們把無私的追求一個目標，看得那樣緊要，以至於他們沒有閒心去注意自己私人的物質利益。」

尖端的科學技術，只有在高尚人格的驅動下，才能成為造福人類的無窮力量。無知和卑劣甚至可能使科技發明淪落為屠殺生靈的工具。小小的創造，來自為人民服務的生活；偉大的發現和發明，來自對自然的熱愛和對人類的崇高使命。大師崇高的品德，是人類最寶貴的財富。大師的境界，讓堅韌的探索實現科學的夢想。

一位班導，只要崇尚這樣的夢想，就會發現學生的夢想，尊重夢想，而不會傷害學生富於創造的想像力，折斷科學夢想的翅膀。一位班導師，把這樣的夢想深深地埋藏在內心的時候，就會托起夢想。親近自然播撒夢想，崇尚科學培育夢想，關愛他人抒發夢想，熱愛祖國忠誠夢想，專注事業實踐夢想，追求真理捍衛夢想，獻身人類實現夢想。

即使在有生之年不能看見那一個個夢想實現，這又有什麼關係呢？追求真理的生活，是大師境界的基礎；正義和諧的社會，是孕育高尚文明的土壤。做這樣的一塊基石，做這樣的一捧土壤，就是班導師登上九段的永生的夢想！

七、一個聲音　震撼心宇　　仰望星空

電影《美麗人生》講述了一個淒美的故事。在納粹集中營，一位父親不想讓孩子生活在沒有希望的恐懼中，他告訴年幼的兒子，呵斥、鞭撻、苦役，眼前突然發生的這一切都是遊戲。遊戲必然會結束，無論多麼黑暗和殘忍，都會過去。德國法西斯潰敗時瘋狂殺戮，這位父親在即將被殺害時把孩子藏了起來，並告訴

孩子不能輕易出來。孩子終於活到了蘇聯紅軍開進集中營的那一天，坐在飄揚著紅旗的坦克上，迎著陽光露出燦爛笑容。父愛，是這樣的堅不可摧、富有智慧，竟能在非人處境使教育存活。故事的寓意讓人深深地震撼。人，需要生活在希望中。給人以希望和信心，這就是教育的真正意義！

人們願意相信故事是真的，事實更可能是父子倆都被送進了毒氣室。我們不能用天真代替事實，用麻木、冷漠和沈默掩飾對悲劇的深深擔憂與恐懼！當年，惡魔希特勒在德國民眾擁戴領袖的狂熱歡呼中發出戰爭的叫囂；日本侵略者在中國滅絕人性地大屠殺、血流成河之時，日本民眾在街頭點起燈籠徹夜狂歡。萬眾狂歡與毀滅人性同時存在，無數普通人參與罪惡，這沈重的一幕，竟然如此類似又似曾相識！

人類，怎樣才能防止歷史的悲劇重演？避免災難的希望和信心在哪裡？———我們的世界，需要仰望星空的人！

仰望星空，就是內心對真理和正義保持本能的嚮往，探索神秘的生命、廣袤的人世、浩瀚的宇宙的奧秘。仰望星空的人，真誠而純粹地保持著靈魂生活，反復思索人類的命運與人的內心的道德法則所涉及的深邃命題，使其以時時翻新的驚嘆和敬畏充滿自己的心靈。以嶄新的視角和具有批判思維的理論創造，勇敢而明晰地發出自己的聲音，喚起世人的警覺和振奮，是他們渴望自己與社會一同進步而執著地付出。在社會發展的艱難進程中，這樣的付出不可或缺。

法國哲學家伯格森指出：「說社會的進步是由於歷史某個時期的思想條件自然而然發生的，這簡直是無稽之談。它實際只是在這個社會已經下定決心進行實驗之後才一蹴而就的。這就是說，這個社會必須要自信，或無論怎樣要允許自己受到震撼，而這種震撼始終是由某個人來賦予的。」

政治哲學家漢娜·阿倫特就是這樣一位給社會帶來震撼的人。她是公認的二十世紀最偉大、最具原創性的政治思想家之一。她像在浩瀚星空中閃爍的一顆璀璨的思想之星，以其獨特的光芒照亮這個世界。即使是在黑暗的年代，她也沒有減弱自己思想的光亮，反而使其更加強烈。

直面真相決不沉默

漢娜·阿倫特（1906-1975）出生在德國，父母都是受過高等教育的猶太人。阿倫特先後在馬堡大學、海德堡大學學習哲學。她曾經渴望像她所傾慕的先哲那樣，在寧靜的校園裡研究哲學，過一種純粹象牙塔般的生活。但是納粹上臺，所

有願望都不可能了。1929年阿倫特完成了她的博士論文，但由於她是猶太人，無法獲取教授學術資格認定，也就不能在任何德國大學授課。面對猶太人的不幸命運，強烈的道德敏感性和學者使命，使她從納粹上臺的第一天起就清醒地認識到，黑暗時代不僅僅是對猶太人而言的，黑暗已經籠罩了整個歐洲，西方政治和道德傳統也在黑暗中塌陷了。她無法對黑暗和危險視而不見，因此，曾經鄙視政治領域的她從哲學沈思轉向政治生活。1930年開始，阿倫特就投入到反納粹的鬥爭。為躲避納粹的迫害，1933年她流亡巴黎。

1940年巴黎淪陷，德國佔領當局逮捕猶太人並將其送往集中營，阿倫特被關押在圭斯拘留營，後僥倖逃脫。危難中，一位美國外交官暗自向2500名猶太難民發放了簽證，正是在他的幫助下，阿倫特與母親和丈夫來到紐約。

在美國，阿倫特擔任過芝加哥大學、社會研究新學院、普林斯頓大學的教授，繼續投入解放運動，開辦講座、為雜誌撰稿，拯救和保護被佔領國家的猶太文化遺產。她一刻也沒停止過思考，她說：「如果不試圖理解所發生的一切，我就無法活著。」她反復思考，為什麼會出現納粹這樣的極權主義？為什麼極權主義這一前所未有的政治事件會與反猶主義聯繫起來？

1951年阿倫特的《極權主義的起源》出版，這部書一出版就引起了巨大的轟動，為她贏得了世界性的聲譽。在這部書裡，阿倫特分析了猶太人這一漂泊無根的民族與現代民族國家的關係。在民族國家發展初期，由於國際金融借貸的需求，大量猶太人以金融掮客的身份在各國政府間發揮影響力，地位迅速上升。但作為整體，他們始終處於社會的邊緣，從未培養起政治參與的意識和能力，對政治現實漠不關心。一群散沙般的個人要麼成為新貴，要麼成為賤民，但始終處在公民社會之外，在政治迫害面前不具有什麼抵抗能力。隨著民族國家的衰落和帝國主義的擴張，猶太人失去了商業上的影響力，有錢而無權，這是他們在資本主義危機時期成為仇恨對象的主要原因。同時，在長期隔離了公共世界的狀態下，猶太人強化了上帝特選的意識。他們的自我解釋造成更加複雜的隔離狀態，客觀上為德國普通民眾的排猶主義心理做了準備。因此，阿倫特認為，20世紀的政治危機把猶太人趕到各種風暴的中心並非偶然，實際上他們對自己的命運負有不可推卸的責任。阿倫特的分析激起了自己同胞的憤怒，同時也引起他們的深思。

在這部書裡，阿倫特指出，極權主義與歷史上任何專制或暴政不同，專制或暴政取消臣民參與政治現實的自由，壓制它的反對者，而極權制剝奪了人們無論個人的還是公共的全部自由。極權主義的充分展開還有賴於階級社會崩潰後出現的大眾。資本主義無休止的擴張剝奪了個人用於生活和確定身份的私有財產，產生了一大群無階級無身份的大眾。大眾不同於暴民，暴民以扭曲的方式撈取無休

止擴張中的殘羹剩飯，大眾則淪為消費社會的機器，所有人都變成了「一個人」，與社會生活日漸疏離，不關心政治，拼命追求物質滿足。大眾的遠離政治，恰容易被政客利用。統治者以虛構的目標吸引了大眾，使他們獲得一種追求有意義的目標的歸屬感和最低限度的尊嚴。於是，最不可思議的事情在人類歷史上發生了，人類起碼的尊嚴、理性和常識都遭到了否定。阿倫特以鞭辟入裡的分析表明，奧斯維辛的苦難不是一段與現代人無關的苦難。她警告人們，如果不根本診治現代性的痼疾，極權主義仍可能以一種強烈誘惑人的方式，以解救種種悲苦的姿態出現。

1961年，漢娜‧阿倫特應《紐約客》雜誌之邀，前往耶路撒冷，對納粹戰犯阿道爾夫‧艾克曼的審判做報導。阿倫特在審判中吃驚地發現，艾克曼犯下了滔天罪行，但他並不是什麼惡魔的化身，他只是為了找個工作而加入秘密警察處的一個下級人員。令人痛苦的是，許多罪行是根本沒有打算作惡的人犯下的。

阿倫特寫了五篇報導，後以《艾克曼在耶路撒冷》結集出版。阿倫特的報導，沒有按照通常的做法，以猶太人的血淚控訴去揭露劊子手的滔天罪行，對劊子手的審判使正義得到伸張，而是注意力集中在兩個問題上。一個是以色列法庭以什麼罪名起訴艾克曼，一個是艾克曼為什麼會犯下如此可怕的罪行。

阿倫特提出，艾克曼不應以反猶太罪受審，而應當以反人類罪受審。這不僅是個實質正義和程式正義的問題，更重要的是，納粹的屠殺並不只針對一個特殊的民族，而是20世紀一系列瘋狂殺戮的開始，是對人類文明基礎的根本挑戰。在「關於平庸罪惡的報導」中，阿倫特對一個平庸的普通人的冷靜、甚至冷血的分析，激怒了她的猶太同胞。他們難以接受這樣的觀點，因為，如果艾克曼的罪行只是一個普通人所犯下的，那麼無數被動服從的德國人和猶太人也不是無辜的，也必須為自己的行為承擔責任。

對艾克曼的報導使阿倫特陷於最大的爭議與誤解當中，並且失去了許多朋友，這是她出發之前不曾預料到的，但是，即使預料得到，她也一定不會退縮。阿倫特是這樣一個人，就像她對戲劇家布萊希特的評價那樣：「一個必定會說出別人不敢說的話，在所有的人都沈默的時候決不沈默的人。」阿倫特認為，艾克曼只是成千上萬的納粹分子和其幾百萬沈默支持者的一個代表，是20世紀沒有思想和判斷力的大眾的一個縮影。如果我們不能對這個黑暗時代做根本的反省，不能對自身的思想和道德水準做深刻的剖析，極權主義就不是個一去不復返的噩夢。

漢娜‧阿倫特以她深邃的思想、獨特而熾烈的表達方式，給社會帶來巨大震撼。警鐘長鳴，在歷史的山谷回蕩。半個多世紀以來，德國人民和他們二戰後的

七、一個聲音　震撼心宇　仰望星空

歷屆政府，一直設專門檔案，向散佈於世界各個角落的納粹集中營倖存者支付數目可觀的賠款，寄懺悔書、慰問信和聖誕禮物。這不是輕易就能辦到的，更不是可有可無的小事。德國人把希特勒犯下的罪惡視為日爾曼民族的集體罪惡。這個勇於反省、懂得懺悔的民族，以這樣的方式教育後代面對歷史的真相，引起真正的思考，培養真實的判斷力，防止歷史的悲劇重演。

自我體驗 勇敢深刻

成長為仰望星空的思想者的決定因素是什麼？

提倡思辨的文化傳統對人的影響是深遠的。德國有著名思想家萊布尼茨、康得、費希特、謝林、黑格爾、費爾巴哈、馬克思、恩格斯、叔本華、尼采，巨星雲集。阿倫特出生在德國漢諾威，從小在哥尼斯堡長大。哥尼斯堡是康得的故鄉。在康得的墓碑上鐫刻著這樣的銘文———「有兩種東西，我們愈是時常愈加反復地思索，它們就愈是給人的心靈灌注了時時翻新，有加無已的贊嘆和敬畏：頭上的星空和心中的道德法則。」

教師對學生的影響是巨大的。阿倫特的老師有著獨特的風格。海德格爾作為著名哲學家和天才的教師在德國學生中享有盛譽。海德格爾認為，真理只是一個「去蔽─遮蔽」的過程。一間黑屋子裡要看見東西就需要亮光，真理就是這樣的亮光。因此不能說一個真理是對的，其他的都不對。海德格爾認為，人在這個世界上要和各種各樣的事和人打交道，這就是人的開放性。真理是通過人的開放性讓事物顯現出來。一張桌子永遠都是桌子，而一個人有很多可能性，這是自由的真正依據，也是人本真的存在方式。如同哲學家會忘記存在一樣，人也會忘記自己。人沈湎於各種日常事務而完全忘記了自己的可能性，忘了自己的自由，失去了對自己的可能性的創造。人只有在存在中才能真正找到自己，只有超越自身才能回到自身，規劃自己的可能性，趨向自己的本真性。思考現代人類的根本問題，是海德格爾哲學的方向。阿倫特的政治哲學思想始終追尋著這樣的方向。

雅斯貝斯是阿倫特的博士導師，對她的獨立人格有著深刻的影響。雅斯貝斯在戰後被譽為「民族的良心」。他的妻子是猶太人，他拒絕與納粹的任何合作，1938年後他被禁止參加學術活動和出版著作，直至1945年美軍到達海德堡，才把他們夫婦從納粹的「驅逐」下解救出來。1958年雅斯貝斯獲德國和平獎，阿倫特被邀在頒獎典禮上致辭。她說，人人都知道雅斯貝斯在大災難中保持堅定，這一點比抵抗和表現英雄氣概有更大的意義，這意味著一種無須證明的信

任。「在他完全孤獨的時候,他所代表的不是德國,而是德國殘存的人道。他以他的不可侵犯,獨自照亮了理性在人與人之間建立和保存的空間,即使其中空無一人,這個領域的光芒和廣度也會留存。」

耐人尋思的是,這樣一個有思辨文化的國度,卻遭遇慘無人道的瘋狂。一個偉大的思想者卻也可能失去方向,阿倫特的老師海德格爾就曾淪為納粹的脅從。在那狂迷混沌的年代,只有少數人清醒。為什麼阿倫特能保持清醒,以銳利的目光看透事物的本質?因為活著就要思考,因為自己活著,就要和人類一起活著,她用人性的光輝照亮自己的內心,敬畏心中的道德法則。從康得故鄉出發的阿倫特,沒有一天放棄過對個人理想、生命價值以及社會公義的堅持。無論世事如何凋謝和變易,終其一生,她用自己的全部熱忱永葆著仰望星空、追尋道德的純真和勇氣。(圖 39)

圖 39 永葆仰望星空、追尋道德的純真和勇氣

　　阿倫特不是天生的沈思者和聖徒,真理和道德也不是她從書齋中獲取的純理論和規則,相反,她的一切都來自於自身致命的體驗,她把自己痛苦的體驗上升到對人類問題的思考。

　　漢娜・阿倫特7歲時,父親和祖父相繼去世。父愛的缺失使她告別了快樂的童年,很長一段時間都很憂鬱和自閉。17歲時她以優異的成績中學畢業。進入馬堡大學後,阿倫特被自己的老師海德格爾深深吸引,海德格爾也被她的年輕、美貌和智慧所打動。初戀沒有多少甜蜜,而是使她陷入一場註定沒有結果的畸戀。比她大十七歲的海德格爾已是兩個孩子的父親,他絲毫沒想過為阿倫特放棄地位和家庭。他們在漢娜住的小閣樓見面,整個大學和小城無人知曉此事。為掩人耳目,阿倫特轉學到海德堡大學讀博士。他們的關係斷斷續續維持了三年,精明的海德格爾在聲名鵲起後,主動寫信結束他們的關係,阿倫特深感痛苦。

　　1929年,在雅斯貝斯的指導下,阿倫特完成並出版了她的博士論文《奧古

斯丁的愛情觀》。在她的著作裡時常出現她自我覺醒的身影。她在闡述政治概念時指出，與每個人都需要與他人共同存在於世界以確立自我一樣，一種不能融入世界的愛情，一種喪失自我的愛情是無比脆弱的。如果愛情得不到公開的顯示，如果愛情得不到他人的見證，什麼能證明我們相愛著？這不過是自己的幻覺，在愛中存在的前提是在世界中存在。阿倫特從來沒有放棄過對個人幸福的追求。1939 年，阿倫特遇到了海因里希·布呂歇爾，次年與他結婚，一起度過了三十多年的歲月，直至終老。

面對種種矛盾和困擾，阿倫特始終保持著一定要成為自己的強烈願望，有一種對目的性的堅定的追求，和麵對再大的傷害也要貫徹這一點的堅定。即使是反猶主義猖獗的黑暗歲月，她也決不放棄人的尊嚴。她曾參加著名神學家布爾特曼的討論班，班上只有兩名猶太學員。阿倫特直截了當向老師提出班上不得有反猶排猶的暗示，得到了老師的理解和承諾。

阿倫特是一位有血有肉、有熱情、有渴望、有擔當的女性，因而她善於理解他人並給予關懷。然而，不僅於此，她超越了自我，她把父愛缺失的痛苦，猶太民族的苦難和人生的種種體驗，深化為對生命存在的思索，昇華為對人類歷史的責任。站在人性和熱愛人類的高度，她以一種博大的胸懷，面對過去、現實和未來。

多年後，漢娜與雅斯貝斯重逢。她懷著女兒對父親的信任，向雅斯貝斯坦陳了她與海德格爾的那一段情。後來他們在通信中多次研究過海德格爾的問題，並最終取得了一致意見：海德格爾顯然是這樣一個人，在他思維的熱情中，沒有生長出道德的敏感性。

海德格爾 1933 年加入納粹黨，出任弗萊堡大學校長，雖然只有幾個月他就辭去了校長職務，二戰快結束時還被派去挖戰壕，但是人們不能原諒他，因為他對與納粹合作一事一直不肯懺悔，對大屠殺和奧斯維辛保持沈默。二戰結束後，海德格爾被革除教職，處境窘迫。阿倫特與海德格爾恢復了聯繫，並在德國的一次去納粹化聽證會上為其作證，使其免於制裁。雅斯貝斯為他恢復工作做了很多努力。身在美國的阿倫特不計報酬地將海德格爾的著作翻譯出版並廣泛傳播，使海德格爾的哲學思想在 20 世紀 50 年代後走出德國，在世界範圍產生了巨大影響。

海德格爾現象令人震驚、發人深省。第一次世界大戰以暴力的形式將西方文化的根本問題赤裸裸地暴露在人們面前，德國思想文化的精英開始對西方文明的問題進行全面的深刻反思。海德格爾哲學就是這種反思的一個代表。但是，在第二次世界大戰中，海德格爾卻淪為納粹的脅從，這確實令人匪夷所思。艾克曼是

一個無思想的普通人,海德格爾是一個思想深邃的哲學家,艾克曼的罪行與海德格爾的錯誤之間有什麼聯繫?雖然二者不可同日而語,但都跟思想有關。那麼,什麼是真正的思?思能否為人的行為提供道德基礎?這就是阿倫特關注的關於「思」與「精神生活」的問題,也是阿倫特人生最痛苦的體驗留給人類的思考。

1958年《人類境況》一書的出版同樣引起巨大的轟動。一個哲學家能從現時代的狀況出發作關於政治之基礎的思考,而其風格又像古典文學作品一樣優美動人,這實在令人驚嘆。雖然她對於私人領域和公共領域的區分遭到了種種批評,但她通過這一區分表達的她對政治的看法,卻給人以深刻的啟示。阿倫特認為,真正的政治是在一個確定的領域內對話語和行為的分享,是交互行動和相互理解的實踐行為,這種相互理解的交往實踐是產生政治權力的基礎。

阿倫特把自己的人生交給自己認定的理想和信念。在《人類境況》中,阿倫特提出有三種基本的人類活動:勞動、工作和行動。每個人都是不同的,行動就是顯示自己與眾不同的個性的活動。言說是行動的基本要素,它把行動從威脅它的無意義的空虛和被遺忘的可怕中拯救出來。正因為如此,阿倫特從來沒有放棄過「言說」。思想者的聲音不同於噪音的喧囂,震撼的不是耳膜而是心宇。

阿倫特一生都在激情地思想,她69歲逝世時,打字機上剛剛寫下《精神生活》第三卷的標題。她豐富熾烈的情感、冷峻的天才和用自己的全部熱忱和體驗去換取思想的勇氣,像星星一樣閃閃放光,吸引著我們仰起頭,追尋星空。

傾聽心聲　思想萌芽

漢娜‧阿倫特,這位對人類產生深遠影響的偉大女性,並不是完美無瑕的先知先覺。她的旨趣、抱負、痛苦與關懷,為教育的神秘一隅透射進一縷亮光,開啟更深的廣角。

認真地想想,教育者是否在忙忙碌碌的教育中忘了教育———忘記了受教育者這活生生的人,忘記了教育的意義,忘記了思想和言說,甚至,忘記了教育者自己!面對社會,我們是選擇做遊離於社會邊緣的「大眾」,筋疲力盡地算計混沌的日子,惴惴不安地擔憂不可知的災難降臨,還是在深刻的自我體驗中,堅持真誠、執著付出,共同構建充滿希望、信心和幸福的公民社會?

我們懼怕政治,卻因此讓政治運動甚囂塵上。阿倫特讓我們明白:「真正的政治包含著自由、行動、卓越、持久、公共幸福、公共精神等要素,它不是生存的手段,而是生存的目的。」從這個意義上說,如果一個人對文學藝術一無所知

應當感到慚愧,那麼,也應當對政治的漠然和無知感到羞愧。」

改革開放以來,中國思想文化界和大眾文化領域出現了「去政治化」的話語現象。在這一文化影響下,當代青年的政治理念已悄然改變。青年的政治態度更加世俗也更加理性,利益問題取代政治理想,生活瑣事取代宏大敘事,成為影響青年政治判斷的重要影響因素。這其實不是脫離政治,而是一種新的政治態度。公民認為對個人發展最重要的權利由高到低的排序是:經濟權利、法律權利、社會權利、政治權利和文化權利。「90後」大學生群體更願意追求舒適的生活、成就感和美滿家庭。人們認為應該通過不斷的個人奮鬥實現夢想,「平等」是重要的前提,「機會平等」比「結果平等」更重要。

教育,不僅要讓青年樹立對國家的信心,更要讓青年堅定個人發展的希望,並通曉二者的聯繫。大話、空話、套話沒人願意聽,真實最具活力,具體、生動的價值理想與生活准則,在思辨中顯現科學、真理、思想的力量。善於傾聽,讓思想在自由的空間悄悄地萌芽,強勢的喧囂也不能銷蝕心靈對震撼心宇的聲音的感應。以深刻的自我教育,追隨思想的亮光,讓它照亮師生的內心深處,哪怕幼稚、迷惘、痛苦甚至錯誤,都可能變為思想者成長的又一次飛躍。

不懈的思考、真實的判斷力,不只是思想家天才的智慧,它是普通人擁有高貴的精神生活的生命力,它是社會的光明與繁榮內在的力量。做一位仰望星空的班導師,令人神往!

八、一項工程　造福千秋　　信仰的力量

有誰,能在龍爭虎鬥不知鹿死誰手的風口浪尖,與蔣公介石推心置腹面談民情,又與毛澤東主席披肝瀝膽共商國事?有誰,能與財團首領同心聯袂共迎新中國經濟復興,又幾十年如一日關注著平民子弟的教育、就業與生計?黃炎培,從一位普通的私塾教師,到新中國的副總理,「死生以之,為中華民族奮鬥」,發揮了民主對話的神奇力量。

黃炎培(1878—1965)是中國著名的愛國主義和民主主義教育家,是中國近現代職業教育的創始人和理論家,是傑出的社會活動實踐家。他非凡的影響力堪稱一絕。他創辦的浦東中學與南開中學一樣享有盛譽。他參與創辦了南京大學、東南大學、廈門大學、暨南大學等多所大學。中國當代的著名人士如原中國共產黨中央書記處書記張聞天,國民黨要人蔣經國、蔣緯國,左聯五烈士中的胡也頻、殷夫,數學家華羅庚,會計專家潘序倫,歷史學家範文瀾、羅爾綱,核彈之父王淦昌,翻譯家卞之琳,教育家夏堅白、董純才,乒乓球教練付其芳等,都曾師從

黃炎培或就讀黃炎培所開辦的學校。

黃炎培非凡的影響力來自哪裡？來自他堅定的信仰。獨立、統一、強盛、人民民主幸福的中國屹立在世界的東方，這是世世代代中國人的夢想。追尋和實現中國夢是造福千秋的偉業，民主和教育是偉業的奠基工程。黃炎培以畢生精力奉獻於中國的民主建設和教育事業。

理必求真尋求救國之路

黃炎培出生在江蘇省川沙縣一個既無田地又無房產的塾師家庭。幼年由母親教識字，9歲起到外祖父家讀私塾，常常利用姑父家豐富的藏書廣讀博覽。他的父親好打抱不平，公堂上舉著《大清律例》質詢知縣，迫使縣官收回抓捕冤屈平民的提票，給幼年的黃炎培留下深刻的印象。青年黃炎培不信鬼神，當著鄰裡的面，把裝神弄鬼的香案掀了個四腳朝天。

因早年父母雙亡，黃炎培為生活所迫，做過百貨店的臨時售貨員，一面勞作一面讀書和習作詩文，未到20歲就在家鄉當塾師。由於詩文作得好，得到姑父的朋友王筱雲賞識，王將女兒嫁給他為妻。原本從此過著鄉鎮塾師的小日子的黃炎培，因為一本書、一位老師，喚起尋求救國之路的追求。終身好學的睿智，理必求真的勇氣，改變了他的人生。

1898年，黃炎培讀了姑父給他買的第一本新書———嚴復翻譯的英國赫胥黎的《天演論》。初步接觸了西方文化，瞭解到「物競天擇，適者生存」的道理，他的目光朝向了更廣闊的世界。1899年他在松江府以第一名取中秀才。

1901年秋，黃炎培考入上海南洋公學首屆特班，中文總教習是中國著名教育家蔡元培。蔡元培不但教學生讀書、作文，還教學生日文和練習演說，他的教育思想和獨特教學方法給黃炎培很大影響。

蔡元培給學生一張中學學科分門類清單，有哲學、文學、政治、外交、經濟、教育等二三十種，讓每人選定一門。蔡元培就選定的每一門開示應讀的主要次要書目，囑咐學生向學校藏書樓借閱，並且要求每天必須寫筆記送老師批閱。蔡元培說：「現在中國被各國欺侮到這地步，『知己知彼，百戰百勝』，我們要知道自己的弱點，還要瞭解國際情況。瞭解國際，要通曉外國文，讀外國書。」黃炎培選定外交一門，蔡元培給他開示了「國際公法」和幾種外交文牘。蔡元培不但勤於教，還勤於學，蔡元培到附近中學學習拉丁語，黃炎培也跟隨前去。

蔡元培不僅親手批閱每人筆記，還每夜輪流招二三學生到他房間面談，或就筆記或就當日報載消息指示種種，學生也可以提出意見請教。蔡元培每月出題讓學生抒寫所見，題材不拘，如《春秋戰國時代的愛國者》等。這種教育方法切合學生要求，蔡元培語言、態度的親切謙和，使每一位學生都心悅誠服。每到夕陽西下，師生三三兩兩漫談散步，洋溢著一種相親相愛的精神。這些，無形中深刻地影響著黃炎培。

　　蔡元培招全班學生談話。他說：「中國國民在極度痛苦中，還沒有知道痛苦的由來，沒有站立起來、結合起來，用自力解除痛苦，這是中國的根本弱點。你們將來出校，辦學校以外，還要喚醒民眾，開發他們的知識。」

　　1902年秋，黃炎培到南京應鄉試，中了舉人。不久，學校發生風潮，南洋公學被解散。黃炎培認定「教育為救國唯一方法」「要救中國，只有到處辦學堂」，他遵照蔡元培的教誨回川沙辦學。1903年春，黃炎培主辦的川沙小學堂開學。川沙小學初創時辦學極為困難，黃炎培自己每天兼任3教時課務，卻不領薪金，靠分送考中舉人時的文章所得酬金維持生計。每天安排體育課，以強健學生體質。黃炎培一面辦學，一面作「喚醒民眾」的工作，每週舉辦公開演說會，還時常到別處講演，宣傳中國被列強瓜分的危險。由於地方痞棍誣告他們毀謗皇太后和皇上，黃炎培一度入獄，在江蘇巡撫「就地正法」批文到達前一小時，由基督教外籍牧師保出，逃亡日本，一年後歸國，繼續興辦學校。

　　1906年，新興的浦東中學辦得如火如荼，各地考察教育的爭先參觀。有人密告兩江總督：以前演說革命的黃炎培現潛回上海，動員楊斯盛捐辦浦東中學，對學生宣講排滿革命。總督命省級最高教育行政長官江蘇「提學使」毛慶蕃徹查。毛提學使詳細詢問楊斯盛先生關於黃炎培的為人及辦學，楊據實答復，並以身家性命擔保。當時中學校長月薪一百元，黃炎培只領四十元，浦東的教師也領薪金極少，讓毛提學使大為驚異，說：上年我去視學，確是不錯，這樣說來黃炎培當是好人。次日，毛提學使召見黃炎培，先是大堂設公案，略問興學旨趣、施教方針之後，邀至後堂給午餐，令子侄輩作陪，詳問平時讀什麼書。黃炎培乃詳細答復：「幼讀四書五經，後從十三經中選讀《爾雅》，從《二十四史》中讀《史記》《前漢書》《後漢書》《三國志》，從諸子百家中讀《莊子》《墨子》從唐人詩集中讀李白、杜甫兩家，因為他們都是為老百姓說話。從宋儒學案中讀，朱（熹）、陸（九淵）兩家，但我特別重陸，他說『六經皆我注腳』，此言正確。明儒特重王陽明（守仁）、顧亭林（炎武）……」話沒說完，毛提學使就說：「你讀那麼多書，選擇那麼精確，誰說你是革命黨？」隔了幾天，毛提學使發表一道公文，長三千言，結論：「今後如再有人根據舊案，控告黃炎培革命，從此立案不准，以免冤

枉拖累好人。」沒有吞吐古今的博學，那自然流露的三言五語，怎麼能化險為夷，讓文官折服而做出惺惺相惜的明智之舉？不學無術，何來影響力！

其實，黃炎培已於 1905 年由蔡元培介紹加入了中國同盟會，不僅是革命黨，還是其中堅，因蔡元培出國留學，接任上海幹事執行職務，保管黨員名冊。辛亥革命後，孫中山在上海寫《孫文學說》，稿才及半，邀黃炎培親切交談，拿出初稿虛懷下問，字句上須斟酌的，懇請黃炎培動筆。早在中共成立前，陳獨秀常來中華職教社訪黃炎培求談。1921 年，黃炎培耳聞中共即將成立，專程到北京拜訪李大釗。正是投身革命，始終與老百姓共生存，與中國共命運，不窘於一己一派一黨，與人於己不畫地自限，黃炎培才能與境隨緣，與事而興，居停揮灑，舉足輕重。

1931 年「九一八」事變後，黃炎培積極投入抗日救亡運動，創辦《救國通訊》，宣傳愛國主義；組織上海市民維持會，支持淞滬會戰。1941 年，他與張瀾等人在重慶發起組織了中國民主政治同盟，努力貫徹抗日主張，實踐民主精神，加強國內團結。1945 年黃炎培又與胡厥文等人發起成立中國民主建國會，實施「反對獨裁，要求民主；反對內戰，要求和平」的政治主張。

抗戰勝利後，黃炎培與其他民主人士致力於調停內戰，恢復陷於停頓中的國共和談。1945 年夏，黃炎培與其他五名參政員一起飛赴延安，受到毛澤東等中共領導和延安群眾熱烈歡迎。目睹了解放區嶄新的氣象和軍民的精神風貌，黃炎培深感這似乎是與自己的理想境界不遠了，返回重慶後發表了《延安歸來》一書。延安之行是黃炎培一生的重大抉擇，也是他一生的重大轉折。

1946 年李公樸、聞一多被害後，黃炎培一再受到威脅利誘，有人要拉攏他參加偽國大、脫離民盟，甚至還有特務闖入黃炎培在重慶張家花園的家。黃炎培公開堅決表示：不能同意於不統一、不團結之下通過憲法，此是不通之路；我不能與人走不通之路；我不能脫離民盟、自毀人格。在調停內戰徹底絕望的形勢下，民盟轉入地下。1949 年，黃的二兒子黃競武被特務抓去，寧死不屈，被打斷腿活埋了。1949 年 2 月，在地下黨協助下，黃炎培逃離上海，取道香港，輾轉到北京，參加籌建新中國人民政治協商會議。

事必求實 大興職業教育

黃炎培為創辦職業教育嘔心瀝血，歷盡艱辛，甚至曾冒著生命危險。

辛亥革命後，黃炎培一度出任江蘇省教育司長，全力以赴改革地方教育，全

面規劃建設了縣立小學、省立中等、高等學校和省教育會。但不久他就放棄做官，寧願選擇繁苦的社會事業。1914 年，黃炎培以記者身份赴安徽、江西、浙江、山東、北京、天津等地考察。國內考察，使他更清楚地看到了封建教育的弊端，職業教育思想開始萌發。1915 年他赴美國，用兩個月時間訪問了 25 座城市 53 所各級各類學校，重點考察了美國的職業學校，目睹了實用主義教育的積極作用。1917 年 1 月，黃炎培又赴日本和菲律賓進行為期 96 天的教育考察。考察後，黃炎培認為，中國的教育「純乎為紙面上之教育，所學非所用，所用非所學」，學生在學校中所受到的道德、知識、技能訓練，走上社會後毫無用處，必須改革教育。他將「實用救國」與「教育救國」熔為一爐，正式形成了他的職業教育思想。

1917 年，黃炎培聯絡教育界、實業界知名人士在上海發起中華職業教育社，這是一個民間教育組織，從事教育改革的實驗。為此，他三次放棄了做官的機會。次年，創建中華職業學校。創辦職教社，面對各方資助，黃炎培從不據為己有，甚至自己不領工資，只取生活費，他的收入只相當於當時上層文化人收入的幾分之一，黃炎培的兒女們從小只能穿著舊的衣服，到不收取學費並管吃住的公費學校去上學。黃炎培不肯做官與廉潔的美名相並一身，因此實業家們願意把財產捐給黃炎培辦學。

1918 年，黃炎培在上海南市陸家浜創立了中華職業學校，設木工、鐵工、琺瑯、紐扣四科，並附設工廠。後來又添設土木、留法勤工儉學、染織、師範、商業等科。學生實行半工半讀。黃炎培親自擬定了「勞工神聖」「雙手萬能」「手腦並用」的辦學方針和「敬業樂群」的校訓，並進一步明確說明職業教育的目的是「為個人謀生之預備，為個人服務社會之預備，為世界及國家增進生產能力之預備」「造就新型知識分子」。

黃炎培不僅在城市辦了職業學校，而且在鄉村也辦了職業學校。1926 年 6 月，職教社與其他單位一起在江蘇崑山徐公橋試辦了鄉村改進試驗區。1946 年，黃炎培在上海創辦比樂中學，探索兼顧升學和就業雙重準備的普通中學。至 1949 年前，又先後創辦重慶中華職校、上海和重慶中華工商專校、南京女子職業傳習所、鎮江女子職校、四川灌縣都江實用職校等多所職業學校。其間的艱辛，難以想像。

就在 1927 年，國民黨在南京成立國民政府後開始排除異己，黃炎培被冠以「學閥」罪名遭到通緝，中華職業學校被搗毀。特務迫令職教社工作人員在預寫的「黃炎培反動證明書」上簽名，但沒有一個人肯屈從，結果全部被驅登大車逐出郊外。特務還以手槍威脅，想接收中華職業學校和工廠。全體教員、學生、工

人堅決抗拒，高呼：「這是我們的學校，這是我們的工廠，誰來接收，向誰拼命！」暴徒們才散去。黃炎培家，一位素不相識的青年深夜叩門：「特務要暗殺五人，有章太炎和黃先生，快走，天明就危險了！」黃炎培偕夫人星夜逃離，想到蘇聯，受阻後避居大連，住在一個狹小的旅館，在日本特務監視下，長日讀書於鐵道圖書館。

　　黃炎培一身正氣，竟化敵為友！一天，忽有一人從隔壁窗洞伸出頭來，叫聲「黃先生」。（圖40）這人走到黃炎培臥室，緊緊握住黃炎培的手，說：「對不起！對不起！我是日本特工，奉命來監視先生。先生讀書寫字這樣認真，生活這樣嚴肅清苦，今後我絕不受殘暴的日本使命。我本是小學教員，困於生活，收受日本這筆費，我現積有幾文錢，從此為先生服務。本我良心，做先生的警衛，切切實實地保衛先生。」說到末了，幾乎下跪。因為當時職業社已譽滿中外，國民黨雖然忌恨也無可奈何，經蔡元培等人向蔣介石說情，黃炎培被准予返回上海。離開大連時，這名「警衛」買船票送黃上船，依依惜別。

圖40 外圓內方化敵為友

　　理解偉大實踐家的思想，是把握洞見世界的鑰匙。或許可以用形象而並不準確的比喻，表達淺顯的理解。中國這個巨人，每個中國人是她的「細胞」。

　　國體、政體就好似骨骼與神經，支撐和指揮著全身。國防，工、農、商，能源、交通、資訊，老百姓吃穿住行，跟呼吸、吃飯一樣，呼吸系統、消化系統一刻也不能停滯。執政宗旨、精英思想、科學技術，如同人的心臟和大腦。民主，不是巨人的面子，而是關係生存與興衰的「內分泌系統」和「生殖系統」。有民主才有可能建立公正的社會，給予人生活的安全和精神的希望。而教育，如同血液循環系統，滲透到方方面面，具有物質運輸和內分泌功能，促進各個系統乃至整個人體的新陳代謝，同時又有賴於其他系統。

　　在中國，假若不統一，肯定無安寧；假若「無政府」，肯定無法無天，絕無民主可言。在中國，民主並非只是選舉投票，而是建立起公民社會。人民是公民的總體，政府是人民的政府，軍隊是人民的軍隊，領袖是人民的領袖，一黨領導

也必須多黨協商,任何個人和黨派不能淩駕於憲法之上。而這一切的真實性,都在公民的監督之下。公民,不同於「子民」和「反眾」,遊離於社會之外,永遠無原則的順從和動輒無理性的反抗。公民,對社會承擔義務、負起責任、享受權利。培養公民人格和能力,非靠教育不可!文化教育,陶冶和保護人的創造力,促進個人的獨立發展,又發揮凝聚力,讓意識形態各異的各階層公民結合為多元化共生的社會。黃炎培「對職教確信為能解決人類間種種問題的扼要辦法」。通過職業教育,力求做到「學校無不用之成才,社會無不學之執業,國無不教之民,民無不樂之生」。教育,職業教育,猶如剜除獨裁專制與愚民政治這一對毒瘤的手術刀!黃炎培倡導的職業教育,絕不僅僅是勞動技能訓練。一旦「勞工神聖」「強國富民」成為最底層老百姓的信念,即使只是為了「養家糊口、安居樂業」這最起碼的要求,也必須在社會上有自己的一席之地。各行各業、各個階層都能發出自己的聲音,億萬人主動爭取自己應有的地位,這就是實實在在的民主!(圖41)

圖 41 勞工神聖手腦並用

　　職業教育可以培養高素質的勞動大軍,也能為培養高級人才搭建平臺。黃炎培的兒子、著名建材學家黃大能,是中華職業學校 1934 屆土木科學生,著名電影藝術家秦怡是 1936 屆商科的學生,中國工程院院士顧心懌是 1953 屆石油機械科學生。職業教育的普及和深入發展,可望輓救瀕臨消亡的民間技術、藝術和文化遺產,還可能創造出多種適應經濟發展和方便人民生活的生產、服務模式。

　　在當代,不論在城市還是農村,發展職業教育都勢在必行。職業教育的興起,將極大地更新觀念,改變為考試而教而學的現象,學生有機會發現和發展自己的愛好,有選擇自己職業和塑造自我的主動權。青年的價值觀念是時代最活躍的意識形態。教育真正關注生命的成長和生活的意義之時,時代所要經歷的深刻

變革，就可能遠離一哄而起的運動，而悄然滲透於日常生活中，體現在億萬普通人對公民社會的需求中，貫穿於各行各業的創新發展中。教育，將迎來思想進一步解放的春天。

外圓內方堅持民主建設

黃炎培曾給兒子寫了一則座右銘：「理必求真，事必求是；言必守信，行必踏實；事閒勿荒，事繁勿慌；有言必信，無欲則剛；如若春風，肅若秋霜；取象於錢，外圓內方。」這是他人生的體會，是他高尚人格的寫照，也是民主建國的一份寶貴財富。

「取象於錢，外圓內方」，是用古銅錢的外圓內方，比喻堅持原則又講究策略。「外圓」，絕非榮辱若驚的「聰明人」和察言觀色的「好好先生」的勢利圓滑，而是指待人接物圓融通達，措辭有度，態度平和。心懷坦蕩、理直氣壯，卻絕不鋒芒畢露、盛氣凌人而使人難堪。「內方」是指做人有信仰，辦事有主見，思謀有法、胸有成竹、鍥而不捨且張弛有道。黃炎培一生力達「外圓內方」，以成就大業、海納百川的氣量和平等待人的風度，致力於中國的民主建設。

1938年，抗戰烽火正濃的武漢，第二次國共合作剛開始，周恩來、董必武等代表共產黨加入國民參政會。黃炎培等作為社會賢達也被聘為國民參政員。他在後方安置難民，組織生產，調查社會，動員民眾，並與共產黨人配合，力促抗日。1940年間，國共衝突加劇，他在參政會中主動承擔起了調解國共紛爭、團結抗日的工作。

自參政會成立後，包括中共在內的非國民黨政治派系，一直在要求實施民主憲政。作為國民參政會參政員，黃炎培一直期望國民政府在抗日期間在政治上有所改革，實行民主憲政，改善人民生活，動員民眾抗戰，並深切期望國共合作，避免摩擦和分裂。黃炎培對蔣介石是抱有希望的。蔣介石對外堅持民族獨立的立場從不動搖。在國際問題的決策上，曾經在國民黨內部有人因為納粹勢力猖獗而想與德國聯盟，蔣介石堅決予以否決。蔣介石也多次承諾民主憲政。因此，黃炎培一再向蔣介石陳述政治上的弊端，希望改革。為了顧全大局，他從不在社會上散佈這些情況。1940年9月6日，蔣介石舉行茶會，黃炎培報告兵役近況，關於軍隊虐殺壯丁，言之甚詳。茶後，黃炎培又與蔣介石密談，面陳關於川南煙禍、匪患的處理辦法。

但是，黃炎培的努力，並沒有得到當局的善意回報。黃炎培意識到「憲政

是國父遺教,是既定國策,越早實現越好。若可行不行,此政府將不打自倒。」1944年,黃炎培等人發表的《民主勝利獻言》等文章,表達了國民黨統治區文教、工商界人士要求民主的呼聲。

在抗戰與爭取民主的實踐中,黃炎培逐步認識了中國共產黨的政策,並萌生了親赴延安考察的願望。他讀過斯諾的《西行漫記》、毛澤東向斯諾口述的《毛澤東自傳》等等,對這位早已聞名遐邇的中共領袖,有了較詳細的瞭解,心中很是嚮往。與黃炎培一樣,毛澤東也是長在農村,家境貧寒,兩人雖都學歷不高,但資歷頗深,都屬於經驗型的政治實行家,長於操作,又不乏著述,同時好文擅詩,兼有詩人氣質。黃炎培從未曾謀面的毛澤東身上感受到了強勁的吸引力。

1945年黃炎培赴延安考察。共產黨追求人類平等、社會正義的理念,在共產黨的許多政策中得以體現,共產黨人公而忘私,為貧苦人們所做的一切深深打動了從小苦出身的黃炎培。在延安窯洞,黃炎培與毛澤東進行了長達十幾個小時的促膝談話。黃炎培談到,我生六十多年,耳聞的不說,所親眼看到的,真所謂「其興也勃焉,其亡也忽焉」。一人,一家,一團體,一地方,乃至一國,不少單位都沒有能跳出這週期律的支配力。在事業之初聚精會神全力以赴,即使艱難困苦也能從萬死中覓取生存發展,環境好轉功績顯著了反而懈怠,一旦不良之風盛行就無法逆轉。一部歷史,「政怠宦成」也有,「人亡政息」也有,「求榮屈辱」也有,總之沒能跳出這週期率。黃炎培希望中國共產黨能找出一條新路,來跳出這週期率的支配。聽了黃炎培的這番見解後,毛澤東對他說:「我們已經找到新路,我們能跳出這週期率。這條新路,就是民主,只有讓人民來監督政府,政府才不敢鬆懈。只有人人起來負責,才不會人亡政息。」黃炎培認為這話是對的,用民主來打破這週期率,應當是有效的。

1949年3月,毛澤東率中共中央從河北西柏坡來到北京西郊,選擇了黃炎培作為第一位來到他所下榻的香山雙清別墅的客人。當日,毛澤東與黃炎培長談良久。毛澤東的談話涉及重大的建國方略,他向黃炎培再三強調,他要搞出不同於蘇聯的「中國特色」。在社會主義改造問題上,中共的政策將大大有別於蘇聯史達林。毛澤東希望新中國成立後,黃炎培這個並非是實業家的教育家來牽這個中國實業家們的「頭兒」,起到向實業家們傳遞、解釋共產黨政策的「仲介」作用,因為他很清楚黃炎培在民族實業家中的威望。整個談話,毛澤東言辭懇切,曉之以理,動之以情。對毛澤東的這一重托和委任的新角色,無論是出於對國家的責任、還是對朋友的考慮,都令黃炎培難以推卻。

黃炎培的兒子在報上看到父親出任中央人民政府副總理兼輕工業部部長的職務,異常納悶,問:「你一生拒不做官,怎麼年過七十反而做起官來了?」黃炎

培告訴他周恩來兩次來家動員的情形，欣然說：「以往堅拒做官是不願入污泥，今天是中國共產黨領導下的人民政府，我做的是人民的官啊！」黃炎培還擔任全國人大常委會副委員長、全國政協副主席、中國民主建國會中央委員會主任委員等職。黃炎培勤政廉潔，努力為人民服務，代表民主黨派參政議政。1950 年他與李濟深等聯名提出關於土地改革先試點後推廣的改革案；他提出關於「中國人民志願軍」命名的建議；1954 年討論憲法草案時，提出了國家元首仍稱主席不稱總統、以中央人民政府為最高執行機關、中央以下各級一律稱人民政府的建議；1959 年在人大常委會談話會上提出國歌仍用義勇軍進行曲不要變動的意見，等等。

與毛澤東的許多黨內同志和黨外朋友一樣，黃炎培對毛澤東制定的政策並非是件件都理解和同意，並非是所有都予以首肯的。在若干政策上，有些不乏是重大政策，黃炎培是有所保留的。對毛澤東的不同意見，黃炎培有些是當面提出，有些是去信表達，有些則是回避口筆交鋒，而在相關會議上提出。在新中國成立初期的年代裡，黃炎培對毛澤東是從內心深處欽佩的，即使是在階級鬥爭硝煙瀰漫的日子，黃炎培與毛澤東也以禮相待，黃炎培仍以朋友的身份提出建議，如保護周莊的文化景觀等。就向毛澤東提不同見解方面而言，黃炎培堪稱是一位肯諫、敢諫、善諫的典型。黃炎培的執著來自他對民主社會的理想，追求以平等協商的自治方式來處理公共事務，理所當然沒有高低貴賤之分。

黃炎培珍藏著一部據說是王羲之真跡的書法作品，毛澤東借來一閱，講好一個月歸還。傳說中有說「剛過一周」，也有說「過了一個月借期有餘」，黃炎培就打電話詢問是否看完。毛澤東讓人把書法小心用木板夾好送回。在那個人人皆呼「萬歲」、主動向領袖獻上墨寶都不為過的年代，黃炎培居然向毛澤東催索，確實十分「夠英雄」，也非常「夠朋友」。或許，黃炎培此舉並不意在心痛書法真跡，而是提醒毛澤東不要因為位高權重而忘記了民主平等，重蹈「週期率」。

1965 年底，在愈演愈烈的階級鬥爭的氣氛中，黃炎培溘然長逝。這位相當一段時間以來已遠離了現實政治的老人，對黨內鬥爭知之不詳，根本不可能瞭解中華大地上已經和將要發生的悲慘一幕。然而，在他尚為清醒之時，只要他認為可行的情況，這位倔強的老人依然要運用自己的影響去堅持正義。他在一次公開的會議上，為被打倒的中共統戰部部長李維漢評功擺好，台下人群試圖打斷他這不合時宜的講話，但他不為所動，照講不誤。

「文革」結束後，一些黨內健在的老同志，包括 20 世紀 50 年代與黃炎培激烈爭辯過的人，都誇贊黃炎培的為人。胡耀邦、彭真、鄧穎超、陳雲先後給黃炎培題字，以紀念這位昔日的老友。江澤民也親筆為黃炎培所創辦的中華職業學

校題字。

　　實現人人參與、人人受益的民主和教育，是一項造福千秋的偉業。黃炎培，為民主的理想而擔當起公共知識分子的責任，他把啟蒙教育當成是實踐公民政治的一個途徑。黃炎培是舊中國職業教育即啟蒙教育的倡導和實踐者，又是新中國的建設者，是毛澤東的諍友。從這個意義上說，家長是老師也是學生，領導是老師也是學生，領袖是老師也是學生。黃炎培是一位最優秀的學生，他向世界學習，理必求真，實踐探索，民主對話，終生不渝。黃炎培是一位了不起的老師，他用信仰的力量影響著這個世界。

九、一種文化　流傳人間　　偉大的聖人

　　曾經有一位外國的議員訪問中國後，鄭重其事地對中國的一位歷史學家說：「我到過不少的國家，但沒有一個國家像中國這樣文化悠久，而又從來不曾中斷；幅員遼闊，人口眾多，而又統一集中，秩序井然。這實在了不起，恐怕舉世無雙。」最後他斷言說：「可以推想，中國歷史上必定產生過某位非凡的大聖人，是他造就了這一切。您是研究歷史的，可不可以告訴我，這位大聖人叫什麼名字？」歷史學家回答說：「感謝您的美意，中國歷史上的確有這樣一位大聖人，他的名字是———」

　　大家馬上猜到這位大聖人，他的名字是孔子。

　　孔子被尊為師聖，那是名不虛傳。不要說他師門浩蕩弟子三千，留下許多傳世之作，單是他那三大弟子顏回、子路、子貢，個個非同一般，才情迥異卻齊聚孔門，歷經千年還生龍活虎、色色鮮亮，令後人好生好奇，「孔先生」是何等開豁，又有怎樣的魅力！孔子的弟子們對他的描繪細緻入微、栩栩如生，被後人發揚光大。我的學生筆下也有孔子的光輝形象，不是高高在上的聖人，而是一個勇於實踐、以身試教的「憨老師」，活脫脫的「孔大班導」，令今日之班導心生敬羨。學生如此這般描述孔子。

何解酷熱

　　一年自始至終，數六七月最為炎熱，烈日懸空，如入火爐。一日，孔子與客泛舟遊於赤壁之下。微風徐來，卻不是送來絲絲涼意，反而吹得眾人喉頭一緊，飢渴之感不覺湧上心頭。孔子生得心寬體胖，自是早已汗流浹背。於是問諸客曰：「何為其然也？」一人點頭嘆曰：「吾乃江南人士，卻不知北方之地有這般炎熱，真是妙極了！」轉念一想，孔子怕熱，於是話頭一轉，「仲君畏熱乎？」見孔子

避而不答，於是繼續發表高見，「吾知一良方可解熱」。還未說出下文，但見孔子眼內發光，面紅耳赤，一副不吐不快之態，遂已起身———「砰」，眾人還未反應過來，孔子已然成了「落水君」。只是他身體密度還不夠大，不足以沈入水底。這時眾人慌了手腳，不停地責怪這個冒失的年輕人。只見年輕人不慌不忙從船上抓起一條一端繫於船尾的繩子，將另一端拋給水中掙扎的孔子。孔子心領神會，一把抓住繩子。「子在川上曰」此時變為「子在川內遊」。於是，中國最古老的「衝浪」自此而始。看來酷熱也並非不好，有時能激發人的想像力，創造出前有古人，後有來者的經典與奇跡。(圖42)

圖42 子在川內遊

妙文引人一樂，樂中自然明白，中國人把孔子視為自家老祖宗，追根尋源，連「衝浪」也是以孔夫子首創為快。

理想大同 大道中庸

一個人，勢單力薄，但與中華文化、世界文明聯繫起來，其影響力則五湖難估，四海為量。孔子是一個真實存在的人，他的理想卻綿延千秋廣及寰宇。他的「大同」發自肺腑，他的「小康」面對現實，而他實現理想之道更是意蘊深遠，別樣的海闊天空。

孔子出生於西元前551年，早年生活窮苦。他成年後曾做過倉庫管理員，也擔任過管理牧場的小職務，出納錢糧算量得準確清楚，牧場牲口越養越多。他自強不息，廣讀博學，以德載物，志向高遠。

孔子的志向是構建一個理想社會，這是一個基於天理，合乎人性，一切既有秩序又充滿和諧的「大同」的世界：「大道之行也，天下為公，選賢與能，講信修睦……，謀閉而不興，盜竊亂賊而不作，故外戶而不閉，是謂大同」。在大道

實行的時代，天下為天下人所共有。選舉賢能者共同治理，人人講信用，彼此和睦相處。大好的資源得到很好的利用，卻不會被佔為己有。壯年人都能貢獻自己的才能，卻並不僅僅為了自己。人不僅愛自己的父母和子女。老年人能安享天年，青少年能受到良好的教育，鰥寡孤殘都得到供養。陰謀和犯罪受到遏制，處處平安祥和。

　　天下為公，舉世大同，天下本應如此！本鄉本土的孫中山倡導「三民主義」，個中三昧實指望「天下為公」。在地球另一端，馬克思倡導的共產主義，不論「按需分配」的經濟特徵，兼有「各盡所能」的精神需求，就解放全人類的終極目標而言，與「大同」竟是如此吻合。孔子奇人，用遠古東方的濃墨丹青暈染出人類願景，風日灑然欣動人心。

　　孔子憧憬「禮樂治世」，依法而治，而不是毀掉現實的生活去實現遙遠的理想。他注重道德修養，也富有生活情趣。他對飲食講究味道，衣服注意配色，還發明比身體長一半的被蓋，使自己的腳不受冷。因此，他所嚮往的理想社會，人間煙火繚繞。

　　代表孔子思想的《中庸》，據傳為孔子的孫子、孟子的老師子思所著。孔子的中庸之道絕非折中和稀泥。遵從天下萬事萬物的大本，無所偏倚，叫作中；合乎天下共行的大道的節度，沒有過猶不及，叫作和。能把中和的道理推而極之，是為中庸。中庸之道就是追求和諧，避免走極端。

　　孔子要把理想建立在世人的內心深處，既然這是天下人共享的理想，就要讓天下人心裡去想。在聚群而居的農耕社會，一家老小日出而作、日落而息，一般老百姓不會關心社會政治，孔子就把人人都能體驗的家庭生活當作社會的象徵，以民間信奉的長幼親善、自然協調的家庭倫理為基礎，推而廣之。他創造了富有中國特色的社會倫理和社會結構，借由普通人能夠感受到的生活境遇，解決諸多矛盾所需要的人品和處事原則，形成整體的治國觀念：修身、齊家、治國、平天下，借此通向理想之路。

　　別小看這樣的理念。許多人不重視這樣的人生進步的階梯，往往青年時壯志淩雲，好高騖遠；中年時受挫消沈，抱怨不斷；老年時一事無成，空虛寂寞。從修身做起，即使不能成大事，也能成人；致力於家庭幸福，家家幸福，也有益於國泰民安。

　　孔子說，好學近於智，力行近於仁，知恥近乎勇，知此三者，則知怎樣修身。知道如何修身，則可知怎樣管理家庭，知道如何管理家庭，也就知道怎樣治理天下國家了。

活在當下 融入春秋

　　流傳在民間的孔子，可親、可敬、有信、有樂。孔子最可親的是真，最可敬的是韌，「唯天下至誠為能化」「篤行而不倦」，一心一境，活在當下。

　　孔子「十五而志於學」，學的是周禮。他當時所在的魯國，保存著最為完整的周代禮樂文明。禮樂仁義的盛世盛景，令孔子著迷而嚮往。孔子「志於學」的那個「志」，就是敢於去思想，思考人生，心系天下。孔子當然知道現實中既有強權也有暴力。理想，真的能給人類帶來希望？世事難料，人生風險浪高，一個普通人，只有短短一生，真的值得為理想去思、去行、去竭盡所能？

　　相傳孔子赴周學禮，曾去拜見老子。老子剛洗完頭，披髮直立不動，待發自然晾乾。孔子見狀，悄然退至隱蔽處，稍候，上前問曰：「吾眼花乎？適見先生形如枯木，似超然立於獨有境界？」老子曰：「吾心正遨遊於萬物之源。」孔子充滿好奇：「此為何意？」老子見他求知若渴，便引申猛獸與小蟲萬變而不離根本，水的湧流在於無為而自然，「無為，乃歸依天道，天下自然太平。」

　　孔子急迫地問：「如何才能使君王以德為政，立禮興樂，讓天下太平？」老子忿然道：「天下有道，何必問禮？失道而後德，失德而後仁，失仁而後義，失義而後禮。講禮之時，天下一定是亂得一塌糊塗了。」孔子正沈浸在將魯國建成為禮儀之邦，為天下立一典範的憧憬中，聽得此言，猛然一怔，愣在那裡。

　　老子看著孔子，張開沒有一顆牙齒的嘴，用手指了指，問：「牙齒還有嗎？」孔子搖搖頭。他又指了指自己的舌頭，問：「舌頭還在嗎？」孔子點點頭，但不明其意。老子說：「聰明而深思明察的人，卻常遭厄運幾乎喪生，是因為好議論他人；學問淵博見多識廣的人，卻使自己遭到危險不測，是因為好揭發別人罪惡。做人子女，要心存父母；為人之臣，不要有自己的思想。」

　　孔子思索多日，恍然大悟。齒者，天下之至尖；舌者，天下之至柔；老子之意是，天下之至柔，終將勝天下之至堅。只是靠激烈對抗，非但不能解決問題，還落個齒落唇亡。是啊，誰願意被人議論呢？更何況那些掌權者，哪容得別人的思想比自己的高明？孔子嘆息智者對社會、對人生之洞見一針見血，但他偏偏有自己的思想———既然天下失道已久，歸依天道，豈能無為？連想都不敢想，那天下的自然太平，從何而來？

　　孔子認為，治國平天下的大業，有三個必要條件，個人的道德、政治地位、歷史的傳統，缺一而為政，不足以成功。孔子把禮樂治世的希望寄託於執政者，

他不辭艱辛拜謁諸侯,送教上門,「大學之道,在明明德,在親民,在止於至善」。魯哀公問政,孔子說,「愛與敬,其政之本」,要從對自己的親人有愛有敬做起。充分做到敬,最重要的在婚姻上。婚姻是敬意中最難做到的!

　　孔子講的道理淺顯易懂,可惜,當權者卻大多做不到。孔子以「士」自勉,以天下為己任,不拘守一國一域之利,熱愛故土,卻又極目天下。哪裡有禮樂治世的希望,孔子就奔向哪裡。孔子當然知道愛自己的魯國,學生問他為什麼離開魯國時慢騰騰的,還要洗了頭髮,收拾了行李,一步一回頭,而離開他國時連眼睛都不眨一下,健步如飛。孔子莞爾一笑:離開家鄉,能一樣嗎?(圖43)

圖43 一步一回頭

　　孔子也想致富,但他想得很透徹:「富而可求也,雖執鞭之士,吾亦為之。如不可求,從吾所好。」若是能發財,讓我給人趕馬車我都幹,若是辦不到,還是做我喜歡的事情吧!

　　孔子想獲得當權者的重用,甚至也想當官,但他不是為了滿足享受權力的慾望,而是為了施展自己的抱負。他說「如果有人用我來掌理國政,一年就可以有個樣子,三年就可以有具體成效了」。

　　嚴酷的現實是,孔子的人品、博學和聲望,在小人的鼓譟下,竟然成為諸侯重用他的心理障礙。一而再地打擊並沒使孔子卻步,他始終堅守自己的底線。晉國正卿趙簡子功業昭著,孔子欲見趙,但聽說趙殺了助他立業的兩員功臣,立即調頭返衛。子貢問何故,孔子說:「排乾了河水捉魚,蛟龍就不肯來調和陰陽興雲致雨;弄翻鳥巢打破卵,鳳凰就不願來飛翔,這是為什麼?這是君子忌諱自己的同類受到傷害。連飛鳥走獸對於不義的人和事尚且知道避開,何況我們呢?」

　　面對強權和各種境遇,孔子既不屈膝,也不迂腐。

魯國最有權勢的季康子問孔子如何治理盜患，孔子毫不客氣：「苟子之不欲，雖賞之不竊！」你若不貪欲過甚，即使鼓勵老百姓偷盜，也沒有人會幹！

　　孔子欲往衛國途經蒲邑，遇上蒲與衛國正起衝突。蒲人要挾孔子答應不前往衛國才放行。孔子一出蒲地東門就直奔衛國。子貢不解：「怎能不守約定？」孔子理直氣壯：「脅迫之下的盟約，連神明都不會認可！」衛靈公出城迎接，見面即問：「蒲可伐否？」孔子乾脆一個字：「可！」不能容忍強權毀誠信之實，溫良恭儉讓的孔子此時不吝干戈！他涇渭分明，告訴衛靈公，所要討伐的不是蒲人，而是領頭叛亂的那幾人。

　　孔子五十多歲時曾在魯國以大司寇的職位參與國家大事。他的學生責問他：聽說君子禍降不懼，福至不喜，老師你怎麼當了高官就這麼喜形於色啊？孔子樂哈哈地答道：你沒聽說過「樂以貴下人」嗎？憑藉顯貴的地位幹一番事業，仍和老百姓親如一家，這是我人生的志趣，終於有機會得以實現啊！

　　孔子的「禮樂治世」的「治」絕非戲言。他參政才三個月，販羊賣豬的商人就不敢哄抬市價，百姓皆守禮法，路不拾遺。誠心向善的志士身居要職勵精圖治，禮樂治世就不是地老天荒的遙遠傳說！

　　孔子用自己的人生，演繹出精彩絕倫的「人生分段論」。他告誡世人，「五十而知天命」不是人生的頂峰，要完成人生的使命，須得「六十而耳順，七十而從心所欲，不逾矩。」耳順，不僅是能以「天下乃天下人之天下」的氣度，尊重別人的話語權，好話壞話都要讓別人說，還要聞其聲明其意，聽其言知其人，更要有「苟日新、日日新、又日新」的朝氣。吸取有益之精華甚至借鑒其謬誤以豐富自我認識，體察他人向善之心適當褒揚，並能體諒其不足，揚善抑惡，縱然面對惡意也一笑泯恩仇。耳順在於心通，孔子對耳順的領悟，源於已然知天命的悠悠十餘載的遊歷。見過形形色色的人，聽夠了讒言、譏言、怨言，屢遭白眼、頗受冷遇，凡此種種，在親近大自然的孔子面前均一一化解，「知者樂水，仁者樂山」。俯仰天地、溶於山水、滌蕩胸襟，得以身心澄澈、元氣飽滿。孔子的耳順，如赤子般真摯。

　　那麼多年的奔波勸政收效甚微，無法施展政治上的抱負又何妨？孔子還是那樣開朗幽默，再多的麻煩事，也「不改其樂」。孔子根據魯國史記寫了《春秋》一書，以一介布衣借褒貶之言，行對王者賞罰；讓史實體現的策略和思想，成為後世通向理想的借鑒。該記錄的就振筆直錄，該刪削的就斷然刪削，孔子不在乎後世人對自己的評論，「後世知丘者以《春秋》，而罪丘者亦以《春秋》」。

　　無法與權勢抗衡，怎麼辦？不要說兩千多年前的智者不明白如何由人民自

身來實現民本、體現民意，即使今天，也是一大難題。而這難題的化解，無疑，要靠教育。孔子的智慧，貴在悟出了這一真諦，堅持了這一信念：「念終始典於學」———永遠要念念不忘教育！抱著一種對人的基本信任，相信人需要理想，需要文明教化，相信大同、小康願景終將被越來越多的人認同，孔子把精力投入教育，為眾多的學生開課講學。

循循善誘 不亦悅乎

孔子三十而立，立的是興學育人之志。「君子如欲化民成俗，其必由學乎！」怎樣才能使人們發現自我、嚮往小康、承擔責任？必定要從教育入手。「千里之行，始於足下」！孔子三十歲開始辦學。這也許是中國歷史上最早的私學。他在自家院子裡築了一個土堆為講壇，壇旁新植一棵銀杏。他授課，教大家先識「人」和「仁」。孔子說，「仁」，就是兩人，說的是人與人的關係。子貢問：「老師，要做君子，有沒有可以終身奉行的一句話？」孔子毫不遲疑地說：「己所不欲，勿施於人！」學生們都靜下來，想了想，點頭稱是。

有學生遲疑了一會，小聲說道：「做君子，就能立足社會嗎？」孔子順風，側耳聽清，稍作思忖，胸有成竹地朗聲說道：「己欲立而立人，己欲達而達人！」這一句，更讓人震撼！———自己想被人理解，首先要理解別人；自己想成功，首先使別人也能成功。有這樣胸懷的人，必然贏得人們的尊重，得道多助，天高海闊！

學生們已經心潮澎湃。「做君子，就能消除社會弊端？」

孔子一聽，喜上眉梢，對著眾學生一揮長袖，又雙手高舉過頭，意思是「人皆能為君子，人人從自己做起，天都會助我們呢」！

天下的道理，經孔子這麼一梳理，立即條理清晰，絲絲入扣。滿院的人，聽得茅塞頓開，心境明亮。春去秋來，來聽課的弟子，越來越多。那棵杏樹，更是在不知不覺中枝葉繁茂，穎果繽紛。杏壇，成為講學、求學者嚮往的思想聖地。

孔子終身實踐教育，樂在其中。「安其學而親其師，樂其友而信其道」，弟子們記下孔子教誨的《論語》，開篇就是「學而時習之，不亦說乎？有朋自遠方來，不亦樂乎？人不知而不慍，不亦君子乎？」可見孔子的威信首先在於孔子的人品使人欽慕。樂學而博學，樂於交往善待他人，不被別人理解也不責怪和煩惱，難得啊！

「師者,所以傳道授業解惑也。」孔子的傳道,平易親切,尤其善於與學生談心交流,鼓勵學生暢所欲言。「吾無隱乎爾」,我孔子對學生,真是沒有什麼可隱瞞的啊!「盍各言爾志?」來吧,吐露心聲,高談闊論,但說無妨,老師我想聽呢!孔子的學生形形色色,他總能有所贊許,並不很在乎學生對自己的態度。孔子與眾弟子談抱負,正在興頭上,只見弟子曾點漫不經心的獨自撫琴而歌,全然沒把老師放在眼裡。孔子沒有氣惱,居然被曾點清亮的歌聲觸動心弦,奉為知音,謂然嘆曰「吾與點也!」

孔子因材施教,特色鮮明。孔子在自己的鄉裡恭敬溫良似不善言;在祭祀或朝廷議事時言辭明晰通達又恭謹小心;與上大夫交談自然大方,與下大夫交流和樂輕鬆,侃侃而談。孔子的學生樊遲、司馬牛、仲弓、顏回問「如何做到『仁』,」孔子的回答各不相同。樊遲較魯鈍,孔子曰:「愛人」,知道努力的方向就行了。司馬牛急躁而多言,孔子曰:「其言也訒」,思考了再發表見解。仲弓不夠謙恭,不善於尊重別人,孔子要他出門辦事和待人,都要像迎接貴賓那樣恭敬誠懇。顏回已有很高的德行,孔子就用仁的最高標準來要求他。

孔子注意順應學生的成長階段,注重教育發展的方法。在惡念發生前,用禮約束禁止,叫作準備;在適宜教導時才教導,這叫合乎時宜;根據學生的能力,不跨越程度教導,叫作順序;使學者互相觀摩而收到益處,叫作切磋。「此四種,教之所由興也。」

孔子的傳道,深入淺出。孔子言志:「老者安之,朋友信之,少者懷之。」尊老愛幼、坦誠待人,誰都可以做到。但真若能人人如此,則老有安撫,少有童年,人有真誠,即或不稱天下大同,那願景還會遠麼?孔子認為中庸的道理盡善盡美,真心實行卻並不很難,「盡己之心,推己及人」,離中庸之道就不遠了。

孔子以育人為本,傳道授業解惑,方向明確,直達要害。孔子一心嚮往的,是培養品格高尚的「君子」,培養視野開闊、襟懷坦蕩的「士」,而不是僅僅精通業務的專門人才「器」。「君子不器」,君子,也需要專業才能,但不能僅有專業才能,無「道」,非君子!若以孔子之見,今天的博士,也只是知識性專業人才。沒有以天下為己任的自覺,還算不上「知識分子」,充其量只是「器」而已!

孔子在當時已是公認的名師,然而他不為聲名所累,保持著本真的性情。誰說老師就只能小心翼翼、輕言細語?孔子就不是永遠都和顏悅色。弟子樊遲請教如何種田,孔子沒好氣地說:「我不如老農」,樊遲再問如何種樹,孔子沈下臉:「我不如老圃」。這,曾被我們作為孔子四體不勤、五穀不分的「罪狀」,哪知竟是孔子育人的慧心獨具。孔子多能,農稼園圃之事難不倒他,明知而裝不懂,

為的是堅守育人方向。就好比學管理的博士生，在生產流程的某一個環節上糾纏不清，導師是跟著陷進去，還是讓他打住：你是學技工的嗎？以人為本，宏觀調控，懂得人心向背，才是你的真才實學！

　　孔子教導學生有四個方面：詩書禮樂典籍文獻，生活上的身體力行，為人處事的忠誠盡心，待人接物的信實不欺。孔子能唱歌，能演奏樂器，他六十四歲時把《詩經》重新編輯，各類詩詞配上適當的音樂，孔子講學之處，不斷有弦歌之聲。他的學生教百姓唱歌，孔子聞之欣然而笑。孔子的三千弟子中，有七十二人能精通《詩經》《書經》《禮記》和音樂。六藝「禮、樂、射、禦、書、數」中的「禦」，就是趕馬車。全面發展，做人為先。

　　孔子的德育，鼓勵學生志向高遠，同時又注意不脫離實際。學生好高騖遠，他會毫不客氣地潑冷水。子貢多次言志都被孔子頂了回去。子貢說：「博施於民而能濟眾」，孔子說：「這啊，連舜堯都做不到！」《呂氏春秋》記載了一則故事。魯國有一項愛護子民的政策，誰把流落在外淪為奴隸的魯國人贖回來，誰就可到政府領取贖金或請賞。一次，子貢贖回了好幾個人，卻拒絕領取獎金。孔子知道了，對他說：「你錯了！君子做事應當有益於樹立良好的風俗習慣，而不是只求自我感覺良好。而今魯國富有的人少而貧窮的人多，你這樣做，只怕今後沒人願意去為同胞贖身。更可怕的是，人們將逐漸習慣自己的冷漠，喪失魯人良好的道德風俗。」批評得當，曉之以理，令人心悅誠服。

　　孔子的解惑，在於激勵弟子有惑，提倡主動學習，善於提出問題。孔子公然宣稱：「不曰『如之何？如之何？』者，吾未如之何也已矣。」凡是自己都不問怎麼辦的人，我也沒法告訴怎麼辦！關於學知識，孔子絕非有問必答，「不憤不啟，不悱不發，舉一隅不以三隅反，則不復也」，要我啟而得法嗎？首先得自己發奮、動腦筋才行！

　　關於理想信念，孔子絕不欺騙自己的內心，他與弟子一起信了又疑，疑了又信。被困陳、蔡兩國的曠野荒郊時，炊斷糧絕。孔子依舊講誦不衰，弟子們又餓又病，打不起精神。孔子知道弟子心中困惑，自己又何嘗不鬱悶？便逐一約見三個高徒。孔子問子路，也是問自己：「我們不是犀牛也不是老虎，為什麼會遊走於這曠野無法安身？落到這樣的地步，是我的道理不對嗎？」子路說：「想必是我們仁德不夠，所以人家不信任我們；想必是我們智慧不夠，所以別人不放我們通行。」孔子反問：「是這樣的嗎？假如有仁德就能使人信任，那最仁德的伯夷、叔齊怎會餓死在首陽山呢？假如有智慧就能通行無阻，那最聰慧的王子比干怎會被紂王剖心呢？」

　　子路退出，子貢相見，孔子問了相同的問題。子貢說：「老師的理想太高遠，

天下人不能接受，才招致今日的困境，老師何不降低遷就一些？」孔子已在反躬自問中重拾信心，便直抒己見：「好農夫善於耕種卻不一定有好收成；好工匠技藝精湛，其作品也不一定合人心意。求道之士，能夠把人生的道理想明白，但不一定容合於當世當時之境況。難道能捨本求末，降格以求苟合？子貢啊，你的志氣也太小了吧？」

面對同樣的問題，顏回沒有半點遲疑。待到聽了顏回的一番話，孔子徹底坦然。顏回說：「老師之道高遠，所以不被天下人容受。不容，有什麼關係？不容，正見得自己是不苟合取容的君子！不容，恰是那些不能悟道的權貴的恥辱！」孔子好生歡喜，開起了玩笑：「真的嗎？顏回啊，等到你發了財，我來當你的總管吧！」孔子感嘆：「顏回也，非助我者也」！果真麼？孔子時不時地正話反說，學生激勵老師，當到這個份上的老師，心裡有多喜悅啊！

孔子當老師，實在精彩！有哪位班導師能似孔子般與學生們朝夕相處？被困匡地兵刃相見之時，「子路彈劍而歌，孔子和之，曲三終，匡人解圍」。那「禮以道其志，樂以和其聲」之真，真到心有靈犀，真到沁入骨髓。否則，命懸一線之際，師生怎麼還能三唱三和？危地孔顏師徒失散後會合，孔子居然開起玩笑：「顏回啊，我還以為你死了呢！」顏回不緊不慢的幽默更勝一籌：「老師還健在，學生我怎麼敢死呢？」生死之交，師生心裡那個樂呀，在於相敬相知相悅啊！

孔子提倡終身學習。他活了七十三歲，老年時讀《易》很勤，編書簡的皮繩都斷了三次。一個在母喪中唱歌出名的人被孔子一頓好罵：「你幼時不聽教誨，長大了一事無成，又老而不死，簡直是個禍害！」說得不解氣，還揮起手仗叩其腿。哼哼，以為年齡大就是不求上進的藉口？孔子敢說敢當，心不存芥蒂，胸不藏憤懣，即使拉長了臉，其意也善，底氣十足，轉眼之間又是笑語盈盈。

孔子提倡促進自我教育，「自行束修以上，吾未嘗無誨焉」，凡是那些能反省自己，檢束自己而又肯上進向學的人，我從來沒有不教的。如何教，才能激發自我教育呢？那真是別開生面、法門萬千！指望輕言細語嗎？或許當頭棒喝；指望不厭其煩嗎？或許是異樣的閉門羹！孔子絕不欣賞唯唯諾諾的「小綿羊」，更唾棄巧言令色、阿諛奉迎的小人，貌似公允、善惡不分的老好人，被孔子怒斥為「德之賊也！」在孔子看來，老好人難守道德底線，而當官必須惠民就是不可逾越的底線。弟子冉求原是有一番抱負的能幹人，被季康子重用時委曲求全，助其橫徵暴斂。孔子氣得把他逐出師門，還鼓動學生團體聲討：「此人非吾徒也，小子們，可鳴鼓而攻之也！」如此「善誘」，豈止「循循」！一個老好人式的人物求見，孔子藉口生病不見，卻取瑟而歌，故意讓其聽見。這樣的反差，讓人獲得強烈的心理體驗，能使人知恥，也算是一種教育吧？

九、一種文化　流傳人間　偉大的聖人

孔子「有教無類」。有個村子的居民因為不老實討人厭而惡名遠揚，村裡的幾個年輕人去見了孔子，孔子的弟子對此頗有微詞。孔子開導弟子：「人家既然誠心誠意地來見我，我就很重視他們這份誠意。」別人眼裡愚鈍的村民、聲名狼藉的小人，孔子也以誠相見。即使最不堪造就者，孔子也不言放棄。在他的心裡，每個人的優劣，都決定社會是否和諧安寧。

歷史長河　有你有我

孔子不僅是家喻戶曉的聖人、令無數人頂禮膜拜的先哲，而且彷彿是活在我們身邊的一位真性情之人，猶如面對熟悉的至愛親朋。孔子是那樣的令人尊敬，為了理想遊走列國，不惜落魄似喪家之犬；他那麼幽默風趣，困窘中餓極卻擊缶而歌。他多才多藝、感情豐富，哭起來感天動地。

就因為如此，這位聖人就創造了幾千年的中華文明史？

妙文前的問題並未結束，歷史學家的回答，並不是大家猜想的，他說：「中國歷史上的確有這樣一位大聖人，他的名字是———人民！」

什麼是人民？人民以什麼方式創造歷史？

揮灑血汗、付出智慧的勞動大眾，永遠都是人民的主體。沒有勞動創造的文明，就沒有人類的生存繁衍，就談不上歷史。

史載，堯是傑出的領袖，堯年老了，傳位給為百姓所擁戴的舜，舜又傳位給禹。舜過世後，禹欲把位讓給舜的兒子，但行不通，老百姓還是只認禹，大禹治水使百姓安居樂業，那可是深得人心啊！愛百姓就是順民意，民意就是天意！民意似水，水可載舟，也可覆舟。

文化的內涵豐富，核心是價值觀，是歷史積澱下來的民眾的喜好和信念。文化代表歷史，沒有文化就沒有歷史。扼殺民間的聲音，文化就會枯竭；順達民意，文化繁榮。承傳和發揚中華傳統文化的精髓，是構築中華現代文明的立足。老子在《道德經》裡說，最好的統治者，人民並不知道他的存在；其次的統治者，人民親近他並且稱讚他；再次的統治者，人民畏懼他；更次的統治者，人民輕蔑他。統治者的誠信不足，人民才不相信他，最好的統治者是多麼悠閒。他很少發號施令，事情辦成功了，老百姓說「我們本來就是這樣的。」

中華文化博大精深，弘揚中華文化，必將深遠地影響世界、造福人類

德國哲學家海德格爾在 20 世紀就指出，科學技術給人類提供了許多便利和福利，但卻存在危險的現象，人服從機器、技術的統治，破壞生態環境，使人與人的關係變成物與物的關係。技術的本質是可以超越這種危險的現象的，但要以人重新思考存在為條件。他認定這種「思」不會是西方傳統的那種「思」。他翻譯《道德經》，他推測，中國的古老哲學有可能幫助人們對技術建立起自由的關係。

事實如此。孔子的中庸之道，天地一切都各得其所，萬物也都各遂其生；老子的「無為而治、道法自然」，都是達到整體平衡、回歸自然協調、實現天人合一的極為重要的哲學思想。

在國際社會，全球化的最高理想也許就是中國所說的天下一家、世界大同。當我們打開國門，面向未來，以開放和包容的心態，面對西方文化乃至世界各國的文化，吸納有益民族文化發展的精華時，再一次被孔子所震撼！「萬物並育而不相害，道並行而不相悖。」萬物同時生長而不相妨害，日月運行四時更替而不相違背。同中有異，異中有同，異同交錯，人類文化，多姿多彩！在全球化的體系之下，「己所不欲，勿施於人」「己欲立而立人，己欲達而達人」，若成為人類共同遵守的全球倫理，國際社會和諧的新秩序將如旭日東升，使世界多元化文明氣象更新！

中華文化以無比強大的生命力，促進現代文明新的創造。美國心理學家馬斯洛正是在研究東方文化後發現，他提出的人格發展的五層需求的層次架構不夠完整。自我實現並不能成為人的終極目標，過度強調自我實現的層次，會導向不健康的自我中心的傾向，因此，應該提升到「超越自我」的精神追求。孔子以「理想大同知其不可為而為之」的精神超越、「言仁信著春秋」的歷史超越、「興學育人有教無類」的人文超越，成為「自我超越」的萬世師表。

自覺地參與創造歷史，就是最好的自我實現，就是超越自我

孔子說：「一家仁，一國興仁；一家讓，一國興讓；一人貪戾，一國作亂。其機如此。此謂一言僨事，一人定國。」事物的法則就是如此，一句話可以壞一件事，一個人可以使國家安定！孔子言真意切。

是的，一個人，不再對麋鹿舉起槍，在動物的眼裡，就是人類與自然和諧共處。一位教師，對學生真誠關注，在學生的心裡，就是社會有愛有光明。一位華人身處異國彬彬有禮，就是中國的文明之花在世界綻放。

歷史的每一個瞬間，都由當代人創造。保護思想的萌芽和不同思辨的聲音，

讓天才活在當代，而不是由後世人來承認、來嘆息。關注重大決策，尊重當代思想家的遠慮，善於反思，不僅反思過去的錯誤或不足，也能在輝煌中避免給後代留下難以逾越的溝壑。保護、尊重和反思，是每個「當代人」的責任。（圖44）

今天，歷史還得由「聖人」繼續寫下去。「聖人」———人民，人民中有你有我。歷史不允許誰濫用「人民」的名義，不論是社會脊樑、領袖精英，還是芸芸眾生，每個人都不會把自己排除在「人民」之外。自強不息，將個人的夢想和中國夢緊緊聯繫在一起，就是「創造歷史」。從自己做起，從小事做起，中國強盛，人類健旺，世界充滿希望！

一位普通教師，可以是當之無愧的班導師九段！聖潔的雪山下，一個人可以讓一個地區的孩子心裡充滿陽光，如澄澈的清泉，一個人可以影響幾代人的心靈。神秘的教室，一年中可以讓學生學會貫穿人生的生活方式。夢想如雞蛋，一句話可以改變人的一生。

圖44 心泉

為生命而歌，創造的魅力讓生命增添厚度和長度。教師生命的本色讓世界永遠充滿感動。

深悟大師的境界，才能托起夢想；仰望星空，是為了免除下一代的苦難。信仰的力量，讓教育和民主造福千秋。

堅守理想世界大同，人類文化絢麗多姿。活在當下融入春秋，歷史長河有你有我！

用我的心、我的筆，延續我的事業、我的理想、我的幸福、我的生命———這些不僅僅屬於我的一切。但願幾十年班導師工作真切的經驗、訣竅、體會、思

想，顯化為平凡的文字和簡短的故事讓人意會，像一滴水，匯入愛的心泉，湧出愛的智慧。

在人類歷史的長河中，中華文化是一股不竭的生命之源。那泓泓清泉，離不開小小水滴。

我嚮往———將個人畢生心血獲取的經驗轉變為全人類的財富，使人們能理解並且接受它。哪怕，只有一點點！

一點點，縱然是一滴水，也要跳進小溪，流進江河，匯入海洋，唱起藍色的交響。縱然於匆匆的路上被灼熱蒸發，也要給乾渴的空氣一絲清涼。

做自己該做的和能做的，並變為自己愛做的！———我嚮往！

跋
穿越時空的鏈接

中國，別稱「九州」。中國文化中的「九」，既實實在在，又夢幻斑斕，可以是具體的數量和順序，還可以是「多」「高」「深」「重」「久」「遠」「強」。中國人口眾多，居世界第一，這個當之無愧的「九」，能否聚集起自己內在的實力，實現中國人自己的夢想，從而使世界充滿自然和諧的希望？中國的教育，能否讓組成這個宏大的「九」中的每一個「我」，明瞭自己的價值，從而為中國夢插上騰飛的翅膀？

　　「九曲黃河」是曲折多難仍奔騰向前，「十變九化」是勇探大千世界奧秘而變化」無窮。

　　「九天攬月」的豪情，增添了宇宙的魅力；肝膽相照，說到做到，「一言九鼎」的氣節，最能讓天地為之動容。「九」，簡約的兩筆，卻如此靈動地刻畫著中國，牽動著每個中國人的心。

　　理想和現實總有距離，思想能穿越時空，信任能把人心鏈接。

　　2012年出版的《心泉———師生共創幸福教育的成長體驗》一書，與本書是我傾注十年心血寫出的《心泉》的上下冊。《心泉》，是心靈流淌的敬業之歌，寫了一個普通教師六十年的生命體驗和三十多年教育實踐研究的寶貴經驗。真實生動、扣人心弦而發人深省的教育敘事，反映的是教師工作的艱辛、有趣和深遠意義，表達的是教師們內心的渴望———教育是用心育「人」，教育是國力！

　　我是讀著法國啟蒙教育家盧梭的《愛彌爾》，不斷思考著人的個性與教育的自然原則；我是讀著蘇聯教育家蘇霍姆林斯基的《給教師的建議》，長期研究和實踐如何激發學生的自我教育。身處得天獨厚的重慶南開中學，愛國教育家張伯苓的教育思想和艱難實踐所創造的教育史上的奇跡，一代代校長和教師為新中國的教育嘔心瀝血、繼往開來，這一切，激勵著我。

　　我和學生們用辛勤而堅韌的實踐，創造出「學生自我管理和自我教育的班級制度」，以回歸生命意義的特色系列教育，實現了師生一起幸福成長的和諧教育。幾十年的教育成果不屬於我，不能因為我短暫的職業生涯而終結。以洗練的文字表達深刻的思想，以嚴謹的結構凸顯時代的節奏；真實生活裡心靈交融的故事鮮猛跳躍，靈魂對社會的考量意蘊精微。《心泉》，凝聚著那麼多人的心血和智慧，我怎能不把它奉獻給世界！

　　以《心泉》延續我的職業生命，對當今的中國教育乃至世界文化有所影響，是我的夢想。

　　如果輕而易舉就能實現，還叫夢想嗎？一個人的夢想很難實現，當許多中國人的夢想匯集在一起時，奇跡就可能發生。對於我來說，是很多人激勵著我萌生

了這近乎狂想的、卻又是太值得夢想的「夢想」！

《心泉》所表現的，是中國最普通的教師這個群體。每個教師都有自己的心中之「泉」，年輕的新班導師小劉老師說出了他的肺腑之言：

在我踏入班導師行列之前，「班導師」這個詞眼等同於恐懼，一切消極情緒如要將自己灌入水缸中一般。正要起航時，茫然，失措，讓人無比無助與絕望；踏上徵程時，遇見問題，感知問題，處理問題，在問題中成長，在成長中出現問題。是什麼讓一個充滿恐懼的年輕人帶著些許成就感，勇敢地走來，成為班導師隊伍中的一個「問題班導師」的呢？一是責任驅使，二是貴人相助，三是自我反省，四是愛的支援。

突聞《心泉》，好奇之內容；手捧《心泉》，震撼之力量；合上《心泉》，感受之溫暖。韋老師在我最需要幫助的時候，命運使然般出現在電話的那一頭。班級管理的科學理念和偉大藝術在一個個方法和技巧中流淌了出來。《心泉》，解渴的清泉！我真心感謝成就我收穫到學生愛的恩師———韋老師，是她的無私幫助，讓我也嘗到了甜頭。我當班導師，體會到了感動和真情，體會到了事業上的一點點成就，與之相伴的是「很辛苦」。作為一個「問題班導師」，我遇到了一些對我來說棘手、對別人來說不是問題的問題。真心希望韋老師能繼續幫助我，譜寫我心中的「泉」。

侯老師是南開中學資深語文教師，曾經受重慶出版社邀請協助修改作品多年。他為《心泉》撰寫的書評《獨闢蹊徑寫教育》刊登在《重慶晚報》上。他分析《心泉》的寫作特點和客觀效果，發現並提升了《心泉》的價值。文中寫道：

這樣的教育主題極具挑戰性，它涉及「怎樣當班導師」，或者說「如何把自己『磨礪』成高水準的班導師」。這本是用議論文來寫的題目，但作者獨闢蹊徑，用紀實抒情散文的筆法來寫。

作者韋老師教了三十多年書，當了近三十年的班導師；在這上萬天中，她是用心血在工作。每處理一件「小事」，心血包裹著「感受」凝結成一顆顆晶瑩別緻的珍珠，這些珍珠既美麗能吸引人，又富有深意能啟迪人。作者把這些珍珠分類組合成一篇篇精美的散文，再把這些滲透著教育實踐經驗和成長的生命體驗的精美散文，用「班導師與學生一起成長」這條線串了起來，在教育資源寶庫裡閃耀著迷人的光彩。因而，《心泉》這本書既有教科書的實用價值，又有文藝作品的欣賞價值！

《心泉》其所以能到此地步，在於作者有駕馭語言的功力，更在於作者認識

深刻、體會真切。寫文章，撰著作，「命意」和「結構」是極費腦力的！而「形散神聚」是散文的主要特徵。《心泉》正是靠「育人」到「人」這樣一條主線、一個「總神」，把三大部分極為豐富的內容，組織得結構嚴謹、條理分明、脈絡清晰、層次清楚、創意頻出。心泉不失為難得的原創作品，不僅有閱讀的意義，還有保存和流傳的價值。

教務處主任胡老師是用做筆記的方式研讀《心泉》的。他慎重地給我提出建議：

第一，可能過了很多年人家研究教育要借助你這本書，所以建議你再版時，對時間要加以具體說明，因為你書裡所述的是有社會背景的。

第二，你這個書，與國際接軌，不僅要考慮中國，還要考慮外國，在什麼條件下處理問題，關於教育的特定背景，要讓人看得懂。你的教育理念是很先進的，說實話，中國的教育，很多東西有問題，用太多的時間練題、只看重分數；你就不一樣，確實是在培養人。這個「人」是社會裡的，現在講的是培養公民，不光是符合社會要求的公民，中國的公民，還應該是世界的公民，在世界上是要起作用的。你能把學生發動起來，把團體教育、學校教育、社會教育的力量都用起來；教師和學生一起成長，共創幸福教育，這些教育思想或者說課題，在世界上都是受到關注的。怎麼做，還沒有人說得清楚。你這個書，特別有價值。

第三，你這個書，寫得很好，太好了，確實是花了功夫的。你一定要認識到它的價值，當然你也知道它的價值，但是可能認識不夠。讀者不應當只限於班導師。

我看的書很多，新華書店關於教育的書，不管是理論研究的、教育實踐的、教育個案的、教育敘事的，我都看。依我看，還沒有一本書有《心泉》這個水準。《心泉》主要是教育敘事，教育理論是隱含在其中的，這種寫法還是有不少人寫得很好，但是沒有系統，想到哪裡就說到哪裡。你這是成體系的，是很多年的經驗、體會、研究，用很嚴密的結構來表述和闡述，這種效果、意義、作用就完全不一樣。所以，《心泉》特別耐看，看幾次，收穫就不一樣，可以領悟很多，學習很多，而且能夠學得到！

現在哲學敘事、歷史敘事，種種形式，就是為了讓人看、願意看、看得懂。你的敘事，相當的有水準。我知道你能寫，但是以前不知道你文筆這樣好，那真是活靈活現、身臨其境。寫「風波」，那硬是在人的心裡掀起風暴，印象深刻。教師，哪有這麼容易當？這書，僅就眼前來說，起碼有幾種作用。一是青年教師

學當班導師，走來就可以上課、愛課，基本勝任。二是不限於班導，教師都能夠有收穫，怎樣才是真正的教師，尤其是現在，怎樣培養人。不是說照搬方法，而是知道該怎樣去想，教育是要思考的。三是告訴社會，教師工作既重要、又艱辛，對教師要有起碼的尊重。四是……

南開中學分管德育的毛校長說：

《心泉》這樣的書，真應該大家都讀。可以說十年、二十年，都難有這樣的書，這是做出來的！

當我們大多數人都感覺班導師工作苦多過甜的時候，作者韋老師卻選擇了「幸福」和「成長」這樣積極的字眼。

書中，韋老師通過一個個生動的教育敘事，記錄了自己作為班導師與學生共同成長的點點滴滴、歲歲年年。她滿懷著好奇和熱情，在每一天的平凡工作中觀察、思考、記錄、反思。《心泉》給我們的啟示是：從事德育工作的人不要僅僅局限於處理日常的瑣事，應該騰出一些時間思考瑣事後面蘊藏的規律，思考改進的辦法。長此以往，班導師工作的境界才能從救火隊員提升到育德藝術的高度。

作為育人者，我們每個人每一天都在奔忙勞碌，卻鮮有人像韋老師那樣數十年蒐集心得、整理文字，直到有一天集腋成裘，將零散的文字付梓出版。唐人孔穎達說：「立言，謂言得其要，理足可傳，其身既沒，其言尚存。」文字是最恆久的載體。韋老師的書提醒我們重拾筆墨，記錄下自己的心泉，因為唯有自己內心泉湧不絕，才能潤澤一條條涓涓溪流。

這些，僅僅是對一本書的理解或讚美嗎？對今天的教育，教師們、教育工作者是何等急迫地思考啊！我相信《心泉》能對當代教育有所觸動、有所影響，因為我的夢想交織著太多人的心血和渴望！

說起中國教育的現狀，搖頭者比比皆是。據《中國國際移民報告(2012)》披露，2011 年中國大陸超過 15 萬人永久性移民海外，富裕階層和知識精英成新一輪移民主力軍，80% 以上申請人最直接移民原因是子女教育。中國教育已處於九鼎一絲之懸，隨意的全盤否定，只會毀掉實現中國夢的信心；不正視現狀的種種弊端，則將痛失教育發展的機遇。教育，成為社會關注的焦點。

一個時代的教育，要由這個時代的人承擔責任。

探索日新月異的世界，我們會發現，教育，影響學生的一生；教育，能使人幸福！教育，決定國家的未來；教育，創造民族與世界的協調重構和持續發展。

最渴望幸福教育的是誰？是學生！人們的種種困惑，教育的種種難題，離開了學生的主動參與，都將陷於困境。不是坐等國家教育體制的改革和增加教育投入，而是靠師生的共同創造，實現真正意義的教育，讓班團體生機勃勃，使教育絕地重生。真誠圍繞在身邊，成長的幸福充盈在每一天，這不是遙不可及的天方夜譚，它真實地存在著。無數個這樣的真實，將構成無愧於世界的當代中國教育！

　　教育，是對人的精神世界的影響；學校教育，是通過班團體中師生之間、同學之間的相互影響實現的。有怎樣的班導師，就有怎樣的班團體，就有怎樣的教育。在傑出的班導師身上，潛藏著育人的真諦和現代教育的玄機。教師的成長是社會熱切期待獲得揭秘的課題；班導師的成長尤為重要，創造成長的條件、探索成長的規律更為迫切。

　　班導師，需要有逐級進步的台階，這是由班導師工作的重要性和複雜性所決定的。如今的世界，班導師是全球性的職責。中國的中小學教育離不了班導師。就教學而言，可以評職稱，從初級、中級到高級，拾級而上，不斷進步；而班導師，有自己的評價提升機制嗎？成千上萬的班導師，在全社會中受著最嚴格的監督，起著關鍵的作用，卻無級可盼可攀。不能不說，這是社會公平的缺憾，是教育研究的空白！

　　借助神奇的圍棋世界，以嶄新的視角，評說班導師九段，讓更多的班導師能夠沿著可循的階梯攀登上新的境界，實在是時代賦予班導師的歷史責任！

　　圍棋，起源於中國，歷經數千年而不衰，成為東方文化精粹。圍棋的博大精深，在於它的變化無窮。圍棋的棋盤由縱橫各 19 路共 361 個交叉點組成。棋子有 181 個黑子、180 個白子，棋子總數與交叉點總數相同。每個交叉點都有可能出現下黑子、下白子，或者空著不下棋子的三種情況，僅就交叉點的變化總數，就可能有 3 的 361 次方，這是一個大得驚人的天文數字。圍棋技術中無法用單純計算來解決的「虛路」，有別於邏輯鮮明、算路直線的國際象棋。當擁有每秒運算能力達到數十億次的計算機，在人們驚恐的注視下戰勝了頂尖的國際象棋棋手時，在圍棋面前卻裹足不前。2016 年，人工智慧「阿爾法」戰勝世界圍棋冠軍的消息轟動了世界，世人驚呼「阿爾法圍棋」因此一步登頂珠穆朗瑪！圍棋的深奧幽玄，由此可見一斑。所以，人們用運籌帷幄、神機妙算來形容圍棋技藝高超，對圍棋段位棋手心懷敬意。

　　還有什麼能以變化無窮，與圍棋相提並論？非班導師工作莫屬！當班導師，面對幾十個學生，每個人的學習、鍛鍊、思維、表達、交往方式都自成一體，思想情感變化萬千。家庭背景不同，性格迥異，接受教育的能力千差萬別，每個人的成長變化已經是風雨寥廓，各有千秋，還有相互的影響、社會影響的不同方式

滲透。如何選擇教育方式，怎樣才是教育的最佳時機，無論多麼強大的計算機，在如此複雜的變化面前也將一籌莫展。班導師，確需身經百戰、六韜三略！

在現代社會，各種娛樂設備繽紛雜存、翻新換代，圍棋仍廣受大眾喜愛，甚至激起澎湃熱潮，成為全世界關注的智者角逐。這不僅因為圍棋健腦增智的特點，還與圍棋的生存環境、發展方式有密切的關係。

中國是禮儀之邦，琴棋書畫是習「禮」的內容。在這樣的大氣候下，產生了圍棋的「九品制」。三國時魏國邯鄲淳的《藝經》上說：「夫圍棋之品有九：一曰入神，二曰坐照，三曰具體，四曰通幽，五曰用智，六曰小巧，七曰鬥力，八曰若愚，九曰守拙。」這九品中品與品之間的差距是很大的。明代人許穀在《石室仙機》中作過這樣的解釋：一品「入神」，是指「變化不測，而能先知，精義入神，不戰而屈人之棋，無與之敵者」。七品「鬥力」，是指「動則必戰，與敵相抗，不用其智而專鬥力」。這種品級制，逐步演化為現在實行的棋手九段制，一品「入神」為最高的「九段」。九段制體現了社會對圍棋的重視、對棋手的尊重，促進了對棋藝和棋手的研究，推動了圍棋的發展。

圍棋，尚且要為著發展，不僅研究棋藝，還要研究棋手，那麼研究教育又怎麼能不研究班導師呢？不是宣揚一位名師，不是表彰一類先進，而是研究班導師這個整體。教育領域也應當像圍棋界那樣摸索、鑽研、交流，研究班導的成長。誰能評判一段到九段圍棋手？誰敢？只有身在圍棋界的內行！誰能評判班導？當然只有班導最內行！

理解和評說班導師工作，再沒有比借用圍棋來比喻更恰如其分的了。

下圍棋與班導師工作都需要前瞻性。不要說圍棋九段乃曠世奇才，未卜先知，出神入化，只要是稱得上「段」的高手，都必是熟知棋譜規則、定式套路，全神貫注，精心佈局，以靈活的戰術，應對複雜的變幻，實現戰略意圖，博弈取勝。而班導師工作，只要是對學生成長真正能起到引導作用的，都必是全心全意、全力以赴、全域在胸，有教育思想和策略，有提前意識、整體構想和實施細則，有應變的胸襟、方法、技巧和能力，使教育生動有效、有長效。

所以，評說班導師工作，借鑒圍棋的九段，也來個逐段解說，甚是合理。然而，這樣的想法，並非我的創意，是來自學生的一句贊揚和天意的巧合。一次，解決了一個班際間的難題，別班的學生探究原因，我班的學生得意地說：「我們的老師，是班導師九段！」我心裡一動，「九段」？我何不借助「九段」！

班導九段，是班導成長的階梯。巧奪天工的「九段」，竟是那樣的契合：「守拙」對「守崗」，「若愚」對「教書」，「鬥力」對「嚴格」，「小巧」對「大

愛」,「用智」對「制度」,「通幽」對「愛國」,「具體」對「特色」,「坐照」對「協調」,「入神」對「神往」!

明代人許穀把圍棋的九品劃分為下、中、上三類級別,在他看來,圍棋九品中的第五品,即九段中的第五段,就是通往高段乃至大師的「中中」———修煉高段的關鍵。班導師九段中的第五段,又何嘗不是如此!本書的第一章寫的就是教師成長的第五段,第五段就是班導師修煉至高段的新的起點。

做一個有思想的人,引導學生創造人生的幸福,這既是班導師成長的方向,也是教師成長的境界。中西文化的交匯,印證著中國當代普通教師的實踐面向世界和未來。班導師,班導師!需要成千上萬的班導師,不安於平庸,不隨意散漫,不斷進取,德高藝強,同舟共濟,為宏偉的中華世紀濃墨重彩,書寫華章!

人類文明的繁衍,離不開每個普通人的付出。科學發展觀與古老文明的融合,讓每一個生命綻放異彩。一滴水落進沙漠將無影無蹤;一滴水掉進清潭能蕩起漣漪!在陰霾混沌裡,那一個個「我」被沙子一般的冷漠吞沒;在雨露陽光中,那一個個「我」從迷惘走向澄澈,用真誠演繹獨特生命的丰姿。日月經天,江河行地,《周易》中的名句:「觀乎人文,以化成天下」太精彩了,看透人的最美好的品格,是為了構建一個美好的世界。俯仰無愧天地,中國「九」的真實力,就在每一個中國人的心中!

生活在當代,就要讓過去和未來鏈接於今天!能在百年後,有人想和你一起喝一杯清茶,商議教育,笑談古今,那是何等圓滿的人生!

百年後,是否還有「班導師」這樣的稱謂?這重要嗎?重要的是,我們今天所做的一切,我們今天的教育,能否真正啟迪人性、開啟智慧、健康身心、啟動創造,成為人類與地球生存延續、持續發展的內在的動力。有人類的地方就會有教育,有教育的地方就會有教師;職業無貴賤,境界有高低,今天的選擇影響著未來。正是今天教師的文明素質直接的或潛移默化的影響,使教育承傳文明,不動聲色地改變著歷史的成色,增添社會信任的正能量;正是當代中國夢的真實力使九州巨龍騰飛,中華文化以其獨有的魅力鏈接世界。這,就是班導師九段的驕傲和幸福所在!

推薦序

　　韋新聖是中學的數學教師。她在二十多年的班導師工作中，始終堅持進行重慶市乃至全國教育科研項目以及個人獨創的教改實驗和課題研究。退休後，她用十年心血完成了 80 萬字的《心泉》。

　　翻開《心泉》，讓人們眼前一亮。韋老師和她的學生們在 20 世紀 80 年代開始實踐的「幸福教育」，就提升到「師生共創」的高度，讓教育的主體從教育者與被教育者的分離甚至對立中，回歸到命運共同體的真實存在中。「教師與學生一起成長」，為世界教育增添了新的亮點！

　　《心泉》揭示了「學校教育如何激發學生的自我教育，如何使學生和諧發展」這一世界難題的「難」之所在。韋老師和她的數屆學生們創造了兩大法寶———貫穿自我教育理念的「特色系列教育」和具有整體化、程式化、數字化特徵的學生自我管理的班級制度。兩大法寶恰到好處地融合在一起，以制度整合的方式構建團體精神生活，學生在構建和領悟生活中激發自我教育，成為突破難題的關鍵。

　　《心泉》是在世界多元文化語境中講述的中國故事。《心泉》選材獨特，寫法獨闢蹊徑，不僅有教育學教材的實用價值，還有文學作品的欣賞價值。《心泉》研究角度獨特，從多方面為人類歷史學和中國教育史提供素材，有作為文獻進行研究和保存的價值。

　　《心泉》是南開教育的新篇章，是中國教育的真實寫照。《心泉》以原創的獨有魅力，將激起更多人的思考。《心泉》的開拓性和獨創性均值得肯定和讚揚，期待其對中國教育和世界文明產生深遠的影響。

王澤友

九、一種文化　流傳人間　偉大的聖人

國家圖書館出版品預行編目（CIP）資料

心泉：借鑑中西教育的班導師成長讀本 / 韋新聖 著. -- 第一版.
-- 臺北市：崧燁文化, 2019.08
　　面； 　公分
POD版

ISBN 978-957-681-894-3(平裝)

1.教育 2.文集

520.7　　　　　　　　　　　　　　　　　　108011291

書　　名：心泉：借鑑中西教育的班導師成長讀本
作　　者：韋新聖 著
發 行 人：黃振庭
出 版 者：崧燁文化事業有限公司
發 行 者：崧燁文化事業有限公司
E-mail：sonbookservice@gmail.com
粉絲頁：　　　　　　網址：
地　　址：台北市中正區重慶南路一段六十一號八樓 815 室
8F.-815, No.61, Sec. 1, Chongqing S. Rd., Zhongzheng Dist., Taipei City 100, Taiwan (R.O.C.)
電　　話：(02)2370-3310 傳　真：(02) 2370-3210
總 經 銷：紅螞蟻圖書有限公司
地　　址：台北市內湖區舊宗路二段 121 巷 19 號
電　　話:02-2795-3656 傳真:02-2795-4100　網址：
印　　刷：京峯彩色印刷有限公司（京峰數位）

　　本書版權為西南師範大學出版社所有授權崧博出版事業股份有限公司獨家發行電子書及繁體書繁體字版。若有其他相關權利及授權需求請與本公司聯繫。

定　　價：599元
發行日期：2019 年 08 月第一版
◎ 本書以 POD 印製發行